미친 남자들과 메두사들

MAD MEN AND MEDUSAS

by Juliet Mitchell

First published as *MAD MEN AND MEDUSAS: RECLAIMING HYSTERIA AND THE EFFECTS OF SIBLING RELATIONS ON THE HUMAN CONDITION* in 2000 by Allen Lane, an imprint of Penguin General. Penguin General is part of the Penguin Random House group of companies.

Mad Men and Medusas: Reclaiming Hysteria and
the Effects of Sibling Relations on the Human Condition

미친 남자들과 메두사들

히스테리 되찾기와 동기 관계가 인간 조건에 미치는 효과

줄리엣 미첼 지음

반태진 · 이성민 옮김

도서출판 b

히스테리에 대한 나의 최초 관심은 한편으로 여성주의, 다른 한편으로 정신분석이라는 이중의 관점에서 유래했다. 각기 따로이기는 해도, 둘 모두에서 히스테리는 중대하다.

20세기 동안 서양 세계에서 히스테리가 사라졌다고 널리 주장되었다. 나에 관한 한, 이 주목할 만한 주장은 쟁점을 닫기보다는 열어놓는다. 우선, 나는 그것이 사라지지 않았다고 주장할 것이다. 공동체 내의 상태들을 묘사하기 위한 그 단어의 빈번한 사용이 증언하듯이 말이다. 오히려 그것은 질병으로서 짧은 역사를 가졌으며, 끝난 것은 바로 이 범주화다. 다른 시간과 장소들에서 마법 혹은 점유possession라는 진단이 때로 끝났던 것만큼이나 말이다. 히스테리는 이주도 한다. 극도로 모방적인바, 한때 히스테리라고 불렸던 것이 새로운 사회적 배경에 더 잘 적응된 형태들로 나타난다. 한때 부수적 특성이었던 것이 지배적이 되었으며 그 역도 마찬가지다.

내 이중의 관점에서, 역사적으로 특수한 질병 진단의 사라짐을 설명하기 위해 검토가 필요한 것으로는 두 가지 요인이 두드러진다. 첫 번째 요인은 여성주의와 정신분석 양쪽 모두와 관련이 있다. 두 번째 요인은 일차적으로는 정신분석과 관련이 있으며, 여성주의와는 다만 부차적으로, 그것이 정신분석을 이용하는 한에서만, 관련이 있다. 그렇지만 두 요인 모두 여성-남성의 사회적 관계 및 그것에 대한 우리의 이해를 함축한다. 그렇기에 이는 여성주의 정치 이론의 관심사이기도 하다.

첫 번째 요인은 남성 히스테리에 대한 온전한 인식의 도래다. 인류에게 알려진 모든 심적, 정신적, 정서적 혹은 행동적 상태들 가운데, 여성성과 단단히 묶여 있었고 그리하여 대체로 여자들과 묶여 있었던 것이 바로 히스테리다. 히스테리를 약자들의, 따라서 무엇보다 여자들의 저항으로 간주하면서 여성주의는 히스테리 남자들을 경시해 왔다. 노동 계급 남자들, 19세기 동유럽 유대인 혹은 남성 이민자들처럼 여성주의가 남자들을 이 약자의 위치로 동화할 수 있는 경우가 아니라면, 혹은 세계대전부터 걸프전쟁에 걸친 전쟁신경증자들처럼 남자들을 외상 입은 자의 위치로 동화할 수 있는 경우가 아니라면 말이다. 히스테리를 약자성과 등치시키는 것은 문제의 절반을 누락한다. 이 절반은 히스테리적 폭력이라는 쟁점이다.

정신분석 또한 남성 히스테리를 아무렇지도 않게 여겼다. 정신분석의 모든 위대한 발견들이 — 실은 정신분석 이론 그 자체가 — 히스테리와의 작업에서 나왔다고 종종 언급된다. 이는 분명 참이다. 그렇지만 정신분석을 개시한 핵심적인 주장은 남자들이 히스테리가 될 수 있다는 것이었다. (장-마르탱 샤르코가 개시한) 이러한 관찰을 옹호하고 심화함으로써 프로이트는 정신분석을 보편적인 인간적 과정에 관한 이론으로 세웠다. 히스테리가 여자들에게로 제한되어 있었다면 이는 거의 불가능했을 것이다. 하지만 정신분석 또한 여자들 안의 히스테리 성향을 설명하던 것에서 지지하는 쪽으로 미끄러졌다. 이에 관한 두 가지 이유에 주목할 수 있다.

첫 번째 이유는 정신분석 이론에 내재한 어려움에서 생겨난다. 즉 일반적으로, 하지만 특히 히스테리와 관련해서, 죽음충동 가설의 미세공. 고전적 설명에서 히스테리는 어머니에 대한 성욕과 그다음 아버지에 대한 성욕(오이디푸스 콤플렉스)을 철폐하는 데 실패한 것이다. 이는 분명 그림의 절반에 불과하다. 히스테리에 대한 여성주의자들의 설명에서와 마찬가지로 다시금 누락되고 있는 것은 히스테리증자의 유혹과 격분에는 성욕뿐 아니라 폭력 또한 있다는 것이다. 프로이트가 1차 세계대전의 정신신경증 이후에 가설을 세웠던 죽음충동을 통해 히스테리를 읽는 것은 남성 히스테리증자를 그림으로 되돌리며, 너무나도 자주 누락되는 '악'을 포함시켜서 그 그림을 채워 넣는다.

여성주의와 정신분석이라는 내 이중의 관점에서, 우리를 정면으로 응시하고 있는 히스테리를 왜 우리는 더 이상 보지 못하는가에 대한 두 번째 이유는 더 커다란 누락이다. 이것은 정신의 구성에 있어 측면 관계들에 의해 수행되는 핵심 역할의 누락이다. 이 측면 관계들을 '동기' 관계들이라고 지칭하면서 나는 생물학적 관계가 있든 없든 동기들의 위치에 있는 모든 사람을 포함하기 위해 그 용어를 폭넓게 사용하고 있다. 히스테리에 관한 우리의 이해에서 누락된 것은 동기들 및 그들의 계승자인 또래와 동반자들이다. 인류학은 (비록 히스테리와는 관련짓지 않았지만) 이 관계들의 중요성을 오랫동안 인지해 왔다. 반면에 정신분석은 그 관계를 수직적 부모-자식 관계에 포섭시켜 왔다.[1]

일단 '동기들'을 들여오면, 히스테리가 출현한다. 마찬가지로, 히스테리를 이해하는 것이 동기들을 불러낸다. 동기들은 이론과 임상 실천에서 부재하더라도 정신분석적 설명 모든 곳에 있다. 죽음충동과 더불어 동기들은 우리가 설명의 수직축에만 머문다면 당혹스럽게 느껴질 사회적 상황들 속의 많은 것들을 설명하는 데 도움을 준다. 죽음충동의 모든

••

1. [줄리엣 미첼, 『동기간: 성과 폭력』, 이성민 옮김(도서출판 b, 2015) 참조.]

세공들은 죽음충동을 파괴(멜라니 클라인)나 외상의 효과(프랑스 정신분석) 둘 중 하나로 보았다. 둘 다이다. 그것은 불활성 혹은 정지 상태를 향한 충동 혹은 힘이며, 타자들을 향해 파괴적으로 외부로 돌아설 수 있다. 동기가 태어나려고 할 때 위험은 지금까지의 주인공 '아기 폐하'가 소멸될 것이라는 점인데, 왜냐하면 이 동기는 부모(그리고 부모 대체자들)에 대해서 주인공과 동일한 위치에 있는 누군가이기 때문이다. 이 가능한 전치displacement는 생존을 위한 죽이려는 소원을 격발한다. 충격으로 인해 방출된 불활성 상태를 향한 충동이 폭력이 된다. 혹은 모두의 관심을 독차지하려는 성충동이 된다. 동기 근친상간 및 동기 살해를 금하는 규칙들이 있지만, 더 작은 방식으로 규칙들은 매일 위반된다 — 만연한 아내 구타 관행은 자기 자신보다 작은 사람을 때리면 안 된다는 그 규칙의 위반이 아니라면 무엇인가?

나는 측면적인 것이 수직축을 대체해야 한다고 주장하고 있는 것이 아니다 — 그것들이 결합된다고 주장하고 있는 것이다. 이 결합이 이제 몇몇 관점들을 열어놓는다. 나는 '단성 생식 콤플렉스'를 제안했다. 이 콤플렉스에서 히스테리증자는 자기 자신으로부터 아기를 만들 수 있다는 생각을 — 처음에는 자기 자신에게나 또래 집단 가운데서 말하여지며, 하지만 어머니를 모방하여 말하여지는 생각을 — 영속시킨다. 이 제안은, 독신모들이 아니라, 사람이 경계들을 알지 못하거나 타자를 자기 자신과 다른 것으로 상징화하는 법을 알지 못할 때 아이를 향해 생겨날 수 있는 분노를, 사회적 실천의 문제로 열어놓는다. 수직적인 것에 측면적인 것을 덧붙이는 틀구조에 포함될 수 있는 수많은 특정 쟁점들 이전에, 이 틀구조는 보편적 가능성으로서의 히스테리를 설명하는 데 도움을 준다. 차이에 대한 포스트모던적 강조는 횡단성을 — 보편성 안에 언제나 현존하는 변이들을 — 희생한 것이었다. 히스테리는, 그리고 같으면서도 다른 위치들을 차지하는 측면 관계들은, 이러한 이분법을 해소하는 데 기여할 것이고, '둘 중 하나either/or'가 아니라 '둘 모두both/and'의 관점을 여는 데 기여할 것이다.

인도 아마다바드주에서
줄리엣 미첼
1999년 12월

| 감사의 말 |

비밀 유지의 이유로 환자들(1978-1998)의 이름을 밝힐 수 없기 때문에, 나는 또한 이 책의 긴 잉태 기간 동안 타자, 편집, 챕터 읽기를 통해서든 덜 구체적인 방법을 통해서든 나를 도와준 많은 친구들, 선생들, 나의 가족 구성원들의 이름도 밝히지 않겠다. 나는 그들 모두의 너그러움에 고마움을 전한다.

| 차례 |

1. 간략한 역사: 과거와 현재

타이타족은 케냐의 코스트주에 산다. 그들은 병의 두 가지 범주를
인지한다: 마음의 병과 머리의 병. 타이타족에서 현저한 한 가지 질병은
사카saka다. 두려움, 분노, 혹은 열망을 내포하는 모든 병들처럼, 사카는
마음의 병이다. 타이타족이 묘사하듯 그것은 '원하고 또 원하는' 병이다.
관습적으로 타이타족 남자들은 염소 떼와 양 떼 그리고 소 몇 마리를
길러왔고, 환금 작물을 —주로 채소, 윗가지, 칠리, 커피를— 재배해
팔아왔다. 그렇지만 점점 더 부족의 보호 구역을 벗어나 가사나 농사,
임노동을 한다. 한편 여자들은 기본 곡물, 뿌리 작물, 푸른 채소를 먹을거
리로 재배해 왔다. 결혼은 부족 안에서 이루어지며 계보는 부계다. 여자들
은 토지도 가축도 물려받지 못한다. 아내나 과부로서 그것들을 사용할
폭넓은 권리를 갖고는 있지만. 마찬가지로, 아내들과 과부들은 소비재의
주요 구매자이자 관리자이며 가사 수요를 정한다. 그들의 업무는 돈
사용에 의존하지만 그들 스스로는 가내 용도로 쓸 '푼돈'만 벌 수 있다.

타이타 교육은 여자들의 의존과 남자들의 부러운 특권을 강조하는 것처럼 보인다. 여자들은 보호 구역을 넘어선 세계와 거의 접촉하지 않는다.

사카를 앓는 사람들은 거의 전부 타이타족 아내들이다. 실제로 기혼 여성의 무려 50퍼센트가 인생의 어떤 시점에 사카를 앓을 수 있다. 사카는 초조하거나 불안한 기분에서 혹은 자기 유도적 최면 상태에서 비롯될 수 있다. 두드러진 표출 양상을 보면 사카는 환자의 상체가 경련을 일으키면서, 어깨가 떨리고 머리가 혼들리면서 시작된다. 이어서 다음 증상의 일부 혹은 전부가 나타난다: 어떤 행동의 단조로운 반복 내지는 보통 다른 (거의 알려지지 않은) 언어에서 온 단어들의 단조로운 반복, 감긴 눈, 무표정한 얼굴, 황홀경, 경직 및 이 악물기. 사카의 주된 특징들은 이따금 아무런 전조 경련 없이 발생한다.

사카를 격발한 것으로 언급되는 사례로는 자동차 목격이 있다. 그러한 대상이 거의 알려지지 않은 지역에서 그렇다. 또한 갑작스러운 성냥불 켜기. 설탕, 담배, 바나나 같은 어떤 특정 대상이나 콘체르티나(남자의 악기) 연주 같은 어떤 행위에 대한 강렬한 욕망 내지는 갈망 등이 있다. 한 여자 사례에서, 사카는 아들의 밴드 연주를 놓친 후 그것을 듣고 싶다는 소원에 의해 격발되었다. 또 다른 경우에는, 남편의 피를 마시고 싶다는 욕망에 의해. 또 다른 경우에는, 좋아하는 조카가 씻은 물을 마시고 싶다는 마음에 의해.

기독교 장로들은 종종 사카를 악마의 짓으로 간주한다. 다른 사람들은 타이타 여자들을 유혹하는 데 실패한 이방인들이 대신 그녀들을 불임으로 만들려고 사카를 보낸 것이라고 생각한다. 또 다른 사람들은 사카를 전혀 병으로 간주하지 않으며, 오히려 아내가 원하는 무엇이건 남편이 구해오게 하려는 고의적인 여성의 속임수로 간주한다.

치료는 여자가 원하는 것을 확실하게 갖도록 해주는 것에서부터 다양한 약 처방과 허브가 첨가된 연기 사용에 이르기까지, 남자의 하의를 세탁한 물을 마시는 것에서부터 기독교인이 되는 것 혹은 사카 춤을 추는 것까지 다양하다. 이 춤을 추기 위해서, 질병을 앓는 여자들은 다음과 같은 물품의 일부나 전부를 걸치고 열을 짓는데, 이 물품들은 남편이 제공해야 한다. 남성용 펠트 모자나 페즈, 사냥꾼 혹은 탐험가의 빨갛고 하얀 탄띠, 남성용 허리띠와 한쪽 발목에 차는 방울들. 환자들은 여자처럼 어깨 아래 묶을 수도 있고 남자처럼 허리둘레에 묶을 수도 있는 드레스를 입는다. 여자들은 남자의 춤 막대나 젊은 남자의 지팡이를 지닌다. 젠더 애매성과 유동성이 온통 만연해 있다.

그렇지만 그러한 치료들이 영구적인 치유를 낳는 것 같지는 않다. 하지만 그러한 치유 자체는, 특히 사카 춤이 가져오는 치유는―그 치유가 응답을 하는 병과 마찬가지로― 젠더 차이의 타협을 내포한다. 여자들은 남자들이 반드시 값을 지불해야 하는 소비재(옷, 설탕)나 남자들에게 '속하는' 대상이나 속성(바나나, 담배, 남자들의 옷과 피)을 열망하고 얻는다. 여자들은 여자들에게는 금지되어 있지만 남자들에게는 허용된 것들을 갖거나 행하기를 원하며, 적어도 증표로서 치료는 이를 허용한다. 젠더 차이는 절대적이지 않다. 하지만 분명 이 병은 여자들에게서, 즉 남자들이 어떤 것을 가지거나 행하거나 그 어떤 것일 때 자기가 일시적으로 그것을 가지거나 행하거나 그것일 수 있다면, 적어도 당분간은, 치유될 수 있는 여자들에게서, 경험된다. 1950년대에 사카 콤플렉스에 대해 자신이 관찰한 것들을 논평하면서 인류학자 그레이스 해리스는 이렇게 쓴다: '사카의 습격 속에서 우리는 처음에는 매우 일탈적인 형태의 행동처럼 보이는 것을 목격한다. 그 증상들은, 전문적인 정신의학적 의미보다는 일상적인 의미로 용어를 사용하자면, 히스테리의 일종 같다는 인상을 준다.'[1] 1950년대는 히스테리가 수용 가능한 진단 개념이나 의학 개념이 아니었던 시기였다. 비록 그 용어 사용에서 뒷걸음질 쳐 타이타 여자들에 대한 논문의 표제에서 그것을 (큰따옴표로) '점유 "히스테리"'라고 부르기

1. Harris, G. (1957), p. 1046.

는 하지만, 해리스는 자신이 관찰한 현상에 관한 다른 적절한 용어를 찾을 수가 없는 것이다.

히스테리는 보편적인 현상이며, 언제 어디서나 발생할 수 있는 특정한 인간 조건들에 대한 가능한 응답이다. 바로 10여 년 전에, 『맥락 속의 종교: 컬트와 카리스마』(1986)에서 인류학자 I. M. 루이스는 마법, 정신 점유, 식인, 샤머니즘을 상이한 장소와 시간에 상이한 사회적 맥락에서 발견되는 별개의 현상들로 간주하는 것은 부정확하다고 썼다. 오히려 그는 이것들이 신비로운 힘이나 카리스마의 수많은 측면들에 불과하다고 주장했다: 그것들은 단일 현상의 다양한 측면들이다. 겉보기에 상이한 이 모든 사례들에서 누가 주된 행위자인지를 묻는다면 이 통일성은 더욱 분명해진다. 경험 자료에 대한 엄밀한 조사가 내놓는 대답은 이렇다. 겉보기에 별개인 이 모든 사례들에서 행위자는 동일하다: 이따금 행위자는 불리한 남자들이지만, 대부분은 여자들이다.

해리스와 마찬가지로 루이스는 히스테리라는 용어를 사용하는 것에 대해서 염려한다. 하지만 우리가 히스테리에 대해 동일한 물음을 던진다면, 그 대답 역시 동일하다는 것은 결코 우연이 아니다. 20세기 서양 세계에서, 히스테리가 변형된, 혹은 부분적으로는 히스테리가 옮겨간, 수많은 별개의 '질병들'에서도 역시 행위자는 동일하다. 히스테리증자들은 '불리한' 남자들일 수도 있지만, 대부분은 여자들이다. 식이장애, 다중 인성, '경계선' 상태 같은 서양 히스테리의 수많은 상이한 측면들에서도 행위자는 역시 그렇다.

정신 질환과 '대안적' 종교 컬트 신봉 사이의 유비는 루이스의 저작 전체에 저음으로 깔려 있다. 루이스의 주장은 정통과 신비주의의 상호 의존성에 관한 것이며, 본질적으로는 종교적 힘의 남성적 양태와 여성적 양태에 관한 것이다. 그가 묘사한 비정통 신비주의 종교들은 사실 정통에 있어서 매우 중요하다—그 종교들은 정통의 필수 불가결한 '이면'이다. 더 나아가 서양의 의학–정신 치료적 관행의 맥락에서 우리가 이른바 심적 건강과 히스테리 사이에서 목격하는 것은 바로 그러한 상호 의존성이다. 히스테리는 정상적 행동으로 간주되는 것의 동전의 이면이다. 여자들은 히스테리의 주된 실천가로 간주되거나 할당된다.

히스테리는 마법과 정신 점유에 대한, 무속에 대한, 그리고 심지어 식인에 대한 적절한 비교 지점을 제공하는 정신적 상태이기도 하다. 그렇지만 『맥락 속의 종교』의 색인에서 히스테리는 단 한 번 언급될 뿐이다 — 본문에는 실제로 열두 번이 언급되는데도 말이다. 루이스는 사카에 관한 그레이스 해리스의 설명은 상찬하지만, 해리스가 사카를 '점유 "히스테리"'로 번역함에도 불구하고, '히스테리'라는 용어는 누락한다. 따라서 '히스테리'는 이 맥락에서 루이스가 사용할 준비가 된 용어로 보이지 않는다.

루이스는 그의 이전 저작 『무아경적 종교들』(1971)에서 히스테리 개념을 사용한 것 때문에 비판받았으며, 이후 분명 그 개념을 피하기를 원했다. 하지만 그의 묘사는 분명 히스테리 개념을 가리키고 있다. 히스테리와 컬트가 전적으로 상호 환원될 수는 없다. 오히려 점유, 식인, 무아경, 무속은 그것들이 행해지는 맥락 안에서 히스테리를 이용하는 사회적 표현들과 행동들이다. 루이스가 묘사하는 컬트는 히스테리의 의례화된 형태다. 사회적으로 조직화되면서 컬트는 종교적 정통의 이면일 것이다. 히스테리가 심적 '정상성'의 이면이듯 말이다. (여자는 보호 구역 안에 있고 남자는 도시 프롤레타리아트나 실업자의 일부가 되어가는 타이타 사회 같은) 과도기적 사회들에서도, (대체로 종교가 더 이상 조직화의 주요 원리가 아닌) 서양 세계의 복잡한 사회들에서도, 히스테리적 행동과 경험의 인간 잠재성은 춤이나 축제에서 나타나는 것을 제외하면 대안적 종교나 의례에서 나타나지 않을 수 있다. 대신에 그것은 질병으로 나타날 수 있다.

그렇다면, 공통점을 갖는 것으로 보이면서 행위자가 거의 언제나 여자들인 행동 형태들, 특정 존재 상태들, 증상 범위들이 있다. 이러한 현시들을 묘사하는 사람들은 '히스테리'라는 용어를 피하려고 노력하지만, 그 용어로 반복해서 되돌아온다.

예술가들과 작가들이 히스테리를 주장하는 드문 경우들을 제외하면, 히스테리는 모욕적인 용어가 되는 경향이 있다. 타이타족이 예증하듯이 그것이 두려움과 갈망을 보여주기 때문에 ─ 그리고 양자 모두는 연약함과 동의어이기 때문에 ─ 그런 것일까? 이러한 설명은 히스테리가 여자들 같은 불리한 집단에 의해 표현된다는 관찰과 부합한다. 우리는 이 경우 약함 말고도 약자의 힘을 보고 있다는 것을 덧붙여야 한다. 카리스마, 노골적인 이기주의, 타인을 통제하려는 욕구, 마법은 모두 힘의 표현이다. 따라서 히스테리를, 약함을 힘으로 이용하는 것이라고 덧붙이지 않고서, 열등한 자의 항의로 보는 것은 잘못된 일일 것이다. 하지만 그렇게 한다고 해서 충분한, 혹은 실로 정확한, 설명일까? 오늘날 너무나 많은 것이 권력 투쟁의 관점에서 설명된다. 권력 투쟁이 현시적 형태에 불과하다는 것을 히스테리는 보여준다. 권력자들도 히스테리가 될 수 있으니까. 『말레우스 말레피카룸』(1484)에 묘사된 기소자들의 과장된 수사학과 그들이 고발하는 마녀들의 일탈 행동 간에는 히스테리를 놓고서는 선택할 것이 거의 없다. 그리고 약자에 대한 집단 히스테리를 부추긴 것은, 정치적으로나 유전적으로 '바람직하지 않은' 유대인들과 집시들이 아리아족을 대체하리라는 두려움을 창조해 낸 것은, 지배자 나치였다. 히스테리는 창조성의 원천일 수 있다고 말하는 것 또한 중요하다. 무속과 카리스마에서 그렇듯이. 혹은 플로베르와 초현실주의자들 같은 예술가들이 히스테리의 번성하는 환상 측면들과 정상적 사고 과정의 현란한 전위를 예술적으로 혁신적인 하나의 입장으로 보여주기 위해 히스테리를 이용했듯이. 이러한 창조적 차원은 오늘날 서양에 만연한 수행적 실천들 속에서 되돌아오는 것 같기도 하다.

모든 인간 감정들, 심적 상태들은, 그리고 실로 기질성 질병들조차도, 특정한 사회적 맥락 안에서 발생한다. 그것들은 그 맥락 바깥에서 존재할 수 없다. 하지만 히스테리에 관한 논의는 이 자명한 사실에 대한 독특한 유형의 몰인지 때문에 주목할 만하다. 분명 인간 감정이라는 것이 있으며(열거를 시작해 보자면, 사랑, 증오, 불안, 시기, 질투, 연민, 두려움, 동정 등등), 인간 행동이라는 것이 있다(금방 떠오르는 것을 말해보자면, 사랑하기, 싸우기, 먹기, 마시기, 놀기, 말하기, 듣기, 복수 추구하기 등등). 또한 우리 모두가 어디서나 마주치는 이 감정들과 행동들의 소위 정상적 표현들과 소위 병리적 표현들도 있다. 그렇지만 그것들이 무엇인지 추상적으로 아는 것은 그것들을 제대로 이해하는 데 도움이 되지 않는다. 오히려 그것들을 상이한 맥락들 안에서 지각하는 것이 일반적인 그림을 그릴 수 있게 해준다.

일반적 상태를 드러내는 것은 추상화가 아니라 상이한 현시들의 총합이다. 가령 상이한 언어들이 공통적으로 갖고 있는 것을 찾는 일은 우리로 하여금 우리 인간의 보편적인 말하기 능력에 관한 무언가를 이해하게 해준다. 12세기 프로방스 음유 시인은 사랑을 도달 불가능한 이상의 추구로 정의한다. 1960년대의 한 블랙 유머 농담에서, 한 정신분열증 남자의 어머니는 그가 아기였을 때 그를 붙잡아 11층 창문 바깥에 내놓았다고 한다. 그를 떨어뜨리지 않았으니 그녀가 그를 얼마나 사랑하는지를 보여준다고 선언하기 위해서 말이다. 이렇듯 사랑의 상이한 두 판본은 사랑이 일반적인 인간 감정이 아님을 입증하는 것이 아니라 오히려 복잡한 상태임을 입증하는 데 도움이 된다. 즉 하나의 시간과 장소에서는 이상화가 두드러질 수도 있는 반면에, 또 다른 시간과 장소에서는 바로 양가성ambivalence이 전면에 부상하기도 한다. 이상화와 양가성 양자 모두는 사랑의 상태에서 불가피하다. 12세기의 시인과 20세기의 어머니 각각은 사랑의 상이한 측면들을 이해할 수 있게 해주며, 그리하여 보편적 현상으로서의 사랑에 관한 우리의 개념을 풍부하게 해준다.

히스테리에 관한 나의 주장도 동일한 패턴의 논변을 따른다. 히스테리가 사라졌다는 주장은 20세기 서양에서 유행해 왔다. 내가 보기에 이 주장은 터무니없다. 그것은 '사랑'이나 '증오'가 사라졌다고 말하는 것과 같다. 히스테리가 존재한다는 것에는 의심의 여지가 없다. 히스테리의 다양한 현시들을 그 이름으로 부르건 다른 무엇으로 부르건 말이다. 즉 히스테리는 그것을 형성하는 특정한 맥락을 관찰함으로써 이해할 수 있는 잠재적인 인간 경험이다. 나는—사랑이 언제나 똑같아 보이리라고 예상하지 않듯이—히스테리가 언제나 똑같아 보이리라고 예상하지 않는다. 하지만 그렇다고 해서 히스테리가 보편적 가능성이 아니라는 말은 아니다. 가령 타이타족이 사카를 이해하고 다루는 방식과 기원전 5세기 아테네의 히포크라테스 의사들이 (우리가 사용하는 그 특정 단어의 어원이 되는) 자궁usterie을 개념화한 방식, 혹은 마법에 대한 믿음의 소멸 속에서 르네상스 학자들이 '자궁의 질식'[2]의 인간주의적 전통을 산출하기 위해 이 그리스 질병을 재창안한 방식 사이에는 분명한 연계들이 있다. 모두가 다 그 자체의 맥락에서 유사성과 차이점을 드러내며, 이는 우리가 지금 '히스테리'라고 부르는 것에 관한 그림을 그릴 수 있게 해준다. 역으로, 히스테리(혹은 그렇게 인식될 수도 있는 무언가)가 사라졌다는 현재의 관념에는 반드시 특정한 이유들이 있을 것이다.

히스테리를 묘사하는 모든 맥락은 그것을 젠더와 연계한다. 하지만 물론 언제나 동일한 방식으로 그런 것은 아니다. 역사적으로, 젠더 차이와 히스테리가 상호 작용하는 것으로 보이는 다양한 방식들은 임의의 주어진 시간과 장소에서 정의되는 바로서의 젠더에 관해서도, 또 히스테리에 관해서도, 무언가를 말해줄 것이다. 가령 여성성은 때로 증기vapors를 지니는 것이며, 다른 경우에는 환자를 돌보는 사랑스러운 여자가 되는 것이며, 또 다른 경우에는 수척한 소녀가 되는 것이다. 때로 '히스테리'는

2. ['suffocation of the mother.' 조금 뒤 언급되는 에드워드 조던의 히스테리 책 제목 'A Briefe Discourse of a Disease Called the Suffocation of the Mother'에 들어 있는 표현이다. 'mother'는 자궁의 구식 표현이며, 'suffocation of the mother'는 조던이 히스테리에 대해 사용한 용어 중 하나이다.]

의학적 진단이며, 때로는 한낱 모욕이다. 이 다양한 표현들은 특정한 역사적, 문화적 분석에 이용될 수 있을 것이다. 그렇지만, 나의 물음은 다르다. 왜 히스테리는 여자들과 연계되는가? 히스테리에 대한 정신분석적 이해를 전형적 사례로 이용하면서 나는 여성성과 히스테리 사이에는 등가성이 있다는 가정에 도전하며, 오히려 히스테리가 여성화되었다고 주장한다. 하나의 보편적인 잠재적 상태가 반복해서 여성성에 할당되었다. 마찬가지로, 남자들이 히스테리의 특성들을 드러내는 것처럼 보인다는 논박 불가능한 관찰 이후에, 하나의 상태로서의 히스테리는 사라졌다.

히스테리의 젠더화를 조사하면서 결국 나는 그 자체가 히스테리의 이해로부터 확립된 기본적인 정신분석 이론의 일부를 의심하기에 이르렀다. 히스테리를 생각하면서 나는 오이디푸스 콤플렉스를 다르게 읽게 되었고, 동기간의 경험 및 또래와 친애 관계에 있는 동기 계승자들의 경험을 정신적 삶의 구성에 대한 우리의 이해 속으로 삽입할 필요성을 느끼게 되었다.

히스테리는 비록 오늘날 사라졌지만, 나머지 역사 도처에서 그리고 교차 문화적으로 히스테리가 발견될 수 있다고 최근까지도 주장되었다. 그렇지만 이 주장은 포스트모던적 관점으로부터 정력적으로 도전받아 왔다. 히스테리는 해체되었으며, 히스테리의 보편성, 질병 실체 내지는 질병 범주로서의 히스테리의 통일성, 더 중요하게는 여하한 시간이나 장소에서의 히스테리의 존재 그 자체가 의문에 부쳐졌다. 20세기 서양 세계에서 히스테리가 병원과 상담실에서 사라졌다는 지배적인 임상적 주장은 이제 히스테리의 존재 그 자체에 대한 지적 도전과 평행으로 달리고 있다. 그것이 '사라졌다'고들 할 뿐 아니라 이제 학자들은 그것이 결코 존재하지 않았다는 것을 발견하는 중이다. 이 학문적 해체를 예시하는 것이 영국의 고전주의자 헬렌 킹의 빡빡하게 논증된 짧은 논문 「옛날 옛적 텍스트에Once Upon a Text」(1993)이다. 이 논문은 그 주제를 다룬 일자 바이스의 표준적 작업인 『히스테리: 어느 질병의 역사』(1965)에 도전하고 있다. 포스트모더니즘의 만연한 영향하에서, 우리는 전통들이 발명된 것임을 매일 깨닫는다. 이러한 경향을 따라 킹은 신인간주의를 위한 전통을 그리스적인 모든 것들에서 찾는 르네상스 프로젝트의 일부는 관찰된 자기 자신의 질병을 히포크라테스 문헌에서 찾는 것이었음을 보여준다. 킹은 르네상스가 자기 자신의 질병 유산을 창조하기 위해 고전적인 그리스 히스테리를 발명했다고 주장한다. 그렇지만 분명 전통들이 실로 창조된 것이기는 하지만, 난데없이 발명된 것은 아니다: 선택되고, 윤색되고, 재창조된 어떤 것이 언제나 있다—현재에 의미가 주어진 과거의 측면들. 히스테리는 그리스 문헌과 그 르네상스 후예들 양자 모두에 의해 지시되는 것처럼 보인다. 바이스의 역사는, 아무리 그것의 '보편주의'와 '본질주의'가 한물간 것이라고 해도, '히스테리'를 실제로 존재하는 어떤 것으로 간주하고 있는데, 시간과 장소에 따라 증상들을 기록하고 있기 때문에 여전히 매우 유용하다.

우리가 '히스테리'라고 부르려고 하는 것의 지배적인 증상들은 기원전 5세기의 히포크라테스 의사들에게는 호흡 곤란과 질식감이었다. 주된 환자는 최근에 사별한 과부들이었다. 대다수의 의사들이 제공한 설명은 박탈된 것의 만족을 열망하는 자궁이 신체 곳곳을 다급히 방황하여 다른 장기들에 압박을 야기하고 그 결과 호흡 같은 다른 과정들을 방해한다는 것이었다. 치료는 재혼(그리고 그에 따라 기대되는 성적 만족)부터 음부를 통한 허브 훈증, 최면에 이르기까지 다양했다. 기원전 3세기에 페르가몬의 갈렌은, (17세기에도 20세기에도 그렇게 주장되었듯) 자궁이 정액과 유사한 분비물을 생산한다고 주장했는데, 분비가 막힌 정액이나 그 유사물이 여자와 남자 모두에게 또한 히스테리를 초래할 수 있다고 제안했다. 여기에는 필수 불가결하지만 폭발적인 방출로서의 히스테리라는 관념이 잠재해 있다. 고대 세계에서의 히스테리적 행동에 대한 설명은 서기 3세기 말 기독교 신비주의가 성장하고 의학이 쇠퇴하기 전까지

점점 더 성적인 것이 되었다.

처음에 성 아우구스티누스의 모습을 하고 있었고 그 모습으로 가장 위세를 떨쳤던 기독교는 의사가 도울 수 있는 신체적, 정서적 욕구를 지닌 (거의 언제나 여자인) 아픈 존재였던 히스테리증자를 자의로 점유당하고 악마와 결탁한 (다시금 거의 언제나 여자인) 사람으로 변모시켰다. 기독교 하에서 증상으로는 감각 상실, 함묵증, 경련, 그리고 (바늘 삼키기나 악마의 낙인stigmata diaboli으로 여겨진 신체 표지 같은) 기이한 행동의 모방 등이 있었다. 상태의 치료 — 혹은 박해 — 는 종교적이거나 사법적이었고, 의학적이지 않았다. 히스테리증자는 제일 빈번하게는 자신을 마녀로 내보였으며, 혹은 당신의 관점에 따라서는, 마녀의 행동이 특징적으로 히스테리적이었다.

후기 르네상스는 고대 그리스를 다시 거론하면서 히스테리의 재의학화와 초자연적인 종교적 원인에 대한 논박을 시작했다. 1603년 에드워드 조던이라는 의사가 영국에서 『자궁의 질식이라고 불리는 질병에 관한 소고』라는 책을 출간했는데, 이 책은 그때까지 마법의 표지로 간주되었던 모든 징후들이 어떻게 임상 히스테리 사례들에서 발견될 수 있는지 보여주었다. 이 시기에 치료들은 히스테리를 치유될 수 있는 질병으로 재자연화하는 것과 일치했다 — 그리하여 가령 승마와 같이 활기찬 운동이 강력히 권장되었다(다시금 여기서 신체적 방출이라는 주제를 볼 수 있다). 고대 그리스인들에게 그랬듯이, 16세기와 17세기 초에 유명했던 증상들은 호흡 곤란과 질식(이른바 '자궁의 질식'), 경련, 발작, 충동적 모방을 포함했다. 히스테리에 관해서 기록된 관찰과 묘사 대다수는 따라하기 모방 역시 기록했지만, 이 특징은 18세기와 19세기까지 진단상의 중요성을 얻지 못했다. 한 히스테리성 발작 사례를 관찰하면서, 외과 의사 조르지오 바글리비(1668–1706)는 이렇게 관찰했다: '달마시아에서 나는 간질 발작에 걸려 땅바닥에 엎드려 있는 다른 사람을 바라보는 것만으로 격렬하게 경련을 일으키는 젊은 남자를 목격했다.'[3] 히스테리와 간질의 관계는 20세기에 이르기까지 중요성이 점점 커지게 될 것이었다. 그렇지만 바글리비의 관찰은 죽음–같은death-like 상태들이 갖는 중요성 또한 지적한다. 히스테리의 명확하지만 간과되는 한 가지 특징은 그것이 개념으로서의 죽음이든 사실로서의 죽음이든 죽음과 관계하는 특정한 방식이다.

물론, 17세기 이후 히스테리의 점증하는 의학화와 더불어, 더 많은 히스테리 환자가 의사의 도움을 구했다. 그렇지만 증상에 대한 의학적 설명은 다양했다. 당대에는 조롱받았으나 이후 근대 임상의학 및 역학의 정초자로 인정받은 주목할 만한 의사 토마스 시드넘(1624-89)은 분노, 두려움, 고통의 폭발이 히스테리의 간접적 원인이 될 수 있으며 근본적인 문제는 정신과 신체의 불균형이라고 주장했다: 정신과 신체 양자 모두를 지배하는 동물의 정령은 동조화에서 벗어나 정신보다 연약한 신체에 장애를 야기한다. 시드넘이 관찰한 히스테리 증상들은 손톱이 이마에 박혀 있다는 믿음의 경험, 복부 및 근육의 다양한 고통과 장 경련을 포함했다. 시드넘은 그 질병의 가변성을 기록했을 뿐 아니라, 중요하게는, 다양한 신체적 질병의 형태를 취할 수 있는 그것의 능력 또한 기록했다. 다시 말해서 중세 후기와 근대 초기의 마녀는 고양이로 둔갑하곤 했지만, 17세기에서 20세기까지 히스테리 환자들은 맹장염을 모방할 수도 있었다.

르네상스와 그리스 사상가들이 그랬듯이 몇몇 의사들이 히스테리를 여전히 자궁과 연계시켰지만, 17세기부터 히스테리는 주로 뇌와 연결되었다. 르네상스 이후 이러한 연계는 서양 세계에서 히스테리가 설명되는 방식에 있어 가장 현저한 변화를 표시했다. 이 변화하는 설명 모델은 이번에는 신경학적 병인론으로 이어졌다. 실로 젠더의 렌즈로 보면, 이러한 설명 변동은 히스테리에 관한 더더욱 중요한 사고 전환을 도입했다: 히스테리가 자궁에서 발산되는 것이 아니라 뇌에서 발산되는 것이라

• •

3. Veith, I. (1965). p. 148 참조.

면, 이는 또한 원칙적으로 남자와 여자를 동등하게 히스테리에 취약하게 만드는 것이기도 하다. 하지만 이는 반대로도 볼 수 있다: 여자와 남자의 심리사회적 상황의 구별이 줄어들면서 히스테리의 겉보기의 여성성이 양성 모두에게 이용 가능하게 된다 — 따라서 의사들은 그것의 병인론을 자궁에서 분리할 필요를 느꼈다. 그렇지만 그들은 그렇게 하여 문제를 만들어낼 뿐이었다.

요약하자면 이렇다. 적어도 서양 사회에서 17세기까지 히스테리는 대개 여자들과 연계되었으며 그것의 병인론은 자궁이 야기하거나 혹은 (남성) 악마의 유혹이 야기하는 것으로 사고되었다. 유사 이래로 남성 히스테리가 이따금 관찰되었지만, 이는 거의 문제가 되지 않았다. 확실히 그것은 19세기에 그렇게 간주된 것과 같은 불가능한 모순이 아니었다. 그 이전에는, 특수한 맥락에서 남자들은 여자들처럼 행동할 수 있었다. 정서적 신체와 해부학적 신체는 (전부가 아닌) 일부 문화와 역사적 시간들 속에서만 일치하며, 심지어 그것들이 일치하는 곳에서도 일치는 총체적이지도 편재적이지도 않다. 세 살배기 아이는 배에 두통이 있다고 호소할 것이다. 혹은 어느 지친 시칠리아인 남자는 그의 적수가 '그의 자궁을 마르게 한다'라고 기꺼이 불평할 것이다. 혹은 미쳐가는 리어왕은 '자궁이 그의 안에서 올라[오는]'[4] 것을 느낀다고 선언한다. 어떤 문화권에서는 신체나 신체 부위를 문자 그대로 취하며, 그것이 그 자체로 행위자인 것처럼 간주한다: 도둑은 그의 손과 함께 훔치기 때문에, 손이 잘린다.

그렇지만 여기서 흥미로운 것은 이렇다. 즉 일단 그 기원이 더 이상

• •

4. [미첼의 인용이 정확하지 않아 원문을 확인하기는 어려우나, 의미가 가장 근접한 것으로 보이는 2막 4장에서 리어왕은 '오, 울화통이 내 심장을 치받고 올라온다!(O, how this mother swells up toward my heart!)'고 말한다. (윌리엄 셰익스피어, 『셰익스피어 전집 5』, 최종철 옮김(민음사, 2014), 253쪽) 여기서 최종철이 번역어로 채택한 '울화통'은 앞서 에드워드 조던의 저작에서 '자궁'의 고어로서 언급된바 있는 mother를 가리킨다.]

생물학적으로 젠더–특정적인 것으로 간주되지 않자, 일단 그것이 뇌와 신경계에 관한 문제가 되자, 히스테리의 여성성은 더욱 견고하게 확립되어야 했다: 그것은 재여성화되어야 했다. 18세기 동안 증기를 지닌 세련된 여자들은 히스테리와 동의어가 되었다. 그리하여 비록 증기의 기본 원천은 뇌였지만, 그것은 자궁에서 이차적으로 발산된다고 종종 주장되었다. 증기는 우울, 심기증 혹은 비장the spleen으로 정의되었다. 하지만 사실상 증기는 히스테리적이고 '여성적'이었다.

유럽에서 히스테리의 역사를 따라감으로써 우리는 여성을 생물학적 여자로 정의하는 것으로부터 성격학적 '여성성'으로 정의하는 것으로의 변동을 볼 수 있다. 히스테리를 문제 있는 자궁과 등치하는 자연적 설명은 여성성에 관한 이데올로기적 정의에 길을 내주었다. 이는 여자들에 반하는 어떤 편견으로 문을 열었다. 그 편견은, 히스테리에 대한 고대 세계의 자연적 설명에서 중세 때 히스테리가 마법으로 변모했던 유사한 변동에 수반된 편견에 비해, 훨씬 덜 노골적으로 폭력적이었지만, 못지않게 악의적인 것이었다. 증기를 지닌 한 남자를 보았다고 인정했음에도 조제프 롤란(1708–84)이라는 의사는 이런 소견을 내놓았다: '무질서한 상상력이 행할 수 있는 모든 갖가지 어리석음들을 여자들이 발명하고 과장하고 반복하는 이 질병은 때때로 유행하며 전염성이 있다.'[5]

다음 세기가 되면 '증기'는 '신경'이 되었다. 하지만 동시에 18세기 후반과 19세기 초에는 여성의 성적 병인론의 재도입이 있었다. 파리에 소재한 비세트르 및 살페트리에르의 정신병원에서 정신 질환자들을 격리시킨 것으로 잘 알려진 필립 피넬(1745–1826)은 정신 질환을 주로 사회적, 심리적 스트레스의 관점에서 설명했다. 심리적이고 인간주의적인 접근을 선호하면서, 그는 밀착 요법을 권장하고 시행했다. 피넬은 히스테리를 '여자들의 생식기 신경증'으로 지칭했다. 피넬 이후 히스테리

●●
5. 같은 책, 169쪽.

의 신체적 증상 — 무감각(신체 일부의 감각 상실), 식이 장애, 호흡, 질식, 인두 히스테리globus hystericus 등 — 이 계속해서 묘사되었지만, '나쁜 여자'의 기본 정의처럼 읽히는 성격 특질들이 추가되었다: 과다 성욕 혹은 과소 성욕, 교태스러움, 거짓말하기와 기만하기, 조작하기, 극단적 정서성. 19세기 중반이 되면 여성성의 매력은, 그것이 과도할 때, 실로 히스테리라고 주장되고 있었다.

　19세기 후반 프랑스의 신경정신과 의사 장–마르탱 샤르코(1825–93)는 살페트리에르에서도 근무하면서 히스테리 환자들을 촬영하고 분류했다. 샤르코는 히스테리성 발작의 상이한 국면들을 설명하면서 그것을 신경학적 질병으로 간주했다. 그는 그것이 남자들에게 만연했음을 입증한 것으로 유명하다. 동시에 이폴리트 베른하임(1837–1919)은 히스테리가 신경학적인 것이 아니라 심리학적인 것이라고 주장했다. 뒤이어 피에르 자네(1859–1947)와 지그문트 프로이트(1856–1939)의 상이한 연구를 통해 히스테리의 심리학적 모델이 확증되었으며 오늘날까지 지배적인 것으로 남아 있다. 이 모든 19세기 후반의 의사들은(특히 프로이트는) 남성 히스테리의 현존을 확신했다.

　그렇지만 심리학적 모델의 우위와 더불어, 히스테리는 — '이해'되었기 때문에 — 단순히 사라졌다는 믿음이 도래했다. 바이스는 프로이트가 히스테리를 해독함으로써 그것이 이천오백 년 동안 지녔던 신비한 중요성을 박탈했다고 논평한다. 그녀가 주장하기를, 히스테리증자들은, 그토록 잘 이해됨으로써, 히스테리가 되는 것으로부터 얻는 것이 거의 없음을 느끼게 된 것이 틀림없다. 바이스의 의견은 약간 믿기 어려운 의견이다. 『브리태니커 백과사전』은 — 진행 중이라는 것을 아직 강조하고 있지만 — 히스테리의 소위 사라짐에 대해 다르게 설명하고 있다: '히스테리의 발생률은 세계의 많은 지역에서 지난 수년간 감소해 온 것으로 보인다. 아마도 이는 심리적 정교함의 증가, 성적 내숭과 억제의 감소, 덜 권위주의적인 가족 구조 등 문화적 요인들 때문일 것이다.'[6] 자신의 작업을 살펴보면서 바이스는 이렇게 논평한다.

히스테리에 관한 이 간략한 연대기적 검토로부터 이것이 분명해져야 한다. 이 질병의 현시들은, 병인에 대한 믿음들과 치료법들이 그랬던 것만큼이나 시대에 따라 변하는 경향이 있다는 것 말이다. 증상들(…)은 사회적 기대, 취향, 습속, 종교에 의해 조건 지어지며, 더 나아가 의학 일반의 상태 및 의학적 문제에 관한 대중의 지식에 의해 형성된다. 그러한 지식이 상세해질수록 증상의 다양성은 더욱 커진다 (…). 더 나아가 역사를 통틀어 증상들은 여성적 이상의 지배적 개념에 의해 수정되었다.[7]

사실은, 히스테리의 수많은 현시들—질식감, 질식, 호흡 곤란과 식이 장애, 모방, 기만하기, 충격, 발작, 죽음 상태들, 원함(열망, 갈망) 등—은 여러 시대에 걸쳐 현저한 유사성을 보여주었다. 그리고 치료는 그들을 달래는 것과 처벌하는 것 사이에서 종종 바뀌어왔다. 치료와 개념화가 달라졌다고는 해도, 어차피 모방 히스테리는 상이한 시대에 상이하게 보일 것인데, 왜냐하면 그것은 히스테리에 관한 상이한 치료와 상이한 관념을 모방하기 때문이다. 소위 '사라짐'에 관해서는 이렇게 물을 필요가 있다: 히스테리는 어디로 갔는가?

20세기에, 분석적 관점과 치료 관점 양쪽 모두에서, 히스테리를 이해하는 지배적인 방식은 정신의학과 정신분석이었다. 바이스의 성공적이고 대중적인 연구로부터 21년 후, 프랑스의 정신과 의사 에티엔 트리야가 집필한 『히스테리의 역사L'Histoire de l'hystérie』(1986)는 히스테리의 역사를 크게 증폭시켰다. 그리스에서 시작한 이후에, 트리야는 1700년부터 1960

6. The New Encyclopaedia Britannica (1991), p. 6207.
7. Veith, op. cit., p. 209.

년대까지의 시기에 초점을 맞추었다. 그는 주로 프랑스 정신의학의 관점에서 이해된 바로서 히스테리를 바라보았는데, 그러한 관점에서 목적은 뇌의 화학 작용이 어떻게 행동에 영향을 미치는지를 알아보는 것이다.

정신의학은 끊임없이 증대되는 분류를 통해 전진한다. 그것은 심화된 구분과 변별적 묘사로 지식을 세공한다. 샤르코는 히스테리의 첫 번째 저명한 분류자였다. 몇 달간 그의 밑에서 연구한 프로이트는 샤르코가 증상들의 상세한 분류를 통해 이 날뛰는 상태에 어떻게 '법과 질서'를 부여했는지를 보면서 열광했다. 하지만 여전한 유명세에도 불구하고 샤르코의 작업은 이내 효과를 잃었다. (3장에서 볼 것처럼) 히스테리는 환자의 불안정한 욕망을 내포하기 때문에, 그리고 히스테리는 무엇이든 혹은 누구든 모방할 수 있기 때문에, 궁극적으로는 그 무슨 그와 같은 제약이나 분류에도 저항한다. 히스테리는 손쉽게 분류될 수 없으며 그 어떤 생화학적 설명도 발견될 수 없기 때문에 사라진다. 그렇다면 근대 서양 세계에서 정신의학적 실천의 유행 또한 히스테리의 사라짐에 있어 중요한 요소다. 그렇지만 행동과학이 영향을 미치면서, 분류하고 생화학적 요인을 찾아내고자 하는 충동은 최근 몇 년간 감소해 왔다.

히스테리에 대해 정신과 의사 필립 슬라브니가 집필한 최근의 설명 『'히스테리'에 대한 관점들Perspectives on 'Hysteria'』(1990)은 정신의학적 분류로부터 행동적 이해 방식으로의 이러한 이동을 반영한다. 슬라브니는 히스테리를 이해함에 있어서 그가 '차원적 관점'이라고 부르는 것을 옹호한다. 즉 한 인간을 유기체로 다루는 질병 방법과 그/녀를 행위자 혹은 주체로 간주하는 인생사 방법 사이의 중간쯤. 슬라브니는 지난 세기 이래로 그 과정을 추적한다. 그것은 히스테리증자를 삶에서 주요한 사건(가령, 과부가 되는 것)에 대한 정서적 반응을 보이는 누군가로서 지각하는 것으로부터 신경계가 유기체적 구조의 연약한—어떤 사람은 다른 사람들보다 연약한—부분이며 이러한 연약함은 사람을 히스테리에 취약하게 한다는 뒤이은 관념으로 변동되었다. 이는 16세기와 17세기 사이에 발생했던 지각 변화를 반향한다.

20세기 후반에 히스테리를 질병으로 간주하는 것으로부터 히스테리증자를 증상보다는 특질을 지닌 사람으로 간주하는 것으로 다시 한번 관념이 이동했다. 이러한 변동과 더불어 히스테리 개념 그 자체는 '연극성hystronic'과 같은 서술 용어로 대체되었다. 가령 막중한 분류인『정신 질환 진단 및 통계 편람DSM』 II, III권은 '히스테리'를 대체하기 위해 '연극성 인성 장애' 개념을 도입한다. 이러한 대체는 히스테리의 역사에서 히스테리가 이제는 부적절하다고 여겨지는 연관들을 가지고 있으며 그렇기에 히스테리는 삭제되는 것이 좋겠다는 견해를 반영한다. 실로 문학과 임상 실천 양자 모두에서, 히스테리적이라는 용어와 연극성이라는 용어는 다소 호환 가능한 방식으로 사용되는 경향이 있다. 그렇지만 히스테리적 성격 특질은 변한다. 가령『정신 질환 진단 및 통계 편람』 III에서 '미성숙'과 '유혹적임'이 삭제되고 '피상성'이 추가되었다. 슬라브니는 감정의 과도한 전시, 자기 극화, 정서 불안, 아첨, 관심 필요, 비호감, 신의 없음, 자기기만 같은 일군의 특질들을 나열한다. 그런데 그것들은 다른 질병의 시뮬레이션을 낳는 특질들이다. 사람은 히스테리적으로/연극적으로 行動할 수 있다. 그렇지만 '히스테리'는 질병 실체로 존재하지는 않는다. 슬라브니는 이렇게 결론짓는다: '이 책은 정신과 의사가 제목에 히스테리를 넣어 집필한 마지막 저작이 될 수도 있다. 그 용어가 임상 실천에서 매일 사용되기는 하지만, "그것을 최종적으로 제거하고자 하는 사람들"은 정신의학적 명명법의 주도권 다툼에서 승리한 것으로 보이며, 다음 세대의 임상의들은 일정한 특질들과 행동들을 가리키고자 할 때 그 용어가 필수 불가결하다고 더 이상 생각하지 않을 것이다. 히스테리, 연극성, 그리고 히스테리적이라는 용어는 시대착오적인 것이 되기 직전이다.'[8] 진단법의 이러한 승리에서 아이러니는, 더 이상 히스테리의 존재를

• •

8. Slavney, P. (1990), p. 190.

인정하지 않는 의사들이 매일 히스테리를 언급하고 있다는 것이다. 정신분석가들도 마찬가지라고 말할 수 있다. 확실히, 거의 예외 없이, 아주 최근까지 영국의 대상관계 정신분석 이론은 공식적으로 히스테리가 존재한다고 간주하지 않았다. 질병의 정신의학적 분류를 개별 성격 특질 묘사로 재정위한 슬라브니의 시도는 신경증에 대한 이해가 인성personality 및 인생사에 대한 묘사로 전환되는 교점을 표지한다. 하지만 히스테리의 역사를 감안하면, 분명 다음과 같은 물음을 던져야 한다: 무용해진 것은 히스테리 그 자체인가, 아니면 그것의 ─ 정신의학적, 의료적 혹은 정신분석적 ─ 분류인가?

아이러니하게도 정신과 의사 슬라브니는 그의 성격학적–행동적 이론을 세우기 위해 정신분석적 자료를 이용한다. 앞으로 볼 것처럼, 정신분석 이론과 실천은 이야기에 저항하도록 되어 있다. 그렇지만 슬라브니 저작의 마지막 부분에는 '이야기로서의 히스테리'라는 제목이 붙여졌으며, 정신분석으로서 알려지게 될 것의 첫 번째 사례사, 20세기 초 독일의 잘 알려진 여성주의 사회운동가가 된 (지그문트 프로이트의 선배 동료 요제프 브로이어의 환자) '안나 O' ─ 베르타 파펜하임의 가명 ─ 의 사례사를 고찰한다. 슬라브니의 설명은 증상 분석에서 인생사 묘사로의 변동을 예시한다. 이러한 묘사 방식에서 특히 중요한 것은 슬라브니의 설명에 '증상들'이 없다는 것이다. 이 성격학적 접근은 진보적이고 인간적인 것처럼 보이지만, 심각한 문제들을 초래한다.

요제프 브로이어는 1882년에 안나 O를 치료했으며, 브로이어와 프로이트의 중요한 공동 연구 『히스테리 연구』(1895)는 그녀의 사례사로 시작한다. 안나 O는 죽어가는 아버지를 간호하는 동안 병이 났다. 그녀의 증상들은 만성적이었고 그녀를 무기력하게 하였다: 그 가운데 일부만을 명명하자면, 이따금 모국어인 독일어로 말할 수 없음 내지는 먹거나 마실 수 없음, 끔찍한 환각, 심각한 기억 상실, 상상 임신. 무의식적 과정의 역학에 대한 이해에 기초한 프로이트의 정신분석의 정초는 대체로 이 히스테리 연구에서 나왔다.

정신분석 이론에서 기질적 원인이 없는 얼굴 경련 같은 증상은, 실현될 수 없어 무의식적이 되지만 여전히 신체적 표현으로 한 인간의 삶 속으로 밀어닥치는 소원의 결과라고 설명된다. 가령 한 젊은 남자가 친구의 어머니와 불법적인 관계를 맺고자 소원한다. 그 여자의 남편이 개입해서 그의 '뻔뻔함nerve'을 비난한다. 그 젊은 남자는 격렬한 질책을 '따귀ª slap in the face'로 경험한다. 이 소원과 금지는 무의식적인 것이 되었지만 통제 불가능한 얼굴 경련이 됨으로써 자신의 현존을 고집한다. 환자는 증상을 통제할 수가 없다 — 그는 그것을 멈출 수 없다. 그렇지만 그 기원이 발견되면, 증상은 무용해진다. 이 시점에서 젊은 남자는 상황을 의식적으로 통제할 수 있으며 그 소원의 금지 혹은 실현을 온전히 인식하면서 그 소원을 추구하거나 포기하기로 결정할 수 있다. 히스테리 증상을 치료함에 있어 어려운 점은 소원과 소원의 금지가 또한 증상적 표현의 어떤 다른 무의식적 '선택'에서 출구를 찾을 수도 있다는 것이다. 어떤 관념이나 소원이 무의식적이 될 때, 그것의 표상은 꿈에서처럼 전적으로 달라져서 나타난다. 무의식적 과정들은 평범한 사고들이 다른 양상으로 변형된 것이다. 의식적 삶에서 모순되는 관념들이 무의식적 과정에서 동시에 공존할 수 있다: 그곳에는 '아니'가 없다. 아무것도 부정될 수 없다. 하나의 대상/관념이 수많은 다른 것들을 대신할 수 있으며, 또한 겉보기에 끝없는(하지만 실제로 끝없지는 않은) 일련의 여타 현시들 가운데서 대체될 수도 있다. 이는 '일차 과정 사고'라고 불리며 의식적인 이차 과정 사고와는 전적으로 구별된다. 그것은 '일차적'인데 왜냐하면 비록 의식적 사고가 그것 속으로 '되밀려'가지만, 그것의 양상은 더 이른, '유치한', 더 '원시적인' 것이기 때문이다. 이 무의식적 사고를 의식적 사고로 되돌려 변화시키는 것은 정신분석 임상 실천 및 그로부터 결과한 정신분석 이론 양자 모두의 중심 과제다. 안나 O의 히스테리 증상을 분석하는 것으로부터 (슬라브니가 그랬듯) 그녀의 인성을 묘사하는 것으로의 미끄러짐은 '무의식'이라는 용어를 그가 다르게 사용하고 있는 것에서도 입증이 된다.

정신분석은 히스테리 증상을 해독하고 이해함으로써 스스로를 확립했다. 증상을 근절하고 증상을 특질들로 대체하면서 이해할 과정이 없어졌으며 관찰자가 묘사하거나 환자가 실연하는 어떤 것만이 남았다. 히스테리는 이해 대상이 되기를 멈추었다. 그리하여 그것은 행동 양태가 아닌 다른 그 어떤 것으로든 '존재'하기를 멈추었다. 개인의 성격을 묘사하는 데 이용되기 시작하면서, 히스테리는 더 이상 그 사람의 일탈 행동 너머로 존재하지 않는다. 오늘날 무의식적 측면들이 언급될 때조차도, 그것들은 프로이트가 묘사한 무의식적 과정들이 아니라 오히려 손쉽게 의식적이 될 수 있는 상호 작용적이고 상호 개인적인 욕망과 환상들이다. 그러한 무의식은 역동적이지 않다. 그것은 일차 과정 논리로 작동하지 않는데, 이 논리는 밤꿈이 쇼핑 계획과 다른 만큼이나 그것과 다르다. 오히려 그것은 '무의식적 행동'이라는 표현에서 그렇듯 '무의식적'인데, 이 표현은 단지 그 순간에 우리가 어쩌다 자각하지 못한 어떤 것을 가리킨다. 그것은 또 다른 사고방식이 아니라, 단지 우리가 하고 있다는 것을 완전히 의식하지는 못할 수도 있는—샌드위치 먹기 같은—어떤 것에 불과하다.[9] 앞으로 보게 될 것처럼, 이는 히스테리에서 핵심적인 갈등적, 강박적, 충동적 요소를 누락하는 것으로 이어진다.

증상들을 관찰하는 것에서 성격 특질들을 고찰하는 것으로의 이러한 변동에서 우리가 보는 것은 설명 패러다임 변화의 심화된 판본에 불과하다. 히스테리는 더 이상 질병이 아니다—그것은 행동 양태이자 인생사다. 3장에서 더 상세히 다루어질 프로이트의 유명한 도라 사례는 의사에게 질병을 보여주는 환자patient로부터 치료사에게 이야기를 들려주는 겪은

• •

9. 이러한 접근법이 어떻게 미국의 자아심리학으로부터 발달되었는지 보는 것은 쉬운 일이다. 하지만 이를 추적하는 것은 이 책의 범위를 벗어난다.

자sufferer로의 이러한 이행을 완벽하게 예시한다.

그 질병 실체는 또한 '히스테리적'이라는 용어의 계속되는 일상 언어적 사용 속으로 사라졌다. 이러한 변동은 히스테리가 공동체 속으로 사라질 수 있게 했을지도 모른다. 스스로를 '히야기들hystories',[10] 연극성 행동, 격분, 충동적 거짓말하기, 학대 관행 등등으로 현시하면서 말이다. 오늘날 가족과 직장과 새로운 예술적 실천들이 히스테리에 거처를 제공하게 된 반면, 히스테리의 더욱 명백히 '미친' 차원들은 새로운 별개의 질병들로 재범주화되었다.

근대 히스테리의 역사는 전형적인 히스테리증자의 사회적 계급에 있어 특정한 변동을 보여준다. 비록 중세에 수많은 모르간 르 페이[11]가 있었기는 하지만, 주된 마녀 인구는 가난했으며 어쩌면 떠돌이였을 것이다. 그런 다음 16세기와 17세기 동안 마법의 소멸과 히스테리의 점증하는 의학화와 더불어, '히스테리증자'라고 불릴 가능성이 가장 높은 사람들의 유형이 변동했다. 히스테리증자들은 점점 중간 계급과 상류 계급이 되었으며, 종종 (적어도 묘사들을 장악한 이미지에서는) 유한 마담이 되었다. 19세기 동안 히스테리에 대한 위대한 인간주의 이론가 시드넘, 피넬, 프로이트는 자신들의 주제와 그것의 실행자들을[12] 상당한 존중을 갖고서 다루었다. 이러한 존중은 단지 계급과만 연계된 것이 아니었다. 17, 18세기 동안 악마의 점유에서 결과한 광기 및 정신 질환에 대한 설명이 쇠퇴하기 훨씬 전에, 히스테리는 의학적 조력을 받을 수 있는 질병으로 간주되었다. 마법의 정신증적인 혹은 광적인 차원은 계속되었지만, '마녀'와의 연관은 없었다. 이렇듯 히스테리에 대한 존중은—아주 일방적이었지만—남성 히스테리증자들이 존재할 수 있도록 허용하는 데 이미 기여했다. 그렇지만 일단 남자들이 가능한 히스테리증자로 간주되고 나면, 긍정적인 여성

• •

10. [55쪽 각주 18 참조.]

11. [아서 왕 전설에 등장하는 마법의 여왕.]

12. [주제는 히스테리를 말하고 그것의 실행자는 히스테리증자를 말한다.]

적 결말이 그들의 것일 수 없었다—그들은 히스테리증자가 종종 그랬듯이 매력 있고 유혹적인 어머니로 불릴 수 없었으며, 그리하여 전체 묘사는 다시금 일반적으로 모욕적이 되었다. 여하간 정상적인 사회적 경계 너머로 활동했던 예술가와 작가들을 제외하면, 남성 히스테리는 부정적인 극점에 위치하게 되었다—히스테리적 행동은 여자답지 않은 것이라기보다는 남자답지 않은 것으로 간주되었다. 그런 다음 이 극점은 정신분열증이나 나중의 '경계선' 질환과 같은 겉보기에 비히스테리적인 정신증 속으로 빨려 들어갔다.

역사 내내 히스테리의 증상들이 여성적 이상의 지배적 관념에 의해 수정되어 왔다는 일자 바이스의 결론은 사실상 나의 시작점이다. 그렇지만 나는 히스테리의 '사라짐'이 사실은 동일한 현상의 또 하나의 특징, 즉 더 나아가 남성 히스테리의 도래와 연계되어 있는 특징이라고 주장할 것이다. 나의 물음은 이렇다: 히스테리는 임상적으로 무엇을 의미하는가? 나는 특히 정신의학에서와 같이 히스테리를 서양 세계에서 대체로 사라진 것으로 간주하기로 합의한 정신분석적 실천에 관심이 있다. 그렇지만 나는 또한 더 일반적으로 현대 '선진 세계' 문화에서 히스테리가 의미하는 바가 무엇인지를 탐구하고 싶은데, 그곳에서 포스트모던 풍조 속의 역사가들, 문화연구 연구자들, 수행이론가들과 예술가들은 (임상의들과는 반대로) 다시금 히스테리를 그토록 비범하게 흥미로운 것으로 발견하고 있으며, 그리하여 히스테리와 창조성의 연계를 새롭게 강조하고 있다. 상이한 맥락들에서 나타나는 히스테리를 볼 수 있는 교차 문화적 관점이 이를 확증해 준다. 히스테리의 현시들은 오늘날 분명 가시적이다. 어떤 것에 히스테리라는 꼬리표를 붙이는 것에 대한 임상의들과 인류학자들의 주저함 또한 여전히 분명하지만 말이다. 이러한 인류학적, 역사적 관찰들은, 그것들의 상이한 맥락들과 더불어서, 오늘날 출현하고 있는 히스테리의 복잡한 그림에 심화된 차원들을 덧붙인다. 무엇보다도 그 관찰들은 인간 조건의 측면들에 대한 특정한 반응으로서의 히스테리의 계속되는 현존을 주장하는 데 도움을 준다.

2. 히스테리와 정신분석

정신분석의 정초로 이어졌던 것은 히스테리에 대한 관찰이었다. 그렇지만 이제 히스테리는 정신분석적 설명에서 대체로 사라졌다—그리고 거기에는 여러 가지 이유가 있다.

나는 특히 히스테리와 정신분석의 관계에는 정신분석의 개시 이래로 중대한 누락이 들러붙었다고 주장하겠다: 동기 관계의 누락. 둘째로 (그리고 이것과 연관된 것으로) 남성 히스테리의 문제가 있다. 정신분석의 바로 그 시초에 억압된 동기와 억압된 남성 히스테리증자가 지그문트 프로이트라는 인물 속에 함께 있었음을 지적하는 것은 아이러니하지만 필요하다. 하지만 남성 히스테리의 억압은 그 이상의 결과들을 낳았으며, 이는 매우 복잡하다. 이러한 결과들의 주장은 분명히 논쟁적이다. 그렇지만 남성 히스테리의 억압이 부분적으로 정신분석적 노력들을 오도하였으며, 히스테리 증상들을 관찰하는 것으로부터 그 증상들을 여성성 일반에 대한 이해로 대체하려고 하는 쪽으로 나아가게 하였다고 나는 믿는다. 나처럼 여성주의자이자 정신분석가인 사람들은 이러한 변화의 계승자이자 참여자다.

지그문트 프로이트의 정신분석가 딸 안나 프로이트는 지난 세기 정신분석이 히스테리에 대한 관찰로부터 정초되었음에도 불구하고 이번 세기 후반에 들어서도 정신분석은 여전히 히스테리를 이해하지 못했다고 말년에 진술했다. 내 생각에 이는 참이다. 우리는 시작으로 돌아갈 필요가 있다. 정신분석 이론의 식별어shibboleth들은—특히, 오이디푸스 콤플렉스 개념은—부정확하지는 않지만, 그럼에도 히스테리에 대한 완전한 이해를 방해한다. (아이가 3~5세일 때 발생하는) 오이디푸스 콤플렉스 개념은 아이와 어머니의 더 이른 전오이디푸스적 관계가 얼마나 중요한지 깨닫게 되었을 때 추가 요소를 갖게 되었다. 그렇지만 내가 보기에 오이디푸스 콤플렉스와 전오이디푸스적 관계 양자 모두는 히스테리의 심장부에서 동기, 또래 및 (결혼으로 연계되는) 친애자의 측면 관계를 희생하면서 아이와 부모 사이의 수직적, 세대적 관계를 강조한다.

　동기 관계는, 부모 자식 관계와 달리, 우리의 첫 사회적 관계이기 때문에 중요하다. 정신분석 치료 방식은 이를 모호하게 하며 정신분석 이론은 이를 무시한다. 손아래 동기가 도래할 때 또는 손위 동기(혹은 동기 대체자)와의 차이를 자각할 때, 주체는 전치되고 폐위되며 자기 자리가 없게 된다: 주체는 나머지 가족과 외부 세계 양자 모두에 대한 관계를 전적으로 변화시켜야만 한다. 아이가 누나라면 '작은 엄마' 되기를 촉구받으며, 형이라면 '큰 형'이 되기를 권유받는다. (여기서 비대칭은 분명하다.) 그렇지만 둘 모두에서, 살의가 감돈다. 어머니를 소유하고 그녀와 함께 있으며 찬탈의 책임이 있는 아버지를 죽이려는 소원(오이디푸스 콤플렉스의 일부)은 내 자리에 들어앉아서 나를 나 자신으로부터 추방하는 자를 제거하려는 욕구에 비하면 이차적이다. 이 순간까지 나였던 아기를 다른 아기가 대체한다. 이제부터는, 사랑에 대한 갈망이 과도한 근접성의 사랑/증오와 함께 하면서 연약한 정신을 구성한다. 아이가 더 어리거나 외동이라면, 어머니의 불가피한 물러남은 다른 아기들에 대한 환상을 유발하며, 종종 그들의 추정된 죽음에 대한 죄책감을 유발하기도 한다. 하지만 아이는 자기 자신과 닮은 누군가의 발견에 흥분해서 자기 자신의 복제물을 원하기도 한다. 많은 아이들이 자기 자신의 복제를 소망 가운데 실연하는 상상적 쌍둥이나 놀이 친구를 창조한다. 히스테리를 특징짓는 것은 동기 혹은 또래뻘과의 관계에서 작동하는 사랑/증오 양가성이다. 히스테리증자는 자신이 사랑하는지 증오하는지 결코 알지 못한다. 자기 자신이 유일무이하지 않다는 재앙적인 자각이야말로 히스테리의 개시를 격발하는데, 이때 전치된 아이는 퇴행하여 오이디푸스적,

전오이디푸스적 국면들을 산출하기에 이르며, 또한 신생아의 외상적 무력함에 대한 공포를 산출하기에 이른다. 그렇지만 퇴행이 발생하는 맥락은 충분한 성숙의 맥락이다. 그것은 측면 관계가 환희와 위험 양자 모두를 함의하는 어린아이의 맥락이다.

외상적 무력함은 가능한 죽음의 경험이다. 5장에서 나는 히스테리를 좀 더 완전히 이해하기 위해 재생산과 죽음 양자 모두와 관련해서 성욕의 쟁점들을 거론해야 한다고 주장한다. 인간 유아의 조건은 히스테리를 위한 기초 도면을 제공하는데, 왜냐하면 인간 유아는 미성숙한 상태로 태어나기 때문이며, 다시 말해서, 신체적으로 세계와 씨름할 수 있기 전에 또 다른 인간 존재에게 장기간 의존해야만 하기 때문이다.

그렇지만 인간의 '조산' 및 초기 의존은 왜 히스테리가 그토록 끈질기게 젠더화되어야 하는지를 설명해 주지 못한다. 여성과 남성의 신생아 상태들에서의 미미한 차이로는 이 최우선시되는 요인을 아마도 설명할 수 없을 것이다. 인류의 사회적 조직화가 히스테리의 여성화를 설명하는가? 대부분의 인간 사회에서 발견되는 남계를 통한 출계 체계(부계 혈통)는 분명 남자아이와는 다른 영향을 여자아이에게 미친다. 히스테리의 젠더화는 이 비대칭을 증언한다. 6장에서는 가능한 히스테리로 이어지는 인간 조건이 20세기 서양 세계 및 그 지배적인 이론들의 특수한 맥락에서 어떻게 여성화되는지 살펴볼 것이다.

브로이어와 프로이트의 『히스테리 연구』가 출간된 이후에, 정신분석이 될 이론과 실천의 중심 학설이 차례로 산출되었다: 증상, 꿈, 말실수 등등, 이 모두는 금지된, 억압된, 그리하여 무의식적이 된 몇몇 욕망들의 표상들을 가리키는 것으로 간주되었다. 그렇지만 그러한 억압은 결코 완전히 성공적일 수는 없었다. 즉 터부시된 욕망들(혹은 몇몇 갈등하는 욕망들)과 그 욕망들의 성공적이지 못한 금지는 이런저런 증상으로서 불가피하게 회귀할 것이었다. 기원적 욕망의 에너지는 증상으로서의 이러한 회귀를 부추길 것이었는데, 이는 소원과 소원의 금지를 동시에 포함하고 있기에 뚜렷한 형태로 나타났다. 이러한 욕망들의 상징으로 이용되는 이야기는 오이디푸스 콤플렉스다—그리고 그것의 금지가, 좀 나중에 정식화되었던바, 거세 콤플렉스다. 이 두 이론은 히스테리 및 히스테리적 공포증의 관찰과 치료에서 유래했다. 하지만 그 이론들은 히스테리에 대한 설명을 제공하는 경로를 거쳐서 다시 히스테리 안으로 흘러 들어갔다: 히스테리증자는 오이디푸스 콤플렉스를 해소하는 데 실패한 것이고, 부모 근친상간 금지를 내재화하는 데 실패한 것이다.

정신분석 이론에서 오이디푸스 콤플렉스는 인성을 구조화하고 인간 욕망을 정향하는 '중핵 콤플렉스'다. 그것은 정신병리 혹은 소위 정상성이 기원하는 주요 축이다. 오이디푸스 콤플렉스는 부모에 대한 아이의 사랑하고 적대하는 관계를 조직화하는데, 이는 타인에게 전이될 때 평생에 걸쳐 종결될 것이다. 어머니나 아버지에 대한 근친상간적 사랑(오이디푸스 콤플렉스)은 전적으로 파괴되어야 한다. 조금이라도 파괴가 완전하지 못하면, 그것은 '회귀'할 것이고, 이 일차적 욕망들이 결혼 동반자 같은 새로운 사람들에게로 성공적으로 전이되는 것을 방해할 것이다. 이러한 논변에서 히스테리증자는 오이디푸스 콤플렉스를 분쇄하지 못하고 다만 불충분하게 '억압'하였고, 그렇기에 그 욕망들이 증상으로서 회귀하거나 환상들, 실연들 속에서 회귀한다. 왜냐하면, 이론이 그렇게 가고 있듯, 오이디푸스 콤플렉스는 오로지 거세 콤플렉스의 수용을 통해서만 실질적으로 파괴될 수 있기 때문이다. 이는 근친상간을 금하는 법으로, 아버지의 자리로부터 나온다. 히스테리증자는 이것이 바로 그것임을, 절대적 법임을 깨닫지 못한다. 오히려 그는 자신의 소원 실현을 그저 무언가가 방해하고 있다고 느낀다. 6장에서 영국 대상관계 이론의 성장을 설명할 때 보겠지만, 뒤이은 정신분석 이론들은 오이디푸스적 삼자 상황 대신 어머니와 유아의 전오이디푸스적 이자 관계를 강조하였으며, 아니면 오이디푸스 콤플렉스를 아동기 초기가 아니라 유아기(멜라니 클라인이 그랬듯이 생후 8개월경)에 위치시킴으로써 오이디푸스 콤플렉스의 남근적 근친상간적 성격에 대한 아버지의 금지가 갖는 중요성을 손상시켰다. 그럼에도 불구하고 오이디푸스 콤플렉스는 핵심적인 준거 틀로 남아 있다.

그렇지만 오이디푸스 콤플렉스는 히스테리를 통해 발견되었음에도 히스테리에 대한 우리의 이해를 가로막았다. 나는 오이디푸스 콤플렉스나 거세 콤플렉스의 중요성에 대해 한순간도 이의를 제기하고 싶지 않다. 내가 제안하고자 하는 것은 동기들을 연루시키는 어떤 다른 질서다. 나는 공인된 정신분석적 질서를 뒤집을 것을 제안하는데, 이 질서는 오이디푸스 콤플렉스에서 동기들로 이어진다. 대신에 나는 전치라는 재앙적인 심리사회적 상황을 산출하는 것이 오히려 동기들의 현존에 대한 초기 자각이라고 제안한다. 이번에는 이 자각이 그 순간까지 심적 함의가 없었던 더 이른 시기의 부모와의 관계로의 퇴행을 격발한다. 전치에 대항해 유아기로 되돌아가면 부모와의 관계는 완전히 오이디푸스적인 것이 된다. 여타의 모든 경우들에서 프로이트가 퇴행과 '지연된 행위'(그 의미를 나중에 획득하는 사건) 양자 모두를 강조했음에도 불구하고, 오이디푸스 콤플렉스에 관해서는 연대기를 따라 부모를 언제나 제일 먼저 놓는다. 그리하여 그는 이렇게 쓴다.

원칙적으로 아버지는 딸을 선호하고 어머니는 아들을 선호합니다. 아이는 소원으로서 이에 반응합니다. 그가 아들이면 아버지의 자리를 차지하고, 그녀가 딸이면 어머니의 자리를 차지합니다. 부모와 아이들 간의 이러한 관계에서 발생하는 감정들과 형제자매 간의 관계에서 **결과하는 감정들**은 긍정적이거나 애정 어린 다정함일 뿐 아니라 부정적이거나 적대적인 감정이기도 합니다.[13] [강조는 나의 것]

그리고

. .

13. Freud, S. (1910), p. 47.

만약 다른 아이들이 태어나면, 오이디푸스 콤플렉스는 가족 콤플렉스
로 발전합니다. 가족 콤플렉스는 이제 다시 형제들 사이의 이기주의적인
이해들이 서로 침해당하는 사태와 맞물려서, 서로를 반목하게 하고
아무 생각 없이 상대방을 제거하고 싶다는 생각마저 들게 합니다.[14]
[강조는 나의 것]

이러한 연대기적 접근법은 현재의 관점에서 과거를 구성하는 정신분석
의 방법론과 반대되는 것이다. 프로이트의 설명에서 사랑과 증오는 부모
와의 관계에서 유래하여 이후에 동기간으로 옮겨진다. 나는 이 사건들을
거꾸로 읽는다: 동기에 직면하여, 아이는 어머니와의 유아적 합일에
대한 소원으로 퇴행하며, 그런 다음에 방해가 되는 아버지를 발견한다.
물론 이 순간 이전에 유아와 부모 간에는 수많은 감정들이 있다. 하지만
동기나 동기 등가물에 의해 완전히 전치되는 경험이 퇴행을 야기하고,
이러한 퇴행이 이 감정들을 중핵 내지는 오이디푸스 콤플렉스의 심적
조직화로 전환하는데, 이제 이러한 조직화가 파괴되어야 하는 것이다.
동기와 또래에 대한 감정은 부모와의 관계 위에 그림자를 드리운다.
물론 새로운 동기의 탄생은 가장 가시적인 충격이다. 하지만 3장의 '도라'
사례에서 볼 것처럼, 더 나이 든 동기들의 현존도 주체의 전치라는 의미를
띤다.

동기 관계들은 정신분석적 관찰과 이론에 있어 커다란 누락이다 —
프로이트와 뒤이은 모든 정신분석 이론가들이 착수하였던 실천은 동기
관계의 중요성을 보는 것을 방해했다. 내가 믿는바 측면 관계에 대한
이해 없이 히스테리는 이해될 수 없기에, 동기 관계에 대한 정신분석의
무시는 히스테리를 금지구역으로 변모시켰다. 일단 소생되면, 동기들은

• •
14. 지그문트 프로이트, 『정신분석 강의』, 임홍빈·홍혜경 옮김(열린책들, 2020), 474쪽.

그들의 은신처에서 나와 모든 곳에서 눈에 띈다. 가령『꿈의 해석』(1900)에서 프로이트는 동기를 살해하는 꿈을 꾸지 않은 여자를 단 한 명도 알지 못한다는 사실을 논의하면서 이렇게 논평한다(우리는 그것이 여자임에 주목해야 한다).

> 어린이는 철저하게 이기적이다. 어린이는 자신의 욕구를 격렬하게 느끼며, 특히 경쟁자인 다른 아이들, 일차적으로 형제에 대한 고려 없이 무조건 그것을 충족시키려 든다. (…) 우리가 아동기라고 여기는 시기에 어린 이기주의자 안에서 이타적 움직임과 도덕이 깨어[난다.] (…) 도덕성의 발달이 지체될 경우에, 우리는 '퇴행'했다고 말하길 좋아한다. 명백히 발달 장애가 문제인데도 말이다. 후에 성장 과정에서 원래의 성격을 잃어버리는 경우, 그것은 히스테리 발병을 통해 적어도 부분적으로 되살아날 수 있다. 버릇없는 아이의 성격과 소위 히스테리적 성격은 실제로 놀라울 정도로 닮아 있다.[15]

일단 우리가 동기들을 생각하자마자 그들이 어디에나 있는 것으로 보이긴 하지만, 그들은 결코 이론 속으로 받아들여진 적이 없다.『꿈의 해석』의 논평으로부터 18년 후, 반복되는 악몽 때문에 '늑대인간'으로 알려진 한 러시아 귀족 강박증자의 사례를 분석하면서 프로이트는 기저에 놓여 있는 히스테리의 이러한 패턴을 정확하게 찾아낸다. 우리는 2장에서 늑대인간과 누나의 관계가 얼마나 결정적인지, 어떻게 이것이 그에게 퇴행을 초래했는지를 보게 될 것이다. 그의 사례에서 퇴행은 오이디푸스 콤플렉스의 형성으로 되돌아가는 것이 아니라 한층 더 원초적인 어떤 것 — 부모 성교의 이른바 '원초적 장면' — 을 환상하는 것이었다. 원초적 장면은 그가 존재하게 된 바로 그곳에서 주체는 기원적으로 부재했다는

● ●
15. 프로이트,『꿈의 해석』, 김인순 옮김(열린책들, 2020), 317쪽.

것을 위한 완벽한 이미지다 ─ 우리는 우리 자신의 수태에서 현존하지 않는다. 그렇지만 이 '상상할 수 없는' 사건에 대한 사후적인 상상적 지각을 초래하는 것은 동기 전치의 재앙이다. 히스테리는 이러한 전치에, 주체의 부재에 항의한다.

정신분석적 인류학은 정신분석 이론을 민족지적 관찰에 적용할 때 대개 오이디푸스 콤플렉스를 염두에 두고 있다. 앞서 나는 루이스가 관찰한 다수의 의례, 관행, 질병이 히스테리와 유사하다는 이유로 그의 설명을 선택했다. 소말리아 북부와 같은 일부다처제 사회에서, 대체되는 것을 두려워하는 아내들은 자르ᵉ이ᵃʳ ─ 남편의 선물로 달래져야 하는 히스테리적 행동 ─ 를 발달시킨다. 질투는 측면적이며 전치에 대한 한 가지 반응이다. 동기들의 측면 관계들을 통해 들여다보면, 그 설명은 정신분석적 입력물로부터 ─ 오이디푸스적 도식을 우선시하려는 욕구에 의해 억제되어 있는 어떤 방식에서 ─ 이득을 취할 수 있을 것이다. 왜냐하면 유사-히스테리 상태들에 대한 인류학적 설명들은 실제로 친애자들과의 측면 관계들을 묘사하기 때문이다: 남편, 아내, 또래 집단들.

혹은 다시금, 타이타족의 사카 질병을 정의하는 특징인 '원함'을 보자. 19세기 문학은 초기 프로이트가 받아들인 용어인 '갈망'을 사용한다. 이 용어는 가질 수 없는 것을 끝없이 원하는 어떤 도깨비불 욕망 같은 것을 분명하게 표현한다. 플로베르의 『마담 보바리』는 어떤 사람이 오로지 그에게 관심이 없는 사람들에게만 관심을 갖는 전형적인 상태의 한 가지 사례를 보여준다. 또한 19세기에 '향수鄕愁'라고 지칭된 질병이 있었는데, 이는 '히스테리증자는 회고 때문에 고통을 겪는다'라는 정신분석적 관찰 안에 들어가 있다 ─ 아이는 옛 유모에게 너무나도 향수를 느낀 나머지 어머니에게 결코 정착할 수 없을 것이다. '원함'은 히스테리에 대한 프로이트 이론에서 핵심적이다. 히스테리증자가 모방한다는 유구한 관찰은, 정신분석 이론에서, '원함'이라는 맥락에서의 모방에 대한 특정한 이해로 대체된다: 사람은 다른 사람이 원하는 것을 원하며 그 사람의 욕망들을 모방한다.

이러한 원함에 오이디푸스적 제한을 가하기는 쉬운 일이다. 실로 그것은 꽤 정확하다. 그렇지만 이는 또한 동기의 도래를 통해 읽을 필요가 있다. 신경성 식욕 부진증으로 다시 지칭되기 전에, 거식증은 '거식 히스테리'라고 불렀다 — 식이 장애는 히스테리의 일반적인 증상으로 널리 관찰되었다. 변덕스러운 '정상' 음식 선호는 정확히 동기에 의해 전치되는 시기에 발생한다. 가령 걸음마 아기는 젖먹이 아기로 되돌아가려고 하거나, 다시는 우유에 손대지 않을 수도 있다. 거식증을 앓는 십대는 어쩌면 유아의 변덕스러움과 가슴에 대해 느끼는 양가성으로 퇴행하고 있는 것인지도 모른다. 이것은 어머니의 가슴 그 자체가 아니라 새로 태어난 아기가 강탈한 가슴이다. 자신이 더 나이 든 동기가 아니라는 깨달음이 분명해진 더 어린 아이는 또 다른 아이의 도래 역시 두려워할 것이며, 그가 생각하기에 모든 관심을 받았던 시기인 유아기로 퇴행하기 또한 원할 것이다. 현실의 동기는 어떤 인간 존재도 유일무이하지 않은 일반적 조건의 구체적인 체현이다 — 언제나 그는 또 다른 인간에 의해 대체되거나 반복된다.

정신분석의 오이디푸스 콤플렉스 이론 안에서, 히스테리는 인류의 피곤한 조건의 일부다 — 왜냐하면 16세기에 풀크 그레빌이 표현했듯이 인류는 '하나의 법 아래에서 태어나지만 또 다른 법에 묶여 있는' 것이기 때문이다. 거세 콤플렉스와 더불어, 소원과 원함에 대한 인간 성향은 이 소원들의 실현을 금지하는 인간 법과 갈등을 겪게 되었다. 금지는 소원들의 성욕화와 더불어 온다. 아동기의 꿈이 다양한 소원들의 실현을 보여주듯이, 히스테리의 퇴행에는 한낱 부모 근친상간 소원보다 더 많은 소원들과 원함들이 있는데, 실로 이것은 가져질 수 없거나 행해질 수 없는 것의 궁극적인 — 하지만 아니 배타적인 — 표현이다. 우리가 히스테리의 개시를 — 자기 자신이 동기에 의해 마음속에서든 실제로든 복제될 수 있음을 주체가 깨달을 때 원형적으로 발생하는 — 주체의 전치라는 재앙적 순간으로 볼 수 있다면, 이는 모든 '원함'이 강화될 뿐 아니라 성욕화되는 시점과도 일치한다. 세 살에서 다섯 살 정도의 동기 혹은 또래 집단의 성적 놀이는 발달적으로 정상으로 간주될 정도로 흔하다.

일단 동기들을 설명으로 끌어들이면, 많은 수수께끼가 풀린다. 그렇지 않으면 히스테리의 최초 사례사들을 읽어내는 일은 그 사례들로부터 나온 강조가 — 분명 그러하듯이 외상 및 죽음과 관련된 성욕에 있는 것이 아니라 — 오직 성욕에만 있다는 점에 놀라게 된다. 거세 콤플렉스의 아버지에 대한 죽음 소원만이 아니라 동기에 대한 죽음 소원 또한 인정될 때, 남성 히스테리의 지금은–너는–그가–보이고, 지금은–아니–보인다[16]는 더욱 분명해진다 — 프로이트 자신의 『토템과 터부』(1913)같이 다루기 어려운 신화들은 형제들의 패 짓기를 환상하지만 그 외에는 자신의 임상 자료들과 연결되는 데 실패한다. 히스테리의 사라짐에 대한 바로 그 관념은 오이디푸스에 대한 강조로 일부 책임이 전가될 수 있다. 동기를 읽어내는 것은 히스테리 문제를 최종적으로 해결할 기적적인 설명을 만들어내지는 못한다. 오히려 그것은 안도감을 제공한다. 이론과 관찰에서 여전히 주요하고 결정적인 오이디푸스 콤플렉스는 그 모든 중요성에도 불구하고 불필요한 장애물로, 시야를 가리는 암반으로 작용하고 있다.

* * *

양차 대전 사이에 있었던 여성성에 대한 강조와 더불어서 몇몇 이론들, 특히 대상관계 이론들로 인해서, 히스테리를 이해하는 것으로부터 또는 심지어 인정하는 것으로부터 우리가 멀어지게 되었다고 6장에서 나는 주장할 것이다. 이 이론들은 발달 이론이기 때문에, 퇴행에 있어 히스테리

16. [로버트 버틀러 감독의 1972년 영화 "Now You See Him, Now You Don't."]

가 갖는 결정적인 중요성을 놓치는 경향이 있다. 동기에 직면하여, 유아는 자신이 이전에 그러했던 유일무이한 아기가 되기를 원하는 것으로 퇴행한다. 그렇지만 이 어린아이는 더 나이 들었으며 또한 라이벌 의식이 있고 경쟁적이며, 아마도 동기나 또래 간 성적 놀이가 있었을 것이다. 그리하여 어머니와의 환상된 합일로 퇴행하는 것은 성욕의 표지하에 들어간다. 그것은 또한 죽음의 발생도 품고 있는데, 왜냐하면 살의적 경쟁에 더하여, 왕이었던 아이는 갑자기 아무도 아니게 되고, 소멸되고, 심적 죽음의 위기에 처하게 되기 때문이다.

프로이트의 도라 사례(1905)는(3장 참조) 히스테리에 대한 우리의 사고의 전범이다. 그것은 죽음충동 가설(『쾌락 원리를 넘어서』(1920)) 이전에 집필되었다. 내가 주장하는바 히스테리는 죽음충동과 관련해서도 이해될 필요가 있다. 히스테리 이론에서 이러한 관점이 부재하는 것은 남성 히스테리의 억누름과 관련이 있다. 그리고 이러한 억누름이, 이번에는, 오이디푸스 콤플렉스의 지배가 우리의 시야를 가리는 방식으로 우리를 되돌려보낸다. 우리의 특정 가족 구도나 친족 관계망 혹은 임신과 관련된 재생산 기술 등이 어떻든 간에, 우리 모두는 두 부모에게서 태어난다: 사회는 이 생물학적 사실을 세공하며, 이는 오이디푸스 콤플렉스의 무시 간성과 무장소성에 그럴듯함을 부여한다 — 그것은 모두의 인간적 숙명이다. 그리고 그 일반성에 있어서의 히스테리는 보편적 오이디푸스 콤플렉스의 잘못된 타협이라는 그럴듯한 설명을 발견한다. 사카에서 타이타족이 언급하는 원함 내지는 루이스가 관찰한 컬트 및 관습들 속에 현존하는 원함, 혹은 방황하고 굶주린 자궁에 대한 그리스식 설명 역시 프로이트에 의해 핵심적인 것으로 간주되었다. 히스테리증자가 예시하는 '원함'은 부모에게 의존적인 유아의 원함이라는 특정한 맥락에서 발생한다고 프로이트는 주장했다 — 즉, 돌보고 보호해 주는 부모에 대한 유아의 환상들. 이러한 원함들이 '남근적' 차원을 획득할 때, 그것들은 금지되며 (부모 근친상간 금지), 뒤이어 그 환상들은 필연적으로 무의식적이 된다.

증상들의 해독에서 오이디푸스 콤플렉스가 발견되지 않는다면, 정신분석가에게 그 질병은 히스테리가 아니었다.

정신분석의 관점에서, 여자라면 히스테리로 분류되었을 온갖 증상들을 지녔다는 이유로 남자들이 1차 세계대전의 전장을 떠나야 했을 때, 그들이 실제로 히스테리를 앓고 있는지에 대한 결정적 요인으로 간주된 것은 바로 이러한 끊임없는 오이디푸스적 갈망이었다. 그들의 증상에는 비기질성 절뚝거림, 마비, 두통, 기억 상실, 악몽, 불면증, 연축 그리고 무엇보다 영국인들에게는 함묵증이 포함되었다. 프랑스의 전장에서 외상을 입었을 때 이 남자들이 '원하고' 있었던 것은 무엇이었을까? 한 가지 대답이 나머지 전부를 지배하는 경향이 있었다: 군대에서의 유대감 조건은 억압된 동성애적 욕망의 회귀를 허용했다. 아버지를 향한 남자아이의 수동적인 오이디푸스적 사랑이 작동하게 되었다. 하지만 심지어 당시에도 그 설명은 다소 부자연스러워 보였다. 그것은 훨씬 더 간단한 어떤 것—전쟁 폭력의 외상—을 희생하면서 상태의 한 가지 측면에 집중했다. 실로 시간이 흘러 '전쟁신경증' 진단이 승리했으며 히스테리는 '사라졌다'. 하지만 히스테리와 외상의 관계는 결정적이다. 9장에서 상세히 다루어지지만, 이것은 이 책 내내 계속되는 주제다.

그렇다면 1차 세계대전은 히스테리의 병인론에 두려움과 외상의 가능성을 재도입한 것이다. 팻 바커의 소설 『유령의 길*The Ghost Road*』과 영화 〈갱생*Regeneration*〉을 통해 최근에 대중의 이목을 끌었던 인류학자이자 정신분석가인 W. H. R. 리버스(1864–1922)는 처음에 의사와 정신의학자로서 수련했다. 그는 정신분석에 해박하였으며, 금세기 초 정신분석이 보급되는 데 중요한 역할을 하였다. 전쟁 동안 그는 (이후 공식적으로 '포탄 쇼크'라고 지칭된) 비기질성 질병으로 전선에서 송환된 장교들을 위해 크레이그록하트 병원을 에딘버러에서 운영했다. 그 포탄 신기술이 의미하는 바는 쇼크가 너무나도 신속해서 정신적으로 처리될 수 없었다는 것이기 때문에 포탄 쇼크는 외상적인 것으로 가정되었다. 리버스는 당시의 그 신조어를 그가 다루는 질병에 대한 불운한 오명이라고 생각했는데, 왜냐하면 그것은 그 질병의 병인학에서 죽음에 대한 환자의 선행하는 공포, 쇼크 이전의 공포가 갖는 중요성을 무시했기 때문이다.

포탄 쇼크는 리버스가 크레이그록하트에서 다루었던 질병에 대한 부적절한 설명이라고 평가했을 때 리버스는 틀림없이 옳았다. 신속히 터지는 포탄이 등장하기 전 미국 남북전쟁의 병사들도 유사한 방식으로 반응했다─틀림없이 그들 역시 타격받기 전에 죽음을 두려워했을 것이다. 그렇지만 선행하는 공포뿐 아니라 사후적 두려움 또한 있다. 현대전의 물리적이고 화학적인 요소들은 후속 효과들을 낳는다─그 효과들은 거의 확실히 기질적 효과이면서도 상상적 효과이다. 히로시마에서부터 그러한 전쟁에 계속해서 노출된 대부분의 사람들은 미지의 효과에 대한 항구적인 두려움을 갖고서 살아야만 한다. 일상을 위해 그들이 이 두려움을 억누른다고는 해도 말이다. 그렇지만 모든 전쟁에서 두려움은 전쟁 이전, 도중, 이후 모두에서 존재하는 것으로 보인다─미지의 치명적인 질병이나 복수심에 불타는 적으로 인한 소멸 혹은 점유에 대한 두려움은 어디에나 있다.

전쟁 상황에서 병을 앓는 사람들로는 침략의 희생자만이 아니라 침략자도 있었다. 20세기 후반 서양 문화를 포함한 많은 문화권에서, 생명을 빼앗는 것은─정당한 살인으로 아무리 완전히 합리화되었다고 해도─어떤 수준에서는 터부이다(혹은 그것의 어떤 측면들은 범죄로 심각하게 간주된다). 전쟁의 희생자만을 질병의 희생자로 간주함으로써 우리는 요점을 놓치고 있다. 보병도 해병도 조종사도 또한 겪고 있을 수 있는 것이 그가 터부를 깼다는 앎이며, 또한 그럼으로써 그렇게 하고자 하는 그의 소원─살해하려는, 동기 대체자를 죽이려는 그의 소원, 그의 '원함'─을 풀어놓았다는 앎이다. 공포는 광기를 낳는다. 베트남전쟁의 병든 퇴역 군인은 전면적 대학살이 있었을 때 그가 한 소년을 살도록 놓아주었지만 결국 동료 미국인이 그 아이의 머리에 총을 쏘았던 것을 알고는 격분하였던 일을 설명했다. 라디오에서 우연히 이 개인적인 이야기를 들으면서 나는 그가 동정심에서가 아니라 아이가 고문당하는 것을 보기를 원했기 때문에 아이를 살려두고자 했다는 것을 알고는 순간적으로 당황했다.

죽음의 충격과 두려움에 더하여, 전쟁 이후 히스테리적이 된 사람은 자신이 죽이거나 위협한 사람에 의한 복수나 점유를 무의식적으로 두려워하기도 한다. 망령으로 회귀하는 이 살해된 자는 '억압된 것의 회귀'라는 정신분석적 개념에 매우 근접한 관념이다. 2장에서 우리는 프로이트의 망령을 만날 것이다 — 그의 죽은 아기 남동생. 이 남동생은 프로이트가 더 어린 남자들과 맺는 관계에서 적대/우정의 패턴을 확립했지만, 더 중요하게는, 정신분석 이론과 실천에서 '증상'으로서 나타난다. 망령에 대한 두려움은 히스테리적 점유에서 실연될 수 있으며, 혹은 시詩에서 정복될 수 있다. 「이상한 만남Strange Meeting」(1918)에서 윌프레드 오언이 언급한 것은 적인 죽은 친구 — '형제 장교' — 의 회귀라는 이 현상이다.

전선으로 복귀하여 1918년 상브르 운하 도하 작전 중 사망하기 전, 윌프레드 오언 자신이 크레이그록하트에서 리버스의 환자였다. 「이상한 만남」에서 그는 자신이 쏘았던 독일 병사와의 상상된 조우에 관해서 쓴다. 그 독일인은 오언 자신의 거울 분신(그의 동기 또래)이며 오언에게 '전쟁의 연민'을 말한다. 오언은 자신의 관점에서 글을 쓸 때 이전에 사용했던 용어들을 그 독일인의 입을 빌어 말한다. 그의 살해당한 분신은 이제 이전의 오언을 모방한다.

> '나는 네가 죽인 적이야, 나의 친구.
> 이 어둠 속에서 나는 너를 알았어 — 왜냐면 너는
> 어제 나를 찔러 죽일 때도 그렇게 찌푸렸으니.
> 나는 막았지만, 내 손은 꺼렸고 차가웠지.
> 이제 우리 잠을 자자 (…).'

죽은 자의 회귀 및 위반된 살인 터부의 회귀에 대한 근심은 널리 퍼져 있다. 터부의 위반 그 자체보다는 터부를 깨고자 하는 소원이 망령 개념에 얼마간 책임을 져야만 할 것이다. 의례를 통한 실연은 들러붙기 haunting가 일어나지 않음을 보증한다. 가나 북부의 비리푸에서는 대지에 대한 공격이 지배적인 관심사다: 이유를 막론하고 대지에 인간의 피를 흘린 그 누구든 반드시 '역전逆轉 의례'를 치러야 하며, '더러운' 계단에서 집어먹거나 인간 살점으로 제조된 것으로 가정된 약 먹기같이 보통 때라면 꺼리는 몇 가지 역겨운 행위들을 해야 한다. 비리푸에서는 다른 사람에게 행한 일을 자기 안에 들일 때 '꿈을 들어낸다'고 한다―죽은 자는 회귀하지 않을 것이다. 역전 의례를 행할 때 비리푸인들은 원래의 죽임에 역겨운 요소가 있었음을 인정한다(그것은 대지를 범하였다). 혐오감과 수치심은 히스테리의 특징이며, 또한 약 세 살배기 아이의 특징이기도 한데, 히스테리증자는 그 아이의 반응들로 퇴행하는 것이다. 이 의례를 치르는 데 실패하면 점유의 위험이 따른다. 우리는 히스테리에서 실연이 시로 전환되지도 않고 의례화되지도 않을 때 일어나는 들러붙기를 목격한다(유령의 출현을 통해, 남동생에 의한 살인이 『햄릿』이라는 극에 들러붙는 것처럼).

의례로 인해 히스테리는 미연에 방지된다. 그리고 히스테리라는 공유된 지반을 통해서 우리는 이제 의례의 사회적 과제들과 정신분석이 해명한 개인의 심적 반응 사이에 있는 수많은 평행선들을 볼 수 있다. '반응 형성물' 개념이나 행한 것을 '취소하기' 개념은 이 의례들과 현저하게 평행하다. 첫째 개념에서 개인은 경험을 역전시켜서, 가령 느껴서는 안 되는 쾌락을 느낄 때 혐오감을 꾸며낸다. 둘째 개념에서 그는 마찬가지로 불법적이었던 어떤 경험을 강박적으로 취소시킨다. 정신분석적 개념화는 정신분석이 히스테리증자에게서 관찰하였고 다른 문화들에서 실연되는 것이 발견된 과정들 가운데 많은 것들을 흡수했다. 그렇지만 '점유

possession'는 약화되어 '건물을 손에 넣다' 정도를 뜻하는 'besetzung^{점령}'이 되었으며, 이는 다시 영어로 'cathexis^{집중}'으로 형편없이 번역되었다. 그럼에도 불구하고 내가 보기에는 이렇다. 우리는 '점유'를 다른 곳에(가령, 타이타족에) 할당하였고, 하지만 그것은 우리 가운데 어디에나 있으며, 다만 '투사적 동일시'(한 개인이 원하지 않은 감정을 다른 사람에게 전가하고는 그런 다음 그 사람과 동일시하는 과정) 같은 용어로 재해석되었을 뿐이다. 투사는 강력한 과정이다. 투사는 질투의 사례들에서 매우 분명하게 보인다. 질투하는 사람은 감정이 견딜 수 없다는 것을 발견하기 때문에 감정을 또 다른 사람에게 넘겨주며, 그런 다음 그 곤궁을 현실로 만든다—이아고가 오셀로에게 그렇게 한다는 것을 8장에서 보여줄 것이다. '정서 장애' 아동은 부모의 히스테리에 의해 '점유'된 것일 수도 있다. 소아과 의사이자 정신분석가인 도널드 위니콧은 언젠가 한 남자아이의 미친 행동을 묘사한 적이 있다. 그는 그 아이가 자기 자신 말고는 아무도 모르는 것—자신의 어머니가 미쳤다는 것—을 그에게 말하려 노력하고 있었다는 것을 갑작스럽게 깨달았다.[17] 서양 세계에서의 히스테리의 분명한 사라짐 때문에, 7장에서 나는 점유 개념을 검토하기로 결정했다.

역전 의례가 치러지지 않는다면 비리푸에서 발생했을 들러붙기 경험은 그 행위자에게는 걸프전 증후군 등의 환자들이 분명히 보여준 들러붙기와 그다지 다르지 않을 수도 있다. 사람은 자기 자신이 어떤 설명할 수 없는 질병을 품고 있다는 감각으로 인해, 혹은 자기 자손이 어떤 기형을 갖게 될 것이라는 감각으로 인해 '들러붙음'을 당할 수 있다. 실로 걸프전 증후군과 같은 현상의 집단적 측면은 의례를 제공하는 사회의 실패에 대한 대체물일 수도 있다. 그렇지만 전쟁 경험에 대한 반응들의 히스테리적 차원은 현대전에 기질성 질병이나 유전적 결과들도 있다는 가능성을

17. Winnicott, D. W. (1936), p. 47 and in Winnicott, D. W. (1975).

배제하지 않는다. 사람들이 기질적인 어떤 것을 겪는 동시에 그것에 대한 형언할 수 없는 두려움을 겪고, 또한 동시에 터부를 깬 것 때문에, 그것도 무의식적으로 깨기를 소망하였고 따라서 그 어김이 불법적인 흥분을 줄 수도 있는 터부를 깬 일 때문에 들러붙음을 당하는 것은 불가능한 일이 전혀 아니다. 나중에 우리는 백혈병에 걸린 젊은 강사 알론 화이트의 비극적 사례를 보게 될 것이다. 그에게는 죽은 여동생이 들러붙었으며, 그는 죽음도 여동생을 제거하려는 동기 소원도 무서워했다. 우리는 정리하고자 하는 탐구의 입장에서만 상호 배타적인 수많은 가능성들을 봉쇄하고 있다. 심지어는 포탄에서 오는 쇼크가 너무나도 빠르게 일어나서 히스테리를 격발했다는 폐기된 관념조차 타당성을 갖는데, 왜냐하면 히스테리의 특징 가운데 하나는 히스테리증자가 실제로도 심적으로도 시간이 필요한 애도 과정에 진입하지 못한다는 것이기 때문이다. 애도는 죽은 사람이 영원히 가버렸으며 돌아올 수 없다는 것을 인정하기를 요구한다. 이 심리적 상태가 달성될 때, 일종의 내부 악령 대신에 죽은 사람에 대한 내적 이미지나 기억이 있을 수 있다. 히스테리증자는 악령이나 망령을 여전히 지니고 있다.

만약 터부의 위반이, 그리고 이와 더불어서 죽이려는 무의식적인 소원의 방출이 전쟁 히스테리의 기저 요소라면, 1차 세계대전 병사들의 증상과 19세기 유럽 상담실의 중간 계급 여자들의 증상 간의 더욱 깊은 관계가 좀 더 설명될 수 있을 것이다. 불법적인 살인 소원은 불법적인 근친상간 소원과 동일한 방식으로 남자들에게서 억압으로부터 회귀하고 있었다. 살인 터부의 위반과 근친상간 터부의 위반의 이러한 등치는 ─어머니와 결혼할 뿐 아니라 아버지를 살해하는─ 오이디푸스의 원래 이야기에 내포되어 있다. 그렇지만 그 둘 모두가─히스테리에서 그러해 보이듯(즉, 살인과 긴급한 성적 원함의 근접성)─한데 모이기 위해서는 동기간 증오/사랑의 기초 도면을 설명 속으로 끌고 들어와 읽어볼 필요가 있다. 아이는 동기의 자리에 있기를 원하며 그 자리의 찬탈자를 살해하기를 원하지만, 또한 그를 그 자신처럼 사랑하며, 그 자신이 사랑받는/받았던 대로 사랑하며, 또한 그 자신이 사랑받기를 원하는 대로 사랑한다.

히스테리에 관한 최근 연구 『히야기들*Hystories*』(1997)[18]에서 일레인 쇼월터는 히스테리의 기저 요소는 방어할 수 없는 것으로서 경험되는 상황에 대한 반응이라고 제안한다. 이는 무력함에 대한 설명들과 일치한다. 공포에 질린 병사, 빅토리아 시기의 우상화된 여자, 무식한 노동자 계층은 모두 무력하다. 위어 미첼의 (1876년에 치료를 받은) 「한 남성에서의 복잡하지 않은 히스테리」 미출간 사례를 인용하면서, 쇼월터는 (위어 미첼은 그렇게 하지 않았지만) 이른바 '진자 경련'이라는 시계 같은 움직임에 시달렸던 미첼의 환자 로버트 코널리가 시계공이었다는 것에 주목한다. 더 나아가 쇼월터는 이렇게 질문한다: '자신의 까다롭고 단조로운 노동에 대한 코널리의 혐오가 너무나 컸으며, 이를 표현하지 못하는 그의 무능력이 너무나 깊었기 때문에, 그의 신체가 단순히 그의 딜레마의 강렬한 증상들/상징들을 창조했을 수도 있지 않은가? 19세기 남성 제빵사들은 자신의 노동을 혐오한다는 사실을 인정할 수 없었고, 쇠약 증상이 유용하다는 것을 발견했다 (…). 코널리는 자신의 역할을 충족시키지 않는 것에 대한 선호를 표현하는 신체 언어를 발달시켰다.'[19] 여자들과 무력한 남자들을 그들의 히스테리 속에서 통합하는 것은 바로 이 불가능한 위치라고 쇼월터는 제안한다. 나는 그러한 표현되지 못한 무력함이 타이타족의 사카 질병에서 분명하듯이 히스테리의 중요한 요소라고 생각한다. 하지만 그 자체로 그것은 불충분한 설명이다. 분명 현재의 무력함은 인간의 의존적 조건들을 다시 활성화시킨다. 그렇지만 무력함,

• •

18. [이 책에서 쇼월터는 신문, 잡지, 토크쇼, 연속극, 영화 등등 온갖 문화적 매체를 통해 유통되는 히스테리 이야기들, "히스테리의 문화적 서사들"을 "hystories"라고 부른다. 따라서 이 신조어는 "히스테리"와 "이야기"를 합친 말이라고 볼 수 있다. 어색하지만 "히야기"라고 번역해 보았다.]

19. Showalter, E. (1997), p. 63.

무기력, 자기 일에 대한 혐오는 갈등을 드러내지 않는다 ─ 행동의 배후에 어떤 의미, 히스테리 증상으로 변형된 어떤 의미가 있음을 가리키는 것은 행동의 이상함이다. 코널리의 것들이 히스테리 증상들이었다면, 나는 그렇다고 믿고 있는데, 그 증상들은 무의식적인 갈등하는 소원들 또한 반드시 내포하고 있었어야 한다.

더 나아가 코널리의 진자 경련은 충동된, 강박적인 행동이었으며, 그렇기에 멈추기를 소원했음에도 그는 그럴 수가 없었다. 5장에서 볼 것처럼, 죽음충동 가설의 정식화는 부분적으로는 이 반복강박을 설명하기 위해서였다. 독립과 대상관계 분석가 대부분은 죽음충동 개념을 거부한다 ─ 하지만 우리는 죽음충동에 대한 이해를 한층 더 세공할 필요가 있다. 죽음과 외상은 히스테리의 개시와 현시들에서 결정적이다. 오늘날 외상에 대한 매혹은 아동 학대의 기억들을 회복하고자 하는 움직임과 같은 그러한 프로그램에서 히스테리를 몰아냈다. 실로 기억(혹은 히스테리적 기억 상실에서 기억의 부재), 외상, 죽음은 모두 히스테리에서 함께 모인다. 이것은 내가 이 책에서 시종일관 고찰하고 있는 결합이다. 히스테리증자는 죽음이 절대적이라는 것을 인정할 수 없다 ─ 죽음의 무의미함을 수용하는 것에 대한 이러한 거부는, 실로 돈 후안 이야기에서도 그랬듯, (히스테리로 진단된) 시인 앤 섹스턴의 자살에서 분명하다. 외상적인 것으로서 경험되는 것의 폭력과의 히스테리적 동일시는 히스테리증자가 갖는 매력의 이면인 격분의 일부이기도 하다. 산후 우울증에서 산모는 출산 중에 자신이 '죽었다'고 느꼈을지도 모른다. 이것은 아동기의 소멸 경험을 불러일으킬 것이다. 심적 죽음에 대한 그녀의 경험은 폭력적일 것이다. 그녀는 아기에게 살기등등하게 비명지르지만 남편에게는 매력적이다 ─ 마치 그녀가 어렸을 때 남동생을 더 사랑한 것처럼 보였던 어머니의 거부에서 폭력을 느꼈을 때 아버지에게 구애했듯이 말이다. 외상과 기억의 측면들과 '인정받지 못한' 것에 대한 히스테리적 반응이라는 문제는 9장에서 초점을 맞춘다.

외상은 신체와 정신을 폭파한다. 히스테리증자의 유혹 행동의 현란한 무언극 이전과 기저에 놓여 있는 것은 거기 있지 않은 신체의 경험이다. 프랑스 정신분석가 모니크 다비드–메나르는 이것을 상징화되지 못한 신체라고 올바르게 설명했다. 나는 이것이 의미하는 바가 무엇이며 왜 그래야 하는지를 7장에서 히스테리증자의 부재하는 신체를 고찰할 때 탐색한다. 그렇지만 정신분석은 반데카르트적 이론으로서의 지위로 유명하다. 다시 말해서, 그 이론에서는 정신과 신체가 분리되지 않는다. 하지만 그 이론은 자기 자신의 통찰을 억제할 수 없었다. 오이디푸스적 욕망의 억압이라는 개념은 그 욕망 관념의 표상에 대한 억압이라는 개념을 포괄한다. 이 표상은 무의식적이 되며, 그 효과들(감정과 정서)은 신체를 통해 방출된다. 그렇지만 히스테리증자는 표상하지 않는다. 그는 실제든 상상이든 외상으로 인해 폭파되었으며, 회복될 때는 비우는 동시에 극화하며, 표상하기보다는 현시한다. 그의 정신의 환상들은 그의 신체의 행동들이며, 그렇기에 그의 상처받은 감정들은 신체적 상처로 현시된다. 내 환자 가운데 한 명은 자신의 다리가 우는 것을 보았다—이는 신체적 상처가 '운다'는 생각과 남자로서 그는 고통 때문에 울어서는 안 된다는 생각에 대한 고통스러운 말장난이었다. 그럼에도 불구하고 이러한 현시들에 무언가가 발생했다—즉 이것들은 한낱 실연들에 불과한 것이 아닌데, 왜냐하면 증상의 변형에 무의식이 작용했기 때문이다.

히스테리 증상의 특이함에 대한 인식과 그 증상이 무의식적 과정이 작용하고 있음을 암시한다는 점에 대한 인식을 보유하는 일이 갖는 중요성은 정신신체적 질병과 비교될 때 분명해진다. 양차 대전 사이의 시기에 정신신체적 질병이라는 개념이 유행하게 되었으며, 히스테리 진단을 상당 부분 대체했다. 물론 정신적 상태와 신체적 상태 사이의 상호 작용은 언제나 존재했다. 정신적 상태는 신체에 영향을 주며 신체적 상태는 정신에 영향을 준다—하지만 상이한 방식으로. 정신신체적 상태는 다음과 같은 격언, '감기에 걸리기 위해 우울해질 필요는 없지만,

우울이 도움은 된다'로 요약될 수 있다. 사람은 자신이 우울하다는 것을 알고 있어도 감기를 예방하지 못할 수가 있다—이것은 의식적이거나 전의식적인 과정들을 내포한다. 그렇지만—우는 다리에서처럼—증상을 그토록 기이하게 만들어서 갈등적이고 무의식적인 무언가가 걸려 있음을 분명하게 하는 것은 변형적 측면, 왜곡들, 전치 혹은 응축들이다. 사실은 다른 남자를 따뜻하게 대한 것인데 연인에게 정서적으로 차갑다cold고 질책당했기 때문에 만성 감기를 앓고 있다면, 그 증상—감기the cold—은 히스테리적일 것이다. 무의식적 과정이라는 이 개념이 없다면, 히스테리적 신체에서 무슨 일이 일어나는가와 같은 물음들은 진정으로 접근될 수 없다. 모든 히스테리증자가 표현하지 못한다는 것은 그야말로 사실이 아니다. 실로 20세기 후반 히스테리를 표현하는 방식이었던 '히야기들'의 유행이야말로 이를 강하게 논박한다.

환자의 사회적 지위가 허약하고 언어로 분절될 수 없기 때문에 신체가 '말한다'는 현재의 설명들은 히스테리에 대한 예전 설명들의 현대적 판본처럼 보인다. 그것은 억압받는 사람들은 교육받지 못했으며 언어 대신에 자기 신체를 사용한다는 편견처럼 보인다. 그러한 설명들 속에서 사회적 폄하라는 개념이 어떤 사람들은 기질적 열등함이나 인성 퇴화를 겪는다는 17세기와 19세기의 관념들을 대체한다.

그렇지만 잠시 나 스스로에게 반론을 제기하자면, 만약 '히야기들'이 있을 수 있다고 한다면, 이것이 히스테리적 소통 방식이 되기 위해 필요한 변형적, 갈등적 차원은 어디에 있는가? 일상적인 이른바 '이차 과정' 언어는 순차적이기에 두 개의 갈등하는 관념을 동시에 표현할 수 없다. 가장 근접할 수 있는 것이 모순어법이다—가령, '달콤한 슬픔'. 이야기는 언어의 일상적 순차적 사용처럼 보인다. 이것이 그런가? '히야기들'은 정신분석에서 '보바리즘', 혹은 자신의 환상을 현실처럼 믿는 경향으로 알려져 있다. 플로베르는 (에마 보바리에 대한 그의 초상을 위한 모델로서) 시설에 있는 히스테리의 여타 사례들뿐 아니라 자기 자신을 연구했다.

'보바리즘'은 허언pseudologia에 근접해 있다—환상적인 자기중심적 환상이나 거짓말하기를 통해 주체가 그 자신의 중요성 및 다른 사람들의 관심을 향상시키기 위해 노력하는 자기–지시적 언어 체계. 거짓말하기는 오랫동안 히스테리적 표현 방식으로서 주목되어왔다. '거짓말' 안에는 갈등으로 묘사될 수 있는 무언가, 따라서 거짓말의 방식과 관련해 변형적인 무언가가 있어서, 그것이 '히야기들'을 이야기하려는 성향의 기저를 이루는 것인가? 8장에서 논하는 '정직한 이아고'는 이 가능성을 예시한다 (그의 호칭은 모순의 모순어법적 표시다). 거짓말은 다른 방식으로는 금지되었을 무의식적 소원처럼 볼 수 있다. 따라서 거짓말은 소원과 소원의 실현에 대한 금지 양자 모두를 내포한다. 이아고와 더불어 나는 거짓말이 전환 히스테리의 신체 증상과 다소간 비교될 만한 변형인지를 살펴볼 것이다.

히스테리는 전환 히스테리와 불안 히스테리로 오랫동안 분리되어 있었다. 전환 히스테리에서 관념은 신체적 표현으로 전환된다. 불안 히스테리에서 불안은 너무나도 극단적이어서 주체는 회피 행동을 취한다. 그리하여 가령 비행은 그러한 불법적인 욕망과 그것에 대한 금지를 표상하기에 공포증이 결과하며 완전한 금지(비행에 대한 절대적 두려움)가 있게 된다. 처음에 프로이트는 불안이 성적 소원들의 억압에서 결과한다고 생각했다—나중의 원초적 불안 개념은 이것에 더하여 유아가 삶에 대한, 무력함과 죽음의 가능성에 대한 불안 반응을 지니고 있음을 시사한다.

양차 대전에서 정신분석가들은 보통 정신과 군의관으로 참전했다. 프로이트가 지적하려고 애썼듯이, 전쟁신경증에 대한 실제 정신분석적 치료는 없었으며(조건들이 그것을 허락하지 않았다), 오로지 특정 관념들의 적용만 있었다. 그렇지만 두 전쟁 모두 정신분석 이론들에 중대한 영향을 미쳤다. 히스테리 연구의 관점에서, 1차 대전 이후 도입된 가장 영향력 있는 개념은 원초적 불안에 부여된 중요성이었다. 또한 죽음충동 가설이 중요했다. 마지막으로, 어떤 다른 메타심리학 ─ 무의식, 전의식, 의식 위에 얹힌 이드, 초자아, 자아의 메타심리학 ─ 의 정식화 역시 중요했다. 이 이론에서 자아는 부분적으로 의식적이고 부분적으로 무의식적일 수 있다(히스테리에서 무의식적이다). 자기 자신에 대한 도덕적 판관으로 작용하는 초자아는 아버지로 체현된 법의 지배 ─ 거세 콤플렉스 개념이 가리키는, 자신의 쾌락에 대한 바로 그 금지들 ─ 를 내재화함으로써 확립된다. 아버지가 외적 권위인 곳에서 초자아는 내적 권위다. 초자아는 남자들보다 여자들에게서 더 약하며 히스테리증자에게는 사실상 부재한다. 그렇지만 이 후자의 의견과 더불어 히스테리가 여성성으로 무너져 내리는 것의 시작에 우리가 직면해 있음을 다시금 볼 수 있다(6장 참조).

1차 세계대전의 외상들이 정신분석의 재이론화를 촉발함에 따라, 새로운 이론들 ─ 가장 특별하게는 자아심리학(그리고 이에 대한 자크 라캉의 뒤이은 적개심)과 영국에서 특히 강성했던 대상관계 이론 ─ 이 뒤따랐다. 프로이트와 프로이트학파에게, 죽음충동이 삶충동(성욕을 포함하는 충동)과 갈등한다는 관념은 여전히 오이디푸스 콤플렉스의 환상들 속에서 그리고 점점 더 전오이디푸스 콤플렉스의 환상들 속에서 맥락화되었다. 내가 제안하는바, 오이디푸스성으로의 이러한 한정은 양차 대전에 대한 히스테리적 반응이 갖는 어떤 차원들을 놓쳤다는 것을 의미하며, 실로 이어지는 폭력적인 상황들 안에서 계속 놓친다는 것을 의미한다.

2차 세계대전은, 1차 세계대전과 마찬가지로, 히스테리─유형 반응들을 야기했다. 이 반응들에 대한 태도는 히스테리가 서양 세계에서 사라졌기 때문에 그런 반응들은 불가능하다는 생각부터 군대도 서양의 남성성 관념도 실망시켰다는 이유로 히스테리 증상이나 히스테리 행동을 산출하는 남자들에게 표출된 격렬한 분노에 이르기까지 다양했다. 1940년대 말까지 ─ 양차 대전 사이의 시기에서와 마찬가지로 ─ 히스테리가 사라졌다는 생각은 다시금 만연해 있었는데, 왜냐하면 통용되는 이론들은 남성 히스테리증자 개념을 단지 수용할 수 없었기 때문이다.

오이디푸스 콤플렉스가 해소되지 않았다는 증거가 없다면 질병은 고유한 히스테리가 될 수 없다는 것이 정신분석 이론에서 신조가 되어 있었다. 그렇지만 19세기 말 남성 히스테리증자에 대한 관찰이 오이디푸스 콤플렉스 개념 속으로 이미 사라져 버렸기 때문에, 이 상황에는 어떤 동어반복이 있었다. 외상 개념이 재도입되었다. 샤르코는 자신이 치료한 남성 히스테리증자가 외상을 겪었다는 것을 관찰했으며, 다시 한번 1차 세계대전의 심리적 부상자들은 '외상신경증'으로 지정되었다. 모든 정신 신경증 ─ 불안, 히스테리, 강박증 ─ 에서 오이디푸스 콤플렉스는 결정적이었다. 여자아이의 이전 외상적인 성적 학대가 여자들에게서 히스테리의 만연으로 결과했다고 주장한 전-정신분석적 시기 이후에, 여성 히스테리증자 또한 오이디푸스 콤플렉스의 틀구조 안에서 이해되게 되었다.

그렇지만 오이디푸스 콤플렉스는 부모 근친상간에 대한 진정한 집착이 절정이던, 세기의 전환기에 태어난 개념이었다. 근친상간 내지는 무절조 'incasta', 'unchastity'는 언제나 부정기 축제였다 ─ 어머니–아이 성적 결합이 매우 광범위하게 터부시되어 온 것처럼 보이기는 하지만 말이다. 20세기 정신분석은 19세기 후반의 지고한 아버지에 어머니의 중요성을 덧붙였다.

8장에서 돈 후안에 관한 정신분석적 이야기를 통해 살펴보겠지만, 아마도 남성 히스테리의 인정이 갖는 가장 커다란 결과는 바로 이것이 정상화되었다는 것이다. 오늘날의 히스테리증자는 일상의 (남성 혹은 여성) 돈 후안이다 ─ 창조적이지만 유혹적인, 거짓말하는, 누군가의 죽음이 아무런 의미도 갖지 못하는, 질투를 전염시키며 어디를 가든 혼돈을 야기하는 자. 하지만 예술가로서 그는 포스트모더니즘의 어떤 수행적 몰두 속에서 자신의 창조적 프로그램을 발견하기도 하는데, 그러한 몰두는 히스테리가 의식하지 못하고 있는 많은 것을 의식적으로 실행한다. 수행 혹은 수행적 언어 속에서 발화speech는 그것이 말하고자 하는 것을 실연하며, 무대에 올린다 ― 말이 일을 한다. 1960년대 혁명적 낙관주의의 한시적 대변인이었던 프랑스 철학자 장-프랑수아 리오타르는 이렇게 선언했다. '포스트모더니즘 전체에 걸려 있는 것은 표상의 폐쇄 속에서 진리를 드러내는 것이 아니라 의지의 회귀 속에서 관점들을 설정하는 것이다.'[20] 이는 히스테리를 위한 좋은 선언문이다. 그렇지만 그것은 정신분석에 문제를 제기한다. 정신분석은 표상의 폐쇄 속에 진리가 있다는 틀구조 안에서 작업하며, 사람은 자신이 원하고 의지하는 것 전부를 가질 수는 없다고 충고한다. 히스테리증자는, 신체 증상과 거짓말 양자 모두에서, 그가 원하는 것 내지는 사실이었으면 하고 소망하는 것을 실연하고 있다.

히스테리를 한정하는 범주들이 변화했다. 가령 18, 19세기 이래로 서양 세계의 세속화는 정신 점유와 마법의 소멸을 일방적으로 초래했으며, 그렇기에 히스테리에 대한 그 특정한 설명이 사라지게 되었다. 그렇지만 이것이 히스테리 자체가 사라졌음을 의미하지는 않는다 ― 오히려 히스테리는 번갈아 의학적 방식이나 성격학적 방식으로 해석되었다. 신경학의 부상과 더불어, 여성의 성격학적 조건이 되었던 것이 다시금 의학화되었지만, 이번에는 정신 질환으로서 의학화되었다. 히스테리는 부상하는 과학인 정신의학의 대상이 되었다. 그러고 나서, 이언 해킹이 그의 저작 『영혼 다시 쓰기Rewriting the Soul』(1995)에서 '기억의 과학'으로 묘사한 것이 1860년대 무렵 인간 정신의 자리로서의 영혼을 대체했을 때, 다른 이해를 위한, 정신분석이 제공한 이해를 위한, 무대가 조성되었다. 이는 그 자체의 탈의학화를 방지하였으며, 히스테리를 하나의 질병으로 취급하는 이 시대에 확인 도장을 찍어주었다. 하지만 히스테리는 계속 살아 있었다.

히스테리에 대한 정신의학적 설명들은 20세기 초 동안 히스테리를

• •

20. Anderson, P. (1999), p. 24에서 인용.

식이 장애나 다중 인성 같은 별개의 부분들로 재분류하는 것으로 이어졌다. 정신의학의 목표는 약물 치료에 순종하는 실체들을 찾아내는 것이다. 이는 '연극성' 행동 및 관계들을 행동 치료사, 가족, 일터에 맡겨놓았다. 정신분석 이론들은 오이디푸스 콤플렉스의 경계 안에서 작업하였으며, 전오이디푸스적 어머니와 아이를 덧붙였다. 그 이론들은 치료 상황에서 이를 복제하였으며, 모성적 전이와 부성적 전이를 해석하였다. 하지만 히스테리가 더 이상 '그곳에' 있지 않음을 발견했을 뿐이었다.

남성 히스테리증자의 만연은 그가 포스트모던적 개인—아버지 역할에는 관심이 없고 밖에 나가 공연하는 일에만 열중하는 현대판 돈 후안 —으로서 정상화되었음을 보증해 주었다.[21] 히스테리에는 창조적인 잠재력이 언제나 있었다. 주체의 텅 비어 있음emptying-out은 외상적 반응뿐 아니라 창조성 또한 허용한다. 그렇다면 히스테리증자가 얼마나 의식적인지 아니면 무의식적인지, (글쓰기의 폭발에 대한 서곡으로 히스테리성 간질 발작을 일으켰던 도스토옙스키가 그랬듯) 히스테리증자가 얼마나 창조로 추동되는지 아니면 반대로 (돈 후안이 그러하듯) 죽을 때까지 반복이 강요되는지가 쟁점이 된다.

히스테리는 상담실의 시야에서만 사라졌을 뿐이다—실제 세계에서 히스테리는 우리 주변 어디에나 존재한다. 히스테리에 관해서 임상적으로 말하지 않는 풍조에서, 한번은 나는 환자에게 그가 경험한 몇 번의 입원은 히스테리 때문이었을지도 모른다고 걱정스럽게 제안했다. 처음에 이 생각을 일축했던 그는 그의 증상들에서 아무런 기질적 원인도 발견되지 않은 것을 인정하였고, 심각한 심장 문제처럼 보였던 것에 대해 20세기 후반에 결국 그가 받아든 진단이 '악마의 손길'이라는 것을 인정하기에 이르렀다.

히스테리는, 물론 상이한 이름과 다양한 설명이 있기는 있지만, 모든

• •

21. Felman, S. (1983) 참조.

문화에 걸쳐서 발견되며 정신분석가들만이 아니라 인류학자들에게도 관찰되어왔다. 세기의 전환기에 정신분석과 인류학이 자신의 분과를 확립하고 있었을 때, 근친상간은 과학자들과 사회 개혁가들 양자 모두를 사로잡았는데, 그들은 도시화의 확산과 더불어 근친상간의 만연을 두려워하였다. 이 시기에 인류학자들은 정신분석가들과 마찬가지로 부모 자식 관계인 출계descent와 혈통filiation을 강조했다. 그렇지만 다양한 지배적 심리 치료 실천이 오늘날까지도 부모-아이 상황을 치료사-환자 쌍 안으로 복제하고 있다고 해도, 여타 문화들에 대한 관찰은 이러한 초점을 영속시키지 않는다. 2차 세계대전 이후 교차 문화적 연구에서, (측면적 또래와 동기 관계뿐 아니라 결혼 동반자까지 포함하는) 친밀성affinity의 중요성은 '출계' 이론에 맞먹기 시작했다. 불운하게도 이는 히스테리를 이해하는 데 이득이 되지 않았는데, 왜냐하면 이 개념이 도입되면서 히스테리는 더 이상 유통되지 않기 때문이다. 분명 친밀성과 측면성은 정신분석을 이론과 실천으로서 재건하는 데 이용될 필요가 있으며 히스테리는 인류학과 정신분석 양자 모두에서 재고될 필요가 있다. 그것이 어디에 숨어 있는지 도대체 우리가 볼 수 있다면 말이다.

측면 관계들은 유년기 동기들 및 또래들과 더불어 시작한다. 형제자매와 이를 뒤따르는 방계 동반자, 아내와 남편은 부모와는 다르게 위치지어진다—이러한 측면적 '위치 설정'은 히스테리 발생에 있어 결정적인 요소이다. 본질적으로 또래 집단 현상인 집단 히스테리의 존재나 여자 기숙학교에서의 거식증 모방 같은 히스테리적 행동의 만연은 부모-아이라는 제한된 수직적 설명 축이 부적합하고 불충분함을 가리킨다.

동기 관계에 주목하는 것은 결정적이다. 정신분석을 정초하던 바로 그 시기에 그 자신이 히스테리 환자였던 프로이트에게 그의 첫 번째 경쟁자이자 놀이 친구였던 한 살 반 많은 조카 존이 들러붙어 있었을 뿐 아니라, 남동생 율리우스의 죽음이 특히 훨씬 더 들러붙어 있었다. 프로이트에게 분석을 받은 유명한 여자아이 도라의 히스테리는 오빠와의 융합된 정체성을 포기해야 했던 아동기에 찾아왔다. 3장에서는 고전적 도라 사례를 살펴보는데, 이번에는─프로이트가 1905년에 출간한 이래로 제시되었던 이 사례의 모든 수많은 독서에서 사실상 등장한 적이 없는─오빠와의 관계에 초점을 맞춘다. 또한 나는 히스테리에 대한 지배적인 정신분석적 이해가 창조되기 시작한 당시에 누가 현존했으며 무엇이 부재했는지를 보여주기 위해 프로이트 자신의 히스테리를 검토한다.

나는 히스테리에 대한 그림을 다음과 같이 제시한다. 현재의 재앙이 외상적인 것으로 경험된다. 이는 정상적인 인간의 인내심을 벗어나는 것일 수 있다─참호 속 옆 동료가 산산조각나는 것. 혹은 환자가 외상적 경험을 창출하는 사소한 사건을 겪었을 수도 있다─타이타족 여자의 사례에서 성냥 켜기 혹은 자동차를 보는 것과 같은 사건. 신체적 고통의 한계도 그렇지만, 인내의 수준은 개인마다 다르다─한 사람에게는 괴로움인 것이 다른 사람에게는 외상이다. 실제든 유도되었든, 아니면 재앙으로부터 변형되었든, 외상은 방어선을 파열시킨다. 현재의 경험에 대처하면서 사람은 재앙적 상태로, 유아기 혹은 아동기 상황으로 퇴행한다. 나는 이 상태가 비실존의 위험에 처했다고 느끼는 상태라고 제안한다─다른 누군가가 그와 똑같아 보인다. 누군가가 나 자신과 똑같다면, 이런 감각이 들 수가 있다. '나는 누구지? 나는 내가 아기라고 생각했는데 여기 또 다른 아기가 있네. 나는 내가 부모의 총애받는 아이라고 생각했는데, 여기 다른 누군가가 있어.' 다시금 유일한 아기 혹은 총애받는 자식이 되려고 노력함으로써 이에 항의할 때, 히스테리증자는 정신과 신체의 구별이 더 이상 분명하지 않은 정도로까지 퇴행한다. (우리가 가정하는바) 유아기에도 그 구별이 바로 그렇듯이 말이다. 그 무렵 그는 전적으로 의존적이며 무력하다. 죽음 같은 외상 경험에 대한 두려움은, 주체 혹은 자아의 부재와 등가물인 것으로, 다른 사람과의 모방적 동일시를 통해 회피된다. 아마도 이것은 그가 유일한 아기가 되고 싶은 어머니와의 동일시일 것이다 — 이 가능성이 동기를 원인으로 보지 못하게 하는데 기여했다. 이와 동시에 견딜 수 없는 생각, 동기를 '죽이려는' 생각을 가로막는 광적인 움직임(혹은 얼어붙은 반응)이 있다. 내 환자 가운데 한 명은, 생각하기를 원하지 않는 무언가에 우리가 가까이 이를 때마다, 유아의 침대 '박치기'를 내게 상기시키는 방식으로, 머리를 마구 흔들곤 했다. 이번에는 이 움직임이 흥분을 일으켰다. 무릎을 흔들어주거나 말타기 놀이를 하는 아이에게 그런 것과 동일한 방식으로 말이다. 따라서 일반화된 방식으로는, 그것은 성적 자극으로 느껴질 수 있다. 그것의 반복에 대한 욕망이나 '원함' — 심지어 갈망 — 은 외상으로서 경험된 것 내지는 실제로 외상인 것으로 인해 개방된 구멍을 메울 긴급한 필요로 느껴진다. 광적인 말하기와 상습적인 거짓말하기는 흥분한 웅대한 움직임의 언어적 등가물일 수 있다. 이러한 움직임이 창출하는 소용돌이는 히스테리증자 주변의 사람들을 끌어들이는데, 그들 자신의 (우리 모두가 갖고 있는) 잠재적 히스테리적 소용돌이가 반응하는 것이다. 어느 정도로는 모든 사람이 취약하다. 표현이 다소 철 지난 것이기는 하지만, 자기 저술의 다소 히스테리적인(그리고 히스테리적으로 창조적인) 측면들에 관한 자전적 기록으로 읽을 수 있는 「스위니 아고니스테스Sweeney Agonistes」에서 T. S. 엘리엇은 다음 산문시를 삽입한다.

'히스테리'

그녀가 웃었을 때 나는 그녀의 웃음에 말려들어 그 일부가 되는 것을 의식했고 (…) 그녀가 잠깐잠깐 헐떡일 때마다 끌려들었고, 잠시 숨을 돌릴 때마다 빨려들었고, 결국 그녀의 어두운 목의 동굴 속에서 길을 잃었고, 보이지 않는 근육의 떨림에 상처 입었다. (…) 그녀의 젖가슴의 떨림을 멈출 수 있다면 이 오후의 조각들을 약간은 주워 모을 수 있을 것이라고 생각했으므로, 나는 세심한 주의를 기울여 관심을 이 목적에 집중시켰다.[22]

히스테리는 인간 문화만큼이나 광범위하다. 그것은 역사적으로든 의학적으로든 서사로 말끔하게 포장될 수 없다. 그 조건의 모든 측면들이 다른 조건들과 접촉하기 위해 사방으로 뻗어나간다. 동일한 방식으로, 이 책은 서사라기보다는 언어적 그림으로 간주되어야 한다. 그 구조는 민들레꽃과도 같다. 각각의 낱꽃들은 독립적 단위이지만 연결된 전체를 형성하기 위해 각각이 필요한 국화과 꽃. 내가 여기서 집필한 장들은 몇 장의 낱꽃들이지만, 집필되기를 기다리는 다른 장들도 있다. 그렇지만 이 몇 안 되는 것조차 민들레처럼 빠르게 — 이따금 예상치 못한 지역으로 — 퍼져나갔다.

인간이라는 것이 의미하는 것의 어떤 측면들에 대한 반응으로서 히스테리는 어디에나 있다. 그것의 이름과 그것에 대한 이해는 지리적으로나 역사적으로나 변한다. 이 '인간의 조건'의 어떤 측면은 히스테리가 계속해서 여성 혹은 '여성성'에 재할당되어야 한다고 주장한다. 남성 히스테리의 인정은 히스테리의 소멸을 수반했다. 히스테리에 대한 20세기의 — 특히 정신분석적 — 이해는 부모와의 관계만을 선호한 나머지 동기 관계를 완전히 '폐제'했기 때문에, 히스테리를 숙고하는 바로 그 순간에 히스테리를 배제했다. 다른 면에서는 히스테리에 대한 세계사적 이해를 가지고 있었던 프로이트에게서 이것은 고질적인 문제다.

22. T. S. 엘리엇, 『T. S. 엘리엇 전집: 시와 시극』, 이창배 옮김(동국대학교출판부, 2001), 26쪽.

제2장

지그문트 프로이트: 남성 히스테리 사례 단편

'모든 것이 내 안에서 술렁이고 있어. 나는 아무것도 끝내지 않았어. 나는 심리학에 무척 만족하고 있는데, 신경증에 대한 나의 이론에 대한 커다란 의심이 나를 괴롭히고 있고, 사고하기에는 너무 게으르고, 여기서 나의 생각과 감정의 동요를 약화시키지 못하고 있어. (⋯) 여기서 아주 쾌활하게 된 이후에, 나는 이제 언짢은 시기를 보내고 있어. 내가 열중하는 제1의 환자는 나 자신이야. 나의 작은 히스테리는, 나의 작업 때문에 심해지긴 하였지만, 좀 더 해소되었어. 나머지는 여전히 남아 있지. 나의 기분은 우선 그것에 달려 있어. 그 분석은 다른 무엇보다 어려워. 사실 내가 지금까지 얻어낸 것을 설명하고 전달하는 데 필요한 나의 심적인 힘을 마비시키는 것이 바로 그것이야⋯.' [강조 추가]
— 지그문트 프로이트, 1897년 8월 14일[1]

'나는 분명 4, 5년 전보다 훨씬 더 정상이야.'

● ●

1. [프로이트, 『정신분석의 탄생』, 임진수 옮김(열린책들, 2005), 156쪽. 번역 수정.]

1895년 요제프 브로이어와 지그문트 프로이트는『히스테리 연구』를 출간했다. 정신분석의 두 핵심 학설은 — 즉 유아기 성적 환상의 중요성과 무의식적 정신의 다른 사고방식은 — 아직 정식화되지 않았다. 그렇지만 돌이켜보면 이 개념들의 결정적 측면들이『연구』에서 은연중에 출현하는 것을 볼 수 있다. 무엇보다도 바로 이러한 재료를 기반으로 정신분석은 이론과 실천으로 정초된다. 인류의 심적 삶에서 무의식과 성욕이 갖는 역할을 프로이트에게 열어 보인 것은 다른 어떤 정신적 상태보다도 히스테리였다 — 프로이트 자신의 히스테리와 그의 환자들의 히스테리 양쪽 모두. 정신분석의 미래 개념들 가운데 다수를『히스테리 연구』에서 배아 상태로 볼 수 있다. 하지만 그렇지 않은 개념이 하나 있다: 나중에 오이디푸스 콤플렉스로 알려지게 되는 오이디푸스 신화. 프로이트는 이것을『히스테리 연구』를 집필한 지 3년 정도 지난 1897년 가을에야 중요하게 생각하기 시작한 것으로 보인다.

『히스테리 연구』에서 프로이트는 네 개의 온전한 사례사를 제시하며, 브로이어는 '안나 O'의 사례사 하나를 제시한다.

프로이트의 네 사례 가운데 에미 폰 N 부인은 발작적인 틱, 혀 차기, 말 더듬기, 거식증, 목 경련과 동물 공포증을 앓았는데, 이 모두가 남편이 요절한 이후 찾아왔다(그녀가 그를 독살했다는 소문이 돌았다). 두 번째 사례 엘리자베스 양은 일어서지 못하는 불능 때문에, 그리고 일어서더라도 걷지 못하게 하고 아픈 위치가 변하지만 정상 생활을 못하게 하는 다리 통증 때문에, 치료를 받았다. 이것들은 언니가 심장마비로 죽었을 때 시작되었다 — 엘리자베스 양은 언니의 남편을 오랫동안 욕망했으며 그와 함께 걸어 나갈 때 다리에 통증이 찾아왔다(역시 심장마비로 사망한 아버지가 그녀의 다리 위에, 정확히 마비가 발생한 위치에, 그의 다리를 걸쳐놓는 버릇이 있었음을 그녀가 또한 기억해 내기는 했지만).

세 번째 사례 카타리나 양은 호흡 곤란과 질식감을 앓았다. 호흡 곤란은 아버지와 언니가 사랑을 나누는 것을 목격했을 때 시작되었다. 이는 깨어나서 아버지가 자기 위에 있는 걸 발견한 지 2년 후였다. 카타리나와 로잘리아 H(언급되지만 온전한 사례사가 주어지지는 않은 목 조임이 있는 가수) 두 사람 모두 프로이트는 처음에 아버지를 삼촌으로 가장했으며, 카타리나의 경우 언니는 사촌으로 가장되었다. 네 번째 사례 루시 양은 고용주와 사랑에 빠진 영국인 가정교사였는데, 후각 환각과 의식 분열을 앓았다.

『연구』속 프로이트의 사례사들에서 우리가 보는 것은 수직 관계와 측면 관계의 융합이다. 아버지, 남편, 형부, 동기가 모두 중요한 역할을 한다. 심지어 카타리나의 히스테리도 단지 아버지와의 관계의 산물만은 아닌데, 왜냐하면 언니와 함께 있는 아버지를 목격함으로써 분명 동요했으며 아마도 그것에 극도의 질투를 느꼈을 것이기 때문이다 — 히스테리성 질식을 격발한 것은 바로 이것이다. 이 모든 사례에서 프로이트는 오이디푸스 콤플렉스를 보지 않는다. 그렇지만 디디에 앙지외 같은 이후의 정신분석가들은 여기서 오이디푸스 콤플렉스가 프로이트에게 매우 분명하다고 믿으며, 일제 그루브리치-시미티스는 오이디푸스 콤플렉스가 정신분석적 관념들에 대한 이러한 첫 배아 상태 진술에서 징후를 내보이며 누락되어 있다고 본다. 프로이트가 그것을 발견할 때, 자기 자신 안에서 그는 그것을 발견한다. 1890년대 후반의 어느 시점에, 가까운 친구이자 동료 의사인 두 살 적은 빌헬름 플리스 및 오랜 환자 E 씨와 강렬한 관계에 있으면서 자기 분석을 수행하던 도중에.

오이디푸스 콤플렉스 개념이 남성 히스테리 — 무엇보다도 프로이트 자신의 히스테리와 E 씨의 히스테리(그리고 기록이 그보다는 상세하지 않은 몇몇 다른 남성 환자들의 히스테리) — 에 대한 분석에서 출현하는 것은 분명 우연이 아니다. 여성 환자에 대한 프로이트의 분석은 처음에 그를 — 카타리나의 경우가 그랬듯 — 아버지의 실제 유혹이 히스테리를 야기한다는 생각으로 이끌었다. 한동안 프로이트는 이것이 자기 자신과 남동생 알렉산더와 E의 경우라고 생각했다. 그는 그렇지 않다는 것을 깨달았고 성인들이 유아기 소원들을 표현하고 있었다는 것을 깨달았다. 남자아이는 어머니에 대한, 여자아이는 아버지에 대한. 하지만 자기 자신을 분석할 때 프로이트는 이 오이디푸스적 관계들, 분명 아주 중요한 이 오이디푸스적 관계들의 바로 그 맥락을 놓쳤다. 즉 E와 플리스는 좋건 나쁘건 그의 '형제들'이었다. 동기간 경쟁이 주체에게 미치는 효과, 다시금 어머니의 전부가 되려는 광적인 시도로 그를(이 경우 프로이트 자신을) 퇴행하게 만드는 그 효과를 인식하지 못했기에, 남성 히스테리는 '발견'되고 있던 바로 그 순간에 사라지도록 예정되어 있었다.

프로이트는 1885년 파리 살페트리에르 병원 방문 연구 이후 남성 히스테리 명제를 열렬히 옹호했는데, 그곳에서 장-마르탱 샤르코는 남성 환자와 여성 환자 모두에게서 히스테리적 행동이 나타난다는 것을 입증하고 있었다. 그런 다음에 프로이트는 자기 자신 안에서 히스테리를 발견했다. 하지만 동시에, 플리스에 대한 그의 전이에서 히스테리적인 어떤 것을 보지 못함으로써, 그리고 그것을 처음에는 어머니에 대한 그의 오이디푸스적 사랑으로 대체하고 그런 다음에는 아버지로부터의 거세 위협에 대한 그의 해소로 대체함으로써 그것을 억압했다. 플리스와 나눈 압도적 우정의 주된 부분에는 아내 마사에 대한 모종의 성마름과 성적 강박 또한 있었다. 처제 미나에 대한 깊고 전치된 애정, 그의 돈 후안 꿈, 처음에는 그가 아주 좋아했으나 아들이 아니라 형제처럼 되기를 바랐을 때 참을 수 없게 된 그의 추종자들의 꿈에 대한 그의 거듭된 거부, 다른 사람들의 작업을 표절하는 것에 대한 그의 공포, 궁극적으로는 그의 히스테리 공포증—이 모든 것이 그 남자 안에서 히스테리의 고삐를 단단히 죄고 있었다. 프로이트의 아버지가 이 시기에 사망했다는 사실은 거의 확실히 결정적이었다. 이윽고 프로이트는 아버지에 대한 일체의 히스테리적 동일시를 극복할 수 있었으며, 대신에 그를 애도할 수 있었다.

이러한 과정을 거쳐 프로이트는 그 자신의 히스테리를 극복했다(그 자신의 말을 빌자면, '훨씬 더 정상'이 되었다).

오이디푸스 콤플렉스의 발견, 그리고 이어지는 — 공포증을 앓는 다섯 살배기 또 다른 남성 히스테리증자인 꼬마 한스를 통해서 대부분 이루어진 — 거세 콤플렉스의 발견은 부모를 막중한 것으로 확립했다. 프로이트는 그 자신의 '작은 히스테리petite hystérie'를 아버지와 관계된 무언가를 해소함으로써 치유한 것처럼 보인다(어머니는 그녀가 사망한 날까지 문제적으로 남았다 — 프로이트는 그녀의 장례식에 참석할 수 없었다). 전치나 소멸에 항의하는 히스테리증자는 아이의 놀이에서처럼 죽음이라는 궁극적 소멸을 '시도'해 보고 거기에서 되돌아온다. 프로이트는 그의 죽어가는 아버지와 동일시한 몇몇 순간들이 있었다. 하지만 1896년 아버지의 죽음 이후 그는 죽음의 최후성을 받아들이고 아버지를 애도할 수 있게 된 것으로 보인다. 일단 애도되면, 상실된 사람은 애도하는 자가 동일시하고 그처럼 될 수 있는 대상이 될 수 있다. 동일시 속에서 히스테리증자는 말하자면 타자가 된다. 애도한 사람은 타자의 내적 이미지와 동일시하며 그들처럼도 될 수 있고 그들과 다르게도 될 수 있다. 아버지의 죽음을 애도한 이후에, 프로이트는 아버지가 되었다. 죽은 아버지처럼, 하지만 죽은 아버지와 동일하지는 않게.

프로이트 자신의 히스테리는 아버지에 대한 애도를 통해 치유될 수 있었던 것으로 보인다. 이는 히스테리가 오이디푸스 콤플렉스의 성공적인 타협에 의해 극복될 수 있음을 의미한다. 그것이 무시하는 것은 왜 오이디푸스 콤플렉스가 애당초 그토록 강렬하고 힘들게 경험되냐는 것이다. 어머니와 아버지가 그토록 중요하고 문제적인 것은 자신 이외의 다른 사람들이 어머니와 아버지의 관심을 요구하기 때문이라는 사실을 그것은 무시한다. 무언가가 히스테리증자로 하여금 오이디푸스 콤플렉스의 해소를 통해 자신의 히스테리를 해소할 수 있게 할 때 이 다른 사람들은 — 프로이트의 경우, 죽은 남동생의 정서적 환생으로서의 빌헬름 플리스는—누락물이다. 널리 퍼진 어떤 문제의 전형적인 사례로 프로이트를 계속해서 취해보자면 이렇다. 비록 회복되었기는 하지만, 프로이트는 또래로서의 남자들과 맺는 측면 관계를 결코 참을 수 없었다. 이 경우 또래들은 형제다. 아버지를 통한 자기-치유에서의 또 다른 누락물은 지적 수준에서는 현실 수준에서의 플리스와 유사하다. 의제에서 누락된 것은 바로 남성 히스테리였다.

　일반적으로 히스테리는 남성 히스테리 소멸의 희생양이 되었다. 히스테리증자는 그의 유일무이한 존재를 위협하는 참을 수 없는 무언가가 주변에 있는 것처럼 보이기 때문에, 그가 자기 자신으로 있으려는 것을 방해하는 무언가가 있는 것처럼 보이기 때문에, 히스테리가 된다. 히스테리증자는 자기 자신으로 있으려는 것을 가로막는 이러한 방해를 그가 원하는 것을 획득하는 것에 대한 방해로 착각한다. 그는 어머니를, 혹은 많은 새 옷을, 혹은 너무 많은 먹을 것을 원한다. 이렇듯 어머니, 아버지 혹은 그들의 대체자를 갖기를 원함이 히스테리의 그림에서 언제나 지배적인데, 이는 누군가로 있으려는 절박한 필요를 흐려놓는다. 아이의 존재를 위협하는 자, 즉 동기는 강렬한 양가성(사랑과 증오)의 대상이다. (모든 발달 심리학 연구는 이 동기 양가성을 증언한다.) 어머니와의 전-사회적 관계에는, 멜라니 클라인이 특히 커다란 중요성을 부여한 양가성이 있다. 그것은 갖기having와 관련이 있다: 아이는 가슴을 주기에 어머니를 사랑하고 가슴을 없애버리기에 어머니를 증오한다. 내가 제안하는바, 동기의 현존이 있느냐 없느냐(히스테리증자 햄릿의 대사 '있음이냐 없음이냐')에 대한 반응으로서 양가성을 촉발할 때, 갖고 있거나 안 갖고 있는 어머니와 연계된 양가성으로까지 사람은 퇴행한다—이는 가령 히스테리적 과식증에서 예시된다.

　프로이트는 히스테리를 극복했을 때 동기 문제의 해소를 통해서가 아니라 아버지와의 관계를 통해서 그렇게 했기 때문에, '존재being'와 관련된 양가성이 남았다. 프로이트가 또래 남성을 갖는 것을 방해한

이 양가성은 히스테리에 관한 차후의 정신분석적 태도에서도 두드러졌다.

프로이트가 정신분석에 남긴 것은 대개 히스테리가 스스로를 향하여 갖는 양가성의 부정적인 측면이었다. 그리고 히스테리의 역사에서 처음도 아니었다. 프로이트가 정신분석의 이 정초적 질병과 맺고 있었던 관계는 언제나 골치 아픈 관계였다. 프로이트는 히스테리를 그냥 내버려둘 수 없었으며, 자신이 히스테리를 이해했다는 생각의 황홀경과 붙잡기 힘든, 가늠 안 되는, 오염시키는, 부정직한 무언가로서의 히스테리에 대한 공포증적 회피 사이에서 동요했다.

획기적인 『꿈의 해석』(1901)에서 프로이트는 꿈의 과정을 해독하기 위해 환자들의 꿈만이 아니라 자신의 꿈도 이용한 것으로 유명하다. 그렇지만 환자들의 히스테리만이 아니라 자신의 히스테리도 이용한 것은 중요하게 인식되지 않고 있다. 프로이트를 심적 삶에 대한 더 폭넓은 이해로 이끈 것은 실로 그 자신의 히스테리에 대한 작업이었다. 정신분석에서는 개인적, 주관적, 객관적 관찰이 모든 층위에서 뒤얽혀 있다. 자신에 대해 작업하는 일은 수련생 분석가는 자신을 온전히 분석해야 한다는 규칙으로 훗날 제도화되었다. 나는 프로이트의 심리적 자서전을 쓰려고 시도할 생각이 없다. 그렇지만 프로이트의 히스테리가 왜 무시되어서는 안 되는지 여러 이유들이 있다.

정신분석의 한 가지 본질적 요소는 자기 자신의 주체성과 또 다른 사람의 주체성에 대한 계속되는 특정한 대화와 관련이 있다. 하지만 프로이트는 자기 분석 같은 것은 있을 수 없다고 말했는데, 왜냐하면 우리가 자기 자신을 성공적으로 분석할 수 있다고 한다면 신경증은 존재하지 않을 것이기 때문이다. 우리는 무의식적 마음을 이해하게 될 것이고, 그렇게 되면 그것은 — 더 이상 무의식적이지 않기에 — 우리를 지배하거나 지휘하거나 추동할 아무런 힘도 없을 것이다. 그렇기에 프로이트는 그의 친구, 베를린의 이비인후과 전문의 빌헬름 플리스를 대화 상대로 삼은 것으로 악명이 높았으며, 따라서 그의 '자기 분석'은 독백이 아니라 또 다른 사람을 경유하여 수행된 것이었다. 정신분석적 이해는 언제나 또 다른 사람과의 관계를 경유하여 무언가를 파악함으로써 도달된다. 왜냐하면 그것은 어떤 사람이 자기 자신에 관해서 어떤 의미에서 '상실'하였거나 발견하지 못한 무언가가 다른 사람과의 관계 속에서 발견된다는 원칙에 따라 작용하기 때문이다(혹은 자기 자신과 관련하여, 애초부터 타자 안에, 어떤 아주 이른 시기의 상호 연결성 안에, 거주해 온 무언가가 있을 수 있다). 비록 무시되어오기는 했어도, 초기 동기 관계들은 이 같음/다름의 자기−타자 상황에 대한 좋은 모델을 다시금 제공한다. 프로이트가 그의 '타자'로 플리스를 선택해야 했다는 점은 흥미로운데, 왜냐하면 물론 플리스는 프로이트의 히스테리의 대상 또한 되었기 때문이다.

지그문트 프로이트와 빌헬름 플리스는 1887년 비엔나에서 만났다 ─ 플리스는 베를린에서 방문하고 있었고, 그들은 요제프 브로이어의 소개로 만났다. 그 뒤에 이어진 두 남자의 강렬한 우정은 다양한 해석의 대상이 되어왔다. 나는 그 우정이 매우 창조적인 히스테리와 커다란 관련이 있었다고 믿는다. 여기서 내가 주목할 것은 둘 다 성욕에 관심이 있었다는 사실이다 ─ 플리스는 (오늘날 내분비학적 관점으로 간주되는) 생물학적 관점에서 성욕에 관심을 가졌으며, 프로이트는 처음에 신경학적 관점에서 성욕에 관심을 가졌다가 점점 더 심리학적 관점에서 성욕에 관심을 가졌다. 그들 각각은 서로에게 엄청난 존경과 최고로 깊은 애정을 지니고 있었다. 그렇지만 그들은 성욕이라는 주제를 공유된 비밀처럼 다루었다. 그것이 함축하는 모든 흥분과 더불어 말이다. 플리스에게는 명성에 대한 야망이 있었으며, 인간 존재의 성적 주기성을 추적하고 그리하여 이 주기성이 어떻게 아기들의 성별과 탄생일을, 한층 더 야심차게는 질병과 죽음의 날짜를, 결정하는지 보여주기를 희망하였다. 플리스의 생각은 그다지 기이한 것은 아니었다. 피임 가능성을 생리 주기 내의 시간과 연결한 그의 생각은 훌륭했다. 프로이트의 야망은 지금까지 이해되지 않고 있었던 것을 이해하려고 노력하는 것에 좀 더 초점이 맞추어져 있었다.

플리스는 부유한 비엔나인과 결혼한 독일인이었던 반면에 프로이트는 비교적 가난한 오스트리아–헝가리인이었다. 그렇지만 그들은 둘 다 유대인이었으며 동일한 사교계로 들어갔다 — 또한 그들은 아이가 아직 어린 가족이 있는 '과학자'이기도 했다. 두 가족 사이의 빈번한 방문 이외에도 프로이트와 플리스는 그들이 '회합'이라고 부른 것을 위하여 따로 만났는데, 그때 그들의 생각들을 이야기하고 또 이야기하였다. 그들의 강박적인 우정이 파국으로 끝나기 전에도, 플리스에 대한 프로이트의 이상화에는 경쟁자에 대한 시기와 질투가 약간 가미되어 있음을 볼 수 있다. 하지만 플리스의 더욱 야생적인 공상과의 동일시를 통해 프로이트의 창조성에 주어진 긍정적 이득은 그들 관계의 더 부정적인 일체의 측면들을 능가하는 것처럼 보인다. 프로이트가 플리스에게 보낸 편지는 들떠 있고, 정직하고, 재치 있고, 재미있고, 인간적이고, 자각적이었다 — 이는 그들 우정의 엄청난 중요성을 증언한다. 또한 플리스의 '미친' 창조적 영향력은 그들의 관계가 끝나는 것과 더불어 종결되지 않았다. 이후에 프로이트 자신의 공상은 더욱 신중하게나마 계속되었다.

프로이트의 '자기 분석'에서 히스테리적 요소가 수행한 부분을 무시하는 것은 남성 히스테리증자의 유관성을 억압하는 것이다. 프로이트 그 자신, 그의 추종자들, 그의 비판가들, 그리고 심지어 현대의 — 정신분석과 여성주의 양편 모두의 — 해석가들이 그렇게 했고 또 계속 그렇게 하듯. 남성 히스테리의 억압은 정신분석의 이론과 실천에 들러붙어 있다. 분명 정신분석은 20세기 히스테리의 소위 '사라짐'과 히스테리에 대한 우리의 매우 부분적인 이해 둘 다에 대한 책임 또한 나누어야 한다. 프로이트의 '작은 히스테리'는 히스테리를 히스테리의 — 즉 남성 히스테리의—억압이라는 관점에서 재검토할 수 있게 하는 중요한 출발점을 구성한다.

정신분석의 정초에서 히스테리가 차지하는 자리에 대해서 생각하고

역으로 정신분석이 히스테리를 어떻게 다루었는지에 대해서 생각하는 한 가지 특정한 방식은 1880년대와 1890년대 프로이트의 사고 안에 반영된 관계들에 대해서 생각하는 것이다. 다시 말해서, 환자, 동료, 가족, 친구들과의 상호 작용의 재생. 즉 그의 개인사. 여기서 프로이트를 단순히 남성 히스테리증자라고 지칭하는 야생의 분석의 여지는 없다. 나는 프로이트 개인에 관심이 있는 것이 아니라 히스테리의 작동 자체에 관심이 있다. 나의 분석은 프로이트 자신의 언급을 결코 초과하지 않는다: '내가 열중하는 제1의 환자는 나 자신이야. 나의 작은 히스테리는, 나의 작업 때문에 심해지긴 하였지만, 좀 더 해소되었어.'[2]

나는 히스테리에 관한 프로이트의 연구에 대한 학술적 조사에도 관심이 없다. 오히려 내 과제는 히스테리가 사람들 사이를 이동하거나 사람들이 히스테리가 될 때, 짧은 일화로서의 혹은 더욱 만연한 삶의 방식으로서의 히스테리를 관찰하는 것이다. 히스테리는 평생 지배적일 수도 있고, 어떤 일화에 대한 짧은 반응일 수도 있으며, 다른 기회에 언제나 회귀할 수 있는 일련의 감정들일 수도 있다. 몽테뉴에 대해서 이런 말이 전해진다: 그는 전적으로 자기 자신에 관해서 쓰는 것처럼 보이지만, 그런 다음 사람들은 그가 모든 사람이라는 것을 깨닫는다. 프로이트가 다른 어법으로 다른 목적을 갖고서 쓰고 있기는 하지만, 그에 대해서도 똑같은 것을 말할 수 있다. 그럼에도 여기서 나의 목적은 프로이트의 특수성을 통해 히스테리의 보편적 가능성을 보여주는 것이다. 분석가의 분석이 정신분석 안에서 행한 역할 때문에, 그러한 분석이 갖는 통찰들의 특정한 맥락은 의사의 맥을 짚어 히스테리를 검진할 기회가 되는 것이다.

하지만 이 경우 의사는 남성이다. 프로이트는 플리스를 전이 대상으로 이용한 자기 분석을 통해 자기 자신을 '치유'했다. 그렇지만 불운하게도, 그 치유는 동시에 남성 히스테리를 제거했다. 프로이트는 「나의 이력서」

2. Masson, J. (ed.) (1985), p. 261 (14 August 1897).

에서 자신의 전–정신분석 시기를 돌아보면서 샤르코와 함께했던 파리에서의 연구로부터 돌아온 1886년 비엔나에서 있었던 연회를 상기했다.

> (…) [어떤] 늙은 외과 의사는 '여보시오, 동료 선생, 어찌 그런 말도 안 되는 소리를 하시오? 히스테론Hysteron은 자궁을 뜻하지 않소. 그런데 어떻게 남자가 히스테리적일 수 있단 말이오?'라고 외칠 정도였다. 나는 내가 필요로 하는 것은 내 진단의 승인이 아니라, 다만 그런 질병에 대해 다룰 수 있도록 허락받는 일이라고 말했지만 소용이 없었다. 마침내 나는 병원 밖에서 고전적인 히스테리성 반半–감각 상실증에 걸린 남자의 사례를 찾아내어 이를 '의사회'에서 입증해 보였다. 사람들은 이번에는 나에게 박수를 쳐주었지만, 그 이상의 관심은 보이지 않았다.[3]

프로이트는 샤르코가 확립한 남성 히스테리의 현존이 갖는 중요성에 많은 것을 걸었다. 이렇듯 그 연회에 대한 사후적 설명은 그의 영웅적 행동이 비엔나 의학계에서 무시되거나 거부되었던 상황을 보여준다. 프로이트의 생각이 오스트리아에서 상당한 반대에 부닥쳤던 것은 사실이다. 동료에게 받았던 가장 호의적인 반응은 '글쎄, 파리에서는 그럴지 몰라도 비엔나에서는 아니지'였으며 대부분이 그의 견해를 노골적으로 부인했다고 그는 주장했다.

반유대주의의 특정한 측면이 남성 히스테리 개념에 대한 비엔나 의학계의 저항을 야기했을지도 모른다. 시골에서 도시로 이주한 이민자 공동체는 히스테리적 행동을 보인다고 종종 간주되었다(그 구성원들은 '자신이 누구인지' 알지 못한다). 동유럽에서 비엔나로 (프로이트 자신을 포함

• •

3. 프로이트, 「나의 이력서」, 『과학과 정신분석학』, 박성수 · 한승완 옮김(열린책들, 2020), 216~217쪽.

해서) 유대인들이 꾸준히 유입되고 있었다. 그들 가운데서 히스테리가 만연했을 수도 있다. 하지만 마찬가지로, 유대인 이민자들과 상종하는 것을 비엔나 주민들이 피하기를 원했을 수도 있다. 그렇기에 그들은 유대인들에게 히스테리라는 딱지를 붙였다.

그렇지만 비엔나에서의 작업에 대한 이 최초의 논박에 대해 프로이트가 보인 반응은 첫눈에 보이는 것보다 더 흥미롭고 중요했다. 표면적으로는 프로이트가 자신이 목격했던 남성 히스테리에 대한 관찰을 방어하기 위해 과학적 근거 위에서 시종일관 싸웠던 것처럼 보인다. 나중에 프로이트는 그의 스승이자 저명한 뇌 연구자인 — 남성 히스테리의 가능성에 완강하게 반대했던 — 테오도르 메이나트가 남성 히스테리 개념에 대한 자신의 저항은 그 자신이 남성 히스테리증자였다는 끔찍한 인식의 결과였음을 임종 때 분명하게 고백했다고 주장한다. 하지만 실제로 남성 히스테리에 대한 프로이트의 후원을, 심적 삶에서 유아 성욕이 갖는 결정적 역할에 대한 그의 강조(혹은 여기서 덜 적실한 정신분석의 여타 학설들)에 반대하는 모든 사람과 싸우겠다는 나중의 결심과 비교해 보면 극명한 대조가 나타난다. 남성 히스테리에 대한 프로이트의 옹호 속에는 상당한 가식의 요소가 있었던 것 같으며, 또한 희생양이라는 — 혹은 프로이트가 끊임없는 비히스테리적 자기 통찰과 더불어 부르기로는, '순교자'라는 — 전형적인 히스테리적 자기 위치 설정이 많이 있었던 것 같다. 그 결과 프로이트는 자신의 관찰을 결코 저버리지 않았지만, 남성 히스테리라는 주제를 세상의 이목에서 사라지게 했다. 프로이트는 1882년에서 1885년 사이에 그 주제에 대한 세 개의 전–정신분석적 논문과 강의를 출간했다. 그러고 나서 그는 1895년에 『히스테리 연구』를 출간했는데, 여기에는 남자가 한 명도 등장하지 않는다. 훨씬 나중인 1923년과 1926년에야 그는 이 범주에 속하는 두 명의 히스테리 남성 인물을 분석했다. 첫째 인물은 악마 점유의 17세기 희생양인 화가 크리스토프 하이츠만이었는데, 그는 우울증을 보였지만 프로이트는 그의 히스테리적 점유를 당대의 히스테리적 질병에 대한 중세적 등가물로 보았다. 둘째 인물은 도스토옙스키였는데, 프로이트는 그의 히스테리성 발작을 오이디푸스/거세 콤플렉스 패턴에 끼워 맞추었다.

『히스테리 연구』는 정신분석의 발달 및 히스테리에 대한 그 어떤 이해에 있어서도 핵심적인 텍스트다. 나는 여기서 『연구』의 여성 환자들보다는 프로이트의 자기 분석에, 그의 정신병리가 갖는 히스테리적 차원에 초점을 맞추는데, 이는 남성 히스테리의 자리와 역사, 그리고 오이디푸스 신화 개념 속으로 남성 히스테리가 사라진 것과 관련이 있다. 나중에 어머니보다 아버지의 우선권이 인정되면(즉 거세의 법에 복종하면) 오이디푸스의 위치(어머니와 근친상간하려는 욕망)가 해소되는 것으로 간주되었을 때, 그러고 나서 히스테리는 이러한 금지를 받아들이는 것에 대한 실패가 되었다. 남자에게 주어진 과제는 분명하다: 아버지의 법을 받아들이면, 너는 히스테리증자가 되지 않을 것이다. 이것이 바로 프로이트가 했던 것이다. 프로이트는 처음에는 그의 소망 속에서 오이디푸스가 됨으로써, 그런 다음에는 그의 (지적인 그리고 가족의) 아버지임을 위하여 이 환상들을 극복함으로써 그의 남성 히스테리를 해소했다. 프로이트는 어린아이였을 때 어머니를 욕망하였고 처벌로 어머니를 빼앗겨 두려웠던 장면을 회상했다. 그의 가족의 세대적 복잡성 때문에, 프로이트는 아버지가 아닌 성인 이복형제가 어머니의 부재에 책임이 있다고 처음에 생각했다(어머니는 동기를 출산하고 있었다).[4] 누가 실제 아버지인지에 대한 혼동은 이론에서 그가 아버지를 강하게 고집하는 데 기여했을 수도 있다.

오이디푸스에 대한 프로이트의 강조는 남성 히스테리증자를 제거하고 히스테리를 여성성에 맞게 재조정했을 뿐 아니라, 동기간이라는 핵심

• •

4. [지그문트 프로이트, 『일상생활의 정신병리학』, 이한우 옮김(열린책들, 2020), 75~77쪽.]

관계의 억압을 허용하기도 했다. 프로이트는 오이디푸스의 중요성에 대한 자신의 발견에 플리스가 열의를 보이지 않는 것에 화가 났다. 플리스는 프로이트의 상태에 대한 오이디푸스적 해석에서 그 자신과 프로이트의 관계의 무언가가, 즉 히스테리적 형제애가 누락되어 있다는 것을 무의식적으로 깨달았던 것일까?

그렇지만 프로이트가 유명 사건cause célèbre으로서의 남성 히스테리에 흥미를 잃었을 때, 그것은 특별한 방식으로 사라졌다. 의식적으로는 프로이트의 편지들에서, 그 주제는 처음에는 그의 형제를 히스테리증자로서 성찰하고 그런 다음 그 자신을 성찰하기 위한 길을 열었다. 무의식적으로는, 프로이트는 그것을 해소되고 승화된 이상 성욕 성향으로서 자기 자신 안으로 도로 흡수하였다. 그게 아니라 억압되었을 경우, 그것은 완전히 이해되지 않았기에 가버리지 않을 증상처럼 그 자체로 되돌아왔다. 남성 히스테리는 이처럼 억압되었기 때문에, 자신의 누락을 통하여 사고와 치료 양자 모두를 구조화하면서, 정신분석에 계속해서 들러붙어 있었다. 당분간은 다음을 주목하는 것이 중요하다. 즉 프로이트가 가까운 남성 친구들을 반복해서 저버렸다는 것이 종종 강조되기는 하지만, 통상적으로 이것은 히스테리로부터의 프로이트 자신의 회복과도 연결되지 않으며, 그가 고찰할 주제로서 남성 히스테리를 빠뜨린다는 것과도 연결되지 않는다. 그렇지만 그러한 연결은 결정적인 것으로 보인다.

그 자신의 상태에 대한 프로이트의 진단은 1890년대 동안 변동했다. 처음에 그는 자신이 세 가지 '현실신경증' 가운데 하나인 신경 쇠약을 주로 앓고 있다고 믿었다(나머지 둘은 불안신경증과 심기증이다). 오늘날 거의 사용되지 않는 용어인 '현실신경증'은 ─ 강제 금욕, 피임법(또는 그것의 결여)에서 결과하는 만족감의 결핍, 여성에게 좌절감을 야기하는 남성 불능이나 남성에게 좌절감을 야기하는 여성의 억제와 같은 ─ 현재의 성적 어려움들이 야기한다고 생각되었다. 프로이트는 세 가지 현실신경증 모두의 증상을 보였다: 신경통, 우울, 떨림, 철도 공포증, 피로,

장 문제, 코 질환, 신경과민성 성마름, 그리고 무엇보다도 호흡기 및 심장 질환.

여기서 흥미로운 것은 어떤 요인이 프로이트의 현실신경증으로 이어졌을지를 추측하는 것이 아니다 — 우리가 어떻게 알 수 있겠는가? 오히려, 여자들에게서 히스테리가 나타나는 한, 일반적으로 임상의들이 처음에는 현실신경증 진단과 히스테리 진단 사이에서 미끄러졌다는 사실에 주목하는 일이 흥미롭다. 신경 쇠약이 있는 여자들이 그들의 상태 안에 '히스테리적 혼합물'을 지니고 있다고 기록하는 것은 19세기 임상의들에게 흔한 일이었다 — 프로이트 자신도 몇몇 경우에 같은 의견이었다. 지금은 한물 갔지만 당시에 신경 쇠약은 신경의 피로나 탈진에 대한 진단으로 주어졌다. 그렇지만 히스테리는 현실신경증이 아니라 '방어신경증'의 일종으로 간주되었다 — 즉, 어떤 유전성 인자가 부착되어 있었으며 그것의 원인은 현재의 실제 문제가 아니었다. 그렇지만 점점 더 프로이트 자신은 유전성 인자 개념에 의문을 품었고, 아동기 초기 — 심지어 유아기 — 의 어떤 충격적인 사건으로 그것을 대체했다. 이 사건은, 과거에 발생한 것으로, 히스테리를 현실신경증과 구별하여주었다. 현실신경증에서 충격적인 상황은 현재의 것이었다. 이윽고 프로이트는 원인이 되는 과거의 계기가 성적 사건 — 즉 나중에 가서 아버지나 보모에 의한 아들이나 딸의 폭행이나 유혹으로 특정되는 수동적인 성적 경험 — 이라고 확신하게 되었다. 남성 히스테리를 '발견'했던 샤르코는 촉진자로서의 외상적 사고의 만연에 주목했다. 샤르코의 남성 피험자들은 대개 일 관련 내지는 폭력 관련 사고를 겪었다. 프로이트에 의해 외상 요소가 수용되었으며 친숙한 전환이 발생했다: 특히 여성들이 과거에 성적 외상을 겪었다고 간주되었다.

여성들의 신경 쇠약이 히스테리와 혼합되었다는 것은 '현실'신경증과 '방어'신경증 사이의 구분을 흐려놓았다. 프로이트 자신의 작업에서 그 두 신경증의 절대적 구분은 점점 더 유지될 수 없게 되었다. 히스테리에서는 현재 사건이 과거 사건에 대한 기억을 격발하는 것으로 보였는데,

그 사건의 의미는 오로지 현재에 와서야 분명해졌다. 따라서 성적 학대를 당한 아이는 나중에 또 다른 사건이 그것에 의미를 부여할 때까지는 이 사건을 성적인 맥락에서 이해하지 못했다. 그렇지만 이러한 이전의 구분들이 그 구분들의 젠더화를 통해 해소되는 것은 흔한 일이었다: 여자들은 히스테리가 된 반면에 남자들은 신경 쇠약이 되었다. 그럼에도 1897년 중반 프로이트가 그 자신의 자기 분석 작업을 시작했을 때, 그는 자신이 전과 같은 신경 쇠약을 겪는 것이 아니라—그의 유명한 히스테리 환자 도라가 앓았던 것과 같은—'작은 히스테리'를 겪는 것이라고 진단했다. 그러니까 이 중요한 자기 분석 시기에 프로이트는 자신을 히스테리 증자라고 생각했던 것이다. 그리고 우리가 그의 말을 믿고서는 그로부터 배우지 않을 이유가 없어 보인다. 프로이트의 자기 분석은 신경 쇠약이나 '현실신경증'이 아닌 남성 히스테리를 내포했다.

　1880년대와 1890년대에 프로이트의 신체적 증상과 심적 어려움은 다양했다. 그것들은 죽음에 대한 두려움(프로이트는 그것을 그의 '죽음 망상'이라고 불렀다)의 전치된 표현들 둘레를 선회했는데, 그 자체로 이는 자기 자신이 죽는 날을 결정하고자 하는 그의 강박적인 소원에서 명백했다. 바로 이 시기 내내 프로이트는 빌헬름 플리스와의 우정에서 가장 강렬한 국면을 겪었다: '내 안에 있는 특별한—여성적인—면이 요구하는 친구와의 관계를 그 누구도 나를 위해 대신할 수는 없어'.[5] 인간 삶에서의 주기성에 관한 플리스의 기이하고 일탈적이지만 흥미로운 이론들에서 등장한 수학적 계산들에 광적인 믿음을 두면서, 프로이트는 원래 1896년에 40세의 나이로 죽을 것이라고 결정했으며, 그 시기가 지나갔을 때, 51세나 52세의 나이로 죽을 것이라고 결정했다. 이 예측은 다양하게 이해되어 왔지만, 나에게는 그렇게 자신이 죽는 날을 고르고 선택함으로써 프로이트는 죽음의 궁극적 통제 불가능성을 "통제"하려고

5. Masson, op. cit., p. 412 (7 May 1900).

노력했던 것으로 보인다—히스테리증자들이 언제나 다양한 방식으로 스스로 부과하는 과제. 죽음이 인류를 지배한다는 것은 받아들일 수 없다: 이는 심각한 히스테리의 사례들에서 자살에 이끌리거나 실제로 자살하는 양쪽 경우 모두에서 중요한 요인이다.

그렇지만 프로이트와 플리스는 자살을 통해서가 아니라 날짜의 수학적 계산에 기초해 예측함으로써 죽음을 통제하려고 노력했다. 프로이트의 이어지는 질병의 모든 측면들은 이 영웅적 노력의 필연적 실패를 증언한다—죽음에 대한 두려움이 신체 속에서 실연되고 있으니까. 프로이트의 병든 신체는 그가 발견한 해결책에 비해 공포가 더 크다는 것을 증언한다: '나에 관해서라면, 나는 편두통, 코 분비, 그리고 죽음에 대한 두려움의 습격을 주목하고 있어 (…) 날짜보다는 [친구] 틸그너의 심장 마비 죽음이 아마 이것에 더 큰 책임이 있겠지만 말이야.'[6] 흥미롭게도 이 언급에서 프로이트는 뒤이어 발생하는 플리스와의 소원해짐의 씨앗들 가운데 하나를 자신도 모르게 뿌리고 있다. 즉 그의 심장 상태는 플리스가 믿게 한 역법 때문이 아니라, 방금 죽은 친구와의 히스테리적 동일시 때문인 것이다. 발작이나 마비를 통한, 죽은 사람과의 그러한 동일시는 히스테리의 오랜 역사를 통틀어 흔한 일이다.

프로이트가 죽어가는 아버지와 모방적으로 동일시한 순간이 있기는 했지만 이는 정상 범위 내에 있는 것으로 보였을 것이다. 아버지의 죽음에 대한 프로이트의 반응에는 만개한 히스테리의 어떤 징후도 없다. 오히려 그 반대다. 죽음에 대한 그의 히스테리적 동일시를 그는 다만 아버지의 죽음 이전에 주목하였다. 그때 그는 자신의 질병들이 모두 자신이 최근에 죽은 친구 틸그너가 '되었다'는 것을 보여주는 히스테리 증상이라고 생각한다. 두근거림, 심장 고통 등과 같은 그의 증상들 각각은 그가 죽은 사람과 동일시하였다는 징후이다. 1898년(아버지가 죽은 지 2년

· ·

6. Ibid., p. 181 (14 April 1896).

후) 다시금 프로이트가 죽음에 대해 많은 꿈을 꿀 때는 바로 플리스가 죽음의 문턱에 있었던 때다. 나이가 같거나 (동기처럼) 한두 살 차이가 나는 누군가의 죽음은, 더 나이 든 사람의 죽음보다 히스테리적 동일시를 격발하기가 더 쉽다. 10대들이 특히 취약했던 소아마비가 유행하던 시기 1960년대 영국 여학교에서 발생한 히스테리는 이 현상의 분명한 사례다 (10장 참조).

『꿈의 해석』 2판의 서문에서 프로이트는 이렇게 쓴다. '(…) 이 책에는 내가 이 책을 탈고한 후에야 비로소 깨달은 중요한 의미가 있다. 이 책은 나의 자기 분석의 일부, 남자의 일생에서 가장 중요한 사건이며 결정적 상실인 아버지의 죽음에 대한 내 반응이었다.'[7] 프로이트의 아버지 야콥은 1896년 10월 23일 사망했다. 며칠 후 프로이트는 플리스에게 꿈과 자신의 감정들에 대한 감동적인 설명을 적었다: '노인의 죽음은 나에게 깊은 영향을 주었어.'[8] 3주 후 그는 이렇게 쓴다: '내가 완전히 결여하고 있는 것은 삶의 쾌활함과 즐거움이야. 대신에 나는 나의 죽음 이후의 상황을 미리 처리해 놓아야 하는 경우들을 바쁘게 기록하고 있어.'[9] 자기 자신의 필멸성을 받아들이기 전에, 죽은 부모의 관념을 중년에 내재화할 필요가 있다. 이를 행하는 것의 어려움은 중년의 위기를 표지한다. 애도 작업은 죽은 사람이 영원히 상실되고 사라진 것으로 심적으로 이해된다는 것을, 하지만 그 사람의 현존 대신 그 사람의 표상이 확립될 수 있고 영구히 기억으로 불러내어 이용될 수 있다는 것을 의미한다. 이렇듯 애도 속에서 상실된 사람을 그 사람의 표상을 통하여 내재화하는 것은 상실을 부인하는 히스테리적 동일시와 정확히 반대다.

하지만 애도된 사람의 이미지와 추억이 내재화되는 과정이 발생하기 전에, 모든 사람의 히스테리적 경험의 일부인 이런 방식의 동일시가

• •

7. 프로이트, 『꿈의 해석』, 김인순 옮김(열린책들, 2020), 8쪽.

8. Masson, op. cit., p. 202 (2 November 1896).

9. Ibid., p. 204 (22 November 1896).

있다—모방적 동일시를 통해 우리는 우리의 증상 속에서 죽은 타인이
된다. 시몬 드 보부아르는 죽어가는 어머니가 말하려고 노력하는 것을
지켜보면서 어떻게 자신이 갑작스러운 동정심을 느꼈는지 말한다. 그녀
가 사르트르에게 이를 이야기할 때, 사르트르는 보부아르의 입이 그녀가
묘사하는 어머니의 입을 정확히 실연하고 있다는 것에 주목한다. 프로이
트는 1926년 도스토옙스키에 대한 연구에서 죽음과의 히스테리적 동일시
를 상세히 설명하게 되지만, 이미 1897년에 프로이트는 히스테리증자에게
서 공통적으로 관찰된 죽은 사람과의 동일시에 주목하고 있었다. 프로이
트는 플리스에게 한 환자에 관해서 이렇게 썼다: '가장 최근의 결과는
히스테리적 경직 발작을 해명한 것이야. 사후 경직을 통한 죽음의 모방,
즉 죽은 누군가와의 동일시. 만일 그녀가 죽은 사람을 보았다면, 눈을
부릅뜨고 입을 벌릴 거야. 그렇지 않다면, 그녀는 단지 조용하고 평화롭게
거기 누워 있지.'[10]

나중에 프로이트는 히스테리증자들은 그들이 증오하는 곳에서 사랑한
다고 쓴다. 시몬 드 보부아르는 어머니에게 커다란 적개심을 느꼈지만,
어머니가 큰 고통 속에서 누워 죽어갈 때 갑작스러운 사랑이 드 보부아르
를 압도했다. 인간관계에는 언제나 양가성이 있다. 그렇지만 양가성은
또한 히스테리적 반응에도 관여한다. 양가성은 프로이트가 플리스에게
보내는 편지에서 불쑥불쑥 반복해서 등장하는 주제다. 히스테리증자는,
중요한 죽음이 직면케 하는 그 양가성을 통해 생각을 하기보다는, 죽은
사람들이 경험한다고 그가 상상하는 것을 경험하면서 그들이 '된다'.

이러한 모방적 동일시 과정에는 두 가지 극단이 있다. 한쪽 극단에는
다중 인성 증후군에서 가장 분명하게 표현되는 유형의 병리학이 있다.
다른 쪽 극단에는 키츠가 '소극적 수용력'이라고 부른 창조적 경험이
있다. 즉 시인이 그의 상상력 속에서 가령 그가 지켜보고 있는 새가

• •
10. Ibid., p. 230 (11 February 1897).

'되는' 정도로 세계를 강렬하게 경험하는 시인의 능력이 있다. 다중 인성 증후군의 경우, 환자의 감정들 각각이 다른 감정들과는 분리되어, 환자가 수용할 수 없는 감정을 억제하기 위해 모방하고 이용하는 어떤 별개의 캐릭터로서 표상된다. 극심한 병리성과 창조성의 두 극단 사이에서 흔들리는 것이 히스테리적 동일시다 — 일부는 의식적이고 일부는 무의식적인 과정 속에서, 자기 자신을 다른 사람 입장에서 다른 사람으로서 상상하는 경험적 동일시의 과정. 이따금 감정 이입으로 오해되지만 이는 감정 이입이 아닌데, 왜냐하면 감정 이입에서 사람은 그가 누군가의 감정에 참여하고 있을 때 그 누군가가 자기가 아니라 다른 사람임을 알고 있기 때문이다.

나중에 프로이트는 히스테리증자가 흔치 않은 정도로까지 다른 사람들과 동일시한다는 공통된 관찰을 무시했으며, 오히려 히스테리의 이러한 속성은 피상적이라고 단언한다. 즉 히스테리증자는 타인에게 단순히 동일시하는 것이 아니며, 오히려 타인이 욕망하는 것(혹은 좀 더 정확하게는, 타인이 욕망한다고 그가 상상하는 것)과 동일시한다. 사실 나는 히스테리에서 두 가지 동일시 유형 모두가, 즉 타인과의 동일시와 타인의 욕망과의 동일시가 일어난다고 생각한다. 욕망 요소를 무시하기가 쉽기는 하지만 말이다. 그렇다면 왜 프로이트는 친구 틸그너의 죽음이나 아버지의 죽음과 동일시했을까? 프로이트에게서, '고통 없이 한밤중에 죽기'[11]라는 낭만적 소원의 배후에는, 죽어가는 사람을 향한 양가성이 놓여 있었고, 또한 죽은 사람은 그가 아니며 죽음으로부터 '마법적으로' 되돌아올 수 있었던 사람은 오직 모방자인 그뿐이라는 의기양양한 흥분이 놓여 있었다. 아버지의 죽음에 대한 프로이트의 반응은 '정상적'이었다. 하지만 중요한 사람이 완전히 애도되기 전에 어떤 히스테리적 동일시가 일어나는 것은 흔한 일이다. 즉 자신이 죽은 사람이 아님을 완전히 깨닫기

● ●

11. [존 키츠, 「나이팅게일에게」]

전에는 그는 죽은 사람과 같다. 이는 전쟁 폭력의 경우에 종종 장기화된다.

많은 학자들이 지적했듯, 아버지의 임박한 죽음에 대한 프로이트의 반응은 감정의 대상으로서의 아버지에 대한 프로이트의 양가성 — 아버지를 대체하기를 원함, 하지만 아버지에 대한 사랑 때문에 그러지 않기를 원함 — 을 틀림없이 내포했다. 그 반응은 죽음에 직면하는 것이 어떠하리라고 프로이트가 상상했던 것과의 동일시 또한 내포했을 것이다. 플리스에게 보내는 편지에서 프로이트는 자기 자신을 노인이라고 생각한다: '나는 유명한 한계 연령인 약 51세까지 정말 견뎌내고 싶지만, 그럴 수 없을 것처럼 느껴지는 날이 하루 있었어.'[12] 프로이트의 아버지는 '견뎌내고' 싶고 죽음을 직면하지 않고 싶지만 또한 동시에 노년의 질병에서의 해방으로 죽음을 환영했을 것 같다. 아버지의 죽음 이후에 꾸었지만 야콥 프로이트가 아직 살아 있는 모습으로 나오는 이 많이 해석된 꿈에서, 자기 자신과 죽어가는 아버지 사이에서의 프로이트의 혼동을 볼 수 있다. 여기서 프로이트는 1851년 아버지의 첫 번째 아내가 죽은 날짜와 1856년 자신의 생일을 혼동한다. 그리하여 이 꿈은 '1851-1856' 꿈으로 알려지게 되었다. 이 꿈에 대한 수많은 가능한 해석들이 있다(그리고 많은 해석들이 제안되어 왔다). 여기서는 단지 1851년과 프로이트가 죽음을 예상한 51세라는 나이가 일치한다는 것을 지적하겠다. 프로이트는 아버지의 두 번째 결혼과 세 번째 결혼을 혼동했던 것으로 보인다. 실제로 그는 1852년 있었던 아버지의 두 번째 결혼을 1851년이라고 하기도 했다. (플리스의 계산 중 하나로 인해) 프로이트는 51세의 나이에 죽을 것이라고 믿었지만 말이다. 자신의 꿈속에서 나이에 대한 혼동 및 기억상실과 더불어(양자 모두는 아버지의 노년 증상들이다), 프로이트는 어머니와 결혼하여 자신의 예기된 죽음과 일치하는 날짜에 자기 자신을 낳는다. 처음에 프로이트는 심장 증상이 지속된 임신 9개월(이 숫자는

· ·

12. Ibid., p. 198 (29 September 1896).

언급된다) 뒤인 51/52세에 죽을 것이라고 믿는다. 불안해하는 여느 아이처럼 그는 한때 어머니가(따라서 프로이트 자신이) 아버지의 첫 번째 아내처럼 죽을까 봐 두려워했다.

51 혹은 52라는 프로이트 죽음의 예기된 나이는 28일 여성 월경 주기와 대립되는 23일 남성 월경 주기라는 플리스의 생각에서 나왔다. 플리스는 인간 양성애 개념 및 남성 주기와 여성 주기 개념 또한 개척했는데, 두 주기 모두가 각 개인의 일부였다. 주기를 합하면 51이 된다(23+28). 하지만 프로이트와 플리스는 왜 이런 기이한 계산들에 관여했던 것일까? 죽은 사람이 프로이트의 유아 형제 율리우스였던 것처럼, 죽을 뻔한 사람이 손아래 '형제' 플리스였을 때, 친구에 대한 프로이트의 두려움은 죽음에 직면한 사람이 프로이트가 아닌 플리스였다는 환희와 아주 노골적으로 뒤섞여 있었다. 이는 종종 언급되어 왔다. 전이는 결정적인 유아기 관계의 현재의 '새로운 판본'이다. 하지만 프로이트가 지배적으로 전이하고 있던 관계는 무엇이었을까? 이는 언급되지 않았다. 분명 그것은 동기 관계였다 — 같으면서 다르다고 프로이트가 느꼈던 누군가?

프로이트는 플리스와 '전이' 관계를 가졌다. '나보다 훨씬 더 위대한 공상가,'[13]인 누군가를 발견했다는 사실에 놀라워하면서, 프로이트는 플리스를 '통해서' 사고했다. 그렇기에 우정이 끝났을 때, 이는 그 우정에서 불안스러운, '미친' 혹은 히스테리적인 무언가가 더 이상 유지될 수 없기 때문이었다. 심지어 두 남자 모두가 우정에 빠져 있는 동안에도 프로이트는 이렇게 쓸 수 있었다: '내가 그 심리를 부화시켰을 때의 나의 정신 상태가 더 이상 이해가 가지 않아. 어떻게 내가 너에게 그것을 가할 수 있었는지 상상할 수 없어. 나는 네가 여전히 너무나 예의 바르다고 믿어. 나에게 그것은 일종의 광기였던 것으로 보여.'[14] 프로이트는 플리스

• •

13. Ibid., p. 147 (31 October 1895).
14. Ibid., p. 152 (29 November 1895).

를 그가 없이는 프로이트 자신이 거의 살아남을 수 없는 사람으로 만듦으로써 이 히스테리 상태로 끌어들였다. 프로이트는 편지에서 이렇게 썼다. '일 년에 약 다섯 시간 동안 너와 의견을 교환하는 것은 운명의 특별한 호의가 분명 아니야. 내가 타자 없이는 거의 아무것도 할 수가 없을 때 말이지. 그리고 네가 바로 그 유일한 타자, 분신the alter이야.'[15] 또한 플리스를 지칭하면서 이렇게 썼다. '또 다른 사람이 나에게 긴급히 필요해,'[16], '[플리스 같은] 그러한 청중 없이 나는 정말이지 작업할 수 없어.'[17] 프로이트는 거의 플리스 없이는 존재하지 않는다고 느꼈다.

타자를 통해서 자신이 살아갈 수 있는 그 타자가 없다면, 히스테리증자는 타자가 볼 수 있도록 자신의 히스테리를 실연할 수 있을 뿐이다. 자기 자신을 스펙터클로 제공하면서, 자신의 감정을 거친 질병의 극적인 행동으로 방출하면서 말이다. 그것이 그 유명한 '히스테리의 관심 추구'이며, 프로이트의 스승 샤르코가 살페트리에르 병원의 연구에서 다소 관음증적인 목격자가 되어준 그 행위들이다. 히스테리는 관계를 내포한다 —혼자서는 히스테리증자가 될 수 없다. 히스테리는 상호성이나 거절을 유도하면서 언제나 타자를 끌어들인다. 만약 다른 사람이 상호 동일시의 자유로운 흐름('둘의 광기folie à deux')에 참여하기를 거부한다면, 히스테리증자는 스펙터클이 — 다만 사람이 구경하거나 관찰할 수 있는 어떤 것이 —될 필요가 있다. 살페트리에르에서 샤르코는 그의 환자들을 응시하였으며 연출된 '연극' 공연에서 타자들의 시선을 위해 그의 환자들을 보여주었다. 또한 그는 사진 모음을 통해 환자들의 이미지를 재생하기도 하였다. 프로이트는 히스테리 발작 증상은 연기action라고 기록했다. 이러한 사례들에서 관객이 결정적인 '타자'이다. 그렇지만 플리스와 프로이트가 그들의 창조적인 '둘의 광기'에서 그랬듯이 타자가 공연에 참여한다면,

• •

15. Ibid., p. 73 (21 May 1894).
16. Ibid., p. 183 (26 April 1896).
17. Ibid., p. 243 (16 May 1897).

타자는 충분한 관객이 된다.

플리스와 더불어 프로이트는 자신의 히스테리를 공유할 수 있었다. 질병과 창조성을 그와 교환하면서 말이다. 하지만 1898년이 되면 프로이트는 그들의 상호 동일시의 가치에 대해 너무 많이 단언하고 있다.

나는 네가 비평가이자 독자인 타자의 선물을, 그것도 너만 한 품질을 가진 선물을 주고 있는 것이 너무 엄청 기뻐. 나는 관객이 전혀 없다면 글을 쓸 수 없어. 하지만 너만을 위해 글을 쓰는 것을 전혀 개의치 않아.[18]

급기야 익살스러운 탈동일시가 있다.

내 머리와 네 머리는 분명, 항상 그렇지는 않더라도, 아주 다른 두 머리지. 왜냐하면 내 머리는 그 모든 불안정성에도 불구하고 내가 좋은 시기를 갖는 것을 가로막지 못했으니까 말이야. 하지만 나는 네가 할 수 없는 무언가를 할 수 있어. 두통이나 심장 통증을 우스꽝스러운 요통으로 대체할 수 있지.[19]

히스테리적 동일시의 성격은 자기와 타자의 불행한 혼동이거나 행복한 융합이다. 하지만 두 사람이 융합되거나 혼동될 때, 누구의 감정이고, 누구의 몸이고, 누구의 관념일까? 우리는 이 질문이 프로이트와 플리스가 논쟁을 벌인 주제의 기저에 놓여 있는 것을 볼 수 있다—쟁점은 '양성애'였다(히스테리증자들은 매우 양성적이라고 간주된다). 그들 사이의 문제는 더욱 더 관련이 있었다—그 문제란 표절이었다. '양성애'는 이중의

18. Ibid., p. 311 (18 May 1898).
19. Ibid., p. 317 (20 June 1898).

대상 선택을 가리킨다. 모든 사람이 여자 그리고/또는 남자를 사랑할 수 있다는 것. 일상 언어적으로 그 단어는 주체로서의 개인에 관한 무언가를 가리킬 때 사용된다. 정신분석적으로 그것은 개인 안의 여하한 성향을 가리키는 것이 아니라 모든 사람이 양성적 대상 선택에서 시작한다는 사실을 가리킨다. 이러한 욕망들 가운데 하나는 '억압되어야 한다'. 프로이트는 '양성애' 개념이 플리스로부터 기원했음을, 좀 너무 집요하게, 인정한다. 플리스는 이용당했다고 느꼈으며 자신의 독창성이 프로이트가 그것을 잘 활용한 것으로 인해 배신당했다고 느꼈다—그것은 정신분석 이론의 핵심 학설이 되었다.[20] 그 이후로 그 어떤 관념이건 그것의 출처는 프로이트를 계속해서 괴롭히는 문제였다. 표절은 일종의 히스테리적 실연이다. 타자를 탈취하였고, 어떤 의미에서는 그렇게 하여 그 타자가 실존하지 않거나 죽게 된다. 동기가 죽을 때 다시금 총애받는 아이가 되지만 심적으로 말하자면 죽은 경쟁자의 자리를 강탈한 것이다.

이어지는 모든 직업적 관계에서 프로이트는 마땅하다고 생각되는 그 누구에게든 공적을 귀속시키는 일에 아주 안달하였다—심지어는 과도하게 안달하였다. 그리하여 그는 첫 협력자였던 요제프 브로이어를

• •

20. 오토 바이닝거가 그 생각에 공적이 있다. 플리스는 바이닝거가 (프로이트의 환자였으며, 따라서 그의 환자에 대한 플리스의 생각을 말한 프로이트로부터 그 생각을 얻은) 친구 오토 스보보다에게서 그것을 얻었다는 혐의를 제기한다. 혼동과 궁극적 결별은 (결혼에서처럼) 창조적 관계에서 드문 일이 아니다. 어느 누구도 조운 리비에르와 멜라니 클라인의 친밀한 우정의 결말이라는 경우에서 그것을 언급하지 않는다는 점은 나에게 언제나 놀라움을 느끼게 한다. 리비에르는 일차적 질투에 대한 가장 흥미로운 논문을 썼으며, 클라인은 일차적 선망 이론에 대한 그녀 자신의 명성을 갱신했다. 리비에르의 이론에는 실제 혹은 잠재적 동기에 대한 초기 질투가 있으며, 클라인의 이론에는 어머니가 소유하는 모든 것에 대한 선망이 있다. 그렇지만 뒤이어 클라인은 「선망과 감사」 논문으로 향했다. 이 논문에서 그녀는—그녀 자신의 논제보다 리비에르의 논제에 훨씬 더 들어맞는—유아기 동기 질투에 대한 성 아우구스티누스로부터의 인용과 더불어 그녀의 이론을 이끌어냈다.

당황하게 했다. ('대화 치료'를 생각해 낸 안나 O를 환자로 두었던) 브로이어가 실제로 정신분석의 창시자였다고 이따금 거의 우김으로써 말이다. 표절은, 의식적이든 무의식적이든, 경계의 부재와 관련이 있다. 그것은 훔치기stealing와 같지 않은데, 왜냐하면 타자의 것을 마치 자기 자신의 것인 양 도용하기 때문이다. 일단 훔치기로 간주해야만―다시 말해서, 그가 자신과 다른 누군가로부터 무언가를 가져왔다는 사실을 일단 알아야만―표절을 멈출 수 있을 것이다. 그 시기 프로이트의 꿈들은 그가 그 문제를 갖고 작업하고 있는 것을 보여준다. 이 꿈들 가운데 하나인 '세 운명의 여신' 꿈에서, 여신 가운데 한 명이 경단 내지는 '크뇌델Knödel'을 만들기 위해 손바닥을 마주 비빈다. (크뇌들Knödl 교수는 당시 잘 알려진 표절가였다.) 프로이트는 그의 어머니가 이런 식으로 비비게 되면 표피가 우리가 죽을 때 돌아가게 되는 흙이나 먼지를 만든다는 것을 보여준 일을 떠올린다. 그 꿈에서 프로이트는 강의실에서 외투를 훔치는 도둑이다: 그는 다른 남자의 외투를 걸치기를 원한다. 우리는 프로이트가 표절자(크뇌들 교수)였다가 도둑으로 바뀌는 것을 볼 수 있다[21] 또 다른 꿈에서 프로이트는 다른 누군가의 후임자가 되기를 원한다. 앞서 그는 자신의 늙은 유모 모니크 자이치와 동일시하기도 한다―실제로 자이치가 프로이트의 용돈을 훔쳤던 것과 마찬가지로 프로이트는 지갑을 훔치는 꿈을 꾼다.[22] 표절은 죽음에 의해 격발되는 동일시들과 분명 연계되어 있다. 프로이트는 자이치와 똑같으며, 똑같다는 것은 표절이다. 하지만 프로이트가 훔칠 때 그는 타자가 가진 것을 그가 원한다는 사실을 의식해 가고 있다. 이는 그가 무의식적으로 타자라는 것이 아니다. '세 운명의 여신'은 나중에 프로이트의 1912년 리어왕 분석에서 중심 역할을 수행한다―죽음과, 그리고 히스테리로 시작하는 광기와,

· ·

21. [프로이트, 『꿈의 해석』, 263~266쪽.]

22. [Masson, op. cit., p. 271 (15 October 15, 1897).]

아주 관련이 있는 연극에 관한 소논문.

(3장에서 좀 더 완전히 검토되는) 프로이트의 한 히스테리 환자 19세 도라의 사례는 여성 운동과 정신분석 양쪽 모두에서 유명 문헌texte célèbre이 되었다. 1901년 1월에 그 논문을 집필한 후 프로이트 자신은 '그것은 내가 지금까지 쓴 것 가운데 가장 절묘해'[23]라며 기뻐하였다. 그것은 1901년 가을에 출간될 예정이었지만 프로이트는 이를 철회했으며, 1902년 3월 플리스에게 편지를 썼다: '내가 로마[의 방문]에서 돌아왔을 때, 삶과 일의 즐거움은 다소 고조되었고 순교의 즐거움은 다소 줄어들었어. 나는 내 작업이 거의 녹아버린 것을 발견했어. 나는 얼마 전에 내 마지막 관객인 너를 잃었기 때문에, 내 마지막 작업의 출간을 철회했어.'[24] 당연하게도, 프로이트 편지의 편집자인 제프리 매슨은 '그의 작업에 대한 플리스의 우정과 관심을 잃고서, 프로이트는 자신이 쓰고 있는 것에 대해 아무도 관심을 갖지 않을 거라고 느꼈다'[25]라고 설명한다. 당연하게도, 프로이트 자신이 바로 그렇게 말하고 있으니까. 하지만 프로이트의 기분은 쾌활한 승리감의 기분이었지 상처 입은 자존심의 기분이 아니었다. 즉각적 인정에 관한 그 어떤 희망도 버리는 대신에 그는 빈대학교에 지원하여 흡족한 자리를 얻었다—그는 로마에 방문할 수 있었고, 그의 환자들을 돌볼 수 있었고, 자신의 대가족을 부양할 수 있었다. 약 6개월이 지난 후에도 플리스에 대한 불쾌함이나 비난은 여전히 없었다. 다시 말해서, 기분이 해석의 거짓을 보여준다. 실제로 「도라」의 출간이 연기되기 전에도 이미 프로이트는 이상하게 행동했었다. 『정신의학과 신경학 월보』의 테오도르 지먼이 「도라」의 출간을 수락했을 때 프로이트는 마음을 바꾸어 「도라」를 『심리학과 신경학 저널』의 브로드만에게 보냈다. 브로드만은 「도라」가

• •

23. Masson, op. cit., p. 433 (25 January 1901).
24. Ibid., p. 456 (11 March 1902). 이후에 프로이트는 저작 출간을 빈번하게 미루게 된다.
25. Ibid., p. 457, n. 1.

기밀성을 위반했다는 이유로 출간을 거절했다. 심리 치료에서 항상 문제가 있는 바로 그 쟁점 ─ 기밀성의 쟁점 ─ 을 놓고 브로드만이 결정을 내렸다고? 당시에 프로이트는 이를 그냥 그대로 두었다 ─ 다시금 그의 기분을 보건대, 프로이트는 안도했던 것으로 보인다. 히스테리에 대해 프로이트가 보인 차후의 불쾌함을 통해 다시 읽어본다면 다음과 같다. 다른 이유들도 있겠지만 가령 그는 낮 시간의 히스테리의 혼동 및 융합에 대한 관심을 밤 시간의 꿈에 대한 관심으로 이전시킨 것 때문에 그리고 플리스에 대한 과도한 연루로부터 자기 자신을 해방시킨 것 때문에 안도했던 것이 아닐까?

반복해서 주장되어 왔듯, 플리스와 나눈 우정의 (병리적) 문제와 (창조적) 힘은 단지 그 우정 속 전이의 정도를 중심으로 선회했던 것이 아니라, 그 우정이 체현한 전이의 종류를 중심으로 선회했다. 여기서 전이의 종류는 무엇이 누구에게 속하는지를 혹은 누가 누가인지를 주체가 알지 못하는 히스테리적 전이였다. 프로이트는 그의 히스테리로부터 그의 부성으로 도피했다 ─ 아이들의 아버지 되기, 그리고 머지않아 한 운동[26]의 아버지 되기. 「도라」의 출간을 연기한 것은 단지 히스테리에 대한 프로이트의 막 시작된 불쾌감을 가리키고 있을 뿐이다(더 중요한 다른 이유들이 있었을지도 모르지만 말이다). 물론 프로이트는 불쾌감만 느낀 것이 아니라 매혹도 느꼈다 ─ 정신분석적 관점에서 보면 이것들은 동전의 양면이다. 프로이트는 이 두 측면을 모두 제쳐 놓았다 ─ 그리고 안도감과 더불어서 그렇게 했다. 프로이트가 무기한 연기한 것은 자신의 상처받은 감정이나 불충분한 이론 혹은 치료가 아니라, 자신의 남성 히스테리가 갖는 의미를 완전히 밝혀내는 것이었다. 프로이트는 자신의 히스테리를 벗어던진 것에 기뻐했으며 안도했다. 하지만 프로이트는 그것을 어디로 던진 것일까, 그리고 어떤 대가를 치렀을까?

• •

26. [정신분석 운동.]

그렇다면 프로이트가 「도라」의 출간을 철회하고 그것에 대한 거부를 안도감을 가지고 받아들인 것은 플리스라는 관객을 잃었기 때문이 아니라 더 이상 '타자'를 통해서 사고할 수 없었기(또한 그렇게 하길 원하지 않았기) 때문이다. 사람들 사이에 기저의 혼동이 있을 때 기밀성 문제들은 거의 해소 불가능하다. 다음 장에서 볼 것처럼, 플리스와 너무나 혼동되었던 프로이트는 그 사례사에서 자신이 도라와 완전히 분리되어 있음을 확실히 한다. 도라에게서 프로이트는 자신의 역전이 반응들(즉, 그 자신의 감정들) 및 그 환자의 양성애가 갖는 온전한 중요성을 지각하는 것을 놓쳤던 것인지도 모른다. 왜냐하면 둘 중 하나 혹은 둘 다에 주목하는 것은 플리스와 나눈 우정의 문제들을 소생시키는 것을 함축했을 것이기 때문이다.

인간 사회성은 원초적 모방에 기초한다는, 다시 말해서 유아는 부모와의 몽타주 동일시를 통해서 인간이 된다는, 르네 지라르의 논제를 뒤따르면서, 오굴리안은 1991년 히스테리에 대한 연구 『욕망의 꼭두각시*The Puppet of Desire*』에서 히스테리증자의 타인에 대한 특별한 동일시와 모방을 악성 '전유'라고 묘사했다. 실로 그것이 그렇게 느껴질 수 있다. 프로이트의 플리스와의 히스테리적 상호 작용은 두 남자 모두에게 대체로 창조적인 것으로 남아 있는 한 '양성'이었다. 더 악성인 사례들에서 히스테리증자는 다른 사람의 '속살을' 파고들기[27]를 원한다(또한 종종 그걸 해낸다). 내 환자 가운데 한 명은 다른 사람의 속살을 파고들도록 너무나 강제당해서 어떤 대가를 치르더라도 그것을 피해야 했다 ─ 아주 부적절하게도 속살을 파고들 수 있을 거라고 그가 생각한 모든 물질에 대해 그는 공포증이 있었다. 히스테리증자는 어린아이처럼 은유적 표현을 문자그대로 받아들인다는 사실을 기억하는 것이 중요하다. 동일시 과정이,

● ●

27. [get 'under the skin.' 문자 그대로는 '속살을 파고든다'이며, '속까지 깊이 이해한다'혹은 '[살을 쑤시듯이] 짜증나게 한다'는 의미도 있다.]

양 참여자 모두의 잠재적 히스테리를 내포하기에, 그토록 절대적이게 된다는 것이 내 생각에 가장 중요하다. 히스테리증자는 결코 혼자가 아니다. 집단 허언과 거짓말 속에 현존하는 리비도 투자는 히스테리적 동일시 과정을 촉진한다. 그 결과 대규모 히스테리가 발생할 수 있다. 여학교에서의 거식 히스테리, 정치 집회, 또는 '둘의 광기' 같은 집단 현상의 발발.

자기 자신과는 별개로, 그리고 브로이어와 함께 『히스테리 연구』에서 다루었던 여자들과는 별개로, 정신분석의 초창기에 프로이트는 신경증적 어려움이 부분적으로 혹은 대부분 히스테리적이었던 많은 환자들과 작업했다. 플리스에게 보낸 편지들과 『꿈의 해석』을 통해 그 사례사가 가장 완전히 추출된 환자는 'E'다. 에바 로젠블럼의 논문에 뒤이어, 이 사례사를 재구성한 디디에 앙지외와 더글라스 데이비스 양자 모두는 프로이트와 'E'에게서 치료사와 환자의 역할이 모호하다는 점에 주목한다: 두 남자는 보편적인 오이디푸스 콤플렉스를 함께 생산하는 가운데 온전히 구별 가능하지가 않다. 그 관계 역시 활동 중인 남성 히스테리를 보여준다.

'E'는 세기의 전환기 무렵 프로이트가 5년간 치료했던 환자였다. 그는 히스테리로 진단된 사례였다. 그것은 그가 젊었을 때 생긴 '질병'이었다. 'E'를 치료하는 동안 프로이트는 환자에 대해 배운 만큼 자기 자신에 대해서도 많이 배웠으며, 정신분석에 대해서도 매우 많은 것을 배웠다. 'E'와 프로이트는 또한 몇 가지 증상들을 공통으로 지니고 있었으며, 재구성된 유아기 개인사의 특정 측면들을 공유했다. 'E'의 다한증 발작, 억제 불가능한 홍조, 극장 가기에 대한 두려움은 그가 눈여겨보는 모든 여자를 '꽃 꺾는'[28] 환상으로까지 역추적되었다. 프로이트 역시 개인사에

• •

28. [deflower. 문자 그대로 '꽃을 꺾다'이며, 비유적으로 처녀성을 빼앗는다는 뜻도 있다.]

서 중대한 '꽃 꺾기' 사건이 있었다. 대학에서 'E'는 식물학 과목에서 낙제했으며 프로이트는 '이제 그는 꽃 꺾는 자로서 그것을 계속하고 있다'라고 논평한다. 프로이트는 어떻게 자신 역시 꽃 꺾는 자였는지를 기억했다. 어린아이였을 때 그는 조카 폴린의 노란 꽃을 낚아채 망가뜨렸었다.[29] 이 사건은 프로이트 자신의 나중의 꽃 꺾기 환상들을 위한 기초 도면에서 결정적인 부분이 되었다. 'E'의 사례 및 유사한 사례로부터 발달한 이론에 따르면, 'E'에게 갈등은 유혹하려는 강박적인 소원과 외출에 대한 공포증적 제한(극장 공포증) 사이에 있었으며, 그렇기에 그는 그렇게 할 수 없었다. 그러한 갈등의 전범적 예시에서 한 히스테리 여자는 한 손으로는 옷을 찢으면서 다른 손으로는 옷을 단단히 움켜쥔다. 그리하여 그녀는 자신의 성적 욕망을 표현하는 동시에 거부한다. 유혹 장면들을 환상할fantasizing 때, 극장으로 가는 것을 상상하고 외출하는 것을 가로막는 극장 공포증을 겪을 때, 'E'는 이러한 갈등을 마음속에서와 신체적 행동을 통해서 동시에 실연하고 있었다. 그 결과 'E'는 그의 환상에서 돈 후안이며 그의 실천에서 금욕적이다(실로 모차르트의 〈돈 조반니〉처럼, 그의 끝없는 정사는 하인 레포렐로에 의해 추상적으로 나열되지만, 결코 완성된 것으로서 묘사되지 않는다).

'E'를 치료하는 5년 동안 프로이트 역시 고조된 성적 갈등을 경험하고 있었던 것으로 보인다. 『꿈의 해석』에 나오는 프로이트 자신의 '이르마의 주사 꿈'은 꿈을 해석하는 정신분석적 방법을 보여주는 모델(혹은 '견본 꿈')이다. 이 꿈은 프로이트의 아내가 (안나 프로이트가 되는) 아기를 임신하는 것과 연관이 있는데, 그 아기는 부부가 마지막으로 낳기로 결심한 아기다. 다른 곳에서 프로이트는 형편없는 피임법의 부적절함과 불행에 관심을 두고 있다(그에게는 플리스의 이론이 이 문제를 어느

• •

29. 인정과 관련된 이유들 때문에, 이름들은 매우 중요하다. 플리스의 외동딸은 폴린이라고 불렸으며 아들은 콘라드라고 불렸다. '콘라드'는 프로이트가 그 자신의 문제 많은 장(腸)에 붙인 별명이었다!

정도 해결할 것이라고 생각할 만한 이유가 있었다). 이 꿈은 금욕만이 이미 대가족이 되어버린 가족을 위한 유일한 해결책임을 가리킨다 — 안나는 12년 만에 태어난 프로이트 가족의 여섯 번째 아이였다. 1901년 『꿈의 해석』이 처음 출간된 이래로 이 꿈에는 광범위한 덧붙임들이 있어 왔는데, 왜냐하면 그의 꿈에 대한 몇몇 연상들을 할 수 있는 데까지 추적하고 싶지는 않다는 그의 공개적인 시인이 주석가들의 도전 의식을 자극했기 때문이다. 사실 프로이트는 더 젊은 지지자이자 동료인 칼 아브라함에게, 꿈에서 언급된 성적 환상들에 대한—그 꿈에서 모든 여자를 차지한 사람은 프로이트 자신이었다는—그의 연상을 출간된 텍스트에서 추적하고 싶지 않다고 실제로 고백했다. 환상 속 돈 후안인 'E'처럼, 프로이트는 자기 부과된 금욕을 보상하고 있었던 것일까? 분명 그럴 수 있다. 플리스에게 보낸 편지에서 프로이트는 수집가들이 돈 후안 환상들을 실연하고 있다는 점에 주목한다—나중에 프로이트 자신의 골동품 조각상('돌' 조각상) 수집은 대단했다. 플리스에게 그는 자신을 '정복자conquistador'로 본다고 주장하며, 또한 그의 첫 출간 저작들을 알리기 위하여 〈돈 조반니〉에 나오는 레포렐로의 '카탈로그 아리아'의 시작 행인 '모든 미녀들의 목록…'을 사용한다. 이로써 그는 많은 책들의 집필을 많은 여자들 갖기의 명백한 승화로 만든다.

'E'와 프로이트 둘 다 기차 여행에 공포증이 있었다. 공포증에 대한 'E'의 연상은 자신의 증상에 대한 프로이트의 관심을 불러일으켰다: '[E'는] 나 자신의 사례에서 내 이론의 현실성을 입증했어. 예전의 나의 철도 공포증에 대해 내가 간과했던 해결책을 놀라운 반전과 더불어 제공하면서.'[30] 프로이트가 말하기를 그 공포증은 유아기 식탐 때문이었다—그리고 비록 우리가 이에 대해 더 이상 아는 바가 없지만, 그것은 프로이트가 히스테리적인 사랑의 굶주림[31]이라고 부르게 될 것과 연계되

• •

30. Masson, op. cit., p. 392 (21 December 1899).

어 있을 것이다. 히스테리에서 —내 설명에 따르면 그것은 동기가 차지한 어머니를 원하는 것인데 — 성욕은 대부분 구강적이며 '굶주려' 있다. 만연하는 식이 장애 증상은 여기서 오는 것이다. 프로이트는 자신이 역에 일찍(식탁에 먼저) 가지 않으면 열차를(식사를) 놓칠 것이라고 느꼈던 것 같기도 하다. 남동생의 탄생을 뒤이은 많은 여동생들을 보건데, 프로이트는 옳았을 것이다. (따라서 내 설명에 따르면, 식인과의 연계 또한 있다: 다시 한번 유일한 아기가 되기를 원하면서 경쟁적인 동기는 어머니의 젖가슴을 먹기를 원하는 동시에 원하지 않는다.) 프로이트와 'E' 둘 다 유아기에 유모에게 유혹당했던 것을 '회상'했다. 프로이트는 '만약 그 장면들이 밝혀지고 내가 나 자신의 히스테리를 해소하는 데 성공한다면, 그렇게 어린 나이에 나에게 살아갈 수단을 제공해 준 그 늙은 여자에 대한 기억에 감사할 거야'[32]라고 플리스에게 말했다. 프로이트와 'E' 양자 모두에게 이 유혹은 현실이 아닌 환상으로 판명되었다. 프로이트와 'E'는 처음에는 (그들이 그들 자신의 환상과 프로이트의 다른 환자들의 환상을 믿었을 때) 유아기의 성적 학대가 히스테리를 야기한다는 이론에 결정적인 자료를 함께 제공했으며, 그런 다음에는 아버지 혹은 어머니와의 근친상간 관계에 대한 유아기적 환상 — 오이디푸스 콤플렉스 — 을 극복하지 못하는 무능력이 히스테리를 야기한다는 이론에 결정적인 자료를 함께 제공했다.

프로이트에게서 그의 '형제들'과 'E'와 플리스는 프로이트와의 관계에서 구조적으로 유사한 자리를 점점 더 차지하게 되었다. 플리스와는 질병과 죽음에 대한 공유된 매혹 속에서 합쳐진 것처럼 보이며, 'E'와는 공유된 성적 환상들 속에서 합쳐진 것처럼 보인다. 두 남자 모두 전이의 대상으로 작용했다. 그렇지만 이는 출현하고 있는 전이 개념에서 나중의

<hr />

31. [이 표현은 「도라의 히스테리 분석」, 『꼬마 한스와 도라』, 김재혁·권세훈 옮김(열린책들, 2020), 239, 252쪽에 나온다.]
32. Ibid., p. 269 (3 December 1897).

전이 이론을 거꾸로 읽어내는 것이며 또한 매우 일반화된 방식으로 전이 개념과 역전이 개념을 사용하는 것이다. 무슨 내지는 어느 결정적인 관계들이 두 방식 모두로 '전이'되고 있었는가? 실제로, 우선 전이 개념과 그다음으로 역전이 개념이 히스테리적 동일시의 창조적이지만 매우 불안스러운 자료에서 나왔다 — 그 개념들은 히스테리적 정체성 혼동의 사실들로부터 건져낸 것이었다. 이 개념들은 정신분석가가 치료 관계에서 반복될 수밖에 없는 인간의 히스테리 성향 때문에 빠져들게 되는 상호 유혹으로부터 자신을 순차적으로 구출한 결정적인 수단이다. 『히스테리 연구』의 여성 환자들의 경우 프로이트는 그들과 자신의 차이를 분명히 아는 것처럼 보인다. 동시에 이러한 차이는 무슨 일이 일어나고 있는지 이해하기 위해 타자와 동일시하는 능력을 그가 사용하는 것을 가로막았다. 명백한 히스테리 특성을 지닌 남성 환자 'E'의 경우 프로이트는 수많은 동일한 환상과 문제를 공유한다는 사실을 통해 환자를 이해할 수 있다는 것에 매우 기뻐했다. (처음에 그는 그들이 아주 우연하게도 유아였을 때 유혹당했던 유사한 실제 개인사를 공유한다고 생각했다.) 뒤이어, 히스테리적 동일시의 이러한 뒤얽힘으로부터 프로이트는 (분명 도라 사례를 통해서) 분석가에 대한 환자의 몰입 — 환자에 의한 강렬한 유아기 감정의 전이 — 을 추출했다. 환자를 향한 분석가의 전이된 감정(분석가의 역전이)은 환자 자신의 감정에 못지않게 강렬할 수 있다는 관찰의 온전한 이득을 끌어내는 것이 나중의 정신분석가들에게 남겨졌다. 하지만 이러한 것이 기록되기 전에도 분석 훈련의 핵심은 분석가가 자신을 환자로 이해할 수 있도록 — 자신의 지배적인 전이가 무엇일지를 볼 수 있도록 — 디자인되었다. '전이'(이어서 분석가의 역전이)를 이해하는 데 필요한 기술은 치료 방식에 내재하는 히스테리를 제거하기 위해 오이디푸스 콤플렉스의 전개와 더불어 실행되었다 — 히스테리로서 실연되는 대신 그것은 이론과 실천의 일부가 되었다.

프로이트와 브로이어는 '안나 O'의 치료에서 생겨난 수많은 어려움과 실패를 은폐한 것 같다. 그 문제들은 의사와 환자의 너무나 크고 너무나 혼란스러운 연루를 중심으로 하고 있다. 하지만 그들이 너무 멀리 떨어져 있었다면 정신분석은 결코 태어나지 않았을 것이다. 정신분석의 '첫 번째' 환자 '안나 O'는 의학적 실천에서 프로이트의 선배이자 『히스테리 연구』의 공저자인 요제프 브로이어와 뒤얽히게 되었다. 나중에 프로이트 는 안나 O가 브로이어의 아이를 임신했다는 환상을 인정했을 때 브로이어 가 안나 O를 포기했다고 주장했다. 그렇다고 하여도, 그것은 마지막 지푸라기였을 것이고,[33] 그렇지만 그들 관계 속 무언가가 치료를 이미 그 방향으로 설정해 놓았을 것이다. 자기 환자에게서 도망친 브로이어에 게 그 치료가 감당할 수 없는 것으로 입증되기 전에 말이다. 마침내 안나를 떠나기 전에 브로이어는 위험에 처한 그의 결혼 생활을 막내딸의 임신으로 갱신했다. 그러고 나서 안나 O는 이 임신을 모방했다. 브로이어 와 그의 아내는 자신들의 딸을 도라라고 불렀다.

베르타 파펜하임('안나 O')과 요제프 브로이어가 그들 만남이 기반하고 있는 공유된 심적 근거를 찾는 데 도움을 준 전제 조건들이 있었다. 히스테리가 발병했을 때 베르타는 죽어가는 아버지를 간호하고 있었다. 브로이어는 그녀의 아버지가 될 만큼 충분히 나이가 많았다. 베르타는 거울을 들여다보면서 자신의 머리 대신 죽은 사람의 얼굴을 한 아버지를 볼 정도로 아버지와 동일시했다. 그렇기에 이미 환상 속에서 자신을 아버지와 혼동하고 있는 베르타가 자신을 주치의와 혼동하는 것은 단 한 발짝이면 되었다. 브로이어의 편에서는, 아들 조셉이 세 살밖에 되지 않았을 때 죽은 브로이어의 어머니가 베르타라고 불렸었다. 그리하여 베르타 파펜하임은 브로이어의 과거에서 온 젊은 어머니일 수도 있었고 또한 현재의 성숙한 브로이어의 딸일 수도 있었던 스물한 살의 나이였다.

• •

33. [영어에는 'It is the last straw that breaks the camel's back'이라는 속담이 있다. 한도를 넘으면 지푸라기 하나를 마지막으로 더 얹어도 낙타의 등뼈가 부러진다는 말이다. 바로 그 마지막 지푸라기.]

그들이 동일한 사회적 배경에서 왔기 때문에, 마치 의사와 환자가 죽음에 의해서 그리고 이름, 나이, 원함, 욕망의 우연한 일치에 의해서 열린 혼란스러운 정체성의 어떤 인간적 공백이나 소용돌이 속에서 서로 조우할 수도 있었던 것만 같다. 결정적인 죽음들에 대한 거의 의식적이지 않은 두려움에 압도당한 그들의 자아가 그들의 관계에 행사한 통제는 빈약하였으며, 그리하여 베르타가 주치의의 아기를 임신했다고 생각했을 때, 브로이어는 환자만큼이나 혼란스럽고 '미친' 느낌이었을 것이다 — 이 경우 브로이어가 치료를 그만둔 것은 옳았다. 둘 중 누구도 이 관계의 함정을 알아차리지 못했을 것이다. 사랑과 증오는 사람들 사이의 경계를 손쉽게 무시하는 감정들이다. 광기 역시 경계를 알지 못한다. 브로이어와 베르타 사이의 성적 이끌림이 갖는 이성애가 더 명시적이었을 수는 있지만, 그 이끌림은 프로이트와 플리스 사이의 이끌림과 실제로 그다지 다르지 않았다 — 프로이트 역시 그 이끌림을 포기해야만 했다. (프로이트가 1910년의 『정신분석에 대하여』 첫 번째 강연에서 묘사한) 안나 O의 사례에서 의사-환자 관계는 아버지-딸의 성적 환상을 내포하는 것이 너무나 명백해 보여서 추가적인 관계들을 간과하기가 쉽다. 가령 안나의 어머니는 앙드레 그린이 에세이 모음집 『사적 광기에 대하여*On Private Madness*』(1986)에 실린 논문 「죽은 어머니」에서 '죽은 어머니'라고 부른 것을 구성했을 수도 있다. 그린에 따르면 '죽은 어머니'는 실제로가 아니라 오로지 심적으로만 '죽은' 것이다 — 그녀는 다른 자식을 잃은 우울하거나 사별당한 어머니다. 그렇지만 안나는 실제로 죽은 동기가 있었으며, 그녀의 주치의 브로이어는 세 살 때 이미 죽은 어머니가 있었다. 유아 안나와 유아 브로이어 모두 '죽은 어머니'를 경험했을 것이다 — 브로이어는 실제로 죽은 어머니였고, 안나는 사별을 겪어 정서적으로 죽은 어머니였다. 이렇듯 공유된 개인사는 그들의 혼란스러운 정체성에 기여했을 것이다.

그렇지만 히스테리의 부재하는 자아들 속에서 사람들이 만나는 이 공유된, 잠재적으로 창조적인 광기는 무엇인가? 히스테리적 동일시에 대해서는 말할 것이 많다. 여기서 나는 다만 프로이트의 삶과 작업의 이 시기에 걸쳐서 히스테리를 예시하고 정신분석의 도래 속에서의 그것의 자리를 예시하는 데 이용될 수 있는 몇 가지 특징만을 선별할 것이다. 전형적으로는, 이 동일시를 위한 모델은 어머니와 말하기 이전 유아의 모델이다. 유아는 어머니가 원하는 것을 알아내려고 애쓰며, 상호적으로 어머니는 유아의 신호와 소리들에 대한 동일시를 통해 유아를 이해한다. 이 상호 동일시의 시기는 도널드 위니콧에 의해 어머니의 관점에서 ― 사회적 관계가 생물학적 관계를 확장하는 ― '필연적 광기'의 시기로 묘사되었다.[34] 며칠 전 버스에서 나는 한 어머니와 어린 아기를 지켜보았다. 그들은 서로 물고, 껴안고, 싸우고 미친 듯이 키득거렸다 ― 우리 가운데 많은 이들이 그들의 웃음에 동참했다. 어머니는 잠시 그녀의 '경계 없는' 전–자아적 아기가 되었을 때 그녀 자신의 자아 경계를 상실했었다. 이 단계로의 나중의 히스테리적 퇴행은 일시적 광기와 유사할 수 있는 이 융합/혼동을 반향한다.

프로이트는 플리스와의 관계를 '여성적'이라고 불렀다. 프로이트와 플리스는 어머니와 아기의 신체적 통합을 상기시키는 생물학적 동일성을 받아들이는 것처럼 보였다. 아기의 관점에서 어머니와 합쳐져 있는 한, 그것은 '여성적'이었다. 하지만 병리적 연인들은 이를 재창조하려고 노력할 수도 있을 것이다: '너의 졸음은 이제 나 자신의 동시적 상태를 나에게 설명해 주고 있어. 우리의 원형질은 동일한 결정적 시기를 거쳐서 퍼져나 갔지. 우리 사이의 이 긴밀한 조화가 완전한 조화라면 얼마나 좋을까. 나는 네가 어떤지 언제나 알고 있을 거고 편지를 기대했다가는 언제나 실망할 텐데.'[35] '네가 자주 말했던 은밀한 생물학적 동조의 결과로, 우리

• •

34. Winnicott, D. W. (1956), pp. 300~305.
35. Masson, op. cit., p. 301 (10 March 1898).

둘은 우리의 몸속에서 외과 의사의 칼을 거의 동시에 느꼈고, 또한 정확히 동일한 날 고통으로 신음하고 또 신음했지.'[36] 아기는 자신의 감정을 묘사할 단어를 갖고 있지 않다 — 어머니는 짧은 시간 동안 그녀 자신 안에서 아기의 감정을 느끼는 것을 통해서 그것을 이해한다.

1890년대 내내 히스테리를 이해하려는 긴급한 노력 속에서, 프로이트는 플리스와 창조적이면서도 히스테리적인 관계에 연루되어 있었다. 그 관계 속에서 그는 플리스를 통하여 생각하고 있었다. 그러고 나서, 너무 오래 동일시된 상태로 머무는 과잉 연루된 연인들이나 어머니와 아기들의 병리에서와 마찬가지로, 그들의 우정은 갑작스럽고도 재앙적인 중단을 맞아야 했다. 그렇지만 프로이트는 플리스가 그의 경험들을 공유하기를 여전히 기대했다: '나는 아직도 내 안에서 무슨 일이 일어나고 있는지 알지 못하고 있어. 내 신경증 가장 깊은 곳에서 나온 무언가가 신경증의 이해에 대한 그 어떤 전진에도 대항하였고, 너는 그것에 어떻게든 연루되어 있어(…). 나는 이를 보증할 수 없고 단지 아주 흐릿한 성격의 감정들뿐이야. 너에겐 그런 일이 일어난 적 없어?'[37] '일들이 내 안에서 술렁이고 있어. (…) 신경증에 대한 나의 이론에 대한 커다란 의심이 나를 괴롭히고 있어.'[38] 하지만 프로이트에게는 잘못되었다는 것이 패배라기보다는 승리처럼 느껴졌다 — 프로이트는 플리스에 대한 과잉 동일시에서 벗어났다.

프로이트가 포기하고 있던 이론은 유아기나 아동기 초기에 실제로 유혹을 당한 환자들에게서 히스테리가 야기되었다는 생각이었다. 첫 번째 이론에서 유아는 나중에야 히스테리가 되었을 것인데, 왜냐하면 이 근친상간 혹은 학대가 갖는 성적 의미가 사춘기까지 지연되기 때문이다. 당시에는 사춘기 때 개인이 처음으로 성적인 존재가 된다는 것이

36. Ibid., p. 33 (6 November 1898).
37. Ibid., p. 255 (7 July 1897).
38. Ibid., p. 261 (14 August 1897).

지배적인 믿음이었다. 그를 플리스로부터 분리한 자기 분석 내내, 그리고 'E'와 같은 환자에 대한 분석 내내, 프로이트는 오늘날 '학대'로 불리게 될 것의 기원적 장면을 탐색했다. 바로 1899년 크리스마스에 프로이트는 'E'에게서 그것을 발견해 냈다고 생각했으며 그리하여 그의 오랜 치료의 끝을 예견할 수 있었다.

> 너는 (…) 'E'의 치료 종결을 완고하게 약속하는 나의 꿈에 관해서 익히 알고 있어. 그리고 너는 이 끈질긴 환자가 나에게 얼마나 중요해졌 는지 쉽게 상상할 수 있지. 이제 꿈이 이루어질 것 같아. (…) 그의 모든 환상들 아래에 깊이 묻혀있는바, 우리는 모든 요구 조건을 충족시 키고 모든 나머지 퍼즐이 수렴하는 [유혹의] 장면을 (생후 22개월 전인) 그의 원초적 시기에서 발견했어. 그것은 동시에 모든 것이야 — 성적인 것, 순수한 것, 자연스러운 것, 그리고 기타 등등. 나는 아직 그것을 믿을 엄두가 나지 않아. 마치 [독일의 저명한 고고학자] 슐리만이 그때까지 우화로 여겨졌던 트로이를 다시금 발굴한 것만 같아…[39]

프로이트에게서 기원적인 유혹의 장면이라는 이 개념을 대체한 것은 유혹이 현실이 아니라 환상이라는 관념이었다. 때로 그렇듯 학대가 현실 이라고 하더라도, 히스테리에서 소환되는 것은, 실로 더 일반적으로 인간의 심적 삶에서 소환되는 것은, 그것의 환상이다. 처음에 어머니에 대한, 다음에 아버지에 대한 유아기 욕망은 보편적이다 — 실제 학대는 특수하다. 인간들은 근친상간으로 간주되는 관계를, 그들이 그것을 욕망 하기에, 금한다. 만약 인간들이 그것을 욕망하지 않는다면 금지할 필요가 없을 것이다. 이것이, 그리고 억압과 무의식적 정신이라는 관련 개념들이, 보편적인 오이디푸스 콤플렉스라는 관념을 구성한다. 이것들이 정신분석

• •

39. Ibid., pp. 391~392 (21 December 1899).

의 정초적 개념들이다. 하지만 히스테리에 대한 통찰로부터 발달한 오이디푸스 콤플렉스 개념은 분석 주제로서의 히스테리에 종말을 고했다.

하지만 그 자신과 환자들의 히스테리에 대한 프로이트의 초기 통찰의 시절에서 나온 무언가가 뒤이은 이론들의 결에 맞서 존속하였다. 1918년 러시아 귀족 '늑대인간'과 함께 작업하면서, 프로이트는 환자의 지배적인 강박성 기저에서 히스테리 층을 발견했으며 이 히스테리 기저에서 실제 장면을 발견했다고 언급했다. 이 경우 생후 18개월에 늑대인간이 부모가 뒤로 성교하는 것을 목격한 장면. 뒤이어 늑대인간은 그의 장腸에서 아기를 낳기를 희망했다. 이 환상을 표현하고 있었던 그의 장 문제는 그의 히스테리 증상 가운데 하나였다. 늑대인간에 대한 프로이트의 언급은 남성 히스테리에 대한 추가적인 사고로 확장되지 않는다 — 우리가 그것을 그 방향으로 유용하게 발전시킬 수도 있을 테지만. 그렇지만, 못지않게 중요한 것은 늑대인간 관찰에서 나온, 남자나 여자의 모든 여타 신경증 교란들 기저에는 히스테리 층이 있다는 그의 주장이다.

정신분석 이론 내에서 '최소한의' 실제 발생은 여전히 중요한 것으로 남아 있다. 프로이트는 유아에 대한 어머니의 신체적 돌봄이 실제 유혹의 감각을 구성한다고 제안했다. 부다페스트에서 양차 대전 사이 시기에 산도르 페렌치는 부모의 성적 감정이 유아의 애정 요구에 침입하는 것을 개정된 치료 방법의 출발점으로 삼았다. 오늘날 프랑스의 장-폴 라플랑슈는 유아가 부모의 욕망의 메시지('수수께끼 기표')를 번역하려고 노력한다는 생각을 중심으로 이론을 발전시켰다. 이 모든 이론들은 유아 성욕에 대한 물음과 관련이 있으며, 유아 성욕이 단지 선천적인 어떤 것이라기보다는 오히려 장기적이고 집중적인 인간 아이 양육의 상황에 의해 유도되는 어떤 것임을 보여준다. 나는 이것이 옳다고 믿는다. 하지만 어린아이가 연루된 동기 성욕이나 또래 집단 성욕을 추가한다면, 우리는 그것이 정상적으로 일깨워진 성욕을 가진 아이 편에서 위태로운 부모-유아 관계의 잠재적 성욕으로 되돌아가는 퇴행임을 보게 될 것이다. 아이는 유아기 위치로 퇴행하지만 자신의 성적 자기에 대한 나중의 관점을 가지고서 — 아마도 동기나 또래들과 함께하는 '의사' 놀이 같은 놀이들에서 탐구되었을 성욕을 가지고서 — 그렇게 한다. 이는 오이디푸스 콤플렉스에 배타적으로 맞추어진 초점에 의해 감추어졌다.

오늘날까지 지배적인 것으로 남아 있는 정신분석의 '정초적' 이론인 새로운 환상 이론과 플리스와 나눈 우정의 종말 사이에는 상동 관계가 있다. 수년 후 『자아와 이드』(1923)에서 프로이트가 묘사했듯이, 사고 과정은 운동성 방출이 연기될 수 있음을 의미한다 — 사람은 행동하는 대신에 생각할 수 있다. 그의 히스테리 환자들, 특히 'E'와의 관계에서처럼 플리스와의 관계에서도 프로이트는, 생각하고 있었고 이해하려고 긴급히 노력하고 있었음에도 불구하고, 또한 자신이 지적으로 파악하려고 노력하고 있던 것을 정확히 행동 속에서 실연하고 있기도 했다. 사고가 움직임을 연기할 수 있다면, 움직임은, 더 일반적으로 '실연'은 사고로부터 주의를 돌리거나 심지어 사고를 전적으로 억제할 수 있다. 이러한 관찰은 '행동화acting out'의 위험과 같은 치료 상황에서 인지될 것이었다. 면담에서 문제에 대해서 생각하는 대신에, 환자(혹은 분석가)는 외부 세계에서 그것을 실연한다. 이는 환자와 치료사 모두에게서 일어날 수 있다. 가령 미국의 히스테리 시인 앤 섹스턴은 그녀의 유혹 강박에 대해서 생각하는 대신에, 그녀의 치료사 가운데 하나와 바람을 피웠다 — 치료사 역시 생각하지 않았다.

히스테리증자는 정의상 행위하거나 수행한다. 안나 O가 그녀의 환상 장면들을 실연하는 대신 이야기했을 때 — 그녀는 브로이어에게 자신의 증상이 무엇을 실연하고 있는지 말했다 — 그녀는 '대화 치료'를 발명했다. 그렇지만 행동화는 그것을 치유하기 위해 고안된 요법에 여전히 문제로 남아 있었다. 정신분석은 실연을 언어로 끌어들이는 것을 목표로 한다. 사고는 언어의 전제 조건이다. 하지만 히스테리증자는 생각하는 것을 가로막기 위해 행동하고, 실연하고, 수행하고, 심지어 ('노상 분노,'[40]처럼)

폭발적인 언어를 통해 사고로부터 도피하고 있다. 플리스 및 'E'와 함께할 때의 프로이트의 '작은 히스테리'의 실연들은 그에게 히스테리를 이해하기 위한 모든 자료를 제공했다. 가령 이미 언급된 철도 공포증을 가져와 보자면, 프로이트는 그 자신에게 상당히 불편하게도 기차역에 엄청나게 일찍 도착해야 한다는 강박을 실연했다. 그러다가 마침내 그는 'E'의 철도 문제와 마찬가지로 그 자신에게도 그것이 동기들이 도착하기 전에 식탁에 가서 음식을 먼저 먹어야 한다는 것을 의미하는 것임을 깨달았다. 그 배후에는 'E'와 프로이트 둘 다 모든 음식뿐 아니라 모든 여자들을 얻을 필요가 있다는 암시가 있다: 돈 후안증. 프로이트의 자기 분석에서 자신의 실연에 대해서 생각해야 하는 바로 그 과정이 프로이트의 히스테리를 '치유'했다. 혹은 달리 말해서, 프로이트는 친구와 치료사로서 자신의 히스테리를 여전히 실연하고 있던 동안, 그것에 대해서 온전히 사고할수 없었다. 더 나아가 그가 행동했을 때, 그의 이론은 행동을 반영했다: 그는 그 자신과 그의 환자에게서 실제—실연된—유혹 장면들을 발견했다. 프로이트가 그의 실제 유혹의 이론이 틀렸다는 것에 의기양양했을 때, 플리스와의 실제 우정은 치명적인 위험에 처했다. 무의식적 실연은 사고를 더 이상 가로막지 않았다. 하지만 마찬가지로 사고 또한 새로운 이론의 기저에 놓여 있었다. 유아 성욕의 존재에 대한 프로이트의 출현하고 있는 이론에서, 아이는 자신이 아버지에게 유혹당했다고 사고할 뿐이다. 이러한 곤궁에서 히스테리 이론을 구출하기 위해 필요한 것은 '지연된 행동' 개념의 적용이다. 즉 유아가 이해할 수 있기 전에 듣거나 보는 것은 더 나이가 들었을 때 아이에 의해서 기이한 의미가 부여된다. 아이들이 이 문제를 갖고 노는 것을 목격할 수 있다. 나는 내가 버스에 있는 포스터를 전부 다 읽는 법을 익히면서 불법 전단지 부착자들Bill Stickers이

• •

40. [road rage. 운전 중에 치미는 분노를 참지 못하고 난폭한 말과 행동을 하는 것을 말한다.]

고발당할 만한 무슨 일을 했는지 궁금해한 유일한 아이가 아니었음을 안다('불법 전단지 부착자들은 고발 조치될 것이다'[41]). 늑대인간은 유아일 때 어머니가 장 증상에 대해 주치의에게 말할 때 엿들은 것을 이해하지 못한다. 나중에 늑대인간은 그것에 문자 그대로의 의미를 부여한다. 그의 어머니는 이렇게는 살 수는 없다고 말했다. 늑대인간은 나중에 그녀의 불평을—그가 생각하기에 그를 죽일지도 모르는 장 문제를 갖는 것을—채택한다. 이는 이번에는 항문 출산에 관한 아이의 관념을 통해 분만 중 가능한 죽음과도 연관되었을 것이다.

성욕에 대해서 생각하지 않아도 되기 위해 히스테리증자는 자신이 실제로 유혹당했다고 확신한다. 자신이 실제로 유혹당했다는 생각은 그로 하여금 성욕을 여전히 마치 '실제로'인 양 경험하는 것을 가능하게 한다. 이러한 경험적 생각하기는 우리가 '환상'이라고 이해할 수 있는 것이다. 환상을 전개할 때, 환상하는 자는 어떤 것이 진실인지 허위인지를 알아내려고 노력하는 것에 관심을 두지 않는다. 오히려 그는 두려운 판본이더라도 사건에 대한 그 자신의 판본을 즐기고 있다. 환상 속에서 우리는 우리가 실제로 일어나기를 원하는 것을 정신의 눈과 신체의 느낌 안에 재생산하고 복제하기 위해 분투하고 있다. 바로 이 특징 덕분에 프로이트는 꿈과 신경증 증상들이 우리가 원하는 것을 얻는 '소원 성취'라는 공통의 목적을 갖는다는 것을 볼 수 있었다. 깨어났을 때 우리는 꿈이 사실이 아님을 알고 있지만, 깨어 있는 상태에서라면 아무리 터무니없거나 불가능하게 보이더라도 꿈꾸는 동안 우리는 그것을 현실로 경험한다. 꿈과 신경증 증상은 우리가 원하는 것을 마치 실제로인 양 실현한다: 어떤 일이 벌어지는 것을 안 보기를 원하기 때문에, 나는 이 소원을 성취하기 위해 히스테리적으로 눈이 먼다. 『오셀로』에서 허언증자pseudol-

• •

41. ['Bill Stickers Will Be Prosecuted.' 1960년대 영국에서 불법 전단지 부착 행위를 줄이려는 노력으로 게시된 경고문.]

이아고는 자신이 말을 지어내고 있음을 알아차리기 시작하지만—물론 다른 사람들이 그러듯이—자신이 창조한 거짓말의 세계를 믿게 된다. 경험적 환상이나 거짓말은 실연이나 이른바 '행동화' 못지않게 지적 사고나 진실 추구적 사고에 대항하는 방어로 작용한다.

발달상으로, 갓난아이는 젖가슴을 그것의 부재 속에서 환각하고, 걸음마 아기는 그가 흉내 내는 열차 엔진이며, 어린아이는 이야기를 말한다. 하지만 성인은 환상과 현실을 구별한다고 여겨진다. 환상과 현실의 구분 수준은 사회 혹은 사회적 집단마다 다양하지만 모든 사람에게 있는 히스테리적 요소는 이러한 구분을 거부하는데, 왜냐하면 히스테리적 행동에서 환상들은 마치 현실인 양 살아지기 때문이다. 서양 사회에서 히스테리가 겉보기에 사라진 것은 히스테리를 통해 개시된 정신분석의 도래와 밀접한 관련이 있다. 프로이트의 명시적 히스테리 시기는 1900년경에 끝났다. '생각하기'가, 그리고 정신분석의 바로 그 이론과 실천을 말하기가, 그것을 대체했다.

물론 사실과 허구 사이에는, 실제 학대/유혹과 환상 사이에는, 진실과 거짓말 사이에는 결정적인 구분이 있다. 하지만 여기서 중요한 구분은 그것들의 주관적 차원에 있다. 말이나 행위로 표현될 때 히스테리증자의 환상들은 수행이나 이야기의 경계 안에서 유지될 수 있을 것이다. 하지만 무의식적 충동적 요소로 인해 그것들은 도착과 거짓말로까지 흘러넘칠 수 있다. 프랑스 정신분석가 크리스티앙 다비드가 '보바리즘'이라는 용어를 사용했던 것은 일종의 언어적 도착을 제안하기 위해서였다. 대개 이 이야기들은 폭력이 뒤섞인 성적인 대담한 행동에 관한 것이다. 확신의 성질은 강력하다. 내가 분석가로 활동하던 초기에 한 환자는 내가 일하는 상담실에 왔을 때 그날 자신이 겪었던 모험에 대한 서사시적(하지만 허위인) 설명으로 나를 감복시키고 있었는데, 그때 나는 깊은 충격에 웃음이 터질 뻔했다. 그의 이야기에서 그는 목적지에 도착해서 내가 죽은 것을 발견했다. 묘사는 극히 생생했으며 충격적으로 '설득력 있었다'.

내 환자는 그의 이야기가 나에게 어떤 영향을 미칠지 전혀 눈치채지 못했다. 나는 그의 일부였다. 그와 함께, 그의 기량에 감탄하고 있는.

프로이트의 '작은 히스테리'는 남성 히스테리의 현존을 입증한다. 그것은 히스테리가 필사적이면서 흥분되는 정도의 정신적, 신체적 동일시를 내포한다는 것을 말해주는데, 이러한 동일시에 의해 사람은 지극히 중요함에도 별개의 존재로—즉 '대상관계'에 있는 또 다른 사람으로—경험되지 않는 또 다른 사람을 통해서 생각하고 느낀다. 이 히스테리는 어떻게 감정이 표상될 수 있는 사고가 되지를 않고 대신에 신체 속에서 표현되는지를 보여준다.

인간 되기의 필수 불가결한 과정으로서 '모든 남자'가 어머니를 욕망하지만 그 욕망을 반드시 철폐해야 하는 오이디푸스 콤플렉스 개념은 남자의 과제를 제시한다. 남자아이는 어머니를 원할 수는 있지만 현실에서도 심지어 환상에서도 어머니를 가질 수 없다.[42] 남자가 어머니이기를 원하며 아버지를 욕망하는 이른바 '부정적' 또는 여성적 오이디푸스 콤플렉스는 인정되지만 이론에서 결코 같은 만큼의 관심을 받지 못한다. 실천과 이론에서 적절한 관심을 받지 못하기 때문에 그것은 '무의식'이 되었다. 하지만 그것은 많은 정신분석 기관들에서 만연한 동성애 공포증으로 다시 부상했다. 이제 이러한 동성애 공포증에 대한 관심은 우리가 이론 전체에서 히스테리 공포증이 갖는 결정적인 중요성을 놓치고 있음을 의미한다.

빈약하게 탐구된 남성의 부정적 오이디푸스 콤플렉스는 정신분석이 (부정적이거나 긍정적인) 오이디푸스 콤플렉스에 최우선적 중요성을 부여한다는 생각이 어떻게 히스테리에 대한 우리의 이해를 가로막았는지를 보여준다. 오이디푸스 콤플렉스는 남성 히스테리를 통해 발견되었기

42. 이러한 제한의 정도는 문화적으로 특수하다. 꿈에 대한 고대 그리스의 의사 아르테미도루스의 저작에는 어머니와의 성교에 대한 (남자의) 꿈이라는 범주가 있다. 꿈의 의미는 성교에서 취해진 자세에 달려 있다.

때문에 남성의 히스테리의 가능성에 대한 저항의 자국을 지닌다. 부정적 남성 오이디푸스 콤플렉스는 — 즉 아버지와의 관계에서 남자의 수동성은 — 남성 히스테리와 동성애 양자 모두에 대한 해명의 무게를 감당해야 했다. 그 둘은 너무나도 자주 융합되어 왔다. 반대로 히스테리는 본질적으로 양성적이다. 히스테리증자(남자, 여자 혹은 아이)가 '사랑 대상'에 두는 종종 엄청난 중요성은 그것이 대상 그 자체로서 원해지는 것이 아니라 동일시의 목적을 위해서 또는 히스테리증자가 사랑을 받게 해주거나 자신에게 갈채를 보낼 수 있게 해주는 원천으로서 원해진다는 사실을 감춘다.

정신성욕psychosexuality이 히스테리에 관한 정신분석적 저작 대부분의 초점이 되었던 반면, 죽음의 중요성은 매우 간과되어 왔다. 하지만 프로이트의 꿈과 편지들에서 그의 히스테리의 구성을 읽어낸다면 죽음이 어떻게 관심을 피해 갔는지 의아해진다. 증상과 동일시 속에 죽음의 환상들이 매우 만연해 있는 『히스테리 연구』를 읽은 다음 비슷하게 멍해지듯이 말이다. 히스테리에서 죽음은 신체 속의 현존이다.

프로이트는 자신의 심적 삶과 남성 관계에서 남동생의 죽음이 갖는 중요성을 수차례 언급했다. 정신분석 이론 안으로 이를 포함시키지 못한 것이 초기 이론에서 — 무엇보다 히스테리증자의 증상과 실연에 있어 — 죽음의 중요성이 누락된 것을 분명하게 설명한다. 동기의 중요성을 놓치는 것은 죽음의 자리를 놓치는 것이다. 동기의 죽음이 없더라도, 동기를 죽이고자 하는 소원이나 동기의 현존으로 인해 유일무이한 주체로서 소멸되는 감각은 인간 조건의 중대한 측면이다. 프로이트가 오이디푸스 콤플렉스 이론을 발전시키고 있었을 때 프로이트의 가족 상황에는 그가 피하고 싶은 무언가가 있었을 수 있다는 것을 우리는 볼 수 있다.

날짜는 다소 불확실하지만, 프로이트의 남동생 율리우스는 프로이트가 약 한 살 반일 때 태어났으며 프로이트의 두 번째 생일 직전인 생후 6개월에 죽은 것으로 보인다. 율리우스가 사망할 무렵 프로이트가 자신의 보모라고 부른 여자 모니크 자이치가 절도로 기소되어 수감되었다. 이 기간에 프로이트는 이복형제 필립, 18개월 연상인 존, 동갑인 폴린과 형제자매처럼 놀고 싸웠다. 자이치는 그들의 어머니가 일하는 동안 모든 아이들을 돌보았다.

프로이트의 아버지는 마흔 살이었고, 어머니는 스무 살이었으며 아버지의 첫 결혼에서 태어난 이복형제들은 스물다섯 살과 스물두 살이었다. 자기 분석에서 그리고 활발한 히스테리 시기에 프로이트가 프라이베르크에서 보낸 생후 첫해를 재구성하고 있을 때, 그와 아내 마르타는 안나를 임신하고 있었다. 율리우스가 죽은 후 프로이트의 여동생 안나[43]는 프로이트의 부모가 처음에 라이프치히로, 그런 다음에 비엔나로 이주하기 전 프라이베르크에서 태어난 마지막 아이가 되었다. 프로이트는 결코 그녀를 좋아하지 않았다. 그녀는 그의 아내의 남동기와 결혼했다.

프로이트 가족 관계 서클에 대한 설명을 읽다 보면 내혼endogamous에 가까웠던 친족 체계의 생생한 그림을 얻는다. 하지만 발생한 교혼intermarriage의 정도와 종류 역시 놀랍다—이는 심적으로 결혼의 기초가 되었을 동기 관계들을 종종 드러낸다. 세대 간 오이디푸스 콤플렉스에 대한 프로이트의(그리고 이어지는 모든 정신분석의) 강조는 동기 관계 및 그것의 계승자인 부부 친애와 우정 관계가 갖는 그 모든 사랑과 증오의 중요성에 대한 거대한 억압을 가리킨다.

그렇지만 동기의 중요성과 이 중요성의 억압 양자 모두를 가리키는 얼마간의 사례들이 있다. 가령 프로이트가 이 사건들을 재구성하고 그의 현재와 과거 사이의 연관을 재구성하던 시기는 그가 오이디푸스 이야기의 중요성을 발견한 시기이기도 했다. 프로이트가 인간 실존과 관련해 이 시나리오에 부여하게 될 중요성을 암시하는 (플리스에게 보내는 편지 속) 최초의 글에서, 햄릿은 어머니에 대한 유아기 욕망의 신화의 대표자로

• •

43. [앞서 언급된 프로이트 부부의 딸 안나가 아니라 프로이트의 여동생 안나.]

서 오이디푸스와 다툰다. 그렇지만 프로이트는 몇 가지 이유로 햄릿을 히스테리증자로 명시적으로 규정했으며 대신에 오이디푸스를 보편적 규범으로 결정지었다. 다시 말해서, 그의 선택 자체가 오이디푸스를 지지하면서 남성 히스테리증자를 추방한다.

햄릿의 '오필리아와의 대화에서 그의 성적인 냉혹함은 (…) 전형적으로 히스테리적'이라고 프로이트는 썼다. 햄릿이 자신의 아버지 대신 오필리아의 아버지를 살해하는 (돈 후안의 것과 동일한) 전치 역시 마찬가지다. 햄릿은 삼촌이 행한 것을 하기를 — 아버지를 살해하기를 — 원했기에 무의식적인 죄책감에 시달린다. 이는 도스토옙스키의 개인사에 필적한다. 도스토옙스키의 히스테리성 간질은 — 다른 누군가에 의해 — 살해당한 아버지와의 동일시였다. '결국 [햄릿은] 나의 히스테리 환자들과 똑같은 놀라운 방식으로 동일한 경쟁자에게 독살됨으로써, 그의 아버지와 동일한 운명을 겪으면서 자기 자신을 처벌하지 않는가?' 히스테리증자 햄릿은 자신이 진정 원하는 것이 무엇인지 결코 알지 못한다. 오이디푸스는, 비록 햄릿과 달리 어머니와의 욕망된 결합을 실제로 성취하고, 아버지를 실제로 죽이며 그로 인해 처벌받지만, 햄릿이 겪는 끝없는 '원함'에 시달리지는 않는다. 셰익스피어의 희곡을 거꾸로 알고 있었던 프로이트는 흥미로운 실수를 저지른다.

히스테리증자 햄릿은 '결국은 양심이 우리를 다 겁쟁이로 만들고'[44] 라는 자신의 말을 어떻게 정당화할 수 있을까? 일말의 가책도 없이 궁정의 조신들을 사형시키고 레어티스를 죽이는 데 1초도 머뭇거리지 않은 그가 삼촌을 죽여 아버지의 원수를 갚는 데는 왜 그렇게 머뭇거리는지를 그는 어떻게 설명할 수 있을까?[45]

• •

44. [셰익스피어, 『햄릿』, 『셰익스피어 전집 4』, 최종철 옮김(민음사, 2014), 388쪽.]
45. Masson, op. cit., pp. 272~273 (15 October 1897). [프로이트, 『정신분석의 탄생』, 168쪽. 번역 수정.]

사실 햄릿은 자신과 결투를 벌였던 오필리아의 오빠 레어티스를 살해하지 않았다. 그는 오필리아의 아버지 폴로니우스를 살해했다. 이 실수는 동기 살의에 대한 프로이트 자신의 억압을 가리킨다. 햄릿에 대한 그의 생각들의 결론은 동기간 경쟁이 그의 정신 표면에 얼마나 근접했는지를 가리킨다: (햄릿이라고 불린) 햄릿의 아버지는 그의 왕위뿐 아니라 그의 아내도 원하는 경쟁자 형제에게 살해당한다. 즉 형제들 사이에 동일한 여자에 대한 측면적인 경쟁적 원함과 살의가 존재한다.

그의 이복형제들이 그의 어머니의 나이였다는 사실을 고려할 때, 프로이트는 특히 부모–형제간 혼동을 일으키기 쉬웠을 수 있으며, 그리하여 그는 자신의 저작에서 온당한 아버지가 오이디푸스 콤플렉스의 핵심에 있는 것으로 결정지은 것에 안도했다. 프로이트는 어머니가 사라져서 필사적으로 우는 프라이베르크의 아이였을 때의 반복되는 기억을 갖고 있었다. 이복형제 필립은 짓궂게도 옷장을 열어 어머니가 거기 없음을 보여주었다. 필립은 모니크 자이치가 절도로 수감되는 데 중요한 역할을 했다. 플리스에게 보내는 편지에서 프로이트는 필립이 '가두기boxing up'를 갖고 말장난할 때의 아동기 공포를 회상한다. 이 말장난은 프로이트에게 어머니의 임신과 자이치의 투옥 양자 모두를 가리켰다. 프로이트가 만든 연상은 어머니를 '가두기'하고 그리하여 그녀의 임신에 책임이 있는 사람이 아버지인지 이복형제인지 그가 아이였을 때 확신하지 못했을 수 있다는 것을 암시한다. 하지만 우리가 동기의 중요성을 인정한다면, 동기를 제거하고자 하는 소원에서 아버지를 제거하고자 하는 원함으로의 전이는 두 인물의 우연한 일치를 더욱 일반화된 현상으로 만든다. 또 다른 남성 히스테리증자를 플리스에게 묘사하면서 프로이트는 이렇게 쓴다.

다리 경직, 경련, 떨림 등의 이유로 거의 걸을 수 없는 25세 남성.

동반되는 불안이 오진 예방책을 제공함. 이 불안은 그로 하여금 언젠가 아기였을 때처럼 어머니의 앞치마 끈에 매달리게 함. 정신증 속 형제의 죽음과 아버지의 죽음은 증상의 개시를 재촉하였음.[46]

(프로이트에게 더 나이 든 동기처럼 보이는 이복형제의 아들) 존과의 경쟁이라는 맥락에서 아기 남동생 율리우스의 죽음은 프로이트에게 결정적이었다: '나는 부정적 소원과 진심 어린 아동기 질투와 더불어 (몇 달 후 죽은) 내 한 살 터울 남동생을 맞이했어. (…) 그의 죽음은 나에게 [자기-]책망의 병균을 남겼어 (…) [나의] 조카와 이 남동생은 나의 모든 우정에서 무엇이 신경증인지 결정했을 뿐 아니라 무엇이 강렬함인지도 결정했어.'[47] 플리스는 율리우스와 같은 해에 태어났다. 오이디푸스 이야기에 집중하고 있을 때, 프로이트는 플리스의 가능한 죽음(플리스는 몹시 아팠다) 및 요절한 두 명의 또 다른 경쟁자 남동기 인물(빅토르 틸그너 및 에른스트 플라이슐 본 마르코프)과 관련하여 프로이트 자신의 의기양양한 생존을 보여주는 꿈들을 떠올린다. 형제 살해 fratricide는 히스테리증자가 어떻게 그들이 증오하는 곳에서 사랑하고 그들이 사랑하는 곳에서 증오하는지를 예증한다: '친밀한 친구와 증오하는 적은 내 감정 생활에서 어쩔 수 없이 항상 요구되는 것이었다. 나는 이 둘을 늘상 새롭게 만들어냈으며, 흔히 친구와 적이 한 인물 속에 공존하는 어린 시절의 이상이 재현되었다'라고 프로이트는 썼다.[48]

프로이트는 그의 결작 『꿈의 해석』(1901)을 집필하면서 히스테리증자 햄릿과 동일시하지 않고 햄릿의 창조자 셰익스피어와 동일시하기로 명시적으로 선택했는데, 셰익스피어는 그 희곡을 쓰던 당시 아버지의

• •

46. Ibid., p. 328 (27 September 1898).
47. Ibid., p. 268 (3 October 1897). 율리우스는 1858년 4월 15일 생후 6개월의 나이에 죽었다. 지그문트 프로이트는 아마도 1856년 5월 6일에 태어났다.
48. 프로이트, 『꿈의 해석』, 585쪽. [번역 수정.]

최근 죽음을 애도하고 있었다. 프로이트의 개인적인 히스테리는 해소되었지만 (플리스와 'E' 같은 '형제들'과의 전이 속에서 실연되는) 남성 히스테리를 아버지와의 관계에서 해소되지 않은 오이디푸스 콤플렉스로 대체하는 대가를 치렀다. 이 이론적 몸짓은 이번에는 히스테리의 '사라짐'(혹은, 내가 주장하고 싶은바, '정상화')에 기여했다. 다시 나타날 때면, 히스테리는 여자들에게로 되돌아간다.

　최초의 어머니–유아 결합에 관한 수많은 논의와 이론들이 있다: 그 둘은 너무나 융합되어서 유아가 반드시 분리되어야만 하는 것인가, 아니면 출산으로 인해 이미 분리되어서 유아가 융합을 추구하는 것인가? 이 반복된 물음은 나에게 다소 부적절해 보인다. 어린아이는 어머니 내지는 돌봄자와 유일무이한 관계를 갖는다. 동기가 도래할 때(혹은 어떤 등가물이 상상될 때) 아이의 세계는 붕괴된다: 유아는 또 다른 사람에 의해 대체되었으며, 그래서 그는 누가 되었는가, 그는 어디에서 있는가? 갑작스러운 비실존이나 무의미함의 이 긴급함 속에서, 유아는 젖가슴에 있는 혹은 자궁 속에 있는 아기 되기로까지 퇴행한다. 그것이 아기인 동시에 어머니인 융합의 실연이며 환상이다. 융합의 정도가 그 둘을 하나의 동일한 것으로 만드니까. 융합 혹은 융합의 환상이 나중의 어느 정도의 분리를 뒤따른다. 오랫동안 프로이트는 그가 플로린[49]을 훔쳤고 그 때문에 그의 보모가 수감된 것이라고 확신했지만, 실제로 자이치가 그에게서 그것을 훔쳤다는 사실을 중년에야 알게 되었다. 훔치는 행위에 있어, 그녀가 원하는 것을 원함에 있어 프로이트는 그 자신을 (이 맥락에서 어머니 대체자인) 자이치와 혼동했다―그는 아이가 요구하는 융합을 성취했다. 프로이트는 히스테리이던 당시 꿈에서 생리 중인 어머니 인물들mother figures과 합쳐졌지만, 아기처럼 그들에게 옮겨지는 꿈도 꾸었다. 아이일 때 어머니로부터 분리된 히스테리증자는 유아기의

49. [지금의 10펜스에 해당하는 2실링짜리 옛날 영국 동전.]

상상된 융합으로 퇴행한다. 어머니 인물과의 이 결합된 혹은 융합된 동일시가 남자아이와 여자아이 모두에서 소위 히스테리의 '여성성'이라고 하는 것이다 — 그때까지 나의 실존을 인정받았던 자리를 차지하게 되는 동기에 의해 초래된 재앙적 전치의 결과.

오이디푸스 콤플렉스와 나중의 거세 콤플렉스 개념은 심적 삶과 뒤이은 사회적 삶을 결정하는 요인으로서의 동기간 경쟁의 배제를 허용했다. 생애 내내 개인이 폐위되거나 쫓겨나는 많은 경우들, 재앙들, 외상들이 있지만, 어느 정도는 그것들은 자기 자신과 너무나도 유사한 누군가가 유아기 왕좌를 찬탈하는 이 최초의 사회적 상황의 개정판이 될 것이다. 사람은 이 전치에 적응하기를 선택하거나 히스테리적으로 항의할 수 있다.

형제와 자매는 프로이트의 작업이나 이어지는 정신분석 이론과 실천에서 거의 주목받지 못한다. 이는 히스테리의 '사라짐'과 관련이 있다. 정신분석의 정초에서 히스테리가 우세했던 시기에 정신성욕의 문제들과 변형들은 설명적 요인으로서 전적으로 강조되었다 — 죽음은 등장하지 않았다. 폭력과 적대감은 주목되었지만 1909년 프로이트에게 아이 아버지가 묘사한 '꼬마 한스'의 공포증에서 거세 콤플렉스가 처음 관찰되기 전까지는 이론 모델에서 자리가 주어지지 않았다. 약 7년 후에 그것은 이론적 개념으로 정식화되었다. 따라서 살해를 원함은 오로지 거세 콤플렉스 및 연이은 (『쾌락 원리를 넘어서』(1920)에서 프로이트가 (논쟁적으로) 제안한) 죽음충동 가설과 더불어서야 이론 속에서 자리를 찾는다. 그 무렵이면 프로이트가 히스테리에 더 이상 관심이 없었다고 잘못 생각하는 경우가 흔하다. 히스테리에 대한 프로이트의 묘사에 대한 차후의 설명들은 성욕을 강조하고 죽음 '원함' 개념이 부재하는 초기 작업에 의존한다. 그렇지만 우리가 나중의 정식화를 통해서 이 초기 저작들을 재독서한다면, 성욕과 살의가 눈에 띄는 형제자매 관계에 대한 드문 언급들이 짧기는 해도 인정받기 위해 소리치고 있다: '내 여성 환자들

중 적대감이 커짐에 따라 형제자매가 죽는 꿈을 꾸지 않은 사람은 한 명도 없었다.'[50] 그리고, '유년 시절 형제자매에 대한 적대감은 둔감한 성인들의 눈에 뜨이는 것보다 훨씬 더 자주 있는 일이다'.[51] 실제로『꿈의 해석』에서 프로이트는 그의 아이들 가운데서 동기간 경쟁을 관찰할 생각을 하지 않았다고 언급한다―이는 오이디푸스에 대한 강조로 귀결되는 그의 자기 분석 시기 동안이었다. 프로이트의 눈은 뜨고도 안 보는 눈이었다. 그는 조카를 관찰하는 것으로 상황을 바로잡기로 결심했다. 하지만 몇 년 후, 아기 여동생을 욕조에 익사시키라고 어머니에게 반복해서 부탁한 사람이 바로 꼬마 한스였다. (나중에 좀 더 완전히 묘사된) 한스는 말을 볼까 봐 무서워서 집을 떠날 수 없었다. 그의 여동생은 막 태어났다. 한스의 오이디푸스적 환상은 이 동기 탄생이 갖는 의미를 분명하게 보여준다. 히스테리적 불안의 한 사례인 한스는 거세, 죽음 그리고 프로이트의 나중의 히스테리 이해 시도들 사이의 연결고리이기도 하다. 1923년 프로이트는 그 사례에 주석들을 추가하고『억제, 증상 그리고 불안』(1926)에서 히스테리에 관한 그의 걱정에 그 사례를 이용한다. 한스는, 프로이트 자신처럼, 동기에 대한 적대감이 오이디푸스적 도식에 들어맞을 수 없는 남성 히스테리증자였다. 히스테리의 구성에 있어 동기들(그들의 죽음이나 그들을 죽이는 환상) 및 그들의 자리의 중요성은 모든 해석들을 부모와 아이의 세대 간 모델―처음에는 부모 유혹 모델, 그런 다음에는 오이디푸스적 근친상간 환상 모델―에 기초 지으려는 정신분석의 시도들에서 전적으로 과소평가되어왔다.

• •

50. 프로이트, 『꿈의 해석』, 320쪽.
51. 같은 책, 319쪽.

제3장

도라: 여성 히스테리 사례 단편

제2물결 여성주의 운동과 더불어 '도라'는 누구나 아는 이름이 되었다. 그녀의 히스테리는 그녀를 여성주의적 주인공의 원조로 만들었다. 어떤 사람들은 그녀의 병이 정치적 항의에 대한 불만족스러운 대안이라고 주장했다. 다른 사람들은 히스테리가 가부장제의 압제에 대항하기 위해 그녀가 이용할 수 있는 유일한 수단이라고 주장했다. 프로이트의 설명에서 도라는 자신을 남자들의 '여자 교환'의 희생양으로 본다(대부분의 여성주의자들이 이에 동의한다). 그녀의 아버지는 혼외정사를 유지하는 이익을 위해서 그녀를 거래할 준비가 되어 있었던 것이다. 분명 도라는 꼼짝도 할 수 없으며, 그녀의 히스테리 증상은 그녀의 위치의 불가능성으로서 그녀가 경험하는 것을 반영한다. 사례사는 또한 오이디푸스 콤플렉스를 타협하고 해소하는 것의 실패라고 하는 히스테리에 대한 말끔한 정신분석적 설명을 제공한다: 도라는 남자가 사랑하는 대로 (원래 어머니인) 여자를 사랑하기를 원하며, 여자가 기대하는 대로 (원래 아버지의 사랑인) 남자의 사랑을 받기를 원한다.

부모에 의해 유서가 발견된 이후에 (사례사에서 '도라'라는 가명으로 소개되는) 18살의 이다 바우어는 아버지의 손에 이끌려 프로이트에게 치료를 받으러 온다. 부유한 유대인 사업가인 그녀의 아버지는 앞서 친구 K 씨의 제안으로 프로이트에게 자신의 불만을 상담받았었다. K 씨는 바우어 씨의 정부의 남편이다. 도라는 바우어 부부의 두 아이 중 18개월 어린 쪽이다. 도라에 따르면 K 씨는 그녀에게 추파를 던졌다. 그리고 그가 이혼할 가능성이 도래한 상황에서 그녀와 결혼하기를 원했으리라는 암시가 있다. 도라는 '작은 히스테리'를 앓고 있다. 그녀의 온건한 히스테리는 그 어떤 기질적 원인도 찾을 수 없는 다양한 고질적 신체 증상으로 이루어져 있다. 증상들은 종종 숨쉬기와 말하기와 관련되어 있거나(목소리 상실, 호흡곤란, 천식) 창자와 맹장 같은 내장의 장애들과 관련되어 있다. 두 영역을 함께 묶어주는 것은 목과 질의 건강하지 못한 분비물이다. 도라는 한쪽 발을 질질 끌었고 언제나 피곤하고 성마르다. 그녀는 다른 사람의 — 실제 혹은 상상의 — 특징이나 행동에 대한 손쉽고 절대적인 모방적 동일시의 히스테리 성향을 예시한다.

그녀의 말과 행동에 대한 프로이트의 해석에 촉발된 도라는 두 가족의 성적 뒤얽힘에 대해 프로이트에게 이야기하는데, 그녀는 자신을 그 두 가족의 희생양으로 본다. 도라는 아버지가 K 부인과의 불륜에 대한 K 씨의 침묵과 용인에 대한 대가로 그녀가 K 씨와 연루되는 것을 허락하는 것이라고 생각한다. 각각의 상황에서 프로이트는 도라의 설명에 반대하지는 않지만, 대신에 그녀에게 그 이야기에 연루되는 것에서 얻는 이득이 무엇인지 묻는다.

사례사는 가족사에 대한 임상 제시에 이어서 도라의 히스테리적 동일시에 대한 설명 및 두 가지 꿈에 대한 분석으로 구성되어 있으며, 이는 꿈이 다르게라면 불법적이었을 소원들의 충족을 드러내는 것으로 어떻게 이해될 수 있는지를 보여준다. 이 소원들은 오로지 성적이지는 않지만, 대체로 성적인 경향이 있다 — 비록 이 맥락에서 성욕은 한낱 생식기적 충동보다 훨씬 더 광범위한 원함들을 내포하는 것으로 취해져야 하지만 말이다. 사례에 대한 접근법에서 프로이트는 히스테리의 중요성에 대한 이론보다는 소원 성취 및 오이디푸스 콤플렉스의 중요성에 대한 이론을 입증하려고 분투하고 있다.

꿈은 그 자체로 히스테리적인 것도 '정상적'인 것도 아니다. 꿈은 단지 의식적 사고와 다른 사고 양태일 뿐이다. 그렇지만 도라의 꿈들은, 그녀의 다양한 욕망과 동일시를 보여주면서, 그녀가 차지하기를 원하지만 깨어 있는 삶에서 차지할 수 없는 실로 화해 불가능한 위치들을 가리킨다. 도라의 히스테리는 그녀의 자아가 이 화해 불가능한 위치들을 통합할 수 없으며 동시에 그녀가 그것들을 포기하지 않으려 한다는 사실에 놓여 있다.

첫 번째 꿈 — 반복되는 꿈의 한 판본 — 에서는 집이 불타고 있다. 도라의 아버지는 딸과 그녀의 오빠를 구조하고 있다. 도라의 어머니는 탈출을 멈추고 보석함을 챙기려고 한다. 도라의 아버지는 거절한다. 그들은 빠져나오고 도라는 잠에서 깬다. 두 번째 꿈에서 도라는 낯선 마을에 있다. 그녀는 아버지가 분명 죽었으니 이제 집으로 와도 좋다고 하는 어머니의 편지를 발견한다. 그녀는 숲을 지나 역까지 길고 종잡을 수 없는 여행을 한다. 그녀가 이를 연상할 때, 그것은 그녀의 구혼자가 시작했던 여행으로 판명된다. 그러고 나서 도라는 집에 도착해서는 어머니와 다른 사람들이 묘지에 있다는 것을 발견한다.

꿈은 꿈꾸는 사람이 억제와 검열을 유예할 수 있을 때 만들어내는 연상들을 통해서 일상의 사고로 대부분 번역될 수 있다. 프로이트는 도라의 연상을 찾아 묻는다. 그들은 실제로 일어난 것으로 보이는 사건들에 대한 기억뿐 아니라 그녀의 심리적, 정서적 삶의 측면들에 대한 언어적 그림도 함께 만들어낸다.

도라는 치료를 너무 일찍 그만두었다. 그녀가 치료를 재개하려고 돌아왔을 때, 프로이트는 그녀가 회복할 의욕이 없다고 믿었기 때문에 거절했다. 이 사례는 이론의 거장다운 실증으로 폭넓게 경탄받았으며 도라에 대해 프로이트 자신이 채택한 것으로 보이는 '가부장적' 자세로 인해 폭넓게 비판받았다.

프로이트는 자신의 글을 '분석 단편Fragment of an Analysis'이라고 불렀다.[1] 초점은 꿈에 맞추어져 있었다. 그렇지만 내 관심사는 히스테리적 현시들과 사회적 관계들에 있다. 우리는 프로이트가 어떻게 히스테리와 아주 분명하게 동일시되어 있었는지를 보았다. 특히 그는 환자 'E' 및 친구 플리스와 종종 융합되고 혼동되었던 것으로 보인다. 도라에 대해서는 그러한 혼동이나 동일시가 없다. 여기에는 공유된 히스테리가 없다. 도라에 대한 설명은 환자와의 그 어떤 동일시로부터도 프로이트가 취한 거리를 보여준다. 즉 아버지가 이제 죽었고 애도되었기 때문에, 프로이트는 이 이미지를 내부에 수립할 수 있었으며 아이들뿐만 아니라 그가 자기 주변에 모으기 시작하고 있었던 젊은 분석가들에게도, 또 환자들에게도 아버지가 '될' 수 있었다. 1890년대에 프로이트와 'E'가 예시하는 관계처럼 전에는 치료사와 환자가 측면 관계에 있었던 반면에, 이제 부성적 전이가 자리를 잡으면서 그들은 아버지와 아이의 위계 관계에 있게 되었다.

히스테리증자 도라는 프로이트의 부성적 자세만이 아니라 그것에 대한 한 프로이트 자신의 필요 때문에도 최악의 결과를 맞았다. 왜냐하면 도라가 그를 만나러 방문했을 때, 프로이트는 그 자신의 히스테리 성향에서 필사적으로 벗어나야 했기 때문이다. 'E'와 그랬던 것처럼 너무나도 매개되지 않은 방식으로 도라와 동일시하여 그 히스테리 환자를 이해하려고 노력하는 일을 그는 절대 원하지 않았다. 그 결과는 프로이트가 그 자신과 도라 사이에 확립한 경멸적인 거리이다. 이는 여성주의자들을 화나게 했지만 또한 어떤 정신분석가들을 매혹하였다. 그들 역시 히스테

••

1. [한국어판 전집은 제목을 "도라의 히스테리 분석"이라고 옮겼다. 원래 제목은 "히스테리 분석 단편"이다.]

리증자가 아니며 히스테리는 주로 여성 환자들에게 남겨질 수 있다는 안도감을 주면서 말이다.

여성주의적 입장은, 비록 어떤 의미에서는 부정확한 독서가 아니기는 해도, 몇 가지 문제가 있다. 그것은 도라를 이중의 히스테리증자로 만든다. 여느 히스테리증자처럼 이다 바우어(본문의 도라)는 프로이트에게 그녀 자신을 다른 사람들의 실패와 조작의 희생양으로서 제시했다. 단지 프로이트의 가부장적 분석의 잘못과 실패에만 주목하는 사례사 독서는 이다 바우어의 입장을 강화할 뿐이다 — 그것은, 그녀가 역사 안에서 그리고 자신의 가족 안에서 '여자 교환'의 희생양이듯, 도라를 프로이트의 희생양으로 만든다. 그러한 논변은 또한 치료의 성격과 히스테리의 미래에 있어 아주 중요한 프로이트의 입장의 어떤 특정 측면을 놓친다. 프로이트가 너무 많이 항의한다는 측면을. 우리가 몇 가지 상이한 맥락에서 볼 것이지만, 프로이트는 자신의 독단주의를 통해 자신의 의심을 누설한다.

이따금, 도라에 관해서 쓰고 있을 때, 프로이트의 심리적 부성의 감각은 가부장적 자세에 오히려 더 가까운 것처럼 보이며, 그리하여 그것의 위태로움을 누설하고 또한 부성의 모방에 불과한 히스테리 상태에 근접함을 누설한다. 입장이 가장 강경하게 단언된 것처럼 보이는 곳에서 입장은 가장 취약하다. 주장들이 가장 독단적인 곳에 의심의 지점이 있다. 한때 그가 나중의 히스테리의 배후로서 유아기 성적 유혹이라는 실제 사건을 찾고자 했던 것처럼, 이제 프로이트는 히스테리적 항의의 '개전 사유casus belli'로서 해소되지 않은 근친상간적 오이디푸스적 사랑을 찾고자 한다. 이것이 반드시 부정확한 설명이라는 것은 아니다. 그것에 대한 프로이트 자신의 고집이 그의 불확실성을, 도라가 틀림없이 동조되었을 불확실성을 표지한다는 것이다. 그렇듯 또한, 프로이트의 과도한 항의를 통해 전달된 것은 바로 그의 가부장적 태도의 (주장되는 바대로의) 확실성이 아니라 불확실성인 것이다.

프로이트의 아버지는 1896년에 사망했다. 4년 후 이다 바우어가 몇 가지 히스테리적 문제들을 치료받기 위해 아버지에 의해 마지못해 끌려 나왔다—그 가운데 가장 힘들게 하는 문제는 만성적인 목소리 없음('무성증')이었다. 1901년 『꿈의 해석』의 출간으로 종료된 자기 분석 내내, 프로이트는 대체로 자신의 병을 통해 죽음과의 히스테리적 동일시를 풀어갔고 대신에 아버지의 상실을 애도하게 되었다. 이제 그는 더 이상 그 자신을 히스테리적인 방식으로 실제 인물과 융합할 수 없고 대신에 이마고와, 좋은 동시에 나쁜 것으로 알려진 죽은 아버지에 기초한 부성의 내적 이미지와 동일시해야 했다. 그렇지만 그러한 과정은 좀처럼 절대적이지가 않다.

이다 바우어는, 자기로서는 프로이트와 상담하기를 원하지 않았지만, 일단 그곳에 가면 프로이트가 무엇을 원하는지 알아내서 그것이 무엇이건 그것과 동일시하기를 원했을 것이다. 프로이트가 원한 것은 그녀가 동일시하기에는 너무나 집요하고 그렇기에 너무나 불확실한 것이었다. 프로이트는 그녀가 자신의 이론을 확증해 주기를 원했다. 프로이트 자신이 관찰했듯이 히스테리증자는 다른 사람이 원하는 것과 동일시한다는 것을—하지만 그 원함이 너무나 확고할 경우, 너무나 불확실하기에, 동일시하지 않는다는 것을—망각하고서는.

그 사례사는 『꿈의 해석』에 대한 확인으로 의도되었으며 크게 두 가지 꿈의 분석으로 구성되어 있다. 꿈은 낮 동안의 전의식적 사고들을 무의식적(아마도 유아기) 소원들에 제휴시켜서 그 소원들이 꿈속에서 성취될 수 있게 하고 그리하여 꿈꾸는 자로 하여금 만족스럽게 잠들도록 하는 '꿈작업' 과정에 불과하다. 도라에 대한 프로이트 자신의 분석이 그녀의 꿈에 초점을 맞추고 있기는 하지만, 그가 발견한 바로서의 히스테리의 성격을 검토하기 위해서는 그 대신 그녀의 히스테리 증상들을 살펴보고 그녀가 다른 사람이 원하는 것과 동일시한 지점들을 해독할 필요가 있다. 이는 도라의 사회적 환경 속에 있는 다른 행위자들에 관해서 이전에 행해진 바 있지만, 그녀의 다소 불안정하고 지나치게 단호한 남성 치료사인 프로이트 자신에 관해서는 훨씬 덜 행해졌다. 또한 장차 오스트리아–헝가리 마르크스주의자 당의 지도자가 될 성공적인 오빠 오토 바우어가 도라의 삶에서 수행한 역할 역시 사실상 전혀 고려된 적이 없었다.

도라의 것은 현란한 히스테리가 아니라 가까운 친척이나 친구들의 행동이나 상태를 본뜬 거의 관리 가능한 증상들을 갖는 히스테리다. 이 모든 친구와 친척들은 끝없이 아프다. 다만 자살 충동이나 삶의 권태^{tae-}dium vitae로 인해 정신적으로 아픈 것이 아니라—기질적 이유로건 전략적 이유로건—신체적으로도 아프다. 도라의 삶에 대한 이와 같은 초상에서 중심 무대를 장악한 것은 바로 그 아픈 신체다. 도라의 세계 속에 있는 남자들 가운데 특이하게도 K 씨는 나쁜 건강에서 자유로웠던 것 같다. 그렇지만 도라는 질병에 관심이 있고, 그렇기에 이 건강함은 이미 그를 도라의 동일시 지점으로서 문제적으로 만든다. 건강한 K 씨는 그가 원하는 것을 얻은 것처럼 보이지 않는다—그는 자신의 아내도 도라도 얻지 못했다. 반면에 도라 아버지의 질병은 가족생활의 장소와 절차를 완전히 좌우했던 것처럼 보인다. 바우어 부부는 그의 건강을 구실로 도시와 시골 사이를 오가지만, 이는 사실 K 부인과의 불륜에 맞추어진 것이었다. 사례사 내내 바우어 씨는 수많은 심각한 몸 상태를 갖고 있는 것으로 묘사되며, 그 가운데는 매독, 임질, 결핵, 쇠약, 기침과 호흡 곤란이 있었다. 이것들은 정말로 기질적이었거나 아니면 의도적으로 조작되었던 것 같다. 후자는 히스테리가 아니었다. 조작은 전혀 무의식적이지 않고 오히려 반대로 아주 의식적으로 의도적인 것이었으니까. 자신의 불륜에 대한 바우어 씨의 거짓말도 마찬가지로 고의적이었으며, 히스테리였다면 습관적이거나 강박적이었을 텐데 그렇지가 않았다. 혈관 확장증과 영구적 시각 손상을 낳은 망막 박리 같은 바우어 씨의 기질성 질병 일부는 이전에 매독을 앓았던 결과였던 것 같다.

사례사의 주된 행위자들 바깥에서는, 도라의 삼촌인 바우어 씨의 남동생이 — 아마도 기질적 질병은 아닌 — '심기증'이 있었다고 하며, 아동기에 이부자리를 적셨던 한 사촌 남자아이가 현재 맹장염으로 위중하다고 한다. 도라의 오빠 오토는 아동기에 흔한 모든 전염병에 걸렸지만 가볍게 앓았다. 그도 아동기에 야뇨증이 있었고, 밤뿐 아니라 낮에도 오줌을 쌌다. 그 외에는 오토와 K 씨는 건강하다 — 그렇기에 히스테리의 관점에서는 모델로서 그다지 유용하지 않다.

여자들 중에서는, 바우어 부인이 남편에게서 옮은 임질을 앓고 있고, 복통 및 온천 요법이 요구되는 분비증을 앓고 있다. K 부인은 남편이 집에 올 때마다 병에 걸린다(우리는 무슨 병인지 듣지 못한다). 한 사촌 여자아이는 자매의 임박한 결혼을 질투하게 될 때 위통을 앓는다. 불행한 결혼을 한 이모는 치료되지 않은 마라스무스[2] 때문에, 설명되지 않는 신체 소모 때문에 죽는다. 따라서 이 모든 여자들의 질병은 남자들과의 관계와 연계된다.

그렇다면 도라의 가족에서 성욕의 유통은 성적이거나 재생산적인 신체의 유통이라기보다는 아픈 신체의 유통이라고 할 수 있다. 그렇지만 그 전체에서 가장 아픈 사람은 도라의 아버지 바우어 씨이다. 그는 섹스 때문에 아프다. 도라와 그 가족에게 성욕과 아픔은 연계되어 있다: '그녀의 아버지는 경솔하게 처신하여 병에 걸렸다.'[3] 하지만 바우어 씨가 비록 자신의 나쁜 건강에 대해 동정을 얻기는 하지만, 그의 딸은 또한 그가 원하는 무엇이든 얻으려고 그것을 이용하는 것에 분노한다. 이는 아버지에 대한 그녀의 양가성을 고조시킨다. 즉 도라는 동정적이면서도 적대적이다. 또한 그녀는 선망하기도 한다. 바우어 씨가 질병을 통해 원하는 대로 한다면, 왜 도라는 그러지 말아야 하는가? 그렇지만 그 대가는 질병이다.

• •

2. [콰시오커와 더불어 일종의 만성적인 영양 결핍 상태.]
3. Freud, S. (1905), p. 75. [지그문트 프로이트, 『꼬마 한스와 도라』, 김재혁·권세훈 옮김(열린책들, 2020), 274쪽.]

도라는 복통, 호흡 곤란, 기침, 천식, 발성 장애, 인후와 질 양쪽에서 발생하는 염증, 숨가쁨, 목의 쉼과 흥분, 식욕 부진, 구토증, 불규칙한 월경, 만성적인 변비, 맹장염을 앓는다. 그녀는 오른쪽 발을 절뚝거리며 아마도 유행성 감기로 인해 한때는 고열이 난다. 보고되고 있는 한 질병을 앓는 동안 그녀는 분명 경련과 정신 착란이 있다. 프로이트와의 치료가 끝난 후 도라는 6주 동안 발성 장애를 앓는다. 그리고 오른쪽 얼굴 신경통을 안고서 치료를 갱신하고자 프로이트에게 돌아간다. 하지만 도라의 질병들은 모방적 복사본이다. 그녀는 소모성 질병을 가진 히스테리적 숙모를 모델로 삼았었다. 도라가 찌르는 듯한 복통을 호소할 때, 프로이트는 '누구를 흉내 내려는 것이야?'라고 묻는다. 우리가 알지 못하는 누군가를 그녀가 모방할 때 그녀의 증상들의 특정 배치는 그 증상들을 통해 그녀가 상상 분만을 겪었음을 가리킨다. 침대에 오줌을 싸는 것에 대한 프로이트의 질문에 도라가 한 대답은 그녀가 그녀의 오빠와 혼동되었을지도 모른다는 것을 암시한다. 그녀 역시 아동기에 야뇨증이 있었으니까.

프로이트는 성적 환상을 히스테리의 뿌리에 놓여 있는 것으로 정립하며, 히스테리증자는 다른 사람의 욕망을 모방한다고 상정한다. 내가 제안하는바, 19세기 후반의 히스테리증자들은 특히 단지 성욕을 모방하는 것이 아니라 끝없이 아픈 신체의 성욕을 압도적으로 모방한다. 히스테리 증상의 경우 마음이 몸 속으로 불가사의한 도약을 행한다고 말해진다. 도라가 그녀의 정신적 딜레마들을 표현한 신체는 그녀의 사회적 환경을 특징짓는 아픈 신체들을 본뜬 신체였다. 즉 그 신체는 질병을 모방했으며 따라서 히스테리는 질병으로 이해되었다. 도라의 히스테리에 대한 프로이트의 최종적 이해의 요점은, 그녀는 그녀의 증상들 속에서 (결코 배타적으로가 아니라) 대체로 남자와 동일시했으며 남자 — 두 번째 꿈에서, 그녀의 청혼자 — 로서 사랑했다는 것이다. 프로이트의 분석에 따르면, 주로 그녀는 그녀의 아버지가 사랑하는 여자들에 대한 그녀의 사랑에서 성공하기 위해 그녀의 아버지가 되었다. 그렇지만 바우어 씨가 자신이 원하는 것을 얻을 수 있었던 것은 아픈 신체를 통해서라는 사실을 과소평가해서는 안 된다. 히스테리증자 도라는 여자를 얻기 위해 남자와 동일시한 것일까, 아니면 그녀는 그녀가 원하는 무엇이든 얻기 위해서 가장 효과적으로 아픈 신체와—이 경우 남자의 신체와—동일시한 것일까? 두 가능성은 물론 중첩되며 동시에 발생하지만 동일하지는 않다.

아픈 신체들은 의사들에 의해 치료된다. 프로이트가 바우어 가족과 처음 알게 된 것도 이와 같다. 친구 K 씨의 제안으로 바우어 씨는 자신의 매독으로 인한 몇몇 결과들에 관해서 프로이트와 상담한다. 언급되는 거의 모든 사람들이 의사를 만난다. 도라는 의사들이 그녀를 도울 수 없다는 것을 확실히 하겠다고 공언한다. 그럼에도 그녀는 계속 그들과 상담한다. 왜? 사례사의 한 곳에서 프로이트는 이렇게 말한다.

질병의 동기는 흔히 아동기 때부터 생기기 시작한다. 사랑에 굶주려서 부모의 애정을 형제자매들과 나누어 가지기를 좋아하지 않는 아이는 자신의 병으로 부모가 근심할 때 이 애정이 자신에게로 쏠린다는 것을 알아차린다. 그는 이제 부모의 사랑을 독차지하는 방법을 안다. 병을 일으킬 만한 정신적 자료가 주어지기가 무섭게 그는 이 방법을 이용한다. 그 아이가 성장하여 아동기의 요구와는 완전히 어긋나게 별로 배려할 줄 모르는 남자와 결혼하게 되[면] (⋯) 질병이 삶을 살아가기 위한 유일한 무기가 된다. 질병은 그녀가 바라던 관용을 성취시켜 준다. 그것은 건강한 사람에게는 쓰지 않아도 좋을 돈과 관심을 남편에게 강요한다. 그것은 또한 회복이 된 뒤에도 아내를 조심스럽게 대하도록 만든다. 그렇지 않으면 병이 재발할 것이기 때문이다. 치료를 담당하는 의사도 염두에 두어야 할 질병 상태의 객관성, 즉 무의도성이 의식적으로 죄책감을 갖지 않은 채 어린 시절에 그 효과를 경험한 방법을 목적에 맞게 사용할 수 있게 해준다.[4] [강조는 나의 것]

아픈 신체는 의사를 필요로 한다. 'E' 같은 환자들에게서 자신을 떼어놓으면서, 자신이 실행하려고 노력해 왔던 최면과 암시 치료에서 성애적 만족의 잉여를 주목하면서, 프로이트는 '전이' 개념을 고안하게 되었다. 이는 도라 사례 속에 묘사되어 있다: '전이란 무엇인가? 그것은 분석 작업이 진행되면서 일깨워져 자각하게 된 자극과 공상의 재판이며 복제이다. 이때 과거의 어떤 인물이 의사 개인으로 대체되는 현상이 특징적으로 나타난다'[5][강조는 나의 것].

정신분석 작업이 행해진 세월 동안 전이의 중요성에 대한 강조는 증가하였지만, 전이에서 이용되는 다양한 인물들과 관련해서는 사실상 감소하였다. 전이의 중요성에 대한 강조는 부모에 초점을 맞추었다. 처음에는 아버지에, 다음에는 어머니에. 우리는 동기뿐 아니라 궁극의 전이 인물이 갖는 중요성을 간과해왔다. 도라가 살던 시절에 이는 의사였다. 한 사람의 전체에 관심이 있지만 아픈 신체가 전문 분야였던 의사. 이 의사는 그의 개별 인성이 어떻든 간에 카리스마적 위치를 차지했다. 환자는 의사의 푸른 눈을 위해 병이 낫기를 원할 수도 있었고, 아니면 의사가 치유의 달성을 원했기 때문에 병이 낫기를 원할 수도 있었다. 혹은 환자는 관계를 연장하기 위해 치유 지연을 원할 수도 있었다—상호적이었을 수도 있는 소원. 의사 개인이 치유나 치유 부재는 아니었으며, 오히려 프로이트가 도라 사례에서 언급하는 상황의 실제 변화처럼, 치유의 수단일 수 있었다: '치유나 회복이 늦어지는 원인은 실제로 의사 개인에게 있다.'[6] 정신분석이 부상하기 전에 히스테리 환자에 대한 유행하는 치료는 최면이었고, '암시'를 이용한 동종 요법이었다—가령 환자가 고통을 겪고 있지 않거나 기분이 나아질 것임을 암시하기. 이 치료들의 잔재적 암시 요소가, 프로이트도 그랬듯이, 치료사 인물 안에 보존된다.

• •

4. Ibid., pp. 44~5. [239쪽.]
5. Ibid., p. 116. [320쪽.]
6. Ibid., p. 115. [320쪽.]

정신분석 치료사는 암시하지 않지만 환자는 치료사가 그렇게 한다고 믿을 수 있다.

이상적으로는 불만족한 채로 있음으로써, 자신이 원하는 것을 의사로부터 얻지 않음으로써, 환자의 갈망은 치료가 끝날 무렵 해소될 수 있다. 분명 종종 그게 그렇지가 않지만 말이다. 즉 프랑스 정신분석가 프랑수아 루스탕이 말하듯이, 정신분석은 결코 놓아 주지 않을 수도 있다. 하지만 그것은 여기서 내 관심사가 아니다. 중요한 것은 히스테리에서 현시와 증상이 치료사의 구미에 맞는 형태를 띨 것이라는 것이다.

프로이트에게 갈 때 도라는 아버지의 고집으로 인해 또 다른 의사를 보러 간 것으로 보이며, 그녀는 무수한 신체적 질병을 의사에게 가져간다. 하지만 의사들의 일은 변한다. 18세기 후반 '증기'의 시기 혹은 19세기 중반 '신경'의 시기에, 의사는 혈액 순환이나 신경학에 대해 알고 있었을 것이다. 의사는 19세기 내내 주요 인물이었지만 2차 산업혁명 동안 그 중요성이, 특히 여성에 대한 의사의 중요성이 강화되었다. 남성성과의 성적 차이를 갖는 여성성 그 자체가 — 생리 주기, 임신, 출산 등이 — 의학적 문제가 되었다. 초등학교 의무교육 및 노동법 규제의 증가와 더불어, 아이들은 급속하게 경제적 자산이 되기보다는 경제적 유출이 되고 있었다. 생식력의 의미심장한 감소가 있었으며 재생산에서의 강조점은 어머니에게서 잘 양육될 수 있고 '도덕적으로' 교육받을 수 있는 더 적은, 더 건강한, '의학화된' 아기들로 옮겨갔다. 바로 이러한 맥락에서 이른바 (학교 교사로서의 독신 여성과 더불어) '도덕적 모성'이 부상하였으며, 그에 상응하여 출산 및 여성 재생산 능력의 의학화가 증대되었다.

일반적인 여성주의적 분석들 및 이 특정 시기에 대한 사회학자 W. 세콤의 설명 『폭풍우를 견뎌내기*Weathering the Storm*』(1993)에 따르면, 의사의 영향은 과거에 자연적인 일로 간주되었던 출산을 의학적 문제로 바꾸어놓았다. 여성이나 여성의 재생산 능력과 관련해서만이 아니라 그 수가 적어지기에 반드시 건강이 보장되어야 하는 아이들과 관련해서도 남성 의사들은 발군의 위치에 도달했다. 문학비평가 메리 푸비가 보여주었듯이, 출산 경련과 히스테리는 빈번하게 비교되었다. 여성만이 양자 모두를 갖고 있었다. 재생산을 두 사람 간의 관계의 결과라고 생각한다면, 한편으로 히스테리가 특히 저항하는 것이 바로 이 상호적 관계다. 다른 한편으로 강력한 의학적 관심 및 어머니로서 주목되는 여성의 정의 때문에, 가장 모방하기 쉬운 것이 바로 이 재생산 능력이다. 상상 임신 혹은 임신 환상은 여자와 남자에게서 시간과 장소를 불문하고 언제나 히스테리에 있어서 기본적인 것이 되어왔다. 여기서 나는 그것들의 의학화가 가져온 뜻밖의 이득을 살펴보고 있다. 19세기 중반 임신의 의학화는 잠재적 히스테리증자에게 임신 모방을 더더욱 매력적인 것으로 만들었다. 그것은 또한 히스테리가 '여성'으로 젠더화될 가능성을 높이기도 했다.

프로이트는 부인과 전문의도 산과 전문의도 아니었다. 자기 자신을 부인과 전문의와 비교하고 대조했고, 또한 — 선배 요제프 브로이어처럼 — 과거에 가정의학과 전문의이기는 했지만 말이다. 브로이어의 환자 안나 O가 상상 임신을 했던 것처럼, 도라는 분만을 환상하며 라파엘로의 〈시스티나의 마돈나〉를 두 시간 동안 뚫어지게 쳐다보며 붙박여 있다. 나중에 좀 더 완전히 살펴볼 것처럼, 임신과 분만은 핵심적인 히스테리적 환상이다. 성적이고 재생산적인 신체가 아픈 신체라면, 히스테리증자의 아픈 신체는 임신과 분만을 모방하는 재생산적인 형태를 취할 수 있다. 이 상태들에 관심이 있다고 알려진 의사를 기쁘게 하기 위해서 말이다.

히스테리 증상은 굴이 진주를 만들기 위해 모래알을 이용하듯 신체적 성향을 이용한다. 정신이 표현을 위해 의욕하는 신체를 채택하는 그 어디에서건 '신체적 순종'이 있다. 그리하여 도라는, 가령 구강성교를 상상하고 그것에 이끌리는 동시에 거부감을 느꼈을 때, 히스테리적 기침을 채택함으로써 흉부의 신체적 연약함을 최대한 이용한 것인지도 모른다. 프로이트에게서 히스테리를 여타의 (심리적 질병의 명칭이 될) 정신신경증과 구별시키는 것이 바로 이러한 신체의 이용이었다. 그렇지만 어쩌면 도라의 증상들은 신체적이었기에 그 증상들은 의사 프로이트와 공유된 관심사를 표현했을지도 모른다.

전문가로서 프로이트는 자신을 누구라고 생각하는가? 상당한 미끄러짐이 있다. 도라에 관해서 글을 쓸 때 그는 자신을 주로 의사라고 지칭한다. 하지만 사례사를 제시하고 재구성하는 작업에서 그는 자신을 고고학자와 비교한다. 또한 그는 자신을 정신분석가라고 부르기도 한다: 분석적인 것이라고 어느 정도 온전히 명시할 수 있는 기법은 전이 이해의 기법과 꿈 해석의 기법이다. 특히 프로이트는 자신이 어린 여자아이와 성적 문제에 관해서 이야기하는 치료사라고 말함으로써 호색한이라는 혐의로부터 자기 자신을 방어한다. "'아니, 너의 치료 방법은 X 씨와 상담할 때보다 훨씬 고상해!'"[7]라고 하면서 안도한 어느 가상의 환자를 인용하면서 말이다.

그렇지만 도라의 관점에서 보면, 도라는 여느 훌륭한 19세기 중간계급 여성 히스테리증자처럼 그녀의 아픈 신체와 관련해서 의사를 만나러 온 것이다. 하지만 두 달 간의 치료 동안 프로이트가 듣기를 원하는 것은 그녀의 오이디푸스적 환상임을 알게 된다. 당연히 도라는 혼란스럽다.

분명 프로이트 자신도 그다지 확신하지는 못한다. 자신의 가부장적 태도에서도 그렇듯, 그는 과학자라는 것에 대해서도 너무 많이 항변하는 경향이 있다. 가령 그는 자신을 이야기의 작가가 아니라 과학자로 보여주기를 열망한다: '나는 이제 복잡하게 얽힌 또 다른 경우에 대해 언급하고자 한다. 이를 위해 지면을 할애하는 이유는 문학 작가로서 그러한 종류의 정신 상태를 다룬 소설을 창작하려는 것이 아니라 의사의 입장에서 이것을 분석하기 위해서이다.'[8] 의사 프로이트는 설사 그녀의 입술이

● ●

7. Ibid., p. 49. [244쪽. 번역 수정.]
8. Ibid., p. 59. [256쪽.]

조용하더라도 '[그녀의] 손끝으로 수다 떨고 있는' 환자를 '보는 눈과 듣는 귀'를 가진 치료사가 되어가는 도중에*en route* 있다. 프로이트는 도라의 치료에서 자신의 과제는 병리적인 것을 정상적인 재료로 번역하는 것이라고 진술한다. 그것은 분석적 — 혹은 심지어 언어학적 — 과제이지 의학적 과제가 아니다. 하지만 여기에 덧붙여 프로이트는 말해지지 않은 것이야말로 말해져야만 한다고 믿는다.

그리고 도라는 순종한다. 그녀가 처음 그를 찾아왔을 때, 십중팔구 프로이트는 그녀의 개인사*history*를 취할 것이었다. 그것을 새로운 '대화 치료'라고 설명하면서 말이다. 따라서 도라와 프로이트가 그녀의 가장 고질적인 증상을 '발성 장애'(말문 막힘)으로 발견하게 되는 이유가 여기에 있다. 그녀가 떠날 무렵에, 그에게 하녀처럼 그만두겠다는 통지를 하는 복수 행위라고 프로이트가 해석하는 행위 속에서, 그녀는 신체적 흥분이 심적 증상으로 전환된다는 것을 배웠다. 그녀가 K 씨의 성적 제안에 대한 대답으로 돌려준 원래의 뺨 때림이 얼굴 신경통으로 회귀한다. 그녀는 치료를 재개하고자 하는 희망으로 추가적인 '발성 장애'와 이 신경통을 프로이트에게 도로 가져간다: 마치 그녀의 증상들이 '나는 이제 네가 원하는 것을 얻었어'라고 말하는 것 같다. 심지어 그녀는 프로이트가 원한다고 그녀가 생각하는 것과 동일시하기 위해서 이 증상들을 발달시켰을지도 모른다. 하지만 도라는 또한 히스테리의 역사 속에서 중립적으로 형세를 관망한다. 그 질병의 신체적 증상을 되돌아보고 또 대화 치료의 이야기 기회를 엿보기도 하면서 말이다.

고려되어야 할 프로이트의 '원함들' 또한 있다. 그 원함들 속에서 프로이트는 도라 못지않게 혼란스럽다. 프로이트는 괜찮은 '과학자'로 머물기를 원했었다. 플리스와의 우정을 위해서, 그런데 그 우정은 도라를 치료할 당시는 정서적 강렬함이 새로운 경지에 도달하고 있는 동시에 이미 무너져 내리기 직전에 있었는데, 프로이트는 히스테리를 이해하는 데 결정적인 개념인 양성성 개념에 대한 기질적 근거를 찾기를 원했었다.

프로이트는 플리스로부터 기질적 인과 개념과 양성성 개념 양자 모두를 채택했다. 하지만 플리스는 그를 표절과 개념의 누설로 비난했다. K 씨(그리고 배후에서 도라의 아버지)에 대한 도라의 사랑에 관한 프로이트의 주장은, 그리고 자신이 K 부인에 대한 도라의 사랑(그녀의 양성성)이 갖는 중요성을 놓쳤기 때문에 그녀를 치료하는 데 실패했다는 프로이트의 똑같이 강한 주장은 플리스의 원함들에 대한 프로이트 자신의 혼란을 증언한다. 플리스에 대한 그의 감정은 양가성으로 가득하기에, 이러한 원함들은 부분적으로만 그리고 불완전하게만 유지될 수 있었다. '도라 사례'는 자신의 원함들에 있어서의 프로이트의 양가성을 증언하는 동시에 그 원함들에 보조를 맞추면서도 저항하려고 하는 도라의 갈등하는 히스테리 반응을 증언한다. 히스테리 증상은 원해지는 것을 모방한다. 양가성과 갈등으로 인해(프로이트는 플리스의 기질 생물학을 어느 시점에서도 진심으로 믿지는 않았다) 원해지는 것은 해독하기 어렵다. 그 결과 히스테리 증상은 두 배로 파악하기 어려워졌다. 그것은 그 자체의 갈등 및 동일시되는 인물의 갈등을 포함한다. 게다가 저항도 있다─ 원해지는 것을 하기를 원하지 않는 것의 딜레마.

치료 당시 도라의 겉보기에 우세한 동일시는 아버지와의 동일시였다. 아버지처럼 그녀는 그녀가 원하는 것을 얻기 위해 아픈 신체를 이용하려고 노력한다. 표면상으로는, 끝없이 모방하는 히스테리증자가 자신이 원하는 것을 얻으려고 노력하는 것처럼 보인다. 그걸 가장 잘하는 누구든 모방함으로써. 하지만 그 기저에 놓여 있는─그리고 훨씬 더 집요한─것은 그가 가장 질투하는 누구든 모방한다는 사실이다. 치료 당시 바우어 씨는 양자 모두에 부합한다. 치료 과정 동안 전이의 성격이 의미하는 바는 이렇다. 도라는 그녀의 소원을 아버지로부터 그녀의 의사의 지각된 욕망으로 전이하는데, 십중팔구 그녀는 또한 의사의 분별력을 선망하고 있을 것이다.

하지만 도라는 변화의 문턱에 서 있다─그녀가 아픈 신체를 맡긴 의사는 그녀가 말해야 할 불완전한 이야기를 재구성하는 데 관심이 있는 치료사로 바뀌고 있다. 그렇지만 도라는 치료사가 할 수 있는 것보다 더 잘 이야기함으로써 치료사에게서 무대를 가로챈다. 적어도 그것은 그녀가 치료에서 빼앗는 기술이다. 그 당시 K 부인과 K 씨는 겉보기에 도라가 사랑하고 돌보곤 했던 어린 딸의 죽음을 애도하며 앉아 있다. 도라가 K 씨를 매혹했던 것은 그의 아이들에 대한 그녀의 돌봄을 통해서였다. 프로이트와의 치료가 종결될 무렵, 혹은 어쩌면 치료의 종결로서, 도라는 연락이 끊긴, 사별당한 K 씨 부부에게 애도를 표하러 간다. 애도하는 대신에 도라는 비통해하는 부모에게 두 가족의 실제 혹은 의도된 부정不貞들의 전 역사를 이야기한다. 도라의 이야기에 직면한 K 씨 부부는 죄를 인정하고 도라는 떠난다. 그 아이의 죽음은 의미가 없다. 그 이야기가 전부이다.

오늘날의 도라들은 기침이나 소모하는 신체 속에서 여전히 신체의 욕망을, (프로이트의 표현으로) '사랑에 굶주림'을 지니고 있다. 하지만 대부분의 정념은 이야기하기로 가버렸다. 왜냐하면 이제 히스테리증자와 그 가족들이 향하는 전문가들은 '치료하는' 의사보다 '듣는' 치료사가 될 공산이 더 크기 때문이다. 그리하여 히스테리증자들은 그들의 상태에 대한 주된 현시로서 아픈 신체를 이용하는 것에서 성적인 이야기를 이용하는 것으로 이동해갔다. 그렇지만 원함이라는 정념은 이 두 형태 모두에 거주한다. 데카르트가 깨달았듯이, 정념은 경계들을 넘을 수 있다. 정념은 원하는 어디든 갈 수 있다. 또한 그것은 샤먼이 그 정념을 이용하면서 몰아가는 어디로든 갈 수 있다. 대화 치료 및 이야기와 더불어, 성욕은 신체에서 언어로 이동했다. 정신분석과 기억 회복 치료사를 연결하는 것은, 프레드릭 크루즈가 「알려지지 않은 프로이트The Unknown Freud」에서 주장하듯, 아버지의 유혹이나 부모의 학대라는 개념이 아니다. 그것은 이야기다.

그렇지만 '대화 치료'라는 기원에도 불구하고 정신분석은, 정확히 말해서, 이야기를 이용하지 않는다는 점에 주목하는 것이 반드시 필요하다. 이 점에서 정신분석은 그로부터 부분적으로 유래할 수도 있는 다수의 치료들과는 다르다. 이미 도라 시기에 프로이트는 이야기의 유혹을, 성욕으로서의 언어를 마땅히 걱정했다. 정신분석적 방법은 자유 연상의 방법이다. 정신분석가는 머릿속에 떠오르는 무엇이든 검열 없이 말하기를 환자에게 요청한다. 그것은 놀랍도록 어려우며 히스테리 환자들은 치료의 이 주요한 요구를 회피하는 데 특히 능숙하다. 환자가 일관성 있고 논리적인 이야기를 말하려고 노력하는 대신에 자유롭게 연상한다면, 온갖 종류의 놀라운 병치가 발생한다. 환자는 또한 말실수하거나 의도했던 것과 명백히 다른 의미를 갖는 무언가를 말할 수도 있다. 이를 도라 사례에서 적절히 알아보기 위해서는 독일어 텍스트를 이용할 필요가 있을 것 같다. 그렇지만 도라가 그녀의 첫 꿈에 대한 연상으로 아버지가 그의 아이들이 '파멸에 이르지' 말아야 한다고 말한 것을 떠올리고, 또한 프로이트에게 오빠가 먼저 모든 아동기 질병을 앓았으며 그런 다음 그녀에게 옮겼다고 말할 때,[9] 그녀와 프로이트 양쪽 모두는 당시의 말투와 빗댐 속에서 그녀가 — 본인이 회피하기를 소원하는 주제인 — 자위에 대해서 말하고 있다는 것을 인지할 수 있다.

그렇지만 '대화 치료'가 인기가 커지면서 그것을 모방하는 히스테리의 능력 또한 그렇게 되었다. 거짓말하기는 언제나 히스테리의 특징으로 주목되어 왔다. 실제로, 환상이 진실과 구별될 수 없는 곳에서는, 하나의 이야기를 말하는 것과 이야기들을 말하는 것 사이에 손쉬운 미끄러짐이 있다. 거짓말하기 기술을 진정으로 터득한 누군가가 평범한 사람이 저지르기 쉬운 실수를 하지 않는다는 것은 주목할 만한 사실이다. 그는 자유 연상하지 못하며, 그 어떤 틈새도 추가적인 '기억'으로 덮으면서 계속해서

9. [「도라의 히스테리 분석」, 『꼬마 한스와 도라』(열린책들, 2003), 281쪽, 주 21. 여기서 '파멸'이라고 번역되어 있는 것이 같은 책 271쪽, 292쪽에서는 '비참'으로 번역되어 있어("비참하게 되지 말아야 할 텐데") 일관성을 잃고 있다.]

이야기를 이어간다. 무의식적 과정들은 히스테리적 거짓말이나 허언의 결점 없는 구조를 돌파할 수 없다. 헝가리 분석가 페렌치에 따르면, 히스테리증자의 거짓말하기는 프로이트의 히스테리 공포증에 대한 설명이었다. 아이였을 때 아버지가 유혹했다고 말한 자신의 첫 히스테리 환자들을 프로이트가 결코 용서하지 않았다고 페렌치는 생각했다.

도라 사례는 정신분석가와 여성주의자 양자 모두에게 전성기 시절 가부장제의 전형적인 사례로 읽힌다. 주부의 신경증이라는 주변화된 위치, 삶을 어렵게 만들고 학식이 부족하고 교양이 결여된 위치로 전락하게 한 도라의 어머니에 대한 가부장적 억누름에 주목하는 것은 흔한 일이다. 도라의 어머니는 사례사 안에서도 텍스트 안에서도 중요하지 않아 보인다. 하지만 사회적 관계는 진공을 아주 싫어한다. 프로이트가 자기 자신을 강력한 의사로도 권위적인 아버지 인물로도 상당히 확신하지 못했다면, 다른 무언가가 그 공간을 반드시 차지해야만 한다. 첫인상과는 반대로, 의심 많은 아버지 의사가 남긴 빈 공간을 차지하는 것은 도라의 어머니와 그 대체자들이다. 가부장적 편견으로 어머니를 묵살하면서 프로이트는 (여하간 또 다른 여자와 다소 발그레한 바람을 피운) 도라의 아버지와 (한 층위에서 어머니에게 몹시 분노하고, 다른 층위에서 그녀에게 의존하는) 도라를 반향하고 있었을지도 모른다. 그렇지만 텍스트는 이러한 묵살을 지지하지 않는다. 다시 말해서 우리의 과제는 (특히 대상관계 치료사들과 여성주의자들이 그랬던 것처럼) 도라의 등한시되었던 어머니를 되찾는 것이 아니라, 텍스트 속에서 그녀의 현존을 온전히 알아보는 것이다. 도라에 대한 어머니의 중요성은 이따금 분명하게 드러난다. 그래서 프로이트는 이렇게 말한다: 꿈은 '우리가 아주 강력하게 억압되어 있는 재료를 여기서 다루고 있음'[10]을 보여준다 ― 프로이트가 도라에게 말하기를, '그 비밀은 물론 어머니와 관계가 있다'.[11] 도라의

. .
10. Ibid., p. 69, n. 2. [268쪽, 주 8. 번역 수정.]

이야기를 듣는 자로서 프로이트는 전이 속에서 그녀의 아버지가 아니라 그녀의 어머니다. 도라는 단지 치료사 프로이트에게 말하는 것이 아니라 그녀의 어머니에게 말하고 있다.

바우어 부인은 도라를 자신과 같은 도덕적 어머니로 키우기 위해 적극적으로 노력하고 있다. 집과 가족을 돌보는 힘든 일에 종사하면서, 특히 끝없이 청소함으로써 질병에서 벗어나고자 (헛되이) 노력하면서 말이다. 도라는 이런 방면에서 어머니의 노력에 저항한다—그녀는 결국 질병에 큰 관심이 있다. 그렇지만 증상과 무의식적 과정의 층위에서, 도라는 분명 어머니와 동일시한다. 가령 어머니의 임질에 대한 도라의 히스테리적 동일시는 질 분비물로 현시되었다. 프로이트의 표현으로 도라는 '며칠 동안 사소한 증상과 특이함에 있어서 자신을 어머니와 동일시했다. 이것은 그녀에게 견디기 힘든 어려움 속에서도 탁월한 일을 해내는 기회를 제공했다. (…) 질병의 유전성과 후천성을 고집스럽게 구분하지 않으려는 태도 때문에 나는 그녀 자신이 혹시 성병을 가지고 있는지 물어볼 뻔했다.'[12] 당시의 많은 의사들과 마찬가지로, 프로이트는 매독이 결국 광기로 이어질 수 있기 때문에 매독에 걸린 아버지의 아이가 히스테리에 대한 편향을 갖는다고 생각했다. 도라 역시 이에 관해 알고 있었을 것이다. 19세기 말 그녀의 어머니 같은 여자가 되는 것은 잠재적으로 미치게 되는 것이었다. 그녀가 두려워한 아버지로부터의 매독 유산은 광기의 위험이었다. 도라의 히스테리는 여하간 광기 및 광기에 대한 두려움이 아니라면, 자신이 두려워하는 광기와 동일시하는 것이 아니라면 무엇이겠는가? (20세기에 광기에 대한 두려움은 '경계선 상태'의 한 가지 특징으로 간주되어 왔다.)

그렇다면 나는 제안한다. 수많은 정신분석적 비평가와 여성주의적

11. Ibid., p. 70. [268쪽. 번역 수정.]
12. Ibid., pp. 75~6. [275쪽.]

비평가가 이전에 보여주었듯, 환자와 그녀의 아버지가 어머니를 묵살하는 일에 치료사 프로이트가 공모한 것으로 보인다. 프로이트가 말하듯, '가족을 지배하는 인물은 아버지였다'.[13] 그렇지만 나는 도라의 사례사 텍스트가 유사하게 공모하고 있다고 생각하지 않는다. 다시 말해서, 나는 정신분석의 시작에서 어머니가 지배적인 인물로 확고하게 자리 잡고 있었다고 주장하고 있다 —『히스테리 연구』에서 우리는 무의식적 과정의 동의어로서 브로이어의 그 유명한 '어머니들에게로 내려가기'의 반복을 본다.[14] 어머니는 거기 정신분석이 시작되는 곳에 있는데, 왜냐하면 그녀는 거기 환자의 자료 속에 있었으며, 사회적 현실에서 주요한 인물로 거기 있었기 때문이다. 도라의 텍스트에서 우리가 갖는 것은 어느 강력한 여자의 초상이다. 가족과 가정을 지배하고 있으며, 역경을 무릅쓰고 그것을 깨끗하고 올바르게 유지하려고 노력하는, 부유하고 사회적으로 성공한 유대인 가족의 아내이자 어머니. 하지만 그럼에도 성병과 남편의 간통으로 인해, 그녀는 그녀의 사춘기 딸에게 복잡하고 문제적인 성적 모델을 제공한다. 더구나 그 세부 사항조차도 나는 이것이 당시 사교계에서의 어머니의 상황과 역할에 대한 매우 사실적인 초상이라고 믿는다.

그렇다면, 세기의 전환기에 도라가 프로이트를 찾아왔을 때, 우리는 어머니들이 가부장제의 구속 배후에서 강력하고 중요한 인물들이었음을 볼 수 있으며, 부르주아지 가운데 성욕이 걷잡을 수 없었으며 질병에 심각하게 노출되어 있었음을 볼 수 있다. 의사 프로이트가 입장을 전환하여 정신분석가 프로이트가 되기 시작한 것은 바로 이 무렵이었다. 히스테리는 이 전환의 중심에 있었으며, 실로 그것의 원인이었다.

전이 속에서 남성 의사는 타인에 대한 환자의 신체적 욕구를 의사

13. Ibid., p. 18. [210쪽.]
14. [『히스테리 연구』, 김미리혜 옮김(열린책들, 2020), 262쪽. 근원으로서의 어머니들에게로 내려가는 것은 괴테의 『파우스트』 2부 1막 6장에서 가져온 것이다.]

자신에게로 돌려놓았지만, 그 과정에서 그는 어머니가 되는 위험에 처하게 되었는데, 환자는 자신의 이야기들을 가지고 와서 그 어머니에게 들려주는 것이다. 남성 의사 및 아픈 신체로부터 어머니를 위한 이야기로의 이동은 서양 세계에서 모성에 대한 양가적 이상화에 너무나도 손쉽게 사로잡힐 수 있다. 이러한 이상화는 2차 산업혁명 이후의 도덕적 모성의 부상에서부터 특히 2차 세계대전 이후의 심리학적 모성의 구축까지 나아간다. 아이의 도덕적, 교육적 올바름에 대한 어머니의 책임이 20세기 들어 이른바 '충분히 좋은 어머니'로 변모하며, 이는 아이들의 심적 건강의 열쇠가 된다. 이는 실제 어머니에게, 그리고 전이 속에서는 어머니 치료사에게 적용된다. 도라 사례는 아버지의 중요성이 어머니(그리고 그에 상응하여, 치료사가 되고 있는 의사)의 중요성 속으로 사라지고 있는 것을 보여준다.

  히스테리의 병인학 속 정신성욕의 현존과 복잡성 또한 도라 사례에 의해 입증된다. 정신분석적 관찰과 이론에서 정신병리들은 '정상성'이라고 지칭되는 것, 즉 프로이트가 '이상적 허구'라고 부른 상태의 과장에 불과하다. 우리 모두가 히스테리일 수 있다는 것만이 아니다. 또한 우리 경험의 구조는 '정상적'이든 히스테리적이든 동일하며, 오로지 후자의 과장들만이 전자의 온건함을 돋보이게 할 수 있다는 것이다. 우리 모두는 오이디푸스 콤플렉스를 해소하는 데 얼마간 성공하는 동시에 어느 정도 실패한다. 도라는 그녀의 히스테리에서 대부분의 사람들보다 이 과정에 더 많은 공을 들인다. 우리는 관습적인 사고 때문에 도라를 고정된 히스테리 위치로 굳히기를 원한다. 하지만 요점은 욕망과 욕망의 대상의 유연성과 이동성을 과장하는 것이 바로 정확히 그녀의 히스테리라는 것이다. 둘 중 하나either/or라는 개념을 준수하지 않고 오히려 언제나 둘 모두both/and를 가리키는 무의식적 사고 과정을 따르는 일이 우리에게는 어렵다. 프로이트는 전이 속의 아버지이고 또한 어머니이다. 도라는 K 씨를 유혹하기를 원하고 또한 K 부인을(혹은 도라의 아버지 그리고 또한 어머니를)

흠모할지도 모른다. 도라는 그녀의 아픈 신체로 의사를 기쁘게 하기를 원하고 또한 출현하고 있는 치료사가 그녀에게 이야기를 듣는 데 관심이 있기 때문에, 안면 신경통 그리고 또한 말문 막힘이라는 두 증상 모두에 대해 프로이트의 도움을 요청하려고 되돌아가야겠다는 생각을 하고 있는지도 모른다, 기타 등등.

정신분석가 프로이트는 욕망들의 이러한 동시성을 인지했지만 그의 텍스트와 의식적 주장을 보면 그렇게 하는 것이 어려운 것 같다. 그리하여 그는 가령 도라가 아버지에게 전달하도록 어머니에게 어떤 것들을 말한다고 언급한다. 하지만, 물론 둘 다. 도라는 어머니에게 말하는 것을 원하고 또한 어머니가 아버지에게 말하는 것을 원한다(그게 아니라면 도라는 다른 방식을 선택할 수도 있었을 것이다). 의식적 주장은 어머니를 차단한다. 하지만 글은 또한 이따금 아직 의식에 진입하지 못한 사고를 드러내기도 한다. 도라의 어머니는 텍스트 안으로 기록된다.

도라의 여성애gynaecophilia, 즉 정신분석 이론에서 어머니 '계승자'인 한 여자, K 부인에 대한 도라의 사랑이 갖는 중요성을 지지하면서, 라캉은 도라가 흠모하는 K 씨의 아내를 K 씨가 원하지 않는다는 것을 도라가 알게 될 때야 도라가 K 씨에게 무관심해졌다는 것을 강조해 왔다. K 씨는 '나는 아내에게서 아무것도 얻는 게 없어'라고 도라에게 말하는데,[15] 이 구절은 도라의 아버지가 자신의 결혼 관계에 대해 프로이트에게 말한 것을, 그리고 자신의 딸에게 아마도 말했을 것을(도라는 아이였을 때 그녀가 어떻게 아버지의 자랑이었는지 이야기한다) 반복한다. 아버지 인물을 살펴보는 것에서 어머니 인물을 중심에 두는 것으로의 변동은 히스테리의 정신신경증에 대한 향후 이해에 있어 결정적이 될 것이었다. 그렇지만 도라 사례에서 어머니 인물의 감추어진 현존은 — 프로이트

• •

15. [「도라의 히스테리 분석」, 218, 301, 309쪽. 국역본에는 '나는 아내에게 별로 관심이 없습니다'라고 번역되어 있다.]

자신으로부터도 그의 정신분석적 비평가로부터도 — 비판의 초점이 될 것이었다. 그렇지만 이 비판은 히스테리적 욕망의 유연성을 놓친다. 도라는 K 씨의 아이들의 작은 어머니가 됨으로써 그를 유혹하려고 노력하는데, 그렇지만 그녀의 사회적 세계에서는 어느 누구도 어머니들을 사랑 대상으로서 원하는 것처럼 보이지 않는다는 것을 발견할 뿐이다. 도라의 욕망을 위한 안식처는 없다. 그녀는 K 부인을 '갖기' 위해서 그녀의 아버지처럼 된다. 한때 그녀의 사랑 대상이라고 상상했었던 어머니를 상대로 그의 위치에 있기를 원했던 것처럼 말이다. 하지만 남성이 되고자 하는 도라의, 혹은 아무 여자아이의, 소망에는 그 소망이 낳은 그 악명 높은 음경 선망 이론에 포함된 것보다 더 많은 것이, 그리고 다른 것이, 있다.

정의상 감정은 이동한다. 어머니에 대한 일차적 사랑에서 아버지에 대한 이차적 사랑으로 이동하고 다시금 첫 번째 사랑으로 돌아가 그것을 (바우어 씨나 K 씨보다는 K 부인을) '가장 진실된' 것으로 강화하는 여자아이 그리고/또는 히스테리증자에 대해서는, 처음에는 히스테리에 관한 이론에서 그리고 다음에는 여성성에 관한 이론에서(6장 참조), 너무 많은 강조가 주어졌다. 중요한 것은 대상이라기보다는 유연성 그 자체다. 도라는 그녀가 관심을 얻어낼 수 있는 그 누구로부터든 필사적으로 관심을 원한다. (그녀의 아버지에게 접근하기 위한 수단으로 그녀에게 아첨했던) 가정교사의 경우처럼, 이어서 (도라가 실제로는 K 씨의 관심을 원했기 때문에 K 씨의 아이들을 사랑한 것과 마찬가지로, 실제로는 도라의 아버지를 사랑하기 때문에 도라를 사랑한) K 부인의 경우처럼, 이러한 관심이 진짜가 아님을(즉, 그녀 자신이 아닌 또 다른 사람을 위한 사랑에 의해 동기 부여된 것임) 그녀가 깨달았을 때, 자신의 설명과 프로이트의 설명 양자 모두에서 그녀는 격분하여 이성을 잃는다. 전치되었을 때가 아니라면, 자기 자리를 다른 사람이 차지했을 때가 아니라면, 언제 우리가 '이성을 잃는다'는 말인가?

도라의 어머니가 도라, 바우어 씨, 프로이트 및 비평가들로부터 똑같이 무시되었기는 하지만, 도라의 인생사에서 한층 더 현저하게 감추어진 참여자가 하나 있다: 18개월 연상인 그녀의 오빠 오토. 오토는 언급되지만, 지나가는 말로만 그러할 뿐이며, 도라의 상태에 있어 주된 행위자로서 그의 중요성은 전적으로 간과된다: '한 살 반 연상의 하나밖에 없는 오빠는 그녀가 어린 시절에 열망해 마지않았던 모범이었다'라고 프로이트는 말한. '오빠가 먼저 가벼운 수준에서 병을 앓으면 동생의 발병이 뒤따랐으며, 오빠와는 달리 심하게 앓았다.'[16] 비록 그녀가 모든 아동기 질병을 오빠에게서 옮았으며 극도로 심각하게 앓는 데 성공하였지만, 이것이 그녀를 가장 원하는 아이로 만들어주지는 않음을 마찬가지로 배우지 않았을까?

앞서 나는 질병이 어떻게 한 아이가 다른 동기로부터 부모의 관심을 억지로 빼앗아 오는 수단이었는지에 관한 프로이트의 언급을 참조했다: '사랑에 굶주려서 부모의 애정을 형제자매들과 나누어 가지기를 좋아하지 않는 아이는 자신의 병으로 부모가 근심할 때 이 애정이 자신에게로 쏠린다는 것을 알아차린다.'[17] 도라의 오빠 오토는 첫 번째 꿈에 대한 연상에서 등장한다: 도라의 아버지는 두 아이를 화재에서 구조하지만 그의 아내는 자신의 보석함을 구하기 위해 구조를 중단하기를 원한다. 도라의 연상은 오빠의 방에서 나가는 유일한 방법인 식당으로 난 문을 밤에 어머니가 잠그려 하는 것과 관련하여 생겨난 부모의 최근 말다툼으로 이어진다. 그 연상은 도라를 회상들로 이끄는데, 첫 번째 회상은 오빠가 밤과 낮 동안 오줌을 쌌다는 것이고 그다음 회상은, 얼마간의 저항 이후에, 도라 그녀 또한 여덟 살 때 처음으로 신경성 천식이 발병하기 직전까지 오줌을 싸게 되었다는 것이다. 도라는 또한 유아기 장면에

16. Ibid., p. 22. [213쪽.]
17. Ibid., p. 44. [239쪽.]

대한 기억 또한 갖고 있는데, 그때 그녀는 오빠의 귀를 붙잡고 그와 합쳐졌으며, 그러면서 성적인 자기만족을 얻었다.[18] 통상적인 오이디푸스적 강조를 따라 라캉은 이를 아버지에 대한 나중의 동일시를 위한 길을 마련하는 상징적인 장면으로 보며, 남자아이와의 결합은 나중에 남자와 동일시하려는 그녀의 경향이 된다. 그렇지만 도라의 오빠에 관한 유일한 확장된 논의인 한 장황한 각주는 논의를 전적으로 다른 방향으로 이끌 수 있다.

> 도라의 습관적인 자위행위에는 그녀의 오빠가 어떤 방식으로든 관련되어 있음이 틀림없다. 이런 맥락에서 그녀는 '차폐 기억'을 되살렸다. 이에 따르면 오빠가 주기적으로 그녀에게 모든 감염성 질병을 옮겼다. 그 병을 오빠는 가볍게 이겨냈지만 그녀에게는 몹시 힘들었다. 오빠는 꿈에서도 '파멸'로부터 보호를 받았다. 그 자신도 야뇨증에 시달렸으나 동생보다 먼저 그만두었다. 무엇을 배우는 데 있어서 첫 번째 발병 때까지는 오빠와 나란히 보조를 맞추었다가 점점 처지게 되었다는 그녀의 말도 어떤 의미에서는 '차폐 기억'이었다. 이것은 그녀가 마치 사내애처럼 행동하다가 발병 이후에 비로소 소녀다운 태도를 취했다는 것을 의미한다. 실제로 그녀는 거친 행동을 하는 아이였다. 그러나 '천식'에 걸리면서부터 그녀는 얌전하고 예의 바르게 행동했다. 그녀의 질병은 성생활의 두 국면 사이의 경계를 형성했다. 첫 번째 국면은 남성적인 성격을, 그다음 국면은 여성적인 성격을 지녔다.[19]

실제 발생과 결부되기는 하지만, '차폐 기억'은 실제 사건들의 복제가

18. [「도라의 히스테리 분석」, 247쪽.]
19. Ibid., p. 82, *n.* [281~282쪽, 주 21. 번역 수정.]

아니라 전체 경험을 대신하는 아이콘의 형태로 나타나는 중요한 것의 요약본이다. 이 경우 도라는 천식이 발병하기 전까지 자신을 오빠와 동등한 사람(혹은 오빠와 동일한 존재)으로 본다. 우리는 도라와 오빠의 이 '동일함'을 살펴볼 필요가 있다. 프로이트가 도라에게 야뇨증에 대해 처음 물어보았을 때, 그녀는 오빠의 문제가 그가 여섯 살 아니면 일곱 살 때까지 계속되었다고 회상한다. 이어서 그녀는 자신 역시 오줌을 쌌다고 인정한다. 하지만 그렇게 오래는 아니었다고—그녀가 말하기를, '일곱 살 때 아니면 여덟 살 때' 전까지는 아니었다고 하면서.[20] 이 말실수는 몇몇 가능성을 시사한다. 그가 일곱 살일 때 그녀가 여섯 살, 그가 여덟 살일 때 그녀가 일곱 살이었을 것이기 때문에 그것은 도라의 마음속에서 그녀 자신과 오빠 사이에서의 혼동을 가리킬 수도 있다. 하지만 여덟 살의 나이에 신경성 천식이 발병하기 직전까지만 도라의 야뇨증이 지속되었다는 것은 주목할 만하다—따라서 어쩌면 전염병과 마찬가지로 도라가 오빠보다 이 문제를 더욱 심각하게 갖고 있었을 수도 있다. 분명 그녀의 문제를 치료하기 위해 의사가 불려왔지만, 반면에 오빠에 대해서는 그런 언급이 없다. 당시 야뇨증은 자위행위나 성적 학대를 가리키는 것으로 간주되었다. 도라를 치료하기 직전에 프로이트는 어느 남성 환자에 관해서 플리스에게 편지를 쓴다: '(…) 일곱 살까지 정기적으로 침대에 오줌을 싸는 아이는 성적 자극을 더 이른 아동기에 반드시 경험했을 거야. 자발적으로, 아니면 유혹 때문에?'[21] 프로이트는 이 아동기 야뇨증과 도라의 현재 질 분비물을 그녀가 아동기 때 하였고 아마 현재도 계속되고 있을 자위행위의 궁극적 비밀과 연계시켰다. 치료 당시 자위행위는 의료계 일반과 소아 의학계에서 지배적인 주제였다. 그렇지만 프로이트가 '도라'에 대해 처음 쓴 지 20년 이상이 지난 1923년에 그의 사례사를

• •

20. [「도라의 히스테리 분석」, 271쪽.]
21. Masson, J. (ed.) (1985), p. 329 (27 September 1898).

점검하고서 각주를 추가했을 때, 그는 자위행위의 병인학적 중요성에 관한 이전의 최우선적 강조를 비판하였다.[22] 1920년대 무렵 자위행위는 더 이상 광기를 야기하는 것으로 간주되지 않았다.

오토에 대한 몇 안 되는 언급들을 종합해 본다면, 도라의 히스테리에 대한 흥미로운 그림이 출현한다. 질병은 동기를 질투할 때 더 많은 관심을 얻기 위한 표준적 수단이었으며, 지금도 그렇다. 그렇지만 이 일반적인 관찰은 도라의 특수한 상황 안에 놓일 필요가 있으며, 이는 다시금 우리를 일반적인 관찰로 돌아가게 할 수도 있다. 도라는 자신의 엄지손가락을 빨고 오빠의 귀를 잡아당기는 동안 그와 합쳐진다 — 프로이트와 라캉 둘 다 그녀의 핵심 자위 자세로 보는 이미지. 나중에 남성적 동일시로 이어지는 것에 더하여, 도라는 유아기 무아경 속에서 단지 그녀 자신을 즐겁게 하고 있다. 오토는 그녀의 야망을 위한 모델이 된다. 여덟 살이 될 때까지 그녀는 경쟁하고, 시기하고, 모방하며 자신이 가깝게 동일시한 오빠를 능가하려고 노력했을 것이다. 배뇨는 자위 습관을 나타낼 뿐만 아니라 종종 야망을 나타낸다. 일반적으로 야뇨증은 성적 증상이다. 확실히 축축함(특히 병든 체액이나 때아닌 배출)은 이 사례사 안에서 성욕의 통화currency이다. 유아기 자위 너머로 오빠와 여동생 사이에 성적 유희가 있었건 없었건 오빠에 대한 도라의 동일시는 분명 있었으며, 이러한 동일시는 그녀가 약 여덟 살일 때 갑작스럽게 재앙적인 시련을 겪었다. 이 재앙은 그녀의 야뇨증을 다루기 위해 불려온 의사에 의해 격발되었다고 나는 제안한다. 이 시점에서, 무의식적 히스테리 증상들이 형제적 동일시를 대체했다. 도라는 밝고 조숙한 아이였으며, 너무나도 그러했기에 그녀의 아버지는 일찍이 도라를 자신의 심복으로 삼았다. 그러한 아이들에 대해서, 프로이트는 오이디푸스적 사랑은 '사랑에 굶주

• •

22. ["이것은 내가 오늘날에는 더 이상 주장하지 않으려는 극단적인 견해이다." 「도라의 히스테리 분석」, 275쪽, 주 16.]

린 조숙한 아이들에게서 초기에 벌써 집중적으로 나타남이 틀림없다[23]라고 쓴다. 오토는 가족 분쟁에서 어머니의 편을 들었다. 오빠를 자기 야망의 본보기로 삼았을 때 도라는 어머니로부터 받은 더 적은 관심에 실망했을 것이고 대신에 보상으로 아버지에게 일찍이 고착되었을 것이다. 오이디푸스적 이야기는 도라가 오빠처럼 되려는, 오빠만큼 훌륭해지려는, 혹은 단지 오빠이려는 것이 실패한 결과다. 도라를 어머니와 아버지를 사랑하는 것으로 도로 밀어 넣은 것은 바로 동기 상황이다.

그렇다면 이것이 도라의 이야기다. 유아일 때 그녀는 오빠와 결합하였다. 어린아이들이 더 나이 든 아이와 그렇게 하듯. 어린아이일 때 그녀는 모든 방면에서 그처럼 되기를 원했다. 증거는 빈약하여도 정황상 어머니가 도라보다 오토에게 더 많은 관심을 주었을 가능성이 크다. 더 많은 관심을 얻기 위해서 그에게서 옮은 평범한 아동기 질병을 언제나 더 심각하게 겪음으로써 도라는 이 상황을 고치기 위해 최선을 다했다. 여덟 살 때 그녀의 계속되는 야뇨증과 의사 상담은 재앙적이었다. 의사는 도라의 야뇨증이 신경 쇠약 때문이라는 것을 강조했고, 그런 다음 천식이 뒤를 잇자, 그녀의 가슴 또한 약하다는 것을 강조했다. 오빠를 질병에서 능가하는 것은 도라가 더 연약한 그릇이 되고 오토는 더 강한 그릇이 되는 것으로 이어진 것이었다. 이러한 이해와 더불어 도라는 조신하고 여성스러워졌으며, 사랑을 구하려고 아버지에게로 돌아서고 오빠에게서 멀어지게 되었다. 프로이트는 의사가 그녀의 은밀한 자위행위를 발견하지 못한 것에 도라가 안도했다고 설명한다. 나는 그녀가 또한 격렬하게 실망하기도 했다고 제안한다. 의사는 도라가 그녀의 오빠만큼 손쉽게 성적 쾌락을 획득할 수 있으리라고 인정하지 않았다. 남자아이들은 자위할 수 있지만 여자아이들은 자신의 신체 안에 숨겨진 연약한 방광을 지니고 있다. 그리하여 도라는 남성적 지위도 아주 긍정적인 여성적

23. Freud, op. cit., p. 73. [252~253쪽.]

지위도 인정받지 못했다.

의사의 방문 이후에, 도라는 남자아이가 될 수 없었고, 하지만 여자아이가 되는 것은 연약하고 아프게 되는 것이었다. 사례사는 그녀가 가족 안에서 자기 자리를 찾으려고 노력하고 있었음을 보여준다. 바우어 씨는 딸에게 비밀을 털어놓음으로써 딸의 사랑을 부추겼고, 그런 다음에는 K 부인에 대한 그의 '비밀'의 성적 사랑에 비해 그것이 하찮음을 보여줌으로써 이 친밀성을 배신했다. 도라의 아버지가 도라를 여성성으로 격상시킨 이후에 이러한 선호를 통해서 아동기로 좌천시킨 것은 가정교사와 K 부인의 유사한 행위를 예고했다. 그들은 처음에 그들의 성적인 비밀을 그녀에게 털어놓고, 그런 다음 아버지에게 이르기 위한 매개에 불과함을 그녀가 깨닫게 했던 것이다. 그녀는 자신이 여자로서 원해진다고 생각하였고, 그렇지만 결국 아이라는 말을 들었을 뿐이다. 공유하고 있는 비밀이 여성성을 보장하는 것이 아님이 판명되었을 때, 도라는 다른 가능성을 시도했다: 잠재적 여성으로서 그녀 자신에게로 어떤 관심을 끌기 위해서 작은 어머니가 되는 것 ― 하지만 K 씨는, 이러한 자세에 이끌리기는 했지만, 그녀를 그의 아이들을 위한 어머니로서가 아니라 성적 대상으로서 원했다. 이는 정확히 그녀의 아버지가 K 부인과 바람을 피우고 그의 비밀을 그녀에게 털어놓기를 중단했을 때 도라가 단념해야 했던 위치였다.

십대 시절 오토 바우어가 부모의 문제에 지나치게 연루되지 않는 것이 중요하다고 주장했던 반면에, 그의 여동생은 부모에게 집착하게 되었다. 그는 밖으로 나왔지만 그녀는 점점 더 깊이 빠져들었다. 하지만 그녀가 남자아이도 여자아이도 여자도 아니었던 가족 안에는 사실 그녀를 위한 아무런 자리도 없었다. 그렇지만 친지들과 친척들의 관계망 바깥에도 그녀가 떠맡을 수 있는 자리는 없었다. 세기의 그 전환기에 젊은 남자로서의 오토가 발견할 수 있었을 것이라고 우리가 상상할 수 있는 그런 자리는.

그렇다면 도라의 오이디푸스적 욕망들과 그것들을 해소하는 것의 실패를 격발했던 사회적 관계는 동기 관계였다. 그녀는 오빠처럼 가족 안에서 아이로서 위치되기를 원했지만, 다만 젠더에서 오빠와 같지 않다는 것과 (십중팔구) 장남인 그가 어머니의 사랑을 가졌다는 것을 발견했을 뿐이었다. 그리하여 새로이 조신함과 연약함을 갖추어 아버지에게로 향하였는데, 처음에는 보상받았으며 그러고 나서는 거부당했다. 도라가 오빠와 나눈 우정은 끝났으나 그것이 장래의 질투, 사랑, 증오를 위한 기반을 제공했다는 것을 우리는 알게 된다. 이 모든 것들은 히스테리적 원함—그녀의 필사적인 '사랑에 굶주림'과 자신이 결여하고 있다는 그녀의 깊이 침울한 감각—속에서 표현을 발견했다. 도라의 여성성과 히스테리 양자 모두는 가족 안에서 그녀가 확정된 위치를 갖지 못한 것에 달려 있었던 것 같다. 양자 모두는 여덟 살 때 출현했다. 활발한 자위행위의 붕괴와 더불어서, 그리고 그녀가 '여성성'과 히스테리성 천식 양자 모두를 떠맡음과 더불어서.

  (19세기의 마지막 몇십 년 동안 널리 논의되었던 현상인) 또 다른 아동기 히스테리 사례에서, 1877년 크라프트-에빙은 여덟 살 여자아이를 묘사했는데, 그 아이는 네 살부터 자위를 했으며 열 살에서 열두 살이었던 남자아이들과 성교를 했다. 심지어 그녀는 남자아이들과 즐기기 위해서 자기 부모를 살해할 것을 고려했었다. 당시 의학계에서 학대가 많이 논의되기는 했지만, 조숙한 성욕은 정서 불안의 표지로 간주되었다. 오늘날이라면 분명 더 이른 성적 학대 관계의 가설을 세웠을 테지만 말이다. 여기서 요점은 도라가 치료받을 당시에 아동기 히스테리가 이미 인지되고 언급되었다는 것이다. 그렇지만 프로이트는 도라의 아동기 히스테리의 개시를 분명하게 진술하고 있음에도 대수롭지 않게 여긴다. 그의 해설가들도 비판가들도 이를 알아차리지 못하는 것 같다. 그리하여, 각기 그녀의 아버지뻘 되는 나이의 남자들 사이에서 그녀가 교환 대상이 되는 것보다 그녀의 히스테리가 선행한다는 사실이 누락되고 만다. 이후에

도라가 아버지와 동일시하는 것에 대한 몇몇 지표들이 있기는 하지만, 히스테리는 오빠에 대한 그녀의 동일시가 붕괴한 그 순간부터 아동기에서 발산되어 나온다.

자신의 아동기를 돌아보면서 도라는 나이를 혼동한다 — 이미 논의된 것처럼 이는 그녀 자신과 오토의 융합을 가리킨다. 도라가 여덟 살에 조신한 여자아이와 히스테리증자가 되었다면, 당시 아홉 살 혹은 열 살이었던 오토는 남자아이를 위한 김나지움에 가기 직전이었을 것이다. 매우 똑똑했던 도라에게는 교육적 미래로서 어린 숙녀들을 위한 다소 제한된 수업만을 남겨 놓은 채 말이다. 프로이트는 의사가 그녀의 야뇨증을 조사했을 때 그녀의 자위행위를 발견하지 못했던 것에 도라가 안도했다고 주장했다 — 이는 또한 그녀가 의사들을 멍청하다고 경멸했던 것을 의미할 수도 있지만 말이다. 실로 도라가 자위할 수 있으며 그렇기에 그녀가 꼭 오빠처럼 쾌락을 가질 수 있음을 인정하는 데 실패함으로써 의사는, 방광의(그런 다음 가슴의) '신경 쇠약'이라는 진단을 가지고서 그녀의 희망을 좌절시키고 그녀를 '어린 여자아이'로 둔갑시켰다 — 이것이 함축하는 모든 약점들과 더불어.

'나에 관해서는 아무것도 모르겠어.' 그녀는 이렇게 운을 떼고는 계속 이야기했다. '그러나 오빠는 예닐곱 살 때까지 잠자리에 오줌을 쌌어. 오빠는 낮에도 가끔 그런 일을 저질렀어.'

내가 그녀에게 자신의 경우보다 오빠에게 일어난 일을 훨씬 쉽게 기억하는 법이라고 가르쳐 주려고 했을 때 그녀의 기억도 되살아났다. '그래. 나도 그랬어. 하지만 일곱 살 때 아니면 여덟 살 때 잠깐 그러고 말았어. 의사의 조언을 구해야 할 만큼 나쁜 상태였음은 분명해. 신경성 천식이 시작되기 전까지 지속됐어.'

'의사의 소견은 어땠어?'

'그는 신경 쇠약이라고 진단했어. 상태가 악화될 것을 염려한 그는
원기 회복제tonic를 처방해 주었어.'[24]

자위 야뇨증에서 — 의사의 원기 회복제를 경유하여 — 여성성으로.
그 여성성 안에서 도라는 처음에는 수동적인 성적 대상이 되고자 노력하
고 그런 다음에는 능동적 어머니가 되고자 노력한다: 둘 다 그녀에게는
소용이 없다. 그녀는 오빠가 되기를 원하며, 오빠의 위치에 있기를 원한다.
그녀의 히스테리가 이 갈망을 넘겨받는다. 하지만 여섯이나 일곱에서
여덟 살로의 도라의 말실수를 프로이트는 무시한다. 그러한 말실수는
정신분석의 바로 그 문제여야 한다. 이는 도라가 오토와 맺고 있는 관계의
중요성을 회피하기를 프로이트가 무의식적으로 원했다는 것을 가리킬
수도 있다. 이제 막 시작된 그의 오이디푸스 콤플렉스에 대한 강조를
위험에 빠뜨렸을 테니까 말이다. 오이디푸스 콤플렉스는 정신분석의
식별어shibboleth가 될 것이었고, 식별어로 남게 될 것이었다.

이 오이디푸스적이고 전오이디푸스적인 강조를 확인하면서, 라캉은
그가 '거울단계'라고 묘사한 것 속에서 자아의 정초에 관한 훌륭하고
이제 잘 알려진 설명을 제공했다. 숟가락을 귀에 대는 아기는 자신의
신체를 조율되지 않은 것으로서 경험한다. 거울을 보면 자신이 통합된
것으로 보인다. 유아의 혼돈스러운 원자적 움직임들이 통합된 게슈탈트
안에서 응집된다.[25] 이것은 그렇지 않다면 조각난 것으로 경험될 것을
가상으로 응집하는 반전된 이미지(거울 이미지)다. 영국의 분석가이자
소아과 의사인 도널드 위니콧은 이 개념을 채택하고 수정했다 — 유아의

• •

24. Freud, op. cit., p. 56. [「도라의 히스테리 분석」, 271~272쪽. 번역 수정.]
25. Lacan, J. (17 July 1949) 그리고 Lacan, J. (1966).

자기를 반영하는 거울을 어머니의 관점에서 보았다.[26] 비록 상이하지만 두 설명 모두 유효하다. 하지만 두 설명 모두 거울로서의 또래와 동기를 누락한다. 유아는, 심지어 몇 개월밖에 안 되었어도, 다른 아이의 동작과 움직임, 얼굴 놀이와 찡그림에—어머니에 의한 거울이나 거울 반사와는 아주 다른 방식으로—기쁨에 차서 맞물리게 된다. 이 더 나이 든 아이의 장난기 어린 동작, 표정, 뛰놀음 또한 유아의 아직 조율되지 않은 움직임들을 담아낼 용기containers로서 분명 작용하고 있다.

도라는 더 어린 동기가 없었다. 그녀가 서 있는 곳에 대한 그녀의 감각으로부터, 그녀의 아기로서의 위치로부터 그녀를 폐위할 그 누구도 도래하지 않았다. 하지만 그녀는 오빠라는 거울을 보면서 그녀의 통합된 자기를 보았을 것이다. 오토 안에 도라는 다른 아이와의 동일시를 위한 초점을 가지고 있었다. 여기 한 명의 동기가 있었다. 그녀는 그 동기와 같아질 수도 있었고, 또 상황이 어려워져 그가 더 사랑을 받을 경우 부모와 의사의 관심을 얻기 위한 병을 통해서 능가할 수도 있었다. 하지만 그들의 공유된 자위행위(야뇨증)를 통해 그녀가 오토의 성적 위치를 차지하고자 노력했을 때, 그녀의 자위행위는 주목되지 않았다. 대신에 그녀는 연약한 방광을 가졌다고 말해졌다. 그녀의 자리는 연약하고 아픈 채로 머물 것이었다. 모종의 실제 성관계가 오토와 이다(도라) 사이에서 발생했다고 제안하는 것은 무리가 아니다. 반복되는 화재 꿈과 오줌을 싸는 것에 대한 연상들은 동기 근친상간을 강하게 시사한다. 두 번째 꿈에서 도라가 숲을 지나 역까지 이어지는 여정에서 그녀의 청혼자의 자리를 떠맡았을 때, 이는 동기간 성적 관계가—그녀의 아버지나 K 씨처럼 수직적, 세대 간 남성이 아니라—측면적 남성과의 혼동을 더욱 거들었음을 암시했던 것은 아닐까?

오빠가 있는 도라는 더 어린 동기가 있었다면 그랬을 것 못지않게

• •

26. Winnicott, D. W. (1968).

효과적으로 그녀의 남자아이-같은 자기로부터 추방당한다. 대신에 그녀는 오이디푸스적 관계를 위해서 노력한다. 하지만 어머니는 이미 첫 번째 아이, 도라의 오빠에게 붙잡혀 있다. 대신에 도라는 아버지를 얻고자 노력한다(그리고 한동안 성공한다). 그렇지만 아버지에 대한 이러한 추구는 여전히 어머니에 대한 열망의 일부다. 하지만 분석이 오로지 세대 간 원함이 그리는 궤적만을 기록하는 한, 히스테리가 여자들에게로 떨어진 이유는 여하한 친족 체계 안에서 여동기들에게 부여된 다양한 부차적 자리들과 더불어 누락될 것이다. 히스테리 그 자체 또한 누락될 것이고, 아니면 '사라진다'고 말해질 것이다. 히스테리증자는 또 다른 자가 그의 자리에 서 있기 때문에 재앙적으로 전치됨을, 비실존을 느낀다. 필사적이고 열의 넘치는 항의들, 불안정한 동일시들, 모든 접촉의 노골적인 성욕화는 사라져 버린 실존을 단언하는 방식이다. 도라는 자신을 위한 자리를 찾고자 노력하고 있다.

브로이어의 비난을 야기하면서 도라가 프로이트에게 치료를 받으러 왔을 때, 프로이트는 이미 'E'를 5년 동안 치료하고 있었다. 도라 사례의 한가운데에서 우리는 다음과 같은 진술을 발견한다.

히스테리 증상을 지닌 여성들의 경우 남성 지향적인 성적 리비도가 극도로 억제되면, 그것을 대체한 여성 지향적인 리비도가 강화되며 부분적으로는 환자 스스로가 의식하게 된다. 특히 남성의 히스테리를 이해하는 데 필수적인 이 테마를 여기에서는 더 이상 다루지 않으려고 한다. [강조는 나의 것][27]

여기서 프로이트가 언급하고 있는 것은 무엇인가? 억눌린 돈 후안이 남자들에게로 돌아서는 것을 말하는가? 만약 그렇다면, 이는 동성애가

27. Freud, op. cit., p. 60. [257쪽.]

아니라 히스테리의 양성애를 암시한다. 여기서 중요한 것은 다시금 남성 히스테리와 관련하여 성욕에 관한 물음이 발생할 때 어떻게 재빨리 그것이 무시되는가 하는 것이다. 하지만 죽음과 여성 히스테리의 관계도 마찬가지다.

　대상관계 정신분석과 많은 여성주의적 분석은 교환 대상으로 이용된 도라의 불가능한 곤경으로 결집하였다. 그 중심에 치명적인 무언가가 있다는 깨달음을 희생하면서. 사례사 자체는 그것에 주목하는 것으로 보이지 않는다. 도라는 자살 협박으로 인해 치료를 받게 된다. 그녀는 사별당한 K 씨 부부에게 (단기 치료로 인해 좀 더 완전해진) 이야기를 들려주며, 한때 사랑받았다고 그녀가 가정한 죽은 아이에 대한 그 어떤 관심도 언급되지 않는다. K 씨는 그녀가 그를 무시하면서 지나칠 때 그녀로 인해 얼어붙으며, 그는 마차에 치어 쓰러진다(이 사건에 대한 주석에서 프로이트는 대리 자살의 가능성을 거론한다). 남성 히스테리증자와 그의 성욕, 여성 히스테리증자와 죽음 및 파괴에 대한 그녀의 구애는 한데 모일 필요가 있다.

제4장

히스테리는 모두 어디로 사라졌나?

'수년 안에 히스테리 개념은 역사에 귀속될 것이다. (⋯) 그런 질병은 없으며 결코 있었던 적이 없다.'

A. 스테이어탈, 「히스테리는 무엇인가?」(1908)

'이 책은 정신과 의사가 제목에 히스테리를 넣어 집필한 마지막 저작이 될 수도 있다.'

필립 슬라브니, 『'히스테리'에 대한 관점들』(1990)

20세기의 대부분에 걸쳐서 히스테리는 사라졌다고 임상의학계와 과학계에서 가정되어 왔다. 이 만연한 견해에 따르면 히스테리는 후기 빅토리아 시대에 전성기를 구가했고 영웅적인 세기말 순간을 가졌다. 4,000년 이상의 기록된 역사 이후에, 그것은 그냥 사라졌다. 하지만 정확히 무엇이 사라졌는가? 그리고 '사라졌다'는 말로 우리가 의미하는 바는 무엇인가? 히스테리는 의학적 용법과 일상 언어적 용법 양자 모두를 갖는다. 그렇지만 겉보기에 사라진 것은 오로지 의학적 진단 혹은 병리적 실체로서의 히스테리에 불과하다. 행동 양태를 묘사하는 용어로서의 히스테리는 적어도 기원전 18세기부터 사용되어 왔다. 히스테리에 해당하는 상태와 관련해서 지금까지 알려진 최초 기록이 기원전 18세기에 이집트 파피루스로 작성되었다. 그렇다면 히스테리의 나타남과 사라짐은 히스테리 그 자체의 부재 혹은 현존과 관련이 있는 만큼이나 20세기 의학적 실천의 부상 및 변화와도 관련이 있어야 한다.

그렇다면 20세기 말 다시 히스테리가 나타난 것은 어떤가? 브로이어와 프로이트의『히스테리 연구』출간 100주년인 1995년은 정신분석학계와 (어느 정도는) 정신의학계가 '히스테리'를 재고하는 계기가 되었다. 하지만 이 100주년 분석들은 세기 내내 개최된 산발적 학술회의들에 비해서 그 주제에 관한 진지한 관심을 지속시키는 데 더 큰 일을 해내지는 못했다. 그렇지만 적어도 그 분석들은 세기가 바뀌면서, 특히 북미권 대학의 인문학 학과들과 여성학 학과들 안에서 출현하고 있는 히스테리에 대한 진정한 매료됨을 임상 쪽에서 인정한 것이다. 20세기 대부분 동안 의학적 혹은 임상적 맥락에서 억압되어 있었던 히스테리가 학계에서 맹렬하게 복귀했다. 1965년『히스테리: 어느 질병의 역사*Hysteria: The History of a Disease*』를 일자 바이스가 썼을 때, 프랑스 말고는 그 주제에 관한 논문은 극소수였고 책은 더 없었다—그리고 대부분은 절판되었다. 그렇지만 1993년 북미 현대언어학회는 그해 제출된 제목에 '히스테리'가 들어간 67편의 논문을 등재하고 있었다. 미국의 역사가 마크 미칼레는 1980년대 중반부터 1990년대 중반까지 100년간 이루어진 400여 개의 연구에 주목했다.[1] 그럼에도 여전히 히스테리는 임상적 진단으로 재등장하지 않고 있었다.

서양 세계에서의 히스테리의 사라짐에 대한 수많은 설명과 히스테리의 재등장에 대한 몇 개의 설명들이 몇몇 구역에서 나타나고 있다. 히스테리

- -
1. Micale, M. (1995).

의 사라짐과 관련해서 적실해 보이는 몇몇 설명에 주목한 다음에, 정신분석의 틀구조 안에서 그 문제를 나는 살펴볼 것이다. 진단으로서의 히스테리의 사라짐은 19세기의 마지막 수십 년과 다시금 1차 세계대전 동안에 하나의 발견으로서(혹은 더 정확하게는, 재발견으로서) 남성 히스테리의 도래와 관련이 있다고 나는 주장할 것이다. 히스테리는 그것의 정신분석적 '치료' 속으로 '사라졌으며' 동시대 치료법의 외상 이론(회복 기억 증후군과 거짓 기억 증후군)으로 재출현했다. 이러한 '치료'는 이론과 실천 양쪽 모두에서 오이디푸스 콤플렉스의 중심성을 내포한다. 더 중요하게는, 임상 히스테리는 공동체 내의 다양한 행동 양태들 속으로 사라졌다—바로 그렇기에 이 용어의 일상 언어적 사용이 여전히 만연한 것이다.

1995년 미칼레의 설명에서, 히스테리의 말년 동안에 그 개념은 진단 용어로 지나치게 확장되어 식이 장애부터 심각한 와해에 이르기까지 마치 무엇이든 '히스테리적'이라는 명칭이 붙을 수 있는 것처럼 보였다. 히스테리는 그것의 구성 성분들이라고 하는 것들로 분해되기 전에는 포괄적인 용어였다. 그리하여 그것은 여하한 진단적 가치를 갖기를 서서히 멈추었으며, 그러다가 결국 분해되었고 부분들이 재분류되었다. 그렇지만 히스테리의 이 포괄적인 성격은 새로운 것이 아니다. 진단 범주로서의 히스테리에 대한 인기의 부침을 기록하고자 한다면, 어떤 특정한 역사적 시기에 히스테리가 갖는 변별적 특징들을 명기하는 것이 중요해 보인다.

히스테리 진단은 1차 세계대전 무렵 거의 소실점까지 감소했다. 이 시기 동안에 주요 질병 기술학적, 질병 분류학적 변화들이 있었으며, 이전에 히스테리의 이름으로 알려졌던 것이 다른 무언가로 분류되게 되었다. 하나의 거대한 일반 범주가 수많은 더 작은 단위들로 사실상 쪼개졌다. 히스테리의 무수한 증상들을 배치하고 분류함으로써 무정형의 불평들에 샤르코가 (프로이트의 표현으로) '법과 질서'를 부여하였다면, 이제 세기의 전환기에 의사들은 히스테리의 거대한 구조를 분해하기 시작했다. 새로운 신경학적, 생화학적 실험들은 처음에는 간질을, 그다음에는 매독을, 동일해 보일 수도 있는 히스테리적 질병으로 인한 오염으로부터 분리할 수 있게 하였다. X선의 발견과 생리학적, 기질적 실험의 점증하는 정교화는 신체에 의한 정신의 전유 과정을 심화했다.

이 세기 전환기의 정신의학 영역에서는 정신증에 대한 새로운 이해 또한 히스테리로부터 영토를 빼앗았다. 진단의 맥락 안에서 최후의 일격은 아마도 정신과 신체의 인과 관계를 정식화한 심신의학psychosomatics이라는 양차 대전 사이의 개념에 의해 이루어졌는데, 이전에는 히스테리에서 (정신 속 관념이 신체에서 표현되는) 전환 증상의 형성 과정이었던 것이 그곳에서는 대체로 불가사의한 것으로 간주되었다. 미칼레는 이렇게 적고 있다.

> 히스테리에 대한 거의 끊이지 않는 원문 기록은 고대 그리스에서 프로이트까지 이어진다. 하지만 최근 세대들에서 히스테리 신경증의 발병률이 급격하게 감소했다. 더 나아가 나타난 사례들은 지난 세기의 상응물보다 임상적으로 훨씬 단순하고 덜 현란한 경향이 있다. 이러한 전개는 이제 정신 질환 공식 명단에서 확인할 수 있다. 즉 그것은 히스테리 진단을 삭제하였다. 의학사 2천 년이 지나고 나서 이제 이 비범한 질병은 오늘날 시야에서 사실상 사라지고 있다. 아무도 이유를 모른다.[2]

전체가 수많은 부분들로 분해되었다는 미칼레의 부분적 설명은 의학적 사실들로 지탱되는 것으로 보인다. 신경성 식욕부진증이나 다중 인성 장애와 같이 오늘날 가장 널리 알려진 몇몇 증후군들은 한때 히스테리의 하위 집단이었다. 그럼에도 1차 세계대전 이후 히스테리의 대규모 분해는

• •

2. Ibid., p. 29.

무언가 히스테리 같은 것을 고스란히 남겨 놓았다. 미칼레의 논의는 히스테리의 사라짐을 '환영' 혹은 '가짜 사라짐'이라고 부른다. 미칼레의 설명을 읽다 보면, 이제 섬세하게 분리된 항목들의 찬장을 뒤질 때 '히스테리'라고 표지된 잔여물 봉지 하나를 남사스럽게 발견하게 될 것만 같다. 여기에 어떤 모순이 있다: 이 '비범한' 질병은 (미칼레의 표현대로) 사라졌는가, 아니면 해체되고 대부분 재명명되었는가?

히스테리의 사라짐에 관한 이야기의 다른 판본들, 대개는 미칼레의 설명보다 더 낭만적인 판본들이 있어 왔다. 에티엔 트리야는 1986년 출간된 중요한 프랑스 히스테리 역사서에서 히스테리의 사라짐의 미스터리를 논하고 있는데, 이렇게 결론을 내린다. 'L'hystérie est morte, c'est entendu. Elle a emporté avec elle ses énigmes dans sa tombe(히스테리는 분명 사망했다, 그건 확실하다. 히스테리는 자신의 미스터리를 무덤으로 가져갔다).'[3] 이보다 20년 전 일자 바이스는 히스테리의 미스터리의 종결은 히스테리의 종결이라고 주장했다. 설명 삼아서 바이스는 1890년대 프로이트의 히스테리 연구가 미스터리를 사라지게 만들었다고 주장했다. 미스터리가 없이는 환자에게는 히스테리를 산출함으로써 얻을 수 있는 아무런 이익이나 이른바 '부수적 이득'도 없다고 그는 주장했다. 그러한 주장은 히스테리증자의 조종하는 행동을―그런 행동은 분명 존재하며, 하지만 여러 특성들 가운데 하나로 존재하는 것인데―그 상태를 정의하는 특징으로 간주한다. 이는 그 자체로 지지될 수 없으며, 또한 역사적으로 매우 미심쩍다. 즉 대다수 시대들은, 그 시대마다의 상이한 설명이 무엇이든―유전적 퇴화든 방황하는 자궁이든 불안 성향이든 악마와의 결탁이든 성적 학대든―나름대로 히스테리를 '이해했다'. 그렇지만 그러한 이해는 히스테리의 실천자들을 단념시키는 데 현저히 실패했다. '미스터리' 접근법은―농담 삼아 [히스테리아가] '미스테리아mysteria'로 재명명

• •

3. Trillat, E. (1986), p. 274.

되었을 때 — 19세기 서양의 특수한 관점을 취했는데, 이 관점은 히스테리를 그 자체 '미스터리'로서의 여성성의 특정 판본과 연결시켰다. 바이스의 논제가 타당성을 갖기 위해서는, 프로이트가 도달한 히스테리에 대한 이해가 절대적이고 확정적일 필요가 있었을 것이다. 정신 질환으로서의 히스테리도, 과학적 지위에 대한 열망과 더불어 정신분석도 그러한 완전한 설명을 요구할 수가 없었다: 대상으로서 그리고 연구 방법으로서, 질병도 질병에 대한 그 어떤 이해도 폐쇄에 저항한다. 그렇지만 바이스의 주장은 변화하는 의학적 실천과 그 질병들의 관계라는 쟁점을 실로 제기한다.

19세기 서양의 히스테리의 의학화는 실제로 다양한 방식으로 히스테리의 최종적 분해를 낳았으며 새로운 특정 범주들을 낳았다. 가령 히스테리의 증대된 심리화는 유전적 퇴화나 기질적 퇴화라는 개념에서 멀어지게 하였다. 그 자체로 이는 히스테리의 겉보기의 소멸에 기여했을지도 모른다. 19세기 영국에서 황백화chlorosis(녹색병)와 기타 신체적 질환을 살펴보면서, 과학사가 칼 필리오는 어떻게 이 신체적 질병들이 일단 심리적인 것으로 간주되기 시작하면 또한 사라지는 경향이 있었는지 주목했다. 그렇지만 아마도 이해 그 자체가 아니라 이해의 심리적 측면이 소실점일 것이다. 프로이트는 어떻게 요양원에서 히스테리 진단이 문제의 시작이 아닌 끝인지를 관찰했다: 환자에게 그 어떤 추가적인 관심도 주어지지 않았다. 심지어 오늘날에도 우리는 여전히 심리적 진단들을 마치 여기에는 아무것도 없다는 뜻인 듯 사용한다. 묵살에서 소멸로의 걸음은 그렇게 크지 않을지 모른다. 또한 그렇다면 갈등적 긴장이 존재할 것이다. 정신의학이 그 자체로 점점 더 의학화되면서, 정신의학의 몇몇 질병들은 유효해지고 치료 가능하게 되는 반면에, 다른 질병들은 그게 다 마음속에 있는 것이라면 존재하지 않는 것이라고 말하는 일상 어법 속으로 사라진다. 적어도 영어로는 히스테리증자는 이 과정을 조롱할 수 있을 것이다: 의학적 질환complaint을 개인적 불평complaint으로 바꾸기.[4] 대부분의 다른

'정신 질환'과는 달리 히스테리를 약으로 다룰 수 있다고 누구도 아직은 제안하지 않았으며, 그렇기에 히스테리는 정신의학에서의 '사라짐'과 일상 회화에서의 만연에 특히 적합한 후보가 되었을지도 모른다.

　다소 놀랍게도, 히스테리의 갑작스러운 사라짐이 갖는 이상함에 대한 명시적 항의는 없었다. 그렇지만, 상황의 특이함에 대한 거의 무의식적인 인식이 그럼에도 불구하고 어딘가에 존재하는 듯, 가장 최근의 학문은 다른 역사 시기에 대해서도 히스테리의 비존재를 주장하기 시작했다. 히포크라테스가 히스테리의 서양 의학적 진단의 아버지라는 생각을 이제 영원히 불신임할 수 있다는 헬렌 킹의 주장을 이 범주에 놓을 수 있다. 히스테리에 대한 고대 그리스의 관념이 르네상스의 발명이었다고 킹은 주장한다. 히스테리 진단이 있었던 한 시기에, 자칫 비슷해 보였던 어떤 상태를 거꾸로 되돌아가 읽어낸 무엇이었다고. 킹의 주장에 따르면, 그리스인들이 묘사했던 것은 히스테리에 대한 르네상스 혹은 19세기 설명과 아무런 유사성도 없다. 그리스인들은 많은 상태들을 여성 생식 기관의 기능 부전에서 발산되는 것으로 설명했다. 킹이 보기에, 발작, 질식, 호흡 곤란 같은 유사한 증상들에 대한 묘사와 자궁과 관련된 것들에 대한 그리스어 형용사를 나중에 '히스테리아hysteria'로 번역한 것은 같은 질병에 대한 것이 아니다. 그리고 킹이 그리스에서 히스테리의 현존에 의문을 갖는 것처럼, 머스키와 포터 같은 다른 학자들은 고대 이집트의 에버스 파피루스와 카훈 부인과 파피루스 문서의 묘사에서 이전 세대가 '히스테리'라고 믿었던 것이 '실제로는' 그런 것이 전혀 아니었음을 보여준다. 이러한 학자들의 작업과 더불어, 히스테리의 20세기 '사라짐'은 새로운 차원을 띤다: 도대체 히스테리는 정의될 수 있는 실체로서 존재한 적이 있는가? 역사가들의 질문은 반드시 임상의들에게 던져져야 한다.

● ●

4. [영어에서 'complaint'는 '질환'과 '불평'을 다 의미할 수 있다.]

정신과 의사와 정신분석가 양쪽 모두가 히스테리의 존재를, 그들이 20세기의 현상을 묘사하고 있는 것인지 아니면 그들이 친숙했을 것 같지 않은 논증들을 통해 그것이 결코 존재하지 않았다고 주장하는 역사가들의 관점을 지지하고 있는 것인지가 불분명한 방식으로, 논박하는 소리를 듣는 것은 흔한 일이니까. 그렇지만 그림이 완전히 한결같은 것은 아니다. 1930년대에 부다페스트의 정신분석가 산도르 페렌치와 에딘버러의 정신분석가 로널드 페어베언은 둘 다 히스테리에 관심을 가졌다. 더 최근에 영국 정신분석가 에릭 브렌만은 1980년대 초 히스테리 토론회의 기고문 서문에, 동료들과 그 주제를 논의하였을 때 어느 누구도 히스테리를 정의할 수 없었으며 어느 누구도 그 범주를 실제로 사용하지 않았다는 관찰을 담았다. 그렇지만 모두가 히스테리를 인지했으며 환자에게서 히스테리의 현존을 조우할 때마다 그 인지가 유용함을 발견했다. 정신의학적 관점에서 필립 슬라브니는 이렇게 쓰고 있다.

> (…) 그 단어['히스테리']가 의학 실천에서 매일 사용되고 있기는 하지만 [강조는 나의 것], '그것을 최종적으로 기각하고자 하는 사람들'은 정신의학적 명명법의 통제권을 얻기 위한 싸움에서 승리한 것으로 보이며, 다음 세대의 임상의들은 더 이상 그것을 필수 불가결한 것으로 생각하지 않을 것이다. '히스테리', '히스테리증자hysteric', '히스테리적 hysterical'은 시대착오적인 것이 되기 직전이다.[5]

히스테리의 임상적 '사라짐'은 너무나도 절대적이어서 1950년대 이후 『정신 질환 진단 및 통계 편람DSM』 II와 III은 그것을 등재하지 않았다. 대신에 그것은 '연극성 인성 장애' 개념으로 대체되었다. 그 변동을 위한 주장은 여러 가지다: 히스테리는 무의미한 개념이 될 정도로 다양한

• •
5. Slavney, P. (1990), p. 190.

변이들로 나타난다; 특히 가장 극적인 형태인 이른바 '전환 히스테리'에서 그것은 사라졌다; 그것의 잡다한 역사가 혼란스럽다 ― 슬라브니가 말하듯, 그것은 '너무나도 많은 무관한 역사적 함축들'을 갖는다; '히스테리'라는 용어는 모욕적이다. 개념의 혼란에 대해 언급하면서 슬라브니는 히스테리를 세 가지 유형으로 분할함으로써 단단히 붙잡으려고 한다: 마음을 괴롭힐 수 있는 신체의 질병, 신체를 통해 표현된 마음의 고통, 그리고 질병의 외양을 산출하는 행동. 질병으로서, 인성의 한 차원으로서, 목표 지향적 행동으로서, 인생사로서 히스테리의 취급 역사를 그는 검토한다. 하지만 히스테리를 바라보는 방식의 이러한 분할은, 흥미롭기는 하더라도, 오로지 그것의 조종을 울리기 위해 슬라브니에 의해 확립된 것이다.

그렇다면 정신의학에서 히스테리의 현존 혹은 부재의 역설은 일반적 관찰보다 훨씬 더 적나라하다. 1980년 『정신 질환 진단 및 통계 편람』은 이전의 히스테리 제거를 계속하고 있지만, '연극성 인성 장애'는 특히 보통은 HPD라고 지칭되기 때문에 얄팍한 위장으로 보인다 ― 'H'는 '히스테리적hysterical'이나 '연극성histrionic' 둘 중 하나로 대충 이해된다. 환자는 중요한 고통이나 사회적 또는 직업적 행동에 대한 부적응을 반드시 보여야만 한다. DSM들의 정의에 따르면, 연극성 환자는 항상 연극하고 있으며, 환경에 맞게 고른 몇 가지 상이한 부분들을 선택한다. HPD는 과잉 정서성과 관심 추구로 특징지어진다. 회유하기 행동과 요구하기 행동은 재빠른 연이음 속에서 서로를 뒤따른다. 거의 언제나 여자들에게서 발견되는 그것은 그럼에도 여성성의 가장이다. 환자로 예상되는 사람이 이 행동을 정의하는 여덟 가지 진단 기준 가운데 네 가지를 반드시 보여야 한다는 것을 우리가 깨달을 때 문제가 발생한다. 하지만 여덟 가지 기준이 있기 때문에, 어떤 두 환자가 자신들의 정의적 특징을 중복해서 갖지 않는 것이 가능하다. 실로 여덟 범주들은 일반적 자질들의 명세표 이상이 아니다. 정신의학적 진단은 한 빅토리아 시대 성직자가 '과도한 여성성의 매력은 히스테리증자의 광분이다'라고 묘사했던 것의 갱신된 판본에 불과하다. 혹은 그것은 히포크라테스 의학 속 '여자들의 질병'에 관해서 킹이 제공한 설명의 한 가지 판본으로 읽힐 수 있다. 그리하여 질병으로서의 히스테리가 사라질 때, 히스테리의 남겨진 속성들은 '여자들의 행동'이나 여성성의 특성에 귀속된다.

일반적으로 질병의 흥망성쇠에 있어 '쇠락'의 측면은 거의 조사되지 않는다고 미칼레가 관찰하기는 했지만, 히스테리의 갑작스러운 소멸에 대한 지적 호기심의 극단적 결핍은 주목할 만한 것으로 보인다. 히스테리가 존재하지 않는다면, 우리의 19세기 의학 선조들은 무엇을 묘사하고 있었던 것인가? 여자들은 무엇을 겪고 있었던 것인가? 히스테리의 정의적 특징은 모방적이라는 것이다: 그것의 바로 그 '사라짐', 오늘날 학계에서의 그것의 재등장, 앞선 시대들에서 그것의 오락가락하는 특성, 이것들은 그 자체로 어떤 상태의 모방들일 수도 있다. 이는 분명 개체적, 개인적 상황에 해당되는 것 못지않게 일반적인 역사적 상황에도 해당될 것이다. 히스테리는 기타 질병들로 분할되었을 수도 있고 아니면 이해되어야 한다는 호소력을 겉보기에 상실했을지도 모른다. 하지만 끝없이 모방적인 그것은 무의식적인 숨바꼭질 놀이 속에서 유행과 더불어 사라졌다가 재등장하기도 한다.

그렇다면 이 사라짐은 무엇인가? 분명 그것은 하나의 것이 아닌데, 왜냐하면 어떤 단일한 설명도 충분하지 않을 것이기 때문이다. 나는 히스테리가 '존재한다'는 것을, 실로 인간 존재가 히스테리의 잠재성 없이는 존재할 수 없다는 것을 추호도 의심하지 않지만, 히스테리의 이른바 '사라짐'은 오늘날 그것의 실존이 가진 중요한 특징이다. 그런 이유로, 나는 히스테리의 사라짐에 대한 적실한 설명들에 주목하고서 좀 더 일반적인 추측으로 결론을 내릴 것이다. 증후군의 해체가 발생했으며, 그리하여 히스테리적 현시들은 각기 별개의 심리학적 혹은 의학적 실체가 되었다. 하지만 히스테리의 '사라짐'이 또한 히스테리의 모방

능력에 대한 예증이기도 하다면, 그것은 질병인 것에서 성격학적 특질이
되는 것으로 이동했을지도 모른다. 만약 히스테리가 '해결'되었고, '치료'
되었고, 의학적 혹은 정신의학적 범주로서 불필요해졌으며, 그런 다음에
'연극성 인성'으로 재명명되었다면, 히스테리증자는 자신을 더 이상 환자
가 아니라 불안정한 사람으로 다루는 치료를 모방할 것이다. 소설가
헨리 제임스와 철학자 윌리엄 제임스의 여동생인 19세기 앨리스 제임스는
마비로 침대에 누워 있었던 반면에 20세기 시인 앤 섹스턴은 현란하게
차려입고 공연하면서 몸을 흔들고 뒤틀었는데,[6] 왜냐하면 (그녀 자신의
표현으로) '그녀는 그녀가 그것을 지녔음을 알지 못했'기 때문이다(7장
참조). 히스테리가 더 이상 질병으로 진단되지 않는다는 것은 히스테리가
더 이상 존재하지 않는다는 것을 필연화하지 않는다. 히스테리는 분명
여전히 만연해 있다. 심지어 심각한 병리로서 만연해 있다. 실로 아동
학대와 자살로 귀결되면서 앤 섹스턴이 입증한 것처럼. 히스테리는 또
한―가령, 강박적인 돈 후안들이나 '정직한' 이아고들의 경우에서처럼(8
장 참조)―정상 규범적 행동으로 가장할 수도 있다. 성격학적 특질로서의
히스테리는 일반 문화로 손쉽게 흡수된다. 특히 공연에 가치가 매겨지는
곳에서는.

  정신분석적으로 히스테리를 두 유형으로 분할하는 것은 20세기 산업
국가들의 의학계와 정신의학계 그리고 정신분석학계에서 만연했다. 그
분할은 '불안' 히스테리와 '전환' 히스테리로의 분할이다. 적어도 일상
언어적인 방식에서 불안이 사람들을 히스테리적으로 행동하게 만든다는
것은 어느 누구도 부인하지 않는다. 임상적 맥락에서 불안 히스테리는
공포증에서 가장 흔하게 나타난다. 공포증은 공동체에 매우 광범위하게
퍼져 있다. 하지만 공포증은 진정한 임상적 증상이기도 한데, 왜냐하면

• •

6. [앤 섹스턴은 '히스테리' 증세가 나타난 1960년대 후반부터 시 낭독뿐 아니라
   재즈밴드 '허 카인드'를 조직하여 시에 음악을 결합한 공연도 했다.]

공포증은 소원과 소원의 금지 사이의 갈등의 요소를 드러내기 때문이다. 적어도 정신분석에서 그러한 갈등이 증상을 정의한다. '전환' 히스테리는 프로이트가 처음 명명하고 설명했다. 히스테리가 사라졌다고 주장될 때, 언급되고 있는 것은 대개 '전환' 히스테리다. 프로이트 이론에 따르면, 표현될 수 없는 관념은 신체적 증상으로 '전환'된다 — 환자의 빈번한 질식 발작의 배후에 있는 한 가지 의미는 '벌집'을 건드리기보다는 삼키는 것이 더 낫다고 그가 결정했으나 그것이 '목에 걸렸다'는 것이다. 히스테리의 소위 사라짐과 관련된 것은 20세기의 치료 형식이 신체적 실연 속 현시들을 선호하지 않는다는 것이다. 향정신성 의약품, 전기 충격 요법 혹은 뇌수술의 시행 혹은 오로지 말하기만이 허용되는 상담실의 한정된 시간과 장소로 환자를 제한하는 것은 한때 정신병원이나 가정에서 번창했던 정신 질환의 현란한 형태들을 억제한다.

'전환 히스테리' 현상은 '정신신체적 질병' 개념으로 대부분 대체되었다. 이러한 기질적 상태들에서 기질적 원인이 전혀 없는 것은 아주 명백하다. 하지만 히스테리적 전환 증상이나 공포증에서와 같은 갈등적 요소도 전혀 없다. '정신신체적'이라는 개념은 언제나 일보 전진으로 제시되지만, 실제로는 정신–신체 상호 작용을 환원하여 해소한다. 정신과 신체가 별개의 영역과 관련되지만 서로 영향을 미치는 관계에 있다고 가정함으로써, 그 개념은 — '전환 히스테리'와 그것을 이해하려는 초기 정신분석가들의 몰두를 통해 처음 의문에 부쳐진 — 바로 그 데카르트적 이원론을 복원시킨다. 정신신체적 상태들은 분명 존재하지만, '정신신체적'과 '전환'은 대체 가능한 용어가 아니다. 전환 증상은 신체를 통해 관념을 표현한다. 억압되어 있었지만 신체적 증상으로 회귀한 관념을. 정신신체적 질병에는 생리 기능의 분명한 교란이 있다. 어떤 사람은 아직 독립심을 느끼지 않기 때문에 집을 떠나기를 주저할 수도 있다. 만약 그 결과가 피부 발진에 대한 특이한 취약성을 갖는 것이어서 그가 가정에 머물게 된다면, 그는 정신신체적 상태에 굴복하고 있던 것일 터이다. 만약 집을 떠나지 않으려는 소원이 아버지에게 의지하려는 소원과 아버지를 죽이려는 소원 사이의 갈등 때문이었다면, 그는 '자신의 두 발로 서는 것'을 원하지 않았던 것인지도 모르며, 이를 이 증상이 촉진할 것이다. 만약 그의 한쪽 다리에 마비가 온다면 그는 히스테리적 전환 증상을 산출한 것이다.

고전적 정신분석 치료는 환자에게 의도적, 의식적 사고를 중단하기를—즉 '자유 연상'하기를—요청한다. 그것은 어려운 과제다. 사고들이 없을 수도 있다. 하지만 좀 더 흔한 것은 수많은 상이한 사고들이 동시에 떠오르는 것이며, 습관으로 인해 환자가 지배적인 사고를 선택하거나 창조하려고 한다는 것이다. 하지만 이 비선택과 비위계화는 이른바 '일차 과정'의 한 가지 현시적 표현이다. 그것은 또한 히스테리의 본질적 양태이기도 하다. 정신분석적 치료법은 우리가 사고의 히스테리적 특성이라고 부를 수 있는 것을 풀어놓으며, 그런 다음에 모든 것을 조직화된 말 안으로 넣으려고 노력한다. 그것은 동시성을 언어의 구조와 위계에 종속시킨다: 다시 말해서 성공적일 경우 정신분석 실천은 히스테리의 현시들 가운데 하나를 이용하며 그런 다음에 제거한다.

임상적 실체로서든 아니면 유용한 발견적 개념으로서든 히스테리를 제거하는 것에 대한 현대의 관심은 보편주의에 대한 일체의 주장을 공격하는 유행의 핵심이기도 하다. 보편주의에 대한 그러한 공격과 더불어 초역사적인 것에 대한 비판이 같이 간다. 히스테리는 4,000년의 기록된 역사와 그 전세계적인 교차 문화적 현존과 더불어 분명 현대적 사고의, 특히 포스트모던적 사고의 저 두 악당(보편주의와 본질주의)의 적합한 대표자다. 분명 모든 것은 유일무이하며 따라서 어떤 것도 절대적으로 보편적일 수 없다. 그렇지만, 동일하지는 않은 사람들이지만 일반적인 동시에 특정한 반응들을 끌어내기에 충분한 공유 자질들을 갖는 사람들이 존재하게 되는 어떤 일반적인 조건들이 있다. 히스테리는 분명 그러한 한 가지 반응이다. 현재의 관점 전환은 쟁점이 되고 있는 것이 히스테리의 존재에 대한 도전이라기보다는 보편성에 대한 도전임을 아마도 시사할 것이다. 정말로 그렇다면, 다시금 문제는 히스테리에 있는 것이 아니라 히스테리를 정의하거나 제거하기 위해 작동하고 있는 사고 체계들에 있다.

히스테리는 질병이 아닐 수도 있으며, 혹은 오히려 특정한 행동들을 그 '질병' 범주로 국한시키는 문화들에서만 '질병'일 수도 있다. 따라서 주관적 경험으로서든 객관적 현상으로서든 관찰된 것을 포기하기보다는, 질병 범주를 역사적으로 특정한 시간과 장소에 제한하는 것이 더 타당하다. 상이한 시대와 상이한 문화들은 히스테리에 대한 자신들의 설명을 갖고 있었으며 여전히 갖고 있다. 20세기 후반에 가장 널리 퍼진 서양의 견해는 히스테리는 실제로 존재하지 않는다는 것이다. 그렇지만 히스테리는 우리의 정의들의 범위를 벗어난다. 특히 정신의학이 그러하듯 정신의 **질병**을 만들려고 하는 정의들 말이다.

고대 그리스의 히포크라테스 의학은, 그것의 20세기 등가물과는 달리, 자궁의 물리적 움직임과 상상적 움직임pnix hystericus을 구별하지는 않았다. 히포크라테스에 따르면 그 기원이 무엇이건 자궁의 다양한 움직임은 질식, 구토, 말문 막힘, 혼수상태로 이어질 수 있다. (이탈리아를 경유한) 영국의 르네상스는 히스테리의 동의어로 '자궁의 질식suffocation of the mother'을 채택하고 적용했다. 하지만 신체적인 것과 상상적인 것에 대한 구분이 이렇듯 결여되어 있다고 해서 묘사된 상태가 우리가 히스테리라고 이해할 수 있는 것이 아님을 의미하지는 않는다. 기질과 비기질의 이 특수한 구분이 그리스의 사고방식과 맞지 않았다는 것을 가리킬 뿐이다. 실로 그리스인들은 히스테리 증상을 생물학적 원인에 근거 짓고자 체계적으로 노력하고 있었다고 주장되어 왔다. 정신과 신체를 통한 정념의 움직임에 있어서, 우리의 사상보다는 그리스 사상이 히스테리의 바로 그러한 측면에 더 공명한다. 고전적 그리스 사상과는 대조적으로, 20세기 서양 세계에서 흔한 이해는 그 어떤 기질적 근거도 찾을 수 없는 생리적 증상들의 어떤 특정한 집합에 관한 것이다. 하지만 다시금 이 정의는 '해부하기 위해 살해하는' 우리의 의학 문화 — 분류의 토대로서의 구별에 의거한 문화 — 에 의존적이다. 다시 한번, 히스테리가 필연적으로 기질적이거나 비기질적이라는 것이 아니다. 우리의 정의가 언제나 그 둘의 구분을 요구한다는 것이다. 이것이 문제들을 만든다. 고대 그리스인들이나 20세기 타이타족에게는 그러한 구분이 중요하지 않았을 수도 있다.

히스테리가 그 자신을 개인 속에서 현시하면서 고도의 모방적 행동을 하는 것이 히스테리에게 가능하다면, 한 사회 속에서 비슷하게 행동하는 것이 히스테리에게 분명 가능할까? 또한 히스테리가 또 다른 질병이나 상태와의 능동적 동일시에서 적극적으로 행동할 수 있음을 고려하면(그리하여 가령 그것은 간질처럼 보인다), 그것은 소극적으로 행동할 가능성도 충분히 있을 것이다 — 그것은 '보이지 않는 질병'이 될 수 있다. 그렇다면, 르네상스를 통해서 고대 그리스에게 그런 일이 일어났다고 킹이 제안하듯, 어떤 상태를 스스로는 인지하지 못하는 사회에 나중의 의학적 혹은 종교적 이데올로기가 그 상태를 귀속시켰다는 것이 쟁점이 아니다. 오히려 쟁점은 왜 어떤 사회들은 특정한 상태와 행동들을 히스테리라고(혹은 히스테리로 번역될 수 있는 '사카' 같은 단어로) 인지하고 명명하는데 다른 사회들은 그러지 않는가이다.

1970년대의 여성주의는 학계에서 히스테리가 다시 나타난 것에 매우 커다란 책임이 있다. 1960년대 후반의 여성 해방 운동은 여자들에게 히스테리라는 오명을 씌우는 만연한 행위에 대해서, 그것의 함축을 받아들이고 그런 다음에 그 함축을 뒤집음으로써 항의했다. (마녀나 도라처럼) 수많은 가장들 속 히스테리증자는 가부장제의 압제에 항의하는 여성주의적 주인공의 원조였다. 특히 그녀는 여자들이 정의상 남자들 사이의 교환 대상으로서 창조되는 상황 — 1960년대와 1970년대의 관용어로 이른바 '성적 대상'이 되는 것 — 을 거부하고 있었다. 1980년대는 급진적 저항으로서의 히스테리에 대한 이러한 해석에 찬동하면서도 의문을 제기했다. 오늘날 제2물결 후기 혹은 '제3물결' 여성주의는 그러한 초기의 재귀속을 헛된 것으로 본다. 히스테리는 자신의 모욕적인 함축들을 떨쳐 버리지 않았으며, 많은 여성주의자들은 여자들이 도라를, 즉 평생의 히스테리증자를 포기하고 입센의 노라(『인형의 집』)를 본보기로서 지지해야 한다고 주장한다. 대안적, 여성적 도덕성을 통해 충만한 인간성을 추구하기 위해 아버지에 대한, 그런 다음에는 남편에 대한 히스테리적 의존을 단념하는 여자.

1990년대는 기원을 알 수 없는 새로운 질병 실체들의 증가를 목격했다. 근위축증이나 만성 피로 증후군 같은 그러한 상태들에는 의문 부호가 달린다 ─ 그것들은 기질적인가(생리적 스트레스나 바이러스 감염이 야기하는가), 아니면 심리적인가? '정신신체적'이라는 가교 범주는 이 질병들을 지지하지 않을 것인데, 왜냐하면 아무런 특정한 심리적 특징도 발견될 수 없으며 또한 그 '질병'이 모든 사람에 의해 한꺼번에 산출되지만 전염성 있는 집단 현상도 개인적 반응도 아니기 때문이다. 정신신체적 질병은 특정 개인의 상태와 인생사에 속하는 반면에, 이 질병들은 포괄적이다: 개인적 상황이 어떠하건 간에, 많은 사람들은 그 질병들에 걸릴 수 있다. 이러한 질병 실체들은 대량 사건이다. 문학비평가이자 히스테리 역사가인 일레인 쇼월터는 상당한 연구 끝에 그것들을 '히스테리적'이라고 단호하게 불렀다. 정신분석적 관점에서 그것들을 고찰한다면 확신할 수 없다: 이 질병들에서는 히스테리를 특징짓는 유아기 갈등이나 과잉 결정된 표현의 증거가 전혀 이용 가능하지 않다. 성적 요인을 결여하고 있기는 하지만, 어떤 점에서 이 질병들은 신경 쇠약 혹은 지난 세기의 '현실'신경증과 유사하다. 그리고 마찬가지로, 지난 시절의 저 상태들에서도 그렇듯, 이 질병들의 기질적, 유전적, 환경적 기원에 대한 추측이 있다. 오늘날의 상태들은 새로운 기술의 스트레스 탓으로 종종 돌려지곤 한다. 지난 시절의 상태들이 도시 산업화의 책임이 되었듯이. 그것들은 대량 소통 시대의 대량 경험이다.

이전 세기의 마지막 십 년과 마찬가지로, 1990년대는 아동에 대한 성적, 신체적 학대와 어린 시절의 학대에 관한 성인들의 기억의 양이나 그 양의 기록(혹은 필시 양자 모두)의 엄청난 증가를 목격해 왔다. 거짓 회상 개념은 환상과 현실의 관계 문제를 강조한다. 그 기원이 학대로까지 추적되는 이 질병들이 기질적이지 않다면, 이 학대가 실제보다는 환상에 더 가깝다면(그로써 과거의 갈등적 소원들에 의존한다면), 그 이야기를 말하기가 기억 상실과 강박적인 사고의 초가성[7] 사이의 동요를 드러낸다면, 히스테리가 존재할 유력한 가능성이 있다.

20세기 서양 세계의 진료실에서 히스테리가 사라졌다는 주장 대부분은 역사적 시기 특유의 어떤 요인들을 통해서 히스테리의 사라짐을 설명하기보다는 히스테리의 본성에 내재하는 비가시적인 어떤 특징을 이용하는 것으로 보인다. 따라서 그것들은 설명이라고 볼 수가 없다. 히스테리라는 '질병'의 심리학, 히스테리의 무정형성, 그 용어의 모욕적 성격, 모방 속 히스테리의 활기 등이 히스테리의 소멸에 책임이 있다는 주장들은 실로 맞아떨어지지 않는다. 이 모든 특징들 내지는 등가물들이 다른 시대와 장소들에서 발견된다 — 그것들은 히스테리 상태와 그 치료법들의 일부다. 이에 대한 부분적 예외로는 세기의 전환기 히스테리 개념의 재정의 및 그것의 별개의 부분들에 대한 뒤이은 명명에 대한 미칼레의 설명이 있다. 하지만 심지어 히스테리의 해체에 관한 미칼레의 설명에서도 유사한 점들을 발견할 수 있다: 다른 시간들에서 히스테리라고 불렸던 것들의 어떤 특징들이 17세기에는 '우울증'과 '심기증'이라는 명칭으로 분류되었다.

그렇지만 히스테리에 내재하는 것처럼 보이지 않으며 오히려 특정한

7. ['supervalency of thought'. 프로이트, 『꼬마 한스와 도라』, 251쪽. 'supervalent'는 프로이트가 베르니케에게서 가져온 'überwertig'라는 개념의 영어 번역이다. 'super-valent thought'는 한국어본에서 '초강경 사고'라고 번역되어 있다. 과도하게 강렬한 사고, 강화된 사고를 뜻한다.]

역사적 조건들과 관련이 있어 보이는, 내가 강조하고 싶은 20세기의 히스테리의 '사라짐'의 측면들이 있다—그것들이 다시금 유일무이하지는 않지만 말이다. 그렇다고 해서 내가 증상으로서 무의식에서 '회귀'해야 하는 억압된 증상들이 이제 없기 때문에 성 해방이 히스테리 증상의 필요성을 없앤다는 대중적 설명을 승인한다는 뜻이 아니다. 그러한 설명은 이번 세기 첫 몇 해라는 히스테리 증상의 소멸한 날짜로 보든 아니면 성욕과 정신신경증의 관계로 보든 거의 이치에 맞지 않는다—그렇지만 이는 도착(실연된 히스테리)과 히스테리(환상된 도착) 사이의 균형이 도착 쪽으로 기울어졌을지도 모른다는 가능성으로 정말로 이어진다. 다른 설명들에 덧붙여 나는 서양에서의 히스테리가 특별히 그것의 정신분석적 치료 속으로 '사라졌다'고 믿는다. 정신분석의 발견들 이후에, 신체 대신에 언어와 이야기(서사성)가 히스테리증자가 정신적 갈등을 실연하는 주요 수단으로 이용되었다. 그러한 상황에서 히스테리는 정신분석으로 (치료될 수 있다고 하더라도) 치료된다기보다는 오히려 언어적 모방 안에서 또는 정신분석이 그것에 부과한 오이디푸스적 혹은 전오이디푸스적 치료 배치 안에서 위장된다. 물론 이것들은 배타적인 설명이 아니다—히스테리가 한 것이라고는 색깔을 바꾼 것이 다인데도 히스테리가 어떻게 사라진 것처럼 보일 수도 있는지를 가리킬 뿐이다.

정신분석적 치료와 젠더–특이성이라는 요인들은 연관이 있다. 여자아이들은 언어 조기 습득 성향을 갖는 동시에 오이디푸스 콤플렉스에 대해 남자아이들과는 매우 상이한 관계를 갖는다. 의학을 꿈꾸던 정신분석에서 치료 담화로의 한 세기 동안의 변동에 필적하는 것이 남성 분석가의 우위에서 여성 분석가의 우위로의 변동이었다. 정신분석 역사가 존 포레스터가 제안한 것처럼, 대화 치료는 구설수에 오르도록 사회적으로 규정되어 있는 여자들을 매혹했을 수도 있다.[8] 그렇지만 나에게 흥미로운

• •

8. Forrester, J. (1997).

것은 소리를 모방하는 초기 언어 사용이 더 모방적이라는 것이다. 모방이 또한 핵심 역할을 맡고 있는 제2언어 학습과 마찬가지로 말이다. 언제나 퇴행에 열중하고 있는 히스테리증자가 이용하는 것은 단어의 이러한 모방적 사용이다. 뇌졸중과 같은 기질적 상태하에서 환자는 언어를 가장 최근에 획득한 순서대로 말하기 능력을 잃는다. 히스테리에서 환자는 제1언어를 잃고 제2언어를 간직한다. 안나 O는 독일어가 아니라 영어로 말했으며, 타이타족 여자들은 이따금 외래어를 사용하고 모국어로는 말문이 막힌다. 히스테리적 언어는 어머니에 대한 여자아이의 동일시로의 퇴행과 원형적으로 관련이 있는데, 그러한 동일시에는 종종 의미와 무의미 사이의 자유로운 놀이가 있다 — 아기는 어머니를 모방하지만 어머니 또한 초기 언어 발달 중에 있는 아기를 모방한다. 언어는 상징적이고 표상적일 뿐 아니라 입으로 소리를 내는 모방적인 신체적 과정이기도 하다. 19세기 말 연극과 히스테리 환자 사이에 서로에게서 차용한 멜로드라마의 교환이 있었던 것과 마찬가지로, 오늘날 히스테리증자는 억압된 관념으로 가장하고 있는 것을 의식적 단어들로 표현하는 과정을 — 정신 분석이 원래 히스테리증자로부터 배웠던 기술을 — 잘 모방할 수 있다. 도라는 자신의 '연약한' 신체를 갖고서 히스테리와 여성성을 개시했다. 오빠보다 더 아프고 또한 더 연약한 그릇으로 명확히 가정된 여자아이였던 그녀는 수많은 질병들을 갖고서 의사에게 갔다. 그렇지만 프로이트를 보러 간 이후에 그녀는 결국 자신의 이야기를 하게 되었다.

히스테리가 구성 성분 자질들로 분해되는 것은 히스테리의 젠더화를 확인해 준다. 다중 인성, 경계선 상태, 해리 상태, 유아 학대나 아동 학대에 대한 이야기들, 식이 장애(특히 거식증과 과식증), 마법 — 이 모두는 70에서 95퍼센트가 여성 인구이다. I. M. 루이스가 묘사한 비정통적 종교 활동들에서도 그렇듯 누가 이 질병들의 행위자인지를 질문할 때, 대답은 분명하다: 여자들. 그렇지만 처음부터 뚜렷한 여성 인구를 갖지 않았던 히스테리 연관 '질병'이 하나 있다: 정신분열증. 금세기 초 히스테리의 명백한 '사라짐' 이후에, '새로운' 질병인 정신분열증은 가장 만연하는 정신 질환이 되었다. 실로 그것은 20세기의 최소 3분의 2 동안 히스테리로부터 인기를 넘겨받았다. 이와 관련해서 나는 세부 사항에서 미칼레가 누락하고 있는 것을 강조하고 싶다: 정신분열증으로 빨려 들어가게 된 것은 히스테리의 미친, 정신증적인 차원이었으며, 그것은 젠더—특정적이지 않다.

1911년 취리히의 오이겐 블로일러는 '조발성 치매dementia praecox'를 에밀 크레펠린의 1893년 용어인 — 정신증의 일종인 — '정신분열증'으로 재명명했다. 그 꼬리표는 받아들여졌다. 히스테리적 정신증을 연구한 벨기에 역사가 카트리엔 리브레히트에 따르면, 정신분열증은 이전에는 히스테리로 진단되었을 환자들을 흡수했다. 이는 논쟁의 여지가 있다 — 많은 임상의들은 정반대로 주장한다. 즉 19세기 초 히스테리증자들은 너무나도 미쳤기 때문에 정신증적이라는 꼬리표가 붙어야만 했다고 주장한다. 20세기 내내 정신분열증은 정신 질환의 중요한 범주였다. 그렇지만 오늘날 '경계선' 진단은 한때 히스테리였던 것을 흡수하였을 가능성이 정신분열증보다 더 높다. 리브레히트가 이렇게 적고 있듯이 말이다. '과거의 히스테리증자는 현재의 경계선 환자가 되었다.'[9] '경계선'이라는 용어는 그 심리학적 질병이 신경증과 정신증 사이의 경계에 있음을 가리킨다. 다시금 '경계선' 진단이 히스테리를 흡수했다는 생각은 논쟁의 여지가 있지만, 우리는 남자들이 정신분열증이나 경계선이 되는 것이 허용된다는 점을 지적해야 한다 — 그리고 남성 히스테리는 어디론가는 가야만 한다. 그렇지만 젠더 중립적 출발 이후에, 이제 여자들이 남자들보다 더 많이 경계선으로 간주되고 있다. 친숙한 패턴이 다시 드러난다: 처음에는 정신분열증이, 그러고 나서 경계선 상태가 젠더 중립적인 것으로 출발하고는 그런 다음에는 여성 우세적인 것이 된다.

• •

9. Libbrecht, K. (1995), p. 217.

이는 두 상태 모두가 히스테리를 병합한다는 리브레히트의 주장을 분명하게 지지한다.

　정신분열증에 의한 저 최초의 히스테리 탈취 시도에서 무슨 일이 일어나고 있었는가? 정신분석가로 일하기 위해 베를린으로 가기 전에, 칼 아브라함은 블로일러, 융과 함께 취리히의 부르크횔즐리 병원에서 3년 동안 일했다. 이후에 아브라함은 히스테리를 그가 여전히 조발성 치매라고 불렀던 것과 비교하는 편지를 프로이트에게 썼다. 그와 프로이트는 차이점들에 관해 논의했다. 히스테리증자가 다른 사람들을 사랑하는 곳에서, 조발성 치매를 앓는 환자는 자기 자신에게로 리비도를 철회하며, 그리하여 대부분은 나르시시즘적이고 겉보기에 무성적이지만 실제로는 자가 성애적이 된다고 아브라함은 제안했다. 그 대답으로 프로이트는 이렇게 논평한다. 히스테리증자는 에로스적 만남과 유혹의 상상된 사랑 장면들 속에 초기 나르시시즘적 자가 성애를 감추며 그 장면들에 매혹되는 반면에, '치매로 돌아서고 히스테리증자와의 유사성을 잃은 환자들은 자신의 (성적으로 유아적인) 환상들을 저항 없이 만들어낸다. 마치 그것들이 이제 가치를 상실했다는 듯이, 결혼에 대한 희망을 버린 남자가 이제 무용해진 기념품, 리본, 머리댕기를 내던지는 것처럼.'[10] 프로이트는 또한 경미한 조발성 치매에 필수적인 분열 과정, 즉 오늘날 '분열증'이라고 불리게 될 상태를 산출함으로써 히스테리를 치료할 수 있다고 융이 제안한 것은 옳았다고 논평하기도 했다. 내 생각에 이는 정확했다.

　취리히 그룹은, 가장 두드러지게는 융은, 정신분열증에 대한 성적 병인론의 여하한 가능성도 고려하지 않았다 ― 그리고 무성적 설명이 거의 변함없이 그 진단을 지배해왔다. 실제로 특히 융은 여하한 신경증에 대한 성적 병인론 개념에 반대했다. 자가 성애를 내포하는 정신분열증의 병인론에 대한 프로이트와 아브라함의 분석은 지구력이 전혀 없었다.

· ·

10. Abraham, H. C. and Freud, E. L. (eds.) (1965).

정신분열증이 무성적이라는 관념이 승리했다. 개인사 속 성욕 교란이 없는 것이라면, 그 질병이 남성이나 여성 둘 중 하나와 연계될 수는 없을 것이다. 세기 초에 실로 남성 정신분열증자가 여성 정신분열증자보다 수적으로 우세하였다. 1960년대에 들어 반대가 되었기는 하였지만. 나는 정신분열증이 성애적 세계로부터 자가 성애로의 물러남을 내포하는 반면에 히스테리는 대상 사랑을 겉보기에 드러낸다는 아브라함/프로이트의 주장이 결정적으로 중요하다고 주장하고 싶다. 그렇지만 다음 장에서 나는 히스테리의 대상 사랑은 자가 성애를 사실상 먹여 살리는 사랑받고자 하는 요구(사랑에 굶주림)라고 주장할 것이다.

리브레히트의 용어로, 1차 세계대전 이후 정신분열증은 '세계에 들끓었다overran the world'. 진단으로서의 정신분열증의 성공은 정신분열증이 성욕의 문제에 저항한다는 사실 때문이라고 그녀는 주장한다: '히스테리 정신증과의 감별진단을 회피하고 성욕의 역할을 거부하는 블로일러의 널찍한 정신분열증 집단은 소송에서 승리한다.'[11] 내 생각에 이는 참이다. 그렇지만 나는 우리가 좀 더 구체적일 수 있다고 믿는다. 히스테리의 정신증적 차원이었고 언제나 그것인 것이 금세기 동안에 정신분열증 속으로 사라졌다. 부분적으로 히스테리의 정신증적 차원은 정신분석적 치료로부터 배제되었었고 히스테리는 '치료 불가능한 정신분열증'이 되었다. 부분적으로 정신분열증은 히스테리의 은신처가 되었다.

대상관계 정신분석가들(클라인학파와 독립파)에게로 옮겨가서는, 리브레히트는 2차 세계대전 이후 이 임상의들의 의기양양한 정신증 분석을 감춰진 히스테리의 발견 실패로서 재독서한다.

1947년 영국정신분석협회에서 처음 발표된 밀드레드의 분석에 대한 로젠펠드의 출간[6장 참조]은 역사적으로 가장 큰 중요성을 갖는다.

• •
11. Libbrecht, op, cit., p. 135.

특히 그것은 클라인학파 전통에서 정신증 성인 여성에 대한 성공적인 치료의 최초 출간, 즉 최초의 전이 아래의 정신증과 관련이 있다. 그렇지만 밀드레드 사례의 재독서는 여기 정신분열증의 문제가 없다는 것을, 오히려 반대로 심각한 히스테리의 문제가 있다는 것을 보여준다. 어떤 이들은 십중팔구 그것을 히스테리적 정신증이라고 부를 것이다.[12]

한때 여성 히스테리증자가 정신과 의사와 정신분석가에게 모델 환자를 제공했다면, 20세기 중반이 되면 그녀를 대체한 것은 '중성화된' 정신분열증자였다. 때로 진단으로서의 정신분열증은 새로운 질병 실체의 구성이었다(19세기 말 이전에 그것은 질병 범주로 존재하지 않았다). 거식증처럼 그것은 한때 히스테리의 한 가지 차원에 불과했었다. 다시 말해서, 정신분열증은 더 커진 진단적 정교함의 결과로 보일 수도 있다. 때로 정신분열증 진단은 환자에 의한 히스테리적 모방의 결과로 생겨났다. 이는 (밀드레드가 자신의 분석에서 성취했었듯이) 언제나 그것 자체가 될 정도로 절대적인 것은 아니었다. 가령 보스턴에서 일하는 정신과 의사이자 정신분석가인 마틴 오른 박사는 1956년 중요한 재진단을 행했다. 미국에서 가장 잘 팔리는 시인 앤 섹스턴이 될 여자를 오른은 정신분열증 병동에서 구출했다. 섹스턴의 히스테리가 그녀로 하여금 연기하기 이상의 것을 할 수 있도록, 너무나도 완벽하게 모방할 수 있도록 하여서, 그녀가—정신분열증의 정의들이 되어 있었던 그 모든 특유의 증상들과 행동들과 명백한 사고 장애들과 더불어서—거의 정신분열증자가 되었다는 것을 그는 깨달았다.

원래는, 앤이 둘째 출산 후 도움을 청했을 때, 산후 우울증 진단을 받았었다. 그녀의 딸이 태어나고 1년 후인 1956년 8월 병원에서 그녀를

••
12. Ibid., p. 221.

치료차 처음 보았을 때, 그녀의 사고와 행동은 추정되는 진단과 실제로 일치하지 않았다. 앤을 알게 되기 시작하면서, 사고 장애를 앓는 환자에게서 기대할 수 있는 관념작용ideation을 그녀가 보여주고 있다는 것을 나는 깨달았다. 정신분열증 장애를 앓고 있는 두 명의 환자와 함께 시간을 보내고 있다고 그녀가 다행히도 어쩌다 말했으며, 그리하여 현재 교류하고 있는 사람들의 것과 같은 증상을 띠는 그녀의 경향성을 나는 알게 되었다. 실로 바로 이 경향성 때문에 나는 그녀가 절대적으로 필요한 것보다 더 오래 병원 환경에 머물지 않도록 유의하였다. 다른 환자로부터 새로운 증상을 채택하지 않도록 말이다.[13]

이는 히스테리증자가 어떻게 현재 유행하는 질병을 연기하고 모방할 수 있는지를 보여주는 완벽한 예시였다. 병원의 의사들이 정신분열증을 원했다면, 히스테리증자는 바로 그것이 될 것이다. 그리하여 히스테리는 다른 더 동시대적인 질병들 속으로 '사라졌다'. 또는 그러한 질병들 속으로 자신을 위장했다. 한때는 가령 간질병으로 그랬던 것처럼.

히스테리에 대한 관심이 세기의 첫 10년 동안 (조발성 치매/정신분열증에 길을 내주면서) 이미 쇠퇴하고 있었지만, 히스테리의 '마지막' 사라짐을 장식한 것은 역설적이게도 1차 세계대전의 대규모 히스테리였다고 나는 주장하고자 한다. 양측 전방에서 의병 제대를 한 장교들과 병사들은 히스테리 증상을 보였다. 그렇지만 히스테리 진단은 금세 논란이 되었다. 비록 남성 히스테리를 가지고서 샤르코가 이름을 떨쳤기는 하지만, 프로이트는 — 옳든 그르든 — 1880년대 비엔나 의학계에서의 자신의 저조한 인기를 그 진단에 대한 자신의 옹호 탓으로 돌렸다. 1차 세계대전 동안 남성 히스테리의 대량화는 단순히 의학계의 구미에 맞지 않는다고 — 혹은 더 일반적으로, '남성성'의 표준적 이미지에 맞지 않는다고 — 폭넓

• •

13. Middlebrook, D, W. (1991), xiv.

게 제안되었다. 비기질성 마비, 기억 상실, 경직, 함묵증 및 기타 모든 '히스테리적' 특질을 지닌 병사들이 '히스테리증자'로 분류될 수 없다면, 그리고 남자들이 히스테리증자여서는 안 된다면, 이 딜레마에 대한 가장 간단한 해결책은 그 범주 자체의 쇠퇴를 허용하는 것이었던 것 같기도 하다.

1914년 무렵 감염과 전염병은 이전의 모든 전쟁에서만큼 그렇게 주요한 전시 문제가 더 이상 아니었다. 심리적 괴로움이 그 틈을 메웠다. 1차 세계대전 동안과 이후에 (그리고 이후 서양이 참전한 모든 전쟁에서) 이 심리적 증상들이 전투 외상의 결과인지 아니면 히스테리인지를 놓고 논쟁이 격화되었다. 그것들이 히스테리로 간주되려면, 그 병인론에 성욕과 무의식적 과정을 위한 어떤 자리가 있을 필요가 있다고 나는 모든 정신분석가와 마찬가지로 주장할 것이다. 처음에 (아브라함과 페렌치처럼) 의사 면허가 있는 정신분석가들이 전방의 병사들을 치료하기 위해 보내졌으며, 히스테리를 기록했고 그 안의 오이디푸스적 갈등을 발견했다. 더 일반적으로는 정신분석에 정통한 의견은, 1차 세계대전의 이러한 대규모 정신 붕괴에 응답하면서, 처음에 이렇게 주장하였다. 죽음의 위협 아래서 '부정적' 오이디푸스 콤플렉스의 아버지에 대한 억압된 동성애적 갈망의 회귀가 있었다고, 혹은 그게 아니면 어머니 대체물로서의 모국에 대한 오이디푸스적 소원들의 회귀가 있었다고. 두 가정 모두는 진단을 오이디푸스 콤플렉스로 국한시켰다. 어머니의 경우 '긍정적', 아버지의 경우 '부정적'. 어느 쪽 설명이건 당시 정신분석 안에서 이해된 바로서 히스테리를 포함할 수 있었을 것이다.

무의식에 관해서 프로이트를 열광적으로 독서했던 W. H. R. 리버스 같은 정신과 의사들은 포탄 쇼크라는 공식 분류를 상대하지 않으려 하였다(리버스의 표현대로, '전쟁의 불안 장애를 가리켜 대중들이 지금 사용하게 된 그 불운하고 오도적인 용어 "포탄 쇼크"'[14]). 하지만 리버스에게서 외상은 심리학적 효과를 산출했다. 훨씬 이전에 샤르코에게서도 외상은 결정적이었다. 외상은 남성을 미치게 만들 수 있었다. 남성 히스테리증자가 나약하거나 여성적인 것이 아니라 남자다운 '마초' 노동자들이었다는 것이 샤르코에게는 문제가 되었다. 갈리아계 유대인인 프로이트는 그렇게 비위가 약하지는 않았다. 자신의 남성 히스테리 환자 가운데 하나를 '헤라클레스 남자'라고 부르기는 했지만. 남자들이 여성적이지 않아야 할 필요가 히스테리 진단의 소멸을 가져왔다. 전쟁신경증이나 외상신경증을 앓고 있었던 남자들은, 그들의 전임자인 살페트리에르 병원의 남성 히스테리증자들처럼, 마침내 그들의 증상에 성적인 차원이 없다는 평가를 받았다. 그리하여 비록 이 문제에 관한 정신분석적 이해의 많은 부분이 보존되었으며 특히 무의식적 과정의 영향이 강조되기는 했지만, 결정적인 힘으로서의 성욕은 결국 보존되지 못했다. 오이디푸스적 설명은 외상적 충격에 너무 적은 비중을 두었다. 외상을 통한 설명은 상황을 반전시켰다. 성욕에 너무 적은 비중이 주어졌다. 샤르코는 전-프로이트적이었다. 1918년 이후 정신분석은, 성욕의 중요성의 측면에서, 전-프로이트적이 되었다. 더 나아가, 성욕 없이는 히스테리도 있을 수 없다. 외상신경증 혹은 정신분열증이 그 자리를 넘겨받았다. 죽음충동 개념은 1차 세계대전에서의 외상과 히스테리 양자 모두에 대한 관찰로부터 생겨났다.

그렇지만 물론 전쟁 외상에 대한 반응으로 성욕이 있다. 전쟁 피해자를 외상성 스트레스만 겪는 것으로 이해한다면, 전쟁의 걷잡을 수 없는 성욕은 어떻게 설명할 것인가? 난폭한 무작위 접촉들, 살인을 동반하는 겉보기에 불가피한 강간 및 집단 강간은? 성폭력은 '자동적으로' 전쟁 폭력을 동반하는 것 같다.

사실, 걷잡을 수 없는 성욕과 전쟁 폭력의 밀접한 관계를 어떻게 무시할 수 있었을까? 이 질문은 매우 거대하다. 여기서는 그것을 히스테리

• •

14. Rivers, W. H. R. (1920), p. 2.

와 정신분석 이론이라는 나의 주제와 연결하는 몇몇 제안만을 할 수 있을 뿐이다. 정신분석 안에서 성욕은 오이디푸스적인 것으로 간주되어 왔다. 따라서 정신분석 실천 및 그 자신의 경계를 넘어선 그것의 영향력은 히스테리의 사라짐을 또 다른 방식으로 초래했다. 모든 관계를 오이디푸스화함으로써, 남자들은 히스테리증자처럼 보이는 것을 회피할 수 있었다—남자들은 부정적 오이디푸스 콤플렉스에서 동성애적이거나 긍정적 오이디푸스 콤플렉스에서 '정상적', 즉 이성애적이었다. 그리고 여성 히스테리증자들은 단지 초여성적으로 보였을 뿐이다.

오이디푸스적 관계들은 재생산적 부모와의 동일시를 내포한다. 전쟁 성욕(강간)은 성욕이 재생산으로부터 궁극적으로 분리되는 것이며 죽음이 성욕에 달라붙는 것이다. 이는 무엇을 의미하는가? 그것은 히스테리적 성욕이다. 어머니와의 동일시에서 여자아이는 어머니처럼 보인다. 히스테리적 동일시에서, 앤 섹스턴의 말처럼, '여자는 자신의 어머니다 / 바로 그것이 중요하다.'[15] 히스테리적 어머니가 되는 히스테리적 딸들이 있다. 그렇다면 아기는 독립적인 중요성을 갖지 않는데, 왜냐하면 히스테리적 어머니는 여자아이일 때는 아기를 가질 수 없다는 사실과 결코 화해하지 않았기 때문이다. 그녀는 이 사실을 애도하지 않았다. 따라서 아무것도 상실되지 않았기에, 아무것도 표상되거나 상징화될 수 없다. 이러한 모성 모방에서 아이는 아무런 의미도 없으며, 이는 가령 반복되는 출산에서 분명해진다. 즉 (페넬로페 모티머가 그녀의 소설 『펌프킨 이터*The Pumpkin Eater*』(1962)에서 그토록 잘 포착한) 더 많은 아기들에 대한 강박적 욕구에서. 그렇지만 히스테리 여자는 적어도 어머니처럼 보인다. 하지만 그러한 모성 모방은 남자의 경우에는 성립하지 않는다. 의례적 출산 모방 관행인 쿠바드couvade처럼 사회적으로 용납된 경우가 아니라면 말이다.

• •

15. [섹스턴(Anne Sexton)의 시 'Housewife'의 마지막 두 행.]

우리가 보지 못함에도 불구하고 전쟁에서 그토록 현저한 히스테리는 확실히 형제들 — 적들이나 동포들(1장 참조) — 이 관련된다. 정신분석 이론 및 임상 실천에서는 부모가 전부이기 때문에 이는 누락된다. 증오는 전쟁의 살인으로 이어졌다. 이 살인들에 대한 욕망과 금지는 외상성 스트레스 반응들의 히스테리 차원에서, 비기질성 질병들과 히스테리적 이야기들에서 명백하다. 이 반응들에 내포된 사랑과 난폭한 증오의 근접성과 갈등은 정신의학의 약물 치료와 오이디푸스적 관계들을 강조하는 정신분석 상담실에서 배제된다. 오이디푸스적 동일시 속에서의 히스테리 증자는 오로지 모방하고 있을 뿐이다.

　　부모와 함께 하는 자기 자리를 다른 누군가가 차지하고 있음을 깨달을 때 남자아이는 유아기 전략으로 되돌아가 어머니를 되찾으려 할 것이다. 혹은 그것이 실패한다면, 아버지의 사랑으로 되돌아가 그 사랑을 자신만을 위해 재확보하려 할 것이다. 그는 어머니가 경쟁자 동기에게 준 사랑 때문에 어머니를 증오할 수도 있다. 그는 경쟁자의 생산에 있어 아버지가 한 역할 때문에 아버지를 증오할 수도 있다. 하지만 진정한 남성 히스테리 증자는 재생산적 성욕에 연루되지 않는다 — 다른 사람들에 대한 그의 사랑은 그것이 실제로는 오로지 자기 자신에 대한 사랑이라는 사실을 감추는 가장이다. '펌프킨 이터' 여자가 그렇듯, 그의 부모 노릇하기parent-ing는, 가장 좋아봤자 양가적인바, 일종의 우연이다. 전시 강간으로 아기들을 생산하는 남자들이 실제로 아기들의 아버지가 되는 경우가 얼마나 되겠는가? 약화된 판본에서 우리는 아버지 노릇하기에 대한 이 거부 성향(혹은 재생산의 의미에 대한 무지)이 변화하는 가족 형태들과 분투하고 있는 이 시대에 '부재하는' 아버지들에게서 작용하고 있음을 볼 수 있다.

　　오늘날 서양 세계에는 또한 우리 역사의 대부분에서보다 더 약화된 부계적 동일시 또한 있다: 동기에 의해 전치된 남자아이는 전보다 덜 두드러진 대안적 위치를 갖는다. 그는 분명 과거만큼 그렇게 여동기보다 우월하지는 않다. 하지만 또한, 만약 그가 동생이라면, 방탕해지거나 성직자가 될 가능성도 없다. 경쟁의 폭력은 다른 측면 관계들에 의해 이어질 것이다 — 전시에는 다른 남자들과의 관계에 의해, 평시에는 동반자와의 관계에 의해. 동반자가 여성이라면, 아버지를 전치시키는 아기는 모든 동기 증오를 다시금 환기시킬 것이다. (보편적으로 그렇듯) 남자로부터 여자에게로 폭력이 분출될 때면 남자들에게 무력함을 느끼게 하는 전능한 존재를 대표하는 어머니가 공격당하는 것이라고 거의 언제나 주장된다. 정말 그럴 것이다. 하지만, 동기를 낳은 사람이 바로 어머니다. 이런 의미에서 어머니 살해는 부차적이다. 일차적 증오는 내 자리를 차지하고 있고 그리하여 나를 '비실존'이 될 정도로 무력하게 만드는 한 사람, '동기'에 대한 것이다.

정신분석 상담실이라는 임상 상황에서, 히스테리와 더불어 출현하는 전이는 동기간 경쟁이다. 동기간 경쟁은 오이디푸스적, 전오이디푸스적 사랑과 증오를 배제하지 않는다 — 오히려 측면적 가능성들을 배제해 온 것이 기존의 정신분석이었다. 「역전이에서의 증오」라는 논문에서 D. W. 위니콧은 환자를 향한 치료사의 증오 감정을 묘사한다. 그것은 어머니로서의–분석가에 대한 환자의 선망과 증오를 통상 강조하는 것에 대한 중요하고도 필수적인 교정이지만, 틀구조 자체는 동일하게 남아 있다 — 그것은 세대 간 감정의 틀구조 안에서 이해된다. 다른 곳에서 위니콧은 (유아의 선천적 선망에 대한 클라인학파 이론에 반대하여) 분석가로서만이 아니라 소아과 의사로서 행한 집중적이고도 광범위한 작업으로부터 어머니의 증오가 아기의 증오에 선행한다는 것을 안다고 진술했다. 그럴지도 모른다 — 하지만 어머니의 증오는 어디서 오는가? 어머니는 자신이 아기에 의해 전치되었다고 느낄지도 모른다. 아마도 그녀가 자신의 아동기에 그렇게 전치되었다면, 그것은 같은 자리를 차지한 동기에 의해서였을 것이다. 위니콧의 논문에서 묘사된 어떤 순간이 있다. 그 순간 그는 그 자신의 증오에 대한 일체의 수용에도 불구하고 무언가를 참을 수가 없다. 그의 집에서 머물고 있던 한 정신병적인 남자아이가 위니콧을 참을 수 없을 정도로 몰아붙였다. 마침내 위니콧은 그 아이를 문밖에 둔다. 그곳에서 그 아이는 원하는 만큼 끔찍할 수 있겠지만 위니콧과 같은 자리에 있지는 않다. 너무 가까운 측면 관계는 증오를 격발한다.

전치 같은 형성적 아동기 상황들로 돌아가 보면, 어머니와 아버지 둘 다 아기가 태어날 때 그것을 느끼는데, 이는 그들 자신의 아동기 때 동기에 의한 그들 자신의 전치로부터 기원할 것이다. 이는 히스테리와 도착이 관계가 있는 이유를 설명해 줄 것이다: 도착은 실연이며, 히스테리는 환상이다. 노출증자는 과시하기를 원하지만 그렇게 하는 것은 금지되어 있으며 그리하여 그의 행동은 공개된 비밀이다. 성인 앤 섹스턴의 여자아이 옷 입기 같은 히스테리 증상은 과시하기와 그렇게 하도록 허락되지 않음의 환상을 드러낸다. 도착과 히스테리 양자 모두는 전광석화처럼 뒤바뀌는 사랑과 증오의 근접성을 포함한다. 폭력이 성욕으로 변형되었다가 되돌아온다. 내가 제안했듯이, 도착적 성욕뿐 아니라 도착적 폭력도 있다: 그것은 형제 아벨의 살해에 대한 터부 내지는 누이의 살해에 대한 더 약한 터부의 위반이다. (누이의 살해가 더 약한 터부인 것은 그것이 의식적으로 문화적 처방과 관련되어 있기 때문이다—어떤 상황에서는 가족을 망신시킨 누이를 살해하는 것은 심지어 '옳을' 수도 있다. 그렇지만 이것 또한 십중팔구 더 약한 것인데, 왜냐하면 '열등한' 여자아이에 의한 젠더-교차적 전치는 더 약한 살해 소원을 불러일으키기 때문이다—소원이 적으면 금지도 적다.) 상담실에서 히스테리가 사라졌다면, 적어도 부분적으로는, 동기간 전이가 이론화되지 않고 행해지지 않는 가운데, 히스테리가 전쟁과 가정의 도착적인 성적 폭력 속으로 사라졌기 때문인 것 같다.

매일 우리는 '히스테리'라는 멸칭이 개인행동이나 집단행동에 적용되는 것을 듣는다. 별안간 나는 완전 부조리하다는 느낌이 든다. '히스테리는 사라졌다'라고 단언하는 그렇게 많은 책들을 나는 읽었고, 그렇게 많은 단정적 진술들을 들었다. 그것에 대해서 우리가 계속 이야기하고 있는데, 어떻게 그것이 안 존재할 수 있지? 나는 아주 오랫동안 궁금해하고 걱정해 왔다—나의 임상 실천 속에서, 나의 이웃과 친구들과 친구 아닌 사람들 사이에서, 나 자신에게서, 동료들에게서, 뉴스에서 나는 무엇을 보고 있었을까? 어떤 완전히 분열증적인 주장이 우리 모두를 억누르고 있었다. 즉 히스테리에 대해 이야기하고, 생각하고, 항상 보는데 어떻게 히스테리가 사라졌을 수 있지?

오늘날 우리는 어떤 변화의 상태에 있다. 서양 역사에서 마법의 쇠퇴와 히스테리의 의학화의 부상이 수반되는 그러한 변화. 인류학자들은 새로운 질서가 도래할 때 마법의 갑작스러운 사라짐에 대해 언급한다. 이제 히스테리가 사라질 차례다. 현재 변화의 원인들에 대해서는 추측만 할 수 있을 뿐이다. 재생산의 중요성 감소와 더불어 남성과 여성이 경제적으로, 정치적으로, 심지어 사회적으로 근접하는 것은 히스테리가 더 이상 남성 심문관과 여성 마녀, 남성 의사와 여성 히스테리 환자, 이성적 남편과 히스테리적 아내라는 양극화 안에 제한되지 않는다는 것을 의미한다. 20세기 말 서양 세계에서, 양 젠더는 더 직접적으로 유사한 방식으로 히스테리가 될 수 있다. 전쟁 히스테리는 여전히 남자들의 영역이지만, '평화로운' 관계에서 여자들은 자신들이 전치된다고 느끼면 폭력적이 될 수 있으며, 실제로든 결과로 생긴 아이의 의미에 있어서든, 비–재생산적인 성욕에 참여할 수 있다.

초현실주의자들은 히스테리적 현란함, 열정, 드러냄의 교리들로부터 자신들의 소수성 선언을 하였다. 오늘날 사적으로 추동된 증상들 대신에 의식적이고 공적인 실연을 선호하는 사회적 상황은 포스트모던 철학으로 가장 잘 요약되는데, 이 철학은 메타서사, 진리, 재현을 회피하면서 파편화, 욕망의 증식, 의지의 우위, 원하는 것을 얻게 해주는 행위와 언어를 지지한다. 이는 수행과 수행성의 가치화이다. 프로이트는 자신의 히스테리에 맞서 오이디푸스 콤플렉스와 거세 콤플렉스에 대한 작업을 지속하였으며, 그러면서 또한 1940년 망명 중 사망하기 전까지 겪어야 했던 붕괴에 맞서 모더니즘적 투쟁을 하고 있었다. 히스테리는 사라지지 않았으며, 결코 사라질 수 없다―히스테리가 순간적인 반응으로서가 아니라 우리가 살아가는 지배적 방식으로서 정상화되기 전에 히스테리를 인지하는 것이 중요하다.

제5장

성욕, 죽음 그리고 재생산

그렇다면 히스테리는 20세기 서양 세계에서 사라지지 않았다. 오히려 이 세계가 은폐된 히스테리를 드러내 보이고 있으며 이를 인지하지 못하고 있는 중이다. 자신들이 관찰하는 증후군에 '히스테리' 대신 다른 이름을 택했던 사람들은 다만 정신분석가들만이 아니다. 전문가 세계 일반이 그렇게 하였다. 히스테리가 인정되기 위해서는 '타자'에게 — 자기 자신이 아닌 아무 사람이나 집단에게 — 할당되어야 한다. 그러한 좌천이 확실치 않을 때, 히스테리가 너무 가까이 있게 되면 히스테리에는 참을 수 없는 무언가가 있다. 사회과학의 참여 관찰 기법, 환자로서의-분석가에 대한 정신분석의 끝없는 조사, 그리고 무엇보다도 남성 히스테리의 재출현은 최근 히스테리를 '타자'의 영역으로의 좌천에서 사회의 '자기'의 한복판으로 이동시켰다. 중심 바깥의 자리에서 중심으로 이동했으므로, 그것은 일체의 실존을 부정당해야 한다. 이는 엄청나게 중요한 장면 변화다. 그렇다면, 히스테리에 관해서 그토록 참을 수 없는 것은 무엇일까?

프로이트는 정신의 구성 기저에는 생물학적 암반이 있다고 주장했다.

그 암반에다가 그는 양쪽 젠더 모두에 의한 여성성의 근본적 거부를 위치시켰다. 남자에게 (어머니에 대해서 그렇듯) 여자와 수동적인 관계를 맺는 것은 용인할 만한 것이기는 하지만 다른 남자와 수동적인 관계를 맺는 것은 참을 수 없는 것임을 보여주는 것 이상으로, 여성성 안에서 아무도 원하지 않았던 것이 무엇인지 그는 정교화하지 않았다. 하지만 수동성의 한 특정 측면에 대한 증오는, 심지어 여성성과 관련해서도, 빈약한 설명이다. 어떤 종류의 행동에 대한 설명으로서 여성성이 히스테리를 대체했음을 고려할 때, 그것은 전적으로 불충분해진다. 여성성에 대한 거부는 히스테리에 대한 현대의 거부와 명백히 유사하다. 만약 우리가 두려운 소멸에 직면한 '무력함'을 수동성에서 읽어낸다면, 히스테리증자 역시 당연히 수동성에 저항하고 있을 것이다. 분명 우리는 이 무력함의 경험에 연루되기를 원하지 않는다. 하지만 이는 상태로서의 히스테리에 대한 근본적 거부에 대한 또는 히스테리를 언제나 '타자'에 할당하는 것에 대한 충분한 이유인가?

히스테리증자의 식별 가능한 특징들 가운데는 어린아이의 매력이 있다. 그렇지만 거기에는 치명적인 무언가 또한 있다. 우리가 움츠러드는 것은 바로 그 매력이 이러한 치명성을 드러낼 때다―도라의 숭배자들은 K 씨 부부의 아이의 죽음에 대한 도라의 냉담함을 알아차리지 못한다. 종종 이보다 더 냉혹하게, 장난기와 코미디 감각과 더불어, 폭력과 잔인함을 내포하는 사악한 무언가가 방출된다. 히스테리에 동반되고 그래서―마녀사냥이나 극단주의 정치 집회같이―다른 사람들을 끌어들이거나 감염시키는 추동적이고 중독성 있는 힘을 여기에 추가할 필요가 있다. 히스테리증자의 청중은 응답하거나 참여하도록 강요당한다. '히스테리'라는 포괄적인 범주를 별개의 부분들로 해체한다면 이 모든 것을 놓치게 된다. 바로 이것이 20세기 '선진' 세계에 의한 히스테리의 바로 그 해체가 그렇기에 사실은 히스테리의 회피를 위한 기술일 수도 있는 이유다. 가령 다중 인성은 악한 분신을 지닌다. 이를 진단하는 임상의는 이 분열을 반영하며 한 가지 성격을 묵살한다. 히스테리에서 선과 악, 사랑과 증오는 상호 돌변하는 관계에 있다.

그렇지만 히스테리에 관한 사고를 배척하는 것이 무엇일 수 있을지 이해하려고 노력하기 위해서는 세 가지 영역을 다룰 필요가 있다. 이 세 영역은 죽음, 성욕, 재생산이다. 다시금, 이러한 성찰을 위한 나의 자료가 대부분 정신분석 임상 실천에서 오기 때문에, 나는 정신분석적 틀 안에서 가능한 설명을 생각할 것을 제안하고 있으며, 하지만 그러면서도 다소 비정통적인 조합들과 변경들을 만들어가고 있다. 우리는 죽음충동을 가지고서 그리고 성충동을 내포하는 삶충동을 가지고서 세계 속으로 진입하며, 이것들은 상반되는 힘으로 작용한다는 관념을 프로이트는 제안하였다. 그렇지만 히스테리의 걷잡을 수 없는, 유혹적인, 파괴적인 성욕에서 우리가 보는 것은 그 둘의 조합이다. 죽음 소원의, 폭력의 성욕화.

단지 히스테리에서 성과 죽음이 하나의 융합된 충동으로 결합되었다는 것이 아니다. 오히려 폭력적인 무언가가 성욕화되었다는 것이다. 치료사가 환자를 유혹하거나 환자가 치료사를 유혹한다면, 그것은 둘 중 어느 쪽에도 최선의 이득이 되지 않는다. 아버지가 딸과 사랑을 나누거나 딸이 사춘기의 롤리타라고 하더라도, 거기에는 다정함이 거의 없다. 성욕은 관계에 대한 것 같지가 않다. 오히려 영원히 상실한 무언가에 대한 필사적인 욕구에 대한 것 같다. 앤 섹스턴은 그녀의 유혹하는 능력을 이렇게 묘사했다.

나는 그와 동침하기를 원하는 게 아니야. 나는 그가 나를 사랑한다고 확신하기를 원해. 이것[원함]은 알약이나 마약과 비슷하지만 훨씬 더 복잡하지.[1]

• •

1. Middlebrook, D. Wood (1991), pp. 147~148.

섹스턴은 그녀의 치료사와 이 치명적인 매력에 대해서 논의했다. 그녀는 기저의 패턴을 알아차렸다: 연인들은 만날 수 없는 어떤 사람의 대역이었다.

(…) 내가 아름답다는 말이 아니야. 단지 어떤 남자가 나를 사랑하게 만들 수 있다는 것이야. 이것의 아우라는 술보다 강해. 단지 그들과 잠자리에 드는 것만이 아니야. 그것은 의례야. 그것을 밀어붙이고 싶을 때 나는 단지 '나는 네가 필요해'라고 말하지. (…) 이것 때문에 나는 죽을 거야, 이건 질병이야. 이건 아이들과 내 남편을 파괴할 거야. [아버지가], 어머니가 죽은 이후부터, 나는 누군가가 나를 사랑한다는 느낌을 갖기를 원해. (…) 좋은 마약, 나를 사랑하는 사람들을 갖는 것.[2]

우리는 유혹이라는 기저 경험에 관한 이 서술을 이중적 부재라는 맥락에 삽입할 필요가 있다. 섹스턴은 그녀의 욕구를 죽음과 관련짓는다: 모든 연인은 죽었거나 만날 수 없는 사람이 남긴 공백을 메우며 모든 연인이 이번에는 부재하는 사람이 된다. 섹스턴의 전기 작가 다이앤 우드 미들브룩이 지적하듯, 섹스턴은 죽은 자들과의 동일시 중 가장 깊은 동일시를 하고 있을 뿐 아니라, 그녀의 시는 어떻게 그녀가 산 자들에게로의 투사 속에서 죽은 자를 다시 살게 하는지 묘사하고 있다—가령 그녀는 한 연인을 죽은 할아버지로 바라본다. 이 집요한 습관은 죽은 자와 산 자 둘 모두를 무한히 상실하기 쉽게 만들면서도 결코 상실되지 않게, 결코 완전히 죽지는 않게 만든다. 그래서, 가령 죽은 할아버지, 어머니, 또는 아버지는 적절하게 애도될 수 없으며, 언제나

• •

2. Ibid., pp. 147~148.

새로운 연인으로 나타난다. 그리고 그 새로운 연인은 언제나 거기 없는 누군가다.

죽은 자를 전치시키는 이 과정은 정신분석적 치료에서 전이에서 반향될 수 있다 — 치료사는 사랑하는 사람이나 증오하는 사람의 재再판본이 아니라 오히려 거기 있었다고 전혀 느껴지지 않는 누군가의 대체자다. 그렇지만 실제로 대체 연인으로서 역할하기를 거부함으로써, 치료 속 치료사의 독자적 비실존은, 바라건대, 환자로 하여금 죽은 자가 죽도록 허락할 수 있게 해줄 수 있을 것이다. 치료사가 실제로 (여하간 오로지 사라진 사람의 대리인에 불과한) 연인이 된다면, 과정은 끝나지 않는다. 환자는 실제로는 '사라진 사람들'이고 망령들인 더 많은 연인들을 축적할 수 있을 뿐이며, 그러다가 앤 섹스턴처럼 돈 후안-같은 환자가 의미 없는 죽음 속에서 그들을 결합하기에 이르는 것이다. 섹스턴의 자살은, 그녀의 '죽음 놀이'처럼, 죽은 사람을 대신했던 그녀의 연인들처럼, 최후에 대한 인식도 없고 다른 사람들에 대한 감각도 없는 죽음이었던 것 같다. 그렇다면 여기서 우리는 성욕을 죽음으로서, 혹은 아마도 더 좋은 표현으로는 '사라진 사람들'로서, 연인인 동시에 그녀 자신으로서, 발견한다. 앤 섹스턴은 사라진 사람들(할아버지, 아버지, 어머니, 그녀의 유모) 가운데 하나와 동일시했다. 섹스턴은 오로지 이 사라진 사람들을 실연實演하는 연인들만을 그녀의 겉보기의 사랑 대상으로서 취하는 공통의 패턴을 보여준다 — 떠나는 사람들은 매력적이다, 남는 사람들은 심리학적으로 가치가 없다. 강박적 유혹은 유령들의 만남의 장이다. 사랑하는 사람과 사랑 대상 양자 모두는 거기 있다고 전혀 느껴지지 않았던 사람들의 대체자다.

그렇지만 죽음을 성욕을 위한 맥락으로 만드는 한 가지 요인이 더 있다. 즉 주체 자신의 경쟁 감각. 한 가지 사례에 불과한 앤 섹스턴의 경우 그것은 그녀의 걷잡을 수 없는 경쟁심으로 묘사된다. 처음에는 여동기들과의 경쟁심, 그리고 나서는 (동료 작가들부터 성적 파트너에 이르기까지, 가장 넓은 의미에서의) 또래들과의 경쟁심. 인정 투쟁의 일부로서 다른 사람들보다, 특히 또래들보다 더 잘하려는 것만이 아니라 더 많이 가지려는 난폭한 충동이 있을 수 있다. 이를 아동기로까지 거슬러 추적할 수 있다면, 우리는 전치를 외상으로 경험하는 전치된 아이가, 아기이기를 원할 뿐 아니라 아기가 가진 것(가령, 모유)을 원한다는 것을 볼 수 있다. 소말리아의 전통에 따르면, 한 아내는 남편이 자신을 다른 아내로 대체할 때 선망하는 자르의 정령에 사로잡힌다. 그리하여 그녀의 선망은 새로운 아내의 소유물에 대한 선망과 남편에 대한 이 아내의 위치에 대한 성적 질투 양자 모두를 포함한다.

그렇다면 히스테리증자는 전치를 외상으로서 경험하면서 이 외상을 반복적으로 재상연한다. 재상연은 강박적 성욕을 통해서 이루어질 수 있는데, 왜냐하면 외상과 성욕은 유사한 경험이기 때문이다. 주체의 보호막으로의 난입은, 외상의 본질적 부분인데(신체적 외상의 경우 실제 외피의 파괴, 심적 외상의 경우 상상적 경계의 파괴), 이는 섹스에서 정신/신체가 파괴적으로 개방되는 감각에 필적한다. 신체의 이러한 개방은 여성의 성과 더 흔하게 연결되는데, 거기서 정상 규범적 이성애는 침투적 삽입이다. 그렇지만 두 젠더 모두 성적 진입에 취약하다. 두 젠더 모두 유혹할 수 있고 '타자를 들일' 수 있듯이. 침투에 대한 인간의 이러한 일반적 취약성은 아마도 다시금 인류의 조산과 관련이 있을 것이다. 신생아는 젖꼭지를 움켜쥘 수 있는 충분한 능동적인 힘을 갖고 있지 않지만 그것이 입에 넣어지게 해야만 한다. 인간 존재는 누구나 침투될 수 있기에 특이하다 — 이러한 취약성은 침투를 언제나 위협적인 가능성으로 만든다. 동일 젠더의 고등 포유류들 사이에 강렬한 성애적 털 손질, 애정 어린 감정, 관능적 유대가 있을 수 있더라도, 동일 젠더 성적 침투나 결합의 증거는 거의 없다.

인간 구강성과 침투는 수유를 본뜬 성욕과 밀접하게 연계되어 있을 수도 있는데, 왜냐하면 오로지 인간만이 발정기 대신에 연중 성욕을 갖기 때문이다. 동물도 물론 연중 수유를 하지만, 수유 패턴과 연계되지 않는 계절적 성욕을 갖는다. 인간의 연중 성욕은 연중 수유를 반복한다. 히스테리의 성/죽음에서의 (전쟁에서와 같은) 유혹과 강간의 증거를 보건대, 우리는 신생아적 외상의 순간에 인간에게 성욕이 생물학적 동물적 충동에 덧붙여져서 확립된다고 추측할 수도 있을 것이다. 신생아는 돌봄자/부양자가 없다면 죽음의 위험에 놓이게 된다. 그렇지만 바로 그 동일한 순간에 신생아는 돌봄의 침투(수유, 씻기기)와 (자궁의 연장으로서의) 안기의 병합에 복종해야만 한다. 유아의 신체를 돌보는 것과 돌봄의 외상적 부재는 경험으로서 일치한다. 그 누구도 아기의 울음에 응답하지 않는다면 아기의 신체는 산산조각나는 느낌일 수도 있겠지만, 돌봄자가 아이를 씻기고 보살핀다면 신체 안으로의 침입이 또한 있게 된다. 마찬가지로, 보호받으며 안겨 있다는 아기의 경험과 압도당하고 있다는 아기의 경험은 밀접하게 연관되어 있다. 안겨 있기에 의한 삶의 보장과 질식과 병합에 의한 죽음의 위협은 일치한다. 나중의 광장 공포증과 밀실 공포증에서 우리는 삶 제공인 동시에 죽음 위협인 경험들의 긴장을 본다. 유아기 때의 돌봄자에 대한 우리의 완전한 의존성과 이를 신체적으로 본뜬 우리의 연중 성충동으로 인해, 아기는 침투와 병합의 경험 속에서 삶을 위협하는 위험을 느끼는 동시에 성적 흥분의 중심을 가질 수 있다.

프로이트의 죽음충동 가설은 외상적 경험을 반복하는 환자의 강박에 대한 일반적인 정신분석적 관찰로부터 생겨났다. 왜 끔찍한 전쟁 경험에 대한 반복되는 꿈들을 꿀 수가 있는 것일까? 필수 불가결한 돌봄자의 부재라는 초기 경험이 이 현상의 기저에 놓여 있는 것 같다. 프로이트는 죽음충동이 선천적이며, 성충동과 연결된 똑같이 선천적인 삶충동과 끊임없는 투쟁 속에 있다는 가설을 세웠다. 그렇지만 내가 제안하는 가설은 성충동을 삶충동만이 아니라 죽음충동과도 결합시킨다. 이것들은, 선천적일 수는 있겠지만, 모두가 삶의 조건들의 초기 외상을 통해

활성화된다. 또한 나는 죽음충동과 성충동에 맞서 삶충동을 놓으려 한다. 이 삶충동은 돌봄자의 부재와 대립되는바 돌봄자의 현존을 통해 활성화된다. 이 제안은 이론에 대해 어떤 트집 잡기가 아니다. 그것은 모든 정신분석가들이 그들의 정향이 무엇이든 간에 분석 면담에서 목격하는 현상들을 어떻게 생각할 것인가라는 전체 쟁점을 다룬다.

나는 히스테리에 초점을 맞추고 있으며, 프로이트로 하여금 죽음충동을 정립하게 했던 강박적 반복에 대한 동일한 관찰에서, 일반화된 외상적 순간 속에 잠재적 성욕의 활성화를 포함시키려고 한다. 어떤 맥락에서 우리는 살인은 강간이고 강간은 살인이라고 말할 수 있다. 이 성욕은 다만 전쟁 같은 나중의 외상 경험에서 혹은 어떤 사람들에게는 외상적으로 경험될 전치에서 활성화될 것이다. 전쟁에서의 살인과 강간의 결합에 주목함으로써, 그리고 그 결과로 생긴 남자들의 히스테리에 주목함으로써, 나는 죽음충동과 성충동을 동일한 순간에 구성되는 것으로 이렇듯 제안하게 되었다. 나는 성충동을 유동적 충동으로 본다. 성충동은 외상의 순간에 죽음충동과 함께 활성화된다. 하지만 그것은 또한 삶충동에도 현존하는데, 거기서 그것은 결합을 형성함에 있어 중대한 역할을 한다. 돌봄자의 돌보는 현존은 성욕이 — 섹스턴에게 그토록 분명했듯, 부재의 강박에 묶여 있기보다는 — 현존의 관계성에 애착되어 있다는 것을 보증한다. 외상적 반복 바깥에서 성욕은 삶충동의 일부가 될 것인데, 이때 삶충동은 재생산 충동을 포함할 것이지만 결코 그것으로 환원되지는 말아야 한다. 하지만 성욕은 또한 죽음충동에도 묶여 있기 때문에, 성욕은 또한 반복적일 것이고, 실로 종종 강박적으로 그럴 것이다. 삶을 보증하는 돌봄과 보호라는 측면에서 필요한 것의 충족성을 유아에게 제공하는 돌봄자를 통해 삶충동은 활성화된다.

모든 인간 성욕은 광범위한 대상들에서 발생할 수 있다: 주체 자신의 신체, 자신과 다르거나 같은 범주에 속하는 누군가의 신체, 동물들, 기계적 대상들, 상이한 신체 부위들. 이는 19세기 말 크라프트–에빙과 헤이블록

엘리스 같은 정신병리학자들이 편집한 성도착의 긴 목록으로 체계화되었다. 어느 정도의 '도착'은 모든 소위 '정상적' 성욕에 현존한다. 그것은 신경증과 정신증 증상들에도 마찬가지로 현존한다. 인간 성욕이 ('애착' 이론이나 대상관계 이론(6장 참조)을 제외하면) 대상보다 만족을 추구하는 한, 그것은 어떤 의미에서 필연적으로 도착적이다. 만족을 향한 이 충동은 대상을 찾을 수 있는데, 이 경우 성욕은 삶충동의 일부가 될 것이다. 혹은 그것은 만족스러운 대상에 애착되는 데 실패할 수도 있으며, 그리하여 대상 없는 우주 속에서 만족을 추구할 수도 있는데 이 경우 성욕은 죽음충동에 묶일 것이다. 앞서 언급했듯이 강간 사례들은 나를 전치시킨 동기를 낳은 어머니에 대한 폭력의 반복일 수도 있지만, 내가 보기에 이것의 기저에는 한층 더 심원한 무대상성이 있다—거기 아무도 없으며 실제 사람이나 실제 사람이 대표하는 상상된 사람은 이 공백을 메울 뿐이다. 섹스턴이 말했듯이, 그녀의 연인들은 거기 있지 않은 사람들을 대표했다.

성욕을 생신체적biophysical 충동이라고 가정한다면, 그럼에도 성욕은 사회적, 인간적 맥락 안에서 필연적으로 표현되고 형성되는 충동이다. 아기의 성욕은 정말로 먹이고 보살펴질 때 얻는 잉여의 쾌락과 만족인 것 같다. 하지만 이는 히스테리에서 목격되는 성욕이 정확히 아니다. 히스테리적 성욕은 강박적인 것으로 보이며, 또한 필연적으로 유쾌한 것은 아닌 것처럼 보인다. 충족되고 있는 것이 욕망desire이라기보다는 (섹스턴이 보았듯) 욕구need인 듯 말이다. 히스테리적 성욕은 언제나 자가 성애, 유혹과 강간 양쪽 모두에 묶여 있다. 강간에서 그렇듯, 유혹은 다른 사람을 연루시키는 것처럼 보인다. 자가 성애는 오로지 주체 자신의 신체와 환상만을 이용하는 것이라면 말이다. 하지만 우리는 이렇게 물을 필요가 있다: 무슨 의미에서 유혹은 다른 사람을 연루시키는가? 어쩌면 그것은 자기 자신을 다른 사람에게 애착시키는 방법이라기보다는 모든 것을 자아를 향해 끌어당기는 수단일까? 자가 성애라는 목적을 위해서 다른 사람이 이용된다고 우리는 말할 수도 있을 것이다.

　19세기 후반 남성 히스테리에 대한 샤르코의 최초의 폭넓은 설명들은 모두가 외상적 충격을 배후로 지목했다. 프로이트가 자신의 여성 환자와 남성 환자들이 아동기에 아버지에게 유혹당했다고 말하는 것을 들었을 때, 이는 수동적 충격 경험을 구성하는 것처럼 보였다. 오늘날도 여전히 환자들이 치료사에게 그러한 유혹에 대해서 말할 때, 치료사의 최초 반응은 그 이야기가 참인지 거짓인지 궁금해하는 것이 아니라, 오히려 그 설명이 충격 상태의 설명임을 확실히 기재하는 것이다. 이 충격의 전달은 치료사 자신이 '충격'을 받아서 실제 근친상간이나 학대 폭력이 발생했다고 생각하기 쉽게 한다. 환자가 경험한 외상적 충격은 치료사의 도덕적 충격이 된다. 실제로 무슨 일이 일어났는지 조사하는 것이 치료사의 업무가 되어서는 안 되는 이유 가운데 하나가 바로 이것이다 — 그 업무는 다른 사람들에게 맡겨져야 한다. 하지만 충격 그 자체는 결정적으로 중요하다.

　충격의 수신자는 정의상 수동적이다. 그 충격은 또한 신체/정신을 내파한다. 회복 과정에서 환상이 구성될 때, 이 환상은 충격과 내파 양자 모두의 표지들을 지닌다. 폭력, 외상, 충격, 침범 — 이 모두는 침입한다. 참호 속에서 전우가 폭파되거나 총에 맞거나 칼에 찔리는 것을 한 병사가 목격했을 때, 그가 경험하는 충격은 동료 전투원의 신체 폭파와 유사한 신체 경계의 침입이다. 산재 사고, 수술, 성적 학대, 구타 — 이 모두는 신체 표면의 파열이라는 최저의 공통분모를 갖는다. 정신 또한 동일한 방식으로 파열을 경험하게 될 것이다.

　나는 모든 침범이나 침투가 반드시 성욕화되어야 한다고는 생각하지 않는다. 9장에서 우리는 그 대신 어떻게 인간의 기억 능력이 외상으로 인한 파열들을 점유할 수 있는지 보게 될 것이다. 하지만 히스테리에서 이러한 파열은 실로 성욕화된다. 사실상 외상의 성욕화가 기억을 대체하는 것도 같다. 히스테리증자는 기억하지 않는다. 실제 외상은 또한 기억을 말살한다. 히스테리증자는 무의식적으로 이 과정을 본떠서 자기 자신을 만들어내고 외상적 충격을 창조하기 위해 기억 상실이 된다. 타이타족 여자들은 특이한 장소에서 차를 목격한 충격을 외상으로 이용했다. 우리는 그녀가 그러고 나서 자신이 어디에 있었는지 몰랐을 것이고 정상적인 삶을 재개하기 위해 도움을 받거나 선물로 유인될 필요가 있었으리라고 개연성 있게 상상할 수 있다. 사람은 실제 충격에 히스테리적 반응을 일으키거나, 아니면 히스테리적 반응을 산출하기 위해 충격을 만들어낼 수 있다. 우리는 관심을 원할 때 가령 우리의 소중한 대상을 망가뜨린다는 것을 친구들이나 우리 자신으로부터 잘 알고 있다. 고착된 히스테리증자는 스스로 충격을 반복하고 창조한다. 이러한 충격은 기억의 폭파를 수반한다. 파손을 야기한 감정보다 파손된 대상이 관심의 초점이 된다—그러고 나서 감정은 망각될 수 있다. 기억이 폭파되면서 충격은 성욕화될 수 있다. 충격 그 자체가 목적 그 자체가 된다. 기억은 사람들이 있는 세계를 수반하였다—충격은 텅 빈 세계를 창조한다. 위니콧은 자신이 던져버리는 대상을 간직하지 못하고 도리어 그것을 광적으로 반복해서 내던지는 심적으로 병든 아기를 묘사한다.[3] 이 움직임은, 히스테리적인 성적 움직임처럼, 충격에서 살아남은 신체이다. 충격의 물리적 경험 그 자체가 충분한 생존을 지탱해 주어야만 한다.

가슴이나 젖병을 갑자기 난폭하게 빼앗기는 젖먹이 아기를 상상해 보면, 젖을 먹을 때 경험했던 잉여 쾌락은 충격적인 괴로움으로 뒤바뀔 것이다. 그렇지만 아기는 그 수유를 '기억'하는 징후를 보이지 않는다. 오히려 그 수유의 쾌락을 대체하는 충격은 광적인 성질을 갖게 될 것이다—마치 충격이 쾌락을 광적인 원-성욕으로 탈바꿈시킨 것 같다. 가슴/젖병이 비-외상적인 방식으로 물러나게 되었다면, 쾌락은 기억으로 향하는 여정의 초기 단계로 이용될 수도 있었을 것이다. 유아는 쾌락을 제공하

• •
3. 1장의 각주 17를 볼 것.

는 대상에 대한 환각을 보여주는 유쾌한 빨기 동작을 했을 것이다—그리고 환각은 대상의 기억으로 향하는 한 단계다. 충격적인 중단과 더불어 이 가능성은 침식된다.

위니콧은 건강한 아기와 병든 아기를 비교한다. 그는 이 '건강한' 아기가 어떻게 진찰대에서 혀누르개를 가져가 빨고, 그것을 자신의 것으로 만든 다음에 던져놓고는 그것을 되찾는 것에서 쾌락을 얻으려고 하는지 기록한다. 그렇지만 앞서 우리가 보았듯이, 이미 교란당한 아기는 혀누르개를 입에 가져가지 않고 점점 더 강박적인 빈도로 던져놓으려고만 한다. 그렇게 하면서 점점 더 광적으로 흥분하면서. '건강한' 걸음마 아기는 어머니를 상징하는 숟가락 같은 대상을 내던지는—그리하여 그녀의 부재를 지배하는—것에서 쾌락을 얻을 것이고, 그것을 되찾는 것에서, 놀이로 그녀를 다시 얻는 것에서 만족을 얻을 것이다. 병든 아이는 지칠 때까지 대상을 내던질 것이고 되찾는 것에서 만족을 얻지 못할 것이다. 이 교란당한 아기처럼 혹은 가슴을 외상적으로 갑작스럽게 빼앗긴 아기처럼, 참호 속 병사는 전우의 근접성에서 어떤 따뜻하고 안심되는 것을 경험해 왔을 것이다. 그러다가 난폭한 죽음이 이 접촉을 갑작스럽고도 외상적으로 제거하였다. 그 충격은 이전의 접촉 쾌락을 필사적이고 고통스러운 흥분으로, 일종의 생존–성욕 키트로 전환시키는데, 이는 강간이나 강박적이고 폭력적인 성적 조우들로 이어질 수도 있다. 광적인 반복은 '타자'의 죽음과 자기 자신의 생존의 표지다—그것은 살아남은 자기를 위한 성욕이다.

히스테리적 성욕은 부재의 외상과 자기 속 침투에 대한 흥분된 강박적 지배로 퇴행하며 이를 반복한다. 즉, 흥분은 있지만 만족은 없다. 돈 후안이 수립하여 놓은 것과 같은 적극적인 유혹들은 대상의 '내던지기'에 의존한다. 어느 모로 보나 유혹은 이와 정반대 같다. 성공적인 유혹자는 점점 더 많은 '대상들'을 얻는 것 같다. 돈 후안이 점점 더 많은 여성들을 얻듯이. 하지만 히스테리증자는 대상을 획득하는 것에는 만족이 거의 없고 다만 내던지기 놀이에 상당한 필사적인 흥분이 있다는 것을 가리킬 것이다 — 혀누르개를 내던지기만 하는 아기처럼, 돈 후안은 서약을 깨는 것에서 '짜릿함'을 얻는다. 유혹은 실제로든 '마음속'으로든 청중을 요구한다. 누군가가 그 정복을 '보아야' 한다. 돈 후안은 그의 아내나 전처 돈나 엘비라가 그 다음의 예쁜 하녀에 대한 그의 유혹을 '지켜보고' 있음을 안다. 혀누르개를 광적으로 내던지는 아기는, 전적으로 자기도취적인 것처럼 보이기는 하지만, 아무도 지켜보고 있지 않다면 그 일이 싫증 날 것이고 머리 부딪치기 같은 또 다른 필사적인 활동으로 눈을 돌릴 것이다. 반면에 대상을 갖거나 되찾는 것으로부터 만족을 얻을 수 있는 아이는 놀이를 위한 청중을 언제나 필요로 하지는 않는다.

유혹의 중심에는 제어되지 않은 고통이 있다. 우리는 히스테리 증상에서, 그리고 신체의 성감대erotogenic zone를 흉내 내는 히스테리 유발 부위hysterogenic zone에서 그 고통을 목격할 수 있다. 성감대는 성적 만족이 발생할 수 있는 신체 부위들이다 — 유쾌한 입의 먹기 기능을 통하여, 입에 키스하기에서 그렇듯, 어떤 부위들은 성욕화되는 성향을 갖는다. 성감대는 접촉이 이루어져 온 부위이다. 내가 보기에 성감대와는 정반대로, 고통스러운 부위인 히스테리 유발 부위는 무언가가 안 일어나는 곳에서, 원하는 것을 얻지 못하는 곳에서 발생하며, 그렇기에 그 느낌은 고통스럽다. 먼저 샤르코가 증명하고, 그러고 나서 더욱 광범위하게 프로이트가 입증하였듯이, 이러한 통점들은 사실 리비도화 되어 있다. 즉 그곳들은 불법적인 성적 쾌락과 연결되어 있다. 가령 『히스테리 연구』에서 체칠리 부인의 다리는 아버지 다리의 악화되는 상태를 치료하는 동안 아버지가 그 다리를 올려놓은(그로써 그녀에게 성적 환상을 유발했던) 부위에서 아팠다. 프로이트에 따르면, 히스테리 유발 부위의 고통은 기저의 성욕을 은폐하는 역할을 한다. 나는 이를 반대로 말하고 싶다: 처음에 고통이 있으며, 그런 다음에 고통의 성욕화가 있다. 혹은 이따금 그것들은 거의 즉각적이어서, 히스테리증자가 고통을 경험할 위험에 처하는 바로 그 순간 그는 고통보다는 흥분을 느끼기 위해 고통을 성욕화한다. 체칠리 부인은 질투의 고통을 겪고 있었다. 그녀는 언니의 남편이나 어머니의 남편을 훔치기를 희망했다. 원하던 것을 얻었다고 느꼈을 성애적 지점 대신에 그 지점은 느낌이 아픈 곳이다 — 그녀는 그녀가 원하는 것을 얻지 못한다. 증상도 그렇고 히스테리 유발 부위인 증상 장소가 되려는 성향도 그렇고 단지 억압된 성적 욕망을 가리키지 않는다. 오히려 혀누르개와 함께 있는 아기처럼, 흥분은 고통을 대신한다.

유혹이 청중을 필요로 하는 바로 그 지점에서 히스테리적 자가 성애와의 연결이 발생한다. 비록 유혹이 다른 모든 사람의 배제가 발생하는 가장 친밀하고 집중된 이자 관계처럼 보일 수 있기는 하지만, 나는 반대로 주장하고자 한다: 유혹하는 자 못지않게 유혹당하는 자에게도 환상 속에 언제나 또 다른 사람이 주변에 있다. 유혹은 수많은 농담의 구조를 갖는데, 거기에는 언제나 세 사람이 있다: 농담하는 사람, 적대적 내지는 성적 공격성이 향하는 사람, 그리고 쾌락 산출의 목적이 충족되어지는 사람. 결혼한 돈 후안을 예로 들자면 이렇다: 돈 후안은 농담꾼이며, 적대적이고 성적인 공격성은 아내에게로 향하며, 환상 속 쾌락은 유혹당하는 여자들에게서 충족될 것이다.

히스테리증자는 악명 높게도 자신이 어떻게 유혹당했는지 이야기한다 — 도라가 그랬듯이. 자신의 유혹 이야기를 하고 있는 히스테리증자는 그러는 동시에 듣는 사람을 유혹하고 있다. 하지만 유혹은 유혹당할 능력뿐 아니라 타자의 유혹하는 힘도 이끌어 낸다. 아마도 여하한 비—폭력적인 성적 만남에도 어떤 유혹의 요소가 언제나 있을 것이다. 그렇지만 히스테리에서 중요한 것은 잠자리가 아니라 유혹이다. 프로이트와 특히 라캉이 주장했던 것처럼, 그 자체로 필연적으로 만족될 수 없는 무언가가 성욕에는 있다는 것이 아니다. 히스테리의 유혹적 요소는 잠자리로 만족될 수 없다는 것이다 — 그것은 단지 반복될 수 있을 뿐이다. 이러한 반복은 주체의 전치에 대한 고통을 표지하며, 그 밑에는 사라진 무언가에 대한 예리한 인식이 있다(이는 유혹의 핵심에 있는 성질이다).

유혹자는 자신의 매력으로 타자를 끌어들이면서 언제나 유혹적이다. 한 층위에서 이것은 또 다른 사람에 대한 필요의 인정이며, 인간의 자기 충족성의 결핍에 대한 인식이다. 또 다른 층위에서, 과도할 때, 그것은 유혹자의 전적인 공허감을 채우기 위해 타자를 끌어들이는 것이다. 채워져야 할 바로 이 필요야말로 유혹을 — 유혹이 정상적인 것에서 과도한 것으로 바뀔 때 — 사람을 파열시키고 그의 기억과 경험을 텅 비워버리는 외상과 연결한다. 히스테리는 퇴행을 내포한다는 것을 언제나 기억한다면, 이것에서, 히스테리의 만연한 양태의 긍정적 관계 — 즉 과도한 유혹 — 에서 펼쳐지고 있는 것은 무엇인가?

재앙은 히스테리증자로 하여금 주체로서 위협을 느끼게 만든다. 그 결과 그는 자신의 존재를 짓밟는 것처럼 보이는 모든 자를 증오한다. 원형적으로 그러한 재앙은 그를 대체하는 것처럼 보이는 동기의 도래 혹은 선-존재이다. 증오는 생존 욕구의 반응이다 — 자기가 소멸될 위협에 처해 있을 때 타자에게 굴욕감을 주려는 충동. 증오는 도착에서 매우 강력하며 히스테리에서도 그렇다 — 둘 모두에서 증오는 성욕으로서 나타난다. 부부 관계에서는 동반자를 자기 자신의 자리에 있는 사람으로서 경험하고, 그/녀를 증오하고, 하지만 그러고 나서 이 증오를 성적 관계로 가리는 것이 종종 용이하다. 과도한 유혹에도 증오가 있다.

증오와 사랑은 손쉽고 빠르게 상호 역전된다고 흔히 주장된다. 하지만 사랑은 히스테리의 빈번한 동요에서 실제로 빠져 있기 마련이다. 히스테리증자는 그가 증오하는 곳에서 사랑한다고 프로이트는 주장했다. 나는 오히려 히스테리증자는 그가 증오하는 곳에서 성욕을 느낀다고 주장하고자 한다. 사랑과 증오가 동일한 경험 영역에 속하지 않는다는 것은 참이다. 하지만 성욕은 사랑이나 증오 어느 하나에 속할 수 있다. 주체의 실존이 위협당할 때 사랑은 증오로 뒤바뀔 수 있다. 하지만 증오는 사랑으로 뒤바뀔 수 없다. 증오는 적대적 환경에서 생존 욕구에 대한 정서적 반응이다. 증오가 '사랑보다 더 오래된' 것으로 묘사되어 온 것은 그 어떤 외상적 상황에서든 생존 욕구가 제일 먼저 오기 때문이다. 증오는 대상의 파괴를 위하여 그 어떤 대상에도 부착될 수 있다.

다른 사람에 대한 사랑이든, 사물에 대한 사랑이든 아니면 자기-존중이라는 형태의 자신에 대한 사랑이든, 사랑은 우리의 생존에 위협이 없을 때 생겨나는 긍정적 감정이다. 안전하다고 느꼈던 이전의 오랜 경험들로 인해, 새로운 동기가 도래하기 전에 아이가 그 동기를 사랑할 충분한 가능성이 있다. 그렇지만 자아에 대한 위협이 너무 강력해 보인다면 이 사랑은 증오가 된다. 관계의 측면에서 사랑은 증오보다 먼저 오지만 감정의 우선성의 측면에서 증오는 사랑보다 더 오래된 것이다. 사람은 자신의 생존이 위협당할 때 증오한다. 우리는 무력하게 태어나며, 그러한 곤궁을 반향하는 무엇이든 증오를 불러일으킨다. 그로부터 우리를 구하는 무엇이든 사랑을 불러일으킨다. 증오는 생존에 대한 위협이 제거될 때 끝날 수 있다. 사랑이 그것의 자리에 올 수 있다—하지만 이는 새로운 경험이며, 증오가 사랑으로 뒤바뀐 것이 아니다. 그렇지만 다른 사람에 대한 사랑이 그 사람이 나를 소멸시킬 수도 있는 가능성에 갑작스럽게 노출될 때, 사랑 그 자체가 증오로 뒤바뀔 수 있다.

사랑과 사랑에 빠짐being in love 사이의 대중적 구분을 이용한다면 이는 더욱 분명해진다. 정신분석 이론 안에서 고찰되지 않는 상태인 '사랑에 빠짐'은 신체적 욕망에 덧붙여 도취된 존재 상태로서 경험되는 성욕을 위한 좀 더 나은 용어다. '사랑에-빠짐'은 증오로 뒤바뀔 수 있으며 증오는 '사랑에-빠짐'으로 뒤바뀔 수 있다. 다른 모든 것에 더하여 히스테리에 대한 능수능란한 묘사와 설명들을 제공하는 『카라마조프가의 형제들』(1880)에서 도스토옙스키는 드미트리 카라마조프라는 인물을 통해 이 사랑에-빠짐/증오의 동요를 묘사한다.

'사랑에 빠진다는 게 사랑한다는 뜻은 아냐. 증오하면서도 사랑에 빠질 수 있거든.' '믿을지 모르겠다만, 나는 어떤 여자도, 단 한 여자도 그 순간의 그녀만큼 증오를 품고 바라본 적이 없었어 (…) 그 증오는 사랑, 미칠 듯이 강렬한 사랑과 털끝만큼의 차이밖에 없었어!'[4]

그렇다면 히스테리증자가 그들이 증오하는 곳에서 사랑한다는 것은 정확하지 않다. 오히려 히스테리증자는 증오를 성욕화한다. 이 과정을 더욱 면밀히 살펴보기 위해서는 히스테리에 관한 연구들에서 그토록 심각하게 누락되어 있는 죽음충동 개념을 연루시킬 필요가 있다. 죽음충동이 '충동'인 것은 바로 그것이 유기체를 생기 없음 혹은 정지 상태로, 불활성 혹은 심지어 문자 그대로 죽음으로 충동질하기 때문이다. 죽음충동 가설은—그리고 그것은 단지 가설 이상은 아닌데—1차 세계대전에서 현저해진 관찰로부터 생겨났다. 죽음충동은 오로지 성충동과 융합되었을 때, 가령 또 다른 사람이나(사디즘) 자기 자신을(마조히즘) 파괴하고 해치는 것에서 만족을 얻었을 때만 볼 수 있다고 종종 주장된다. 프로이트가 죽음충동의 '순수배양'이라고 불렀던 것은 우울증에서 가시적일 수도 있다. 한 사람이 과거의 죽거나 상실된 사람과 완전히 동일시했을 때, 너무나 그러하여서 이 사람이 우울증적인 것 안에서 살아갈 때. 사실 히스테리는 또 다른 초점을 시사한다.

모든 충동은 반복되는 것처럼, 동일한 지면을 몇 번이고 지나가는 것처럼 보인다. 외상과 관련되는 한, 죽음충동은 주체의 명백한 '소멸'을 강박적으로 반복한다. 이는 외상적 악몽의 반복에서 목격될 수 있다. 분명 그러한 경험의 반복이 극도로 불쾌하기에, 죽음충동은 유기체가 언제나 쾌락을 추구한다는 원칙을 초과한다. 위험 무릅쓰기, 강박적 유혹, 충동적 거짓말하기, 히스테리에서 연기 행위를 반복하려는 욕구는

• •

4. 표도르 도스토옙스키, 『카라마조프가의 형제들』 1, 김희숙 옮김(문학동네, 2018), 212, 234쪽. [번역 일부 수정.]

생존 수단으로서만이 아니라 죽음을 향한 충동으로서의 외상을 반복하려는 욕구를 증언하는 것처럼 보이기도 한다. 마치 소멸의 위협을 받는 순간 히스테리증자가 그러한 순간에 체현된 죽음과 동일시하는 것도 같다. 그 자신의 마음속에서 히스테리증자는 자신과 그토록 유사한 동기를 '살해'하였지만 뒤이어 자신이 살해당한 동기와 동일하다는 것을 깨닫는다. 도스토옙스키를 겉보기의 죽음으로 몰고 간 히스테리성 간질 발작에 관해서 프로이트가 이렇게 썼듯이 말이다.

> 우리는 죽음과 관련된 이러한 [간질] 발작들이 무엇을 의미하는지 알고 있고, 또 그 의도에 대해서도 알고 있다. 이 발작들은 죽은 자와 자신을 동일시하고 있다는 것을 뜻한다. 죽은 자와 동일시하는 것일 수도 있고, 아직은 살아 있지만 죽기를 원하는 자와 동일시하는 것일 수도 있다.[5]

죽음과의 히스테리적 동일시는 우울증적 동일시와는 다른데, 왜냐하면 그것은 성욕화되기 때문이다—증상은, 이 경우 발작의 광란적 흥분은, 성욕화를 드러낸다. 그렇지만, 여하한 정신 질환에서도 식별될 수 있기는 하지만, 특히 히스테리의 특징처럼 보이는 추가적인 죽음충동의 현시가 있다: 이른바 부정적 치료 반응. 히스테리가 이번 세기 서양에서 사라졌다고 여겨질 수도 있는 이유 가운데 하나는 치료에 대한 히스테리의 저항이다—성공하고자 하는 의사의 욕구는 실패하는 것처럼 보이기보다는 질병을 추방하기를 선호할 것이다. 프로이트는 'E'가 요구하는 치료기간에 분통이 터졌다. 프로이트는 도라가 회복하기를 원하지 않는다는 것을 알았기 때문에 그녀가 치료로 복귀하기를 요청했을 때 그녀를

• •

5. 지그문트 프로이트, 「도스토옙스키와 아버지 살해」, 『예술, 문학, 정신분석』, 정장진 옮김(열린책들, 2020), 550쪽.

받아들이는 것을 고려하지 않았을 것이다. 현저한 히스테리 문제를 겪었던, 내가 다루었던 모든 환자들은 치료 기간으로 그들 자신과 나 둘 모두를 놀라게 했을 뿐 아니라, 몇몇 다른 치료나 분석을 시도한 후에야 정신분석을 시작했다.

낫지 않으려는 강력한 소원의 현저한 특징은 무의식적 죄책감에서 생겨나는 것 같다. 그렇지만 히스테리적인 사람은 결코 죄책감을 느끼지 않으려는 필사적인 욕구를 갖는다. 이 죄 없는 사람은 아무것도 책임질 것이 없는 지경에 이른다: 그가 뜨거운 냄비를 나무 탁자에 올려놓고 그것을 태우면, 잘못은 탁자나 탁자의 주인에게 있다. 책임감이나 심지어 죄책감을 이따금 인정하는 경우, 그 고백을 들으면서 나는 정신분석가로서 놀라고, 심지어 감명을 받는다. 그러다가 그것이 아무것도 의미하지 않음을 깨닫는다. 이는 학대 행위의 경우에 심각한 어려움으로 이어질 수 있다. 상담사나 치료사는 죄의 고백을 믿을지도 모르지만, 그 고백은 단지 상담사나 치료사가 원한다는 것을 히스테리 속 학대자가 깨달은 무언가에 불과하다. 언젠가 나는 내게 전달된 유아 학대 행위 보고서를 한 환자에게 들이밀었다. 나는 표명된 근심에 깊은 인상을 받았다 — 환자는 어떤 일도 기억할 수 없었지만 그 일이 일어났다는 것과 그 일이 심각하다는 것을 완전히 받아들일 준비가 되어 있었다. 어느 정도 시간이 지나서야 나는 이것이 근심하는 입장의 완벽한 모방이었을 뿐이었다는 사실을 깨달았다 — 그 사건은 학대자에게 아무런 의미도 없었다.

동기가 태어나기 전에, 그리고 종종 그 이후에도 동기를 사랑하는 아이는 자신의 유일무이한 주체성을 위협하는 것으로서 경험될 때만 동기를 증오한다. 성경에서 우리는 자신을 사랑하듯이 형제를 사랑하라는 명령을 듣는다. 정신분석 이론은 이 명령을 간과한다. 그렇지만 주체가 그것에 반드시 복종해야 한다고 생각한다면, 살의적 환상들에 대한 죄책감은 깊이 무의식적이 된다. 증오가 계속되고 환상들이 억압되지 않는다면, 도착적 행동이 결과한다. 즉 주체는 물리적으로 폭력적인 동시에 성적으로 유혹적이 된다. 무의식적 죄책감을 겪는 주체는 죄책감을 느끼지는 않는다. 대신에 그는 병들었다고 느낀다. 그렇다면 죄책감을 느끼지 않기 위해서 병든 상태로 머무를 필요가 있다. 따라서 치료는 효과가 없다. '부정적 치료 반응'이 있다.

성충동과 연결되어 있는 것으로 볼 때 죽음충동은 외적으로는 사디즘이나 파괴성으로, 내적으로는 마조히즘으로 작용한다고 보통 생각된다. 히스테리를 생각할 때 우리는 다소 상이한 정식화로 이끌린다. 히스테리 증자는 위협당할 때 증오로 뒤바뀐다. 그러고 나서 이 증오는 성욕화된다. 가령 앤 섹스턴은 그녀가 사랑한 작은딸이 아니라 그녀가 증오하는 경향이 있었던 큰딸을 성적으로 학대했다. 동시에 히스테리적 주체는 자신의 성욕을 통해서 자신의 생존과 실존을 단언한다. 성욕화된 증오나 사디즘에서 그렇듯, 이는 본질적으로 나르시시즘적이며 자가 성애적 목적을 위해 다른 사람을 이용한다. 그것은 언제나 주체의 자기에 대한 것이다. 환상들과 행동들이 다른 사람들에 대한 것처럼 보이더라도 그렇다. 강박적 유혹은 다른 누군가(제3자)를 질투하게 만드는 것이다. 성욕은 오로지 주체의 생존의 표시일 뿐이다. 그린란드의 이누이트족 사이에서 만연한 이른바 '북극 히스테리'에서, 사회적 생존과 개인적 생존 양자 모두가 때로 불확실한 길고 힘든 겨울 이후에 방치된 여자들이 한데 모여서 유혹 놀이를 통해 남자들을 꾀어낸다. 히스테리적인 성적인 성공은 굶주린 사람의 식사에 비견될 수 있다—그것이 만족스럽다면 히스테리는 끝나고, 만족스럽지 못하다면, '원하고 또 원하는' 것은 계속되며 그것을 만족시킬 다른 무언가를 찾는 것은 계속해서 반복되어야 한다.

그렇다면 한편으로 히스테리증자의 생존을 표시하고 경쟁자에 대한 그의 증오를 덮는 자기-단언적이고 자가 성애적인 성욕이 있는 것이고, 다른 한편으로는 히스테리적이지 않은 그의 사랑 관계들이 있는 것이다. 증오는 자아 생존과 죽음충동에 속하며, 사랑은 삶충동에 속한다. 하지만 재생산의 문제는 이 그림에 어떻게 들어맞을까?

이를 살펴보기 위해 나는 남자아이와 성인 남성 히스테리증자 양쪽 모두의 임신 환상 사례들을 검토할 것이다. 히스테리적 남성이 실제로든 심적으로든 부성을 회피한다는 사실은 널리 관찰되어왔다. 그가 어느 정도로까지 자신이 임신하고 출산할 수 있다고 종종 상상할 수 있는지는 덜 알려져 있다. 아이 갖기에 대한 남자아이와 여자아이의 환상들은 흔하다─하지만 그것들은 나중의 심적 발달에 대한 설명으로 통합되지 않았다. 히스테리증자는─남성이든 여성이든─아이와 재생산의 관련성을 가지고 있다. 남성 히스테리 문제를 회피하고자 하는 소원은 아이의 이 매우 만연한 출산 환상들에 주어진 중요성 결여에 책임이 있었을지도 모른다.

재생산과 관련해서 사춘기 혹은 성인 히스테리증자가 퇴행하는 지점은 아기들을 가질 수 있는 것에 대한 이 일반적 아동기 관심의 지점이다. 정신분석의 관점에서 묘사된 첫 번째 아이인 '꼬마 한스'는 전형적인 사례를 제공한다. 1909년 프로이트는 '한스'의 사례사를 집필했다. 명백한 오이디푸스적 문제들을 보였던 아들의 히스테리적 공포증에 대해 그의 아버지가 프로이트에게 말하면서 조언을 구했던 작은 남자아이. 이야기를 말하는 과정에서 추가적인 이론이 출현했다: 거세 콤플렉스 이론. 꼬마 한스는 말馬을 볼까 봐 두려워서 집 밖으로 나가지 않으려고 하였다. 한스가 두려워했던 것은 한낱 아무 말에 불과한 것이 아니었다─그것은 쓰러져서 죽을 것 같은 모습을 그가 보았던 말이었다. 이것이 그의 공포증이었다. 말은 한스 아버지의 두려운 표상인 것으로 판명되었다. 어머니에 대한 한스의 성적 욕망들이 강력한 아버지가 자신보다 먼저 그곳에 도착했다는 깨달음으로 인해 타격을 입었다고 주장된다─한스는 아버지가 죽기를 소원하지만, 그러고 나서는 어머니를 욕망하는 자신의 주제넘음 때문에 아버지가 그를 살해하거나 거세하리라고 두려워한다. 『토템과 터부』(1912)에서 프로이트는 인류학적 독서로부터 취한, 그리고 프로이트 자신과 환자의 환상에 나타난 자료들로부터 취한 인류 역사의 재구성을 통해서 이 생각을 세공한다. 이 재구성된 선사 시대의 토템 아버지는 아들들에게 살해당할 때까지 부족의 모든 여자를 독차지한다. 이러한 재구성은 살해당한 라이오스 왕 같은 죽은 아버지의 가설을 이 가능한 기원적 사회의 중심으로서 세운다. 『토템과 터부』에서 신화화되는 아버지의 죽음에 대한 소원은 개체적 층위에서는 한스의 공포증에서 지각되었다 ─ 한스에게 죽은 말은 아버지의 죽음에 대한 한스의 소원을 표상하는데, 그러고 나서 그것은 똑같이 처벌의 공포가 된다. 다시 말해서, 남자아이는 그 자신의 죽음 혹은 거세, 즉 오이디푸스의 눈멀게 하기를 두려워한다.

꼬마 한스는 새로운 질병 범주의, 즉 불안 히스테리의 초기 대표자 가운데 하나다. 그는 또한 어린 남자아이이기도 하다. 한스의 공포증은 어머니가 그의 여동생(최초이자 유일한 동기)을 출산함으로써 격발된다. 프로이트는 이 여동생을 중시하지 않지만, 그녀가 그 어린 남자아이를 전치시켰다고 하는 결정적 요인은 그녀를 위한 프로이트의 가명 선택에서 어쩌면 명백하다: (사례의 예전 미출간 판본에서 허버트라고 불렸던) '한스Hans'에게는 프로이트가 '한나Hanna'라고 부르는 여동생이 있다. 두 개의 도토리처럼.

한스는 실로 아기들을 낳을 수 있기를 매우 열망한다. 그는 '아이들'을 만들어내고 그들과 같이 놀며, 미래에 한스 자신과 아버지 둘 모두 아이들을 생산할 수 있을 것이라고 아버지를 안심시킨다. 아버지가 한스에게 묻는다. '누구에게서 아이들을 얻었다고 생각하니?' 한스는 답한다. '왜, 나에게서.' 남자아이들은 아기들을 가질 수 없다는 말을 들었을 때, 한스는 자신이 사실은 엄마라고 단언한다. 한스가 두려워하는 말은 그의 강건한 아버지일 뿐 아니라 아이를 낳는 어머니이기도 한 것으로 판명된다. 한스는 출산을 원하면서도 두려워한다. 그가 목격한 말은 거리에서 쓰러져서 버둥대었으며, 한스는 죽음만이 아니라 출산도 연상한다. 한스의 상상적 아이들은 주로 실제 놀이 친구들에 기반하고 있지만 특히 한 여자아이는 순수한 발명이며, 한스가 그녀에게 준 이름은 그가 좋아하는 특정한 종류의 소시지와 연관이 있다. 이 소시지 아기로부터 한스가 출산을 배변 같은 즐거운 사건으로 설명하기까지는 한 걸음이다. 그러고 나서 그 히스테리적 남자아이는 혼자서, 자기 자신으로부터 아기를 낳았다. 정신분열증자와 히스테리증자 양쪽 모두에게 출산과 재생산은 단성 생식적인 것으로 간주된다: 아기들은 자가 성애 환상, 특히 항문 성애 환상들의 결과다.

1921년 헝가리 정신분석가 미하일 아이슬러에게 치료받은 성인 전차 노동자 사례는[6] 임신과 출산에 대한 히스테리적 남성 소원을 전면에 놓는다. 라캉이 어느 정도 입증하였듯이,[7] 전차 노동자의 소원은 정신증적 망상이 아니다.

전차 노동자가 자신의 전차에서 떨어지고 왼쪽 갈비뼈 아래에 격심한 통증이 재발할 때 문제들이 시작된다. 이 고통에 대한 뚜렷한 기질적 원인은 없으며 시간이 지나자 그는 회복한다. 하지만 다시금 병이 재발하여 왼쪽 엉덩이에 강박적인 예리한 통증이 도지는데, 너무나도 극심해서 그는 받침대 없이는 앉거나 눕지 못한다. 발작은 (도스토옙스키의 히스테리성 간질처럼) 특히 아내를 향해 극도로 성마른 시기에 등장한다.

꿈과 연상들을 통해서, 처음 낙상에 뒤이어 환자가 X선과 다양한 검사를 철저하게 받았음이 드러난다. 이 경험은 전차 노동자에게 두렵기도 하고 흥분되기도 했는데, 죽은 태아가 수술 겸자로 분해되고 제거되는 것으로 임신이 종결된 한 이웃을 목격했던 아동기 경험을 반향하였기 때문이다. 전차 노동자의 증상들은 극적인 출산을 실연하고 있다. 아이슬러는 이를 동성애 — 아버지에게 관통되고자 하는 환자의 소원 — 및 항문 자가 성애와 연계한다. 라캉은 환자가 오이디푸스적 물음을 던지고 있다

• •

6. Eisler, M. J. (1921).
7. Lacan (1956).

고 강조한다: 나는 남자인가 여자인가? 그렇지만 나에게는 두 설명 모두 가능하지만 어떤 결정적인 특징들을 누락하고 있는 것처럼 보인다. 그들은 히스테리적 출산 환상의 단성 생식적 성격에 관심을 기울이지 않는다. 그들은 이 발달 단계에서 전차 노동자를 사로잡은, 혹은 사고 이후에 그가 그 지점으로까지 퇴행하는 동기 문제도 중시하지 않는다.

전차 노동자는 분명 생식력에 집착하고 있지만, 혼자서 아이의 아버지가 될 수는 없었다. (그의 아내는 이전의 결혼에서 이미 딸 하나를 두고 있다.) 전차 노동자는 아이를 갈망하지만 자기를 닮은 아들만을 원한다. 그는 자기 안에서 아이를 낳을 수 있다는 소원을 갖고 논다. 'E'와 프로이트 그리고 많은 히스테리증자들처럼 전차 노동자는 식물에 매혹된다. 결국 식물적으로 재생산하는 식물들. (아이들은 동물이 교미하는 것보다 식물이 자라는 것을 더 많이 본다.) 또한 양계장 닭 이전에 공통된 히스테리적 주제였던 것으로 보이는 달걀과 암탉에 대한 관심도 있다. 이는 정신분석가 헬레네 도이치가 묘사한, 암탉이 할 수 있는 것처럼 보이듯 항문으로 달걀을 생산하기를 원하는 남자아이로 잘 예시된다.[8]

전차 노동자가 히스테리 증상을 통해 그가 남자인지 여자인지 묻고 있는 것이라면, 확실히 그는 양성이 재생산에 연루될 필요성에 관해서 묻고 있지는 않다. 전차 노동자의 모델들은 주변에 아버지가 없는 어머니와 아기, 수탉이 없는 암탉의 달걀 혹은 식물의 씨앗이다. 도라는 (짐작하건대 성모 수태를 상상하면서) 〈시스티나의 마돈나〉를 바라보고, 꼬마 한스는 자기 자신에게서 아기들을 얻으며, 전차 노동자는 클론으로서의 아들을 상상한다—셋 모두 다른 사람을 끌어들이지 않고서 자기 자신을 재생산하기를 원한다.

전차 노동자는 여러 동기들 가운데 맏이로, 동기들과는 어렵게만 관계를 맺는다. 그는 첫째 여동생에게 가차 없는데, 부모가 흥분하여

8. Deutsch, H. (1947).

214

그녀의 출산을 고대하던 것을 기억한다. 막내 여동생의 출산은 정말로 전차 노동자의 히스테리 증상들을 재촉한 사건이다. 전차 노동자는 여동생들에게 집착하는 것처럼 보이며, (분명 그의 여동기들을 나타내는) 여자들 일반이 '그들의 자리에 간수되어' 있기를, 그가 전적으로 열등하다고 여기는 자리에 놓여 있기를 간절히 바란다. 우리가 듣기로 전차 노동자는 남동생들에게 별다른 관심이 없다. 지금은 죽은 남동생은 예외인데, 그에 대해서는 약간 불편한 가책을 가지고 있다. 그에게 전차 노동자가 수영하러 갈 돈을 빌려주었는데 그가 물에 빠져 죽었기 때문이다. 전차를 모는 동안, 전차 노동자는 보행자를 치었으며 몸을 두 동강 내어 죽였다. 전차 노동자는 또한 남자아이를 다치게 하기도 하였는데 죽지는 않았다. 꼬마 한스의 쓰러진 말과 마찬가지로, 길에서 넘어지는 것(전차 노동자 자신의 사고 및 그 이전에 그가 일으킨 사고)은 출산과 죽음 양자 모두를 암시한다. 죽은 보행자와 전차 노동자가 환상한 낙태된 아기 양자 모두는 자신의 동기가 죽기를 바라는 전차 노동자의 소원을 상기시킨다. 임신 환상에서 전차 노동자는 죽은 태아를 낳는다. 아마도 도라가 마돈나 환상에서 십자가에 결국은 못 박힐 태아를 수태하고 있었던 것처럼. 수태와 분만의 이 자가 성애적 허구들 속에는 성욕 그 자체에도 있듯 죽음의 폭력이 있다.

그렇지만 이 죽음 소원들은 절대적이지 않다. 그것들이 보여주는 것은 죽음에 대한 한 아이의 인식(혹은 무지)이며, 거기서 죽음은 궁극적이지 않다. 전차 노동자는 죽은 아이들로 가득 찬 작은 관들이 줄지어 있는 꿈을 꾸지만, 그가 다시 쳐다볼 때 놀랍게도 아이들은 춤을 추고 있다(전차 노동자가 지켜보고 있는 것을 아이들이 볼 때 그들은 다시 죽는다). 이 꿈에서의 소원 성취 요소는 죽음은 되돌릴 수 있다고 우리가 여전히 믿고 있는 아동기 단계에 상응한다.

아이슬러는 전차 노동자가 아내에 대해 강한 이성애적 감정을 갖고 있지 않음을 시사하면서 그의 남성 히스테리가 갖는 항문 자가 성애적,

수동적 동성애적 측면들에 초점을 맞춘다. 라캉은 남성적인지 여성적인지 미결정된 바로서 주체의 오이디푸스적 위치 설정을 강조한다. 전차 노동자는 그의 통증을 조사하는 데 사용되는 도구들에 흥분되는 동시에 두려워하기 때문에 히스테리에서 회복되지 않는다는 것을 라캉은 강조한다─이것들은 이웃의 죽은 태아를 분해하고 추출하는 데 사용되는 것을 목격했던 도구들과의 연결고리이다. 성적 차이와 오이디푸스성이라는 쟁점 둘 모두가 현존하지만 동기간 경쟁의 실타래 역시 현존하며, 이는 둘 중 어느 쪽 설명으로도 통합되지 않는다.

아내에 대한 전차 노동자의 망상적 질투는 그의 첫째 여동생을 향해 고개를 끄덕이는 두 정신분석가 모두에게 주목을 받지만, 그리고 나서 그것의 기원은 부모에 대한 전차 노동자의 오이디푸스적 감정으로까지 거슬러 올라가게 된다. 하지만 분명 이 질투의 기저에 놓여 있는 것은 동기 질투다.

> 남자 자손에 대한 그의 소원은 나르시시즘에 의해 결정되었다고 이미 진술된 바 있다. 지나치게 강한 유아기 나르시시즘의 기타 유물들은 특정한 편집증적 환상으로서 나타났는데, 그렇지만 그것은 덧없는 암시만을 주었을 뿐이며 매우 가변적인 것으로 입증되었다. 이 중에서 나는 이미 질투에 대해 언급했다. 그렇지만 그것은 자기 아내의 과거 사랑과 관련되어 있을 뿐만 아니라 그녀의 가능한 부정不貞에 대한 망상 같은 환상들로 발전했는데, 그는 죽은 연인의 살해를 통해 앙갚음을 소원했다.[9]
> [강조는 나의 것]

전차 노동자는 아내의 전 연인과 딸에 대한 기만 때문에 아내에게 화가 난다고 아이슬러에게 말한다─그녀와 결혼했을 때 그들에 대해

● ●

9. Eisler, M. J., op. cit., p. 272.

알지 못했다고 그는 주장한다. 사실 전차 노동자는 자신이 알고 있다는 것을 알기를 원하지 않았으며, 아내에 대한 그의 선택은 그의 질투적–살의적 환상의 흥분에 기초했을 가능성이 더 커 보인다. 이러한 이력이 있는 아내와 결혼할 때, 전차 노동자는 동기 증오에서 기원했던 자신의 견딜 수 없는 감정들로부터 살아남으려고 무의식적으로 시도했을 것이다. 그는 자신의 죄책감을 누그러뜨리는 동시에 '정당한' 경쟁자 살해의 환상을 즐기고 있었을 것이다. 하지만 다시금 우리는 히스테리 증상과 행동에서 동기간 경쟁이 갖는 결정적인 역할을 누락하는 것이 동반자 관계 및 또래 관계 같은 측면 관계들에서 뒤이어 발생하는 것을 누락하는 것임을 본다.

전차 노동자는 여자들이 재생산에서 특정한 역할을 수행한다는 것을 받아들이는 것이 불가능하다고 여긴다. 그렇기에 그는 현실에서 아버지가 될 수 없는 반면에 환상에서 임신할 수 있다. 나는 라캉 같은 이론가들과는 상반되게, 재생산과 관련된 남성 히스테리 사례는 여성 히스테리 사례와 다르지 않다고 주장하고자 한다. 성적 차이에 대한 고전적인 정신분석적 설명은 오이디푸스 콤플렉스의 해소 주변을 맴돈다. 그것은 남자아이가 어머니에 대한 그의 소원을 포기하고 지금 그가 아버지의 자리에 대한 주장을 포기한다면 그것이 언젠가 다른 여자와 함께 하는 그의 자리가 될 것임을 인정하는 '이상적인' 비–히스테리적 해소이다. 반면에 여자아이는 어머니에 대한 그녀의 소원을 거의 포기하며 대신에 장차 어머니의 자리 ─ 남자(아버지 대체자)의 욕망의 대상 ─ 에 있기를 희망한다. 이로써 여자아이는 남자의 위치에 대한 주장을 완전히 포기해야 한다. 히스테리는 다만 오이디푸스 콤플렉스의 만족스러운 해소의 실패가 된다. 히스테리가 비존재로 좌천되었기 때문에, 유아기 이야기의 나머지 절반이 누락된다. 이야기의 이 절반은 모든 아이는 아기들을 갖기를 원하며 양 젠더 모두가 아동기 현재에 이 소원을 포기해야 한다는 것이다. 포기한다고 할 때, 여자아이와 남자아이는 아주 다르게 한다.

여자아이는 자신이 지금 아기들을 갖는다는 생각을 포기한다면 미래에 아기들을 가질 수 있을 것이고, 따라서 어머니의 자리에 있을 수 있다는 것을 알고 있다. 남자아이는 그러한 생각을 전적으로 포기해야 한다. 히스테리적 남자들과 여자들은 자기 자신에게서 재생산하려는 소원을 포기하지 않는다 — 양성은 동일한 방식으로 이 소원을 유지한다.

히스테리증자가 실존하는 지점은 오로지 자기 신체만으로 아기를 가질 수 있다는 아이의 믿음이 유지되는 지점이다. 남성 히스테리증자 못지않게 여성 히스테리증자는 아이로서 자신이 임신하고 출산할 수 있다는 생각을 포기하기를 거절한다. 이 아동기로 퇴행할 때, 환상 속에서 히스테리증자는 자가 성애의 산물로서의 자기 자신을 출산한다. 히스테리증자가 퇴행하여 이르게 되는 이 아이는 아이들이 아기들을 생산할 수 있다는 생각을 포기하지 않을 것이다.

이른바 '정상적인 과정'에서 아이들은 그들이 출산할 수 있다는 전능한 환상을 어떻게 포기하게 되는 것인가? 자신의 아이 신체에서 아기를 생산하는 것에 대한 금지는 어디로부터 발산되어 나오는가? 단지 현실을 지적하는 것은 너무나도 손쉬운 일이다. 어린아이가 자기 셔츠 안에 베개를 집어넣을 수도 있다는 현실, 히스테리적 전차 노동자가 베개에 자신의 배를 얹어 놓을 때만 편안함을 느낄 수 있다는 현실, 히스테리증자가 상상 임신으로 자신의 배를 부풀렸을지도 모른다는 현실, 오늘날의 재생산 기술에도 불구하고 여전히 남성의 사정과 여성의 임신으로만 아기가 결과할 것이라는 현실을 지적하는 것은. 아동기 단성 생식 환상을 포기해야 할 필요성을 부과하는 문화적 법은 어디에 있는가? 지금이 아니면 영원히 어머니가 될 수 없는 남자아이에게, 하지만 똑같이 강력하게, 자신이 지금 아동기에 어머니가 될 수 없음을 받아들여야만 심리적으로나 상징적으로나 어머니가 될 수 있는 여자아이에게, 어머니에 의해 말해지는 법인가? 심리적으로 아버지일 수 있는 남자와 심리적으로 어머니일 수 있는 여자는 아이로서도 어른으로서도 오로지 자기 신체만으로 아기들을 생산할 수 없음을 받아들였다. 다른 한편으로 자녀가 여럿일 수도 있는 히스테리적 아버지나 히스테리적 어머니는 아동기에 아이들을 가질 수 있는 가능성을 결코 포기하지 않았다. 이 경우 새로운 아기는 상징화되지 않는다 — 히스테리적 부모는 아기가 두 사람으로부터 생산된 별개의 유일무이한 개인임을 알지 못한다. 이 경우 아기는 아동기의 환상 아기의 표상이다. 이 상황과 '편모성'이라는 사회적 현상을 혼동하지 않는 것이 중요하다 — 독신모는 자신의 아이에게 아버지가 있다는 것을 잘 받아들일 수도 있는 반면에, 많은 기혼 남성이나 기혼 여성이 히스테리적으로, 그들의 환상 속에서, 그렇다는 것을 모를 수도 있다.

히스테리적 생산의 자가 성애적 성질은(그런데 실제로 그것은, 그 단어의 모든 함의를 담아서, 재생산이 아니라 생산이다) 놓치기 쉬운데, 왜냐하면 히스테리증자는 겉보기에 다른 사람들과 관련된 수많은 환상들을 자기 둘레에 창조해 낼 수 있기 때문이다. 그렇지만 상상의 정자 주입기인 그 전형적인 백마 탄 기사는 다만 본질적으로 자기 혼자서 아기들을 낳음으로써 자신의 전능함을 단언하는 히스테리적 주체에게 관심을 주기 위해 그곳에 있는 것일 뿐이다. 그는 독자적인 주체로서 거기 있는 것도 아니고 그녀의 욕망의 대상일 수 있는 누군가로서 그곳에 있는 것도 아니다. 독자적으로도 욕망의 대상으로서도 그곳에 있지 않기에, 그는 아버지일 수가 없다. 마찬가지로 돈 후안 남성은 수많은 여자를 줄 세우지만, 어느 누구도 그의 아이의 어머니가 될 수 없다. 그는 그들을 욕망하지 않는다. 그들은 그의 목록에 더해지는 부가물이다.

히스테리적 성욕 및 아기들의 히스테리적 생산은(양자 모두는 겉보기에 '정상적인' 성욕 혹은 재생산 내의 요소들일 수 있는데) 전치된 존재의 증오, 질투, 살의에서 생겨나는 맹독성으로 물들어 있다. 이는 히스테리적 인물에게 사랑이 없다는 것이 아니다. 단지 그러한 사랑은 히스테리적 부분이 아니라는 것이다. 사랑은 관계에서 오는 것 같고, 다른 사람들에 대한 애착에서 오는 것 같다. 반면에 히스테리는 그러한 관계들의 부재나 단절에서 온다.

또한 히스테리는 거의 언제나 어머니와 밀접한 관련이 있다고 간주되어왔다. 1차 세계대전 이후 발달한 대상관계 이론에서 어머니가 전이에서 결정적이라고 보는 것으로 이동하면서, 환자인 그는 분석가인 그녀처럼 될 수 없다고 분석가는 환자에게 말한다. 그리하여 치료 속에서 분석가는 금지하는 행위자로서, 즉 아기들을 가질 수 있다고 환자가 상상하는 것을 금지해야만 하는 법 부여자로서 역할한다. 이러한 금지는 전능한 단성 생식 환상들을 환자가 포기해야 한다고 주장함으로써 히스테리를 해소할 수도 있다. 그렇지만 이론 속에서 정식화되지 않기 때문에 실천은, 무의미하게 징벌적일 수도 있는바, 히스테리를 다른 곳에서 번성하도록 내몰 수도 있다.

정신분석 이론에서 '대상'은 사람을 지칭하는 용어다. '대상관계'는 개인이 자신의 환경 속에서 자신의 느낌과 감정이 지향하는 사람들과 유지하는 관계다. 그 용어에 경멸적인 것은 전혀 없다—오히려 그 반대다. 히스테리증자의 환상과 행동이 그러한 인간 대상들로 가득 차 있기 때문에, 이 대상들이 오로지 청중으로서만, 혹은 히스테리적 인물이 사랑받고 있음에 대한 확증으로서만, 원해진다는 기저의 사실이 손쉽게 누락된다. 히스테리증자는 사랑받기를 원하는 것이지 사랑하기를 원하는 것이 아니다. 아기들을 전능하게 생산하기를 원하는 아이는 같이 그렇게 할 다른 인간 대상에게 그 어떤 관계도 원하지 않는다—이 위치로 퇴행한 성인 히스테리증자 역시 그러한 관계를 원하지 않는다. 그리하여 내포된 성욕은 필연적으로 자위적이다. 하지만 다시금 오이디푸스 국면의 대상관계에 대한 강조와 더불어 이 특징 또한 손쉽게 누락된다.

꼬마 한스 사례는 (「도라」에서 출현하는) 프로이트의 이론에서 이행을 표시한다. 주체의 정신적 삶에서 자위행위의 병인학적 중요성을 강조하던 것에서 다른 사람들에 대한 광범위한 욕망으로의 이행. 한스는 자위행위를 멈추라는 말을 들었다. 하지만 이는 그에게 단지 지연된 의미에 불과하다. 어머니를 계속 원한다면 음경을 잃을 위험이 있다고 그가 믿을 때만 복종할 가치가 있게 되는 명령. 그리하여 이론의 초점은 자위행위의 금지가 갖는 중요성에 주목하는 것에서 거세 콤플렉스를 강조하는 것으로, 자기 자신과 관계하는 히스테리증자에 주목하는 것에서 '타자'와 관계하는 히스테리증자에 주목하는 것으로 변동하기 시작했다. 문제는 이제 대상관계의 관점에서 파악되었다. 이렇듯 자위행위가 병인학적 중요성의 지위에서 강등된 것은 히스테리에 대한 이해 역시 차질을 겪게 됨을 의미했다.

자위행위, 자가 성애, 나르시시즘은 히스테리의 핵심적 상태들이다. 세계에서 전치된, 인정받지 못한 히스테리증자는 '자기가 텅 비어' 있으면서 과대 주장하는 자아로 넘쳐흐르게 된다. 이 히스테리적 자아 또는 '나'는 성적이고도 나르시시즘적인 '나'이며, 신체는 자가 성애의 자기 충족적 신체다. 히스테리증자의 대상 사랑은 오로지 대상들로부터 사랑을 얻어내기 위한 것일 뿐이다 — 대상에 대한 사랑은 없다. 자기 충족성의 자가 쾌락적 환상들이 아주 중요하다. '한 아이가 매 맞고 있어'로 알려진, 많이 논의되고 널리 퍼진 자위 환상이 있다. 그 안에는 세 가지 층위가 있다. 첫째 단계에서, 아이(보통 한 여자아이)는 또 다른 아이(보통 한 동기)가 (보통 아버지에게) 맞고 있는 것을 상상함으로써 흥분된다. 둘째 단계는 무의식으로부터 되찾을 수 없으며 따라서 필연적으로 하나의 가설이다. 접근할 수 없는 이 환상의 내용으로서 제안되는 것은 맞고 있는 아이가 자위하는 아이 자신의 자기라는 것이다. 이 환상은 셋째 단계에 기초하고 있는데, 이는 신체적이다 — 그것은 클리토리스의 율동적인 감각, 즉 흥분으로 인한 박동이다.

이 흔한 환상은 내가 여기서 관심을 기울인 히스테리의 특징들을 강조한다. 그 환상 안에서 첫째 소원은 동기가 다치고 강등당하는 것을 보는 것이다. 하지만 내가 보기에 이 동기는 히스테리증자가 생산한 환상 아기와 종종 혼동된다. 프로이트의 처음 설명의 아이를 때리고 있는 아버지는 맞은 아이/아기의 아버지인 상상된 남편 혹은 연인으로 종종 대체된다. 둘째 단계는 오로지 연역될 수만 있는데, 왜냐하면 환상의 주체 자체는 그녀 자신이 동기에 의해 전치되었기에 실존하지 않는다고 느끼기 때문이다. 주체의 '그곳에 없음'은 그곳에 있지 않으며 오로지 연역될 수만 있는 환상의 이 단계로 표상된다.

대상관계 정신분석에서, 치료사는 종종 어머니를 대신하는 것으로 간주된다. 그럼에도 불구하고 그것은 자위적 단성 생식 환상들을 상징적으로 금지하는 어머니의 역할을 누락한다. 임상 실천은 아동기 상황을 반복한다. 치료사는 아이가 어머니처럼 되는 것을, 즉 아직 아이를 가질 수 있는 것을 금지하는 — 물론 그렇게 많은 말로는 아니지만 그럼에도 불구하고 사실상 금지하는 — 어머니를 재현한다. 거세 콤플렉스의 금지하는 아버지는 이 '단성 생식 콤플렉스'의 금지하는 어머니와 짝을 이룬다. 히스테리적, 단성 생식적 재생산과 자위적 성욕을 양자 간 성욕과 재생산으로부터 구별하기 위해 그 이론은 그것 자체의 '대상관계성'의 본성에 의문을 제기할 필요가 있다. 이성애적 결혼이나 환자–치료사 관계에서 두 사람의 실제 현존은 보여지기를 필사적으로 추구하는 단 한 사람만 심적으로 존재하는 역학을 너무나도 자주 흐려놓는다. 내가 단성 생식 콤플렉스라고 부르는 것에 대한 금지는 이상적인 경우에 아이가 이 소원을 포기할 것임을, 그리고 그가 그것을 포기했기 때문에 미래에 그것을 상징화할 수 있게 될 것임을 의미한다. 단성 생식적 아기가 포기되었다면, 미래에 실제 아기는 별개의 실체로서 실현될 수 있을 것인데, 왜냐하면 그것은 자기의 복제물로 간주된 것이 아니라 상징화되었기 때문이다.[10] 히스테리는 성욕이 어떻게 죽음충동과 삶충동을 가로질러 이동하는지를 보여준다. 히스테리적 성욕은 재생산을 모방할 뿐이다 — 그것은 자신이 아기를 가질 수 있다고 상상하는 아이의 성욕이다. 전쟁 성욕은 히스테리

10. Conran, M. (1975) 참조.

적 재생산의 흉내가 벗겨진 히스테리적 성욕을 보여준다. 그것은 오이디
푸스적 성욕이 아니라 유의미한 재생산의 가능성을 살해하는 성욕이다.
여자는 이를테면 모성의 모방을 잘 해낼 수 있다. 남자에게 그것은 좀
더 어렵다 — 전쟁 폭력은 히스테리의 '비-출산력'을 드러낸다.

제6장

히스테리에서 모성으로

1. 남성 히스테리증자와 대상관계 이론의 부상

1차 세계대전 이후에 히스테리가 무엇인가에 관한 문제의 이론적
해결은, 비록 당시에는 인지되지 않았지만, 젠더 노선을 따라 양분되었다.
전쟁에 대한 남성 히스테리 반응은 심적 삶의 구축에 있어 외상이 갖는
자리에 대한 새로운 고찰로, 죽음충동 개념으로 이어졌으며, 공포와
충격의 재개념화로 이어졌다(이것들은 더 넓고 불분명한 불안이라는
범주로 점차 전락하였다). 불안은 정신분석 이론에서 최고의 자리를
놓고 성욕과 경쟁하였다 — 그리고 이겼다. 히스테리와 마찬가지로 성욕
은 설명에서 점점 더 사라졌다. 여성성이라는 한 가지 영역을 제외하면.
세기의 나머지 기간 대부분에 걸쳐서 성욕의 이론화는 여성적 성욕으로
거의 배타적으로 제한되었다. 이를 도식적이고 다소 환원적인 방식으로
표현하자면 이렇다. 남성 히스테리에 대한 관심은 인간 탄생의 조건들과
어머니와의 바로 그 최초 관계, 아주 이른 오이디푸스적 관계 혹은 전오이
디푸스적 관계의 심적 결과들에 대한 매우 광범위한 관심으로서 발전하였

225

다. 반면에 여성 히스테리에 대한 관심은 여성적 성욕과 여성성의 구성에 몰두하는 것으로 미끄러졌다. 결국 이것 역시 대부분은 어머니와의 초기 관계에서 이해되었다.

전투원에게 히스테리 반응을 산출하는 조건으로서의 외상, 공포, 폭력이라는 명백한 요인이 탄생과 유아기 초창기에 대한 이론들로 이어진다는 것은 흥미롭다. 다시금 히스테리는 적어도 설명의 일부를 제공한다. 여성 히스테리가 여성성으로 손쉽게 미끄러지는 곳에서, 남성 히스테리는 남성성의 정반대로서 나타난다. '이따금 말을 듣게 하려면 아기 **뺨을** 때린다.'[1] 패튼 장군은 자신이 학대한 히스테리 군인에 대해 이렇게 말했다. 전쟁 중 남성 히스테리증자의 '남자답지 못한' 행동은 '유아적'이라고 하는 널리 퍼진 반응을 돌려받는다. '유아'는 말하기 이전의 아기이며, 자신을 설명할 수 없고, 자기 신체에서 반응한다. 1차 세계대전 이후에 정신분석 이론은 처음에는 '유아기', 즉 신생아 전오이디푸스기를 탐구하였다(그리고 2차 세계대전 이후에 강한 추동력이 추가로 주어졌다). 그런 다음에 '여성성'을 가지고 왔다. 아버지의 위치가 지고한 것으로 남아 있는 자아심리학자와 라캉학파를 제외하면, 어머니와의 관계는 오늘날까지 이론화를 위한 지배적인 영역이었다.

남성 히스테리증자에 대해 정신분석가들 편에서 그 어떤 폄하적 태도에 대한 기록도 없기는 하지만, 정신분석의 중심적 관심은 남성 히스테리와 유아기를 등치시키면서 그러한 태도를 부지불식간에 연루시켰다. 그런 다음 이번에는 남성 히스테리가 여성적인 것이 된다. 여성성의 형성도 마찬가지로 가장 이른 유아기에 일어나는 것으로 간주되면서.

남성 히스테리증자의 아기 측면은 말하자면 진지하게 취해지며, 다른 경우라면 히스테리증자를 언제나 피해 가는 존중을 그 아기는 부여받는다. 2차 세계대전 이후에 아기는 그토록 중대한 것으로 여겨진 나머지

· ·

1. Showalter, E. (1997), p. 74에서 인용.

아기의 첫 몇 개월이 장래의 발달 전체를 설명하는 것처럼 보였다. 가령 어머니가 '충분히 좋지' 않다면, 아기는 '거짓 자기'를 발달시킬 수도 있다든가, 아기가 어머니의 가슴을 너무나 선망한 나머지 이것이 여자들과의 장래의 모든 관계들에 영향을 미쳤다든가. 일단 '유아적인' 남성 히스테리증자가 유아 그 자체로 이어지자, 남성 히스테리증자는 자기 자리에 유아만을 남겨둔 채 사라졌다. 비기질성 질병을 지닌 전투원들은 히스테리보다는 '외상'신경증 혹은 '전쟁'신경증을 지닌 것이라고 불렸다. 아기의 두려움, 어떤 '원초적 두려움'이 차후의 이러한 외상신경증들에서 발산되었다. 남성 히스테리는 히스테리 자체가 개시된 바로 그 유아기 장면과 더불어 추방되었다. 19세기 후반 남성 히스테리에 관한 논란이 해소된 이후에, 히스테리가 어디에나 있다면 남자들은 히스테리증자가 될 수 있어야 한다는 것을 더 이상 아무도 부인하지 않았다. 따라서 이 병사들은 '히스테리증자'라고 불릴 수 없었기 때문에, 논리적으로 히스테리 또한 존재하지 않는다는 것이 따라 나왔다. 여성 히스테리는 남성 히스테리를 뒤따라 망각되었다. 그리고 '히스테리'라고 불렸던 것은, 더 좋든 나쁘든 간에, 여성성이 되었다.

전투원들의 외상신경증은 자연히 폭력, 불안, 두려움 주변을 선회하였다. 그것은 성욕을 내포하지 않았다. 남성 히스테리 개념이 소멸하면서 또한 지배적인 정신분석 이론과 실천에서 성욕이 소멸하게 되었다. 성인의 문제가 언제나 유아기 상황에서 기원하는 것으로 간주되었다는 점을 고려하면, 전투원들의 외상신경증은 아기의 두려움과 폭력에서 그 기원을 찾아야 하는 것이 논리적이었다. 그래서, 두려워하는 폭력적인 전오이디푸스적 아기에 이론이 초점을 맞추었을 때, 성욕은 대체로 그림에서 누락되어 있었다. 그렇지만 이것은 완전히 절대적으로 사실인 것은 아니었다. 여하간 유아기 정신성적 환상의 관찰과 개념은 (무의식 개념과 더불어) 정신분석의 첫 번째 주요 이론적 지지물이었다. 그럼에도 그것의 축소는 매우 분명한 추세였다. 간략히 말해서, 유아기 연구는 아기의 폭력과 불안, 그리고 어머니의 돌봄에 대한 아이의 필요에 초점을 맞추었다. 1930년대의 페렌치나 오늘날의 장–폴 라플랑슈 같은 분석가들이 성욕을 그림 안으로 들여왔지만, 그것은 어머니나 부모의 성욕이 아이에게 침범하는 것이었고 지금도 그러하며, 그 반대는 아니다. 남성 히스테리 증자의 성욕은 다른 곳으로 갔다. 그것은 병원이나 상담실 바깥에서 강박적인 짧은 만남, 절박한 원함에 대한 단기 해결책, 또는 난폭한 강간 등으로 실연되었다.

심지어 전쟁 폭력에 대한 외상적 반응의 단계 너머에서도 남자들에 의한 히스테리적 성욕화는 계속해서 누락되는데, 왜냐하면 히스테리 일반에 대한 이론들과 이데올로기들처럼, 히스테리의 실행자들도 여자들에게 문제를 투사했기 때문이다. 돈 후안은 여자들을 질투하게 만들며, 그래서 그 자신은 그의 히스테리적 반응 기저에 놓여 있는 초록 눈 괴물, 동기간 경쟁을 느끼지 않을 것이다.

그래서 남성 히스테리에 일어난 일이 이것이라면, 여성 히스테리는 어디로 갔는가? 한마디로 그것은 여성성이 되었다. 스펙트럼의 한쪽 끝에서 히스테리는 초여성성ultrafemininity의 패러디가 되었으며 다른 쪽 끝에는 모성이 있다고 일반적으로 간주되었다. 미셸 푸코의 표현으로는, 여자는 '신경과민 여자에서 어머니까지' 줄곧 히스테리화되었다. 그렇지만 푸코의 관찰은 전적으로 요점을 놓친다: 모성은 히스테리적일 수 있다. 히스테리가 여성화된 것이지 그 역이 아니다.

그 결과로 나온 이론들의 지도는 복잡하다. 그 이론들에 중첩이 있기는 하지만, 우선 남성 히스테리가 낳은 영역, 즉 어머니–유아 관계를 따로 살펴볼 것이다. 그런 다음 여성 히스테리를 흡수해버린 여성성, 여성적 성욕, 모성을 따로 살펴볼 것이다. 첫째 영역, 즉 어머니–유아를 다루는 지배적 정신분석 이론은 1차 세계대전과 2차 세계대전 병사들의 경험에 기초한 분석 이론들로부터 생겨났다. 그것이 '대상관계' 이론이다.

인간 정신의 구성에 있어 대상관계의 상호 작용을 강조하는 다양한 이론들이 있다. 유기체는 고립된 상태에서 이해될 수 없으며 언제나 환경에 대한 관계 속에서 이해될 수 있다는 명제를 그 이론들은 공통적으로 갖는다. '대상'은 또 다른 인간 존재이며, 그 자신이 물론 하나의 주체이기도 하다 — 따라서 '대상'은 일상 언어적 용법에서 흔히 그런 것과는 달리 경멸적인 그 무엇도 함축하지 않는다. 대상관계의 강조점은 타자에게로의 혹은 타자로부터의 '관계'에 있다. 나는 두 가지 영향력 있는 주요 이론을 살펴볼 것이다: 클라인학파와 '독립파'. 클라인학파 이론은 대체로 어머니에게로의 아기의 관계를 다룬다. 이른바 영국 독립파와 관련된 이론은 어머니로부터의 관계를 다룬다. 모든 대상관계 이론의 관점에서 프로이트의 모델은 '심리 내적'인 것으로, 이른바 '일인' 심리학으로 간주되며, 그렇지만 필요한 것은 '이인' 심리학이라고 주장된다.

성충동에 대한 프로이트의 첫 번째 정식화에서, 충동은 신체에 원천을 둔다: 충동의 목적은 만족이며 충동의 과제는 그러한 만족을 획득할 수 있는 대상을 찾아내는 것이다. 이런 의미에서, 대상은 어떤 것이든 혹은 누구든 될 수 있다: 남자, 여자, 물신, 동물, 환각, 자위의 대상으로서 주체 자신의 신체, 기타 등등. 그것은 그것을 통해 만족이 실현될 수도 되지 않을 수도 있는 대상일 뿐이다. 프로이트에게서는, 대상이 발견될 때, 첫째로 대상은 그것을 찾아내는 충동에 접합되어 있지 않으며, 둘째로 대상의 심리적 발견은 실은 전심리적 대상의 재발견이다. 그리하여 가령 어머니를 자신의 오이디푸스적 대상으로 취할 때 아이는 원래 자신을 양육했던 가슴을 어머니에게서 발견하고 있는 것이다. 사후적으로가 아니라면 가슴은 대상이 아닌데, 왜냐하면 그 당시에 신생아는 주체로서의 자기 자신과 대상으로서의 타자를 구별하지 않았기 때문이다 — 심리적 관점에서 아기는 '전대상적'이면서 '전주체적'인 상태에 있었다. 1930년대 대상관계 이론의 성장은 이를 변화시킨다.

대상관계 이론에서 아기는 이미 그를 만족시키거나 좌절시킬 준비가 되어 있는 한 대상, 즉 어머니와 함께 태어난다. 그리고 여타 대상들은 어머니의 대체물일 뿐이다. 이 점을 더 검토하기 전에 우리는 어떻게 이 이론이 히스테리의 지형을 이미 변화시키는지에 주목해야 한다. 프로이트의 모델에서 우리는 이론에 영향을 미치는 히스테리 경험을 볼 수 있다: 히스테리증자는 원하고 또 원하며 가능한 모든 곳에서 만족을 얻으려고 노력할 것인데, 하지만 그의 성충동은 해소되지 않기 때문에 히스테리증자는 결코 최종적으로 만족을 획득하지 못할 것이다. 프로이트에게, (타이타족 남편의 탄띠를 들고 다니는 것이 당장은 충분하다고 해보았자) 아무 고정된 대상 없이 만족을 향해 끝없이 추동되는 탐색 및 그러한 탐색의 가능한 실패 양자 모두는 이론에 내재적인 것이다. 대상관계 이론에서는, 아기나 어머니 둘 중 하나가 만족이나 좌절의 정도를 관리할 책임이 있다. 그 이론에서는, 히스테리증자가 만족을 찾도록 추동되고 만족을 찾을 수 없는 것이 아니다. 그의 상태가, 그것이 도대체 존재한다면, 이 만족과 좌절을 적절히 제공하거나 수용하는 것에 대한 어머니나 아기 둘 중 하나의 실패를 응축하는 것이다. 다시금 이는 어머니–유아에 대한 이 새로운 대상관계 이론들이 연구 대상으로서의 히스테리를 어떻게 효과적으로 배제하는지를 입증한다. 그렇지만 히스테리가 이 이론들에서 사라졌다고 하여도, 대상관계 이론가들의 심원하고 참신한 연구들이 부정되어서는 안 된다. 그 사라짐의 흔적들은 여전히 추적될 수 있으며 무언가가 되찾아질 수 있다. 실로 그 연구 안으로 히스테리를 포함시킨다면 우리는 현재 이용되고 있는 이론들 속에 현존하는 누락과 어려움 가운데 일부를 설명할 수 있다. 나는 이 문제들을 보여주기 위해 이론들의 몇몇 측면들을 선택할 것이고, 그런 다음에 히스테리를 대상관계 이론으로 되돌려 읽어내는 것을 가로막고 있는 것이 무엇인지 보여줄 것이다. 히스테리는 존재한다. 히스테리가 이론에서 누락된다면, 치료에서 누락될 것이다. 히스테리의 몇몇 측면들이 또 다른 이름하에 '치유'된다 하더라도.

클라인학파와 '독립파' 대상관계 이론 양자 모두의 일반적 주장은 위니콧의 경구를 약간 조정함으로써 요약될 수 있다. 위니콧은 어머니 없는 아기 같은 것은 없다고 주장했다. 우리는 이렇게 덧붙여야 한다: 아기 없이는 어머니도 없다.

1930년대에 프로이트와 함께 히스테리, 텔레파시, 오컬트에 관심을 가졌던 헝가리 분석가 산도르 페렌치는 생후 첫 달부터의 유아의 욕구를 중심으로 한 이론과 실천을 발전시키고 있었다. 멜라니 클라인은 짧게 그리고 마이클 발린트는 충분히 부다페스트에서 페렌치에게 분석을 받았고 수련받았다. 클라인은 베를린으로 이주했고, 그곳에서 1926년 칼 아브라함이 요절할 때까지 그의 환자가 되었다. (아브라함은 어머니와 모성적 전이의 중요성을 강조했다.) 1926년 어니스트 존스의 초청으로 클라인은 런던에 있는 영국정신분석협회를 강의차 방문하였다 ─ 그리고 머물렀다. 그러는 동안 발린트는 부다페스트에 계속 있었고, 2차 세계대전 발발 직전에 유대인 난민으로 영국으로 왔다. 이 무렵이면 발린트와 클라인의 새로운 대상관계 이론들은 매우 상이한 방식으로 발전해 있었다.

그 이론들이 배제하는 히스테리를 이해하는 데 유용한 몇 가지 개념들이 클라인의 작업에는 있다. 이른바 '원초적 장면'에 대한 그녀의 특정한 이해, 망상-분열적 위치, '우울적' 위치라는 특별히 클라인적인 개념, 그리고 그녀가 선망에 부여한 일차적이고도 막중한 자리를 나는 선택할 것이다. 클라인학파가 묘사한 모든 것은 실제 상황과 관련이 있는 것이 아니라 상황의 무의식적 환상과 관련이 있다(물론 실제 상황이 환상에 영향을 미치기는 하지만 말이다).

클라인과 클라인학파는 삶충동과 죽음충동이 향하는 대상의 어떤 원초적 환상이 처음부터 존재한다고 주장한다. (언제나 'ph'라는 철자를 쓰는) 환상phantasy은 무의식적이다. 처음에 아기는 전체 대상으로서의 부모를 향해서가 아니라 부모의 부분들을 향해서 충동을 느낀다. 환영 같은 가슴과 환영 같은 음경의 원초적 환상이 있다 ─ 부모 성교의 '원초적 장면'에 대한 최초의 무의식적 상상들 속에서 그것들이 서로 혼동되기는 하지만. 클라인은 삶충동과 죽음충동의 원초적 갈등이 있다고 하는 프로이트에게 동의한다. 하지만 죽음충동에 대한 프로이트의 개념과 달리 클라인의 것은 반드시 그것에 내재된 어떤 대상을 갖는다. 클라인학파 이론에서 변하는 것은 바로 죽음충동이다: 뿌리에서 그것은 선망하는 모든 것을 공격하는 파괴적인 힘으로서 그 자체를 현시하는 원초적 선망이다. 그렇다면 클라인의 개념은 프로이트의 개념처럼 정지 상태를 향한, 파편화 혹은 비유기체적 상태 즉 대상 없는 상태를 향한 충동이 아니다. 반대로 그것은 대상에로의 충동이다. 말년에 클라인은 죽음충동의 표현을 어머니를 대상으로 갖는 '일차적 선망'으로 정식화하였다. 유아가 원하는 모든 것을 소유하며, 하지만 또한 수여하거나 철회할 힘을 갖는 어머니.

클라인에 따르면, 생후 첫 몇 개월 동안에 아기는 대상이 제공해야 하는 것을 완전히 좋은 것 혹은 완전히 나쁜 것으로서 경험하는 망상–분열적 위치에 있다. 클라인이 부분대상이라고 부르는 — 어머니의 부분에 불과하기에 그렇게 부르지만 아기에게는 전부인 — 가슴은 현존하고 만족을 준다면 '좋은' 것이고 부재하고 좌절을 준다면 '나쁜' 것이다. 하지만 유아는 자신의 삶충동과 죽음충동의 사랑과 증오를 가슴 위로 투사하기도 하는데, 그리하여 대상은 분열된다: 한편으로는 이상화되고 다른 한편으로는 박해자로서 두렵게 된다. 처음부터 양가성이 있다 — 하지만 이 시점에서 가슴은 단순히 '좋은 것'과 '나쁜 것'으로 분열된다. 이 박해하는 부분대상이 초래하는 불안에 압도당한다면, 유아는 그것의 실존을 부인하거나 아니면 전능하게 통제하려고 노력할 것이다. 이 환상들과 메커니즘들이 나중의 삶까지 유지된다면, 그것들은 정신증적이 될 것이다. 정상적인 발달에서 그것들은 언제나 잠재되어 있더라도 생후 첫 넉 달만을 지배하며, 그 이후로는 대상과 관련해서 취해지는 다음 '위치'로 서서히 바뀐다.

클라인학파에게 그다음 대상관계는 이른바 '우울적' 위치다. 이론의 이 요소에서, 생애 첫해 가운데 어딘가에서 유아는, 다시금 언제나 환상 속에서, 주는 사람과 거절하는 사람이, 그가 사랑하면서 증오하는 사람이 한 명이면서 동일한 사람이라는 것을 지각하기 시작한다—원형적으로, 유아의 어머니. '좋은'과 '나쁜' 양쪽 모두일 수 있는 하나의 전체 인물과 관계하면서, 유아는 동일한 대상을 향한 양가성이 용인될 수 있음을 배운다. 유아는 더 이상 투사하지 않으며, 대신에 어머니에게 그가 가하였다고 그가 환상하고 있거나 아니면 자신의 사디즘을 통해서 여전히 가하고 있을지도 모르는 손상에 대한 근심을 느낀다. 폭력적으로 공격당하는 것에 대한 유아의 두려움으로부터 망상-분열적 불안이 생겨나는 것이라면, 우울적 불안으로부터 결과하는 근심은 그가 행했거나 행할지도 모른다고 유아가 느끼는—그리고 어머니를 잃는 것을 수반할—손상의 결과들에 대한 것이다. 클라인의 이론에서 초기 오이디푸스적 위치인 이 우울적 위치는 대상에 대한 근심을 느낌으로써, 추정되는 손상을 수선하기를 소원함으로써 해소된다. 이것이 성취된다면, 유아는 다른 대상관계들로 나아갈 수 있다.

클라인학파 이론에서, 대상은 주어진 것이며 초점은 유아가 어떻게 최초 대상들과의 관계를 환상 속에서 실연하는지에 맞추어져 있다. 전이 상황에서 분석가는 대상의 위치에 있고, 환자는 주체가 되어가는 과정에 있는 유아의 위치에 있다. 유아는 투사하고, 동일시하고, 분열시키고, 선망하고, 자신의 대상을 향한 사디즘과 사랑과 감사와 근심을 느낀다. 유아가 대상에 행하는 것은 유아 자신에게 일어나는 일과 짝을 이룬다는 생각에 비록 그 이론이 동의하기는 하더라도, 이 후자의 주관 내적인 극은 훨씬 덜 묘사된다. 그리하여 망상-분열적 위치에 있는 유아가 자신의 대상을 분열시킬 때, 자신 안에 분열이 있다—하지만 우리는 이에 대해 거의 알지 못하는데, 왜냐하면 전체 초점은 유아가 대상에게 행하는 것에 맞추어져 있기 때문이다. 어떤 의미에서 이것은 단순히 그것의 관점 덕분에 히스테리를 배제한다: 히스테리증자는 자기 자신에게 행해지는 일에 관해서 근심하는 것이지, 그의 자기중심적 틀구조 외부에 정말로 존재한다고 말할 수 없는 대상에게 그가 행하는 일을 근심하는 것이 아니다.

클라인학파 이론은 선천적인 삶충동과 죽음충동에 강한 강조점을 둔다. 특히 후기 클라인의 작업은 선망의 역학을 강조하는데, 그 작업은 선망을 대상과 관련한 죽음충동의 직접적 표현으로 본다: 유아는 어머니가 소유하는 모든 것을—그녀가 유아에게서 박탈할 수도 있는 모든 것을—선망한다. 나의 설명에서는, 히스테리증자는 위치를 질투하며 그런 다음에야 그 위치를 차지한 자가 가질 수도 있는 것을 선망한다.

대상관계 독립파는, 발린트가 그 초기 제안자였는데, 강조를 역전시킨다: 이 학파는 대상이 유아에게 제공하거나 제공하지 않는 것이야말로 병리 혹은 심적 건강을 낳는다고 주장한다. 독립파 분석가들 대부분에게 유아로부터 오는 일차적 사랑은 있지만, 유아 내부에 선천적인 죽음충동은 없다. 유아가 받는 돌봄의 적절성에 따라 좋게 될 수도 있고 나쁘게 될 수도 있는 공격성이 있다. 발린트가 클라인과는 독립적으로 자신의 이론을 발전시켰음에도 불구하고, 1950년대까지 영국에서는 단 하나의 '대상관계' 접근법만이 있는 것으로 간주되었다. 결국에 가서야 '독립'파의 발전으로 이어졌던 차이는 2차 세계대전으로까지 거슬러 올라갈 수 있다. 전쟁 중의 '논쟁적 토론'에서, 클라인이 이끄는 영국 대상관계 이론가들은 이미 자신들을 (비엔나에서 온 막바지 난민으로 아버지와 함께 영국에 정착했던) 안나 프로이트가 이끄는 프로이트학파와 구별하고 있었다. 하지만 어머니를 강조한 보울비와 위니콧의 전시 및 전후 연구는 대상관계 이론가들 사이의 추가적인 분열을 예고했다. 독립파들 사이에는 그 어떤 단일한 학설도 없다. 클라인주의자들이 다양할 수 있으며, 늘어날 수도 있고, 서로의 이론에 동의하지 않을 수도 있지만, 클라인의 어휘로 되돌아가고 그 어휘를 사용하는 반면에(가능한 예외는 윌프레드 비온이다), 독립파들 가운데는 비견할 만한 우두머리가 없다. 그렇지만 한 명의 독립파 이론가 도널드 위니콧이 여기서 이용될 수 있다. 히스테리가 위니콧이 묘사하는 상태는 아님에도 불구하고, 내가 보기에 그의 통찰과 이론 가운데 많은 것들이 히스테리를 해명하는 데 유용하다.

위니콧은 정신분석가였을 뿐 아니라 소아과 의사이기도 했기 때문에, 환자의 신체에 매우 주의를 기울였다. 가령 대상을 던지거나 말을 더듬거나 꿈틀거리거나 할 때 아이는 무엇을 느끼고 있는가? 위니콧에게는 모든 인간 존재에는 참되다고, 진짜라고, 실제라고 느끼게 될 수 있는 잠재적 '자기'가 있다. 또는 그것은 과도한 순종과 두려움을 통해 '거짓' 자기로 발달할 수 있다. 위니콧에게 신생아의 무력함과 전적인 의존은 결정적이다. 그것들은 인간 존재가 자라 나오는 특별한 막중한 기초를 형성한다. 유아는 한낱 만족만을 추구하는 것이 아니라 신체적, 정서적 접촉을 추구한다. 그 어떤 '충동'이건 이용될 수 있기 전에 '자기'가 먼저 있어야 한다.

유아의 전적인 의존은 남녀 모두로 하여금 그러한 의존이 매달려 있는 여자/어머니를 언제나 두려워하게 만든다. 아기는 혼돈스러운 느낌으로 삶을 시작하겠지만 어머니가 아기를 충분히 그 자체로서 인정한다면, 아기는 실제라고 느끼기 시작할 것이다. 어머니가 그러지 않는다면, 아기는 계속해서 혼돈을 느끼거나 어머니가 잘못 보는 자기 판본에 순종하게 될 것이다 — 아기는 '거짓 자기'가 될 것이다. 거짓 자기는 세계가 관리될 수 있도록, 그리하여 어떤 잔여적인 참된 자기가 보호될 수 있도록 구축된다. 오인의 결과로 창조된 거짓 자기는 일련의 잘못된 동일시들 위에, 타인의 복사본들 위에 자신을 쌓아간다. 바로 여기, 거짓 자기에서 우리는 누락된 히스테리를 찾아야 한다.

위니콧에 따르면 불충분이나 침입이나 오인을 통해 대상이 실패할 때, 어느 정도의 거짓됨falseness이 발달한다. 다시금 클라인학파와 마찬가지로, 분석가는 주로 대상의(주로 어머니의) 위치에 서 있다. 그렇지만 위니콧의 강조는 유아–환자가 분석가에게 무엇을 하는지에 있는 것이 아니라 분석가가 주거나 주는 데 실패하는 것을 유아–환자가 무엇으로 이해하는지에 있다. 정신증자 혹은 거짓 자기를 지닌 사람은 인정을 찾아서 치료를 받으러 온다. 위니콧이 보기에 그는 반드시 퇴행하고 다시 시작해야 한다. 이러한 관점은 히스테리에 도움이 되는데, 마찬가지로 이는 히스테리가 되는 사람에게 무엇이 행해지는지에 초점을 맞춘다. 히스테리는 일어나는 무언가에 대한 반응이다 — 이것이 위니콧의 관점이다.

대상관계 이론의 두 지배적인 학파 — 클라인학파와 독립파 — 모두는 히스테리의 양상들을 다시 읽을 수 있게 해주는 훌륭한 현상학과 몇몇 유용한 개념들을 제공한다. 그렇지만 몇 가지 문제가 있다.

둘 다 발달 모델이다: 신생아는 건강 혹은 병리를 향해 계속해서 성장한다. 무언가 잘못된다면, 그는 몇 걸음 물러나서 다시 시작해야만 한다. 이러한 관점과는 반대로, 심지어 아동기 히스테리조차도 본질적으로 퇴행적이다: 외상으로 전환되거나 전환될 수 있는 어떤 경험에 부딪혀서, 히스테리증자는(개인이든 집단이든) 아동기나 유아기의 행동 양태로 퇴행한다. 발달은 도달한 위치와 되돌아간 단계, 위치, 관계를 보여줄 수 있다 — 하지만 퇴행은 온갖 이끼가 긴 상태를 불러오며 되돌아가는 곳은 '애당초' 거기에 있었던 것과 결코 같지 않다. 발린트와 위니콧, 그리고 독립파 대부분은 퇴행이 치료 상황에서 결정적이라고 주장한다: 환자는 되돌아가서 치료사와의 대상관계를 재협상할 수 있다. 하지만 나는 히스테리는 그 자체로 퇴행이라고 주장하겠다. 더 나아가 발달 모델 자체는 심적 건강으로 가는 경로가 적절한 경로이며 기타 모든 경로들은 그로부터의 이탈이라고 주장하는 경향이 있다. 발달 대신에 퇴행의 관점에서 바라본다면, 필연적으로, 이탈 혹은 병리적인 것이 모델로서 제시된다. 초점은 무엇이 옳게 되어야 하는가가 아니라 무엇이 잘못되었는가에 있다. 병리들을 살펴본다면 프로이트의 말처럼 이른바 심적 건강을 이해할 수 있지만, 그것은 언제나 '이상적 허구'로서 있을 것이다. 이와는 정반대로, 건강을 지향하는 발달 모델은 신경증(히스테리만이 아니라 강박증 또한)을 열외로 취급하며 건강 혹은 정상성에 대해 도덕적 확실성으로 나아가는 경향이 있다.

정신분석은 오로지 신경증만을 치료할 수 있다고 프로이트는 주장했는데, 왜냐하면 신경증에는 대상관계가 있기 때문이다. 신경증에서는 환자의 개인사 속 상대방에 대한 감정은 분석가에게로 전이될 수 있으며 이러한 과정 내부에서 이해될 수 있다. 그렇기에 프로이트학파에게 정신분석은 정신증에 대해 할 말이 있더라도, 전이 관계의 부재로 인해 정신증자를 온전히 치료할 수 없었다. 정신증자는 관계들을 거부했다. 그렇지만 대상관계 이론가들은 정신증을 치료할 수 있다고 주장한다. 정신증의 첫 번째 치료는 돌파로서 기록되었다. 그렇지만 정의상 대상관계 임상의들은 정신증을 다룰 수 있어야 하는데, 왜냐하면 이론 안에 처음부터 언제나 대상관계를 갖고 있기 때문이다. 대상관계가 언제나 있다면, 전이 또한 언제나 있을 것이다 — 신경증자에게만이 아니라 정신증자에게도. 그렇다면 정신증의 치료는 실천의 새로운 출발이 아니라 당시의 새로운 이론의 자동적인 귀결이다.

히스테리에서 정신분석을 정초한 프로이트는 히스테리의 결정적인 차원을 과소평가하거나 이따금 누락했다 — 대상관계 이론의 부상으로 히스테리의 사라짐을 봉인하였던 차원. 히스테리는 대상관계적 접근에 특별한 문제를 제기한다: 히스테리의 대상관계(히스테리의 이른바 타자 성애 혹은 타인에 대한 겉보기의 성애적 애착)는 진정한 대상관계가 아니다. '대상'은 풍부하지만 히스테리증자는 대상관계가 필연적으로 가면, '가짜', 거짓이 되는 정도로까지 대상과 동일시하거나 대상을 모방하였다. 히스테리증자는 상대방에 대한 사랑(혹은 질투나 선망)이 아니라 상대방으로부터 와야만 하는 사랑에 굶주려 있다 — 단, 그를 방해하거나 그에게 무언가를 제공하는 데 실패함으로써 상대방이 히스테리증자에게 영향을 미치는 경우를 제외하고서 말이다. 히스테리증자에게 '대상'은 또 다른 대상이 아니다. 이 점은 처음부터 누락되어 있었다. 자신의 관찰보다는 이론에서, 프로이트는 히스테리증자의 상상된 연인들을 그가 실제로 사랑하는 사람들로 간주했다. 반면에 그 연인들은 그를 확실히 사랑하기를 그가 원하는 사람들일 뿐이다. 대상관계 이론과 더불어, 한 사람이 사랑하고, 증오하고, 선망하고 등등인 사람들이 언제나 있다는 가정은 완전히 승인된다. 이는 상대방에 대한 관심처럼 보이는 것의 기저에 놓여 있을 수 있는—그리고 히스테리에서는 실제로 놓여 있는—나르시시즘과 자가 성애를 희생한 대가다.

분명히, 어느 누구도 무인도에서 태어나지 않는다. 질문은 이렇다: 대상관계는 무엇을 의미하는가? 용어법에 약간의 혼란이 있다. 나르시시즘, 정신분열증, 편집증 모두는 그 어떤 이론에서도 환상적 대상들을 이용한다. 그렇지만 프로이트/라캉 이론에서, 이 나르시시즘적이고 정신증적인 상태들은 대상이 독자적인 주체라는 여하한 인식도 거부한다. 반대로 대상관계 이론가들은 대상이 어떻게 다루어지거나 이용되고 있는지를 기록하고 모든 사용들을, 심지어는 거부나 부인조차도, 대상에 대한 관계로서 받아들인다. 우리는 이것이 실천에서 어떻게 펼쳐지는지 볼 수 있다. 가령 브로이어와 프로이트가 1895년에, 그리고 다시금 1910년에 안나 O를 묘사했을 때, 그녀는 히스테리증자로, 따라서 '신경증자'로 진단되었다. 이때의 가정은 그녀가 전이 가능한 다른 사람들과 관계를 가지고 있다는 것이었다. 그렇지만 몇몇 나중의 대상관계 이론가들은 그녀 상태의 심각성에 주목하면서 그녀의 질병은 정신증이라고 주장했다. 그녀가 다른 사람들과 관계를 가지고 있다는 사실은 문제가 되지 않았는데, 왜냐하면 '건강'하거나 신경증적이거나 정신증적인 우리 모두는 이러한 관계들을 가지고 있기 때문이다—우리는 단지 그 관계들을 상이하게 이용할 뿐이다. 그렇지만 히스테리가 흔히 신경증으로 간주되기 때문에, 안나 O가 앓은 것은 히스테리가 아니라 어떤 정신증적 상태였다. 그 이론들은 선재하는 모델에 따라 질병을 배치한다.

나는 벨기에 역사가 카트리엔 리브레히트가 히스테리라고 재명명한(4장 참조) 1940년대 클라인학파 치료에서의 정신분열증 사례를 잠깐 살펴보기를 제안한다. 전이의 문제로 인해 당시 프로이트학파와 클라인학파 사이에 벌어진 논쟁은 분석에서 정신증을 치료할 수 있는지 여부에 대한 것이었다. 모든 관계가 대상관계라면, 정의상 정신증은 분석될 수 있다. 정신분열증의 성공적 분석으로서 저 사례는 돌파구로 환영받았다—그것은 여하한 기준으로도 인상적인 치료이며, 그 사례에서 분석가는 환자가 어떤 감정을 그에게 투사하는지를 봄으로써 환자에게서 배운다. 리브레히트는 여기에 히스테리적 정신증이 있으며 여러 분석가들이 히스테리를 놓쳤다고 주장한다.

나는 현저한 분열과 탈인성화를 보인 29세 여성 정신분열증자 밀드레드를 허버트 로젠펠드가 치료한 사례를 고찰할 것이다. 1944년 밀드레드를 보기 시작했을 당시에 로젠펠드 자신은 멜라니 클라인에게 분석 수련을 받고 있었으며, 그가 나중에 출간한 논문 「탈인성화가 있는 정신분열증 상태에 대한 분석」(1947)은 엄격하게 클라인적이었다. 40년 후에 이 사례를 재고하게 되었을 때, 로젠펠드의 언어는 덜 엄격하게 클라인적이었다: 당시에 그는 자신의 환자를 모든 감정을 잃어버렸으며 그녀 자신을 잃어버렸다고 믿은 사람으로 묘사했다. 그녀는 자신의 일부를 분열시켜서 분석가에게 투사했다—그녀는 분석가 내부로 들어가서 자기 자신을 잃어버리기를 원했지만 이는 그녀로 하여금 분석가가 그녀에게로 침범할까봐 두렵게 했다. 나는 밀드레드를 재분석하거나 심지어 재분류하자고 제안하지 않으며 단지 내가 그려내려고 시도하고 있는 히스테리의 관점을 통해 이 사례를 살펴보자고 제안한다. 아이슬러의 전차 노동자와 프로이트의 도라에서처럼, 나는 그 설명에서 두드러지지 않는 사실로부터 정보를 모았다.

밀드레드는 도라처럼 거의 영구적인 '독감' 같은 수많은 신체적 질환들을 현시하는데, 이는 당시의 관용구로 '기능적'이라고 불렸다(즉, 그 질환들은 기능에 영향을 미칠 수 있지만 그 어떤 기질적 원인도 알려지지 않았다). 밀드레드는 도라처럼, 그리고 심적으로 병약해진 많은 전투원들처럼 정기적으로 말문이 막힌다. 전이 관계는 '정신증적'이라고 불리는데 왜냐하면 밀드레드는 치료에 영향을 미치기 위해 그녀의 분열증적 분열 습관들을 가져왔기 때문이다—그녀는 종종 면담에 도착하지 못하거나 매우 늦게 나타났는데, 왜냐하면 그녀는 일어나기, 아침 먹기, 씻기, 버스에 타기와 로젠펠드를 보러 가기라는 사건들을 연계된 절차들로 해석하지 않기 때문이다—그녀는 그것들을 분리하거나 '분열'시켰다. 로젠펠드와의 관계가 '정신증적'인 것은 또한 그 관계에서 로젠펠드는 박해하는 악마 아버지가 되기 때문이다. 이것이 클라인학파 사고의 분열–망상적 위치다.

그래서 내가 여기서 발전시키려고 노력하고 있는 히스테리 범주 및 그것에 대한 이해를 이용한다면, 이 사례는 무엇처럼 보일 것인가? 밀드레드가 강렬하게 질투했던 남동생 잭은 전사했다. 이후 그녀는 일련의 질병들에서 회복할 수 없었다. 그녀는 질병들에 의해 추동된다. 그녀가 '독감influenze'이라고 부르는 것을 그녀는 네다섯 달 동안 앓고 있다. 그녀는 '죽었다'고 느끼며 탈인성화된다—그녀가 누구인지 알지 못한 채, 스스로 죽었다고 느끼면서.

이를 히스테리로 간주할 수 있다면, 안나 O의 경우처럼 밀드레드의 이 탈인성화는 또한 그녀의 치료 면담에서 출현하고 있는 여하한 성적 감정들에 대한 방어로도 해석될 수 있다. 모든 것을 성욕화하는 히스테리증자는 종종 정반대로 제시한다—성욕이 원함의 압도적인 표현이라는 바로 그 이유 때문에, 성욕은 은폐되고 다른 곳에서 실연되어야 한다. 밀드레드의 사례가 바로 그렇다. 치료사가 원하는 치료사에게로의 성욕의—그녀의 가족 구성원들을 향한 긍정적인 리비도적 감정들의—전이를 그녀는 전혀 가지려 하지 않는다. 오히려 밀드레드는 그녀의 성욕을 치료 바깥에서 꽤 발그레하게 들리는 방식으로 실행한다. 그녀는 데니스라는 남자와 엄청나게 유혹적인 만남을 갖는데, 그는 그녀 자신에 필적하는 인생사를 지니고 있다. 데니스는 아내가 아이를 낳으러 떠나 있는 동안에 밀드레드를 유혹하려고 주체할 수 없이 노력한다. 그 결과 데니스는 와해된다. 밀드레드는 또한 여자들과 강렬한 우정을 갖는데, 그녀는 분명 그들을 사랑하는 것 같지만 극도로 질투하고 있다. 치료에서 밀드레드가 그녀의 분석가에게 성적인 감정들을 정말로 갖기 시작할 때, 이 감정들이 '언제나처럼 그녀가 거의 알지 못했던 젊은 친척에게로 전치된 [강조는 나의 것][2] 것임을 우리는 알게 된다. 밀드레드는 분석가의 해석들을 견딜 수 없는데, 왜냐하면 그것들은 그녀 내부로 들어가기 때문이다—그리하여 분석가는 박해자가 된다. 하지만 그녀는 흠모하는 어머니의 사소한 비판이나 간섭도 견딜 수가 없다. 그녀는 자기를 낳아달라고 부탁하지 않았다며 어머니에게 소리를 질렀다고 분석가에게 말한다. 다시 말해서, 그녀가 자궁을 떠나기를 원하지 않았음을 가리키면서, 그리고 그녀의 삶은 그녀 어머니의 책임임을 가리키면서. 그녀는 그토록 많은 것을 원하지만, 그 어떤 좌절도 참지 못하며 조금이라도 그녀를 방해한다고 느끼는 누구에게나 소리를 지른다. 밀드레드는 어머니 내부로 들어가기를 원하며 며칠 동안 계속 침대에서 반쯤 잠든 채 따뜻하게 지내면서 이를 실연하는 동시에 또한 그 어떤 그러한 소원이건 거부한다. 그녀가 자신의 모든 성적이고 에로스적인 감정들을 부인하기 때문에, 그 감정들은 다른 사람들이 그녀에게 행하는 것인 양 경험된다—밀드레드는 어머니 내부로, 그리고 나서는 분석가 내부로 들어가기를 원하지만 그녀는 이를 분석가가 그녀 내부로 들어가는 것에 대한 공포로서 경험한다. 욕망들은 욕망들의 부정으로 뒤바뀌어 질병과 박해로서 외부로부터

• •
2. Rosenfeld, H. (1947), p. 20.

회귀한다. 그리고 이 박해는 무엇인가? 중세에 '마녀들'은 악마에게 관통당한 것으로 가정되었다. 밀드레드에게 로젠펠드는 바로 그러한 관통하는 '악마 아버지'이며, 그녀의 '독감influenze'은 유령의 영향influence에 대한 말장난이었을지도 모른다.

다시 말해서, 우리는 이 사례를 자신이 가질 수 없는 것과 될 수 없는 것을 원하고 또 원하는 젊은 여자의 이야기로 다시 쓸 수 있다. 밀드레드가 될 수 없는 것은 모두가 좋아했지만 죽임을 당한 남동생이다. 남동생의 죽음은 그녀를 치료로 끌어들이는 끈질긴 질병들을 재촉한다. 압도적인 동기 질투 속에서 그녀는 남동생이 죽기를 틀림없이 바랐을 테지만, 그는 그녀의 사랑이나 증오의 진정한 대상이 아니기 때문에, 그녀가 되기를 원하는 위치에 서 있기 때문에, 그가 죽을 때 그녀는 그가 그녀 자신이 아님을 아는 대신에 그처럼 '죽은' 것이 된다. 그녀는 그의 상실을 애도할 수 없다.

도라에서와 마찬가지로, 밀드레드의 성인기 와해 배후에는 — 도라의 것보다 이르기는 하지만 — 아동기 붕괴가 있다. 밀드레드는 두 동기 가운데 맏이였다. 그녀가 19개월이던 때 남동생이 태어났을 때 시작된 일련의 와해를 그녀는 겪었다. 남동생이 태어날 무렵 밀드레드는 말하기 능력을 잃었으며 걸음마를 포함해 유아기부터 아동기까지 성장하는 방법을 처음부터 다시 배워야 했다. 그녀는 모든 반짝임과 명민함을 잃어버리면서 성격이 변하게 되었다. 잭은 사랑받았으며 매우 발랄했다. 밀드레드는 그처럼 되려고 노력하면서 아동기를 보냈다. 그녀가 걸음마 아기였을 때부터 내내, 밀드레드는 잭이 되기를 원했다. 그가 죽을 때, 그녀는 그처럼 '죽은' 것이 된다 — 탈인성화된다.

히스테리는 질병과 질병의 치료 양자 모두를 모방하며, 특히 정신증적 끝[3] 쪽에서는 그 자체로 심각한 상태다. 실로 밀드레드가 로젠펠드와의

• •

3. [히스테리의 가장 극단적이고 심각한 상태를 의미한다.]

성인 치료에 가져오는 실제 문제들이 있지만, 일단 이것들이 확인되면, 그녀는 히스테리증자가 그러하듯이 이를 모방하고 과장한다. 밀드레드가 로젠펠드와 함께한 면담들은 만성적인 기억 상실로 특징지어진다: 한 면담의 어떤 것도 다음 면담에서 회상될 수 없다. 모든 것을 서로 무관한 행동들로 분열시키고 통합되지 않는 그녀의 자기의 부분들로 분열시키는 그녀의 메커니즘은 혼돈과 파편화의 감각에서 생겨날 수 있는데, 이는 정신분열증의 특징인 만큼이나 히스테리의 특징이다. 하지만 그녀의 치료사 역시 그녀가 사물을 분열시키는 방식에 거듭 주의를 기울이기 때문에, 그녀는 분열 행동의 무언극을 산출한다. 이는 각자 상이한 감정들을 지니는 환자의 상이한 부분들에 관한 치료사 특유의 말하기 방식에 대한 히스테리적 모방일 것이다. (그러한 해석 기법은 그 자체로 부정확한 그림을 산출하는 것이 아니라 히스테리 환자가 분열 혹은 다중 인성으로 현존하도록 조장할 것이다.)

밀드레드가 로젠펠드를 볼 때 성충동은 더 이상 분석 이론의 선두에 있지 않았으며 치료에서 금지되었다. 성충동은 면담 바깥에서 수많은 여자들과 더불어, 그리고 잇따르는 남자와 더불어 실연된다. 그러고 나서는, 그녀가 치료사에게서 원하는 그 어떤 성적 관심도 얻지 못할 것을 알기에, 그런데 물론 치료사는 심지어 그녀의 물음들 속의 온갖 원함들조차 만족시켜 주지 않을 것인데, 그녀는 이를 치료사의 박해적 관통에 대한 두려움으로 둔갑시키고 대신에 결혼을 한다. 죽은 탈인성화의 기저에서, 그녀의 집요한 원함이 불안정한 상태로 있다. 그녀는 가질 수 없는 무엇이든 원하는데(그녀는 분석가가 질문에 대답하지 않는다는 것을 알고 있다), 이는 그녀가 실제로 가지고 있는 무엇이든 무가치하게 만든다. 그녀는 치료사가 원하는 것을 지각할 수 있으며 증상과 해석의 숨바꼭질 속에서 이것을 그에게 제공할 수 있다. 그렇지만 그것으로는 충분하지 않기 때문에, 만연한 유혹들이 치료 바깥에서 발생한다.

밀드레드가 탈인성화되어 있다거나 분열증이라거나 혹은 어쩌면 심지어 '정신분열증'이리라는 것은 의심의 여지가 없다. 그렇지만 치료의 조건들은 그 어떤 성욕 만족의 실천도 올바르게 배제한다. 하지만 이론은, 히스테리를 누락하고 있기에, 그릇되게 역시 그렇게 한다. 히스테리 범주의 상실과 더불어 성욕에 대한 관찰이 감소했다. 모든 대상관계 치료에서 우리는 면담 바깥에서 발생하는 성욕을 살펴보고 그것을 면담 안에서의 모방 같은 행동과 통합할 필요가 있다.

클라인학파 이론에서 죽음충동의 목적은 대상을 파괴하는 것이다. 하지만 여기서, 밀드레드와 더불어서, 대신에 우리는 주체의 '죽음'을 갖는다. 이 주체의 죽음은 그녀 자신의 치명적인 우울증에서만이 아니라 밀드레드의 연인 데니스의 (심각한 와해로 인한) '대리 죽음'에서도 볼 수 있다. 데니스의 경우는 도라 사례에서 K 씨가 당했던 사고에 비견할 수 있다. 성인 밀드레드는 그가 태어날 때 그녀가 분명 죽기를 소원했던 죽은 남동생과 동일시한다. 그녀의 죽음 소원들은 잭이 죽임을 당할 때 실현되지만 그녀는 '죽은' 것이 됨으로써 처벌받는다. 하지만 이 소원들은 분석되지 않으며 지속된다. 그녀는 연인 데니스를 발견하는데, 그는 분명 많은 측면에서 그녀와 비슷하다 — 다른 사람에게서 그 자신을 난잡하게 탐색하기, 그를 전치시킬 수도 있는 누군가(데니스의 사례에서, 그 자신의 아이)의 탄생을 히스테리적으로 회피하기. 데니스는 밀드레드 와 동일시했을지도 모르며(그가 치료받지 않기 때문에 우리는 알 수 없다), 밀드레드는 그를 그녀 자신의 죽음 소원들의 운반자로 이용했을지 도 모른다. 데니스는 죽지는 않았지만 실로 완전히 무너진다. 이 '둘의 광기'와 죽음과 성욕의 전염은 히스테리의 특징이다. 마치 밀드레드가 그녀 자신의 히스테리를 전염시키는 과정에서 위험을 넘겨주고, 그래서 데니스가 와해되는 것 같다. 치료 바깥에서 발생하는 성욕의 실연과 죽음의 실연이 갖는 중요성에 대한 지각이 없다면 히스테리는 비가시적이 된다.

그렇다면 모든 정신증 환자가 위장한 히스테리증자라는 것이 아니라,

그 환자들의 상태에 강한 히스테리적인 측면이 종종 있다는 것인데, 이러한 측면은 성욕과 (종종 증오로 현시되는) 죽음과 그 둘의 밀접한 관계가 치료뿐 아니라 이론에도 부재하다면 인지되지 않는다. 히스테리는 분명한 정신증적 차원을 갖지만, 요구되는 것이 정신증이라면 정신증적 가장을 취하기도 한다. 이는 한층 더 세밀한 구별로 얻어지는 이득에 반대하여 논쟁하는 것이 아니다. 임상 자료는 혼란스럽기 마련인 반면에, 이론적 파악은 구분선들을 산출하는 것에 달려 있다. 또한 나는 모든 정신증적 상태에 '히스테리'라는 포괄적 명칭을 다는 것으로 복귀하기를 옹호하고 있는 것도 아니며, 오히려 히스테리의 전적인 제거가 가져오는 결과들에 관심을 기울이고 있다. 히스테리 범주를 언제나 염두에 두고 있지 않다면, 분석가로서는, 치료가 모방되고 있는 모방적 과정의 유혹을 지각하기는 어렵다. 추동된 집요한 원함은 행동화된 성과 죽음 속 다른 어딘가로 간다. 이는 위험할 수 있다.

리브레히트는 밀드레드 및 다른 이들을 대상관계 치료에서의 정신증 배후에 있는 히스테리 사례로 발견함에도 불구하고, 그들이 왜 히스테리적인지 서술하지 않는다. 히스테리가 어디에 놓여 있는지에 관한 설명의 이러한 부재는 특히 그녀가 오로지 여성 사례들만을 선별한다는 것을 우리가 깨달을 때 다소 근심스럽다. 리브레히트 편에서 어떤 가정된 등식이 있는가? 히스테리적 정신증이 존재하며 히스테리증자는 진단에서 사라졌다는 주장을 예증하기 위해 리브레히트는 몇 가지 사례를 재서술한다. 그들은 모두 여성이다. 그들은 대상관계 이론에서 취해지는데, 거기서 초점은 언제나 어머니와 아기에 있다. 이러한 '젠더화'는 내가 주장하듯이 비록 어머니–유아 관계에 대한 초점 맞춤을 낳은 것이 남성 히스테리였음에도 불구하고 어머니–유아 관계가 전형적으로 여성적이라고 간주되기 때문인가? 클라인과 위니콧 양자 모두는 최초의 어머니–아기 관계가 남자아이와 여자아이 양자 모두에게 여성적이라고 간주한다. 가령 위니콧은 여성인 것은 '존재being'라는 일차적 상태이며 남성인 것은 오로지 '하기doing'에서의 어떤 분리와 더불어서만 온다고 진술한다. 리브레히트가 이 사례사들에서 히스테리를 발견할 때, 그녀는 어머니–유아 상황을 '여성적'인 것으로 간주하는 경향을 따르고 있으며 그러고 나서는 이를 한 여자와 일치시키고 있다. 이런 식으로 히스테리는 진단의 급진적 재서술에서조차도 여성화된 채로 머문다.

그렇지만 이런 일이 일어난다. 즉 로젠펠드의 획기적인 『정신증 상태들 *Psychotic States*』(1965) 속 다음 연구의 한 환자가 로젠펠드 사후 몇 년 동안 나를 보러 왔던 남자라는 일이. 나의 환자, 로젠펠드의 '사례 A'는 그 자신을 로젠펠드가 묘사하는 그 편집증적 동성애자라고 자신을 소개하였다. 그것은 여러모로 적절한 진단이었다 — 그는 수많은 동성애적 관계를 가졌으며 분명 그 관계 대부분에서 연인이 자신을 공격하고 있다는 느낌에 결국 처하게 되었다. 하지만 그의 인성이 갖는 히스테리적 측면들이 격분, 거짓말하기, 현란한 성적 과시로서 치료 바깥에서 극적으로 실연되었다는 것 — 그리고 그의 묘사들로부터 과거에도 언제나 그랬었다는 것 — 또한 사실이었다. 전이 속에서조차도 그가 여자로 경험한 나에 대한 긍정적 전이와 결혼을 포함한 그의 실제 개인사의 재구성은 동성성이 아니라 밀드레드와 도라의 것에서처럼 히스테리의 전형적인 양성성을 보여주었다. '사례 A'는 그의 암컷 고양이를 거의 필사적으로 좋아했는데, 그는 또한 그 고양이에게 대단히 잔인할 수 있기도 했으며 전처의 이름을 따와서 붙였다. 고양이와 아내는 로젠펠드의 사례사에 전혀 등장하지 않는 남동생과의 몹시도 양가적인 관계의 계승자들이다. 나는 측면 관계의 조작을 이용하여 외상적 경험으로 들어가고 그러고 나서 그 경험에 항변하는 남성 히스테리의 사례사를 '사례 A'에 덧붙일 수도 있었다.

클라인학파 이론에서 히스테리를 특징짓는 분열, 망상적 측면들, 높은 수준의 양가성은 인간 유아의 발달적 위치들로 대신 다루어진다. 그것들은 불안의 상이한 측면들과 관련이 있으며 성욕과는 관련이 없다. 설명에

246

서 히스테리가 누락되었기 때문에, 다른 측면들은 주변화되고 폄하된다. 리브레히트의 연구는 히스테리가 어떻게 양방향으로 — 신경증 쪽으로, 그리고 더욱 심각한 끝에서는 정신증 쪽으로 — 보였는지를 보여준다. 히스테리 개념이 없다면 어떤 다른 상태가 대체하여야만 한다 — 한때 히스테리가 서 있던 곳에서 오늘날 동성애가 비규범적인 것으로 비난받으면서 여전히 서 있다. 히스테리의 양성성이 누락되었기 때문에, 밀드레드의 결혼 같은 그 어떤 이성애적인 것도 심적 건강과 너무나 손쉽게 등치된다.

(독립파에 의해서든 클라인학파에 의해서든) 정신증 환자들의 정신분석적 치료를 보여주는 핵심 텍스트 속에서 그 환자들이 현시하는 증상들을 살펴본다면, 그 증상들은 적어도 부분적으로는 히스테리로 간주될 수 있다. 히스테리는 (앤 섹스턴에게서 그랬듯이) 정신증적 가장 속에 있거나 아니면 정신증적 차원을 드러낸다. 만약, 그렇게 보이기도 하는데 (그리고 융이 제안한 것이기도 한데), 심각한 히스테리 상태가 수용 가능하게 분열증적이 된 사람에 의해서 해소될 수 있다면, 히스테리 척도의 반대편 끝에서, 그 사람은 수용 불가능하게 정신분열증적이 될 수도 있다는 것이 따라 나온다. 대상관계 이론에는 더 심각하게 병든 19세기 히스테리증자를 실제 정신증자로 재명명하는 경향이 있었다. 히스테리적 정신증에 대한 리브레히트의 연구는, 오늘의 수많은 '정신증자'들이 사실은 어제의 '히스테리증자'이며 이전에는 그렇게 올바로 지칭되었음을 보여줌으로써, 이러한 경향을 반전시킨다. 어려움은 환자가 아니라 이론에 있다.

19세기에는 '히스테리 광기folie hystérique'가 있었다. 그렇지만 정신적 불안정이 정신의학적으로 신경증과 정신증으로 나뉘면서, '광증'이라는 일반 범주는 비과학적인 것으로 간주되기에 이르렀다. 히스테리증자의 이전 '광증' 대부분은 가령 정신분열증, 발그레한 다중 인성 장애, 자살적 거식증 등 미칼레가 묘사하는 것들과 같은 별개의 증후군으로 빨려

들어갔다. 그렇지만 또한 일어났을 것으로 보이는 일은 이렇다. 즉 히스테리의 '미친' 차원에 '정신증적'이라는 꼬리표가 붙었으며 그리하여 이 정신증이 정신증적 전이에 대한 이해를 경유해서 대상관계 임상의들에 의해 치료 가능한 것이 될 수 있었다. 사실 이 '전이 관계'는 새로운 정신증 이름을 얻은 히스테리다. 히스테리증자는, 정신증자와는 달리, 관계를 맺을 수 있는 것으로 보인다. 그렇지만 이 겉보기의 대상관계는 단지 전이 속에 배치된 정신증의 히스테리적 부분에 불과하다. 다시 말해서, 히스테리증자 안나 O가 실제로는 정신증자였다거나 정신증 환자 밀드레드가 실제로는 히스테리증자였다는 것이 아니다 — 전이 속 분석가에게 애착되게 될 수도 있는 그들의 인성 요소들이 (모든 관계를 거부했던 것이 아니라 오히려 임상 상황에서 그 관계들을 모방할 수 있었던) 그들의 히스테리의 신경증적 끝이었다는 것이다. '거짓'인 이 대상관계는 전이로 돌려지고 분석될 수도 있으며 그리하여 성공적으로 다루어질 수 있다 — 하지만 그것은 단지 완벽한 모방으로 손쉽게 남아서 누락될 수도 있다.

분류들은 경계를 선언하는 데 유용하지만 전체 그림을 보는 데는 유용하지 않다. 정신분열증자 밀드레드와 히스테리증자 안나 O 양자 모두는 가장 아플 때 '미친' 것처럼 보일 것이다. 그렇지만 그들은 또한 사회적 혹은 성적 관계들을 이따금 가질 수도 있다. 비록 이것들이 그들 자신에게로 집중된다고 하더라도.

나는 이제 독립과 대상관계 환자의 예시로 이동하고자 한다. 다시금 그 예시에는 히스테리의 설명에 관한 암시가 없지만, 그럼에도 히스테리는 개인사 및 수많은 증상들에 들어맞는다. 은폐된 히스테리를 조사하면서, 리브레히트는 영국 분석가 마리안 밀너가 묘사한 여자아이 '수잔'을 살펴본다. 그렇지만 수잔에 대한 밀너의 설명은 매우 길기에 그 대신 나는 이니드 발린트의 작업에서 사례를, '사라'의 사례를 선택할 것이다. 분석 당시에 이니드 발린트 자신은 위니콧과의 두 번째 분석을 하고 있었으며 마이클 발린트와 결혼했는데, 그와는 많은 작업을 공저하였다.

1963년 사라에 관한 논문 「자기가 텅 비어 있음에 대하여」에서 이니드 발린트는 텅 비어 있음의 경험이 남자들보다 여자들에게 더 특징적이며 이 텅 비어 있음의 상태는 여성성의 바로 그 구성이 갖는 한 가지 측면일 수도 있다고 생각한다. (저명한 아동 분석가 에릭 에릭슨은 여자아이들과 남자아이들의 놀이의 차이점 가운데 하나는 여자아이들은 가득 차 있거나 텅 비어 있는 자리와 공간에 몰두한다는 것이라고 관찰했다[4] — 발린트는 자신의 견해를 뒷받침하기 위해 이를 언급한다.) 내가 보기에 텅 비어 있음은 — 남성이든 여성이든 — 히스테리증자를 특징짓는다. 발린트의 동료 마수드 칸은 히스테리에 관한 21세기 후반의 몇 안 되는 논문 가운데 하나인 「원망과 히스테리증자」(1974)에서 '원망하는' 히스테리적 혹은 연극성 행동을 묘사한다(그의 사례는 모두 여자들이다). 남성 히스테리증자와 여성 히스테리증자 양자 모두가 언제나 불평하고 있거나 누군가에게 원망을 품고 있는 것은 사실이다. 흥미롭게도 칸은 이 원망하는 행동을 텅 비어 있음의 감각에 대한 방어라고 본다. 그렇지만 발린트는 사라에게서 히스테리의 가능성을 고려하지 않는다.

발린트는 '자기가 가득 차 있음'의 반전으로서 '자기가 텅 비어 있음'이라는 문구를 고안해 낸다. 사라는 '자기가 텅 비어 있는' 것으로서 자기 자신을 경험하며 분석가에게 나타난다. 20대 초반의 젊은 여자인 그녀는 분석가와 다른 사람들에게 '세계 속의 이방인'으로서 나타난다. 그녀는 일을 할 수 없고, 분석 면담에 오기 위해 대중교통을 이용할 수 있기는 하지만 그 어떤 사회생활도 가질 수가 없으며, 비인습적이고 관대하고 협조적인 친척들의 돌봄을 받아야 한다. 발린트는 사라가 정말로 매우 아프다고 묘사한다. 하지만 그녀가 절친한 동갑 친구의 자살로 입원할 때 정신의학 감정은, 우울증과 자살 위험에 주목하면서도, 그럼에도

• •

4. Erikson, E. (1964).

그녀는 정신증자가 아니라고 선언한다. 아마도 이는 그녀가 사고 장애 thought disorder를 보이지 않기 때문일 것이다 — 그리고 실로 분석 면담 보고서는 그 어떤 것도 드러내지 않는다. 정신증자가 아니라면, 사라는 신경증자인가 (당대의 진단에 따르면) 경계선 상태인가? 발린트는 그 질문을 대답되지 않은 채로 남겨놓는다. 대신에 그녀는 사라의 경험, 증상, 텅 비어 있음의 개인사를 묘사한다.

1970년 1월 사망하기 직전에, 위니콧은 「와해의 두려움」에서 몇몇 환자들은 와해되는 것에 대한 두려움을 갖는다고 썼다. 그의 주장은 이랬다. 즉 두려운 와해는 이미 발생했다, 하지만 위니콧의 표현으로 '자기라고 유효하게 부를 수 있는 그 무엇에도 앞서는' 지점에서 발생했다. 위니콧에 따르면, 이 두려움을 현시하는 환자들은 정신신경증 분석을 구성함에 있어 분석가와 공모하지만, 사실 그들의 상태는 정신증적이다. 이것은 정신증적 '분열'의 증거다. 신경증적 순종과 정신증적 잠재성 양자 모두는 심각한 히스테리를 잘 묘사하는데, 심각한 히스테리에서 환자는 치료에서 매우 좋아지고 있는 것처럼 보이지만 이는 다른 곳에서 실연되는 광기를 은폐한다. 이 상황은, 히스테리라고 결코 명명되지는 않았지만, 위니콧의 이론과 발린트의 분석 양자 모두에서 출현한다. 이용할 수 있는 히스테리 진단이 없었다는 것이 또한 발린트도 정신의학 계도 왜 사라를 '진단'할 수 없었는지 설명해 줄 수 있을 것이다. 그들에게 는 심각한 히스테리라는 범주가 필요했다. 발린트의 분석에 따르면 사라 는 자기가 텅 비어 있었는데, 왜냐하면 어머니가 그녀를 결코 인정한 적이 없었기 때문이다. 그녀가 누구였는가를 이유로, 그녀가 아직 자아를 가진 누군가가 아니었다는 이유로, 그녀를 어머니가 인정하지 못했다고 말한다면 부정확할 것이다. 이 사례사가 재간되어 있는 발린트의 모음집 제목인 『내가 나이기 전에Before I was I』는 존 던의 시에서 따온 것이다. 사라의 비-인정의 형성적 경험은 '그녀가 그녀이기 전에' 발생했다.

사라의 개인사의 구성들로 보건대, 발린트에게도 사라에게도 사라의 어머니는 딸의 특정 성질들을 인정 또는 사랑하지 않은 것처럼 보인다. 어머니의 감정과 딸의 성질에는 일치점이 전혀 없다—가령 사라가 슬프다면 그녀의 어머니는 사라가 만족해한다고 경험했다. 사라로서의 사라는 아무런 의미도 없었던 것처럼 보인다. 그 결과 사라는 혼자 있는 것에 개의치 않는다—사라가 참을 수 없는 것은 사라가 그녀의 분석가에게 말하려고 노력하는 무언가를 분석가가 오해할 때 분석가와 함께 있는 것이다. 분석 상황 안에서의 오해는 가족 안에서의 오인과 등가적이다. 아기였을 때 사라에게 공백을 낳은 것은 어머니의 실제 부재라기보다는 오인이었다. 사라에게 공백은 심적으로 거기 있지 않은 신체적 현존에 의해 산출되었다고 말할 수도 있을 것이다. 이니드 발린트는 사라의 어머니를 실제로 만났다. 발린트는 그녀를 그녀의 아기가 인정받기 위해 보내는 메시지에 반응할 수 없었던 어머니로 묘사한다. 딸은 그녀 자신의 현실이 아니라 그녀에 대한 어머니의 이미지에 순응해야만 했다. 치료 면담에서 발린트는 전이를 통해서 이 시나리오를 재구성할 수 있었으며, 그러고 나서 어머니와 젊은 성인 딸의 실제 관계들을 직접 관찰할 수 있었다.

아버지는 사라의 상태의 병인론에 대한 발린트의 보고서에서 아무런 역할도 하지 않는다. 그렇지만 그의 역할은, 우리가 멈춰서 생각해 볼 때, 놀랍다. 분명 그는 아무런 자제력도 없는 폭력적인 남자였다. 사라가 태어났을 때 이미 두 아들이 있었지만, 그는 또 다른 아들을 원했으며 딸이 태어난 것에 몹시 실망했다. 사라는 말괄량이가 되었으며, 20대 초반 사라의 와해는 아버지가 특히 폭력적이었을 때 발생했다—틀림없이 무언가가 사라를 교란했을 것이다. 아버지는 마지막 해에 사라의 분석에 대한 비용을 지불하려 하지 않았다. 연구의 초점이 아버지와 오빠들에 대한 사라의 관계로 다소 변동한 것은 오로지 바로 이 한 해 동안이었다. 나의 목적에서는, 병력에 있어 아무런 의미도 아버지에게 부착되지 않는다는 사실만큼은 적어도 주목할 만한 것이 이런 것이다.

즉 사라가 예닐곱 살일 때 어떻게 두 오빠 중 작은오빠와 성관계를 가졌는지에 대해─그녀가 약 열두 살이 될 때까지 계속되었던 이 실행에 대해─사라가 제공하는 설명에서 아무것도 얻어내는 것이 없다는 것. 그것은 묘사되어 있으며, 그것이 초래했을 어려움은 묵살되지 않고 있다. 그렇지만 히스테리가 지도상에 있지 않은 상황에서 그것이 사라의 질병의 형성에 역할을 하는 것으로 간주되지 않는다.

다시금 밀드레드에서와 마찬가지로, 사라의 수많은 발그레한 이성애적, 동성애적 관계들에는 아무런 의미도 부착되지 않는다. 그렇지만 치료가 끝나고 사라가 '텅 빈' 기분을 덜 느끼는 것처럼 보인 이후에, 결국 그녀는 같이 사는 여자와 만족스러운 관계를 형성한다. 분석 4년 차에 사라는 꿈을 꾸는데, 그녀는 이 꿈을 당시에도 보고하고 1년 후에도 다시 보고한다: 개 한 마리가 바다에서 나와 그녀를 물었다가 사라진다. 그녀는 새 한 마리가 급강하해서 그녀의 머리를 찌르고는 사라지는 이전의 꿈을 떠올린다. 그녀를 가장 아프게 한 것은 그 새가 다시는 돌아오지 않는 것이었으며, 그 새는 전적으로 무관심하고 냉담해 보인다고 그녀는 말한다. 어린아이였을 때 사라는 어떤 대상이 머리에 부딪힐 것이라고 상상하면서 밤에 깬 채로 누워 있었다. 이 '어떤 대상'은 때로 밀방망이로 묘사되었고, 때로 바위로 때로 구름으로 묘사되었다. 두 번째 보고에서 그녀는 개 꿈에 대해 이야기하는데, 그 개가 그녀의 자궁을 빼앗아 갔다고 말한다. 하지만 분석 치료의 이 단계 무렵에 그녀는 그것을 돌려받았다고 말한다.

이니드 발린트의 작업은, 위니콧의 작업처럼, 그것이 타자에 의한 인정(의 결핍)에 부여하는 중요성으로 인해, 히스테리에 대한 우리의 일반적 이해에 있어서 결정적이다. 그렇지만 발린트와 위니콧 양자 모두는 이 타자를 배타적으로 어머니에 위치시킨다. 대신에 퇴행이라는 맥락에서─두 분석가 모두가 그렇게 하듯 면담 내부에서의 퇴행이라는 맥락이 아니라, 질병 이론 내부에서의 퇴행이라는 맥락에서─인정 개념을 사용하여, 밀드레드와 사라 양자 모두의 그림을 살펴보자. 내가 주장하는바, 히스테리는 사람을 혼돈스럽게 하거나 산산이 부서진다고 느끼게 하거나 텅 비어 있음을 느끼게 남겨두는 외상적 내파로서 경험되는 충격 혹은 재앙에 의해 수립되는 퇴행 과정이다.

심각한 히스테리의 가능성이라는 관점에서 사라의 개인사를 살펴보자. 친구(동갑내기 젊은 여자)가 자살한 이후에 사라는 입원한다. 이것이 그녀를 더 이른 재앙적 경험으로 되돌린다고 나는 제안한다―무엇인지는 확신할 수는 없다. 그렇지만 사라가 예닐곱 살일 때 오빠가 그녀를 유혹했음을 우리는 알고 있다. 발린트는 대부분의 분석에서 이 유혹이 사실인지 허구인지 그녀가 확신하지 못한다고 언급한다―히스테리에 있어 친숙한 문제. 그것이 사실인지 허구인지가 사라에게 물론 결정적으로 중요함에도 불구하고, 질병에 대한 설명에서는 덜 중요하다. 그 유혹은 십중팔구 실제로 참이었을 것이다. 그리고 분명 심적으로 참이었다. 아동기 와해를 격발하는 사건은 실제 사건일 수도 있지만 '차폐' 기억일 수 있는데, 이 경우 그것은 그 순간 이전의 모든 중요한 아동기 경험을 이미지로 응축한다(9장 참조). 근친상간 성교의 최초 발생 이후에, 사라는 부모의 침실로 갔으며 그들은 그녀가 어리둥절하거나 괴로워하는 것을 알아채지 못했다. 이러한 감정들은 심장이 멎는 듯한 느낌과 공격당하거나 소멸되는 것에 대한 밤중의 공포를 사라가 지니면서 분명해졌다. 그녀는 아주 심각하게 아팠다. 그렇지만 곧, 적어도 낮에는, 그녀는 어머니가 그녀의 진정한 성격이라고 여긴 사랑스럽고 유순한 여자아이가 되었다. 결국 그녀는 집과 나라를 떠나 영국으로 향했고, 이 '거짓' 자기는 무너졌다. 이 와해는 '텅 비어 있음'의 경험과 외양으로 특징지어졌다.

우리는 사라의 만연한 양성애적 삶에 대해서 거의 알지 못하는데, 이는 분석 바깥에서 발생한다(그리고 사회적 삶의 부재가 계속되지 않았음을 암시할 것이다). 어쩌면 이러한 성적 만남들은 그녀가 동일시할 수 있는 누군가―그녀가 될 수 있을 누군가―를 찾기 위한 필사적인 노력이었을까? 사라의 아버지는 아들을 원했다. 오빠와 근친상간하기 전까지 사라는 말괄량이이자 더 어린 아들이었다. 인정받지 못한 동기 근친상간 경험은 그녀를 '텅 비어' 있게 했을 것이다. 그녀의 악몽에서, 개 혹은 새 한 마리가 그녀의 머리에 부딪히거나 그녀의 자궁을 훔치거나 뜯어버린다: 오빠에게 관통당할 때, 그녀는 더 이상 그와 동일할 수 없으며, 그 같은 남자아이일 수 없다. 대신에 그녀는 텅 비어 있거나 잃어버린 자궁을 갖는 '착한 여자아이'가 되었다. 도라는 오빠 오토와의 동일시를 상실한 이후에 어떤 남성적 동일시를 계속해서 추구했다. 아마도 사라 역시 그랬을 것이다. 사라 사례가 우리에게 줄 수 있는 생각은 이렇다. 삽입 성교를 할 때 그녀는 그녀의 내부를 텅 빈 것으로서 경험하며, 그리하여 그녀는 재생산할 수 없는 자궁을 지니며 불안정하고 거짓된 여성성을 갖는다는 것이다. (발린트는 거식증의 일반적 이해를 위한 가능한 근거가 여기에 있을 수도 있다고 생각한다.) 발린트는 사라의 남근 선망이 매우 강력하다고 말한다 — 이는 오빠들에 대한 그녀의 동일시의 전복에서 결과한 것일 수도 있는데, 왜냐하면 우리는 텅 비어 있음에 뒤이어서 그것이 나타났다는 점에 주목해야 하기 때문이다. 자신이 말괄량이일 수 없음을 발견하기 전까지는 — 그녀가 닮으려고 했던, 심지어는 동일해지려고 했던 — 그녀의 **오빠**들을 선망할 필요가 없었기에, 남근 선망은 차후적일 것이다.

텅 비어 있음의 이면은 죽은 사람들로 가득 찬 신체다. 사라의 두 손은 생기가 없으며 그녀는 그것들이 쇠로 만들어졌다고 믿는다. 그녀는 (도라처럼) 불의 꿈을 꾼다. 그렇지만 사라의 꿈에서는 오빠가 그녀를 구한다. 치료 중에 그녀가 자살할 심각한 위험이 있었다. 사람은 자기 자신이 선망하고 질투하는 대상이 죽기를 원하기도 하지만, 그 대상을 사랑하기도 하며, 그 대상과 동일한 것으로 존재해 왔다 — 그래서 죽음 속에서 그러한 것으로 머물러야 한다.

발린트와는 달리 로젠펠드는 그의 환자 밀드레드의 동기 질투와 친애

254

자 질투를 상당히 강조한다. 그렇지만 그는 전이 속의 그 자신을 증오받는 아버지라고, 혹은 남동생 잭을 출산한 증오받는 어머니라고 생각한다. 밀드레드가 여자들과 맺은 이상화된 우정은 파행적인 질투에 기초했던 것으로 판명되었으며 그녀가 남자들과 맺은 우정은 선망에 기초했던 것으로 판명되었다. 밀드레드가 때로는 치료 면담에 갈 수 없고 그러고 나서는 면담을 할 때 말이 없음에도 불구하고, 또한 로젠펠드가 후자를 밀드레드가 벙어리가 되고 걸을 수 없었던 때인 남동생이 태어났던 때와 연계시킴에도 불구하고, 밀드레드가 동기 재앙의 히스테리적 사랑과 질투를 전이하는 대상은 그녀의 분석가가 아니라 그녀의 약혼자다. 그녀의 약혼자가 떠나야만 할 때, 밀드레드는 비탄에 빠진다 — 그는 그녀의 남동생처럼 죽임을 당할 수도 있다 —, 하지만 일단 그가 떠나고 나면 그녀는 그를 거의 기억하지 못한다: '그녀는 결혼의 가망성에 전율을 느낄 수 있었을 뿐, 그는 존재하지 않는 것처럼 보였다.' 밀드레드는 감정이 결여되어 있지만, 어느 순간 자신이 자기 크기의 열두 배나 되는, '기대감'으로 가득 찬 풍선처럼 부풀어 오른 것인 양 느낀다고, 하지만 자신은 이 풍선 속의 조그만 무언가라고 말한다. 로젠펠드는 이 '기대감'을 (히스테리를 고려한다면 명백해 보이는) 텅 빈 임신으로 해석하지 않고 그녀의 약혼자를 텅 비우는 것으로 해석한다. 그녀가 그의 내부에 들어가서 그녀의 공격적이고 탐욕스러운 소원들로 그를 텅 비게 만들었으니까. 그렇지만 약혼자에 대한 밀드레드의 태도는 히스테리증자의 전형이다: 그는 그녀가 결혼할 대상이지만 주체는 아니며, 그렇기에 그가 그녀에게 관심을 줄 것으로 더 이상 현존하지 않을 때 그녀는 그를 기억할 수 없는 것이다.

　　우리는 사라와 밀드레드의 분석을 히스테리 동전의 양면으로 읽을 수 있을 것이다. 환자들 사이에 차이가 있음에도 불구하고, 그들의 현상학과 개인사는 현저하게 유사하다: 또래나 동기의 죽음이라는 재앙(사라는 입원했을 때 자살 위험을 제기한다 — 그녀의 친구가 그 이전에 자살했다).

이는 질투 어린 경쟁을, 각자가 긴밀하게 동일시하는 누군가에 대한 사랑과 증오를 재촉한다. 그리고 나서는 바로 그러한 상황의 초기 아동기 경험으로의 즉각적인 퇴행이 있다. 아동기 재앙 이후에 두 환자 모두는 잠복기를 거쳐 사춘기가 되어서야 겉보기에 회복되었다. 사라는 (도라처럼) 초여성적이 되었다. 밀드레드는 그녀의 남동생이 '되었다', 그리고 그와 동일시함으로써, 그녀가 잃어버렸던 기술들을 다시 배울 수 있었다. 사춘기 성욕의 습격과 더불어 두 소녀는 무너졌다. 그들의 분석가는 사라와 밀드레드 양자 모두에 대해서 다음의 모든 것을 묘사한다: 분열과 탈인성화의 메커니즘, 파편화 혹은 혼돈의 기저 감각, 실연된 만연한 양성성, 선망과/이나 질투, 우세한 구강성, 허구 혹은 조작의 가능성. 우리는 타인의 모방에 표절을 추가할 수 있다. 사라는 그녀의 손이 '훔칠 steal'까봐 두려웠던 것인가, 그래서 그 손을 막았던 것인가? 손은 '쇠steel'처럼 생기가 없어졌다. 이는 욕망과 그 욕망의 금지 양자 모두를 보여주기에, 완벽한 히스테리 증상을 예증한다. 로젠펠드는 자신의 분석에서 대상을 향한 파괴성에 초점을 맞춘다. 발린트는 자신의 분석에서 어머니의 인정 실패를 강조한다. 양자 모두는 중대하다. 그렇지만 히스테리의 배제된 가능성을 다시 그 사례사들 안으로 집어넣어 읽을 경우, 양자 모두가 함께 하여 서로를 풍요롭게 할 수 있을 것이다.

히스테리에 대한 탐구에 의해 제기되었을 동반되는 그 어떤 질문들도 없이, 어머니에 대한 최초 관계의 심적 결과들에 기초해서 정신분석적 대상관계 이론은 발달했다. 전이 관계에서 대상관계 분석가는, 환자가 위치들, 환상들, 감정들의 유아기적 배치를 여전히 이용하는 역학을 어머니와 관련된 것들로 해석하면서, 본질적으로 자기 자신을 어머니로서 확립한다. 남근기까지는 분명 유아의 불안이 적어도 유아의 성욕만큼 두드러진다. 이 불안은 대상관계 치료에서 분명해진다. 히스테리증자를 동기에 의해 전치된 순간에서 이 불안으로 퇴행하는 것으로 본다면, 성욕 또한 우리는 설명할 수 있다 ─(사라의 경우처럼, 그리고 아마도 늑대인간의 경우에도, 환상 속에서 혹은 이따금 현실 속에서) 좀 더 나이 든 아이는 놀이 친구나 동기를 둔 성적인 아이다.

히스테리에 대한 관찰이 감소함에 따라, 자살로 이어질 수 있는 치명적인 정지 상태로서 성욕과 '죽음'에 대한 관심이 감소해 왔다. 히스테리의 제거라는 맥락에서 대상관계 이론의 부상과 더불어 발생한 추가적인 문제는 모방의 히스테리적 성질이 동일시의 정상적 과정으로 붕괴되는 것이었다. 히스테리의 모방적 성질은 인간 삶에 있어 동일시의 중요성을 증언한다. 동물들이 그들을 대상으로 곧장 이끄는 본능을 갖는다고 할 때, 조산으로 인해 이 능력이 약화된 인간이 마치 분리의 위험이 생겨나지 않는다는 것을 보증하기 위해 모방으로 보충하는 것만 같다.

모방 행동은 물론 정상적이지만, 과도할 때 그것은 히스테리의 퇴행적 행동을 보여준다. 궤적은 이런 식으로 작동할 것이다: 어머니와의 비-분리→이를 폭파하는 동기의 충격→사랑하는 사람으로 어머니에 이어 아버지를 찾아내기→(죽은 혹은 살아 있는) 동기와의 동일시→이를 교란하는 충격. 바로 이 지점에서 히스테리가 진입하여 이 경로를 거꾸로 횡단한다. (밀드레드와 사라에서처럼) 또래들과 친애자들에 대한 잠재적 히스테리증자의 동일시 양상을 깨뜨리는 재앙이 ─ 동년배, 동반자, 친구나 적의 죽음이 ─ 생애 내내 있을 수 있으며, 그러고 나서 그 재앙은 별안간 그들 자신이 어디에 서 있는지 알지 못할 때 그/녀를 저 더 이른 재앙으로 되돌려보낼 수 있다. 그러고 나서는 히스테리적 혼동, 모방, 경쟁, 표절이, 그리고 외상, 소멸 또는 '죽음'의 성욕화가 발생한다. 그렇지만, 측면 관계의 중요성을 가리키는바, 히스테리와 현재로부터의 퇴행이 고려되지 않는다면, 그것들은 치료 면담 바깥에서 실연될 것이다.

1차 세계대전의 히스테리 병사들은 보호해 주는 '모국'이 전적으로 부재한 무력함의 위치로 되돌아가 충격을 받았다. 그들을 거기로 보낸 것은 바로 형제/적 살해의 재현이었다. 그들의 악몽과 증상은 그들이 목격한 죽음들과의 동일시를 유지하려는 노력들이었을지도 모른다. 그 죽음들은 받아들이기에는 너무나도 끔찍하였으며, 하지만 살아남았다는 것과 죽였다는 것 양자 모두 때문에 그들에게 죄책감을 유발하였다. 그렇듯 그 죽음들은 증상들 속에서 다양한 방식으로 재현되어야 했으며, 그래서 죽은 사람들 혹은 죽은 부위들이 여전히 현존하였다. 포탄에 산산조각 난 전우의 파열된 다리를 재현하는 마비된 '죽은' 다리, 그의 죽음에 대한 침묵을 재현하는 함묵증. 부분적으로 타자와의 이러한 합병은 '여성적'으로 보였을 것인데, 왜냐하면 그 현존에 히스테리증자가 절대적으로 의존하였던 사라진 '첫 번째' 타자가 그의 유아기에서 필연적으로, 하지만 아마도 과도하게 혹은 때 이르게, 행방불명된 어머니였기 때문이다. 그것은 또 다른 면에서도 여성적인 것으로 보였을 것이다. 유아기 무력함으로의 퇴행과 무력함 일반은 여성적 특징으로서 이데올로기적으로 지각된다. 대상관계 이론이 유아의 무력함과 여성성을 등치시키는 것으로 이동하는 것은 역사적 구성물 및 이데올로기적 미끄러짐으로 간주되어야 한다.

여기서 상세히 고찰한 두 사례 모두 여성에 관한 것이기는 하더라도, 대상관계 이론의 성장 및 정신분석이 전오이디푸스기에 부여한 점증하는 중요성을 낳은 것으로 볼 수 있는 것은, 아이러니하게도, 양차 대전에서 틀림없이 분명하며, 틀림없이 억눌리거나 부인된, 남성 히스테리증자였다. 아기와 어머니는 극도로 중요해졌다. 이따금 레이더 화면에 나타나는 흥미로운 깜박임을 제외하면, 히스테리는 이론과 치료에서 사라졌다. 하지만 아마도 관찰에서는 언제나 그렇지는 않았다. 영국 분석가 에릭 브렌만이 단순히 '히스테리'라는 제목을 붙인 논문에서 주목했듯이, 그가 물어보았던 모든 분석가들은 자신들이 히스테리를 보았다고 생각했으며, 하지만 아무도 그 범주를 이용하지 않았다.

2. 히스테리 여성 혹은 여성화된 히스테리

정신분석의 특별한 발전은 더욱 폭넓은 쟁점의 전형적 사례를 제공해왔다. 인간의 히스테리 잠재성은 여성화되어 왔다. 오늘날 서양에서 히스테리가 사라졌다고 말해지기 때문에, 그리고 남성 히스테리 문제로부터 나온 치료 이론들이 히스테리의 가능성을 거의 배제한 틀구조 안에서 발전했기 때문에, 20세기의 경험은 히스테리가 어떻게 여성성으로 변해왔는지를 보여주기 위한 주목할 만한 기회를 제공한다. 말년에 프로이트가 정신분석이 관통할 수 없는 기저 암반은 양쪽 성 모두가 여성성을 거부하는 보편적 경향성의 거의 생물학적인 암반이라고 주장했을 때, 그는 널리 반복되어 온 실수를 저지르고 있었다: 용인될 수 없는 것은 바로 히스테리이며, 모든 사람이 거부하기를 소원하는 것은 바로 히스테리 상태들이다. 우리는 이를 정신분석에서 몇 번이고 목격한다. 프로이트 자신이 '히스테리 공포증자'로 자주 묘사되었다. 그의 해석가들 또한 마찬가지이며, 프로이트의 분명한 히스테리 증상들을 히스테리가 아니라 '현실' 신경증, 신경 쇠약 등등으로 반복해서 진단한다. 다른 분야에서도 마찬가지다: 인류학자들은 히스테리라는 용어를 피하려고 안간힘을 쓴다. 그 상태를 이렇듯 심원하게 거부하는 것에 대한 해결책은 다른 누군가가 그 상태를 지니고 있음을 확실히 하는 것이다 ─ 구조적으로, 여자아이들과 여자들은 사회 속에서 그들이 차지해야만 하는 위치를 통해서, 그 상태의 (결코 배타적인 수령인이 아닌) 주요 수령인이 되기에 알맞게 놓여 있다.

1920년대 중반 이래의 정신분석에서 우리는 히스테리에 대해서 점점 덜 들으며 그것의 대체물 ─ 여성성 ─ 에 대해서 점점 더 많이 듣는다. 이는 히스테리의 이론화를 효과적으로 가로막는 대상관계 이론에서만이 아니라 정통 프로이트주의에서도 참이다. 남성 히스테리증자가 대상관계 이론의 어머니─유아로 변하는 것을 내가 관찰했듯이, 히스테리가 여성성으로 변형되는 것을 기록하면서 나는 여성의 심리학에 대한 1947년 헬레네 도이치의 두 권짜리 『소녀성*Girlhood*』과 『모성*Motherhood*』이라는 — 가장성 인성'as if' personality이라는 그녀의 개념으로 보충된 — 연구로 예시되는 프로이트주의자들의 작업에 초점을 맞출 것이다.

'여성성'으로 변하기 전에 고전적인 프로이트 이론에서 히스테리증자의 그림은, 아버지와 어머니 양자 모두에 대한 그녀의 소원들을 그녀가 포기하지 않는 그런 그림이다. 그녀는 어떤 것이든 그 소원들을 방해한다면 이는 단지 '불공평한' 것이라고 생각하며 우회할 길을 찾을 것이다. 임의적인 근친상간 금지를 그녀가 받아들여야 한다는 것을 그녀는 인정하지 않는다. 분명 여자아이는 어머니 혹은 뒤이은 어머니 대체자들과 관련을 맺게 해줄 음경을 갖고 있지 않다 — 따라서 프로이트주의자들은 그녀는 '이미 거세되어 있다'라고 말한다. 히스테리적 여자아이는 이를 받아들이지 못하며 대신에 그녀는 어머니를 소유하기 위해 아버지와 동일시하고, 아버지를 소유하기 위해 어머니와 동일시한다. 여자들은 이미 일어난 것으로 추정되는 거세를 두려워할 수 없기 때문에, 그리고 (다시금 이미 거세되어 있는) 그들은 어머니 근친상간 금지를 인정하는데 남자들보다 더 적게 투자하기 때문에, 여자들에게는 히스테리에 대한 내재된 성향이 있는데, 특히 그들이 어머니와 동일시하는 동시에 어머니를 대상으로서 사랑하지 말아야 할 이유가 거의 없어 보이기에 그렇다. 이는 여성 히스테리에 대한 프로이트적이고 라캉적인 설명으로서 여전히 받아들여지고 있다. 여성 히스테리에 그것이 주목할 때 말이다.

실제로 일어난 일은 여자의 구분이었다. 첫째, '거세'와 잃어버린 음경을 아기로 대체하는 것을 받아들이는 '진정한' 여자와, 둘째, 그런 척만 하는 거짓된 혹은 가짜인 여자로의 구분. 이 가짜 여자는 히스테리증자에게 주어진 새로운 이름이다. 프로이트에게 분석 받았고 클라인학파였지만 말년에 이르러 클라인과 사이가 나빠졌던 영국 분석가 조운 리비에르는 '가면으로서의 여성성'에 대해 썼다. 그것은 여성성이 연극이거나 혹

은—내가 주장하는바—히스테리인 특정 유형의 여자를 가리킨다.[5] 라
캉은 리비에르의 이 개념을 '여성성은 가면이다'로 바꾸었다[6](그로써
히스테리 상황에 대한 거부 대신에 여성성에 대한 보편적 거부라는 프로이
트의 실수를 반향하면서). 이 주장에서 여자는 '진정한' 여자 혹은 '그'
여자가 될 수 없는데, 왜냐하면 그 여자는 아무것도 아닌 존재, 즉 음경
없음으로 정의되기 때문이다.

그리하여 양차 대전 사이의 시기에 히스테리 문제는 여성성 이론
안에서 해소되었다. 여성성은 이제 진정한 여성성과 거짓된 여성성으로
분리되었다. 한편으로 '진정한' 여성성은 근친상간 금지를 인정하며 여성
성을 이미–거세된 것으로서 받아들인다. 다른 한편으로 거짓 여성성은
성구분을 확립함에 있어서 거세 콤플렉스에 아무런 의미도 부여하지
않는다. 거짓 여성성은 단순히 남자를 욕망하기 때문에 여성적으로 보인
다. 이 거짓–여성성에 대한 다양한 설명에서 여성성이 재생산적인 것으로
파악되지 않는다는 점이 흥미롭다—실제로 아기들이 있을 수도 있지만,
그들은 아무런 의미도 갖지 않는다. 내가 주장하는바, 이것이 히스테리의
본질적 표지 가운데 하나다.

이성애적 여성성임에도 불구하고 모성적 '여자다움womanhood'을 회피
하는 그런 이성애적 여성성은 '가면masquerade'이라는 리비에르의 용어로
표현되는 관념인데, 이는 나중에 보게 될 가장성 인성이라는 헬레네
도이치의 개념에 있는 관념과 동일하다. 거짓 여성성은 한때 오이디푸스
적 여성 히스테리였던 것을 대체한다. 그렇지만 중요한 미끄러짐 또한
발생한다: 히스테리의 근본적 메커니즘은 단순히 '거짓됨' 속 여성성의
과잉이 아닌 여성성 그 자체의 자리에 놓인다. 특정한 사례 하나로 충분할
것이다. 히스테리증자는 언제나 원한다. 프로이트는 여자가 무엇을 원하는

5. Rivière, J. (1932).
6. Lacan, J. in J. Mitchell and J. Rose (eds.) (1984).

지 알아낼 수 없었다는 유명한 말을 했다. 그는 가까운 친구인 프랑스 정신분석가 마리 보나파르트에게, 탐구하는 모든 세월 동안 자신을 괴롭혔던 것은 이 질문이었다고 썼다. '여자는 무엇을 원하는가?'라는 그 질문은 정신분석적 여성주의의 핵심 질문이 되었다. 환자가 원하는 것을 그/녀에게 주지 않는 것 또한 정신분석이 발전하는 과정에서 핵심 명령이 되었다. 이것은 이른바 '금욕'의 실천인데, 이는 성적 관계와 사회적 관계에 대한 금지에서부터 질문에 답하지 않는 것으로까지 확장된다. 이러한 '금욕'을 통해서 환자는 그/녀가 원하는 것을 갖지 않는 것이, 그 대신에 상실된 것의 내재화된 이미지, 의미 있는 대체물로 작용하는 표상을 갖는 것이, 관리 가능함을 깨달아야 한다. 이 기법은 죽은 자는 상실되지만 내적 이미지로서 유지될 수 있다고 사별당한 사람이 인정하는 애도 과정을 반향한다. 그것은 특히 히스테리에 적용될 수 있었을 것인데, 히스테리는 자신이 원하는 것을 얻지 못하거나 무언가를 잃는 것을 결코 받아들일 수 없다. 하지만 양차 대전 사이의 시기에 히스테리가 정식화될 무렵 그것은 여자들 일반에게 적용되게 되었는데, 여자들은 언제나 '원하는' 것처럼 보였던 것이다. 정신분석 이론과 실천에서 문제로 간주되는 자는 여자들이지 특별히 (남자든 여자든) 히스테리증자들이 아닌데, 왜냐하면 여자들은 그들이 원하는 것을 갈망하기를 결코 포기할 수 없기 때문이다. 그것은, 물론 언제나 그들이 갖지 않은 것이기에, 결국은 음경이다. 이것이 '음경 선망'이다.

정신분석은 무엇이 양성의 차이의 **표지**를 구성하는지 제안할 수 있지만, 그렇다면 무엇이 그 차이를 구성하는지 묘사하지는 못한다. 물론 '낮의 잔여물'이라고 알려진 것을 통해서 무의식의 현시들에 영향을 미칠 모든 주체의 경험들 안에는 젠더 차이가 있다(다시 말해서, 주체에게 실제로 일어난 일이, 젠더와 관련이 있을 수도 있는바, 꿈이나 증상을 격발할 것이다). 그렇지만 여자와 남자는 성적으로 구별되는 증상을, 꿈 또는 말실수, 글 실수를 산출하지 않는다. 무의식이 작동하는 방식에는, 무의식의 '언어'에는 젠더 차이가 없다. 사회 구조적인 이유로 여자들이 남자들보다 질투하는 경향이 '더' 있을지도 모르지만, 여성적 질투 같은 것은 없다. 누군가는 여성적 마조히즘에 대해 말할지도 모르지만, 그것은 남녀 모두에게서 발견된다.

변화하는 사회적 패턴과 신생아의 무력함 및 원초적 불안에 대한 강조의 결합은 정신분석 이론이 히스테리로부터 멀어지고 그 대체물인 '여성성'으로 향하는 완전한 방향 전환으로 가는 문을 열었다. 19세기의 '도덕적 모성'은 새로운 이데올로기를 종종 초래하거나 강화하는 그런 종류의 긴장의 결과로서 2차 세계대전 이후에 강화되었다. 세기 초 유럽과 북미의 여성운동은 그때까지 남성의 직업이었던 것들을 여자들에게 개방하는 것을 대체로 확실히 해두었으며 더 큰 법적, 정치적 동등성(가장 분명하게는 투표)을 위해 싸웠다. 모든 사회 계층의 여자들은 또한 전시 노동에 있어, 조직을 운영함에 있어, 그리고 가장 현저하게는 상대적으로 발달한 산업 사회에서 이전에는 남자들과 관련되었던 중노동 대부분을 수행함에 있어 매우 적극적으로 참여했다. 성적 실천들 또한 여자들에게, 특히 지식인들 사이에서 더 공공연하게 자유로워졌다. 남자들이 집으로 돌아왔을 때 이 모든 것에 대한 전후 반응은 젠더 구분을 재확립하는 것이었다. 비록 동등한 권리가 이른바 '여자들의 영역'으로 확대되는 것과 더불어서였기는 하지만—아이 양육, 부부재산, 이혼에 대한 여성 권리의 입법, 모성과 가정을 둘러싼 쟁점들. 남자들과 같아지기를 원하는 것과 남자들과 달라지기를 원하는 것 사이에서 심지어 지금도 여성주의를 괴롭히는 긴장이 사회적으로 자리를 잡았다. 여성의 부차적이고 열등한 지위보다 여성의 심리학적 중요성을 주장하는 것은 사회 변화의 논리적 결과였다.

유아의 무력함에 대한 정신분석의 강조는 전쟁 외상으로 쇠약해진 남성 전투원들이 빠져들게 된 두려움과 불안 상태들을 관찰한 것으로부터 생겨났다. 분명 그 관찰은 아이 발달에 있어서 어머니의 일차성에 반영될 수밖에 없었다. 전쟁이 끝난 이후 모성의 양가성 및 자신의 어머니처럼 되는 여자아이의 수많은 부정적 결과를 통렬하게 깨달은 헬레네 도이치는 여성성의 발달에 대한 최초이자 가장 완전한 설명을 집필했다. 즉 (그때까지 여성성으로의 경로에 대한 분석적 설명의 부담을 어깨에 짊어진) 아버지에 대한 여자아이의 반응으로서가 아니라, 어머니에 대한 여자아이의 (부정적이고 긍정적인) 동일시의 결과로서. 한때 정신분석 이론에서 히스테리의 퇴행적 특성으로 간주되었던 딸과 어머니의 일차적 동일시는 여성성을 위한 모델이 되었다. 어머니와의 동일시는 진정한 여성성의 창조가 갖는 하중을 지탱한다. '어머니처럼, 딸처럼'이라는 상식적 개념이 이론의 토대가 된다. 동성애의 '병리학'으로 간주되었던 것이 없다면 대상 선택은 이성애적이라고 가정된다. 프로이트의 이론에서 동성애는 (나중의 분석가들이 그렇게 간주하는 경향이 있었듯이) 대상 선택의 도착*perversion*이 아니라 대상 선택의 반전*inversion*이다. 도착은 비–생식기적 성의 행동화이며 히스테리와 연계되어 있다—도착이 실천에서 실연하는 것을 히스테리는 환상에서 실연한다.

도이치의 대규모 여성 연구에서, 히스테리는 본문에서 지나가는 말로 언급되기는 하지만 색인에서는 언급되지 않는다. 도이치의 환자는 남녀 모두 히스테리 대신에 식이 장애, 끊임없는 갈망 혹은 '원함', 주된 상호작용 양태로서의 유혹, 고통스러운 강렬한 선망, 공허감, 강박적이고 전적으로 그럴듯한—환상이 현실인—거짓말(허언) 같은 '여성성' 문제들을 보인다. 도이치는 이 문제들 가운데 몇 가지를 함께 묶는다.

특정한 여성적 자질들의 원천을 찾으려는 노력 속에서 우리는 언제나 출발점으로 되돌아가는 것 같다. (1) 더 큰 동일시하려는 성향, (2) 더 강한 환상, (3) 주관성, (4) 내적 지각, (5) 직관으로 구성된 순서는 우리로 하여금 이 모든 특질들의 공통 기원인 여성적 수동성으로 되돌아가도록 이끈다.[7]

264

도이치는 히스테리증자가 퇴행하여 이르는 실제 신생아의 무력함을 '여성적 수동성'으로 번역했다―그리고 모두에게 거부당했다고 프로이트가 믿게 되었던 것이 바로 이것이다.

그리하여 분석은 반전된다. 이전에는 히스테리를 지각할 수 있었으며 그것의 특징들 가운데 하나가 소멸의 감각에 압도당하는 것을 방지하기 위한 어머니와의 판박이 동일시로의 퇴행이라는 것을 발견할 수 있었던 곳에서, 이제는 모든 여자들이, 그리고 어머니 혹은 아버지와의 교란당한 관계로 인해 일부 남자들이, 모성적 동일시를 행하며 그리하여 여성성을 겪는다.

여성성을 겪는 그러한 환자 가운데 한 명은 강한 임신 환상을 갖는 도이치의 남성 환자였다. 어머니가 암탉의 항문에 손가락을 넣어서 행했던 방식대로 누군가가 그의 달걀들을 발견하리라고 희망하면서 그는 암탉이 되기를 원했다. (충동이 아니라 특정한 대상 선택으로만 간주되어야 하는) 동성애가 어떻게 여성성과 더불어 병리화 되기에 이르렀는지가 이 예시에서 분명하다. 심리 치료, 정신분석, 정신의학, 임상심리학에서 나온 설명들에 광범위하게 등장하게 된 수백 가지 유사한 임상 서술에서, 히스테리 특성들을 보이는 그 남자는 '여성적 나르시시즘', '여성적 수동성' 혹은 동성애를 겪고 있는 중이다. 남성 히스테리를 억압하려는 끊임없는 투쟁에서, 이것들은 새로운 병리들이다.

프로이트를 추종한다고 세간에 알려지기는 했지만, 여성에 관한 도이치의 논제는 '이미 거세되어 있음'을 여성성의 조건으로 수용하는 것에 대한 프로이트의 강조를 공유하지 않았다―오히려 그녀는 갈등을 나르시시즘적 자기–관심과 모성적 이타주의 사이에 놓여 있는 것으로 보았다. 그녀의 연구는 사례사들에 잇따라 드러나는 동기간 경쟁들을 부모와

● ●

7. Deutsch, H. (1947), vol. 1, p. 109.

아이의 수직적 관계라는 프로이트적 패턴에 들어맞게 하려고 노력하는 유익한 엉킴이다. 하지만 도이치는 언제나 여성성을 묘사하기 위해서 이를 행하고 있기 때문에 불가피하게 히스테리를 주변화하거나, 더욱 빈번하게는 완전히 폐위시킨다. 이는 결코 적절히 주목된 적 없었던 패턴을 수립한다: 프로이트의 정신분석은 언제나 아동기 혹은 유아기로의 퇴행으로서 현시되는 심적 상태들을 묘사한다. 도이치에게 모성의 심리학은 기원적인 것으로서 제시된다. 그것은 시초에 거기 있다 ― 참된 어머니의 모성은 그 어떤 유아기 콤플렉스도 내보이지 않으며 유아기 상태들로의 퇴행도 없다. 모성, 여성성, 동성애가 일단 정신분석적 탐구의 대상이 되면, 그것들은 그 자체로 '정상적' 아니면 '병리적' 둘 중 하나가 된다 ― 그것들은 증상들과 여타 무의식적 과정의 현시들을 대체하게 되고, 마치 그것들인 양 작용하게 된다.

도이치는 그녀의 프로이트주의로 인해 (프로이트의 관점에 반대했던) 수많은 제2물결 여성주의자들에게 웃음거리가 되었다. 그렇지만 이는 그녀의 연구에 있어 주된 문제가 아니다. 헬레네 도이치가 우리에게 선사하는 것은 요람에서 무덤까지 병리의 진행으로서의 여자 만들기에 대한 이론들과 사례들의 풍부한 모음이다. 먼저 그녀는 여성성을 아버지와의 관계에서 어머니와의 문제 많은 동일시로 전환시킨다. 도이치에게 양성의 차이를 표지하는 것은 프로이트의 거세 이론이 아니라 여자가 '진정한 여자'가 되게 하거나 아니 되게 하는 내재적인 무언가다. 본질적으로 이는 나르시시즘적 자기-관심과 모성의 표지인 타인들에 대한 관심 사이의 충돌과 관련이 있다. 도이치에 따르면, 여자아이들이 사회적으로나 지적으로나 잘 적응할 수 있더라도 그들에게 내재하는 여성성은 그들을 유아로 유지시킨다: 퇴행할 필요가 없다 ― 여자들은 여하간 그냥 아이들이다. 만일 여자들이 아이 같은 여성성에서 모성으로 옮겨간다면, 출산은 마조히즘적 쾌락의 절정에 있는 것인 반면에 모유 수유는 분만으로 인해 중단되었던 자기와 타자의 재결합이다. 그렇지만 폐경 후 여자들은 한층 더 고착된 유아적, 전오이디푸스적 위치로 되돌아간다. 나는 여성성은 어머니와의 동일시에서 산출된다는 도이치의 주장이 유아기에서 유아기로의 이 닫힌 공간huis clos을 필연화한다고 제안한다: 여성은 아기로 시작해서 아기로 끝난다.

도이치의 것은 정신분석 전반에 걸쳐 일반적 관행이 된 히스테리의 여성화로의 경향을 보여주는 가장 완전한, 그리고 어떤 면에서는 가장 풍부한 사례일 뿐이다. 그렇지만 그녀의 연구를 그것이 대체한 히스테리로 되돌려 번역한다면, (물론 여성적 상태들이라는 꼬리표가 붙어 있는!) 히스테리 상태들에 대한 몇 가지 주목할 만한 묘사를 그 안에서 발견할 수 있을 것이다. 나는 도이치의 주제들 가운데 단지 두 가지에 초점을 맞출 것이다: 허언과 가장성 인성. 전자는 더 이상 유행하는 용어가 아니며, 후자는 고전적 개념이 되었다—그리고 양자 모두는 히스테리의 중요한 현시들이지 도이치와 뒤이은 저자들이 생각하는 여성성의 중요한 현시들이 아니다.

십대의 임신을 묘사하면서, 문제의 여자아이가 '몽롱 상태'에 있었기 때문에 성관계가 발생했던 것은 흔한 일이라고 도이치는 지적한다. 그 여자아이는 빈번하게 그 사건에 대해 완전한 기억 상실이 되었으며 그 사건을 전적으로 허언적으로 재구성한다. 여기서, 그녀의 현실 상황과 아무런 관련이 없는 누군가가 그녀에 의해 아기의 아버지로 선정된다. 그럼에도 자신이 임신하고 있다는 것을 부인하는 아기의. 그 환상적 아버지는 그녀에게 완전하고도 전적으로 옳다고 느껴지는데, 정확히 왜냐하면 그는 그녀의 환상에 부합하기 때문이다. 그리하여 그는 그녀의 기억에 있는 틈새를 메운다. 아기의 환상적 아버지는 임신한 그녀 자신의 아버지를 닮았을 것이다. 그러고 나서 그 여자아이가 거의 출산하는 순간까지(그리고 때로는 이를 훨씬 지나서도) 임신을 완전히 부인하리라는 사실은 근친상간이 있었을 리가 없다고 하는 그녀의 단언을 품고 있는 무의식적 진술이다: (내 아버지라고 내가 생각하는) 이 남자는 내 아기의 아버지가 되었지만 아기는 없다. 성취된 근친상간의 환상은 견고하게 자리 잡은 허언에서 나타난다. 동시적인 근친상간의 환상과 부인은 성관계가 없었고 그 결과로서의 그 어떤 아기도 없었다는 단언에 의해 유지된다. 그렇다면 그 과정은 다음과 같다: 해리 상태(몽롱 상태, 무아경), 성관계 및 임신, 기억 상실, 그리고 모순적인 두 관념을 드러내는 환상 구성물: 나는 아버지에 의해 임신했지만 나는 임신하지 않았다. 고전적인 히스테리적 갈등의 완벽한 사례가 바로 여기에 놓여 있다.

한 사례사에서 도이치는 어떻게 한 명의 사춘기 여자아이가 성적으로 완전히 금욕적이면서도 환상 속에서는 호화롭게 상상된 일련의 성적 착취들 속 그녀의 동반자로 무척 개연성 낮은 매력 없는 남자아이를 선택하는지를 기록한다. 그 여자아이는 이 가정된 착취들에 대한 일기를 쓰고 그녀가 자기 자신에게 답하는 부치지 않은 편지를 쓴다. 그녀가 결국 그녀의 비밀스러운 환상 관계에 대해 사람들에게 말할 때, 그 허언은 너무나도 그럴듯한 나머지 그녀를 완전히 믿을 정도였다. 수년의 기간에 걸쳐서, 이 남자아이에서 개연성 없는 환상적 성적 대상으로 차례로 옮겨가면서, 그녀가 아이였을 때 어떤 성적 탐색을 같이 즐겼던 그녀의 오빠와 (무의식적 환상에서) 충실하게 지냈다는 것이 밝혀진다. 발그레한 성적 환상과 완전히 무성적인 외양 사이의 갈등, 그리고 허언은 히스테리의 고전적인 특징들이다. 여성의 심리학에 대한 도이치의 전체 연구가—색인에 등재되지 않을 정도로—히스테리 개념의 퇴출에 그토록 의존한다는 사실에도 불구하고, 그것은 도이치의 억누름으로부터 계속 회귀하며, 자꾸 반복해서 가로막아야 한다.

모성에 이르는 한 여자아이의 경로에 대한 연구를 완성하면서, 도이치는 여성성에 이르는 다양한 상이한 목적지들에 주목한다. 그 가운데 이른바 가장성 인성은 몇 번이고 발견된다(놀랄 것도 없는 것이, 다른 이름으로 그것은 히스테리이기 때문이다). 우리는 또한 위니콧의 '거짓 자기' 개념 같은 앞서 언급된 주요한 새로운 이론화 속에서, 가면으로서의 여성성에 대한 조운 리비에르의 묘사 같은 좀 더 간헐적인 단편들 속에서, 그리고 '자기가 텅 비어 있음'에 대한 이니드 발린트의 연구 속에서, 그것이 어떻게 '재발견'되는지를 볼 수 있다. 더 최근에는 가장성 인성은 영국 클라인학파 분석가 이르마 브렌만–픽이 '거짓 걱정'이라고 묘사한 증후군에 비견되기도 했다.[8] 어쩌면 '거짓'이라는 낱말이나 그것의 등가물에 주목할 때마다 우리는 히스테리의 어떤 측면이 묘사되고 있는지 궁금해하는 습관을 들여야 할 것이다.

도이치는 그녀의 환자들이 신경증 혹은 정신증 범주로 말끔하게 나뉘지 않음을 발견했다. 오히려 그들은 정서적, 도덕적 얄팍함(연극성 인성에 대한 나중의 DSM 정의들에서 언급되는 속성)을 제외하면 '정상'으로 간주되었다. 모성 사례를 이용하면서 도이치는 가장성 인성을 탐구하기로 결심한다. 그녀는 가장성 유형은 히스테리와 구분된다고 명시적으로 주장하지만, 그녀 자신의 서술에서 그것들은 서로 합쳐진다. 그리하여 그녀는 이렇게 쓴다.

> 정신착란적인 정서적 삶을 사는 여자들은 그들의 수행원들 가운데서 어머니 인물들을 찾으려고 노력하는데, 이는 그들과 동일시함으로써 그들 자신의 결핍된 모성애를 감추기 위해서다. 그렇다고는 해도, 그들은 아이에 대한 감정은 별로 없으며, 하지만 다정한 어머니의 태도를 그토록 잘 모방한 나머지 그들 자신도 주변 사람들도 그들의 모성애가 진짜라고 생각한다. 나는 그런 여자들을 가장성 유형이라고 불렀다. (…) 히스테리적 다중 인성 혹은 가장성 유형인 여자들에게 이 과정은 매우 분명하다. 그들의 모성애는 전체로서의 그들의 인성과 동일한 변천을 겪는다: 어머니로서 그들은 지금은 어느 한 사람이며, 또 지금은 또 다른 사람이다.[9] [강조는 나의 것]

● ●

8. Brenman–Pick, I. (1995).

도이치 자신이 아주 분명하게 말하듯이, 그렇다면 불안정한 히스테리적 동일시와 가장성 인성 사이에는 아무런 구분도 없다. 따라서 '가장성'이라는 매우 성공적인 개념은 히스테리의 배제에 완전히 의존한다.

하지만 가장성 인성의 현상학을 계속 이어가는 것: 그 동일시나 일련의 동일시들이 실패한다면, 끔찍한 공허나 광기가 발생한다—다시금 이는 수 세기에 걸쳐 히스테리의 특징이 되어왔다. 도이치의 모든 가장성 환자는 하나의 동일시에서 또 다른 동일시로 이동한다. 한 사례에서, 치료가 종료되고 있을 때, 환자가 동일시할 수 있는 가능한 사람들에 끝이 있는 것처럼 보였다. 그러고 나서 환자는 개 한 마리를 샀다. 도이치는 논평한다: '이제 모든 것이 괜찮을 것이라고 그녀가 나에게 말했다. 그녀는 개를 모방할 것이고 그런 다음 그녀는 어떻게 행동해야 할지를 알게 될 것이다.'[10] 개와의 동일시 혹은 그 자신이 훌륭한 모방자인 개에 의한 점유는 고대 그리스 이래로 히스테리에 대한 묘사들에 등장해 왔다. 고대 그리스의 히스테리증자는 그녀의 신체를 통제 불가능한 광란으로 가득 차 있는 것으로서 경험했다. 내부에서부터 그녀를 갉아먹는 동물 같은 것으로(그런데 이는 통제 불가능한 욕망에 대한 상당히 좋은 묘사다). 그녀의 신체는 들개에게 점거당한 것으로서 경험되거나 묘사되었다.

헬레네 도이치는, 그녀 자신의 설명으로, 평생 프로이트주의자로 남아 있었다. 하지만 그녀가 여성의 심리학에 대한 연구를 시작한 1920년대와 1930년대조차도 그녀의 이론적 입장과 방법론은 프로이트의 것이 아니었다. 도이치의 관점은 대상관계 이론가들 못지않게 '정상적인' 것에, 그리고 그것에서 무엇이 잘못될 수 있는가에, 있었다. 반면에 프로이트의 관점은 병리적인 것에 있었다. 그것은, 그가 말하기를, 그가 '정상성의

• •

9. Deutsch, op. cit., vol. 2, pp. 240, 289.
10. 같은 곳.

이상적 허구'라고 불렸던 것을 우리에게 보여줄 것인데, 하지만 다만 부재하는 카펫 속 무늬[11]로서 보여줄 것이다. 도이치는 신경증자의 퇴행을 연구하는 대신에 건강한 사람들의 (미)발달을 관찰했다. 표면상으로 보면 인간 행동이 이런 식으로 연구되어서는 안 될 이유는 없다. 그렇지만 이러한 관점 전환은 한 가지 문제를 가지고 온다: 의사, 소아과 의사, 심리 치료사, 정신분석가들은 정상적이고 건강한 사람들을 보지 않는다. 그렇다면 '정상'이 무엇인지 그들이, 혹은 그 누구든, 어떻게 알 수 있는가? 정상성은 적도처럼 우리가 우리의 범주들을 만들어내기 위해 참조해야 하는 상상적인 허구의 선이다.

프로이트 및 프로이트주의에 대한 제2물결 여성주의의 초기 거부 이후, 긍정적 태도가 자리를 잡았고 정신분석이 여성성의 심적 구성을 이해하는 데 사용되었다. 좀 더 최근에는 남성성을 냉대에서 구해내고 남성성의 심적 구성을 이해해야 한다는 일부 남성들의 목소리도 있었다. 이는 거의 막다른 골목에 이르게 되었다. 발달적 정상성에 초점을 맞춰 남성성을 도표화하는 것의 불가능성은 더 큰 문제를 드러낸다. 양차 대전 사이의 정신분석에서부터 제2물결 여성주의에 이르기까지, 여성성과 그것의 불만들은 무대 중심을 차지할 수밖에 없었다. 여성성이 병리성과 동등한 것으로 간주되었기 때문이다. 그리고 나서 히스테리는 여성성 속으로 사라졌다. 또 다른 이름하에 히스테리는 '대화 치료'에서 유래하는 치료들 속에서 실로 나타나게 된다. 기억 회복 운동은, 혹은 마찬가지로 '거짓 기억' 운동은, 이 가능성을 예시한다.

안나 O와의 만남으로 초토화된 요제프 브로이어는 몇 년 후 프로이트에게 이렇게 썼다: '나는 당시에 많은 것을 배웠어 —그중 많은 것은 과학적

• •

11. ['카펫 속 무늬(figure in the carpet)'는 헨리 제임스의 소설 제목이다. 화자인 '나'는 작가 베리커에게서 그의 최근 소설에, 페르시아 카펫 속 무늬처럼, 작품의 비밀이 숨겨져 있다는 말을 듣는다. 화자는 면밀하게 조사하지만, 아무것도 알아내지 못한다.]

가치가 있었지만, 또한 "일반의"가 자신의 활동 및 삶의 수행 없이 그러한 사례를 다루는 것은 불가능하다는 중요한 실천적 교훈이 그로써 완전히 망쳐지기도 했지. 그때 나는 나 자신을 그러한 시련에 결코 다시는 두지 않겠다고 다짐했어.'[12] 브로이어의 반응은 손쉬운 겸손 떨기로 취급된다. 오늘날 우리는 더 똑똑하다는 듯. 사실 브로이어의 진실성은 초기의 획기적인 사건이었다. 어떤 식으로건 치료사들은 종종 휘말릴 수가 있다. 프로이트는 성적 연루의 가능성만이 아니라 야망의 가능성에 관해서도 동료들에게 끊임없이 경고하고 있었다: 스스로의 치유력에 오만한 가치를 둔다면, 과잉 관여하게 된다. 훨씬 나중에 윌프레드 비온은 이를 분석가가 기억도 욕망도 갖지 말아야 할―기억의 유령이 되지도 말고 너무 많이 원하지도 말아야 할―필요로 정식화했다. '치료'에 실패하는 것이 필연적으로 이론에 대한 논박을 구성하는 것은 아니다. 그것은 단순히 모든 임상의와 모든 환자가 종속되는 제한들을 시사하는 것일 수도 있다. 진단 목록에서 '히스테리'가 사라졌던 추가적인 이유는 그 심각한 형태들에서 히스테리는 배우자, 동기, 아이 혹은 친구에서 의사, 분석가, 치료사에 이르기까지 그것을 다루어야 하는 누구에게나 거의 감당할 수 없는 어려움을 주기 때문이다. 그 이유 가운데 하나는 안나 O가 브로이어를 연루시켰듯이 타자를 연루시키려는 히스테리증자의 다급한 욕구―그리고 능력―이다.

그렇지만 거의 모든 판본의 개인 치료에서 치료 실천과 정신분석 이론이 부모의 거의 배타적인 중요성을 주장한다는 것은 문제적이다. 거세 콤플렉스에 대한 강조(프로이트, 자아심리학, 라캉)는 아버지를 특권화한다. 오이디푸스 콤플렉스 및 전오이디푸스에 대한 강조(대상관계와 자아와 상호 작용 이론)는 어머니를 특권화한다. 세기에 걸쳐 여타 관계들은 그 중요성이 점점 더 줄어들었다. 부모와의 문제에 대한 결과로

• •
12. Breuer, J. in P. Cranefield (1958), p. 319.

서 이해된 히스테리는 그러한 강조를 창출하는 데 이용되었지만, 히스테리 자체는 그러한 초점에서 떨어져 나간 것이었다. 남성 히스테리증자는 급성장하는 소년기에 충분히 좋은 어머니를 가지려는 유아의 욕구로 거침없이 이어졌다. 마찬가지로 히스테리의 여성화는 여자아이들이 여성성의 혈통을 이어받기 위해서는 반드시 어머니와 동일시해야만 한다는 것을 의미했다.

1차 세계대전 이후로, 탄생의 외상에 대한 오토 랑크의 연구 및 『억제, 증상 그리고 불안』(1926)에서의 프로이트 자신의 매우 창조적인 혼동들 이후로, 프로이트는 전쟁신경증의 증후학들, 정신증들, 외상적 불안 꿈들 등에서 싹튼 의심들에서 벗어나, 탄생 때와 그 이후의 인간 무력함이 틀림없이 대단히 중요한 배경이라고, 하지만 그 자체로는 심적 삶의 갈등들을 설명할 수 없는 배경이라고 주장했다. 처음에는 히스테리 여자들이 아버지로부터 학대당했다고 생각했으며, 그다음에는 그들이 유아였을 때 아버지를 욕망했고 합일을 환상했다고 생각했기 때문에, 1920년대 무렵의 프로이트는 딸에 대한 아버지의 욕망이 정상으로 간주될 정도로 흔하다는 것을, 그렇지만 사람은 욕망하는 것이 아니라 실연하는 것으로만 판단되어야 한다는 것을, 확신하게 되었다.

그렇지만 금지하는 아버지와 거세 콤플렉스가 취하는 지배적인 자세로부터 히스테리의 부재라는 맥락 속에서 어머니가 갖는 중요성으로의 변동은 일반적인 효과뿐 아니라 몇 가지 특수한 효과도 가져왔다. 특히 대상관계 치료사들이 전오이디푸스적 유아의 가장 이른 관계에 부여한 강조로 인해서, 일단 전이 속에서 치료사가 대부분 어머니가 되고 나면, 치료사의 성적 과잉 관여에 대한 경계는 더 강력해진다. 어머니–치료사 편에서 모성적 근친상간의 실연에 대한 터부는 더더욱 커져야만 하는데, 왜냐하면 그러한 유아에게는 터부가 있을 수 없기 때문이다. 전오이디푸스적 유아는 처벌받는 것 없이 사랑하고 증오해야 하며 어머니는 유아의 더 거친 욕망들을 수용함으로써 응답해야만 한다. 그렇기는 하더라도,

어머니(그리고 치료사)의 비-성적인 관여는 강렬할 수 있다. 이 소원들은 치료적 자세로 인해 깊이 무의식적이거나 안 지각된다면 문제가 된다. 어머니의 욕망들과 치료사의 문제는 가령 아기가 어머니를 증오하기 전에 어머니가 아기를 증오한다는 위니콧의 단정적인 주장 속에 기록되었다. 어머니-치료사의 증오가 그녀의 근친상간 소원보다 더 문제적일 수도 있다. 독립과 대상관계 분석가에게 과제는 유아의 구조화되지 않은 감정들을, 절망적인 불안과 공포를 간직하는 것이다 — 하지만 한편으로 수용하는 것과 다른 한편으로 충족시키고 먹이는 것 사이에 구분선을 긋는 것은 어려울 수 있다.

클라인학파 이론과 실천은 치료사에 대해서 매우 보호적이다. 클라인에 따르면, 어머니-분석가가 소유하는 모든 것을, 전부인 것처럼 보이는 그 모든 것을 선망하고 파괴하기를 소원하는 것은 바로 환자에 의해 되살아난 아기다. 선망의 공포에 대한 보호책으로 선망받는 자가 되는 것보다 더 나은 것은 없다 — 히스테리증자가 매우 잘 알고 있듯이, 바로 그렇기에 그는 그토록 자주 다른 사람에게 질투를 유발하려고 노력한다. 하지만 히스테리는 너무나도 빈번하게 다른 곳에서 실연된다. 앤 섹스턴의 경우, 치료사와의 불륜이 일단 끝나면, 그것은 남편에 대한 성적 폭력, 강박적인 성관계, 그리고 동시에 어린 딸에 대한 에로스적인 신체적 관여와 폭력으로 대체되었다. 어머니-전이의 경우, 환자의 히스테리 요소는 분열에 의해 선망을 잘 막아낼 수도 있다. 치료사를 어머니로 이상화하고 동반자, 아내, 남편 혹은 아이를 폄하하는 것에 의해. 치료 바깥에서 진행되는 일에 언제나 주의해야 한다.

한번은 내가 (만난 적도 없으며 내 환자가 묘사한 것 이외에 아무것도 몰랐던) 환자의 아내를 견딜 수 없었다는 것을 깨닫는 데 2년이 걸렸던 적이 있다. 나에 대한 그 환자의 '사랑'(이상화)에 나는 유혹당하지 않았지만(그것은 빈 것으로 손쉽게 경험될 수 있다), 아마 아무도 좋아할 수 없었을 한 여자의 가장 끔찍한 초상을 그가 제시했을 때의 그 확신(허언)에 속았다. 그런 의미에서 나는 그가 사물을 보는 방식에 유혹당했다. 언젠가 한 동료는 내가 충분히 훌륭한 노부인으로 알고 있었던 한 환자의 어머니가 역사상 분명 최악의 어머니라고 나에게 말했던 적이 있다―그 또한 허언에 유혹당했던 것이다. 나아가 그는 또한 그것에 휘말려 들어갔으며, 나에게 말함으로써 부적절한 행동을 하여 기밀성 규칙을 어겼다.

히스테리 환자들은 성욕에 대해 이야기하기를 희망하면서 치료를 받으러 오곤 했다. 이제 그들은 그것이 더 이상 유행이 아님을 알게 되었으며, 오히려 그들이 선택한 정신 치료적 정향이 무엇이건 그것의 이데올로기로부터, 요구되어지는 것을 취하여 모방한다. 배상과 우려가 현재의 관심사임을 알기에, 그들은 그들이 파괴한 것을 더 낫게 만들고자 하는 소원을 보여줄 것이고 그들이 행한 것에 대한 후회를 내보일 것이다. 모방과 실제를 구별하는 것은 종종 어렵다. 일단 우리가 히스테리의 성욕과 폭력을 보거나 보여주는 것에서 멀어지면, 치료사에 대한 유혹이 근친상간과는 다른 형태로 들어온다. 성욕과 폭력에 대한 강조가 축소된 것은 주로 히스테리 진단이 추방된 결과이지만, 그것은 또한 전이 속 치료사가 처벌하는 아버지에서 돌보는 어머니로 이동한 것의 결과이기도 하다. 하지만 환자와 치료사의 동기 경쟁 및 사랑과 증오는 어찌 되는가? 여기서 치료사와 환자는 평행한, 측면적인 관계에 있다. 일이 잘못될 때, 그것은 환자의 전이에서만이 아니라 치료사의 역전이에서 이 측면 관계가 얼마나 자주 고려되지 않았던 것이기 때문인가?

의심할 여지 없이 부모에 대한 성적이고도 살의적인 욕망과 그것의 금지는 결정적이지만, 부모의 당연시되는 배타적 우월성은 역사적으로 특수하거나 단순히 잘못된 것으로 보인다. 첫째, 빅토리아 시대 관습 및 상상의 전능한 가모장이 있었다. 그런 다음 19세기 후반과 20세기 중반 치료의 모든 것을 포함하는 '도덕적 어머니'와 '심리학적 어머니'가 있었다. 하지만 아이의 첫 번째 온전한 사회적 관계는, 즉 어머니-아이 단위를 끝내는 관계는, 금지하는 아버지와의 관계가 아니다. 그것은 어머니의 사랑을 주장하는 경쟁자 아이와의 관계이다. 바로 여기에 우리는 이론적 통찰과 임상적 실천에서 누락된 것을 위치시켜야 한다.

또한 모성이 완전히(혹은 부분적으로) 히스테리적 현상이 될 수 있다는 것에도 의심할 여지가 없다. 가령 출산은 어머니는 자기가 아이를 낳았다는 것을 심적으로 알지 못할 정도로 마취될 수도 있다. 히스테리적 어머니와 히스테리적 아버지 양자 모두는 심리적으로 비–재생산적이다. 그들의 관점에서, 아이는 그들 자신의 복제물로서 그들의 신체에서 나온 것이지 또 다른 주체와 더불어 창조된 또 다른 주체로서 나온 것이 아니다―내가 '단성 생식 콤플렉스'라고 부르는 것. 히스테리적 아버지는 자기 자신을 출산하기를 희망함으로써(가령, 임신 모방을 통해서) 종종 어머니와 동일시한다. 그렇지만 모성이 히스테리적 패턴을 깰 가능성이 있다. 모성이 히스테리를 끝낼 수 있다는 아이디어는 이 책의 범위를 벗어난다. 그렇지만 몇 가지 논점이 제시될 수 있다. 모성의 과정이 창조성과 유사하다는 오래된 격언은 히스테리와 관련해서 어떤 타당성이 있다. 아기에 의한 어머니의 가능한 전치라는 재앙은 주체를 텅 비우지만, 늘 그렇듯이 그것은 또한 '새로운 시작'을 위한 기회를 제공하기도 한다. 출산은 한 사람이 실로 살아남고 인정받는 위치로부터 무언가를 창조하는 것일 수 있다. 하지만 자기는 예전만큼 중요하지는 않다: 이제 나는 누군가의 어머니이며 바로 그것이 중요한 것이다. 이는 자기 자신의 중요성에 대한 과대 주장의 정반대 결과다. 지금까지 거의 모든 문화에서 모성은 여자들을 위한 인정의 자리로 지각되어 왔다. 그리하여 그것은 여자가 자신 정체성을 과대 주장하지 않아도 되게 해줄 세계 안의 자리의 충분한 감각을 제공할 수도 있다. 그녀가 누구인가는 그녀의 인정받은 '모성적' 자리에 의해, 즉 그녀가 어디에 있는가에 의해 보장된다. 일단 인정받으면, 그냥 너무 많은 '자기'가 있을 필요가 없다. 세계에서 나의 부재로 인해 외상을 입지 않을 기회가 있다. 출산할 때, 거세의 가능성보다는 죽음과 생존의 가능성이 또한 작동하기 시작한다. 아기나 배아가 죽는다고 하더라도, 여자는 상황의 불가피성을 벗어날 수 없다. 죽음에서와 마찬가지로, 그녀는 그녀 자신의 의지로 통제할 수 있는 그 어떤 것보다도 더 큰 과정을 겪게 된다.

모성은 거세 콤플렉스에서의 죽음이나 거세가 그렇듯이 주체의 자아의 부재를 내포할 수 있다(그것은 정체성이 아니라 위치다): 히스테리는 그러한 가능성에 맞서 난폭하고도 불안스럽게 항의한다. 그러한 자아 부재의 가망을 직면할 수 있는 충분한 인정이라는 맥락이 있다면, 필사적인 항의들은 더 이상 필요하지 않다. 남성 히스테리증자의 임신 모방에서, 그리고 여성 히스테리증자의 상상 임신에서 (자살 시도에서처럼) 우리가 목격하는 것은 바로 주체의 소멸에 대한 항의다. 무언가가 히스테리증자로 하여금 이 소멸을 대면할 수 있게 해주고 살아남을 수 있게 해준다면, 히스테리는 끝난다.

히스테리가 죽음과 출산 양자 모두에 대한 모방들을 사라짐의 공포가 실연될 수도 있는 수단으로서 이용하는 것은 정확히 죽음과 출산 양자 모두가 주체(또는 주체의 이전 자아)의 '죽음'을 내포하고 있기 때문이다. 수 세기에 걸쳐, 그리고 모든 동시대적 관습 속에서, (남성과 여성) 히스테리증자들은, 그들이 죽음을 가장하는 것과 거의 동일한 정도로 출산 환상을 실연한다. 환상의 실연은 공포다. 또 다른 사람의 자리와 절대적으로 같으면서도 또한 다른 세계 속의 자리가 일단 인정되면, 환상의 실연은 중단될 수 있으며, 출산과 죽음이 발생할 수 있다.

출산하는 자는 여자들이기 때문에, 이는 히스테리의 젠더화에 대한 또 다른 이유로 잘못 취해진다. 그렇지만 탄생과 죽음의 심적 과정들은 그 과정들의 실연 없이도 발생할 수 있다. (물론 그 과정이 문자 그대로일 필요는 없다. 실제 모성은 또한 은유이기도 하다.) 히스테리에서 남자들과 여자들은 이 불가피성에 맞서 그들 자신을 보호하기 위해 탄생과 사망 양자 모두를 '해 본다'. 출산은 죽음보다 심적으로 더 젠더화되어 있지 않다. 그렇지만 그것은 **실제로** 젠더화되어 있다 ─ 음경을 갖는 것과 마찬가지로 그러한데, 이것 역시, 음경이 절단될 수 있기에, 주체의 소멸을 표상할 수 있다.

죽음의 표상으로 거세가 있듯이, 탄생의 표상으로는 무엇이 있는가? 이것이, 사실상, 창조성인가? 거세의 가능성을 받아들이는 것은 주체의 궁극적 죽음의 불가피성을 받아들이는 것과 같다. 창조의 가능성을 받아들이는 것은 저자의 자아의 죽음을 받아들이는 것과 같다. (9장에서 볼 것처럼, 그것은 진실 말하기와 유사하다.) 그렇지만 히스테리적 창조에는 히스테리적 자살에서 그러하듯이 너무 많은 주체가 있다. 나 없이도 나의 창조물은 살 수 있음을 받아들이는 것, 그리고 내가 죽은 이후에도 세계는 계속될 것임을 받아들이는 것은 또한 심리적으로도 유사하다. 주체가 충분한 인정을 받았다면, 그는 출산, 창조성, 죽음을 경험하기 위해 그의 불충분함을 견딜 수 있다.

그리하여 남성 히스테리증자의 부인할 수 없는 출현은 유아의 무력함에 대한 정신분석 이론과 압도적인 불안의 중요성에 놓인 강한 강조로 이어졌다. 이번에는 이것이 결국 어머니를 두드러지게 했으며, 남성 아이를 아이 일반으로 간주하게 되도록 만들었다. 히스테리적 원함은 여성적 욕망이 되었다. 히스테리는 여성성이 되었다. 그렇지만, 내가 보여주고자 희망하듯, 이 마지막 둘을 거꾸로 뒤집는다면, 우리는 그러한 설명과 관찰로부터 많은 것을 배울 수 있을 것이다.

주체가 전치되어 이 전치에 항의함을 통해 히스테리가 일단 존재하게 되면, 히스테리는 정말로 유아 상황으로 퇴행한다. 이 퇴행적 위치는 무엇보다도 정신과 신체의 분리가 아직 자리 잡지 않은 위치다. 밀드레드 같은 걸음마 아기가 남동생 잭으로부터 그녀의 위치를 되찾으려고 노력할 때, 그녀는 —아기처럼— 말이 없어지고 걸을 수 없게 된다. 그리고 그녀의 곤경을 운반하는 것은 바로 그녀의 신체다. 가장 이른 관계를 살펴보는 것은 정신–신체 혹은 신체–정신의 자리를 살펴보는 것이다. 이것이 내가 다음 장에서 할 것이다.

제7장

공허와 점유

1. 히스테리의 신체-정신

사회적 관행은 변한다. 가령 중세 후기 유럽에서는 자선이 감소했다. 자선금을 냈던 사람들에게는 죄책감이 있었다. 하지만 자선이 더 이상 관행이 아니기에 죄책감에 대한 아무런 배출구도 없었다. 그것에 대한 아무런 해명도. 교회는 부를 교회 시설에 집중시키고 있었다. 사적 자선은 더 이상 장려되지 않았다. 다른 맥락들 안에서라면 죄책감이 인정되었을 것이고 이유가 알려졌을 것이다. 여기서 그것은 그저 대부분의 사람들이 의식하지 못하는 채로 발생한 더 넓은 사회적 변화의 결함에 불과했다. 죄책감은 그것을 묘사하고 위치시킬 수 있는 사고 과정이 전혀 수반되지 않는 용납 불가능한 감정이었다. 그 감정은 다른 사람 위로 투사함으로써 가장 잘 제거되었다. 그 타자는 자선을 구하는 노부인이었다. 더 이상 자선금을 줄 수 없는 자선가 지망자의 분노, 죄책감, 좌절을 '수용'하기 위한 것이었던바, 이 타자는 마녀가 되었다.

마법에 대한 이러한 설명은(교회의 역할에 대해서는 내가 덧붙인 것들이 있지만) 정신분석가로부터 나오는 것이 아니라 역사학자/인류학자 앨런 맥팔레인으로부터 나온다.[1] 하지만 그것은 정신분석에 의해 이해된 투사 과정을 완벽하게 묘사한다. 원하지 않는 감정을 다른 사람에게로 방출하는 것. 아잔데족의 마법에 대한 1930년대의 에반스-프리차드의 설명[2]도 (그리고 다른 많은 마법에 대한 인류학자들의 설명들도) 비슷하게 묘사될 수 있다. 마녀는 투사된 죄책감을 수용하거나 거부할 수는 있지만, 이성적 사고를 사용하여 그렇게 하지는 않는다 — 오히려 그녀는 저주하거나 저주를 실연함으로써 죄책감을 되돌려준다. 저주는 이른바 '수행적 언어'이다. 저주를 실연하는 것은 신체 수행을 수반한다 — 그 둘은 밀접하게 연계되어 있다.

또 다른 사회 세계로 가버리는 것 말고, 그런데 그것은 거의 확실히 불가능하였을 것인데, 마녀는 무엇을 할 수 있었을까? 용납 불가능한 투사는 그것을 받는 사람에게 견딜 수 없는 만큼이나 그것을 전달하는 사람에게도 견딜 수 없는 것이다: 넘겨버리거나 도로 넘겨주거나 물리적 행동이나 방출을 통해 비워내야 한다. 하지만 현실적인 사회적 제약들을 제쳐놓는다면, 왜 가버리지 않지? 투사는 진공에서 발생하지 않는다. 받는 자들 안에는 좋은 선택이 된 이전의 경험이나 반응이 있었을 것이다. 가령 노부인은 음식이나 땔감을 뒤지고 다녔을 것이다. 워즈워스가 그의 시 「구디 블레이크와 해리 길Goody Blake and Harry Gill」에서 묘사하듯. 이 시에서 가난한 구디의 저주는 상대적으로 부유한 해리를 그녀가 그렇게 추웠던 만큼이나 얼어붙을 정도로 춥게 만든다. 해리는 가난한 사람들의 '주울' 수 있는 '관습적' 권리를 구디 블레이크에게서 빼앗았다. 그녀는 추울 것이다 — 그래서 그녀는 그를 저주한다. 이전의 자선 대상에게 무의식적 죄책감을 투사하는 한때의 자선가가 필연적으로 히스테리적이

• •

1. Macfarlane, A. (1970).

2. Evans-Pritchard, E. (1937).

라는 것이 아니다. 오히려 그의 무의식적 투사 행위가 히스테리를 작동시켰다는 것이다. 이는 혼돈을 가져온다: 정치체body politic 내부에서 사회질서가 무너질 때, 그것은 '개인적 신체body personal' 내부의 — 즉, 자선가나 노파 어느 한쪽 신체 내부의 — 무질서감과 짝지어질 수도 있다. 재판관이 자선가를 대체할 때, 기소자와 피고인 양자 모두의 히스테리가 (패튼 장군과 군인답지 못했던 군인의 경우처럼) 걷잡을 수 없게 된다. 사회적 질서와 사회적 기대 가운데 위기가 있다. 사물들의 질서 안에서 일어난 이 재앙적 변동들로 인해 방출되는 견딜 수 없는 감정들은 무의식적이며, 바로 그렇기 때문에 그 감정들은 해소될 수가 없고 다른 누군가 속으로 들여보내어 제거되어야 하는 것이다. 이것이 히스테리적 순간이다 — 감정들의 순환이 강압적이 되고 충동되어질 때. 그리고 혼돈이 다시 찾아왔다.

죄책감은 사람들 사이의 통화currency로 작용하는 유일한 감정이 아니다. 질투가 또 하나다. 이아고는 오셀로가 연인이자 군인으로서 성공한 것에 대한 자신의 선망을 견딜 수 없다. 한층 더 나아가 그는 오셀로가 카시오(형제 병사)를 그보다 더 높이 진급시킬 때, 기대되는 사회적 질서 안에서의 혼란을 참지 못한다. 그러므로 그는 그의 질투, 이아고의 질투를 오셀로가 자기 자신의 것으로 경험하게 해야만 한다 — 그리고 실제로 오셀로는 결국 그렇게 된다. 희곡 『오셀로』는 질투의 전염에 대한 한 연구이다: 전치된 증오, 선망, 질투, 그리고 그다음에는 환상 속의 경쟁자 살해에 대한 무의식적 죄책감 이 모두가 한 등장인물에서 다른 등장인물로 옮겨 간다(8장 참조).

투사는 정신이나 신체 둘 중 하나에 속한다고 말하는 것이 말이 되지 않는 어떤 과정이다 — 그것은 정신과 신체 양쪽 모두에서 느껴지고 양쪽 모두에서 전달받는다. 땔감을 훔친 죄로 길에게 체포되었을 때 구디 블레이크는 길을 저주한다 — '오, 절대로 그가 더 따뜻하지 말기를!' — 그리고 해리 길은 영원히 떨고 있다. 말과 신체가 일치하여 작용한다.

이와 유사하게, 오셀로는 이아고에 대해 이렇게 말한다, '저 반쯤 악마 인간에게 물어봐 줘, 왜 그렇게 내 **영육**을 덫에 몰아넣었는지?'[3](강조는 나의 것).

그렇지만 히스테리증자는 전치된 사람으로서 시작한다. 한때의 자선 가나 자선 수혜자 혹은 실로 전치된 그 누구든 (가령 히스테리가 만연하다고 인정되는 상황에 처해 있는 도시로의 이주자처럼) 한때 그들이 붙잡았던 혹은 그들을 붙잡았던 위치로부터 전치되어 있다. 이러한 상황에서 이전의 '자기'는 위협을 느끼며 참을 수 없는 감정들이 밀려드는데, 그 감정들이 생각되어질 수 없을 때면 떠넘겨진다 — 그리고 도로 넘겨받을 수도 있다. 참을 수 없는 감정들을 다른 누군가에게 전염시켜야 하는 히스테리증자의 바로 그 필요 때문에 그의 히스테리는 그가 혼자라면 현시될 수가 없다. 데카르트적 세계는 정신과 신체가 분리되어 있다고 가정된 세계이다. 히스테리는 이 분리를 거역한다. 그리고 히스테리증자의 정신–신체 연결에 관해서 프로이트가 도달한 설명으로 인해 정신분석은 반–데카르트적 과학을 표방할 수 있다. 이는 참인 동시에 오도적이다. 데카르트는 자신의 철학에 부과된 그러한 분할에 완전히 찬동하지는 않았다. 그는 정념들이 정신과 신체 양쪽 모두에서 경험된다고 주장했다 — 목적은 그 정념들을 누그러뜨리는 것이어야만 했다. 물론 탈무드적 전통같이 프로이트가 계승한 다른 전통들도 있었다. 프로이트 연구자이자 정신분석가인 일제 그루브리치–시미티스는 프로이트가 어렸을 적에 읽었던 필립슨Philippson 성경이 어떻게 정신과 신체의 완전한 상호 의존성을 주장했는지를 보여주었다.[4]

만약 정념들이 정신과 신체를 통하여 똑같이 이동하고 그리하여 그것

3. [『셰익스피어 전집 5』, 최종철 옮김(민음사, 2014), 173쪽. 5막 2장.]

4. Grubrich-Simitis, I. (1997), 1858년 라이프치히에서 필립슨 형제에 의해 출간되었던 이 이중 언어의 히브루어/독일어 성경에 대한 세부 사항에 대해서는 D. Anzieu (1986), 특히 pp. 301~309를 볼 것.

들을 단일 실체로 취급한다면, 히스테리의 전환 증상에서 정신으로부터 신체로의 이행은 주장되는 바처럼 정말로 '신비한 도약'일까? 얼굴 근육의 상습적이고도 통제 불가능한 경련이 면박당하는 느낌이 드는 용납 불가능한 발언으로까지 거슬러 올라갈 때 '도약'이 이루어진다는 설명들은 정신과 신체가 분리되어 있지만 그 사이에 다리가 놓여 있을 수 있다고 가정한다. 전환 히스테리 개념은 억압되고 무의식적이 되었으나 불충분하게 그렇게 된 한 관념 내지는 관념들의 집적이 정신 속의 관념으로서가 아니라 히스테리적 시력 상실이나 다리 마비 같은 신체적 상태로서 그러한 억압으로부터 '회귀'한다는 것이다. 신체가 활동하기 시작하는 것은 관념들의 표상들이 억압될 때 감정이나 정동의 잔여량이 있기 때문이다—신체가 그 과잉 감정을 표현한다. 프로이트에 대한 라캉주의적 해석가들은 이러한 설명이 갖는 일체의 장점을 프로이트보다 더 확신해 왔다.

프로이트는 그 개념을 창안했으며 '전환'이라는 용어를 고안했다. 관념들과 달리 감정들은 억압될 수 없으며 무의식적이 될 수 없다. (추측컨대 자선가들이 자신들의 죄책감을 의식하지 못했듯이) 사람이 의식하지 못하는 이 감정들은 다른 누군가에게 집어넣어질 수도 있다—이것이 투사다. 다른 경우에 그 감정들은 관념의 대체물로서 신체에 의해 이용될 수 있다(고통스러운 관념은 고통스러운 신체 부위가 된다)—이것이 전환이다. 그렇지만 억압 이전에 정동이나 감정들이 한 사람의 연상들을 통해 관념에 연결되었기 때문에, 이 관념은 이제 소생되고 언어화될 수 있다. 따라서 감정들의 배후에 있는 관념을 이해하는 것은 전환 증상을 끝낼 수 있다.

바로 이 억압된 관념으로 접근하는 것이 '대화 치료'이다. 이 설명에서 사고는 정의상 축자적이다. 내 환자 가운데 한 명이 나에게 말했다. 아침에 출근하고 있는데 그가 무언가에 대해 거짓말하고 있다며 아내가 비난한 적이 있다고. 사소한 '거짓말*fibs*'을 말하다 들킨 그는 종아리뼈*fib-*

빠에 기질적으로 불가능한 통증을 갖고서 절뚝거리며 일터에서 돌아왔다. 그렇지만 사건을 기억해 내고 거짓말하기 관념을 직면하자 고통과 절뚝거림은 사라졌다. 미국의 문학평론가 피터 브룩스는 신체가 무언가를 의미화하고 있다는 프로이트의 발견에 대해 이렇게 논평한다.

해석 패러다임에 있어 프로이트가 여기서 가져온 변동의 급진적 성격은 아무리 높이 평가하더라도 지나침이 없다. 프로이트에게 치료받기 전에 체칠리 M 부인은 '전기 브러시, 염기성 물, 제거법'으로 치료받았다. 신경통을 유발하고 있다는 가정하에 그녀의 치아 중 일곱 개가 제거되었다. 그리고 뿌리 일부가 남겨졌기에, 추가 치의술이 행해졌다. 신경통의 기질적 원인에 대한 가정에서 벗어나서 따귀 때리기로 해석된 언어적 모욕의 효과를 신경통이 상징화한다는 가설로 이동하는 것은 신체를 이해하고 또 신체가 어떻게 의미화하는지를 이해하는 일을 결정적으로 재정향하는 것이다.[5] [강조는 나의 것]

브룩스가 말하는 것은 분명 참이다. 하지만 물론 패러다임들이 이렇게 말끔하게 전환되는 경우는 드물며, 또한 그것들을 부추기는 것이 보통 그렇게 분명한 단절을 이루어낼 수 있는 것은 아니다. 내가 이 글을 쓰는 동안 이탈리아인 아베 피오에 대한 어떤 논란이 있다. 그는 상이한 두 장소에 동시에 있을 수 있었다는 주장이 있다. 그는 또한 아무런 기질적 이유도 없이 벌어져 피가 나는 상처들이 있었다. 아베 피오는 1999년 복자로 추대되었다. 체칠리 부인의 신체를 마치 기호들을 제공하는 텍스트인 양 읽었던 바로 그 당시에 프로이트는 친구 플리스가 집도한 또 다른 환자 엠마 엑스타인의 코 수술에 연루되기도 했다. 그것이 그녀의 히스테리를 치료하는 데 도움이 되기를 희망하면서. 플리스는 그 코와

5. Brooks, P. (1993), p. 227.

수많은—특히 성적인—교란들을 연관 짓고 있었다. 수술은 악명 높도록 끔찍한 실패였다. 왜냐하면 플리스가 거의 치명적인 출혈을 야기한 거즈 한 롤을 그녀의 코에 남겨두었기 때문이다.

정신과 신체 둘 다 느낀다. 혹은 아마도 기쁨이나 고통, 죄책감이나 질투 같은 감정들은 정신과 신체를 구별하지 않는다고 말해야 할 것이다—데카르트가 정념에 관해서 그렇게 주장했듯이 말이다. 모든 관념은 감정이 수반되기 때문에(어떤 관념은 다른 관념보다 더 그러하기는 하지만), 신체 또한 관념적 메시지들의 저장고가 될 수 있다—하지만 우리는 사고를 느끼기를 안 원할 수도 있다. 내 환자는 그가 거짓말했다는 것을 아내가 깨달은 것에 상처받았고, 그가 들켜서 처벌받을지도 모른다는 가망에 흥분되었다—거짓말fibbing하기는 종아리뼈fibula의 상처가 되었다. 그것은 또한 그가 못된 아이처럼 자신의 고통으로 관심을 얻었음을 의미하기도 했다. 하지만 십중팔구 그는 또한 애당초 거짓말을 함으로써 고통스러운 경험을 넘겨주거나 투사하기를 원했을 것이다. 맥팔레인의 자선가들은 자신들이 느꼈지만 설명할 수는 없었던 '사고 불가능한' 죄책감을 원하지 않았다. 그래서 그들은 그것을 다른 누군가의 신체에 집어넣었다. (이는 거의 확실히 설명의 한 가지 측면에 불과하다.)

우리가 '신체 언어'에 대해 말하고 신체가 의미화한다는 것을 강조한다면, 그것은 정신이 체화되어 있음을 가리키기 위해서다. 신체는 이 체화된 정신의 사고에 대한 단서를 제공한다. 히스테리 문제의 '유혹들' 때문에 언제나 근심하면서, 프로이트는 구조주의 언어학의 지배 이래로 무시되고 있는 방식으로 감정과 언어의 관계에 대해 성찰했다. 감정에 대한 찰스 다윈의 1872년 논문 「인간과 동물의 감정 표현」을 이용하면서, 프로이트는 단어들이 한때 감정과 대상의 추상적 표상으로서 사용되는 것이 아니라 투덜거림이나 한숨처럼 그 자체로 정서적인 경험으로서 사용되었을 것이라고 추측했다.

히스테리의 강렬한 신경 지배를 묘사할 때 언어의 근원적 의미로 복귀하는 것은 타당하다고 볼 수 있다. 그래서 히스테리가 상징화를 이용해 그 같은 감각을 만들어낸다는 표현은 어쩌면 맞지 않을 수도 있다. 아마 히스테리가 그러한 언어 용법을 모델로 삼은 것이 아니라, 오히려 히스테리와 언어 용법이 똑같은 근원에서 자신들의 소재를 끌어낸 것이리라.[6]

유아기, 자폐증, 히스테리에서, 말하기는 하기^{doing}다. 단어들은 실재적이다. 하지만 언어학적 분석의 현대적 관행에 따라 브룩스는 프로이트의 이 구절에 대해서 이렇게 논평한다.

다윈을 인용할 때, 그리고 히스테리 증상들이 상징성을 전혀 내포하지 않을 수도 있고 오히려 히스테리와 언어 용법의 공통된 신체적 근원으로 거슬러 올라갈 수 있다고 양보하면서 자신의 사례사를 마무리할 때, 프로이트는 자신의 발견이 지닌 급진적인 본성을 거의 포기하게 된다.[7]

내가 보기에 우리가 그러한 양자택일 상황에 처해 있는 것 같지는 않다. 아기는 나중에야 이해하는 단어들을 듣는다. 가령 늑대인간은 어머니가 그녀의 장 문제에 관해서 자신이 계속 이렇게 살 수는 없다고 말하는 것을 들었다. 차후의 히스테리에서 늑대인간은 그 자신의 장 증상을 실연하며, 그의 신체는 그가 이해하지 못했던 — 하지만 죽음에 대한 두려움 및 의사의 관심을 얻는 것에서 오는 흥분 양자 모두를 전달했을 수도 있는 — 단어들을 기억하고 있다. 그는 두렵지만 잊기를

6. Freud, S. (1895), p. 181. [『히스테리 연구』, 249쪽.]
7. Brooks, op. cit., p. 229.

원하지도 않는 단어들을 기억하기를 원하지 않기 때문에, 당시에 그 단어들이 그에게 의미했던 것—몹시 두려운 무언가에 대한 흥분—을 실연한다. 증상들은 환자의 현재 곤경을 과거로부터 반향하기 때문에 무의식적으로 '선택'된다. 실제 단어들을 상기하는 것은 현재의 정서적 지각을 과거의 기억으로 대체하는 것일 터이다.

브룩스는 프로이트의 언어 이해를, 그것이 구조주의 언어학에 근접할 때만, 좋아한다. 이전의 낭만주의 개념에서 신체 명칭과 언어 그 자체는 극도로 강력한 감정들에 공통 기원을 둔다. 나중의 구조주의 언어학에서 남근은 일차적 기표로 명명되어 왔는데, 왜냐하면 남근은 그것이 의미화하는 대상과 관계하는 것이 아니라 오히려 대상의 부재와 관계하기 때문이다. 언어학에서 온 바로 이러한 통찰을 라캉은 정신분석에 적용하였다. 남근은 그것이 어머니에게 있지 않을 때 의미를 획득한다. 그러고 나서 남근은 의미화되는 것[기의]과 관계하는 것이 아니라 기표 사슬 속 또 다른 기표와 관계한다—이것이 언어다. 그렇지만 아이는 언어를 갖기 전에 말하며, 기표 이전에 기호를 사용한다. 히스테리증자는 언어 속 자신의 위치로부터 아직은 다만 그것의 경계 위의 자리로 퇴행한다. 이는 '수행적' 언어의 한 판본으로의 퇴행인데, 거기서는 단어들과 말이 행위하기 위해, 원하는 것을 얻기 위해, 강하게 느껴지는 것을 말하기 위해 사용된다. 앤 섹스턴은 단어들이 떼 지은 벌들 같다고, 혹은 과일 머신[8] 안의 코인들 같다고 말한다. 이것들은 의미 작용 사슬 속 단어들이 아니라 복제된 사물로서의 단어들이다.

프로이트가 늑대인간 사례에서 언급하게 될 것처럼, 모든 신경증에는 '더 이른' 히스테리 층이 기저에 놓여 있다. 언어학적으로 말해서, 이 더 이른 층은 지시 대상이 상실되어 있는 것에 기초하지 않는다—그것은 언제나 거기에 있다. 자신이 절대로 가질 수 없는 무언가가 있음을 히스테

● ●

8. [과일 그림이 나오는 도박용 슬롯머신.]

리증자가 행동의 수준에서 받아들일 수 없는 것처럼, 충분히 열심히 노력하면 제거될 수 있는 어떤 장애물이 있다고 그는 생각할 뿐이다. 그는 그가 일시적 실패라고 간주하는 것을 겪을 준비가 되어 있지만, 그의 잠재적이지만 절대적인 상실을 어디서도 인정하지 않을 것이다. 거짓말은 히스테리적 언어의 가장 좋은 사례인데, 왜냐하면 거짓말은 거기 있는 무언가를 도입하기 때문이다 — 거짓말함으로써 원하는 것을 언어적으로 언제나 얻을 수 있으며, 아무것도 상실되지 않는다. 히스테리 증자가 언제나 거짓말하고 있는 것은 아니다. 그럼에도 불구하고 그의 언어는 그가 거짓말하지 않더라도 차이가 없는 그런 것이다. 이 언어는 상징적이지도 진정으로 표상적이지도 않다. 신체와 마찬가지로 이 언어는 현시이지 표상이 아니다: 수행적 저주는 무언가를 행하지 무언가를 대신하지 않는다.

정신과 신체가 구분되며 히스테리가 이 구분을 신비하게 극복한다고 가정하는 대신에, 그것들이 처음부터 동일한 것이었으며 히스테리는 이 단일한 위치로 **퇴행**하는 것이라고 가정한다면, 우리는 다른 그림을 얻을 뿐 아니라 다른 이론화를 요구하는 그림을 얻는다. 히스테리가 포괄하는 범위를 보면 히스테리 상태를 구성하는 퇴행 속에서 신체–정신 통일성이 재실연되는 동시에 패러디되고 있음을 알 수 있을 것이다. 상징화되지 않은 신체가 있다.

여배우 주디 덴치는 그녀 자신과 그녀가 연기한 배역 사이의 미세한 차이를 알지 못했을 때 광기의 경계를 보았던 일을 묘사한 적이 있다. 줄리 크리스티는 그녀가 '연기'하고 있는 타자가 되기 위해 그녀가 누구이며 어디에 사는지에 관해서 완전히 기억 상실이 된 것으로 유명해졌다. 왜 머리에 쓰레기통을 뒤집어쓰고 단호하게 자신은 경찰이라고 알리면서 이리저리 뽐내고 다니는 두 살배기가 방 안에 가득한 어른들을 웃음으로 쓰러뜨리는 것일까, 그녀가 정말로 그렇게 보이기 때문일까? 어떻게 그 연기가 그토록 정확할 수 있을까? 이렇듯 연기 속 타인의 제시는 그 대체물을, 그 환상을 마치 사물 자체인 것인 양 여긴다. 18세기의 대배우 데이비드 개릭은 그가 아기인 척 가장하고 있는 방석을 허공에 내던지고 거의 떨어뜨릴 뻔하면서 청중을 공포로 숨 막히게 할 수 있었다. 연기는 자기와 타자의 경계를 순찰한다 — 히스테리증자는 모든 경계의 광적인 상실이 언제나 가까이 있기 때문에 연기한다.

프랑스 분석가 모니크 다비드-메나르는 『프로이트에서 라캉까지의 히스테리 *Hysteria from Freud to Lacan* 』(1989)에서 '히스테리증자의 신체 속에 그동안 상징화되지 않았던 어떤 것'이 있다고 언급한다. 이 어떤 것은 무엇인가? 극도의 쾌락이나 고통에서, 신체는 보통 사라진다. 이와 유사하게 사람은 추위나 더위의 과잉을 느낄 수 없다. 어떤 것이 사라진 것으로서 인정될 수 있다면, 그것은 표상될 수 있다. 이런 일은 히스테리에서 일어나지 않는다. 어떤 것이 상징화되거나 표상되기 위해서는 사라지거나 부재해야만 한다. 실제로 감기에 걸린 것이 아님에도 마치 감기인 양 떠는 히스테리증자들에 대한 기록이 수 세기에 걸쳐 있어 왔다. 히스테리증자에게 '감기cold'는 현시되어야만 한다. 히스테리성 발작은 저체온증을 반향한다. 무감각한 신체가 무감각으로서 이해되고 표상될 수 있다는 인식이 없다 — 그것은 실연되어야만 한다. 신체가 사라졌다가 돌아올 수 있을 만큼 충분히 안전하다고 느끼기 위해서, 즉 그 자체로 재-현되기 위해서, 먼저 충분한 안전이 있어야 한다. 아이들은 넘어지기 놀이를 한다: 한 아이는 다른 두 아이 사이에 서 있다가 처음에는 앞으로, 그런 다음에는 뒤로 넘어진다. 나머지 아이들은 그가 땅바닥에 넘어지기 전에 붙잡아야 한다. 이것은 신체적 신뢰에 관한 놀이다. 신체가 재-현 가능한 것이 되기 위한 근본적인 무언가가 걸려 있다: 신체의 거주자는 그 신체를 안전하게 상실할 수 있기 위해서, 그 신체가 의존하는 타인을 충분히 신뢰해야만 한다.

영국 분석가 윌프레드 비온은 유아의 감정들의 이질적이고 혼돈스러운 날것의 요소(그가 베타 요소라고 부른 것)들을 관리 가능한 요소(알파 요소)로 처리함에 있어 어머니가 하는 역할을 그의 연구 전반에 걸쳐 묘사했다. 이와 유사하게, 위니콧은 어머니가 어떻게 아기의 요람기 감정을 간직하고 '수용'하는지를 보여주었다. 특히 비온의 논문은 생후 감정이 어떻게 유아기 사고가 될 수 있는지에 대한 더 커다란 설명의 일부다. 나는 히스테리증자가 이 경계에서의 경험으로 퇴행한다고 주장한다: 사고는 요람기 감정으로, 신체가 파편화되는 감각으로 퇴행한다. 그것이 완전히 진정한 퇴행인 경우는 드물다. 가장과 연기의 요소가 종종 있다—그렇지 않을 경우 그것은 히스테리가 아니라 광기일 것이다.

히스테리증자는 (여성만큼이나 남성도) 보통 냉담하다(6장에서 묘사된 히스테리에서 여성성으로의 변동에 걸맞게도, 라캉은 이를 여성성 구성의 필연적 측면이라고 잘못 생각했다). 사정이 오르가즘으로 오해되기에, 남성의 냉담함은 보통 주목되지 않는다. 히스테리의 강박적 성욕은 벼랑 끝 전술을 보여주는데, 거기서 사람은 오르가즘의 가장자리로 내몰리지만 그의 신체가 사라지도록 허용할 만큼 충분히 안전하다고는 결코 느끼지 못한다. 오르가즘 속에서의 신체의 포기는 히스테리증자에게 죽음 및 소멸과 너무나도 근접해 있다. 히스테리의 끝없는 유혹과 반복되는 성교는 자살 시도에 비견될 수 있다. 절대적 상실은 경험될 수 없다. 그 가능성을 언제나 갖고 놀기는 하지만 말이다. 마조히스트는 그가 쾌락을 발견하는 방식으로 그의 신체에 고통을 가함으로써 그가 신체를 갖고 있는지 시험한다. 히스테리증자 또한—종종, 특히 사춘기에, 절단하기 혹은 화상 입기로써—그가 신체를 갖고 있는지 알아내려고 노력한다. 고문자는 소멸시키는 고통을 상대방의 신체에 시험한다. 히스테리증자는 신체적으로나 정신적으로 많은 고통을 견뎌낼 수 없기 때문에 고통을 떠넘기기 위해 그는 상대방을 정서적으로 고문한다. 고문자나 강간범은 상대방을 보는 것도 보지 않는 것도 아니다. 그는 단순히 상대방의 신체를 근절^{根絶}한다. 상실은 상징화와 표상의 조건이다. 히스테리증자는 상실을 용납할 수 없다(그것은 그야말로 너무 끔찍하다). 그렇기에 그는 신체에 대한 상징이나 표상을 가질 수 없다.

그렇다면 비–상징화된 혹은 비–표상된 신체는 '단순히 거기에', 라캉이 '실재'라고 부르는 것 속에 있는 신체가 아니다. 상징화된 신체가 위치를 가진 신체에 대한 거의 정확한 표상인 반면에, '단순히 거기에' 있는 신체는 그렇지 않다. 신체의 표상은 신체가 처음에 상실되었다가 뒤이어 상징으로서 되찾아지는 것에 의존한다. 신체는 그것이 되돌아온다는 것이 알려진다면 안전하게 상실될 수 있다. 이는 돌아올 수 있는 것과 (죽음에서처럼) 그럴 수 없는 것의 차이에 대한 앎을 필요로 한다. 히스테리증자에게 모든 상실은 죽음이며 따라서 그는 어떤 상실도, 그러니까 어떤 죽음도, 없다는 것을 확실히 해야 한다. 도스토옙스키의 『카라마조프 가의 형제들』에서 13세 남자아이 콜랴는 그가 괴롭힌 친구 일류샤가 죽어간다는 사실에 직면할 수 없다. 그는 '죽은 척 놀이'를 하도록 개 한 마리를 강박적으로 훈련시키며, 그런 다음에 죽어가는 아이에게 이 속임수를 히스테리적으로 보여준다. 일류샤의 죽음을 부인하는 과정에서 콜랴는 그 미친 놀이로 그의 죽음을 재촉한다. 아기는 거울 속에서 나타났다가 사라지는 놀이를 한다. 다른 어딘가로부터 다른 누군가에게 보였다고 확신한다면, 아기는 상대방의 관점에서 자기 자신의 신체를 움직이고 지각할 수 있다. 어머니로부터의 관점이 있다면, 이것은 주체에 의해 채택되어 그 신체가 다른 어딘가로부터 보이고 인지되게 한다. 히스테리증자는 자신이 언제나 현존하지 않는다면 기억하지도 않고 기억되는 것을 기대하지도 않는다 — 그리하여 그는 언제나 매우 집요하게 자기 자신을 현시한다.

거울과 있는 아기는 거기 있거나(현존하거나) 거기 없다(부재한다). 자기 자신이 다시 나타날 수 있음을 '알' 때, 아기는 거울에서 자기 자신을 재–현시한다re–presents. 아기는 어머니 혹은 돌봄자가 부재하더라도 그/녀가 자신을 염두에 두고 있음을 — 자신이 표상되고represented 있음을 — 무의식적으로 알 때 그 놀이를 포기할 수 있다. 동기나 또래에 의해 전적으로 전치되었다고 느낄 때, 아이는 자신이 어머니(혹은 어머니 대체자)에게 표상된다는 — 즉 비록 주목받는 또 다른 아이가 있기는 하지만, 이 아이도 여전히 '마음속에' 있다는 — 인식을 상실한다. 비-표상된 신체의 상태는 무엇처럼 보일까? 화가 프란시스 베이컨은 자기 그림의 왜곡되고 조각난 형상에서 신체의 비-표상된 상태를 묘사하려고 했다 — 그는 표상된 신체라기보다는 현시된 신체가 무엇처럼 보이고 무엇처럼 느껴질지를 보여주려고 노력하고 있었다. 마치 아기의 입 대신 아기의 눈이나 귀나 뺨으로 들어가는 숟가락이 내부에서 무형 혹은 기형의 얼굴로서 경험된 것도 같다 — 그것들은 그림이기에, 상징화되지 않고 표상되지 않은 신체의 베이컨식 '표상들'이다. 자기 신체의 이러한 경험으로 퇴행하면서, 히스테리증자는 그의 얼굴과 신체를 왜곡하고 뒤튼다. 구경꾼에게 그 신체는 불구이거나 미친 것처럼 보일 수 있다. 감정은 신체를 움직이게 한다: 정서적 고통으로 얼굴을 찡그리거나 팔이 배를 움켜쥔다. 얼굴이 웃음으로 주름진다. 질투로 몸통이 뒤틀린다. 선망으로 경련이 일어난다. 눈은 행복으로 빛나거나 부정직의 베일 뒤로 물러난다.

상이한 시간들과 맥락들이 신생아를 상이하게 지각해 왔다: '빈 서판'으로, 작은 동물로, 축소판 어른으로, 어머니와 융합된 존재로, 어머니와 분리된 개인으로. 신생아는 아버지의 씨앗으로 창조되고 어머니의 오븐에서 요리된 것으로, 혹은 단지 아버지에 대한 생각만으로 어머니에 의해 '순결하게' 잉태된 것으로, 혹은 신이 보낸 것으로, 혹은 황새가 가져다주는 것으로 간주될 수 있다, 기타 등등. 그렇지만 20세기 후반 서양 세계의 이미 다양한 관점들을 고려할 때, 오늘날 대다수의 유아가 처음부터 감정을 경험한다는 것에 동의할 것이다. 바로 그러한 기반으로부터 개별 신체와 정신의 감각이 출현한다. 히스테리의 특징이 기억 상실이기는 하더라도, 이 기억 상실은 보통 감정보다는 사건과 관념에 대한 것이다. 감정은 다시 느껴지고, 그런 의미에서, 신체에서 기억된다.

히스테리적 퇴행이 아닌 발달적 위치를 언급하면서긴 했지만, 멜라니 클라인은 이 가능성을 '감정 속의 기억memories in feeling'이라고 불렀다. 히스테리 환자는 종종 어떤 사건을 상기하곤 하는데(그것은 실제 사건이 아니었을 수도 있다 — 그는 그것을 똑같이 잘 상상해 낼 수도 있었다), 말하여진 것을, 그것이 산출한 감정 상태를 참조하여, 고집한다. 그는 어떤 의미에 대한 감각도 갖지 못할 것이다 — 단순히 그것이 그를 아프게 하거나 쾌락을 주었다는 것이 중요한 것이다. 감정은 특정한 정신적 경험에도 혹은 특정한 신체적 경험에도 할당될 수 없을 것이다. 감정은 과도하고 생뚱맞고 둥둥 떠 있을 것이다 — 말해진(혹은 말해졌다고 상상된) 어떤 것이 아프게 하는데, '왜'나 '무엇 때문에'가 없다.

고통은 신체에 지도를 그리지만, 배에 두통이 있다고 호소하는 어린아이의 경우처럼, 처음에는 언제나 정확하지는 않다: 그는 적절한 신체 부위의 관례들 내부에 감정을 위치 짓는 법을 아직 배우지 못했다. 아이가 배에 두통이 있다고 말할 때, 그는 그의 신체를 표상하는 것으로 가는 도중에 있을 뿐이다. 그의 진술은 고통스러워서 우는 것과 그의 신체에 대한 표상적 묘사를 제공하는 것 사이의 어딘가에 있다. 마찬가지로 종아리뼈에 통증이 있는 내 환자는 단어들과 신체 부위가 서로 분리되고 있지만 아직 분리되지는 않은 단계로 단순히 퇴행한 것일 뿐이다. 이 발달 단계에서 특정한 단어는 특정한 사물이다. 그것은 기표 사슬의 일부가 아니다. 클라인학파 분석가 한나 시걸의 '상징적 등치'라는 문구는 유용하지만, 등치되고 있는 것들이 아직 상징화되지 않기 때문에 내 생각에 이 맥락에서는 그다지 정확하지 않다. 그것들은 서로를 대신하며 서로에 대한 은유이지만, 그 어떤 것도 사라진 것으로서 인정되지 않기 때문에 상징이 될 수 없다.

그다지-분명하게-안 분화된 신체의 관점에서 그 문제를 생각한다면, 우리는 수많은 언어에서 매우 많은 은유들이 동시에 신체 부위들, 추상적 개념들 그리고 그 사이의 무언가이기도 하다는 사실을 보게 된다. 가령

19세기 중반 런던 병원에서 기록된 가장 만연한 히스테리 증상은 다리 마비였다. 다리에 대한 — 심지어 피아노에 치마를 입혀서 그것을 숨겼던 — 빅토리아 시대 영국의 성적 연상들과는 별도로, 방대한 수의 대상들이, 생물과 무생물이 다리를 지니고 있었으며 그 단어를 이용한 수많은 은유들이 있었다(그리고 여전히 있다): '다리를 받쳐줘라give a leg up[도와줘라]', '계속해, 다리를 내라go on, leg it[도망쳐]', '너는 서 있을 다리가 없구나you haven't got a leg to stand on[변명의 여지가 없구나]'. 핵심은 감각이 정신과 신체를 구별하지 않는다는 것이다. 가령 한 아이는 눈snow을 갖고 놀다가 그것이 뜨거우면서도 차가움을 발견한다. 이 단계로 퇴행하면서, 히스테리증자는 그가 '뜨거울' 때마다 추위로 떤다. 내 환자 가운데 한 명은 따뜻한 감정을 느낄 때 치아 부딪침, 소름, 떨림을 만들어냈다. 어떤 사람이 '정신에서 나간' 상태일 때, 우리는 그가 신체에서도 나간 것을 당연하게 여긴다. 그는 몽롱하고 수척하다 — 사람은 정신적으로 완전히 '비정상'이면서 신체적으로 '정상'으로 보일 수 없다. 다시금, 히스테리증자의 상태가 퇴행이듯, 보통은 연기의 요소가 있다: 고통에 시달리기에, 그의 신체는 고문당하는 것으로 스스로를 제시한다.

다시 말해서, 히스테리에 대해 생각하는 것은 우리의 모델을 거꾸로 뒤집는 것으로 이어진다. 정신이 신체가 된다는 것은 신비한 일이 전혀 아닌데, 왜냐하면 히스테리는 그것들이 미–분화된 지점으로 우리를 몰기 때문이다. 때로는 이것이 패러디에서 행해지고, 때로는 그렇지 않다. 감정에 대한 다윈주의적 이해의 복권을 제안하는 것은, 혹은 정념은 정신–신체 구분을 존중하지 않는다는 데카르트적 인식의 복권을 제안하는 것은 역행하는 것이 아니다. 그러한 움직임은 다만 감정이 인간 발달에 관한 대부분의 연구에서 불충분하게 이론화되어왔음을 가리킬 뿐이다. 신생아기 및 초기 유아기 삶의 이 생물–심리학적인 신체로서의–정신이라는 영역은 현재 상당한 관찰적 관심의 초점이 되고 있다. 그러한 연구는 어머니–아기 관계에 초점을 맞춘다. 그렇지만 이 생후 및 유아기 상태로 회귀할 때, 히스테리는 그것의 미래를 끌고 온다 — 과거는 현재로부터만 읽힐 수 있다.

앙드레 그린이 지적했듯 지각과 기억이 동시에 일어날 수 없는 것처럼 (9장 참조), 경험적 관찰과 정신분석적 재구성도 마찬가지로 공존할 수 없다. 따라서 관찰이 매우 흥미로울 수 있기는 하지만 엄밀히 말하면 그것은 환자의 연상들에서 알게 될 수 있는 것을 확증하기도 하고 기각하기도 한다. 무의식적 과정들의 현시들이라는 관점에서 보면, 아기와 어머니의 과거는 언제까지나 가설일 수 있을 뿐이다.

극도의 고통과 쾌락의 역할에 대한 근본적 이해 대신에, 정신분석은 인간 존재가 쾌락을 산출하고 불쾌를 회피하기 위해 전력을 다한다고 제안하면서 쾌락–불쾌 원리의 일차성을 가정한다. 이에 대립하여 놓인 것이 가령 상실의 경우처럼 불쾌를 수용하는 인간 발달이 갖는 중요성에 대한 강한 강조다. 히스테리의 끔찍한 아이러니는, 그것이 쾌락원칙을 따른다고 단정되면서도, 원하는 무엇이건 강박적으로 추구함에 있어, 언제나 결국은 비참의 바위에 이르게 된다는 것이다. 윌리엄 제임스(철학자)와 헨리 제임스(소설가)의 여동생이자 헨리 제임스 시니어(신학자)의 딸인 앨리스 제임스에게는 그녀의 직계 가족 환경의 유명한 남자들처럼 되기를 원하는 많은 이유가 있었다. 그렇지만 그녀의 아버지는 절단 수술을 받은 환자였다 — 그리고 앨리스는 한쪽 다리에 마비가 왔다. 도라가 다양한 잔병치레의 결과로 상당한 고통을 느꼈던 것과 마찬가지로, 회복 기억 환자들은 되살아난 학대로부터 진정으로 고통을 겪었으며 도스토옙스키는 증오하는 아버지를 살해하는 것의 단말마 고통을 닮은 간질 발작을 앓았다. 제2물결 여성주의는 권력을 모방한 마녀들의 급진적인 용기에 경의를 표했다 — 그들이 성취한 것은 익사당하기나 화형당하기였음을 망각하고서는. 거식증자는 굶고, 관장하고, 구토한다. 치아가 썩고, 돌이킬 수 없는 불임이 결과한다. 거의 죽을 지경으로 말라붙은 그녀는 거울을 보고 한 명의 뚱뚱한 여자를 본다. 어떤 섬뜩한 동화처럼,

히스테리와 더불어, 당신이 원하는 것을 더 많이 얻을수록, 더 나빠진다. 하지만 추가적인 반전이 있다. 고통을 실연하는 것은 신체이지만, 진정 비참한 것은 정신이다—그리고 왜 그런지 영문을 모른다. 신체의 실연이라는 퇴행은 정신적 고통을 회피하려고 의도된 것이다—하지만 퇴행이 되돌아가는 그 지점에서 정신과 신체는 하나이며 종국에는 양쪽 모두 고통을 느낀다. 증상이 그토록 빈번하게 변동하는 것은 바로 이 때문이다. 처음에는 신체적 방출이 고통을 회피할 수 있게 해준다—하지만 오래는 아니기에 새로운 증상에 의지하게 된다.

우리 모두가 쾌락을 원하고 불쾌를 피한다는 것은 거의 놀랍지 않다. 그렇지만 절대적으로 어느 한쪽에 속하는 정서, 감각, 감정은 거의 없다: 마조히즘은 고통-속의-쾌락에 관한 최고 사례다. 정신분석 이론에서 쾌락-불쾌 원칙은 방출되어야 하는, 그렇지 않으면 견딜 수 없는 긴장감을 야기하게 될 충동의 효과다. 이는 사회적 구축이라는 맥락, 일군의 인간 관계들과 규칙들과 규정들이라는 맥락에서 발생한다. 히스테리에서 견딜 수 없는 느낌은 제거되어 신체 움직임들 또는 표정들 속으로 들어가는데, 이것들은 단순히 방출을 통해서 또는 다른 누군가에게 감정을 전가함으로써 어떤 안도감을 제공하는 것 같다. 후자의 경우, 나쁜 감정들이 배출되면서, '좋음'이 아니라 오로지 공허함만이 안에 남는다: 비명 지르기는 만족이 아니라 탈진을 낳는다.

윌프레드 비온은 아기의 불안에 대한 어머니의 수용이 이 불안을 어떻게 원-사고 혹은 감정으로 변화시키고 이것들이 이윽고 관념으로 번역 가능해지는지를 보여준다. 이 이론은 감정이 어떻게 '정신'으로 변하는지를 개념화하는 한 가지 방식을 제공한다. 그렇다면 생물학적 과정들에 덧붙여, 정신은 아기의 감정에 대한 돌봄자의 수용으로부터 나온다. 그렇지만 그 이론은 신체 역시 자신의 생물학적 현존을 넘어 이런 방식으로 생산된다는 사실을, 그리하여 적절하게 수용되었던 불안은 평온하고 일관성 있는 수용된 신체를 생산한다는 사실을 무시한다. 그렇지만 히스테리는 정신과 신체가 분리되기 전에 '수용되지 않은 것', 원재료 혹은 베타 요소로 더욱 퇴행한다. 세계 속 자신의 자리를 빼앗겼기에 자신이 죽어가고 있는 것 같다고 혹은 죽은 것 같다고 느끼는—무언가를 원함으로 번역되는('원하는 것을 얻지 못한다면 나는 죽을 거야')—히스테리증자 편에서의 압도적으로 견딜 수 없는 느낌이 이 퇴행을 격발한다. 그러고 나서 퇴행은—가령 히스테리성 간질 발작에서—베타 요소의 비-사고와 비-일관적 신체를 모방하거나 실연한다.

아기의 수용되지 않은 불안이 무력함의 불가피한 산물인 반면에, 누군가가 히스테리를 통해 퇴행했을 무렵에는 그러한 '순수한' 상태는 있을 수 없다. 무언가가 더 나이 든 아이나 성인을 이토록 끔찍하게 만들었다—하지만 그것은 너무나도 나빠서 그는 자신이 세상에서 완전히 사라졌다고 느끼기 때문에, 그것이 무엇인지를 그는 알지 못한다. 사소한 사례들이 이 중대한 재앙을 반복한다. 그것들은 무의식에 의해 표지된다. 가책을 느끼는 자선가들이 그들 자신이 죄책감을 느끼고 있다는 것을 만약 알았다면, 우리는 그들이 그것에 대처하기 위해서 의도적인 조치를 취했으리라고 추정할 수 있다. 하지만 그들은 그러한 죄책감을 장래의 마녀에게 무의식적으로 투사한 것이다('잘못한 사람은 내가 아니라 너야'). 마녀는 악을 쓰며 못생긴 노파로 변하고, 그로써 수용되지 않은 베타 요소를 실연한다—자선가도 마녀의 사회적 맥락도 그녀를 궁핍한 (한때 아기였던) 노파로 인정하지 않는다. 하지만 히스테리증자로서의 마녀 안에는 성적 요소 및 젠더화된 요소 양자 모두가 있다(아기 안에는 없다). 마녀 안에서 무력한 아기는 한 여자가 되었으며 무력함에 대한 그녀의 신체적이고 정신적인 표현은 성욕화되었다. 성욕과 죽음의 불변하는 현존은 '기원적' 충격이 아이가 성적이면서도 동시에 죽음을 이해하려고 노력하고 있었던 무렵에 있었던 측면적 전치의 도래였음을 가리킨다.

수용되지 않은 아기에게 세계는 안전망이 될 수 있다. 하지만 그러는

데 실패할 수도 있다. 자크 라캉이 도라의 나중의 남성적 성적 동일시에 대한 상징으로서 이용하는 도라의 이미지는 세 살배기 오빠의 귀를 움켜쥐고서 바닥에 앉아 엄지손가락을 빨고 있는 18개월 된 아기인 그녀의 이미지다. 그녀는 아무것도 부족하지 않으며, 만족의 진정한 밀실에 있다. 우리는 아기의 꿈같은, 거의 무아경인 상태를 상상해 볼 수 있다. 비온과 위니콧은 어머니의 수용하는 세계만을 묘사한다. 이 어머니보다 아기에게 더 이용 가능한 것이 있다. 도라는 그녀의 오빠와 '하나가 되며', 그녀 자신의 엄지손가락은 쾌락의 '충분히 좋은' 제공처다. 유아의 날것의 베타 요소를 위한 '수용자'로서 역할을 하는 어머니 혹은 돌봄자뿐만 아니라, 유아가 자력으로 수용을 행할 가능성 또한 있다. 유아가 엄지손가락이나 다른 사람의 귀를 발견할 때, 유아는 외부 세계를 수용자로 이용하고 있는 것 같기도 하다—특히, 아주 어린 아기는 나뭇잎과 모빌을 통한 단조롭지 않지만 혼란스러운 것도 아닌 조화롭고도 다소 반복적인 빛의 움직임 같은, 혹은 소리(다른 사람의 심장 박동이나 음악 같은 리듬) 같은 외부 움직임에 의해 얼어붙는다. 이내 아기는 더 나이 든 아이의 놀이와 몸짓에 환호한다. 사실 외부 세계에서 모든 감각들에 적합한 어떤 것은 (어머니/돌봄자와 마찬가지로) 수용을 제공하는데, 이러한 수용은 이 환경을 '반영'할 수 있는 정신과 환경의 규칙적 패턴들로 응집할 수 있는 신체의 분리뿐 아니라 상호 연결 또한 허용한다.

그렇지만 환경 안에서의 결핍이나 과잉은 성찰의 가능성을, 자기 자신을 인정하게 될 어떤 세계, 자기 자신이 보이고 들리고 느껴지는 어떤 세계를 찾을 가능성을 감소시킨다. 히스테리 환자들은, 혹은 예술가나 작가 같은 자칭 히스테리증자들은, 자기 자신으로 너무나 가득 차 있음을 느끼는 동시에 비어 있음을 느낀다고 불평한다—거식증과 과식증에서 전형적인 전반적 실존 상태. 한 환자가 나에게 그것을 표현하였듯이, 그녀는 웅덩이 전체를 가득 채울 정도로 부풀어 오를 수 있는 부레 고기 같거나, 아니면 아무것도 아니었다. 사라처럼 그녀는 '텅 비어 있음'

을, 그곳에 전혀 존재하지 않음의 감각을 지녔다.

외부 세계가 유아의 신체–정신 원재료에 제공하는 수용은 왜 아이들이 '보수적'인지를, 왜 사람들이 향수에 젖어 오래된 장소와 경험으로 되돌아가는지를, 심지어는 왜 아이가 학대하는 부모에게로 뛰어 돌아가곤 하는지를 부분적으로 설명해 준다. 이 모든 것들은 자신이 인정받은 것을 볼 수 있는 순간과 자리를 구성한다. 외부로부터 인정받지 못하면 자기 자신을 정신과 신체가 있는 일관된 사람으로 느끼지 못한다. 나는 인정받는다, 그러므로 나는 존재한다. 외부 세계에서 길을 잃으면 신체는 혼란을 느낀다.

이러한 '수용하는' 인정을 제공하는 데 실패할 수도 있는 환경은 과도하고 침입적인 난폭한 환경일 수도 있고, 혹은 너무 적은 것밖에 없는 비인간적 제도적 환경일 수도 있다. 하지만 어떻게 나무에게, 파도에게, 모빌에게, 다른 아이들에게 그들이 '충분히 좋은' 것인지 물어보겠는가? 어머니/돌봄자와 그들의 인정 능력을 탓하는 것이 더 쉽다—바로 그렇기에 그녀는 세계와 동의어가 되는 잘못된 경향이 있는 것이다. 자기–지각에 심각한 문제가 있는 내 히스테리 환자 가운데 한 명은 자신이 '텅 빈 세계에 태어났다'고 말했으며 이 느낌에 대한 은유로서 그가 자라난 대초원에 대해서 의식적으로 이야기했다. 그는 내가 부재할 때 자기 자신이 존재하지 않는다고 느꼈다. 어머니가 그에게 어떤 관심도 보이지 않았을 때 자기 자신이 존재하지 않는다고 느꼈던 것처럼 말이다. 그가 대초원을 은유로서 의미했을지도 모르지만, 오랫동안 비인간적인 돌봄만을 받으며 남겨진 곳에서 그는 대초원을, 그가 누구인지에 대해 불충분하게 반영하거나 그가 어디에 서 있을지를 불충분하게 인정하는 것으로서 그리고 그의 무작위적(베타 요소) 생동-animation을 수용하기에는 불충분하게 생동적인 것으로서, 사실상 물리적으로 경험하기도 하였다. 내 환자에게 대초원은 어머니의 정서적 비–현존에 대한 은유이자, 그 자신의 생존을 반영하고 거울 비추고 수용하기에는 불충분한 생동을 지닌 세계의 경험에 대한 은유였다. 주체로서나 이론가로서나 우리는 어머니를 '전부 담는hold-all' 수용자로 영구히 만든다. 하지만 그녀는 실제로는 환경의 대표적이면서도 특별한 일부로 간주되어야 한다. 유아는 자신을 위치 짓고 조율하는 수용, 거울 반영, 인정을 어울리는 대상들, 자리들, 그리고 무엇보다도 더 나이 든 아이들(측면 관계들) 안에서 발견할 수 있는데, 그 아이들의 작용은 유아의 파편화하고 분산된 감정들을 담아낼 정신과 신체의 어떤 분절을 나타내며, 그래서 그들 또한 통합되어 있다고 느낀다.

히스테리는 아동기 혹은 성인기로부터의 퇴행이기 때문에 성적인 것이다. 그 기저에는 성적인 것처럼 보이는 광적인 방출이 놓여 있다―이 는 비-인정의 구멍에 빠지는 것에 대한 광적인 회피다. 성욕은 축적된 긴장의 신체적 방출이다. 전쟁 폭력의 경우처럼 '너무 많은', 혹은 박탈당 한 타이타족 여자들처럼 '너무 적은' 환경적 경험을 할 때면, 성욕은 (아기의 울음과 대립되는 것으로서의) 흐느낌과 더불어 견딜 수 없는 감정의 신체적 방출을 위한 손쉽게 이용 가능한 수단이 되어 있다. 자선금 을 요구하는 노파를 만족시킬 수 있는 무언가를 갖고 있지 않은 것이 견딜 수 없는 것임을 발견한 중세의 자선가는 그의 인정받지 못한 죄책감 이나 분노를 그녀에게 방출한다. 이번에는 자기 차례로 그것을 방출하면 서 마녀는 아마도 그녀의 신체와 정신을―외설적 저주와 도착적 실천 속에서―성적으로 이용할 것이다. 그녀는 그녀가 '인정받았다'고 느끼 기 전의 아기였던 때의 모습으로 퇴행할 것이다. 마녀의 흉물스러움은 유아기의 조율되지 않음uncoordination으로의 퇴행의 문제다. 퇴행할 때, 유아의 광적인 흥분은 성욕이 되며 아기의 원초적 요구는 수행적 언어가 된다.

인정받지 못한 정신-신체로 퇴행함으로써, 히스테리증자는 표상되지 않은 정신과 신체를, 상징화된 신체의 명칭들에 상응하지 않는 정신과 신체를 이용한다. 히스테리가 회귀하여 이르는 재구성된 억눌린 개인사 에서, 그것은 유아인 히스테리증자와 어머니 사이에 상호 접촉이 불충분하였던 것인 양 경험된다. 실제 돌봄 혹은 환상된 돌봄의 접촉점들 ─ 입속의 젖꼭지, 항문을 씻겨주거나 생식기를 돌보는 손 ─ 은 성감대로, 출현하고 있는 '자기'를 타자가 인정하는 부위들로 발달하지 못했다. 이 성감대들은 적절히 발달하도록 허용되었다면 성욕에 의해 이용될 수 있었을 것이다. 그렇지만 이 결합을 열망하는 히스테리증자는 신체의 어떤 조각이든 히스테리 구역으로, 즉 완전한 융합, 전적인 동일시, '같음' 이 환상될 수 있는 곳으로 이용한다.

히스테리증자의 신체는 그가 용납할 수 없을 정도로 부재하다고 그가 느끼는 어디에서든 그를 현존하게 하기 위해 이용된다. 그리하여 그는 증상 속에서 혹은 행위나 수행 속에서 그것을 현시한다. 장면은 어떤 실제 근거가 있을 수도 있고, 혹은 어쩌면 완전히 상상적일 수도 있다. 내 환자 가운데 한 명은 기관지 발작 동안 그가 계속해야 했던 무릎 꿇는 자세를 나에게 보여주었다. 그러면서 그는 그의 흉부가 경련을 일으킬 때 어머니의 헐떡임과 성교할 때의 아버지의 움직임 양자 모두를 보여주었다. 아이였을 때 자신의 침실과 부모의 침실을 가르는 얇은 칸막이를 통해서 밤마다 듣고 보았던. 인간 신생아의 무력함을 요약하기 에 이르는 궁극적인 상상된 배제는 신생아를 창조하는 부모의 성교다. 신생아는 자기 자신이 수태될 때 현존하지 않는다. 누군가가 삶의 초기에 너무나도 많은 배제로 인해서 외상을 입는다면, 그는 어떤 장면에서든 자기 자신의 부재를 참을 수 없는 히스테리증자가 될 수도 있다 ─ 왜냐하 면 히스테리증자는 때가 되면 자신이 어딘가에 잘 어울릴 것임을 알지 못하기 때문이다. 아이의 자기중심적 사고는 자신이 참가자가 아닌 장면 을 상상할 수 없다. 이러한 부재의 전형적인 장면은 오이디푸스적 배치가 아니라 이른바 '원초적 장면'이다. 아이는 자기 자신이 수태되었던 성교 를 ─ 자기 자신이 지상에 있기 전의 시간을 ─ 환상한다.

클라인은 이 원초적 장면을 향한 유아의 파괴적 충동을 중시한다. 그렇지만 히스테리 속 퇴행의 관점에서 살펴본다면 그것은 다소 다르게 나타난다. 히스테리가 되는 아이나 성인은 타격을 입고서 관심 요구와 유아기 전능함으로 되돌아간다. 이 후자에서, 그는 단성 생식적으로 아기들을 생산할 수 있다. 내 환자가 성교 속의 어머니인 동시에 아버지일 때, 두 부모의 원초적 장면을 모방하고 있는 것일 수도 있지만, 또한 두 부모 모두를 하나의 신체 속에 — 이제 섹스할 수 있으며 스스로 아기들을 생산할 수 있는 그 자신의 신체 속에 — 말아 넣은 것일 수도 있다.

히스테리증자의 현존하는 신체는 또한 거기에 있다고 느껴지지 않는 신체이기도 하다. 내 환자 가운데 한 명으로, 크게 성공했으나 그 어떤 개인적 관계도 혹은 사실상 그 어떤 종류의 사회적 관계도 만들 수 없기에 절망적으로 불행한 중년 초기 여자인 매티는 나에게 이렇게 말한 적이 있다.

나는 꽤 괜찮은 사람이야, 나는 친구가 되고 싶어, 하지만 내 몸이 못생겼어. 그건 소녀의 몸이야. 몸을 돌보는 일을 잊지 않고 있어야지만 나는 몸을 돌볼 수 있어. 내 어머니는 내 몸을 돌보았지만 내게 영혼이 있다는 것을 알지 못했어. 그래서 내 몸은 다른 무언가 같아 — 나는 그것을 다른 물체인 양 돌봐야만 해. 나에게는 정말로 몸이 없어.

여기서 그녀는 핵심적인 진리를 건드렸다: 마음은 신체의 일부이기에, 정신이, 영혼 또는 마음이 인정받지 못하면, 신체는 잘 자랄 수 없다. 신체는, 잘 돌봐진다고 하더라도, '영혼'과 더불어 비–실존을 느낄 것이다. 자크 라캉의 연구로부터 우리는 거울 속에서 아기가 자신의 자아를 신체 게슈탈트 — 전체 이미지 — 신체 자아로부터 획득한다는 관념에 익숙해져 있다. 그렇지만 정신이나 영혼이 인정받지 못한다면 신체에는 무슨 일이 일어나는가? 많은 여자들이 바보 취급을 받으면 신체적으로도 어설프다고 그리고/또는 못생겼다고 느낀다고 기록한다.

피터 브룩스는 저서 『바디 워크*Body Work*』(1993)를 다음과 같은 서술로 시작한다.

> 우리의 신체는 우리와 함께 있다. 정확히 어떻게 그러한지를 말하는 데 우리가 언제나 어려움을 겪기는 하지만. 다양한 개념이나 은유 속에서 우리는 신체 속에 있거나 신체를 갖고 있거나 신체와 하나가 되어 있거나 신체로부터 소외되어 있다. 신체는 우리 자신인 동시에 타자이며, 사랑에서 혐오에 이르는 감정들의 대상이다. 정신분석에게 신체는 일차 나르시시즘의 대상이다. 종교적 고행자들에게 신체는 영적 완성의 위험스러운 적이다. 대부분의 시간 동안 신체는 그러한 극단들 사이에서 불안정한 상태를 유지한다. 쾌락의 주체이자 쾌락의 대상, 고통의 통제 불가능한 작인*agent*이자 이성에 대한 반란자— 그리고 필멸성의 운반자로.[9]

그 모든 다양성 속에서 브룩스가 묘사하는 이 신체들은, 우리가 그것들로부터 소외된다고 하더라도, 물질적으로나 실체적으로나 실존한다. 이는 또한 포스트모던 여성주의적 철학자 주디스 버틀러가 『문제가 되는 신체*Bodies That Matter*』(1994)에서 묘사한 이종적*heterogeneous* 신체에도 해당되며, 푸코의 저술들에서 묘사된 '담론적' 신체 및 '텍스트적' 신체에도 해당된다. 물론 신체의 이러한 현존은 '객관화 가능하게*objectifiably*' 사실이다. 실로 오로지 '이론'에만 바쳐진 수십 년 이후에, 신체 연구에 대한 현재의 학문적 유행을 설명할 수도 있는 것은 신체의 바로 그 물질성이다. 신체는 안도감이 들도록 구체적이다.
하지만 신체들은 언제나 거기에 있는가? 자신 있게 말할 수 있을 것 같은 한 가지는 모든 사람이 신체를 갖는다는 것이다. 하지만 주관적

* *

9. Ibid., p. 1.

으로나 경험적으로 언제나 그렇지는 않다. 브룩스의 설명은 히스테리적 신체의 현란함에 대한 섬세하고도 통찰력 있는 묘사로 결론을 맺지만 그럼에도 불구하고 부재하는 신체를 누락한다. 본질적으로 히스테리적 신체는 부재하는 혹은 사라진 신체다 — 내가 주장했듯이 히스테리를 추동하는 것은 바로 신체가 없어지는 것에 대한 공포이지만 말이다. 부재하는 신체는 주체에게 표상될 수 없는 신체다. 이중의 역설이 그 안에 놓여 있다: 히스테리증자의 신체보다 더 과도하게 현존하는 신체는 없다(히스테리에서 신체는 언제나 행위하고 있으며 그로써 무언가를 표현하고 있다). 그렇지만 신체의 주관적 부재에 의존하는 것이 바로 이 신체적 과잉이다. 특유의 현란함은 거기에 있지 않다고 느껴지는 신체가 한도를 벗어나서 완전한 비실존에 이르지 않음을 보증하려는 시도다. 앤 섹스턴은 그녀의 시집 『내 모든 어여쁜 것들All My Pretty Ones』(1962)에 수여된 명망 있는 상을 받기 위해 그녀의 신체를 꾸미는 것에 관해서 치료사와 이야기를 나누었다. 그녀의 전기 작가는 이렇게 말한다.

섹스턴은 두 가지 아주 상이한 공적 인성 가운데 하나를 선택해야만 한다고 느꼈다. 어린 여자아이와 요부. 집에서 인터뷰할 때는 아이가 아주 잘 해낼 것이다: '나는 보스턴 글로브에서 그 사내가 왔을 때 어린 여자아이처럼 입고 있었어 — 신발 없이, 시프트 원피스를 입고서. 그는 나에게 몸매가 있는지 알 수 없었지.' 하지만 뉴욕에서 그녀는 기대에 부응할 의상을 골랐다: 연보랏빛 트위드 정장에 깊게 파인 자줏빛 충격적 홀터 탑. '나는 끈 없는 브라를 입어야만 할 거예요. 탑은 등이 밑까지 내려와. 다 계획해 놨어. 기분이 최고조에 이를 때까지 자켓을 걸치고 있다가 벗을 거야.' 사람들이 그녀를 알게 되도록 내버려둘 의도가 그녀에게 있었다면, 섹스턴이 주장하기를, 그녀는 단화를 신고 아이 차림을 해야 할 것이다 — '어린 여자아이일 때 나는

아무 신체도 갖고 있지 않아요! 설명할 수는 없지만 사실이야.'[10]

여기서 우리는 신체가 상징화되거나 표상되지 않았다면 신체를 갖지 못한다는 것을 분명하게 알 수 있다. 섹스턴의 주치의는 이렇게 말함으로써 섹스턴의 자기-인식을 반향했다고 전해진다: '거기에는 거의 아무도 없었다.'[강조는 나의 것] 『프로이트에서 라캉까지의 히스테리』에서 모니크 다비드-메나르는 이렇게 쓴다: '히스테리증자는 신체를 갖고 있지 않은데, 왜냐하면 증상을 제외하고는 그녀 신체의 역사 속 무언가가 정식화될 수 없었기 때문이다.'[11] 성인 앤 섹스턴에 따르면, 만약 그 누구든 그녀를 알게 된다면, 그것은 어린 여자아이로서일 것이다―그리고 그 여자아이는 신체를 갖고 있지 않았다. 섹스턴처럼 내 환자 매티는 '어린 여자아이'인 동시에 신체 없는 누군가였다. 히스테리의 신체적 증후학과 히스테리에 대한 사회적 태도 사이에 연결고리가 있는가?

히스테리에 관해서 가장 오래 지속된 설명은 자궁이 신체 주위를 방황하고 있다는 것이다. 몇몇 히포크라테스 문헌은 자궁이 동물이라고 제안한다. 그렇지만 헬렌 킹은 우리가 이를 지나치게 중시하는 것에 관해서 경고한다.

저궁이 단지 살아 있는 생명체가 아닐 뿐 아니라 신체 주위를 방황할 수 없음은 자명하기 때문에, 그것이 그렇게 움직인다는 그 어떤 제안도 놀라우며, 설명을 요구하고, 마땅히 주어져야 할 것보다 더 많은 무게를 짊어지고 있는 것일 수도 있다.[12]

● ●

10. Middlebrook, D, W. (1991), p. 194.
11. David-Menard, M. (1989), p. 61.
12. King, H. (1993), p. 28.

그렇지만 심지어 20세기에도 자궁은, 주관적으로, 정말로 움직인다. 오르가즘 같은 여러 정서적 상태들에서, 자궁은 움직이는 것으로 분명하게 느껴진다. 느낌이 언제나 이렇게 분명하지는 않더라도 자궁과 위장의 감각은 종종 움직임을 닮았다. 어떤 내장 기관의 건조감과 수축감은 많은 사람들에게 친숙한 감각이다. 다른 내부 기관들과 마찬가지로 자궁은 신비한 방식으로 움직이며, 따라서 위장이 '돈다'면 왜 자궁은 그러지 말아야 하는가? 자궁이 움직인다거나 동물이라고 상상된다는 관념을 지나치게 중시하려는 것은 아니지만, 우리가 관련 지식을 가지고 있거나 우리 스스로 느끼는 현상들에 대한 여타의 문화적 묘사들을 무시해서는 안 된다—여하간 사라는 그녀의 자궁을 빼앗겼다고 느꼈다. 히스테리는 많은 분야에서 서양의 과학적인 설명들에 도전한다. 그렇기에 그것들에 너무 많이 의존하지 않는 것이 좋다.

다른 표준적인 고대 그리스의 개념은, 음경이 '고집스러운' 것으로, 관통하기를 소원하는 것으로 여겨지는 것과 마찬가지로, 자궁이 아이들을 낳기를 소원한다는 것이다. 남자의 고집스러운 음경과 마찬가지로, 의욕하고 욕망하는 자궁은 여자들의 성욕이 갖는 어떤 측면들에 대한 주관적 인식을 잘 반영할 수도 있다. 욕망하는 자궁 같은 어떤 설명이 없다면, 상상 임신의 신체적 팽창을 우리가 어떻게 지금이라고 해도 설명할 수 있겠는가?

고대 그리스의 히스테리라고 최근까지 간주되어 온 것에 동반되는 모든 증상들은 타이타족 환자들의 '원함'과 유사한 어떤 통제력 상실이나 욕구 과잉을 가리키는 것 같다. 그리스 저자들이 묘사한 수많은 증상들은 서양 세계에서 16세기에서 20세기에 걸쳐 히스테리에 관한 설명들에서 등장한다. 이갈이, 목소리 상실, 수족 냉증, 사지 통증과 마비. 내가 아는 한 우리는 부재한다고 느껴지는 신체에 대한 고대 그리스의 그 어떤 주관적 묘사도 갖고 있지 않다. 자신의 신체를 들개에게 점거당한 것으로서 경험하는 고대 그리스 히스테리 여자의 신체는 매우 육체적인 외래적 현존으로 가득 차 있는데, 20세기 서양 히스테리증자의 신체는 텅 비어 있다. 하지만 '부재'는 유일무이하지 않다. '부재들'은 19세기 설명의 특징이었으며, 널리 묘사된 무아경과 유사 배회증 상태는 신체가 '사라진' 것으로서 종종 경험되었음을 시사한다. 과잉과 부재는 다시금 동전의 양면이다.

프로이트가 히스테리증자의 병리를 묘사하게 되었을 때, 그는 무의식적 관념들의 해소되지 않은 핵에 대해서 이야기했다. 그것들의 억압이 '외래적 신체'로서의 히스테리 증상들을 창조했다고 그가 믿었던. 고대 그리스 여자의 신체 속에 있는 개는 20세기에 '외래적 신체'가, 그녀의 의식적 의지에 거슬러 그녀를 내몰아가는 관념들의 외래적 무리가 되었다. 환자가 자기가 갖고 있음을 알지 못하는 관념들의 다발보다는 개가 더 구체적인 개념이다. 하지만 그 외에는 그 설명들이 그토록 아주 다른가? 두 설명 모두에서 히스테리증자는 자기 신체가 외래적 '타자'에게 점유당한다. 두 사례 모두에서 우리가 갖는 것은 그 사람의 텅 빈 내부가 장악당해 있거나 점거당해 있는 이중화된 자기-분열이다.

강조점이 하나의 설명적 극에서 나머지 극으로 — '너무 많은' 신체에서 20세기 서양의 '너무 적은' 신체로 — 옮겨갔어야 했다는 것은 17세기와 19세기 사이의 히스테리의 이행과 연결될 수 있을 것이다. 신체 내부에 위치하면서 약으로 치료되어야 할 질병으로 간주되던 것에서 오작동하는 '신경'에 의해 초래된 상태로 간주되는 것으로의 이행. 신체를 원인으로 보는 것에서 정신을 원인으로 보는 것으로의 진단상의 변동을 이는 시사한다. 그렇다면 이는 유전된 신경학적 퇴화가 히스테리를 야기한다는 19세기의 견해와 그다지 멀리 있지 않다. 그렇지만 이는 지배적인 이론에서 일어난 변동에 불과하며, 환자의 경험에서 일어난 변동은 아니다.

다른 부분적인 사회적 요인들도 있다: 가령 북미와 북유럽에서, 과잉된 소비문화의 맥락에서 날씬해지는 것에 대한 현재의 강조는 거식증자의 텅 빈 신체와 과식증자의 배출을 후원하는 경향이 있을 것이다. 굶기와 식이 장애는 수 세기에 걸쳐 상이한 문화들에서 히스테리의 특징이었다. 이것들의 원인에 관해서는 추측하는 것 이상은 불가능하다. 가령 2차 산업혁명과 20세기 개신교 국가들에서 있었던 도덕적 모성의 유행은 실제로는 재생산에 관한 것이 아니었고, 즉 임신과 출산에 관한 것이 아니었고, 오히려 아이들 양육에 관한 것이었다. 도덕적 모성의 이미지는 모성적 풍요와 과다한 아이들로 가득 차 있는 이미지가 아니라 계획된 출산과 능률적인 신체로의 여성의 복귀 그리고 교육에 커다란 관심이 기울여져야 하는 소가족의 이미지다. 결국 일의 세계와 경제 안에서 젠더 노선을 따라 구별할 필요에 대한 강조가 점점 줄어들었으며, 그러한 강조가 존재했던 곳에서조차도 이 필요는 여성의 재생산적 양육적 특성과 점점 덜 관련되고 아이 돌봄의 요구와 점점 더 관련된다. 재생산적 여성 신체에 대한 인정은 거의 없거나 아예 없다. 거식증의 주관적 충동들은 다수이고 복잡하다. 여자아이 혹은 여자에 대한 인정이 모성적 신체의 충만에 대한 많은 강조로 이어지지 않는 사회적 맥락에서, 신체적 여성성 의 이상이 남성성의 이상과 매우 근접하게 된 사회적 맥락에서, 거식증은 급속히 확산되는 것으로 보인다. 가령 1차 세계대전 이후 북유럽과 미국의 여성들 사이에서 과도한 다이어트가 발생했다. (지금처럼 그때도 사망에 이를 수 있었던) 매우 위험한 '감량' 요법에 대한 이 강박을 헬레네 도이치 는 이렇게 이해하였다. 전시에 남성의 직업과 남성의 자유를 맛보았 던—특히 지식인 계층과 부르주아—여성들이 더 나아가 자신들의 신체 안에서 남성성을 열망하고 있었다고.

히스테리의 모방적 성향들과 더불어, 히스테리적 현시들은 자기 자신 의 진단을 모방하는 경향이 있다. 19세기의 한 신경학적 진단은 히스테리 여자들이 그들의 그리스 및 르네상스 선조들이 그랬듯이 야생동물이나 '자궁의 질식'으로 고통받고 있는 것이 아니라 '신경'으로 고통받고 있다 는 것이었다. 히스테리가 '신경' 혹은 정신에서 발산되어 나온다고 간주될 경우, 그에 따라 히스테리증자의 생리적 상태보다는 정신적 상태가 더 자주 묘사되었다. 히스테리증자는 상응하는 증상들로 반응했다 ― 부재하는 신체와 할 말 많음. '불안 히스테리'에서, 불법적인 관념 혹은 그런 관념들의 집합(즉 '콤플렉스')은 억압되지만 (꼬마 한스의 경우처럼) 관념의 표상에 맞서 공포증 예방 조치가 취해져야 할 정도로 감당할 수 없는 불안을 야기한다. 공포증에서 신체는 불안을 야기한 관념으로부터 달아난다. 마치 신체가 어떤 것에 접촉하지 않는다면 정신도 그것에 대해 생각할 필요가 없다는 것도 같다. '나는 지금 그 문제에 손대지 않을 것이다.'

현란하고 풍부한 실연을 넘나드는 히스테리적 신체가 '사라진' 신체라는 겉보기의 역설로 이제 돌아갈 필요가 있지만, 이 사라진 신체는 신체의 절대적 부재를 용인할 수 없다. 절대적 부재는 복귀도 없을 것이며 되찾은 현존도 없으리라는 두려움을 함축한다. 주체가 점거하고 있는 자리를 주체 아래로부터 빼내면(가령 또 다른 아이가 거기에 있다면), 주체 또한 사라진다. 이 반복되는 부재/현존은 그다음에 다른 사람과의 관계에서만 발생하는 것이 아니라 주체 내부에서도 발생한다. 이 재앙을 통과하는 이상적인 경로는 주체가 자신의 사라짐을 견딜 수 있을 만큼 충분히 안전하다고 느끼는 것일 터이다. 그렇지만 주체가 그럴 수 있으려면, 그것은 주체의 실존이 의존하는 타인으로부터의 분리라는 기저 경험이 그녀가 갔다는 것일 뿐 아니라 또한 돌아왔다는 것이기도 해야만 한다는 것일 터이다. 재촉하는 재앙이 너무 크거나 실존적 안도의 기저 상태가 너무 약하다면, 극도의 쾌락 혹은 고통 상태에서 주체 자신의 사라짐을 견디는 일은 있을 수 없다. 발작에서 시작해서 강박적 거짓말하기에 이르기까지 히스테리증자의 극화는 그 자신의 신체/정신이 사라지는 것에 대한 항의다. 익사하고 있는 남자의 힘겨운 외침은 '이봐, 나 여기 있어!'다.

이러한 현상들을 예시하기 위해서, 그리고 나의 논변을 불필요하게 산만하게 만들지 않으면서 그 논변을 심화하기 위해서, 나는 상이한 개인사에도 불구하고 유사한 히스테리 반응들을 보이는 여러 환자들을 합병할 것을 제안한다. 나는 이러한 합병체를 피터스 부인이라고 부를 것인데, 왜냐하면 그 자료에는 여성이 우세함에도 불구하고 남성 환자들 또한 있기 때문이며, 나는 히스테리적 주체의 양성성을 부각시키고자 하기 때문이다. 이 허구적 존재는 '진짜 이야기' 속 캐릭터와도 같다— 모든 요소들이 직접적 관찰에서 생겨나지만, 그럼에도 그 조합은 그렇지 않다. 그렇지만 그 조합은 전적으로 그럴듯하다.

피터스 부인은 반복되는 꿈을 꾸었다: 방에 들어가니 그녀의 삼촌이 마치 당당하게 중앙에 그리고 왕좌에 앉은 것인 양 의자에 앉아 있었다. 여러 친척들이 그와 직접 대화하지는 않았지만 그녀의 삼촌을 가리키며 서성거리고 있었다. 그렇지만 그들은 마치 모든 것이 정상인 양 행동했다. 오로지 피터스 부인만이 사실 그녀의 삼촌이 죽었다는 것을 알았다. 그는 마치 조각 그림인 양 수많은 작은 조각들로 이어 붙여져 있었다. 그녀는 사람들에게 이를 말했지만 아무도 그녀를 믿지 않았다. 그녀는 삼촌이 그녀 자신이라는 것을 깨달았다.

시인 앤 섹스턴은 그녀의 아버지를 언제든 부서질 수 있는 조각 그림 퍼즐이라고 묘사한 적이 있다. 이것 역시 자기-이미지였다. 이론 문헌에서, 파편화(조각 그림 퍼즐) 혹은 이질적이며 정합적이고 곧추서 있는 자아를 획득하기 위해 거울 앞에 위치하여 있다고 라캉이 보는 유아의 조율되지 않은 움직임은 모두 붕괴 상태의 증거들이다. 나는 그렇지 않다고 주장하고자 한다. 오히려 파편화와 혼돈의 환상은 사실 — 끔찍하게 느껴질지도 모르지만 — 무nothingness의 블랙홀로 들어가는 것에 대한 히스테리증자의 거부를 가리킨다. 그것은 어떤 대가를 치르더라도 여전히 거기에 있기 위해 부서지거나 정신없이 움직이는 광란적 신체의 심적 등가물이다. 조각 그림 퍼즐, 다중 인성, 부서진 신체는 여전히 존재한다: 그것들은 완전한 부재(죽음)의 위협에 맞서는 최종 해결책이다. 고문 행위는 주체의 정신—신체 파편화의 경험을 타자에게 실연한다. 즉, 고문자는 타자의 신체 그리고/또는 정신을 산산조각 낸다. 재앙처럼 보이는 전치에 위협당한 히스테리증자는 완전히 사라지기보다는 허물어 지거나 산산조각이 나기를 무의식적으로 '선택'한다. 산산조각 나기는, 신체로서의 혹은 다중 인성으로서의 파편화는 필사적으로 지속되는 현존이다. 따라서 우리는 피터스 부인의 꿈에 나오는 조각 그림을, 주체의 절대적 상실로부터 보호하는 이마고로서 취할 수 있다.

치료에서 피터스 부인은 언니에 대해 반복해서 이야기했다. 나중에야 나는 피터스 부인이 언니에 대해 했던 불평들이 정말로 아주 의미심장하 다는 것을 깨달았다. 나는 그녀가 부모와의 관계에서 묘사한 서글픈 특징들의 더욱 친숙한 길로 휩쓸려 내려갔다. 이 후자가 확실히 다수였으 며 분명 관련이 있었다. 하지만 그것들은 재촉하는 문제도 내포하지 않았고, 또한 피터스 부인의 여러 히스테리 증상들 — '전환' 증상과 공포증 양자 모두 — 이 그 반응이었던 재앙적 전치도 내포하지 않았다. 나는 이제 내가 (물론 한 번도 만난 적 없는) 피터스 부인의 언니를 결코 좋아한 적이 없었다는 것을 깨달았다. 피터스 부인은 언니에 대해 불평했을 뿐 아니라, 그 언니를 나에게 이상화시켰으며 여러 가지 방식으 로 나를 그녀와 경쟁하게 만들었다. 나는 우리 둘 중 내가 더 낫다고 결론지음으로써, 좀 짜증 난 방식으로, 이 언니에 대한 경쟁적 질투심을 마음속에서 다루고 있는 나 자신을 발견했다. 피터스 부인은 분명 그녀 자신을 위해 동일한 결론을 내렸었다. 하지만 나의 성마름은, (유아—부모 축으로의 관행적 정향에 의해 장려되기는 했지만) 심지어 동기간 경쟁이 라는 주제에 대한 나의 불충분한 관심조차도, 피터스 부인이 동기 상황에 서 그녀 자신의 자리를 결코 발견하지 못했다는 사실을 증언했다. 즉 같으면서도 — 동일한 친족 체계의 아이이자 동일한 부모를 가지면서 도 — 다르다는 것이 가능하였다는 사실을 증언했다. 언니에 대한 이상화/ 폄하는 심각한 질투의 표지였다.

피터스 부인은 '신경성' 기침, 질식감, 간질성 발작, 오랜 고도의 식이 장애와 여러 공포증을 지니고 있었다. 그녀의 아버지는 그녀가 태어나기 전에 심장마비로 사망했으며 그녀는 언니가 하나 있었다. 피터스 부인이 여섯 살이었을 때 어머니는 재혼했다. 피터스 부인은 새 의붓아버지를 흠모했다. 그는 그녀와 야단법석을 떨며 놀았고, 그녀를 축구 시합에 데리고 갔으며 일터와 술집에서 그녀에게 으스댔다—마치 그가 가족이 되었을 때 그녀의 사춘기 언니로부터 받은 매우 형편없는 대접을 그녀가 충분히 보상해 준 것처럼도 들린다. 그녀가 그녀 자신을 의붓아버지의 아들이자 후계자라고 생각하고 그리하여 언니와는 다른 자리를 발견할 수 있었다고 말하는 것은 너무 단순하지만, 그것은 그녀가 언니와 관련해 서 그녀 자신에게 부여한 소년다움과 위태로운 우월감이라는 자질을 운반한다. 그것은 또한 당시에 피터스 부인이 그녀의 신체에서 나타난 방식이기도 했다—기민하고 사내아이 같은.

그러고 나서 피터스 부인이 일곱 살이었을 때 그녀의 어머니는 아들을 출산했다. 남동생의 도래는 재앙적이었다: 의붓아버지는 자신의 친아들 을 무척 기뻐했으며, 피터스 부인의 눈에는 아버지와 아들 사이에 지나치 게 강렬하고 불건전한 관계가 형성되어 다른 모두를, 특히 그녀 자신과 어머니를 배제하는 것처럼 보였다. 결혼 생활은 빠르게 악화되었다. 하지만 허버트 로젠펠드의 환자 밀드레드(6장 참조)와는 달리, 피터스 부인은 포기하지 않았다: 언니를 능가하기 위해 '남자아이'가 되었던 것처럼, 그리하여 그녀는 이제 늑대인간 누나의 행동에 비견될 만한 발랄함과 교태스러움을 통해서 남동생을 능가하기 위해 '여자아이'가 되었다. (나의 다른 모든 환자들 이상으로 나의 관심을 끌기 위해서 마찬가지로 그녀가 치료에서 노력했던 것처럼) 그녀는 이겼다. 언니가 일찍이 집을 떠났던 반면에(이러한 떠남은 그녀 역시 마음속에서는 집에 있지 않았음을 의미했다) 남동생은 분명 우울하고 성공하지 못한 아이가 되었다. 하지만 피터스 부인의 승리는 거의 문자 그대로 '비어 있는'

것이었다.

피터스 부인의 증상 가운데 하나는 떨림 발작이었는데, 그때면 그녀는 추위에 떨고 있는 것처럼 보였다. 참을 수 없을 정도로 추위에 사로잡힌 것처럼 온몸이 떨리고 치아가 맞부딪쳤다. 마침내 피터스 부인이 말할 수 있게 되었을 때, 그녀는 마치 자신이 얼고 있는 것처럼 보인다는(얼고 있다는) 것을 알고 있었지만 실은 꽤 따뜻함을 느꼈다고 말했다. 피터스 부인은 의붓남동생의 탄생에 뒤이어 일어난 (그녀가 적잖게 기여한) 적대적이고 논쟁적인 결혼 생활에서 어머니를 편들었다. 피터스 부인은 어머니의 불행으로 고통받았지만, 어머니는 그녀를 '무정하고 냉담하다'고 했다. 바로 그 자리에서 피터스 부인은—어머니에 대한 강렬한 동정심을 예리하게 의식하면서도 실은 깊이 양가적이었던바—그토록 사랑했던 어머니가 그녀를 정서적으로 냉담하다고 생각한다면 그렇게 되리라고 결심했다. 그 냉담함은 또한 어머니와의 관계가 갖는 부정적인 측면을 표상하기도 했다—언니뿐 아니라 의붓남동생을 낳았던 어머니에 대한 그녀의 진정한 냉담함. 치료에서, 그녀가 나에게 따뜻함을 느끼게 하는 방식으로 내가 어떤 것을 해석했을 때 발작이 시작되곤 하였다—그리고 나서 이것은 나에 대한 더욱 깊이 감추어진 냉담함을 드러내곤 하였다. 그렇지만 가장 심원한 수준의 적개심을 피터스 부인은 그녀가 제거했다고 느꼈던, 하지만 여하튼 실제로는 완전히 제거하지는 못하였던, 언니에게 남겨두었다. (나에 대한 적개심은 또한 먼저 거기 간 누군가를 향한 적개심이기도 했는데, 왜냐하면 그녀는 내가 그녀보다 먼저 해석할 수 있다고 느꼈기 때문이다. 이 흔한 경험은 보통 어머니 혹은 아버지와의 경쟁으로까지 거슬러 올라간다—그것은 무엇보다도 언니와의 경쟁에서 아주 분명했다.) 왜냐하면 이 언니는 피터스 부인에 비해 견딜 수 없는 이점을 지니고 있었기 때문이다—피터스 부인의 탄생과 아버지의 우연에 가까운 죽음에 앞서, 언니는 5년 동안 그들의 죽은 아버지를 알았으며 그에게 사랑받았다.

하지만 피터스 부인에게도 비밀이 있었다: 그녀는 친아버지를 그녀 내부에 있는 난쟁이로서 계속 상상하고 있었다. 그녀는 어머니가 그의 죽음에 대해 그녀를 책망한다고 느꼈다(그녀가 실로 어머니를 책망하였듯). 'bear'라는 동사를 무의식적으로 말놀이하면서, 피터스 부인은 이를 bear할[견딜] 수가 없었다. 오랜 시간 후에 그녀가 살아 있는 아이들을 (단어의 두 의미 모두에서) bear할[견딜/낳을] 수 없었던 것처럼 말이다. 대신에 그녀는 아버지를 그녀 내부에 낳았다. 이 경우 무의식적 환상은 죽음에서 교차 순간을 갖는다—죽은 아버지에 죽은 아기. 피터스 부인의 공포증과 전환 증상 대부분은 죽음을 회피하거나 아니면 죽음과 동일시했다. 피터스 부인은 그녀 자신을 H. G. 웰스의 '투명인간', 붕대로 감긴 허공, 그리고 자신의 갑옷 속에 있지 않은 이탈로 칼비노의 기사 초상에 비유했다. 그녀는 반복되는 나쁜 꿈을 꾸었다. 꿈속에서 그녀는 도모빌[13] 을 운전하고 있었다. 그녀가 거기에 없다는 것을 제외하면 말이다. 대신에 그녀는 창문을 통해 들여다보고 있었으며 그 차는 어린아이들로 가득 차 있었음에도 아무도 운전하고 있지 않았다.

히스테리증자들은 종종 (밀드레드처럼) 치료사와 함께 '왔다 갔다'함 으로써 자기 자신의 현존/부재의 감각을 실연한다. 그렇지만 한 면담에서 피터스 부인은, 경고 없이 약속을 안 지킨다거나 너무 늦게 도착해서 내가 걱정할 것을 아는 것보다는(그녀는 사고를 잘 당하는 데다 자살 환상이 있었다), 아마도 발작 대신에, 내가 함께 있는 가운데 '사라졌다'. 묘사하기 어렵지만 나는 그녀가 신체적으로 사라지는 것을 볼 수 있었다. 먼저 그녀의 목소리가 희미해졌고, 그다음 그녀가 떨어지는 것을 막기 위해 손을 내뻗으려는 나 자신을 나는 발견했다. 그녀는 심적 블랙홀로 들어갔다. '공백 정신증blank psychosis'이라는 개념으로 나타낼 수 있는. 그것은 외상의 순간에 일어날 수도 있다. 앙드레 그린은 '부정성'에 대한

• •

13. [생활 설비가 있는 여행용 차.]

그의 연구에서 이 완전한 부재 상태, 정신증의 '공백'은 죽음충동의 표현이라고 이론화한다.[14] 신경증에서는 텅 비어 있는 감정 상태가 환상들의 억누름에서 결과하지만, 정신증에서는 부재가 먼저 오며 뒤이어서 환상들로 채워져야만 한다고 그는 주장한다. (신경증적이면서 동시에 정신증적일 수 있는) 히스테리에서, 풍부한 환상들, 거친 행동화, 발그레한 증상들, 공허에 대한 인식 등은 '사고 불가능한' 관념들의 억누름(그린의 신경증적 부재)을 나타내는 동시에 전적이고 완전한 부재(정신증적 부재)에 대한 방어를 나타낸다고 나는 주장하고자 한다. 발린트의 환자 사라는 내부의 공백보다 머릿속 야생 늑대들을 더 선호했다. 동기 전치 가능성의 충격은 주체를 파편화로, 심지어는 기저에 놓인 부재의 회피로서의 다중 인성으로 이끈다. 피터스 부인의 경우에, 그녀 자신의 '사라짐'은—지켜보는 것이 나는 두려웠지만—아버지가 돌아올 수 없다는, 그녀의 신체 속에 현존할 수 없다는 것에 대한, 그녀는 거기에 있었지만 그는 그렇지 않았다는 것에 대한 (그녀가 돌아왔을 때의) 그녀의 최초의 인정이었다. 이로부터 마침내 그녀는 그가 딸을 보지 못하고 사망했다는 사실에 그를 위해 슬퍼할 수 있었다. 이는 그녀의 중요성을 위한 공간만 있었던 히스테리적 관점으로부터의 전환이었다. 히스테리증자는 텅 빈 용기 같으며, 타자로 넘쳐나기가 쉽다: 히스테리의 텅 빈 신체에는 너무 많은 '타자'가 있다. 증상의 과시인 과잉은 빈 곳에 의존한다. 마치 내부에 있는 대상은 (그리스인들의 개처럼) 공간을 채우지 못하기 때문에 벽이 흔들리고 떨릴 수 있는 것만 같다. '회복'되기 위해서라면, 주체는 완전히 사라졌다가 돌아와야만 한다. 우리 모두에게 있는 히스테리 반응의 기저에 놓여 있는 것은 바로 이러한 사라짐에 대한 공포, 우리가 실로 돌아올 것이라는 감각의 전적인 결핍, 그리고 동시에, 우리가 죽음에서 돌아오지 않는다는 것에 대한 전적인 무지이다.

14. Green, A. (1993).

그렇다면 공허감에는 두 가지 층위가 있다. 내가 '이차적'이라고 부르게 될 하나는 가장 만연한 히스테리 증상이며, 이는 채워질 수 있다. 이 이차적 공허감은 블랙홀을 반영하는 동시에 경계한다. 죽은 아버지를 낳기 위해서(그리하여 그의 죽음을 인정하지 않기 위해서) 피터스 부인은 이차적으로 공허해질 필요가 있었다. 이 상태에서 신체는 텅 비어 있으며, 정신은 사고-없음이며, 대상으로서의 타자 혹은 타자의 투사물이 유입될 수도 있다. 하지만 이 상태로의 퇴행은 자기 자신의 감정이 되었던, 혹은 될 수도 있었던 것들—분노, 죄책감, 질투, 선망—의 배출을 내포한다. 감정은 견딜 수 없는 것이기 때문에, 자선가로부터 무의식적 죄책감이 투사된 마녀는 자선가가 성취하기를 희망했던 동일한 과정을 반복한다—그녀는 그 어떤 죄책감, 질투나 선망도 재-배출한다. 다른 하나인 '일차적' 층위는 정말로 심적인 블랙홀이다. 피터스 부인이 결국 빠져들었던 것과 같은. 그때까지 그녀는 텅 비어 있다고 느꼈으며 그녀의 증상은 그 공허에 의존했다. 이 이차적 공허와 점유의 놀이 기저에 놓여 있는 일차적 공허는 말하자면 심적 죽음이다. 핵심적인 죽음—가령 피터스 부인의 아버지의 죽음—은 매우 빈번하게 애도되지 않거나 애도될 수 없었다. 이 일차적 공허, 블랙홀은 절대적 부재를 알고 경험하는 것의 필연성이다. 다른 사람의 죽음에 대한 앎은 자기 자신의 죽음에 대한 앎을 허용한다.

이 모든 것은 그린의 '신경증적' 공백을 내포하는데, 이를 나는 이차적 공허라고 부르고 있다. 히스테리증자가 어떻게 이차적으로 텅 비워져서 들개들, 늑대들, 난쟁이들로 채워지거나 타인들의 죄책감으로 채워질 수 있는지를 설명하기 위해서 말이다. 기저의 블랙홀(일차적 혹은 원초적 공백)은 이 이차적 공허와 그 안에서 난무하는 수많은 대상들과 외래적 정신 상태들로 방어된다. 히스테리가 진정으로 사라질 때마다, 이는 히스테리가 피터스 부인이 자신의 블랙홀로 들어간 다음에 얻을 수 있었던 앎의 사회적 등가물에 의해서, 자신 없이도 세계는 존재한다는 사실의 (깊은 내적인 앎으로서의) 받아들임에 의해서, '치료'되었기 때문이다. 그러한 앎은 자기 및 죽은 타인에 대한 애도 과정을 내포한다. 애도—등가물 과정이 없다면, 불안정한 히스테리는 단지 모습을 감출 뿐이다.

2. 점유의 젠더화

충만과 공허의 관계를 이용하는 현대 서양의 병리적 증상은 거식증과 과식증이다. 한때 히스테리로 간주되었던 것과 그것의 다양한 표현들을 볼 때, 우리의 정신분석 이론은 섭식, 탐욕, 구강성을 강조함에 있어서 이 서양의 증상들을 뒤따른다 — 하지만 대체로 어머니와 관련해서 그렇게 한다. 나는 히스테리의 이 특징들이 중요하다고 생각하지만, 역사적으로나 교차 문화적으로나 '점유'의 만연은 공백과 외래적 신체의 경험들, 들개의 거주와 선망과 창조성의 거주 둘 모두에 선행해야만 하는 공허의 경험들에 대한 색다르고 유용한 모델을 제공할 수도 있다.

20세기 서양 세계에서 히스테리가 수많은 구성 성분들로 분해된 것과 한때 히스테리라는 포괄 명칭하에 속했던 다양한 현상들에 대한 분석은 '점유'의 민족지학과 유사하다. 여기서도, 이제는 수많은 개별 현상들이 있는 것으로 간주된다. 오랫동안 분석적으로 병합되어왔던 현상들. 1930년대 중앙아프리카 아잔데족의 마법을 이해함에 있어 인류학자 에반스—프리차드가 행한 돌파 이후에, 마법, 주술, 점유 등 그것의 다양한 현상들을 개별 사례로 경계 짓고 구별하려는 움직임이 있었다. 히스테리가 상이한 요소들로 와해되었던 것과 마찬가지로, 이 요소들에 관해서 많은 것을 유용하게 알게 되었지만, 수많은 나무들 때문에 더 큰 숲을 보지 못하는 대가를 부득이하게 치렀다. 상태들이 공통적으로 갖고 있던 것은 그 상태들 사이의 점점 더 미묘한 구분들 앞에서 사라졌다. 여기서 나는 그 범주들을 유지하겠지만, 이따금 마법에 대해 언급하면서 나는 '점유'에 가장 중요한 자리를 부여할 것이다. 그렇지만 저 다양한 현시들 사이의 연계를 유지하는 것은 필수 불가결한데, 왜냐하면 그것들은 모두 히스테리에 연계되어 있기 때문이다.

일단 마법을 근절하려는 시도가 이루어졌을 때, 또는 기독교 같은 다른 의례나 종교적 질서가 부과되었을 때, 거의 하룻밤 사이에 마법이 사라진다는 것을 인류학자들이 이따금 관찰하였다. 이러한 사라짐은 20세기 히스테리의 소위 사라짐과 거의 확실히 평행하다. 마법의 경우, 지속되는 몇몇 은폐된 이따금의 사례들이 아마도 있을 것이다. 하지만 또한, 히스테리처럼, 그것은 단순히 또 다른 형태로 자기 자신을 표현한다.

1923년, 르네상스 화가 크리스토프 하이츠만의 사례사 분석을 제공하면서, 중세와 근대 초기에는 히스테리가 점유의 형태를 띠는 반면 20세기에는 걸보기에 기질성 질병으로 나타난다고 프로이트는 언급했다. 도라 사례에서 의사의 역할이 갖는 중요성에 대한 나의 강조를 고려할 때, 이는 두 배로 흥미로운 관찰이다. 당시에 만연했던 사회적 질병들, 딜레마들, 치료들이 무엇이든 그것들의 모방보다 더 많은 것이 히스테리의 이러한 양상 안에 걸려 있는지도 모른다. 생물학에 대한 우리의 근대적 개념이 좋은 사례다─그것은 히스테리에 특히 적합한 사고방식을 제공한다. 적어도 레오나르도 다 빈치 시절부터 해부학에 대한 우리의 의학적 지식은 내부에서 질병이 생겨날 때 여러 가지 것들이 발생하고 심지어 자라고 형태를 바꾸는 용기容器로서의 신체의 내부성에 대한 강조를 확장시켜 왔다. 기질성 질병은 채워질 수 있는 내부 신체의 모델을 히스테리증자에게 제공한다. 그는 그것을 발명할 필요가 없으며 단지 모방하면 된다. 내가 임신을 하고 있는 동안, 그런데 그것을 나는 숨기지 않았는데, 한 환자는 그것을 있는 그대로 볼 수가 없었다. 8개월이 되어 절대적이고 불가피한 사실로서 내가 나의 임신을 그가 직면하도록 하기 전까지 말이다. 그전까지는, 성장이 그의 배 속이 아니라 나의 배 속에 있다고 내가 반복해서 그에게 말했음에도 불구하고, 그는 처음에 위궤양을 발달시켰으며, 그런 다음에는 온전한 의학적 지원을 받아 추정상의 위암을 발달시켰다. 이 환자 속의 상상적 성장과 피터스 부인 속의 난쟁이 사이에는 거의 차이가 없다. 후자는 그녀 속에 아버지를 보관하는 다소 '중세적인' 환상 양식을 이용하고 있을 뿐이었다. 전자는 현대 의학 지식을 이용하고 있었으며, 프로이트가 언급했듯이, 점유되는 대신에 병에 걸렸다.

　우리는 현대 서양 세계에서 공공연한 '점유'의 사례를 흔하게 접하지 않는다. 하지만 자신의 경험에 대한 히스테리증자의 묘사는 종종 공허와 점유에 관한 것이다. 사카는, 그리고 역사적으로도 교차 문화적으로도 묘사된 수많은 황홀한 춤이나 광란은, 히스테리증자가 견딜 수 없는 감정을—무력함, 질투, 격분 등등에 대한 생각들을—신체를 통해 방출하는 광적인 움직임들을 받아들이고 '묶는다'. 마찬가지로 우리의 현대의학 모델은 내부와 외부, 침입과 감염의 개념들을 갖는데, 그 가운데 일부는 문화-특이적 경험 방식들을 반영한다. 중세의 '체액'—뜨거움, 차가움, 건조함, 축축함[15]—은 내적 신체와 외적 신체를 구별하지 않는다. 침입하고 성장하는 종양에 대한 근대적 개념들은 개별 결함에 대한 감각을 요구한다. 중세 세계에 결함 개념이 없었다는 것이 아니다. 단지 이 결함이 의학보다는 종교에 속했다는 것이다. 그리하여 우리의 의학적 개념화와 정신의학—더더욱 특히, 정신분석—이론은 다른 시간들과 장소들에서 비-의학적 담화에 속했던 것을, 질병이 아니라 영적 체험에 속했던 것을 넘겨받았다. 심지어는 이른바 의학적 관찰의 객관성 안에서도 질병과 그것의 치료 사이의 관계가 있다. 이는 의학 및 정신의학에도 해당되지만, 정신분석의 전적으로 대화적인 실천에는 한층 더 해당이

· ·

15. [미첼이 위의 본문에 나열한 것은 네 가지 체액(혈액, 점액, 황담즙, 흑담즙)이 아니라 그 체액들이 갖는 성질이다.]

된다. 히스테리와 정신분석은 함께 태어났고, 서로에게 '말하면서' 태어났다. 나중에 아무리 히스테리가 무시되었고, 심지어 잊히게 되었더라도. 서양 세계에서 마법과 점유가 더 이상 히스테리의 특권적 표현이 아니기 때문에, 그것들은 1950년대 매카시 광풍 같은 정치적 마녀사냥의 형태로 문화 속으로, 혹은 그것들을 이해하고 치료하려 노력하는 실천들 속으로 흡수되어왔다. 정신분석가는 종종 '마녀 의사'나 '수축자shrink'(골 비우는 자)로 지칭되기도 하고, 더 심각하게는 주술사와 비교되기도 한다 — 이 인물들이 일반적 문화 속의 대중적 비유들과 그렇게 병합되는 것은 히스테리에 대한 종교적 이해와의 연결고리를 가리킨다.

이는 일상 언어적 표현뿐 아니라 이론적 개념화에도 해당된다. 앞서 언급했듯이, 점유 개념은 정신분석 이론에 중심적으로 등장하는 독일어 Besetzung과 매우 밀접하다. 'besetzen'은 침략군이 성이나 그것의 현대적 등가물을 차지한다는 의미에서 '점령하다'를 의미한다. 프로이트의 영어 번역자인 제임스 스트래치는 Besetzung을 '집중cathexis'이라는 논란의 여지가 있는 방식으로 번역한다 — 우리는 사람이나 대상을 차지하기를 매우 열정적으로 원할 때 그것에 '집중'한다. '집중'은 지속적이다. '점유' 처럼 그것은 정상에서 시작해서 과잉 혹은 병리에 이르기까지의 연속체를 따라 뻗어 있다. 이와 유사하게 우리의 서양 문화에서 아이는 곰 인형이나 비밀을 '점유'하지만, 또한 아이는 격분으로 '점유될' 수도 있다. '투사적 동일시'라는 클라인학파의 개념은 점유 과정을 다시 쓰고 정교화한 것이다. 이는 점유당하는 자의 관점에서 보는 것이 아니라 점유하는 유아의 관점에서 보는 것인데, 그 유아는 상대방을 해치거나 통제하거나 점유하기 위해 자기 자신의 전체 혹은 일부를 상대방에게 투사한다.

히스테리에 대한 악마학적 설명과 현대 의학적 실천 사이의 관계는 영국-벨리즈 인류학자 바이런 포스터가 묘사한 중앙아메리카 사례에 잘 예시되어 있다. 온두라스, 과테말라, 벨리즈 해안 지역의 가리푸나족에서는 정신 점유가 흔하다. 이 궁핍한 카리브인 난민들에게 점유는 위협에 처한 공동체 및 공동체의 전통을 유지하는 수단으로 보인다. 현대 서양 의학이 패권을 쥔 맥락에서 마치 가리푸나족은 점유 의례를 이용하여 자신들의 상황을 신중하게 협상하는 것도 같다. 처음에 한 여자가 죽음-같은 증상들과 더불어 심각한 히스테리에 이르는 병에 걸린다. 그러고 나서 매우 의도적으로 지배적인 서양 의학이 시도되지만 소용이 없다. 그 병든 여자는 점점 더 '부재'하게 되고 혼수상태에 빠진다. 그녀가 죽음의 문턱에 있을 때야, 그리고 모든 서양식 의사들의 도움이 미치지 않을 때야, (여하간 무용한 것으로 판명된) 서양적 관행에 의지하는 집단의 태만과 불성실함에 기분이 상했던 죽은 어머니가 그녀를 점유하고 있다고 결론지어진다. 황홀한 춤과 선물은 공동체에 대한 어머니의 중요성을, 그리고 이와 더불어, 전통적 가치들의 중요성을 예우하고 복원시킨다.[16]

정신의학과 정신분석 내에서와 마찬가지로, 인류학 내에서도, 다양한 히스테리 형태들 혹은 컬트 형태들 사이에 한층 더 큰 구분들을 만드는 관행은 더 풍부한 그림뿐 아니라 조사 방법에 대한 과학적 신뢰를 주는 것처럼 보인다. 그렇지만 다시금, 그러한 구분들에서 많은 것을 배울 수 있음에도 불구하고, 더 큰 인간 그림에서 무언가가 또한 상실되기도 한다.

1980년대에 I. M. 루이스가 『맥락 속의 종교*Religion in Context*』에서 마법, 정신 점유, 식인, 무속을 다른 장소들과 시간들에서의 다른 사회적 맥락들에서 발견되는 네 가지 별개의 현상으로 간주하는 것은 부정확하다고 주장했던 것은 이러한 점증하는 차별화의 추세를 철회하기 위한 것이었다. 오히려 루이스는 그것들이 신비로운 힘이나 카리스마의 아주 다양한 측면들 — 한 가지 현상의 다양한 얼굴들 — 에 불과하다고 주장했다. 민족지학 자료를 살펴보면서, 루이스는 그것들의 공통된 특징들을 보여

● ●

16. Foster, B. (1986).

주었다. 그가 히스테리라는 용어를 회피함에도 불구하고, 그것들을 통합하는 히스테리적 요소는 루이스의 분석 내내 실가닥처럼 이어진다. 하지만 1장에서 보았듯이 루이스가 자기 주제의 통일성에 도달했던 것은 그것들의 공통된 히스테리적 특징들을 고찰함으로써가 아니었다. 그것은 누가 주된 행위자인지를 질문함으로써였다. 이따금 그들은 불리한 남자들이었지만, 거의 언제나 여자들이었다. 문제를 표현하는 동시에 마법적 힘의 획득을 통해 문제를 해결하려고 시도하는 컬트 속에서, 박탈과 사회적 약자성이 행위자들을 통합한다. 그렇지만 질투 또한 문제가 되는 것으로 보인다. 가령 북부 소말리아 유목민들의 자르ᵃ에서, (종종 정령인) 점유하는 정신은 탐욕스럽고, 갈망하며 선망한다. 자르 점유는 질병으로 간주되지만 모든 사례에서 점유당한 여자는 가령 종종 오랫동안 집을 비우는 그녀의 배우자에 대해 얼마간 원한을 갖는다. 이 일부다처 사회에서 자르의 개시가 남편이 또 다른 아내를 찾아다니는 것과 동시에 일어나는 일은 빈번하다.

루이스는 정신 점유에 관해서 명확하게 규정된 네 가지 맥락을 관찰했다. 우리라면 히스테리라고 부를 것의 증거를 그 모든 맥락에서 쉽게 볼 수 있다. 그리고 실제로, 자신도 모르게, 바로 그렇게 루이스는 그 행동을 묘사한다. 첫 번째 맥락은 거부당한 여자아이(혹은 때로는 남자아이)가 그녀의 내부에 들어간 사랑하는 사람에게 점유당하게 될 때 나타나는 상사병의 한 판본이다. (루이스는 이 상태에 대한 그의 관찰을 — 위르벵 그랑디에 신부와의 치정을 악령에 의한 점유라고 진단받은 — 17세기 수녀원장 '히스테리 잔 데장주 수녀'의 점유에 대한 유명한 설명과 비교한다. 그랑디에는 그 수녀원장을 '점유'한 용의자로 심판받았다. 그는 마녀로 유죄 선고를 받고 화형당했으며 잔 수녀는 복권되었다.)

루이스의 세 가지 다른 정신 점유 범주에서, 점유하는 정신은 또 다른 인간 존재가 아니라 자연의 정령이다. 이 사례들에서 점유당한 사람의 증상은 '온건한 히스테리나 우울부터 실제 기질적 상처까지' 그 범위가 걸쳐 있다. 루이스는 부족의 사회생활과 사실상 완전히 격리된 채 낙타를 돌보는 궁핍한 젊은이들 가운데서의 점유 사례를 제공한다. 그는 이 젊은 낙타 목동들이 '히스테리를 앓는' 경향이 있으며 그들이 야영 생활로 복귀할 때 '히스테리 증상'이 이따금 발달한다고 말한다. 이는 자르 정령의 점유로 인한 것이며 가볍고 보통은 일시적인 광증 형태로 간주된다.

또 다른 아내를 맞을지도 모르는 남편에 대한 원한을 품은 과로한 기혼 여성들이 그다음 범주를 이룬다. 여기서, 거주하는 정령들은 선망과 탐욕에 사로잡혀 있기에 호화로운 의복, 향수, 앙증맞은 물건 같은 선물로 달래지기를 욕망한다고 말해진다. 남편들은 아내들이 '꾀병을 부린다'고 비난하며 점유를 여자들이 남자들에게 쓰는 속임수의 또 다른 사례라고 간주한다. 그러한 실천(원한, 사기)과 그들을 향한 그러한 태도('꾀병을 부린다'는 비난)는 히스테리적 행동에 대한 근대 서양의 표현과 반응에서 일반적이다. 남편들의 태도는 해리스가 묘사한 타이타족 가운데서 발견되는 것들과 유사하다.

루이스의 것에서 마지막 범주는 '사회의 압박과 부담을 견디는 데 있어 특별한 어려움을 경험하는 심적으로 교란당한 (남)자들'이다. 이들은 특히 심각한 경우다. 서양 세계의 정신분석 문헌에서 히스테리의 극단적 심각성이, 그것이 남자들에게서 발견될 때, 거의 언제나 강조되고 있다는 점은 주목할 만하다.

루이스의 행위자는 북부 소말리아의 무슬림 유목민들이다. 그는 점유 컬트들의 수많은 다른 장소를 제공하는데, 그것을 묘사할 때면 자기도 모르게 '히스테리'라는 용어가 계속해서 미끄러져 들어온다. 탄자니아인들의 '악마의 병'에서 점유하는 정령은 '히스테리 증상과 여타 증상으로써 자신의 현존을 현시한다'. 그리고 통가족과 줄루족 여자들 간의 점유 상호 교환에서는, 선물 요구 및 남편에 의해 치러지는 한풀이 춤의 상연뿐만 아니라, '두 경우 모두에서 히스테리적 현시와 기타 현시들의 친숙한 패턴이 있다'. 오늘날 줄루족 가운데서 — 그 지역에서는 '반투 병'으로 알려진 — 이 고통은 전환 히스테리의 한 가지 형태로 널리 간주된다. 그것은 원주민 정령들과 토콜로시tokoloshe에 의한 점유를 가장 흔하게 포함하는데, 이는 떡 벌어진 신체와 거대한 음경을 지닌 외설적인 조그만 정령들로서 상상된다.

자신이 가장 잘 아는 아프리카를 떠나면서 루이스는 이렇게 쓰고 있다.

> 마지막으로, 문헌을 부지런히 찾아보면, 내 생각에 우리가 논의하고 있었던 특정 유형의 신비로운 처벌에 대한 아프리카 외부의 사례들이 나올 것이다. 분명히 (…) 여타 주제 범주의 여자들과 사람들은 세계 다른 곳의 수많은 영적 컬트에서, 그리고 특히 성적인 요소가 분명 결코 부재하지 않는 우리 자신의 주술적 전통에서 현저하게 등장한다. 이 주장을 뒷받침하는 것으로 보이는 잘 확립된 비-아프리카인 현상 한 가지는 북극 에스키모족과 기타 시베리아인들 사이에서 발견되며, 보통 '북극 히스테리'로 알려져 있다. 이것은 주로 여자들에게 영향을 미치며 북부 그린란드의 혹독한 겨울 동안 특히 만연하는 히스테리적 고통이다. 이 상태를 프로이트의 용어로 해석하는 구소Gussow(1960)는 그 환자들이 걸려들기 쉬운 히스테리적 도피를 무의식적인 유혹 몸짓과 남성적 추구에로의 초대로 간주한다. 구소는 그것들이 고난과 위기에 처해 애정 어린 안도감을 추구하는 저 여자들의 피난처라고 주장한다. 프로이트적 억양이 제거된다면 이 해석은 나 자신의 분석 노선을 시사한다. 더 나아가 이 연관에서 특히 중요한 것으로, 이 히스테리 상태는, 일반적으로 정신-점유로 귀속되는바, 시베리아 주술사들의 선발, 훈련, 의례 행위에 핵심적인 역할을 하는데, 그들은 빈번하게 여자들이다.[17]

• •

17. Lewis, I. (1986), pp. 38~39.

그렇다면 이는 점유 컬트의 몇몇 교차 문화적 사례들인데, 한 가지 히스테리 표현을 사용하고 있다. 서양에서, 히스테리의 특징으로서의 점유 또한 긴 역사를 갖는다. 히스테리에 걸린 여자가 굶주린 사나운 개를 그녀의 자궁 속에 품고 있다는 고대 그리스인들의 생각에서 이를 분명하게 지각할 수 있다.

루이스는 권력 및 통제 수단으로서의 '점유'가 박탈을 치유하려는 시도에서 결과한다는 것을 그 실천가들—여자들과 불리한 남자 집단—의 성격이 가리킨다고 생각한다. 그렇지만 박탈은 한낱 사회적 현상 그 이상이다. 가장 부유한 사람들도 영원히 가난하다고, 누구에게든 어떤 것이든 줄 수 없다고 느낄 수 있는데, 왜냐하면 준다면 그것은 그들이 줄 수 있는 무언가를 갖고 있음을 가리킬 것이기 때문이다—한 환자는 자신이 아주 조금만 소유해야 한다고, 그렇지 않으면 그는 자기 자신을 선망할 것이라고 나에게 말했다. '텅 비어 있음'의 감각은 약자성의 실제 상황과 관련이 있을 수도 있지만, 또한 단순히 심적 상태로 인해 격발될 수도 있다. '그들 자신이' 텅 비어 있음을 느끼고 외래적인 '나쁜 감정들'에 점유당한 사람이 필연적으로 대지의 저주받은 사람들[18]인 것은 결코 아니다. 박탈은 단순히 잃어버린 부나 선이라는 맥락에서 읽혀야 하는 것이 아니라, 충분히 인정된 사회적 자리의 부재로서 읽혀야 한다. 가령 아내나 어머니로서 적절히 인정받았다고 느끼지 못할 때처럼.

우리는 점유가 사용되는 의미를 확장할 수도 있으며, 그것을 더 엄밀하게 취급할 수 있다. 더 폭넓은 사용은 제거 불가능한 초가성 사고supervalent thoughts와 관념에 의해서 사람이 점유당할 수 있음을, 아니면 (오늘날이든 19세기 후반 프로이트의 전–정신분석적 연구에서든) 겉보기의 실제 학대에 대한 회복 기억 및 아버지 유혹의 오이디푸스적 환상에 의해서 사람이

• •

18. [프란츠 파농, 『대지의 저주받은 사람들』, 남경태 옮김(그린비, 2010).]

점유당할 수 있음을 시사한다. 이것들은 성적 악령의 자르 개념의 변이들이다. 우리는 선망, 질투 그리고 나머지 것들에 의해서 '점유당한다'. 히스테리적 다중 인성의 사례에서, 행실이 나쁜 '분신들'은 또한 정령의 형태로도 보일 수 있다. 좀 더 좁게는, 상상 임신 및 그녀의 내부에 아버지를 지니고 있다는 피터스 부인의 믿음은 알론 화이트가 아래에 묘사한 것과 마찬가지로 점유의 현대판 사례들이다.

히스테리와 점유 경험들이 '낙후된' 사회나 '신경증적' 사람들의 특권이 아님을 강조하는 것이 중요하다. 그것들은 특정한 상태들에 수반된다. 젊은 대학 강사 알론 화이트가 자신이 백혈병으로 죽어가고 있다는 것을 알았을 때, 그의 아동기에 비극적으로 익사했던 여동생이 그의 내부에 거주하고 있었다. 그는 이렇게 썼다.

> 내 질병이 오래전 누이의 죽음과 관련이 있는지 말하는 것은 불가능하다. (···) 2년 전 백혈병 초기에 나는 이 죽음 소원이, 익사한 누이와의 이 동일시가 내 질병에 책임이 있음을 확신했다. 세 가지가, 함께 뒤얽혀 있으면서도 따로따로, 연루된 것처럼 보였다. 첫 번째 것은 동일시였다: 내 안 어딘가에서 캐롤은 내 존재의 일부를 실제로 구성했으며, 캐롤은 나였다. 내 인성의 일부로서가 아니라 훨씬 더 신체적인 무언가로서, 히스테리적 신체로서, 심지어는 종이에 단순한 글자로 표현될 때조차도 나를 두렵게 하는 폭력으로서 말이다. 나는 내 존재의 이 층위에 거의 접근하기 시작할 수조차 없다. 여기에 괴물들이 있다.[19]

히스테리 및 특히 히스테리적 점유와 더불어, 하늘과 땅에는 우리의 철학에서 꿈꾸는 것보다 더 많은 것이 있다. 화이트의 사례에서 이것은 죽은 누이에 의한 거주다. 피터스 부인이 죽은 아버지에 의해 그랬듯.

• •
19. White, A. (1993), pp. 41~42.

프로이트의 경우, 유럽의 전쟁터에서 끔찍하게 대량으로 형제가 형제를 죽인 이후 남성 점유 히스테리에 대한 그의 분석에서 자신의 죽은 남동생에 대한 앎에 도달하지 않으려고 분투하고 있는 그를 볼 수 있다. 죽은 남동생을 회피하기 위해서 프로이트는 모든 것이 오이디푸스적 혹은 전오이디푸스적 부모에게로 돌아가게 했다. 이 인정받지 못한 죽은 남동생은 설명들 속에 언제나 현존하지만 이론이나 실천에 전혀 통합되지 않은 채로 정신분석 이론을 '점유'해 왔다고 말할 수 있다.

1923년 프로이트는 16세기 화가 크리스토프 하이츠만의 점유를 논하는 원고를 선보였다. 하이츠만은 환영과 경련 발작에 시달렸다. 그는 아버지의 죽음 이후에 우울증과 노동 불능을 겪고서 자신의 영혼을 악마에게 팔아넘겼다. 프로이트에 따르면 이 악마는 하이츠만이 아버지에게 가졌던 양가성을 계승했다. 그렇지만 하이츠만이 그린 악마 그림은 하나를 제외하고는 모두 그를 가슴으로 묘사하고 있다. 프로이트가 행한 분석의 한 가지 층위에서 이것은 프로이트가 전형적인 남성 히스테리로 간주한 것인데, 여기서 그 화가는 아버지와 함께 아기를 생산하려는 자신의 억압된 소원을 표현하면서, 자신의 여성적 욕망을 타자 위로 투사하였다. 또 다른 층위에서 보면, 이 불법적 소원의 억압 이후에 하이츠만의 자아는 자신의 영혼을 이 가슴으로 변한 악마에게 팔아넘기는 선택을 승인한 것인데, 이는 그가 어머니 인물에게 돌봄받을 수 있음을 의미할 것이기 때문이다. 그리고 실제로 웅장한 건물에서 아름다운 여자들의 성적 유혹을 받았던 그 화가는 수도원에 들어가 여생 동안 보살핌을 받으면서 자신의 '점유 히스테리'를 치료받게 된다.

'점유'에 대한 프로이트의 1차 세계대전 이후 분석에서, 아버지의 죽음에 대한 하이츠만의 충격은 유아기의 무력감으로 그를 퇴행하게 만들었는데, 거기서 세상은 필수 영양분을 공급하는 어머니에 의해 지배된다. 우리는 하이츠만이 이것 없이 '텅 비어 있음'을 느꼈는지 알 수 없지만, 그의 그림들은 여러 개의 펜던트 가슴들을 보여주었고 일용할 양식을 벌 수 없게 되는 것을 그가 두려워했으므로, 그가 음식을 박탈당했다고 느끼고 잠재적으로 약자라고 느꼈을 수도 있다. 그의 우울은 분명이를 가리키는 것 같다. 그렇다면 악마가 권하는 유혹들은 그의 욕망들이며 이것들은 부와 섹스에 대한 욕망으로 표현된다. 돈과 성욕은 일반적으로 성인의 '공허'를 채워준다. 음식에 대한 유아의 욕구의 나중 판본으로 작용하면서.

우리가 주목했듯이 프로이트는 히스테리적 현시들의 역사적 특수성을 한 번은 '점유'로서 다른 한 번은 유사−기질성 질병으로서 인정한다. 그렇지만 더 중요하게는, 그는 히스테리에 대한 자신의 초기 그림에 어떤 것을 덧붙인다. 자기 보존을 위한 욕망과 욕망의 금지 사이의 전환 증상 속 잘 확립된 갈등은 자아가 무력함에 맞서 자기 자신을 보호함에 있어 수행하는 역할에 의해 추가적인 차원이 주어진다. 6장에서 내가 대상관계 이론의 부상을 설명할 때 보였듯이, 이러한 덧붙임은 남성 히스테리의 집단 현상에 대한 전시의 깨달음으로부터 생겨났다. 전후의 분석에 따르면 어떤 충격은 그 수신자를 무력하게 만든다. 이는 곤경을 부추기는데, 그 안에서 유혹은 자기에게는 박탈된 다른 대상들로 자기 자신을 채우는 것이다. 이 대상들은 사카나 자르 환자들이 열망하는 사치품 같은 불법적 만족들일 가능성이 가장 높다. 이러한 '원함들'은 어떤 다른 존재에게 할당되는데, 그 존재에게 사람은 '거주당한' 혹은 '점유당한' 것이다.

하이츠만의 점유에 대한 논문 말미에서 프로이트는 재앙을 히스테리의 촉진자로서 보는 것에서 물러난다. 그는 사업상의 실패나 어떤 등가적인 사건이 신경증을 격발할 수 있다고 지적한다. 하지만 그런 다음 히스테리 그 자체는 리비도적 욕망과 그것의 금지의 갈등을 반영한다고 재차 강조한다. 프로이트는, '점유'와 당대의 히스테리적 질병 사이의 결정적인 비교를 본인이 하였음에도 불구하고, 심지어 하이츠만의 점유에 관해서도 '히스테리'라는 용어를 회피한다. 나는 제안한다. 동기에 의한 전치처

328

럼, 기업가의 사업 실패는 자신의 사회적 위치를 상실하게 만들 수도 있는 재앙이다. 일부다처 부족에서 여자가 남편이 또 다른 아내를 찾을 때 그녀의 위치를 일시적으로 상실하는 것처럼. 현재의 재앙이 무엇이든 간에, 어떻게든 그것은 동기 혹은 동기-등가물 전치라는 더 이른 아동기 재앙을 반향하는 재앙의 반복이다. 그것의 효과의 심각성은 상황에 따라 다를지도 모르지만, 그것은 구조적으로 그 사람을 무력하게 하고 유아적으로 만드는 심적 사건이다. 즉 자기 자신이 유일무이하지 않다는 발견. 이 점에 있어서 우리는 하이츠만의 개인사에 대해 아는 바가 없지만, 아버지의 죽음에 대한 그의 나중 붕괴와 악마 엄마의 가슴을 갖는 유일한 유아가 되고자 하는 그의 소원은 더 이른 재앙적 전치 경험을 시사한다.

그렇다면 히스테리에서 집단이나 개인은 어떤 점에서는 약화된다. 그것이 근대 초기의 농부로-변한-마녀든, 백혈병에 걸린 알론 화이트든, 후원자 아버지가 사망한 가난한 화가든 빈민가의 가리푸나족 카리브인이든. 가리푸나족은 '점유'가 어떻게 어머니의 힘을 복원시키는지 분명하게 보여준다. 루이스의 설명은, 히스테리를 통한 그 어떤 설명이건 회피하지만, 그럼에도 그 상태를 기저에 놓인 모티프로서 드러낸다. 하이츠만에 대한 프로이트의 분석은 프로이트가 아버지의 막중함에서 어머니의 막중함으로 이동하는 것을 보여준다. 정신분석가는 언제나 유아기로 퇴행한 주체의 관점에서 바라본다. 히스테리는 걸음마 아기의 나르시시즘적 전능함이 지닌 웅대함으로의 퇴행이지만, 그 안에는 유아가 어머니를 점유하는 것 또한 있다. 점유하고자 하는 소원은 점유당하고자 하는 소원으로 반전된다. 유아 혹은 히스테리증자는 어머니의 힘을 떠맡는다. 물론 모성의 심리학은 어머니와 동일시하는(혹은 어머니에게 점유당하는) 유아의 심리학과 동일하지 않다. 하지만 왜 모성은 그토록 빈번하게 히스테리의 치료제로 간주되어왔는가? 마법 및 특정한 점유 사례 같은 히스테리적 현시들은 모성의 관점에서 볼 때 빼앗긴 자들the dispossessed의 힘 표현인가?

무력함 혹은 약자의 위치를 강조하고 점유의 강력함을 분석하지 않는 것은 이야기의 절반만 검토하는 것이 될 터이다. 충격받은 사람이 유아기로 퇴행하고 그가 홀로 갖기를 원하는 어머니와 자기 자신을 동일시할 때, 유아의 무력함은 가장 중요한 것일 수도 있다 — 음식, 사랑, 관심에 대한 탐욕스러운 요구. 그렇지만 마찬가지로, 지배하는 자는 강력한 '거주하는' 어머니일 수도 있다.

가리푸나족 카리브인 가운데 점유당하는 사람은 거의 배타적으로 여자들이며, 점유하는 정신들 가운데 우두머리는 그 여자들의 사망한 어머니들이다. 직계 혈족 훨씬 너머를 의미하기 위해 가리푸나족이 사용하는 용어인 '자매들'은 점유하는 정신들을 달래는 의례에서 핵심적인 참여자들이다. 이 실천에서 우리는 딸들, 자매들, 그리고 어머니들 사이의 연계를 확립함에 있어 히스테리가 행하는 역할이 분명하게 드러나는 것을 볼 수 있다. 점유는 부재하게 되었던 것을 — 재현하는 것이 아니라 — 현시하는 방식이다. 어머니는 상실되지 않았다. 점유는 애도를 통한 자궁 전승의 과정이 아니라 현재로서의 과거의 연속이다. 타자가 회귀한다. 정령 속에서 그녀는 상실되거나 죽지 않는다 — 히스테리와 그것의 행위들은 상실의 표상보다는 부재의 현시를 가능하게 한다. 공허는 부재이며, 점유는 현존의 회복이다. 가리푸나족은 빼앗긴 사람들이며, 그 집단이 (적어도 그들의 대중적 상상력 속에서) 전통에 의해 통합되고 돌봄을 받고 있는 과거와 그들이 여하간 사회적 집단으로서 매우 불안정하게만 인정받고 있는 쫓겨난 현재 사이에 존재한다. 어쩌면 그들은 어머니의 보호적 현존을 실연함으로써 과거의 무력함을 어느 정도 극복할 수 있을 것이다. 하지만 '원초적' 어머니의 이러한 재확립은, 어머니에 대한 여자아이의 동일시에 관한 오이디푸스적 혹은 전오이디푸스적 설명이 히스테리를 젠더화하는 것 못지않게, '점유'를 젠더화하는 경향이 있다 — 그것이 유아의 무력함보다 어머니의 중요성이라는 관점에서 보여진다는 것 말고는. 가리푸나족의 점유는 젠더화를 확증하지만, 권력

놀이를 뒤엎는다: 집단의 중심에 어머니를 위치 지음으로써, 돌아오는 자는 아기가 아니라 전능한 가모장이다. 여자들은 버지니아 울프의 표현으로 '어머니를 통해 거슬러 생각'함으로써 전통을 구축하고 있다.

정신분석의 첫 번째 환자 안나 O는 브로이어와의 치료가 끝난 이후에 자가 치료를 했다. 처음에 그녀는 (그녀가 그랬듯) 아픈 사람을 돌보는 여자아이의 동화를 지음으로써, 그런 다음에는 (역사가 나탈리 제몬 데이비스가 묘사한) 17세기 조상, 아내, 미망인, 가모장이자 성공한 여성 사업가인 하멜른의 글뤼켈과 동일시함으로써 그녀 자신에게 사회적 위치를 부여했다. 여러 시간들과 장소들에서 '모성'은 히스테리 치료법으로 추천되어 왔으며 종종 성공적인 것으로 관찰되어왔다.

우리의 문화는 여성에게 비대칭적인 위치를 반복해서 할당한다. 그렇다면 그녀의 히스테리적 항의는 인정받지 못한 선망과 질투와 경쟁자의 상상적 살인에 대한 죄책감을 표현한다. 경쟁자가 동기든 남편의 새 아내든. 법령에 의해서든 관습에 의해서든 아주 최근까지 실로 거의 모든 문화는 일부다처였다. 여자들을 정의상 전치된 자로 만들면서, 그리하여 — 공동 아내가 의식적으로는 환영받더라도 — 잠재적으로 여자들을 주체임subjecthood의 이러한 폐위로부터 생겨나는 견딜 수 없는 감정들의 저장고로 만들면서 말이다.

서아프리카의 곤자족 가운데서 1960년대 현장 연구를 수행한 인류학자 에스더 구디는 남자 마녀들이 긍정적으로 간주된다는 점에 주목했다: 그들의 권력은 선을 위한 힘으로 간주되었다. 반면에 여자 마녀들은 나쁜 것으로서, 악을 위한 힘을 지녔다고 간주되었다. 구디가 여자들에게 질문했을 때, 그들은 그 여자들이 '악하다'고 설명했다.[20] 구디는 여기가 아내들 사이에 질투, 선망, 비통함, 경쟁의식이 상당히 존재하는 일부다처 사회이기 때문에, 남녀 모두 그러한 견딜 수 없는 감정들을 표현하는

• •

20. Goody, E. N. (1970).

그들을 '악하다'고 지각하는 것일 수도 있다고 제안한다. 이 사례는 마법과 점유가 어떻게 여성으로서 오로지 이차적으로만 부정적으로 젠더화되는지를 보여준다: 그것들은 권력을 표현할 때는 어느 쪽으로도 젠더화되지 않으며, 이 권력이 질투 어린 여자들에 의해서 표현될 때만 부정적으로 젠더화된다. 만약 그렇다면, 다시금 우리는 여성성이 마법도 히스테리도 아님을 보게 된다. 그리고 과잉된 질투는 (생물학적으로가 아니라) 사회적으로 규정된다.

I. M. 루이스가 발견했듯이, 지배적인 종교에 대한 대안으로서 작동하는 모든 의례의 행위자는 주로 여자들이며 일부는 불리한 남자들이다. 그렇지만 우리는 그 문제를 거기에 남겨둘 수 없다. 이 특정한 유형의 약자성—가령 죄책감 혹은 질투의 운반자로 만들어지는 것—은 이미 젠더화되어 있다. 약자성은 우선적으로 여성들에게 할당되며, 그런 다음 개별 성적 차이의 한 측면(남성이든 여성이든, '여성성')으로 간주된다.

남성 히스테리증자는 그의 상태가 의만couvade/擬娩에서 의례화될 수 있다. 의만에서 아버지는 출산을 실연하고, '사망'하고, 그러고 나서 신입자에 의한 전치로부터에서 회복된다는 것이 사회적으로 인정받는다. 회복은, 그리고 이와 더불어서 그가 (어머니처럼) 출산 후에도 여전히 자리를 갖고 있다는 깨달음은, 적어도 당분간은 히스테리적 요소를 끝낸다. 의만을 실연하지 않는 문화에서 남자들이 갖는 출산 환상은 고대 그리스 여자들의 배 속에 있는 굶주린 개만큼이나 외부 관찰자들에게 낯설게 보이는 경향이 있다. 하지만 모든 아이는 단성 생식적으로 아기들을 명랑하게 출산하고 아버지에게 똑같이 할 수 있다고 호언장담하는 '꼬마 한스'다. '점유'는 동일한 과정이며, 전치 위협 내지는 실제 전치에 대한 동일한 반응이다. 제한된 범위 내에서, 점유하는 것은 다양할 것이다. 가리푸나족 여자들이 죽은 어머니에게 점유당할 때, 이는 그 문화가 이주와 근절로부터 살아남았으며 그들이 서양 풍습의 동화를 통해 어머니를 '살해'했을 때의 죄책감을 '취소'했음을 증언한다.

하지만 모든 점유가 강력한 어머니 혹은 아버지에 의한 것은 아니다. 자선 같은 것을 인정하지 않는 새로운 사회적, 종교적 질서에서 중세의 자선가들이 그들 위치의 이러한 측면을 상실했을 때, 그 특정한 위치의 상실에 책임이 있는 것으로 보이는 누구든 죽이려는 소원은 무의식적 죄책감을 낳았다. 그들은 마녀의 지위를 갖는 노파 속으로 이 죄책감을 배출하였는데, 그러한 지위는 악마의 모습을 한 악한 생각들에 그녀가 점유당했음을 나타내었다. 그리하여 그녀의 죽음은 확실시되었다.

알론 화이트는 그가 다섯 살이었을 때 사고로 비극적인 죽음을 맞이한 여동생을 평생 자신 안에 품고 있었음을 깨달을 때, 이러한 점유가 죄책감의 결과임을 이해하게 된다.

> 어떻게 한 아이가 죽음과 이별의 죄책감을 떠맡았는지는 나도 모른다. 하지만 시체가 발견되기 전에 내 안의 무언가는 내가 그 범죄에 책임이 있었다고, 내가 이후 30년 동안 알지 못한 채 지니고 다녔던 끔찍한 죄의 비밀을 가지고 있었다고 이미 결정을 내렸다. 그리고 프로이트에게 유혹이 갖는 의미가 그랬듯이, 문제의 진실이나 거짓은 전적으로 무관하였다.[21]

아무리 여동생을 흠모했더라도 그는 또한 그녀가 죽고 비켜주기를 원했다. 그 죄책감은 모든 사람이 갖고 있는 이 불경한 소원 때문이다. 사고는 최악의 소원의 끔찍한 실현으로 이어질 수 있다.

문화적 관행들은 전치를 통한 소멸의 위협이 수반하는 끔찍한 감정들을, 열망, 원함, 살의, 질투를 여자들에게 전가하는 과정에서 대체로 남자들을 편들었다. 그 과정은 투사의 과정이며, 그렇기에 타자는 끔찍한 감정들에 점유당한다. 그렇지만 이 투사된 감정들은 언제나 수신자 속에

• •

21. White, op. cit., p. 42.

몇몇 우연한 일치점을 갖는데, 왜냐하면 어떻게든 모든 사람이 전치로 위협당해 왔으며 그에 따라 반응해 왔기 때문이다. 그렇기에 '점유당한' 자는 문화적 전치의 무게를 견디며 어떤 대가를 치르더라도 복권되고자 하는 압도적인 원함을 표현한다.

제8장

히스테리적 거짓말

1. 돈 후안과 남성 히스테리의 정상화

오늘날 서양 세계에서 한때 히스테리와 연결되었던 상태들—식이 장애, 다중 인성 장애, 기억 상실, 거짓 기억 증후군과 회복 기억 증후군, 연극성 인성, 조작하기, 허위, 이른바 '경계선 상태'—모두가 대중적 상상력 안에서 그리고 통계에 따라서 소녀들이나 여자들과 연결이 된다. 이는 히스테리의 이전 궤적을 계속해서 이어간다: 19세기에는 히스테리와 여성성이 등치되었으며, 그러고 나서는 남성 히스테리가 '발견'되었으며, 히스테리는 '사라졌고', 여자들은 여성성으로서 히스테리의 특징들을 다시 떠맡았다. 이러한 역사의 맥락에서는 이론만이 아니라 관찰에서도 남성 히스테리의 부재가 있기 마련이다. 남성 히스테리는 외상에 대한 단기 반응 혹은 그러한 반응의 정신증적 병리화로 간주된다. 이 장에서 내 관심은 그러한 극단적인 사례들에 있는 것이 아니라 남성 히스테리의 양상들이 어떻게 가시적이지 않을 정도로 정상적인 것으로서 간주되는지를 보여주는 데 있다.

돈 후안과 이아고를 주된 사례로 사용하면서 나는 첫 번째 사례로는 남성 히스테리의 정상화를 보여주고자 하며, 두 번째 사례로는 어떻게 극단적 사례조차도 거짓말을 감지하지 못하는 공동체에 의해 누락될 수 있는지를 보여주고자 한다. 히스테리가 분해되어 생겨났던 요소 질병들과 상태들 안에서 남자들은 거의 가시적이지 않다. 하지만 대신 일상생활의 정신병리 안에서 그들을 볼 수 있다.

그렇지만 우선은 '스미스 씨'를 소개하고 싶다. 피터스 부인처럼 그는 '허구'다. 또는 뚜렷하게 히스테리적이었던 내 몇몇 환자들로부터 창조된 실화다. 밀드레드나 사라의 강박적인 성적 행동에 대해 거의 자동으로 우리는 치료 면담 바깥에서 알게 되는 반면에, 스미스 씨는 마치 축하를 위한 것인 양 그의 성적 전과들에 대한 이야기를 나에게 가져온다. 각이야기는 새로운 영웅담으로서 제시된다. 이는 각 이야기가 또한, 사실상 끝까지 동일한, 강박적 반복이기도 하다는 사실을―그리하여 성욕화되고 있는 죽음충동의 폭력을 표지한다는 것을―감춘다. 그는 또한 뮤지컬 작곡가 지망생으로서 고도로, 하지만 다급하게, 창조적이다. 하지만 창조적 활동을 지속할 수 없게 되면 걱정스러울 정도로 우울해진다. 내 몇몇 환자들로부터 복합체를 형성하는 것에서 더 나아가, 헝가리 정신분석가 미하일 아이슬러가 집필한 전차 노동자의 사례사 「외상 히스테리를 가장한 한 남자의 무의식적 임신 환상」(5장)을 나는 스미스 씨의 가족사에 옮겨놓을 것이다. 그것이 적절하기 때문이기도 하며, 또한 아이슬러 와―그 사례사를 다시 쓴―라캉이 (내가 보기에) 그 가족사의 필수 불가결한 부분을 형성하는 동기 관계를 아무렇지도 않게 여기기 때문이다. 스미스 씨를 구성하는 내 환자들의 어느 개인사에서도 가족은 그다지 크지는 않았지만, 각 개인사는 전차 노동자의 동기 문제가 갖는 특징들 가운데 어느 하나를 지니고 있었다. 스미스 씨의 가장 가까운 동기는 여자아이로, 이는 아마도 그의 이성애적 성격을 주로 설명할 것이다. 하지만 매 여자들은 그가 동일시하기를 희망하는 누군가이며, 차례로 이상화되고 나서는 비난받는다. 그는 결혼했다. 하지만, 그의 아내는 훨씬 더 이른 이전 결혼에서 얻은 아이들이 있었고 스미스 씨는 '그와 똑같이 생긴' 아들을 희망하지만, 스미스 씨와는 아이가 없다. 전이 속에서 나는 이상화된다. 하지만 나에게 몇 명의 전임자가 있음을 언제나 깨닫게 된다(그렇다. 그는 여러 치료사를 거쳤다). 나의 이러한 이상화는 분열을 대가로 한 것이었다. 즉 그가 그의 누이에게 퍼부었던 끝없는 비난은 그의 아내가 물려받았으며, 그녀는 아무것도 제대로 하질 못한다. 그는 또한 물리적으로나 언어적으로나 아내의 딸, 의붓딸에게 폭력적이다.

　스미스 씨는 교사이며, 분명한 포부를 갖고 있을 뿐 아니라 전문 작곡가가 될 가능성도 분명하다. 그의 여러 작품이 공연된 적이 있다. 그의 창조성은 의미가 있다. 하지만 그것의 완전한 실현에 어떤 장애물이 있다고 우리 둘 다 느낀다. 그가 실제로 곡들을 구상하고 써내려 가는 것을 방해하는 것은 아무것도 없다. 그렇지만 그의 성적 만남들과 마찬가지로 작곡들은 한 가지 주제의 반복이다. 그는 자기 작품의 특별한 성격을 내가 이해하지 못할 수도 있다는 자각의 느낌 없이 그 작품들을 나에게 묘사하며, 나는 각 곡이 (각 여자처럼) 나의 축하를 위해 가져온 그 자신의 의기양양한 생존의 현시임을 깨닫는다. 그의 창조성의 한계는 각 작품 속에서 그 자신이 작품보다 더 중요하다는 것이다 ― 그가 나의 앎을 가정하는 것은 내가 뮤지컬 곡을 이해하지 못하는 것이 그를 이해하지 못하거나 인정하지 못하는 것과 마찬가지기 때문이다. 불가피한 실패(나의 실패와 세계의 실패)는 거의 조증인 희망과 완전하고 위축되고 우울한 공허 상태로의 붕괴 사이에서의 끝없는 동요를 수반한다. 사실, 그의 노력들을 내가 알아본다고 그가 느낀다고 해도, 결국은 결과는 똑같다. 사카 춤처럼 그것은 다만 그가 원하는 것을 당분간 진정시킬 뿐이다. 창조적 대상들, 즉 곡들은 독자적인 주제들이 아니라 동일시될 수 있는 대상들이다. 그것들은 다른 누구도 몫을 갖지 않는 단성 생식적 출생들이다. 내가 (그 자신인) 그의 곡에 대한 칭찬을 통해 그를 충분히 인정하는

데 실패했을 때, 그는 어디서 진실이 끝나고 허구가 시작되는지 분간하기 어려운 그의 성공들로 가득한 환상 세계를 쌓아 올린다.

스미스 씨의 불안이 확연했던 한 면담에서 그는 나에게 두 개의 꿈을 재빨리 연이어 이야기했다. 한 꿈에 대해 내가 말할지도 모르는 여하한 것에 또 다른 꿈을 내게 말함으로써 그는 종종 답하곤 했다―여자들이나 뮤지컬 곡들처럼, 꿈 상황들은 반복되어야 했던 것이다.

첫 번째 꿈에서 스미스 씨는 팔꿈치 아래로 손과 팔을 잃었다. 대신에 그는 세 개의 검은 짐승 발톱으로 끝나는 인공 팔을 갖고 있었다. 그다음 꿈은 그의 집과 관련이 있었는데, 그가 말하기를 그것은 현실보다 훨씬 나빴다. 구조물 전체가 어두웠고 허물어지고 있었다. 나는 첫 번째 꿈에 관해서 무언가 말하기 시작했지만 그가 끼어들었고, 두 번째 꿈은 훨씬 나빴으며 그 자신이 집이었다는 것을 깨달았다고, 비록 우리가 치료에서 많은 일을 했음에도 불구하고 집이 바로 그였다고, 그게 바로 그것이었다고 그는 말했다. 나의 개입을 그가 참을 수 없다는 것을 나는 깨달았다. 그리고 평소라면 나는 아마도 면담 중 나중이나 이후 면담에서 내가 무언가를 말하기에 적절한 시간이라고 느껴질 때까지 조용히 있었을 것이다. 그렇지만 나는 곧 휴가를 갈 예정이었기 때문에 그의 불안을 나의 임박한 떠남과 진부하게 연계시켰다. 그는 격렬했다. 그는 나의 떠남은 개의치 않았다. 그렇지만 내가 일전에 휴가에 대해 그에게 말했다고 내가 확신하는 것처럼 보이는 것 때문에 격분을 이기지 못했다. 내가 휴가를 언급한 적이 없다고 그는 확신했다. 너무나도 많은 증거를 그가 쏟아부어서 나는 혼란스러웠으며 내 기억이 의심스러울 지경이었다. 그리고 나서 그는 또 다른 꿈을 회상했다. 복화술사와 그의 인형dummy에 관한 꿈이었다. 인형에 관한 묘사는 생생했다. 그것은 포대기에 싸인 아기를 닮았지만, 그의 아동기 생일 파티 때 고용된 실제 복화술사의 기억에 대한 연상들을 통해서 이 아기 인형은 불쾌한 코흘리개 걸음마 아기로 변모했다. 처음에 스미스 씨가 아기 인형에 대해 말하고 있었을 때, 그는 그 상상의 존재를 아기처럼 품에 안았다. 하지만 그가 그렇게 하면서 그것의 머리는 괴상한 어른의 머리가 되었다 — 이는 스미스 씨와 나 모두에게 어머니에 대한 그의 묘사를 상기시켰다. 스미스 씨는 자신이 복화술사와 그의 인형을 전혀 구별할 수 없었다고 말했다. 그러고 나서 스미스 씨는 첫 번째 꿈으로 되돌아와서 인공 팔뚝을 지닌 그의 성공한 젊은 동료에 대해 나에게 이야기했다. 이 동료는 현실에서, 그리고 스미스 씨의 마음에서 스미스 씨를 전치시켰다.

무언가 끔찍한 것이 있을 때, 신체/정신은 혼돈을 느낀다. 히스테리증자의 해결책은 주변 세계의 다른 모든 사람에게 이 혼돈을 일으키고 자기 자신을 위한 확고한 발판을 고집하는 것이다. 혼돈은 또한 무엇이 진실이고 무엇이 거짓인지 다른 사람들이 보지 못하게 가로막는 역할을 하기도 한다. 잠시라도 그가 확고함을 느끼지 못한다면, 애당초 다만 바깥으로 투사되었던 그 혼돈에 빠질 위험이 있다. 스미스 씨는 확신했으며 나는 혼란스러웠다. 하지만 이러한 역전을 유지하기 위해서는 '진실'로 가장된 환상으로의 미끄러짐이 있어야만 했다. 처음에 나는 인공 팔에 대한 꿈 이야기를 들었다 — 이는 정말로 꿈이었을 수도 있고 환상의 토대를 형성한 무언가와의 동일시였을 수도 있다. 스미스 씨는 그의 성공한 동료가 되어 있었지만, 그는 여기에 인공적인/허위의/거짓된 무언가가 있음을 알았다. 이전에 우리는 그의 창조성에 대해 논의한 적이 있었는데, 이제 그는 이 환상이 그의 창조성의 한 가지 측면일까 봐 두려워했다. 이전에 우리가 그의 '중요하지 않은' 형제 가운데 하나와 연결하기도 했었던 그 동료를 그는 또한 몹시 질투하였고, 기꺼이 그를 '발톱'으로 할퀴었을 것이다. 하지만 스미스 씨는 이 가능성들 가운데 어떤 것도 나와 논의하기를 원하지 않았다. 그래서 대신에 그는 나에게 그의 허물어지는 집에 대한 꿈 이야기를 했으며, 실제로 자신이 그것이라는 것을 — 다시 말해서, 샘나는 동료가 아니라 버려진 건물이라는 것을 — 이야기했다. 질투를 인정하기보다는 '불리한disadvantaged' 처지라고 느끼는 것이 더 쉽다. 그렇지만 여기서 중요한 메시지는 그것에 대해 할 수 있는 것이 없다는 것이었다. 그는 변하지 않을 것이고 그러므로 나는 무용했다. 그리하여 내가 스미스 씨의 불안을 내가 떠나는 것과 연결시켰을 때 그는 격분했다. 이유인즉, 나를 필요로 하지 않는 평정 상태를 만들어 놓았는데, 왜 그가 나의 떠남을 신경 쓴다는 말인가? 그의 혼란스럽고 갈등하는 감정들은 — 그는 내가 필요하지 않았지만 나의 부재에 대한 생각을 두려워했다 — 내가 혼란스러워한다고 그가 확신하는 것으로 이어졌다. 그러고 나서 그는 어떤 그림을 그려내려고 노력했다. 그 그림 속에서 그는 그 자신의 아기–자기baby-self를 돌볼('인형'을 품에 안을) 수 있었고, 그러는 동안 나는 괴상한 어머니처럼 보이는 바보 아기였다. 이러한 연상들은 십중팔구 허구일 것이다. 하지만 이제 그는 나를 혼란스럽게 하더라도 그 자신이 혼란스러웠던 때보다 형편이 많이 낮지 않으리라는 것을 깨달았다: 우리 사이에는 선택할 수 있는 것이 아무것도 없었으며 그렇기에 나는 도울 수 없었다. 우리 둘 모두는 불쾌한 아기였다. 더 나아가 복화술사와 인형 사이에는 아무런 차이도 없었다. 꿈에서 꿈으로 신속하게 이동하는 것은 상당히 창조적인 노력이었다. 그것은 부분적으로는 진정한 꿈으로 구성되었고, 부분적으로는 강제된 형상들, 그럼에도 불구하고 실제의 두려움과 소원을 드러내는 연상들로 구성되었다.

물론 다른 많은 것이 걸려 있었지만, 우리는 스미스 씨가 그의 동료에 대해 나에게 말한 것을 후회하는 어떤 궤적에 주목할 수 있다. 그 동료는 그를 앞지를지도 모르며, 그는 그 동료를 제거하기를 원하며, 그 동료를 닮는 것을 두려워하고(즉 자기 또한 인공적이 되는 것을 그는 걱정한다), 하지만 또한 그 동료가 되기를 그는 원한다. 이 동료는 인정되지 않은 동기다. 그러고 나서 스미스 씨는 분석을 탈취하며, 분석의 명수로서의 그의 모든 경험에 입각해 내가 하리라고 그가 기대하는 유형의 해석을 한다 — 자신이 폐허가 된 집이라는 해석. 내가 필요한지 아닌지 혼란스러위하면서 그는 상황을 조작하려고 한다. 이는 도움이 되지 않으며 흥분에 찬 일련의 시도들은 서글픈 우울 상태로 끝을 맺는다. 스미스 씨 꿈들에서 집도 허구이고 처음에는 아기였다가 그런 다음 괴상한 엄마가 되는 인형도 허구이다. 그것들은 **일말의** 진실을 지니고 있지만 또한 정신분석의 패러디이기도 하다: 집은 종종 신체–자기body-self의 상징으로 간주된다, 마찬가지로 전형적인 정신분석적 해석이라면 어머니와 아기 사이의 혼동에 주목할 것이다.

스미스 씨는 대안적인 더 안전한 세계를 창조하려 하고 있다. 그는 정신분석을 잘 알고 있고, 그의 허물어지는 심적 상태를 그가 인정하는 것이 치료의 진척에 대한 증거가 될 것이라고 생각한다. 사실 그것은 히스테리증자의 자원이며, 히스테리적 모방적 동일시를 통하는 것인데, 그러한 동일시에서 그는 정신분석적 그림의 일부가 된다. 분석 과정의 한 측면이라고 그가 보았던 것과 동일시함으로써, 그는 나의 임박한 떠남을 관리했다. 하지만 그의 강박적인 성적 만남들 가운데 각각의 여자처럼, 그의 창조적 노력들 가운데 각각의 뮤지컬 곡처럼, 일련의 꿈들 가운데 각각의 꿈처럼, 각각의 동일시는 비인정의 어떤 재앙적 순간이 질투에 압도당한 그를 내몰아가는 가차 없는 내리막 경로 위의 중간 기착지에 불과하다. 그가 완벽하게 매력적이고 분명하게 창조적인 돈 후안으로서 자기 자신을 제시하는 바로 그 순간에 말이다.

돈 후안 이야기에 기초한 모차르트의 〈돈 조반니〉는 프로이트가 가장 좋아하는 오페라였다. 오페라에서 돈 조반니는 약혼자 돈나 엘비라를 저버렸다. 그녀의 아버지 기사장이 그를 발견할 때 그는 돈나 안나를 막 유혹하려던 참이다. 그는 기사장을 죽이고 처녀 신부를 유혹하려 하지만 그녀의 소작농 신랑 마제토에게 가로막힌다. 그리고 나서 돈 조반니는 기사장의 유령에게 죽음의 위협을 받는다. 기사장의 석상은 잔치에 나타나 여전히 뉘우치지 않는 돈 조반니를 지옥으로 끌고 간다.

프로이트의 편지와 주석에는 돈 후안의 성격에 대한 흥미로운 한두

가지 여담이 있지만, 다른 어디에도 그것에 대한 적절한 탐구는 없다. 또한 그의 출간된 저작들에도 주목할 만한 것이 전혀 없다. 2장에서 나는 프로이트가 환상의 돈 후안인지 궁금해했다. 1880년대에 프로이트는 그가 밀접하게 동일시했던 남성 히스테리증자, 플리스에게 보낸 편지에서 그가 'E'라고 불렀던 환자와 작업하고 있었다. 5년간의 치료는 정신분석의 몇몇 주된 교리를 정초하는 데 결정적이었지만 결코 기록되지 않았다. 또한 2장에서 논했듯이 'E'의 불능 증상들 가운데 하나는 그가 억누르려고 분투한 강박적인 환상 돈 후안증이었다. 그는 광장 공포증을 앓았으며, 강박적으로 얼굴을 붉힐까 봐 두려워 특히 극장이나 오페라에 갈 수 없었다. 그는 여자와 대화할 때마다 그녀를 유혹하거나 강간하는 상상을 했기 때문에 얼굴을 붉혔다. 'E'를 분석하는 동시에 프로이트는 친구이자 동료인 칼 아브라함에게 이렇게 말했다. 『꿈의 해석』의 표본 꿈인 자신의 유명한 이르마의 주사 꿈에서 누락된 연상은 그, 프로이트가 '모든 여자들을 가졌다'는 것이었다고.

정신분석은 신화와 문학을 설명적 장치로 이용한다―가장 분명하게는, 오이디푸스 이야기. 이 맥락에서, 프로이트 저술에서 돈 후안의 부재는 눈에 띈다. 프로이트 전집에서 돈 후안의 일반적 부재는 정신분석 이론과 실천에서 남성 히스테리의 억압을 시사한다: 돈 후안이 있었던 곳에 오이디푸스가 있게 되었다. 돈 후안 이야기에서 성욕과 살인은 완전히 뒤얽혀 있다. 오이디푸스가 그의 목숨을 두 번 위협했던 아버지를 거역하며 그러고 나서 죽인다면, 아들 돈 후안은 그에게 아무것도 하지 않은 아버지 대체자를 죽이고는 거역한다. 아버지 대체자의 죽임에 관해서 프로이트는, 햄릿이 오필리아의 아버지 폴로니우스를 살해한 것을 두고서, 실제 아버지로부터 그가 관심을 갖는 여자의 아버지로의 이러한 전치가 전형적인 히스테리적 대체라고 언급한다. 돈 후안은 돈나 안나의 아버지 기사장을 죽이며 햄릿만큼이나 자기 행동에 무관심하다. 햄릿은 폴로니우스를 살해한 것을 뉘우치고 있다고 주장하면서도 그것의 중요성에 대한 감각을 거의 보여주지 않는다: '이 곱창을 옆방으로 옮기겠습니다.'[1] 오이디푸스가 어머니 이오카스테와 결혼하고 네 명의 아이를 낳는다면, 돈 후안은 여자들을 유혹하고 저버린다. 합일도 결혼도 가능해 보이지 않으며, 출산은 상상할 수도 없다. 정신분석적 콤플렉스에서 오이디푸스는 자식의 인륜을 저버린 죄(아버지를 죽이고 어머니와 결혼한 것)로 처벌받고, 눈멀고(거세됨), 무력하게 되었지만, 궁극적으로는 처벌에 대한 그 자신의 수용으로 인해 복권되고 명예롭게 죽은 남자이다. 자신의 죄를 뉘우치지 않고 그리하여 지옥에서 썩는 돈 후안은 오이디푸스로 붕괴될 수 없다. 남성 히스테리증자의 이야기는 더 이상 오이디푸스적 이야기로 전환될 수 없다.

인간 삶에 있어 성욕과 죽음이 그토록 결정적인 프로이트 이론에 돈 후안이 등장하지 않는다는 것은 거의 기이하다. 그렇지만 한 가지 주요한 연구가 있었다. 차후에 정신분석 운동을 떠났지만 초기 연구 당시 프로이트의 추종자였던 오토 랑크는 「돈 후안 전설」을 집필했다. 이 복잡하고 실로 난해한 연구의 여러 판본들 가운데 첫 번째는 1922년에 출간되었다. 젊은 시절부터 이 이야기에 흥미를 느낀 랑크는 1921년 11월 비엔나의 오페라 하우스에서 있었던 모차르트의 〈돈 조반니〉의 결출한 공연에 참석한 것에서 원래의 출간을 자극받았다. 그는 모차르트가 그의 영웅을 둘로 분열시켰다고 설명한다. 절반은 물론 바람둥이 돈 조반니이다. 나머지 절반—혹은 '분신'—은 그의 하인 레포렐로인데, 그는 평범한 양심의 목소리를, 불안과 비판의 목소리를 대표한다. 레포렐로는 또한, 랑크가 주장하기를, 돈 조반니가 죽인 돈나 안나의 아버지의 유령인 석상의 전임자이기도 하다. 신화학과 정신분석적 꿈 해석에서 분신은 언제나 죽음의 전조가 된다. 양심은 일종의 주체의 이중화이며, 죄책감의 전조이다. 정신분석 용어로 레포렐로는 초자아보다 먼저 형성

• •

1. [셰익스피어, 『셰익스피어 전집 4』, 425쪽.]

되는 자아 이상이다. 자아 이상은 다른 사람과의 동일시에 의해 형성되는 반면에, 초자아는 타자가 상실될 수 있다는 의식이 있고 난 다음에 타자의 의미를 내재화함으로써 형성된다. 따라서 초자아는 상징화하는 능력과 연계되어 있다. 고전적으로 초자아는 거세 콤플렉스가 이루어진 이후에 아버지가 내재화된 것이다. 랑크는 기사장의 유령을 무덤에서 나온 위협적인 부성적 징벌(거세)로 본다. 하지만 여자들 또한 연루되어 있다. 랑크의 해석에 따르면 이들은 모두 (보통 남편으로 대표되는) 원초적 아버지를 제거하기 위해 그녀의 막내아들(돈 후안)을 이용하는 어머니 인물을 대표하는 '나쁜' 여자들이다. 하지만 이 어머니는 기만적이다—종국에 그녀는 돈나 안나와 돈나 엘비라가 그러하듯이 그녀 자신의 자유에만 유의하며 무시무시해진다. 이것이 그 이야기에 대한 랑크의 첫 번째 분석이다. 이야기를 오이디푸스적 설명으로 국한시키기 위해 이보다 더 많은 왜곡을 수행한 설명도 없을 것이다.

그리하여 돈 후안이 정신분석 이론에 도입될 때, 그의 변형 역시 마찬가지로 가장 기이하다. 나중에 멜라니 클라인이 이어받게 될 것이었던 바로 그 방식으로, 오토 랑크는 돈 후안의 끝없는 여자들은 도달 불가능한 어머니의 모든 판본이라고 주장한다. 돈 후안이 학대하고 실로 죽이는 남자들은 어머니에 대한 권리, 돈 후안이 참을 수 없었던 권리를 갖는 아버지의 판본들이다. 랑크의 설명에서 돈 후안은 양심이 없는 성적 탕아로서 나타나는 것이 아니라 어머니를 필요로 하는 누군가로서 나타난다. 나중에 클라인이 돈 후안을 실제로 언급할 때, 성욕은 더 이상 이론의 무게 중심이 아니다. 랑크의 나중 판본들 또한 성욕을 강등시킨다.

이 사고 단계에서 랑크는 프로이트 이론에 충실하고자 노력하고 있었기 때문에, 돈 후안 이야기의 배후에 놓여 있다고 그가 믿었던 신화를 『토템과 터부』(1913) 속 가상의 역사에 대한 프로이트의 재구성을 통해서 다시 쓴다. 『토템과 터부』에서 프로이트는 인류의 선사 시대에 형제들

무리가 모든 여자를 독차지해 온 원초적 아버지를 죽이려고 공모했다는 가설을 세운다. 랑크는 이 점을 강조하기보다는 돈 후안 이야기가 그 형제들을 여자들로 대체한다고 주장한다. 이는 인간 선사 시대의 재구성에 동성애적 요소를 도입한다: 돈 후안은 여자들과 함께 아버지에 맞서 공모하며, 그리하여 여성적 정체성을 갖는다. 이는 내가 추적해 온 히스테리에서 여성성으로의 변동과 충격적으로 일치한다. 랑크의 설명은 히스테리를 보지 않기 위해서, 대신에 동성애를 문제로 집어내기 위해서 최선을 다한다 — 돈 후안은 (어머니만이 아니라) 아버지를 욕망한다. 그렇지만 랑크는 『토템과 터부』에 대한 그의 수정에서 고전적인 정신분석 이론과의 결별을 예고한다: 여자들은 아버지를 살해하는 '나쁜' 어머니인 동시에 또한 그렇게 하는 동기들(여기서는 형제들 대신 자매들)이다. 어머니와 자매들의 이러한 융합 속에서 문제를 지각하는 대신에, 이 단계에서 랑크는 돈 후안의 '여성적' 정체성이 그렇듯 두 배로 강하다는 것을 강조하기 위해서 그것을 이용한다.

『토템과 터부』 신화를 이렇듯 다시 쓰는 것은 정신분석 이론 일반에서 돈 후안 이야기의 부재를 조금은 설명할 수도 있을 것인데, 그 부재는 남성 히스테리증자의 부재와 잘 맞아떨어진다. 『토템과 터부』에서 여자들은 오로지 성적 대상으로서만 등장하는 반면에, 랑크의 판본에서 어머니는 전능하며 자매들과 (자매들과 동등한 존재로 간주되는) 형제들은 아버지를 타도하기 위해 단결한다. 이것은, 아버지 프로이트에 대한 충성으로 가장함에도 불구하고, 전적으로 다른 이야기다. 그것은 오이디푸스적 제약들을 유지하기 위해 자신을 뒤트는데, 하지만 그 제약들에 충실하기보다는 남성 히스테리증자에 훨씬 더 충실한 이야기다. 그렇다면 그 전설에 대한 오토 랑크의 분석은 기껏해야 역설을 제시하며, 좀 더 정확하게는 괴로운 혼란을 제시한다. 랑크는 어머니에게 특권을 주는 방식으로 그 이야기를 해석한다. 그럼에도 불구하고 그는 거세하는 아버지와 더불어 오이디푸스적 틀 안에서 그 이야기를 유지하기 위해 분투하는데, 이 아버지는 살해당한 기사장의 모습을 하고 있다 — 돈 조반니에 의해서만이 아니라 돈 조반니의 '형제들'인 여자들에 의해서 살해당한!

그렇다면 세계대전 후의 이러한 설명에서 랑크는, 전쟁 히스테리를 연구하는 동료 분석가들과 마찬가지로, 모든 심적 발달을 오이디푸스 콤플렉스의 용어 안에서 유지하기 위해 분투하고 있었다. 그는 돈 후안을 히스테리증자로 묘사하지 않는다. 대신에 그의 설명은, 히스테리에 대한 이전의 정신분석적 설명에서 여성성에 대한 전후 설명으로의 이행(6장에서 묘사된바 히스테리의 여성화)을 준비하는 용어들을 통해서, 남성 히스테리의 구조를 제공한다. 랑크의 나중의 이야기 판본들은 이러한 변동을 명시적으로 보여준다. 그렇지만 심지어 이 첫 번째 설명에서조차도 히스테리를 이해하는 데 유용한 관찰들이, 설명에서의 히스테리의 억누름을 지각하는 데 유용한 관찰들이 있다.

랑크에 따르면 돈 조반니는 그 자신과 레포렐로로 분열된다. 우리가 분열로서 묘사되고 있는 실제 사람에 관해서 이야기하고 있는 것이라면, 그는 분열증적 인물일 것이다. 그렇지만 그것은 허구이기에, 이 이중 인성은 별개의 두 사람으로 묘사된다. 안나 O와 앤 섹스턴 양자 모두는 그들의 좋은 자기와 나쁜 자기를 이렇게 묘사했다. 좋음과 나쁨은 극과 극이 아니다. 오히려 반대로 거의 인접해 있는 상태들이다. 레포렐로는 양심을 지니고 있지만, 그것은 그다지 효과적인 양심은 아니다 — 그것이 효과적이었다면 그는 단지 도덕적 가치와의 동일시보다는 도덕적 가치의 초자아적 내재화로 나아갔을 것이다. 그는 불안해하지만, (돈 조반니로 대표되는) 그를 '지배하는' 힘이 원하는 무엇이건 그것을 행하지 않는 것의 고통을 진정으로 경험할 수는 없다. 레포렐로는 연약하다 — 그는 돈 후안 류의 인물이 발휘할 수 있을 만큼만의 양심을 지닌다.

돈 후안에 대한 이러한 독서를 성취하기 위해서 랑크 자신은 그 이야기를 분열시켜야만 했다. 그렇게 함으로써 그는 마침내 히스테리를, 심지어는 그 이야기의 성욕을 대중적 이해로 좌천시켰다. 그는 문학적 판본

및 예술적 판본은 대중적 이해와 중요하게 다르다고 지적한다. 전자는 돈 후안의 실패에 초점을 맞추며, 후자는 돈 후안의 성적 성공에 초점을 맞춘다. 랑크는 그 신화의 위대함을 표지하는 것은 바로 실패들의 초상이며, 원–유혹자의 대중적 이미지는 사소하다고 주장한다. 그리하여 인간의 보편성은 바로 죄악, 죄책감, 천벌이며 강박적 성욕은 이러한 목적을 묘사하기 위한 수단에 불과하다. 랑크에게 돈 후안은 돈 후안이라기보다는 파우스트다.

> 우리는 (…) 그 행동이 성공한 성적 모험가를 전혀 묘사하지 않는다는 점에 주목한다. 반대로 그것은 불운에 쫓기는 가련한 죄인을 보여주는데, 그는 마침내 그의 시대와 배경에 적합한 기독교적 지옥의 운명에 도달한다. 실제 돈 후안의 행복하고 만족스러운 시간을 상상하는 일은 청중의 환상에 맡겨지며 — 그들은 이 특권을 이용하는 것이 너무 행복해 보이며 — 반면에 무대는 도덕 법칙이 갖는 비극적 특징들의 제시에 바쳐진다.[2]

랑크의 비극적 판본은 정확하지 않다. 우리의 문화적 유산의 일부가 되고 그래서 그 영웅의 이름으로 간단히 지칭되기 전에, 그 이야기는 티르소 데 몰리나가 1630년에 쓴 『세비야의 난봉꾼*El Burlador de Sevilla*』으로 가장 잘 알려져 있었다. 난봉꾼은 사기꾼이며, 그리하여 원작은 돈 후안 이야기의 대중적 판본에 완전히 병합될 것이었던 특징으로 관심을 끌었다. 돈 후안은 단순히 필사적인 죄인에 불과한 것이 아니라 사기꾼이기도 하다. 대중적 판본에서 문학적 판본을 분리하는 것은 이치에 맞지 않는다. 양자 모두는 현존한다. 연극이나 오페라를 듣거나 볼 때 양자 모두가 우리의 상상 속에 현존하듯. 그렇지만 우리에게 가장 손쉽게 떠오르는

● ●

2. Rank, O. (1975), p. 38.

이미지는 틀림없이 대중적 판본이다.

이 이야기가 그의 이론과는 일치하지 않는다는 것에 분명 신경이 쓰였던 랑크는 돈 후안에 대한 해석을 10년간 몇 번이고 수정했다. 그러한 변경들은 또한 정신분석에 대한 그의 결별을 표지한다. 그중 첫 번째 변경은 그 이야기가 어떻게 그를 오이디푸스적 해석에서 멀어지도록 강제하고 우리가 히스테리를 이해하는 데 더욱 유용한 어떤 것을 향하도록 강제하고 있는지를 보여준다. 돈 후안은 그 모델에 그냥 들어맞지 않을 테니까.

성욕의 중요성이 무시된 채 돈 후안이 읽히고 있었다는 것은 정신분석 자체의 운명에 대한 너무나도 정확한 지표다. 세계대전 이후에 정신분석이 어머니의 중심성으로 향했을 때, 마치 어머니-아이 근친상간에 대한 궁극적 터부가 이론의 층위에서 작동하게 된 것도 같았다: 아이가(또한 어머니도) 실제로 원하는 것은 섹스가 아니라 돌봄과 양육이다. 아이 낳기를 욕망하는 그리스인의 자궁과 어머니가 자식에게 성적인 감정을 갖는다는 생각은 전혀 별개의 것이다. 그 이후로는, 일단 어머니가 중심이 되면, 성욕의 파열적 본성은 설명에서 사라진다. 뒤이은 정신분석 이론은 주로 유아의 과도한 폭력이나 선망을 통해서, 혹은 어머니의 불충분함을 통해서 병리학적, 성격학적 문제들을 설명한다. 성욕이 두드러지게 누락되고 있으며 히스테리 역시 그렇다.

1차 세계대전 동안과 그 이후에 정신 질환을 앓은 병사들이 처음에 히스테리 내지는 꾀병으로 진단되었을 때, 이러한 귀속의 초점은 그들의 신체적 기능 부전에 있었다. 병드는 것에 종종 동반되는, 『유령의 길The Ghost Road』(1991)에서 팻 바커가 그토록 잘 묘사한, 반복되는 하룻밤 정사, 강박적 성욕은 병리학의 일부로 간주되지 않았다. 오늘날과 동일한 방식으로, 전시 강간의 만연은 심각한 질병과 연계되는 것이 아니라 남성성과 연계된다. 이미 보았듯이 전시 강간이 어떻게 히스테리에 연결되는지 볼 수 있다면, 내 생각에 전시 강간에 대한 더 나은 설명을 가질 수 있을 것이다. 강간은 폭력적인 성욕이 아니라 성욕화된 폭력이다. 우리는 이를 이해하기 위해 돈 후안을 교육적으로 이용할 수 있다.

1차 세계대전 이후에 랑크는 또한 정신분석 학계를 뒤흔든 논문 「탄생의 외상」(1923)을 출간했다. 그 논문에서 그는 정신 질환의 원인은 성욕이 아니라 탄생의 외상이라고 주장했다. 이 이론에서 유아의 불안은 모든 불안의 원형이며 어머니로부터의 최초 분리에서 기원한다. 탄생 때 어머니가 유아를 축출했기 때문에, 어머니는(그리고 따라서 모든 여자들은) 이후에 언제나 커다란 양가성과 함께 고려된다. 이 점이 두드러지는 한, 이러한 설명에서 성욕은 어머니에게로 복귀하려는 시도다.

「탄생의 외상」 출간 후 거의 2년 만인 1925년에 랑크는 자신의 해석을 어기고 오이디푸스 콤플렉스의 중심성을 다시금 강조하면서 정신분석적 장으로 복귀했다. 랑크의 연구 및 전오이디푸스적 발달 국면의 중요성에 대한 동료들의 점증하는 강조에 고무되어 1926년에 프로이트는 『억제, 증상 그리고 불안』을 출간했다. 이 책은 불안은 억압된 성욕의 효과라는 프로이트 자신의 초기 주장을 수정하며, 전심리적prepsychic이기는 하지만 원초적 불안이 추가로 있다고 제안한다. 무엇보다도 이 책은 히스테리가 여전히 계속해서 문제를 일으키는 방식에 있어서도, 또한 프로이트가 그것과 관련해서 패배를 시인하는 방식에 있어서도 주목할 만하다: '나로서는 전환 히스테리의 증상 형성이 어째서 그처럼 특이하게 불분명한지 알 수 없지만, 어쨌든 그 사실은 우리에게 그처럼 무익한 분야에 대한 탐구를 당장 그만두도록 하는 훌륭한 근거를 제공해 준다.'[3]

랑크와 (히스테리에 언제나 관심이 있었던) 페렌치는 다른 분석 기법들을 실험하기 시작했다. 그들은 돌보거나 돌보지 않는 어머니에, 성적이지 않은 유아기 세계에 대한 성인 성욕의 침입에 초점을 맞추었다. 랑크는 정신분석에 점점 더 적대적이게 되었으며, 그럼에도 이번에는 「탄생의

. .

3. 지그문트 프로이트, 『불안과 억압』, 황보석 옮김(열린책들, 2020), 247쪽.

외상」에서 자신이 제시한 논제를 어겼을 때 포기했던 바로 그 관념에 부합하도록 『돈 후안 전설』을 다시 수정하기 시작했다. 돈 후안 연구에 대한 랑크의 수정으로부터 두 가지 주제가 출현한다. 첫째, 랑크는 어머니와 합쳐지고자 하는 돈 후안의 소원을 훨씬 더 크게 강조한다. 둘째, 버림받은 여자들을 돈 후안에게 들러붙으려고 돌아온 것으로서 묘사하는 그 이야기의 몇 가지 판본을 '석상'은 거세하는 아버지의 권력이 아니라 아들을 죽음에서 되찾게 되는 원초적 어머니의 권력을 표상한다는 증거로 취한다. 탄생과 죽음의 전달자인 전능한 어머니는 한층 더 절대적인 방식으로 중심 위치를 차지하게 된다. 랑크의 분석 용어들을 살펴보면 그가 히스테리 범주를 전혀 이용하지 않고도 히스테리를 묘사하고 있다고 볼 수 있는 중요한 방식들이 있다.

돈 후안 전설은 르네상스 이래 서양 세계에서 히스테리의 운명을 가리킨다. 그것은 인간 실존의 조건들에 대한 대안적 반응으로서, 유혹을 핵심으로 하는 반응으로서 히스테리의 현존을 가리키는 방식으로서 유용하다.

정신분석이 발전시킨 첫 번째 이론은 히스테리는 아버지가 유아기 아이를 유혹한 결과라는 것이었다. 프랑스 정신분석가 라플랑슈와 퐁탈리스는 바로 그 정신성욕 개념이 어떻게 이 최초 관념 속에 있는 히스테리의 기원들을 여전히 보존하고 있는지를 차후에 입증했다─그 기원들에 그토록 격렬하게 반하는 것처럼 보이기는 하더라도, 모든 심적 건강이나 모든 신경증적 어려움의 시작점은 바로 어머니에 대한 아이의 남근적 관계의 환상, 즉 오이디푸스 콤플렉스임을 단언함으로써 말이다. 나중에 프로이트는 유아의 환상들은 어머니가 아기를 돌볼 때 이용하는 필수적 유혹들에 실제 근거를 두고 있다고 제안했다.

유혹은 고대 말기부터 서양 문학에서 현저하게 등장했다. 한동안 그 주제는 기독교에 의해 억눌렸지만, 12세기에 기사도 및 궁정풍 사랑과 더불어 재출현했을 때, 그것은 이단과 관련해서 재출현했다. 유혹은 결혼 외부의 사랑을 축복했다. 이단의 성공에 위협을 느낀 교회는 이 유혹에 주목해야만 했다. 교회는 유혹을 타락의 한 판본으로 통합함으로써 그렇게 했다: 악마가 이브를 유혹했다. 그리하여 유혹과 죄악은 연계되었다. 결혼은 새로운 종교적, 법적 지위를 떠맡았다. 가톨릭 국가들에서 1545년부터 1563년까지의 트리엔트 공의회는 결혼을 성직자, 두 명의 증인, 교회의 의식이 필수 불가결한 확고부동한 성찬식으로서 확립했다.

돈 후안 전설은 스페인에서 트리엔트 공의회의 즉각적인 여파로 생겨났다. 첫 번째 판본에서 그것은 부성적 권위와 신성한 결혼의 중요성을 홍보하는 도덕적 소설이다. 돈 후안은 이전의 기사도 유혹자 및 궁정풍 연인과는 정반대인데, 왜냐하면 그는 양식도 이상도 없기 때문이다. 그는 모든 가치관을 파괴하는 우상 파괴자로 묘사된다. 사실 돈 후안이 항의하고 있는 가치관은 단지 확립되는 과정에 있을 뿐이었다. 아이러니하게도 그의 반대는 트리엔트 공의회의 칙령들이 그러했듯이 그 가치관의 구축에 강력한 힘이 되었다. 왜냐하면 그는 그의 무도덕성에도 불구하고 새로운 가치관의 전파자이기 때문이다. 모두에게 결혼을 권하고 아무와도 결혼하지 않음으로써 결혼을 패러디하는 돈 후안은 재산 상속을 위해 결혼에 충실한 것과 아버지들에게 복종하는 것에 대한 새로운 강조에 대한 대안을 보여준다. 그는 반항적인 아들이고, 반–그리스도이고, 동전의 이면이다. 하지만 돈 후안은 교회의 쇠퇴를 예고하는 동시에 그것을 몹시 거부하면서 세속적 가부장제의 중요성이 부상하고 있다고 주장한다. 그 이야기는 자신의 종교적 강조를 상당히 일찍 상실했던 것으로 보인다. 몰리에르의 판본에 뒤이어 모차르트의 〈돈 조반니〉가 나올 무렵 그 이야기는 거의 완전히 세속화되었다.

개신교 국가들보다 가톨릭 국가들에서 더 대중적이기는 하지만, 확실히 돈 후안은 근대 남성적 성욕의 가장 우세한 표상이다. 400년간 그는 그것의 원형이었다. 혈기 왕성하고 문란하며 도덕 관념이 없는 그는 경계를 모르고 심연에 기꺼이 맞서는 청년의 성욕을 상징해 왔다. 남자들은 그의 이미지를 향수에 젖어 동경한다고 가정되며, 여자들은 그를 흠모한다고 가정된다.

20세기 중반 무렵 일본과 러시아에서 시작해 유럽 전역을 거쳐 북중미에 이르기까지 그야말로 수천 개의 이야기가 있어 왔으며, 그 중요성이 최근 수십 년간 다소 쇠퇴한 것처럼 보이기는 하지만, 페루에서는 돈 후안의 날이 여전히 기념되고 있다. 17세기 스페인에서 기원한 이래로 돈 후안 이야기에서 가장 즉각적으로 현저한 특징은 무한한 다양성이다. 돈 후안은 비극, 희극 혹은 익살극의 영웅일 수도 있다. 그의 익살은 교훈을 주기 위해 교회에서 실연될 수도 있다. 그는 정치 혁명 신조의 대변자, 하루의 휴일을 위한 구실, 파우스트, 혹은 무수한 여자들의 어리석고 다형 도착적인 장난감일 수도 있다. 하지만 그의 이야기는 언제나 근본적으로는 동일하다: 셀 수 없는 여자들의 고귀하고 매력적이며 비도덕적인 유혹자의 이야기.

정신분석 이론에서의 돈 후안의 부재는 남성 히스테리증자의 부재 및 히스테리의 여성화를 증언한다. 돈 후안을 이론으로 되돌려 읽는 것은 무게 중심을 전환시키는 것이거나 혹은 적어도 두 개의 초점 차원을 부여하는 것이다. 세대 간 차원과 측면적 차원, 수직 축의 대표자로서의 부모와 측면 축의 대표자로서의 동기들. 돈 후안 이야기는 또한 대부분의 정신분석적 관찰에서 누락되고 있는 남성 히스테리의 현상학을 제공한다. 돈 후안 이야기의 요지는 측면적 질투의 히스테리적 전염이다.

히스테리에서 시작해 보자. 모차르트의 〈돈 조반니〉를 위한 다 폰테의 대본 텍스트를 이용한다면, '원함' 내지는 원하는 것을 얻거나 의지함이 지고한 가치로서 군림하는 의기양양한 히스테리적 우주의 초상화를 그가 우리에게 선사하는 데 얼마나 근접했는지를 알 수 있다: '네가 원하는 것을 해가 우리의 유일한 법이야 / 네가 욕망할 수 있는 것이 / 여기서 이루어질 것이야! / 그대가 의지하는 것을 해가 여기서는 법이야.' '아무도 나를 겁쟁이라 부르지 않을 거야 / 두려움을 나는 못 느껴

/ 나는 의지해.' 신이 패러디된다: '그대의 뜻이 이루어지리라 / 그대의 뜻이 이루어지리라.' 오페라는 다른 가치관에 동의하는 누구든 혼란스럽게 하는 광란의 춤으로 가득 차 있다. 히스테리증자와 마찬가지로 돈 조반니는 잘못한 것이 없다. '거짓말에 대한 그의 부끄러움 모르는 사랑', '그의 말은 죄다 거짓말'이라는 말을 우리는 끊임없이 듣는다. '누구를 우리는 믿어야 하지 / 어느 쪽을 우리는 믿어야 하지 / 누구의 말을 믿지? / 언제 우리는 믿어야 하지? / 그는 거짓말을 해.' 오페라 안에서의 광적인 웃음은 히스테리적 키득거림을 상기시킨다 — '너의 웃음은 오래 가지 않을 거야, 아침까지도 가지 않을 거야'. 성적 강박성은 구강적 용어로 운반된다: '그의 모든 식욕은 사나워 / 나는 차마 그를 지켜볼 수가 없어 / 그런 식으로 진탕 먹어 대는 것을 지켜볼 수가.'

돈 조반니는 히스테리증자의 허언적 세계와 마찬가지로 거짓말하는 우주를 창조하며, 진실이나 현실에 의한 이 우주의 여하한 관통도 그를 미치게 할 것이다. 전형적인 히스테리적 태도로 그는 자신의 허위적 세계를 온전히 유지하기 위해 귀를 막는다('말해야만 한다면 말해. 하지만 너 자신에게 말해. 그러면 나는 듣지 않을 거야.' '너를 나는 무시할 것이야'). 끝으로, 가혹한 현실은 그럼에도 불구하고 침범한다: '그는 미쳤고 더 미쳐 간다'. 그리고 그의 분열된 멀쩡한 부분인 레포렐로는 달아나야만 한다는 것을 깨닫는다. 그렇지 않으면 '나 역시 곧 미칠 거야'.

〈돈 조반니〉의 핵심 주제는 질투다. 돈 조반니는 그 자신이 질투에 시달리지 않기 위해 다른 사람들을 질투하게 만들 필요에 의해 추동된다. 강박적이고도 필사적으로 그는 예비 신부를 유혹함으로써 신랑 마제트를 질투하게 만들고, 모든 여자가 다른 여자를 질투하게 만든다. 원함의 정념이 무자비한 선망과 질투에 의해 부채질된 히스테리증자는 자기 자신이 광기에 빠질 것을 언제나 두려워한다. 대신에 히스테리증자는, 이아고가 오셀로에게 그러하듯, 돈 조반니가 돈나 엘비라에게 그러하듯,

타인을 질투하게 만들어 미치도록 내몬다 — '그녀는 미쳤어.'

그렇지만 결국, 이 위대한 유혹자는 자신의 정복들이 레포렐로의 연습장에 나열되는 이야기꾼에 불과하다. 『천일야화』의 반복들이 예시하듯이, 이야기하기storytelling의 목적은 죽음의 불가피성을 부인하는 것이다. 죽음의 의미를 인정하는 것에 대한 이러한 거부는 축제에서 그가 살해한 아버지 인물인 석상에 대한 돈 조반니의 도전에서 명시적으로 묘사된다. 정복 명단의 반복—강박은 정복자로서의 죽음이 그의 현존을 느껴지게 만드는 동시에 필사적으로 저항받고 있다는 표지다. 그렇다면 돈 조반니는 히스테리적 인성의 좋은 이미지를 보여주는 것으로 묘사되고 있다. 이는 분석적 탐구와 얼마나 잘 일치하는가?

영국 독립파 대상관계 정신분석가 애덤 리멘타니는 1984년 논문 「남자 이성애의 경계로: 보지 남자」를 다음과 같은 말로 결론짓는다.

> 나는 (…) [보지 남자라는] 이 개념의 수용이 동성애에 대한 우리의
> 진부한 몇몇 생각들 혹은 문란함의 수많은 사례들을 검토하도록 이끌
> 수 있기를 희망한다. 그것의 수용은 또한 돈 후안을 이상적 여자(원초적
> 대상)를 찾고자 희망하고 있는 누군가로서 간주하는 낭만적 견해를
> 취할 필요가 없음을 의미하기도 한다. 그를 잠재적 동성애자라고 비난
> 할 필요 또한 없다. 아마도 돈 후안은 키메라를 추구하는 것에 의지함으
> 로써, 그를 파괴할 조짐이 있는 어떤 원초적 불안의 발생을 회피할
> 방법을 발견한 한 남자에 불과할 것이다.[4]

나르시시즘적이고, 지적이고, 매력적이고, 모호하게 '여성적'이고 양성적인 리멘타니의 '보지 남자'는 구별되지 않는 보호자와 동일시함으로써 어떤 압도적인 원초적 불안에서 벗어난다. '보지 남자'는 — 돈 후안

4. Limentani, A. (1984), p. 203.

은—분명한 남성 히스테리 사례라고 나는 주장하고자 한다. 방어할 수 없는 상황에 직면하여 '보지 남자'는 그가 필요로 하는 대상과의 동일시로 즉각 후퇴한다. 그렇지 않다면 상실되었을 대상, 어머니로서의 여자와. 이는 그 대상이 상실되지 않음을 보증한다—물론 그것이 독자적으로 존재할 수 없다는 점을 제외하면 말이다. 무력함 속에 있는 유아가 자신의 생존을 보증하는 어떤 것이든 사라진 것을 느낀다면, 유아는 이러한 부재를 총체적 죽음으로, 혹은 윌프레드 비온이 '이름 없는 두려움'이라고 부르는 것으로 경험한다. 우리 모두에게 어느 정도는 그러하듯이 이것이 너무 일찍 발생한다면, 그 부재는 원초적 동일시 속에서 부인되어야만 한다—유아는 자기 자신이 필요로 하는 것이 된다. 이를 히스테리라고 부르지 않는다면, 우리는 그 과정의 성욕화를 놓치게 된다: 리멘타니가 '보지 남자'의 토대라고 묘사하는 것은 모든 사람의 히스테리를 위한 기초 도면이며, 모든 히스테리가 퇴행하여 이르는 위치다. 삶의 총체적 방식으로서 히스테리는 대상이 주체이기도 하다는 것을 부인한다. 자신의 끝없는 여자들과 함께 돈 후안은 결코 아무것도 상실하지 않는다. 하지만 그는 또한 결코 아무것도 갖지 못하는데, 바로 그렇기에 히스테리증자는 계속해서 원한다.

돈 후안 이야기는 가능한 비극이지만, 모차르트가 이해한 것처럼이라면 분명 비극이 아니다. 히스테리는 끔찍할 정도로 슬프면서 비극이 아닐 수 있다. 모차르트의 〈돈 조반니〉는 영원한 히스테리증자의 이야기다. 우리는 랑크가 그러하듯이 돈 후안을—죽음과 거세에 대한 영웅적 저항처럼 보이는 것 속에 있는—신경증자 오이디푸스로 보려고 노력할 수 있지만, 이는 그 오페라의 요지가 아니다. 돈 후안은 텅 비어 있다: 여기서 히스테리는 분열증 상태들과의 그리고 편집증과의 교점을 발견한다: 대상과 자아가 분해되어 있다. 그렇지만 돈 조반니의 얄팍한 공허는 모차르트의 오페라를 비극적 오페라로 만들기보다는 문제 많은 오페라로 만든다.

돈 조반니에 대한 오이디푸스적 해석은 비극을 만드는 재료이다. 하지만 모차르트의 판본에 대해서는 그러한 설명에 무언가 잘못된 것이 있다. 왜냐하면 그 돈은 심연에 감히 맞서고 모든 것을 상실할 파우스트적 용기를 가질 수 있으면서도, 그에게 부여된 역할 및 그의 아리아들의 성질 양자 모두에 무언가 누락된 것이 있기 때문이다. 〈돈 조반니〉에는, 실로 모든 판본에서처럼, 그 중심에 공허가 있다. 철학자 버나드 윌리엄스는 이렇게 쓰고 있다.

> 이 오페라는 대단한, 동요시키는 힘에 대한 것이다. (…) 유혹자가 그 중심에 있다. (…) 그 유혹자는 사실상 성격이 없다. (…) 그는 그 자신 이상을 표현한다. 그는 그가 중심적 역할을 하는 일에 적합한 깊이를 지니지 않은 것처럼 보인다. 어떤 면에서 그는 성격을 지니고 있다 — 상당한 정도로, 나쁜 성격을. 하지만 우리는 그가 정말로 무엇인지, 혹은 그를 추동하는 것은 무엇인지에 관한 그 어떤 깊은 통찰도 얻지 못한다. 얻으려야 얻을 수 없었을 것이다: 그의 영혼 속에 무언가가 숨겨져 있는 것이 아니다. 그에게 자기-반성적 아리아가 없다는 것은 주목할 만하다 — 모차르트의 다른 중심인물들과는 달리 그는 결코 자기 자신에 대해 노래하지 않는다.[5] [강조는 나의 것]

이는 히스테리증자에 대한 좋은 묘사다. 그는 노래하도록 되어 있기 때문에 우리는 또한 돈 조반니의 창조성 일반에 관한 문제를 고찰할 수 있는데, 그 창조성은 자기-반성을 결여하고 있다. 돈 조반니의 아리아들은, 그의 여자들처럼, 그의 마음속에서 그 자신으로부터 독립된 실존을 전혀 갖지 못하며, 그렇기에 그 아리아들은 돈 조반니 자신이 인정받을 수 있는 위치를 구성할 수 없다. 그의 아리아들은 그로부터 분리되어

● ●

5. Williams, B. (1981), p. 117.

있지 않기에 자기-반성적일 수 없다. 그것들은 수행적 발화이며, 사고로서의 말이라기보다는 행동으로서의 말이다.

1941년 멜라니 클라인은 런던 대공습을 피해 스코틀랜드의 피틀로크리로 이주한다. 그곳에 머무는 동안 그녀는 소개 아동 '리처드'의 분석에 착수했다. 나중에 이 일에 대해 쓰면서 그녀는 리처드에 대해 이렇게 메모하였다. '여자들에 대한 그의 행동은 어떤 면에서는 어른 돈 후안의 행동처럼 매우 조숙했다.'[6] 클라인은 전쟁으로 폐허가 된 런던을 잠깐 다녀간 후에 있었던 여섯 번의 면담을 이용하였다. 그 도시는 리처드에게는 일체의 죽음을 상징했다(클라인이 떠나있는 동안 리처드는 그녀가 죽임을 당할까 봐 두려워했다). 리처드에 대한 클라인의 이해에 따르면, 그는 여자들을 다정하고 이상화된 어머니와 그가 교태스러움과 경멸을 동시에 느꼈던 성욕화된 일련의 여자들로, 즉 성녀 마리아와 창녀로 나누었다. 그녀의 메모로부터 직접 작성된 리처드의 사례사의 실제 서사에서 클라인은 돈 후안을 언급하지 않는다. 그렇지만 그녀는 부정不貞과 남자아이의 여성적 동일시 양자 모두를 실로 언급한다─부정의 기저에서 동성애를 지각하면서. 클라인은 남자아이가 여자의 신체에서 아버지의 음경을 끈질기게 찾고 있다고 제안한다. 여성적 동일시는 초기 오이디푸스적 선망이며 따라서 어머니의 가슴과 자궁에 대한 점유적이고 식인적인 동일시가 있다. 클라인은 이러한 특징들을 나중에 그녀가 리처드에게 부여한 돈 후안증과 연계시키지 않는다. 하지만 이 설명을 거꾸로 읽는다면, 우리는 이 가정된 여성성 및 동성애를 클라인의 나중의 이해에서 리처드와 등치되는 돈 후안과 연관 지을 수 있다. 클라인에 따르면, 리처드는 단지 약하게 발달한 긍정적 오이디푸스 콤플렉스만을 갖는데, 왜냐하면 그는 (생식기적) 대상 사랑보다는 동일시 속에서 어머니를 취하며, (동일시의 원천이라기보다는 대상으로서) 아버지의 음경을 추구

● ●

6. Klein, M. (1925) and in Klein, M. (1975), vol. IV.

하기 때문이다. 이 설명의 문제는 클라인의 사고가 너무 가차 없이 대상 지향적이라는 것이다. 어머니가 적절한 대상이 되는 것으로 관찰될 수 없다면, 아버지나 그의 음경이 끼어든다. 하지만 히스테리증자는 적절한 대상관계를 갖고 있지 않다.

돈 후안에 대한 클라인의 설명이 지닌 난점은 동성애와 여성성 양자 모두가 돈 후안에 대한 우리의 통념과 멀리 떨어져 있음을 고려할 때 자명해진다. 확실히 17세기 이래로 기독교(특히 가톨릭) 세계에서 사치스러운 남자 동성애를 대표하는 누군가가 있다면 그것은 돈 후안인가? 이론이 돈 후안을 동성애자로 둔갑시킬 때 매우 이상한 일이 벌어지고 있다. 원초적 두려움을 겪는 돈 후안의 리멘타니 판본은 이 동성애 판본에 저항하지만 그 대가로 성욕도 전적으로 상실한다. 클라인학파 분석가 에릭 브렌만은 자신의 히스테리 환자가 지닌 돈 후안증에 주목하지만, 리멘타니의 '보지 남자'와 마찬가지로, 여자와의 완전한 동일시에 그것을 연계시킨다.[7]

리처드를 만나기 몇 년 전인 1937년 논문 「사랑, 죄책감, 보상」에서 클라인은 부정에 관해서 숙고한다: '나는 그의 마음속 깊은 곳에 있는 전형적인 돈 후안이 사랑하는 사람들의 죽음에 대한 두려움에 사로잡혀 있다는 것을 발견했다.'[8] 리처드와의 후속 작업에서 클라인은 리처드의 돈 후안증을 사랑 대상으로서의 여자들 속에서 그가 만드는 분열에 귀속시킨다. 클라인 자신에게도 그가 (그의 어머니를 대하듯) 다정한 동시에 (그가 부정을 가하는 여자들을 대하듯) 멸시를 보내지만. 그렇지만 실제 분열은 없다. 오로지 양가성만이 있을 뿐이다. 클라인의 설명에서 리처드는 그가 자신의 탐욕과 선망으로 손상시킨 어머니를 치료하기 위해 어머니 대체자들과의 섹스를 이용하고 있다. 하지만 그가 의존하는

• •

7. Brenman, E. (1985), pp. 423~432.

8. Klein, M. (1937), p. 323.

분석가인 클라인은 런던 대공습에서 돌아왔다. 분명 그녀의 죽음에 대한 리처드의 원초적 두려움은 그의 환상들과 모종의 관련이 있는가?

사람이 고통, 소멸, 전치 혹은 폐위될 가망성으로 위협당할 때, 그는 분열시키기 방책으로 후퇴한다. 이 분열시키기는, 그에게 공허감을—자기의 부재를—남겨놓는바, 그의 히스테리적 운명이다. 퇴행은 깊지만, 버나드 윌리엄스가 돈 조반니에 대해 언급했듯, 그의 인성에는 깊이가 없다. 히스테리증자는 앨리스의 굴로 내려간다. 하지만 그가 추락하여 착륙하는 곳에서 그의 문제는 수직적이지 않고 수평적이다. 그것은 그의 동기들의 문제이거나, 혹은 현재의 성인의 삶에서는, 그의 친구들과 친애자들의 문제이다. 혹은 돈 후안에게는, 그의 여성 또래 집단의 문제이다.

돈 후안은 질투의 고통을 원하지 않는다. 그래서 그 감정을 스스로 느끼는 대신에 다른 사람들이 질투하게 만든다. 리처드는 클라인의 다른 환자들을 소름 끼칠 정도로, 괴로울 정도로 질투한다. 이 다른 환자들과 돈 후안의 여자들은 아버지의 사랑을 놓고 경쟁하는 누이들이다. 돈나 안나는 돈 후안이 갖지 못하는 아버지 기사장에 대한 위치를 가진 '누이sis-ter'이다. 돈 후안은 인정받지 못한 자이며 따라서 모든 것이 끊임없이 그를 중심으로만 선회하게 만들어야 하는 자다.

클라인의 돈 후안 리처드는 사랑하는 어머니가, 그녀를 향한 그 자신의 파괴성 때문에 죽을지도 모른다고 그가 두려워하고 있으나, 그가 열정적이지만 천박한 감정을 품는 다른 여자들 속에서 언제나 재발견될 수 있기 때문에 반드시 필요하지는 않다는 것을 스스로에게 증명하고 있는 중이다. 동시에 그는 그녀를 영원한 이상적 마리아로 만들어 보존한다. 어쩌면 그럴지도 모른다. 하지만 동기의 탄생 및 주체의 뒤이은 전치 같은 사회적 사건으로 인해 질투가 촉발될 수 있다고 할 때, 이차적 경험으로서가 아니라면 선천적 선망과 파괴성을 가정하는 것은 불필요하다. 선망은 뒤따라온다.

측면적 경쟁자들에 직면하여 돈 후안은 어머니와 아버지를 상실하는 고통으로 퇴행하는데, 둘 중 누구도 돈 후안 혼자만을 위해 거기 있지 않다. 죽음은 맞서서 정복해야 할 또 하나의 것에 불과하다. 물론 죽음의 요점은 정복될 수 없다는 것이다. 죽음은 실로 지배권을 갖는다. '최악'은 궁극적으로 우리가 완전히 무력한 상황이다. 그리고 셰익스피어가 깨달았듯이, 최악은 그것에 대해 이야기할 수 있는 동안에는 존재하지 않는다. 최악에 대해 이야기한다는 것은 살아남았다는 것이다. 하지만 반복되는 목록들이나 강박적 이야기하기라는 현상 또한 있다. 그러한 목록들과 그러한 이야기하기는 창조 행위 속에서 주체가 '죽는' 것을 허용하지 않으면서 죽음을 막아낸다. 대상의 반복은 그 대상의 부재의 두려움에 맞선 방어이다.

정신분석 이론 전체에서 돈 후안을 위한 여하한 중요한 자리의 부재는 남성 히스테리증자의 상응하는 부재를 완벽하게 표현한다. 돈 후안 이야기의 억압은 모든 정신분석 이론이 남성적 성욕을 정상 규범으로서 확립하도록, 그럼으로써 남성적 성욕의 분석을 회피하도록 허용해 왔다. 돈 후안—남성 히스테리증자—은 프로이트 자신의 성격에 흡수되었으며, 억압되는 동시에 동일시되면서. 자기-이미지 속에서 초기 프로이트는 과학적 '정복자'였다(2장 참조). 남성을 정상 규범적인 것으로서 유지해야 하는 인정된 필요는 먼저 돈 후안과 남성 히스테리의 억누름을 보증했으며, 그러고 나서는 히스테리가 여성성으로 변형되는 것을 보증했다. 하지만 대상관계 이론에서의 어머니의 고양은 추가적인 억누름을 초래했다. 어머니는 현존과 부재 양자 모두를 표상하며, 그녀의 부재는 불안을 유발한다. 전치로 인해 불안해진 남자아이와 여자아이 양자 모두는 어머니가 대상인 동시에 동일시의 원천인 순간 그녀에게 모방적으로 달라붙는다. 이론은 다시금 이를 반향하거나 모방한다: 대상관계 치료사는 어머니가 전부라고 믿는다. 남자아이가 남자로 성장해서 겉보기에 사랑 대상인 여자를 선택할 때, 사실 그는 그녀와 히스테리적 동일시를 하고 있는 것인지도 모른다 — 이것이 돈 후안증이다.

많은 인류학적 관찰은 남성 히스테리의 현존을 제한된 방식으로 주목한다. 대부분은 남성 히스테리를 박탈의 맥락에서 질투, 선망, '원함'과 연계시킨다. 남자와 여자에게 박탈은 일시적일 수도 있다. 그리고 히스테리는 — 타이타족 여자들에서처럼 — 이따금 있을 수도 있고, 아니면 '영구적'일 수도 있다. 히스테리는 분명 언제나 측면 관계들로 인한 전치에 의해 격발된다. 아동기의 동기나 또래든 성인기의 친애자와 동료든. 수직적 출계에 측면성이 덧붙여져야만 한다. 대체로 근대에, 서양에서 출계가 갖는 중요성과 힘의 약화가 있어 왔다. 가부장적 혈통 체계는 남자아이를 전통 안으로 불러들인다. 그러한 체계가 상대적으로 부재한 곳에서, 어디에 있는가는 누구인가로 대체된다. 그렇지만 위치와는 달리 정체성은 어머니-아이 관계에 입각한다. 인류학자 마이어 포티스는 부계에서 개체성은 아버지와의 관계에 의존하는 것이 아니라 어머니와의 관계에 의존한다고 주장했다. 아버지와의 관계에서 자식들은 동일한 위치에 서 있지만(모든 사람은 동일한 계보에 있다), 어머니가 누구인지가 그들을 구별한다. 개인으로 옮겨놓는다면 이는 이렇게 보아야 할 것이다. 가족 안에서의 여성들과 남성들은 아버지와 관련해서는 모두 동일한 위치에 있지만(그들 모두는 아버지의 성을 취한다), 서로를 구별하기 위해 그들은 반드시 어머니에게 의존해야 한다(어머니는 그들 각각을 각각의 유일무이함 속에서 보아야 한다). 동기가 태어날 때마다 다시금 위협당하는 것은 바로 이 차별적 위치다 — 아이는 그것이 단지 '반복된' 것이 아님을 알게 해줄 어머니에게 의존해야만 한다. 부계의 중요성 감소와 더불어 어머니가 점점 더 중요해짐에 따라, 그리하여 상황은 남자아이와 여자아이 양자 모두에게 더 불안정해진다 — 그리고 그 안에 놓여 있는 것은 주체의 유일무이함에 대한 필수 불가결한 위협이다. 히스테리는 그 위협에 대한 반응이다.

돈 후안은 하나뿐이다. 하지만 그는 근대적 현상이기도 하며, 개인주의의 성장과 더불어 ─ 남성이든 여성이든 ─ 그의 운명은 근대 히스테리증자에게 특히 공통된 운명일지도 모른다. 돈 후안의 발달은 그리하여 우리를 현대 산업 사회 속 히스테리의 몇몇 특정한 성질 및 상태들로 이끈다. 실가닥들이 한데 모여든다: 대상관계 이론의 어머니는 개체성의 창조와 보존에 있어 어머니와의 유대가 갖는 점증하는 중요성에서 후기 단계다. 강조점이 개체로서의 자기 자신에 놓여 있는 곳에서, 자기 위치의 침식 및 어머니로의 후퇴는 더더욱 강렬해질 것이다.

2. '정직한 이아고'와 사악한 말

그렇다면 서양 세계에서 지난 400년 동안 부계 내부의 위치로부터 어머니에 의존하는 개체성 및 정체성에 대한 감각으로의 불균일하지만 그럼에도 현저한 강조점 변동이 일어났다. 전보다 자신의 위치를 덜 확신하는 개인은 자신의 정체성에 위협을 느낄 공산이 더 크다. 이는 남자와 여자의 역할이 그들의 일에서, 가정이든 사회생활이든, 점점 비슷해지는 것과 일치한다. 여자아이와 남자아이가 친족 체계에서 서로 다른 위치에 있기는 하지만, 어머니에 대한 유아기 관계에 있어서는 아주 비슷한 위치에 있다. 여동기는 거의 남동기만큼이나 남자아이에 대한 경쟁자일 수 있다. 경쟁의 강렬함 ─ 살의와 증오 ─ 은 그것을 대체할 수 있는 사랑의 강렬함의 조건이기도 하다. 그렇지만 개체성에 있어서 주체에 대한 위협에 히스테리적 반응이 언제나 있어 왔던 것처럼, 지금은 더 과장된 것일 수는 있지만, 히스테리적 언어 또한 언제나 있어 왔다. '대화 치료'의 보급과 정보 혁명의 더욱 폭넓은 움직임은 히스테리의 표현이 신체에서 이야기로 이주하는 데 기여했다. 언어는 언제나 커다란 힘을 지닌다. 마녀의 저주에서, 유혹에서, 강박적 거짓말하기에서, 성적 흥분 속에서 사용되는 말들에서. 그렇지만 서양에서는 이러한 종류의 말들이, 가령 트리니다드 사람들의 '욕설 시간'처럼, 의례화되어 있지 않기 때문에, 말들의 힘은 손쉽게 놓치게 되거나 사유화되거나 혹은 당황스러움에 직면하여 무시될 수 있다.

히스테리의 언어는 여러 상이한 방식으로 묘사되어왔다: '유사상징적pseudosymbolic', '수행적', '다혈질 발화excitable speech'.[9] 나는 그것을 정신증의 이른바 '구체적' 사고 과정과 구별하기 위해 '문자적literal'이라고 부르고자 한다. 히스테리적 언어는 표상의 언어라기보다는 등치의 언어다. 아이들이 그렇듯. 한 번은 집에 와서 두 살배기 딸이 자기가 세운 한 줄의 장난감 벽돌 위에서 끊임없이 뛰노는 것을 보았다. 그녀는 '펜싱'을 하고 있었다고 나에게 말했다. 보모가 방금 하러 간 스포츠. 그녀에게 한 종류의 펜스는 완전히 다른 종류의 펜스와 동등했다. 그녀가 알지 못한다는 것을 그녀가 아는 무언가를 '펜싱'이 나타냈을 때만, 그것은 하나의 표상일 수 있었을 것이다. 그렇지만 틀림없이 그 자체로 복잡한 영역인 그것의 이론화를 모색하기보다는, 그에 대한 묘사를 해볼 것이다.

돈 조반니의 언어적 수행이 갖는 핵심 특징은 다음과 같다: 그는 격분하고, 거짓말하고, 이야기가 '텅 비어' 있고, 키득거리고, 다른 사람들을 키득거리게 하고, 비위에 맞지 않을 때 듣기를 거부하고, 자기반성이 없다. 돈 조반니는 하인 레포렐로를 통해서 목록을 작성한다 — 의미작용 사슬 안에서 서로 무관한 단어들. 분석은 그가 라캉이 묘사한 궤적을 따르고 있음을 보여준다. 환자는 자기 자신에 관해서 이야기하는 것으로 시작하지만 치료사에게 이야기하는 것은 아니다. 그러고 나서 그는 치료사에게 이야기하지만 자기 자신에 관해서 이야기하는 것은 아니다. 그렇지만 치료는 자기 자신에 관해서 치료사에게 이야기할 수 있을 때야 끝난다 — 자기반성. 돈 후안은 그 치료 지점에 도달하지 못한다. 이는 히스테리적 신체의 기획과 유사한 언어적 기획이다 — 오로지 신체뿐인

9. [주디스 버틀러, 『혐오 발언』, 유민석 옮김(알렙, 2016).]

것에서 전혀 신체 아닌 것으로 갔다가 다시 되돌아오고.

무언가에 충격을 받은 히스테리증자는 자기 자신을 볼 수 있는 위치에 있지 않다. 그의 익살맞은 행동은 타자의 관심을 끌기 위한 수행이지만 그는 그 행동이 타자들에게 어떻게 보이는지 전혀 알지 못한다. 말하기로 옮겨온 그는 그가 원하는 것을 얻기 위해 말하지만, 그가 말하는 것이 타자들에게 어떻게 지각되는지 전혀 알지 못한다 ─ 그는 다른 사람의 관점에서 자기 자신을 볼 수 없다. 어떤 결과에 열중하고 있기는 하지만, 그는 그 결과와 아무런 관계도 없다. 이따금 그의 기분은 그가 억제하는 것이 불가능함을 알게 되는 정서의 방출이다. 이따금 그의 기분은 죽이려 한다 ─ 침범한 타자를 밀쳐내려고 한다. 그게 아니라면, 불충분하게 실존함을 느끼는 히스테리증자의 말들은 언어적 유혹의 행위일 수 있는 데, 이는 그 자신의 내부 공백을 채우기 위해 타자를 탈취할 필요를 반영한다. 그의 히스테리를 재촉한 충격, 방어선 파열은 폭력적인 것으로서 경험되어왔다. 이는 그의 자아가 지나치게 위협당한다고 느낄 때마다 반복된다. 그러고 나서 그렇게 받은 폭력은, 히스테리증자 자신이 소멸된다고 느꼈기에, 타자를 소멸시키기 위해 언어화되고 세계로 내보내진다. 돈 조반니는 격분하고 거짓말한다.

페렌치는 프로이트가 히스테리증자들을 포기했다고 비난했다: 프로이트는 그들의 거짓말을 믿었기 때문에 그들을 용서할 수 없었다. 그들의 거짓말은 무엇이었는가? 부분적으로 그들은 타자가 원하는 것을 원하고 있었다. 그들 질병의 원인으로서의 유아 성욕에 대한 프로이트의 초기 이론을 파악하고는, 그들은 그것과 동일시하였고 그에게 그것에 대한 이야기를 들려주었다 ─ 가령 'E'는 아기였을 때 유혹당한 사건을 분명하게 회상했다. 하지만 그것은 문제를 결코 소진시키지 않는다. 히스테리적 거짓말하기는 이따금 있는 것이 아니라 강박적인 것이다. 그렇다고 히스테리증자가 언제나 거짓말한다는 뜻이 아니다. 그것이 필요하다고 느낄 때마다 그가 그것을 지속적인 방어 양태로서 이용한다는 뜻이다.

영국 분석가 윌프레드 비온이 입증했듯이, 정신분석 과정의 본성은 분석가가 강박적 거짓말쟁이를 알고서도 환자로 받아들이기는 어려운 그런 것이다. 이론상으로 이는 심각한 히스테리 사례를 치료에서 배제할 것이다. 단 분석가가 거짓말을 알아챌 수 없다면 장래의 환자도 똑같이 그것을 모를 공산이 매우 크다는 것 말고는. 어느 정도까지는 거짓말하기의 바로 그 강박성이 거짓말하기가 무의식적이라는 표지다. 하지만 거짓말쟁이는, 의식적이든 무의식적이든, 청중이 필요하며, 이는 그를 취약하게 만든다. 거짓말쟁이는 자신의 위치를 강화하기 위한 증거를 축적하며, 점점 더 날조로 내몰린다. 맥베스가 점점 살인으로 내몰리듯: '돌아감은 건너감만큼이나 힘들 거요.'[10] 그 거짓말을 수용하는 청중은 비온의 용어로 기생충의 숙주다—그리고 그 거짓말은 양자 모두를 파괴한다. 이것이 우리가 〈돈 조반니〉에서 보는 공동의 파괴이다. 돈 조반니는 각 여자에게 자신이 그녀를 사랑한다고 거짓말한다. 그러고 나서 그녀는 그 거짓말의 숙주가 되며, 모든 것이 파괴된다. 하지만 누군가가 숙주가 되기를 거부한다면, 거짓말쟁이는 그들을 박해자로—자신의 왜곡된 세계관만이 아니라 거짓말쟁이 자신까지 공격하는 누군가로—경험하게 된다. '진정한' 거짓말쟁이는 그의 거짓말이다. 거짓말을 폭로하는 것은 거짓말쟁이의 존재를 의문에 부치는 것이다—애당초 그를 거짓말 하게 만들었던 것은 그의 실존이 분명 의문에 부쳐진다는 그의 감각이었던 것처럼 말이다. 거짓말은 한낱 말에 불과한 것이 아니고 존재의 상태이니까. 실로 거짓말은 이러한 존재의 상태에 의존하는데, 그 이유는 이렇다.

거짓말은 사고하는 사고자를 필요로 한다. 반면에 진실이나 진실한 사고는 사고하는 자를 필요로 하지 않는다—그는 논리적으로 필연적이지 않다. (…) 진실한 사고와 거짓말의 차이점은 다음과 같은 사실에

10. [셰익스피어, 『셰익스피어 전집 5』, 421쪽.]

있다. 거짓말에는 사고하는 자가 논리적으로 필연적이지만 진실한 사고에는 그렇지 않다는 사실.

그 누구도 진실한 사고를 사고할 필요가 없다: 그것은 진실한 사고를 통해 중요성을 성취하는 사고하는 자의 도래를 기다린다. 거짓말과 사고하는 자는 떼어놓을 수 없다. 사고하는 자는 진실에 전혀 중요하지 않다. 하지만 진실은 사고하는 자에게 논리적으로 필연적이다. 그의 중요성은 그가 사고를 품을지 아닐지에 달려 있지만, 사고는 변경되지 않은 채 남아 있다.

반면에 거짓말은 인식론적으로 선행하는 거짓말하는 자의 실존 덕분에 실존을 획득한다. 사고하는 자가 절대적으로 필수 불가결한 유일한 사고는 거짓말이다. 사고는 사고하는 자를 전제한다는 데카르트의 암묵적 가정은 거짓말에만 유효하다.[11]

히스테리증자는 어린아이를 특징짓는 환상된 전능함과 통제할-필요 need-to-control로 퇴행한다. 아이는, 자신의 하찮음을 알아가고 있는 세계 속에서 자신의 중요성을 성취하기 위해, 자라면서 들어온 '거짓말'('저녁을 다 먹지 않으면 크고 강하게 자라지 않을 거야')을 되돌린다. 히스테리증자의 거짓말은 뒤이은 개인사의 모든 부착물과 더불어 아이의 허구다. 히스테리증자는 거짓말한다. 세계를 가득 채울 수 있도록. 진실을 말하는 것은 (진실로 창조하거나 출산하는 것과 마찬가지로) 자신의 하찮음을 인정하는 것을 의미한다. 진실, 예술 작품, 아이는 사고하는 자, 예술가, 부모에게 논리적으로 필연적이다. 그들의 중요성은 사고, 작품, 아이를 품는 것에 달려 있지만, 사고, 작품, 아이는 변하지 않은 채로 남아 있다.

우리 모두는 이따금 거짓말한다. 왜 우리는 거짓말을 믿는가? 그리고

11. Bion, W. (1970), pp. 102~103. [윌프레드 비온, 『주의와 해석』, 허자영 옮김(NUN(눈출판그룹), 2015), 142~143쪽.]

왜 우리는 이따금 거짓말을 알아챌 수 없는가? 거짓말은 대개 유창하며, 닫힌 체계를 이용한다(바로 그렇기에 그것은 이른바 '증거'로 가득 채워져야만 한다). 우리는 또한 거짓말하는 구조에 침입하기를 꺼리는데, 왜냐하면 그렇게 하는 것은 우리를 박해자로 둔갑시키기 때문이다. 로젠펠드 박사가 밀드레드에게 박해하는 아버지가 된 것은(6장 참조) 아마도 부분적으로는 여성 돈 후안증에 대한 밀드레드의 '거짓말하는' 이야기에 유혹되지 않았기 때문일 것이다. 우리는 박해자가 아니라면 오로지 공모할 수 있을 뿐이며, 거짓말의 숙주가 될 수 있을 뿐이다. 이러한 결탁을 촉진하기 위해서 히스테리증자의 거짓말은 혼란을 창조한다. 거짓말을 위해 인용된 증거는 진짜일 수 있지만 전적으로 무관하다. 이용된 말은 상징적인 것의 정반대다 — 그것은 '사악한diabolic' 것이다. 즉 상황을 의도적으로 뒤섞는다. 철학자 젬마 코라디 피우마라는 이 사악한 말diabolical speech을 정의한다.

> 상징의 외양을 갖지만 대화적 상호 작용에는 도움이 되지 않는 유사 상징적 과정은 어원적 의미로 '사악한' 것이다 — 그리스어 '디아볼로diaballo'는 디아('건너')와 할로('내가 던지다')의 합성어다. 따라서 '디아볼'은 사물을 넘나들고 결과적으로 그것들을 뒤섞는 어떤 것일 수 있다.[12]

돈 조반니는 사물을 뒤섞어서 오페라 안의 모든 사람을 혼란시킨다. 그렇지만 관중으로서 우리는 그 혼란을 지켜보면서도 완전히 참여하지는 않는다 — 우리는 공모하지 않는다. 거짓말은 히스테리에 있어 중심적이며 그리하여 히스테리가 (그것의 현시인 거짓말처럼) 인간 조건에 대한 가능한 일반적 반응임을 다시 한번 암시한다. 나는 거짓말이 어떻게

● ●

12. Corradi Fiumara, G. (1992), p. 82.

집단을 감염시키며 집단이 히스테리가 되는지 예증하기 위해서 사회적 집단이 어떻게 거짓말의 숙주 역할을 하는지를 이해하기 위한 고전적 사례가 되어야 마땅한 것을 이용하려고 한다. 셰익스피어의 『오셀로』의 '정직한 이아고'라는 사례. 여기서 우리는 히스테리의 기저에 놓여 있는 언어와 감정의 중첩을 볼 수 있다. 이아고는 돈 조반니나 햄릿보다 덜 '히스테리적'으로 보이는데, 왜냐하면 그는 그 어떤 여성적 특징도 갖고 있지 않으며(그는 '보지 남자'가 아니다) 그 어떤 신체적 증상이나 격렬한 감정 기복도 보이지 않기 때문이다. 그렇지만 이아고는 언어적으로 도착적이며 그가 보이는 증상은 무엇보다도 히스테리적 거짓말이다.

연극 〈오셀로〉는 형제 카시오가 중위로 진급했을 때 이아고가 전치됨을 느끼는 것으로 시작한다. 이아고는 그의 장군 오셀로에게 복수를 계획하고 있다. 이처럼 이아고가 자신의 자리라고 생각하는 것을 카시오에게 주었던 것에 대해서. 이아고의 첫 번째 행동은 오셀로의 신부 데스데모나의 아버지 브라반티오를 무례하게 깨워서 그의 딸이 오셀로와 눈이 맞아 달아났다고 말하는 것이다('늙고 검은 숫양이 / 당신의 흰 암양에 올라타요.'[13]). 시민 소요를 일으키기 위한 노력의 일환으로 이아고는 또한 브라반티오에게 공작의 회의를 방해할 것을 촉구한다. 그의 전략은 흑백 혼혈의 형태로 '위법성'에 대한 두려움을 조장하는 것이다. 혼돈과 혼란을 창조하려는 이러한 노력은 너무나도 익숙한 방식으로 실패한다: 그가 혼란시키려던 사회는 전쟁에 돌입함으로써 하나로 합쳐진다. 한데 뭉친 사회에서 배제되어 그의 질투와 더불어 남겨진 이아고는 그의 견딜 수 없는 질투를 투사하는 쪽으로 방향을 틀었다: 그는 오셀로를 질투로 미치게 만들 것이다. 그래서 그는 데스데모나가 카시오와 바람을 피우고 있음을 넌지시 알린다. 오셀로가 이 음모에 저항하고 데스데모나의 부정에 대한 이아고의 혐의를 입증하라고 요구할 때 비로소 이아고는

• •

13. [셰익스피어, 『셰익스피어 전집 5』, 33쪽.]

겁을 먹게 된다. 이 시점에서 그는 정교한 속임수와 끊임없는 거짓말, 그리고 잃어버린 손수건이라는 터무니없는 모습을 한 '증거'를 지어내는 것에 의지한다. 그리하여 그는 무고함이 죄가 되고 오셀로가 이아고의 감정 — 살의적 질투 — 에 점유당하게 되는 허언적 세계를 구축한다. 푸쉬킨은 오셀로가 질투한다기보다는 믿음직스럽다고 올바르게 묘사했다. 오셀로에게는 이아고의 질투가 거주한다. 이 시퀀스는 히스테리의 기저에 놓여 있는 메커니즘과 감정들을 보여준다. 즉 질투, 혼란, 복수, 속임수, 그리고 자신의 상황에 책임이 있다고 여겨지는 사람 내부에 격렬한 견딜 수 없는 감정 산출하기.

　우리는 셰익스피어의 비범한 희곡이 갖는 숭고함에서 모든 사람의 평범한 경험이 갖는 우스꽝스러움으로 하강할 수 있다: 아이(이아고)는 선호되는 것처럼 보이는 새로운 형제(카시오)에 의해 전치되었다. 그는 압도적인 질투를 느끼며 이 새로운 아기를 선호한 부모(오셀로)를 파괴하기를 원한다. 그는 그의 정당한 자리라고 생각했던 것을 상실했을 때 전적으로 혼란스러워하며 그리하여 세계에 혼돈과 혼란을 초래함으로써 그 끔찍한 혼란의 느낌을 배출하거나 투사하기를 원한다. 그는 새로운 동기를 죽이기를 원하며 자신이 느끼는 모든 질투와 증오를 유죄인 부모가 느끼게 만들기를 원한다. 이 격분의 순간에 그는 부모의 더 큰 힘으로 인해 겁에 질린다: 이것이 외상의 순간이다. 빠져나갈 길이 있을 수도 있다. 그것은 자신이 대혼란을 일으켰으며 압도적인 질투를 느낀다는 것을 인정하는 것일 터이다. 그렇지만 이아고는 이를 부인하고 타자가 그 견딜 수 없는 감정들을 느끼게 하는 것을 선택한다. 그는 모든 사람을 속이는 허언적 우주를 창조하는 데 자신의 환상들을 이용한다. 이 환원적 시나리오에서 우리는 이렇게 말할 수 있다. 즉 돈 후안이 그 경로에서 첫발을 내딛었다면, 이아고는 끝까지 간다고. 우리는 그가 히스테리증자의 이야기를 만들어내는 것을 볼 수 있다. 그는 배신당한 사람이 바로 그 자신이라고 믿기로 결심한다. 이아고는 오셀로가 그의 아내 에밀리아와 간통했다는 생각을 갖고 논다. 이것은 '미친' 이론이다. 그 이론을 가지고서 이아고는 질투를 투사할 그의 필요를 설명할 수 있으며, 또한 그의 허언적 체계의 토대가 되는 복수를 가할 그의 필요를 설명할 수 있다. 그는 (여느 아이처럼) 부모가 선호하는 것처럼 보이는 어느 동기든 질투한다—그리고 여기서 젊은 데스데모나는 어머니 인물인 것 이상으로 이아고와 카시오의 베네치아인 누이다.

질투와 증오의 첫 단계는 환상을 이용한다—어떻게 자기 자신의 것을 되찾을 것인가. 자기 환상의 진실을 간파당하고 입증할 것을 요청받으면 그 환상은 전적인 거짓말의 세계가 된다. 하지만 왜 모든 사람이 속는가? 왜 거짓말은 효과가 있는가? 그것은 단순히 거짓말이 우리 모두가 공유하는 감정의 비옥한 토양 위에 떨어지기 때문만은 아니다. 비록 이것이 핵심 역할을 하지만 말이다. 『카라마조프 가의 형제들』에서 미챠는 아버지를 살해하지 않는다—하지만 그러기를 원한다. 그에게 불리한 명백한 증거가 달라붙는데 왜냐하면 그는 죄책감을 느끼기 때문이다—그는 아버지를 죽이기를 원했기 때문에 유죄이며 늙은 하인을 죽였다고 잘못 생각하기 때문에 유죄다. 길포드 4인방의 이야기를 다룬 영화 〈아버지의 이름으로〉도 같은 것을 보여준다. 그들은 폭탄 테러로 투옥되었지만 사실은 결백했다. 기소하는 경찰의 힐난조 거짓말은 그 거짓말의 희생양이 전혀 다른 무언가에 대해 죄책감을 느끼기 때문에 효과적이다(그는 매춘부에게 약간의 돈을 건넸었다). 폭탄 테러에 대해 전혀 알지 못한다는 그의 항의는 마땅히 그래야 하는 것보다 덜 효과적인데, 왜냐하면 그는 다른 무언가에 대해 그가 어떻게 유죄인지 내내 생각하고 있기에 혼란스러워 하기 때문이다. 거짓말은 피고인의 무관한 죄책감의 토양 위에 떨어진다.

오셀로의 경우, 이아고의 최후의 일격은 그가 오셀로의 전적인 당혹을 실제의 가능성으로 바꾸어놓을 때다. 데스데모나가 남편과 결혼하기 위해 아버지를 배신했으므로 남편을 배신하지 않을 이유가 없다고 암시함으로써. 오셀로는 이러한 주장이 주는 상처에 저항할 수 없다고 종종 주장된다. 실은 오히려 오셀로 자신이 아내로 하여금 그녀의 아버지를 배신하도록 부추긴 것에 대해서 부분적으로 죄책감을 느끼는 것은 아닐까? 크리스타 볼프의 소설 『메데이아*Medea*』(1998)(구 동독 공산주의 시절 볼프의 역할로 인해 그녀에게 가해진 서독의 공격에 대한 우화)에서 메데이아는 남편 제이슨의 부정에 대한 복수로 그녀의 아이들을 살해한 죄로 기소된다. 볼프의 판본에서 그녀는 그 살인에 대해 무죄다. 그럼에도 처음에 그녀는 그녀의 더 어린 아들을 희생시켰다고 코린토스인들에게 고발당한다: 그녀는 문자 그대로는 그렇게 하지 않았지만, 그녀의 아버지를 대체하려는 더 큰 음모에서 아들을 노리개로 이용한 정치적 음모를 꾸민 죄가 있다. 메데이아는 그녀가 기소된 주요 범죄에 대해서는 유죄가 아니지만, 다른 범죄에 대해서는 부분적으로 유죄이다. 그렇지만 코린토스인들 자신의 권력은 그들의 왕 크레온이 그의 딸을 은밀히 희생한 것을 은폐한 것에 기반하고 있다. 죄책감은 사람들 사이를 오가는 화폐다. 죄책감은 누군가로 하여금 그것을 다른 사람에게 투사함으로써 그 결과를 벗어나도록 필사적이게 만든다 ― 그리하여 그것은 교환의 화폐가 된다. 모든 사람은 동기나 동기 대체자의 죽음에 죄책감을 느끼는데, 왜냐하면 모든 사람은 그들을 대체했을 수도 있는 경쟁자인 동기의 어떤 판본을 갖기 때문이다.

이 정서적 시나리오의 요점은 특정 유형의 언어가 그것으로부터 나온다는 것이다. 이아고는 창조의 아름다움과 진실을 거짓말로 둔갑시키며, 이윽고 모든 사람이 그 과정에 동참하는데, 왜냐하면 모든 사람의 자아가 너무나도 위협당한 나머지 유일한 자원은 그들의 자기에 대한 과대 주장인 것처럼 보이기 때문이다. 이는 타자의 파괴를, 거짓말하기나 살인을, 수반한다.

이아고는 오셀로의 완벽한 대비물[에]이다. 그는 자신의 백인 군인다운 현존을 끝없이 고집하며 '나를 누구라고 생각하는가?'라고 계속해서 묻는 허풍쟁이다— 연극 내내 후렴구로 '당신은 "정직한 이아고"요'라는 대답이 돌아온다. 아무도 이아고가 하는 이야기를 제대로 들을 수 없는데, 왜냐하면 그들은 언제나 그를 위해 그의 정체성을 확인하고 있어야만 하기 때문이다.

그렇지만 오셀로는 그가 보았던 '경이로운 것들'에 대한 이야기의 전달자로서 말고는 자신에 대한 인식 없이 진실과 창조의 기적을 현시하는 진실한 영웅이자 진실한 시인이다. 흑인 오셀로가 백인 데스데모나와 결혼한 것의 '진실'을 원로원 의원이 보게 함으로써 이아고가 대혼란을 일으키려고 할 때, 오셀로는 자신이 가담한 놀라운 행위와 광경에 대해 데스데모나에게 이야기했을 뿐이라고 소집된 의회에 해명한다. 그는 '인육 호식인들과 머리가 어깨 아래쪽으로 자라는 인간들'[14]을 보았다. 친구들the company은 듣고, 데스데모나처럼 그들은 오셀로를 보지 못하며 그가 열어놓은 세계를 본다. 공작이 결론짓듯이, 이것은 그의 딸도 얻을 이야기이다. 중요한 것은 창조하는 자가 아니라 창조다.

창조성과 진실은 동일한 위치를 차지한다. 비온이 진실에 대해 묘사하는 바대로 그것들은 말하는 자 이전에 있다. 말하는 자는 그것들의 전달자가 됨으로써 자신의 실존을 획득한다. 데스데모나는 오셀로를 그가 보고 경험한 세계의 전달자로서 사랑하며 오셀로는 데스데모나가 그것을 볼 수 있기 때문에 그녀를 사랑한다. 이아고는 오셀로로 하여금 세상을 보기보다는 자아를 주장하도록 강요할 수 있는 바로 그 지점에서 이 세계를 시에서 거짓말로 둔갑시킬 수 있다. 이는 이아고가 오셀로로 하여금 그 자신이 속임수의 숙주 역할을 했을까 봐 두려워하도록 만들 때 일어난다. 그는 오셀로에게 데스데모나가 그녀의 아버지를 속인 자였다는 것과 오셀로가 그 속임수의 숙주였다는 것을 보여준다. 이는 참인 동시에 완전히 거짓이다. 심지어 엄밀히 보자면 눈이 맞아 달아남으로써

<hr />

14. [셰익스피어, 『셰익스피어 전집 5』, 49쪽.]

데스데모나는 아무도 속이지 않았다. 당시의 법령과 친족 규정에 따르면, 데스데모나와 오셀로가 그녀 아버지의 동의를 반드시 필요로 했던 경우는 아니었을 것이다 — 교회는 원숙한 로미오와 줄리엣처럼 그들을 혼인시킬 수도 있었을 것이다. 셰익스피어의 희곡들은 당대의 친족 혼란과 변화하는 법령을 심원하게 활용하며, 그렇기에 그것들은 햄릿의 '촌수는 좀 줄었지만 차이는 안 줄었죠'[15]라는 말처럼 친족과 언어의 뒤얽힘에 대한 풍부한 통찰을 선사한다. 그렇지만 아버지에 대한 데스데모나의 겉보기의 배신과 남편에 대한 데스데모나의 겉보기의 배신을 이아고가 의도적으로 병치시킨 것은 겉보기에 정확한 것을 전적으로 허위인 것을 위해 이용한 사례다. 정확함과 진실을 혼동함으로써 이아고는 그런 다음 자신의 거짓말이 진실인 척할 수 있다. 오셀로는 적어도 순간적으로 혼란에 빠져 자신이 브라반티오를 속이는 데 기여한 죄가 있다고 생각하기에 사기가 꺾인다. 오셀로는 무너져 내려 익사하고 있는 자아를 필사적으로 주장한다. 오셀로는 이아고의 세계에 진입한다. 사악한 거짓말을 구축하기 위해(그녀가 너에게 하고 있는 짓을 보라) 세부 사항을 조작하는(그녀가 아버지에게 한 짓을 보라) 세계. 오셀로는 데스데모나를 이아고의 눈으로 보면서 그가 하는 거짓말의 숙주가 되고, 파멸한다.

이 연극에서 거짓말의 언어는 때로 공허한 웅변이지만, 더 빈번하게 그것은 '정직한', 입바른 군인의 성적 천박함이다. 조잡한 성욕이 에로스적 아름다움에 대항한다 — 그리고 승리한다. 하지만 이아고가 오셀로의 진실한 웅변을 패러디할 때 이따금 이용하는 공허한 웅변도 동일한 외설로 무너져 내린다. 히스테리적 세계의 이러한 두 층위 — 도착과 부정직 — 는 과장된 자기-주장과 더불어서 주체의 완전한 부재로서 언어적으로 현시된다. 이것은 이아고의 무의미한 미사여구를 통해 전달된다. 그는 공격적이고 단언적인 신체를 가지고서 세계를 가득 채워야만

15. [셰익스피어, 『셰익스피어 전집 4』, 325쪽.]

하는데 그러한 신체가 그의 모욕과 공격의 언어 안에 현존한다. 이 언어는 오늘날의 관용구로 '너의 눈 앞에in your face' 있으며 다른 모든 것을 시야에서 가린다. '당신이 로데리고인 것이 확실하듯 / 제가 무어인이면 이아고는 아닐 테니까요. / 전 그를 섬기면서 자신을 섬기는 것뿐인데',[16]: 차이에 대한 겉보기의 인식(내가 오셀로라면, 나는 이아고일 수 없다) 기저에는 아무런 인식도 없다 — 이러한 차이에는 아무런 의미도 없다. 겉보기에 의미심장한 생각 기저에는 진부함만이 있을 뿐이다.

연극 〈오셀로〉는 질서정연한 사회적 세계가 이아고의 통제 불가능한 증오와 질투의 층위로(즉, 히스테리적 우주로) 얼마나 손쉽게 퇴보할 수 있는지를 그토록 강력하게 보여준다. 이것은 히스테리적 행동의 세계로 보일 뿐 아니라 히스테리적 언어의 세계로도 보인다: 그 둘은 분리 불가능하다. 가장 아름다운 무운시가 있는 연극에서(오셀로의 말 '빛나는 칼을 거두어라, 밤이슬에 녹슬 테니Keep up your bright swords, for the dew will rust them',[17]), 이아고는 산문이나 대구로 말한다('아무리 추하고 게다가 바보래도 / 예쁘고 똑똑한 여자들의 추한 장난 / 저지르지 않는 여잔 없답니다There's none so foul, and foolish thereunto,/But does foul pranks which fair and wise ones do'[18]). 이아고가 말하는 것 속에 있는 이해 불가능한 무언가를 설명하려고 노력하면서 셰익스피어 학자 M. R. 리들리는 그것이 전적으로 진부한 것일 수도 있다고 최종적으로 제안한다. 유창해 보일 때 이아고는 아무것도 말하고 있지 않으니까.[19] 이아고의 공허한 말은 '사악한' 목적을 위해 이용된다. 그렇지만 순결한 데스데모나가 이아고의 외설적인 말에 대꾸할 수 있을 때 리들리는 이것이 셰익스피어의 실수라고 주장한다. 확실히 그는 틀렸다. 셰익스피어 편에서 아무 실수도 없다. 순결한 데스데모나는

• •

16. [셰익스피어, 『셰익스피어 전집 5』, 31쪽.]
17. [셰익스피어, 『셰익스피어 전집 5』, 41쪽.]
18. [셰익스피어, 『셰익스피어 전집 5』, 66쪽.]
19. Ridley, M. R. (1965).

이아고의 도착적 신체의 언어적 세계에, 비록 잠깐이더라도, 진입하는 것에 동의하였다. 거짓말은 거짓말을 낳는다. 도착적인 말은 도착적인 반응을 낳는다. 언어를 통해 순환하는 것은 단지 죄책감이 아니라 증오와 질투이다. 이는 폭력과 성욕으로서의 언어이며, 언어로서의 폭력과 성욕이다. 그것은 사람들 사이를 순환하는데, 왜냐하면 가식적인 거짓말쟁이의 청중은 오로지 둘 중 하나만을 선택할 수 있기 때문이다 ─ 숙주 역할을 함으로써 공연을 반향하거나, 그것에 끼어들어 거짓말쟁이의 붕괴를 야기하거나. (이는 도착에서도 마찬가지다.) 거짓말의 숙주가 되면서 데스데모나의 언어적 결백함 또한 위태로워진다. 그들이 세상의 경이로운 것들을 공유했기 때문에 서로를 사랑했다(그녀는 그가 말하는 것 때문에 그를 사랑했으며, 그는 그녀가 그것을 보았기 때문에 그녀를 사랑했다)는 오셀로의 앎도 마찬가지로 위태로워진다. 합리적으로도 비극적으로도, 오셀로는 더 이상 그녀의 말이나 그녀를 믿을 수 없다. 진실을 '말하기' 내지는 거짓된 것으로부터 진실된 것을 '말하기'는 더 이상 가능하지 않다. 오셀로는 모든 여자를 기리며 데스데모나에게 남긴, 비단으로 짠 어머니의 손수건의 시를 더 이상 믿을 수 없다. 이아고의 도둑질과 거짓말을 거쳐 손수건은 데스데모나가 떨어뜨린 천 조각이 되는데, 왜냐하면 이 거짓말하는 세계 속에서 그녀는 단지 카시오를 위한 육체가 되었을 수도 있기 때문이다. 명예의 상징에서 불명예의 징표로 손수건이 둔갑하고 품위가 저하된 것을 수용함으로써, 오셀로 역시 거짓말의 숙주 역할을 한다.

이아고가 진실과 시의 전달자인 오셀로를 속임수에 연루된 남자로 둔갑시킬 수 있는 약점을 발견하는 순간 오셀로는 '파멸'한다. 그 순간은 오셀로의 경이로운 이야기가 데스데모나를 유혹하여 그녀의 아버지를 배신하게 한 '거짓말'이었다(그래서 그녀가 마찬가지로 오셀로를 배신할 지도 모른다)는 생각을 이아고가 심을 때 온다. 인육 호식인 이야기의 창조성을 거짓말의 찌꺼기로 둔갑시키는 것은 무엇인가? 거짓말과 창조의 차이는 전적으로 말하는 자가 있는 위치의 결과로 생겨난다. 어깨 밑에 머리를 지닌 사람들이 있다는 것은 진실이 아니지만, 세계가 놀라운 장소라는 것은 진실이다. 그렇지만, 말해지고 있는 것보다 말하는 자가 더 중요해지는 순간, 세계는 놀라운 장소이기를 멈춘다.

그렇다면 거짓말은 거짓말이 아닌 것처럼 거짓말을 말하는 것의 문제가 아니다. 오히려 거짓말은 거짓말쟁이의 바로 그 존재를 단언할 때 그것이 차지하는 위치이다. 거짓말은 거짓말쟁이의 과잉 중요성over-importance이다. 거짓말은 상대방으로 하여금—거짓말쟁이의 실존을 확증하면서, 그로써 거짓말쟁이와 하나가 되면서—숙주 역할을 하도록 요구한다. 여기서 우리는 돈 조반니의 언어적으로 더 단순한 이야기로 되돌아갈 수 있다. 돈 조반니는 그의 수많은 여자들 가운데 어느 누구와도 관계를 맺지 않는다. 그는 유혹하며, 서로에 대한 질투로 여자들을 미치게 만들고 나서는 레포렐로가 보관하는 목록에 그의 정복들을 기록한다. 목록은 반복되는 패턴 안의 작은 차이들만이 있는 글(혹은 노래) 한 조각이다—작은 차이들의 나르시시즘. 나의 히스테리 환자들 가운데 하나는 그의 친족들이 또한 서로의 친척이기도 하다는 것을 이해할 수 없었다. 그에게 있어서, 그의 커다란 친족 망 안에 있는 모든 사람은 그와만 관련이 있었다—이모는 (그의 삼촌의 아내나 그의 사촌의 어머니가 아니라) 그의 이모였으며, 그의 할아버지는 오로지 그의 할아버지였다. 그를 제외하고는 아무도 다른 사람과 관련이 없었다. 돈 조반니의 것과 같은 목록은 이렇듯 부분들 간의 여하한 관계의 부재를 표현한다. 그 목록의 저자에 대한 관계를 제외한 그 어떤 관계도 없다. 목록의 저자가 알려져 있지 않다면—가령 거리에서 우연히 쇼핑 목록을 발견한다면—그것은 매우 지루한데, 왜냐하면 저자가 전부이기 때문이다.

인류학자 잭 구디에 따르면, 우리가 글쓰기의 출현에서 발견하는 것은 목록들이지 우리가 희망하는 수많은 멋진 신화나 이야기가 아니다. 문화가 더 복잡해질 때 이전의 집단 자아가 위협에 처한다고 나는 제안한다. 글쓰기는 다른 사람들이 자신의 이전 자리를 차지하는 새롭고도 위협적인 복잡성에 대해 어떤 통제권을 주장하기 위한 수단을 제공한다. 목록들은 통제의 어떤 형태를 제공한다. 그렇지만 목록 작성의 언어는 사람들 간의 소통으로서 역할을 하는 것이 아니라 자신이 가진 것의 장부로서, 위협당했을 수도 있는 시점에서의 신체나 집단 신체의 증대로서 역할을 한다. 이 언어는 관계적 품사들이 없으며, 단어들은 서로 관계를 맺지 않고 오로지 그것들의 저자와만 관계를 맺는다—내 환자의 가족 구성원들이 그의 마음속에서 오로지 그에 대해서 말고는 서로 아무런 관계가 없었던 것처럼 말이다. 목록의 언어는 상징적이지 않다. 그것은 주체의 장식으로서 인지될 때만 의미가 주어지는 나열이다. 앤 섹스턴은 이 히스테리적이고 비–관계적인 언어에 대한 훌륭한 묘사를 제공했다: '단어들은 꼬리표나 동전 같아요. 혹은 떼 지은 벌들 같다고 하는 게 더 좋겠어요'—다시 말해서, 의미 작용 사슬의 부분이 아니라 서로의 연속된 반복이다.

이 모든 히스테리적 표현과 증상 그리고 단어 사용은—청중이 주체에 대해 맺는 '관계'만을 허용하기에—다른 사람들 사이의 관계들을 파괴하거나 부인한다. 코라디 피우마라는 이 과정을 잘 묘사하지만 그 위험들을 놓치고 있다.

> 상징적 연결고리들에 대한 공격은—(더욱 심각한 형태의 정신병리에서 보고되는 것처럼) 주로 혼란과 교란을 유발하려는 시도는—역설적으로, 이해할 수 없는 상황에 수동적으로 흡수당하는 것보다 더 나은, 조직화를 위한 능동적 노력으로 판명될 수도 있다. 이 경우 그것은 혼돈스러운 환경으로서 지각되는 것에 압도당하는 것과 대립되는 바로서, 혼란을 산출하고 있는 자기의 주관적 핵이다.[20]

• •

20. Corradi Fiumara, G., op. cit., p. 16.

주체의 주관적 핵은 사악한 말, 거짓말, 투사에, 능동적 행위로서의 폭력에 기댈 수도 있다. (위니콧에 따르면) 정신병이 건강의 표지인 것과 마찬가지로. 그것들은 죽음의 수동성보다는 삶의 필수적인 공격성을 내포한다. 그렇지만 우리가 주체의 생존만을 살펴본다면 실재하는 악을 놓칠 위험에 처하게 된다. 사악한 말, 거짓말하기, 폭력적 성욕은 밀접하게 연관되어 있으며, 그것들은 주체의 생존 행위일 수도 있지만 그것들의 사회적 영향 혹은 다른 사람들에 미치는 영향은 처참할 수도 있다. 이러한 증상들은 단지 건강한 공격에 불과하지 않다. 그것들은 또한 죽음충동의 폭력에 의해서 표지되기도 한다. 이아고는 카시오에 대한 자신의 질투도, 세상을 본 오셀로에 대한 자신의 증오도 참을 수 없었다. 이아고의 견딜 수 없는 질투와 증오로 인해 오셀로는 데스데모나를 살해하고 자살한다.

돈 조반니처럼 이아고는 전치된 사람의 공허함을 지닌다. 그는 이것을 오셀로에게 투사한다—'오셀로의 직업은 사라졌다!'[21] 그가 보상을 위해 사용하는 자기-주장 또한 전염된다. 이아고의 집요한 암시로 인해 카시오는 이아고가 그를 술에 취하게 했을 때 잃었던 그의 '위치'를 되찾는 것 말고는 달리 관심이 있을 수 없다. 데스데모나도 동일한 함정에 걸려든다—그녀 역시 그녀 자신의 방식을 원하며, 그녀에 대한 사랑의 증거로서 카시오를 복직시키도록 오셀로를 조른다. 둘 모두 '나를 봐' 자세를 하고서 이아고에게 합류한다. 질투는 격정으로 이어진다. 이것들을 이아고는 그를 둘러싼 세상의 혼돈을 일으키기 위해 투사한다.

오셀로와 데스데모나는 세계의 경이로운 것들에 대한 존경으로써 서로를 얻는다. 이아고가 부추긴 데스데모나의 아버지 브라반티오는 오셀로가 구애에 마법을 이용했다고 비난했다. 연극이 끝날 무렵, 창조의 경이는 정말로 마법으로 변모한다. 오셀로의 언어는 달라진다: 그가

• •

21. [셰익스피어, 『셰익스피어 전집 5』, 110쪽.]

데스데모나에게 남겼던, 그녀로 하여금 '어머니를 통해 거슬러 생각'(울프)하게 해준 어머니의 손수건은 예언자가 마법으로 엮고 처녀들의 진액에 흠뻑 빠진 '마녀적'인 것이 되었다. 오셀로의 '수행적' 묘사는 공포를 일으키도록 고안된다. 데스데모나는 오셀로가 그녀를 살해할까 봐 두려워하기도 전에 공포에 질린다. 시의 언어는 행동의 언어—성적 도착과 살의적 폭력—로 전락한다.

연극 내내 이아고는 행동하는 남자로 묘사된다. 카시오는 이아고의 외설적인 진부함을 데스데모나에게 설명하면서 이아고가 학자가 아니라 군인이라고 말한다. 히스테리와 도착의 실연은 동전의 양면이다. 심적 상태는 동일하다. 그리하여 이아고의 사악한 말은 상징적 등치나 축자성을 이용하며, 이는 또한 실연된다. 가령 그는 오셀로가 그의 아내 에밀리아와 동침했다고 그가 믿는다면, 그것은 그가 개시하려는 거짓말에 부합한다고 결론을 내린다. 이는 등가물을 암시한다—그가 데스데모나와 동침하고자 한다는 것을. 그러고 나서 그는 어떻게 그, 이아고가 카시오 옆에서 자고 있었을 때 꿈을 꾸고 있던 카시오가 그를 데스데모나로 착각하고, 상상된 데스데모나에게 성적으로 말을 걸었을 뿐만 아니라 성행위의 일환으로서 그에게 자신의 다리를 올려놓았는지를 묘사함으로써 오셀로를 질투에 떨게 한다. 환상된 도착적 행위는 또한 도착적 언어이기도 하다. 언행의 도착이 이루어지는 이아고의 위치는 히스테리증자의 위치다—히스테리증자는 환상한다. 도착증자는 실연한다. 돈 조반니와 이아고 양자 모두는 전치된 아이의 다형 도착적인 행동과 환상을 실연한다—도착적 성욕은 또한 도착적 폭력이기도 하다. 둘 다 질투에 의해 추동된다. 둘 다 남자다. 히스테리의 대안으로서 행동과 도착은 남자들을 묘사하는 저자들에게 선호된다—실로 그것들이 남자들 자신에게 선호되니까 말이다. 히스테리와 도착은 교대로 나타난다—그것들의 축자적 언어와 강박적 거짓말하기는 그것들의 근본적 통일성을 드러낸다.

제9장

외상

1. 히스테리, 기억 그리고 외상

외상은 언제나 히스테리에서 역할을 해왔다. 그것은 『히스테리 연구』에서 현저하게 등장한다. 관련 외상은 실제일 수도 있고, 상상되었거나 유도된 것일 수도 있다. 혹은 외상은 '전치된' 것일 수도 있다. 길에 주차된 승용차의 흔치 않은 모습에 의해, 혹은 성냥 켜기의 갑작스러운 소음에 의해 격발된 타이타족 여자들의 사카 병은 전치된 충격의 결과일 수도 있다. 무언가가 병을 유발했으며 그러한 무언가는 충격이나 외상으로 경험되지만, 격발시키는 충격은 '기원적' 충격이 아니다. 그 어떤 충격이나 외상이라도 된다.

좀 더 열린 문제는 외상에 대한 히스테리적 반응의 가능성이다. 히스테리는 외상이 필요할지도 모른다. 하지만 외상이 히스테리를 산출하는가? 외상과 히스테리적 반응 사이에는 언제나 지연이 있어서, 히스테리적 반응이 있더라도 즉각적이지는 않은 것 같다. 가령 양차 대전의 병사들이 받았던 충격은 나중에야 히스테리적 함묵증으로 나타났다. 때로 지연은 훨씬 더 크다. 홀로코스트 생존자들보다는 그들의 아이들이 히스테리 경향이 있는 것으로 관찰되었다. 한 세대의 실제 외상은, 그것이 히스테리로서 체험될 수 있는 다음 세대가 되기 전까지는, 유발되지 않을 수도 있음을 이는 시사한다. 따라서 지연은 개인의 경험에서만이 아니라 사회적 맥락에서도 발생할 수 있다. 외상의 영향들이 히스테리로서 전염될 수도 있다.

외상과 히스테리 양자 모두는 기억의 문제와도 밀접하게 연관되어 있다. 히스테리증자들은 특징적으로 기억의 커다란 간극을 겪으며, 하지만 '회상'으로 묘사되는 것 또한 겪는다. '추억의 길'을 따라 내려가려는 강박이 있을 수 있다. 외상 피해자들은, 그들에게 외상을 입힌 사건들을 기억하기보다는, 외상적 순간의 강박적 반복을 경험한다. 이러한 이유로 미국의 문화사학자 캐시 카루스는 외상 환자들을 역사의 희생양이라고 묘사했는데, 왜냐하면 '실재'(라캉)가 그들을 침범했기 때문이다.[1] 나는 이것이 아주 정확하다고는 생각하지 않는다. 외상과 히스테리의 연결고리를 검토하는 것이 문제를 재정의하는 데 도움이 될 것이다. 나는 외상 환자와 히스테리증자의 경우 기억이 지각으로 **퇴행했다**고 제안한다. 지각과 기억은 양립할 수 없다. 우리는 보고 듣고 만지고 냄새 맡는 것을 그 시점에는 '기억'할 필요가 없다. 우리는 어떤 것을 보는 동시에 기억할 수 없다. 어떤 것이 — 멜라니 클라인이 '감정 속의 기억'이라고 부르는 것처럼 — 신체 속에서 회상될 때조차도, 그것은 그것의 부재 속에서 재지각되어야 할 때만 기억된다. 외상의 바로 그 순간에는 지각도 기억도 없다. 외상적 충격으로서 경험된 어떤 것은 표상으로서의 기억에 대한 희생양의 능력을 근절한다. 기억의 자리에는 지각이, 경험의 제시가 온다. 폭파된 사지, 뱃속의 구멍은 거의 환각에 가까운 생생함과 더불어 정신의 이미지가 된다. 일어난 일의 감각적 측면들의 이러한 제시는

1. Caruth, C. (1996).

경험 그 자체의 현실 회귀와 동일하지 않다. 그것은 '실재'도 아니고 기억으로서의 '실재'의 표상도 아니다. 그것은 도상적iconic 제시이다. 지각은 필연적으로 왜곡하며 개별적이다. 바로 이러한 지각이 외상적 악몽의 도상적 이미지로서, 즉 열차가 접근하는데 철도를 가로질러 이동하지 못한 채 달리는 것과 같은 '얼어붙은' 움직임으로서, 회귀하는 것이다—경험 그 자체가 아니라, 경험의 한 측면의 피할 수 없는, 반복되는 지각된 현시들. 외상 피해자와 히스테리증자는 유사한데(혹은 동일한 한 사람인데), 왜냐하면 그들은 기억할 수 없으며 오로지 지각만 할 수 있기 때문이다. '실재'가 그들을 침범한다는 것이 아니다. 그들이 너무 많은 지각을 갖는다는 것이다. 이러한 정식화는 지각과 기억의 차이를 추가로 검토할 필요가 있음을 의미한다.

기억

지난 세기말, 정신분석으로 이어지게 될 탐구의 최초 질문들은, 1880년 대와 1890년대 비엔나의 히스테리 환자들에게서 관찰된바, 기억의 그 극단적 간극들, '부재들'을 다루었다.

히스테리증자는 '회상들에 시달리는' 것처럼 보였고, 또한 기억의 간극들을 갖는 것처럼 보였다—마치 너무 많은 동시에 너무 적은 기억을 갖는 것인 양. 그 회상들은 백일몽과 기억 사이의 어딘가에 있는 이야기 단편인 것으로 밝혀졌다. 거대한 기억 간극들은 저 생각들을 생각하는 것과 저 느낌들을 느끼는 것에 대한 금지를 내재화한 결과로 생겨났다. 이 느낌들과 생각들은 어떤 사건의 맥락 안에서 본 것들인데, 거기서 그 사건의 기억들은 '억압'되어 있었다. 억압된 것은 사건이 아니라 기억이었다—따라서 '사건'은, 외상 이후에 그러하듯, 또 다른 형태로 회귀할 수 있었다. 프로이트는 이렇게 주장한다. '모든 억압은 기억의 억압이지 경험의 억압이 아닙니다. 기껏해야 후자는 사후적으로 억압됩니다.'[2]

강조점이 달라지기는 했지만, 프로이트는 히스테리 증상은 억압된 기억의 표현이라는 생각을 계속 유지했다. 증상은 그 증상 안에 억압을 초래한 심급의 표상을—소원이 성취되는 것에 대한 금지를—포함하며, 또한 동시에, 의식에서 추방되어야 했지만 그 자체의 힘을 지니고 있으며 이러한 병리적 증상적 형태 속에서 스스로를 다시 주장할 수 있는 소원과 충동을 포함한다. 억압 및 그에 따른 기억 상실에 대한 강조가 세계대전 이후 초기 유아기 경험에 대한 강조로 인해 가려졌기는 하지만, 그것은 '지하의' 삶을 계속 이어갔으며 히스테리에 대한 프로이트의 나중 생각에서 다시 출현했다. 1928년 프로이트는 히스테리성 간질 발작에서(여기서 프로이트는 도스토옙스키의 사례를 이용했다) 증상—발작—은 다음과 같이 해석될 수 있다고 주장했다: 너는 아버지가 되기를 원한다(욕망), 너는 아버지가 될 수 없다(억압하는 심급), 너는 여하간 아버지가 되기를 원한다, 그는 죽었다, 너는 죽은 아버지가 될 수 있다(증상, 즉 발작). 간질 발작은 이 죽음을 모방한다. 소원은 더 이상 기억이 아니라 현재에서의 실연이다.

기억은 인간화 과정의 필수 불가결한 부분이다. 정신분석은 무의식적 기억의 작동 및 형성에 관심을 둔다. 19세기 후반에 성적 각성은 사춘기와 더불어서만 발생한다고 여전히 공식적으로 생각되었을 때, 프로이트는 유아기 경험이 (아동기 초기의 성적 학대같이) 비록 공공연하게 성적이기는 하더라도 오로지 사춘기 이후에만 성적인 것으로서 경험될 수 있다고 주장했다. 유아에게 최초의 비–성적 경험(경험의 특징이 되는 성욕이 없는 경험)은 나중에 현재 속에서 성적인 것으로서 경험된다. 현재가 과거를 재해석한다는 것이 아니다. 우리가 전적으로 의미의 지연이라고 부를 수 있는 것이 있다는 것이다. 이것은 프로이트의 모든 작업에서 핵심적이다. 이것은 또한 외상의 이해에서도 핵심적이다. 기억과 관련해

• •

2. Freud, S. (1910, 1963), p. 31 (10 January 1910).

서, 이러한 관점은 과거는 현재 안에 있게 되기 전까지는 아무것도 의미하지 않는다고 주장한다. '무의식에서 떠오르는 사실은 앞서 있었던 일이 아니라 앞으로 일어날 일과 관련하여 이해해야 한다.'[3] 아동기로부터 오는 기억은 없으며, 아동기에 대한 기억만이 있을 뿐이다.

현재 기억에 대한 정신분석적 이해는 크게 세 갈래가 있다. 미국의 자아심리학, 프랑스의 구조주의, 포스트−구조주의 및 해체주의 사상, 그리고 영국의 대상관계 이론. 집단과 개인이 분리된 미국의 자아심리학에서조차도 기억에 관한 한, 지배적 패러다임은 잠재적 기억으로서 이미 구성된 경험이 억압되어왔다는 생각이다. 따라서 환자는 그의 '서사'를 찾을 수 있도록 조력을 받아야 한다. 그의 갈등 없는 자아는 이러한 억압된 기억으로 인한 갈등적 교란을 제어하기 위해서 그 교란을 의식적인 것으로 만들어야만 한다. 정신역사학, 오늘날의 서사와 서사학 예찬, 기억 회복 운동이 모두 정신 역학에 정통한 북미의 문화에서 기원하는 것은 우연이 아니다. 개인사로서의 정체성에 대한 이러한 경향은 아직도 자신을 새로운 민족이라고, 과거를 필요로 하는 민족이라고 느끼는 나라의 산물인가?

프랑스 사상가들에게 기억은 결코 구성되는 것이 아니다. 라캉, 데리다, 라플랑슈 그리고 앙드레 그린 같은 그러한 인물들을 같은 편에 두는 것은 이상해 보일 수도 있다: 심지어 기억이라는 쟁점에 있어서조차도, 그들의 창조적인 작업물은 서로에 대한 불일치 속에서 종종 생산된다. 하지만 기억 관념에 대한 이러한 다양한 주장들과 발전들이 모두 어떤 공통된 기반을 지닌다. 미국의 자아심리학의 기반과는 매우 다른 기반. 그 프랑스인들에게서 핵심 개념은 프로이트의 원래 개념인 '지연', '사후적nachträglich', '사후성Nachträglichkeit'이다. 라캉과 그린은 그것을 상이한 방식으로 강조하였으며, 데리다는 '차연'이라는 핵심 개념을 개발하기

● ●

3. Freud, S. (1909), p. 66. [프로이트, 『꼬마 한스와 도라』, 91쪽.]

위해 그것을 확장하였으며, 라플랑슈가 영어로 '사후성afterwardness'이라고 재번역하였다. 기억은 흔적 이후에 온다. 기억할 그 어떤 사건, 경험, 감정도 없으며, 오로지 현재에 그 의미가 실현되는 과거가 있을 뿐이다.

미국의 자아심리학, 라캉주의 및 후–라캉주의 정신분석은 보통 서로 극도로 적대적이지만, 기억 개념과 관련해서는 두 가지 공통점을 갖는다: 양자 모두는 언어 및 아버지에 정향되어 있다. 이 점에서 영국의 대상관계 이론은 둘 중 어느 쪽과도 매우 다르다. 다시금, 영국의 대상관계학파 안에서 논쟁은 어쩌면 정향으로서의 통일성보다 더 중요할지도 모른다. 하지만 그 통일성이 기억과 관련된 특정 위치를 나타낼 수 있다. 독립파 대상관계 치료사든, 클라인학파든 신–클라인학파든 간에, 영국의 대상관계 정신분석가들은 '이자 관계'에, 즉 환자와 분석가의 상호 작용에 초점을 맞춘다. 전오이디푸스적 아이에 대한 강조와 더불어 대상관계 이론(6장 참조[4])은 '기억'이 실패하는 사례들보다는 존재하게 될 수 있는 조건들에 관심이 있다. 대상관계 정신분석 안에서 분석가의 과제는 아기/환자가 자기 자신의 사고 및 기억을 갖게 될 수 있는 맥락 — '수용자container', 몽상의 초점 — 을 제공하는 것이다.

윌프레드 비온은 어머니의 '사고 능력'(그가 '알파 요소'라고 부른 것)의 역할을 이론화했다. 그 능력은 유아의 지향되지 않은 불안과 감각 (이른바 '베타 요소')들을 수용하고 처리하는 능력이며, 또한 그것들을 관리 가능한 감정으로 변형하여 아기에게 돌려보내는 능력인데, 그 이후로 아기는, 희망컨대, 자기 자신의 사고와 기억을 형성하기 위해 그것들을 이용할 수 있을 것이다. 어머니가 '충분히' 있다면, 유아는 점점 더 '그녀를 마음속에 간직'할 수 있게 될 것이고, 다시 말해서 그녀가 부재하는 동안 그녀를 기억하기 시작할 수 있게 될 것이다 — 언제나, 그 부재가 너무 길지 않다면. 이 이론에서 '기억'은 어머니와 아이라는 사회적

. .

4. [원문에는 5장이라고 되어 있으나, 오기로 보여 바로잡았다.]

맥락 안에서 발생하는 인간 발달의 문제다. 따라서 기억의 실패는 원래의 맥락의 실패가 될 것인데, 이는 가설상 유아의 발달 단계에 맞추어지지 않은 일이 될 것이다.

가령 내 환자 가운데 한 명인 A 부인은 한 면담에서의 어떤 것이든 다음 면담에서 기억하기가 매우 어렵다는 것을 발견했다. 우리가 만나서 같이 작업하기 시작한 직후에, 그녀는 그녀가 왜 신발 가게에 들어갔는지를 기억하기 위해서 내가 필요하다고 말했다. 그것은 식료품점에 가서 설탕을 잊어버리는 것 같은 것이 아니었다—누구나 그럴 수 있다. 그녀는 도대체 그녀가 왜 신발 가게에 들어갔는지조차 알지 못했다. 다소 멋쩍은 듯이 그녀는 그녀가 왜 신발 가게에 들어갔는지 너무 소상히 알기 위해서 내가 필요한 것은 아니라고, 그것은 틀림없이 끔찍할 것이라고 덧붙였다. 나에게 대신 기억해달라고 부탁할 때 A 부인은 그녀의 압도적인 불안을 내 마음속에 담아달라고 부탁하고 있었다.

(모든 정신분석 치료에서처럼) 비록 대상관계 실천에서 오로지 말만이 이용되기는 하지만, 그것의 해석은 말하기 이전의 것이 되는 경향이 있는 관계에 대한 해석이다. 그 관계에서 정동(느낌들과 정서 상태들)과 신체는 정신에 관한 정보의 원천으로도 이용된다. 강조점을 위니콧의 몽상에 두든, 촉진시키는 환경에 두든, 환자의 불안과 베타 요소를 수용하고 변형하는 비온이 말하는 분석가의 알파 기능에 두든, 모델은 어머니이며 그녀의 기억의 본성은 유아의 기억 발달에 핵심적인 것으로 간주된다. 미국 분석가들처럼 과거를 재구성하거나 프랑스 분석가들처럼 과거를 해체하는 대신에 영국 분석가들은 면담의 이른바 '여기 그리고 지금'을 강조한다. 모든 대상관계 치료사들이 이러한 실천의 탁월함에 동의하지는 않겠지만, 그러한 생각에 반대하는 경우조차도 '여기 그리고 지금'은 환자의 기억을 통한 환자의 개인사의 그 어떤 재구성보다도 우위를 차지한다. 과거는 현재 안에서 의미를 취하며, 현재가 전부다. 위니콧은 환자가 임박한 것으로서 두려워하는 재앙은 주체가 그것을 처리할 수

있기 전 단계인 유아기 과거에 이미 발생했던 재앙이라고 주장했다. 어떤 면에서 이는 (프랑스 사상가들 및 그들이 이용하는 프로이트처럼) 지연된 의미를 시사한다. 반대로 또 다른 면에서 그것은 유관한 실제 경험이 과거에 있었다고 주장한다.

그렇다면 우선 우리는 기억들이 존재하며, 표현될 수 있으며, 되찾아질 수 있다는 관념을, (실제 경험에 대한 것이건 느낌과 충동에 대한 것이건) 개인사가 재구성될 수 있다는 관념을 얻는다. 둘째로, 이것과 나란히 혹은 이것과는 반대로, 우리는 그 자체로는 기원도 내용도 없는 일련의 기입이나 흔적 위에 기억이 놓인다는 논제를 갖는다. 그런 다음 세 번째 관점이 있는데, 그러한 관점에서는 어머니/분석가가 마음속에 아기를 간직하는 것이 말하기 이전의 아기/환자의 기억 발달을 촉진할 것이다. 그렇지만 여기서 중요한 것은 기억이 아니라 관계다. 이것들은 세 가지 상이한 정신분석이 아니라 오히려 상이한 정도로 강조되어 온 기억 이론의 세 가지 측면이다. 실로 이 다양한 가닥들을 연계하는 것은 기억의 **부재**다. 그 부재가 억압 때문이든(미국), 의미의 지연 때문이든(프랑스), 말하기 이전의 유아로서 환자의 미성숙한 발달 상태 때문이든(영국), 그 출발점은 부재다. 세 학파 모두 임상 경험과 프로이트의 이론에 뿌리를 두고 있다.

100년 전 정신분석은 기억이 아니라 망각과 더불어 시작했다. 히스테리 환자가 보인 기억의 병리적 간극에 대한 관찰은 머지않아 프로이트로 하여금 생후 첫해의 '정상적인' 보편적 기억 상실을 정식화하도록 이끌었다: 아무리 열심히 노력해도 우리는—적어도 그 어떤 지속적인 방식으로도—우리의 유아기를 기억하지 못한다. 프로이트는 그러한 히스테리적 특성들이 일반적인 인간 특성의 특수한 현시들이라고 보았다. 망각의 이 두 가지 경우(히스테리적-병리적인 것과 정상적인 것) 사이에서—그리고 실제로, 말하자면 그것들로 인해서—정신분석 이론의 대상이면서 또한 어느 정도는 분석가의 정향에 따라서 치료의 초점이 되는 위대한

발견들이 나타났다: 구조화되어 있으며 의식과는 완전히 상이한 방식으로 기능하는 무의식, 억압을 비롯하여 심적 방어의 상이한 양태들, 오이디푸스 콤플렉스와 유아 성욕. 지난 세기의 전환기에 정신분석은 히스테리적 망각의 관찰과 인간 유아기 기억 상실 이론의 울타리들 사이에 펼쳐진 분야였다.

생물학적 설명이 있을 수도 있기는 하지만, 정신분석가들에게 생리학적, 신경학적, 혹은 해부학적 설명은 이러한 관찰을 완전히 설명해 주지는 못한다. 그렇지만 그것은 인간 상호 작용의 특수한 본성에 의해 설명될 수 있다. 인간 유아의 극단적인 의존성은 유아가 자신이 의존하는 대상들에 과도하게 집중하게 되는 — 즉, 그들이 너무나도 중요해지는 — 상황을 유발한다. 보호해 주는 그와 영양을 공급해 주는 그녀를 향한 너무나도 많은 감정 — 사랑과 증오 둘 다 — 이 있으며, 인간 사회의 이익을 위해서 이 과잉은 망각되고 억압되어야만 한다. 이 억압 행위는 이 소원과 충동의 표상들을 무의식적으로 만들며, 그것은 그토록 주요하고 중대한 말소 행위이기 때문에 이 최초 시기의 모든 잠재 기억들을 끌고 간다.

기억이 개인적으로나 문화적으로나 상당히 다양하기는 하지만, 그 누구라도 저 초원의 빛이나 꽃의 영광[5]의 또는 공포와 불안의 생후 첫 시기를 실제의 특정한 기억들로서 온전히 회복할 수 있다고 믿는 정신분석가는 없다. 기껏해야 그것들은 현재의 치료 면담에서 상기되어 의미를 부여받을 것이고 무언가가 그것들로부터 재구성될 수 있을 것이다.

생물학이 유아기 기억 상실을 만족스럽게 설명하지 못하는 이유 가운데 하나는 유아기 기억 상실의 일반적인 배경에서 유난히 선명하게 두드러지는 몇몇 기억들이 있다는 것이다. 내 환자 가운데 한 명은 그녀가 처음 일어섰던 때를 분명하게 기억할 수 있었다. 아버지가 그녀를 냉장고

• •

5. [Of splendour in the grass / of glory in the flower. 윌리엄 워즈워스의 시 "Splendour in the Grass."]

위에 올려놓고는 그녀의 팔 아래를 붙잡고 있었다. 하지만 그런 다음 아버지는 물러서서 그녀의 쭉 뻗은 손과 손끝만을 붙잡아 그녀를 안정시켰다. 그는 손을 놓았고 잠깐 동안 그녀는 홀로 섰다. 황홀하고 얼떨떨한 상태로, 냉장고 위에 쿵 하고 주저앉기 전까지. 그 기억은 믿기지 않을 정도로 생생했으며 다양한 세부 사항들은 9개월에서 11개월 무렵 어딘가로 날짜를 추정하는 것을 가능하게 했다. 이러한 유형의 도상적 기억은 '차폐 기억'이라고 불리며, 실제로 분석해 보면 아동기 경험과 무의식적 환상의 혼합물로 보일 것이다. 그것의 구조는 증상의 구조와 유사하다—억압된 무언가가 새로운, 전치된 이미지 속에서 회귀한다. 그 이미지가 환상과 경험으로까지 거슬러 추적될 수 있다면, 우리는 그렇지 않을 경우 기억 상실에 빠지게 될 유아기에 관한 단서를 갖게 된다. 프로이트는 차폐 기억에 대해서 이렇게 쓰고 있다: '이 차폐 기억에는 유년기의 삶 중 본질적인 것 몇몇만이 아니라 사실 본질적인 것 모두가 포함되어 있다. 우리는 차폐 기억으로부터 그것을 분석을 통해서 풀어내는 방법만 알면 될 정도이다. 차폐 기억은 현시된 꿈 내용이 꿈 사고들을 대신하는 만큼이나 잊힌 유년기를 풍부하게 대신한다.'[6] 차폐 기억 개념은 기저의 무의식적 기억을 탐색할 수 있게 하는 분명한 구조를 제공한다. 이러한 차폐 기억은 외상 이후나 악몽에서 되돌아올 수 있는 도상적 이미지의 긍정적 판본과도 같다. (차폐 기억의 선명함을 제외하면) 증상도 꿈도 아닌 것처럼 보이기는 하지만, 그럼에도 차폐 기억은 무의식적 과정들을 함축한다.

심지어 근친상간에 대한 그 자신과 그의 환자들의 기억을 진실하다고 인정했을 때조차도 프로이트의 '기억' 개념은 문자 그대로의 재생 가운데 하나가 아니었다. 친구 플리스에게 보낸 다음 편지에서 프로이트는,

• •

6. Freud, S. (1914), p. 148. [프로이트, 「기억하기, 되풀이하기 그리고 훈습하기」, 『끝낼 수 있는 분석과 끝낼 수 없는 분석』, 이덕하 옮김(도서출판 b, 2024), 115~116쪽.]

단지 성적 사건들 혹은 환상들의 억압에 의해 형성된 무의식적 기억이 아니라, 기억 일반에 대해서 쓰고 있었다.

> 나는 지금 우리의 심리 메커니즘이 성층화 과정에 의해서 생겨났다는 가정을 연구하고 있어. 기억 흔적들의 형태로 현존하는 재료는 이따금 새로운 상황에 따라서 재배열 — 재기입 — 된다는 거지. 따라서 내 이론에서 본질적으로 새로운 것은 기억은 한 번에 현존하는 것이 아니라 여러 차례에 걸쳐서 현존하며, 그것은 다양한 종류의 '표기들indications' 속에 놓여 있다는 논제야.[7]

프랑스 분석가와 영국 분석가 둘 다 유의하는 것은 바로 기억의 형성에 관한 이 이론이다. 그렇다면 기억은 동일한 흔적 자국을 따라 반복해서 흐르는 '관념'이다. 의식은 그러한 흔적이 없는 상태다. 따라서 기억과 의식은 양자택일이다(그것들은 동시에 일어날 수 없다). 이러한 의식 개념은 '지각–의식'이라고 알려진 체계로서 정의된다. 기억이 산산조각 날 때 외상은 희생양을 '개인사'로 돌려보내는 것이 아니라 바로 이러한 지각–의식으로 돌려보내는 것이다.

이른바 기억 과학의 전성기였던 1880년대 후반에 집필되었으나 사후에 출간된 『과학적 심리학 초고』에서 프로이트는 그의 심리학적 관찰들의 근거를 신경학과 신경 경로의 사용에 두려고 노력한다. 나중에 프로이트는, 비록 본질적으로 정신 기관의 틈을 메우는 기억에 관한 이 초기 묘사에 기반하기는 하지만, 기억이 어떻게 작동하는지를 보여주기 위해서 '지워지는 노트printator' 혹은 신비로운 글쓰기 판의 이미지를 대신 사용한다. 이 '신비로운 글쓰기 판'은 밀랍 한 판과 밀랍 종이 한 장,

● ●

7. Masson, J. (ed.) (1985), p. 207 (6 December 1896). [프로이트, 『정신분석의 탄생』, 111쪽.]

그 위에 놓인 셀로판 보호판으로 구성되어 있다. 밀랍 종이와 셀로판 둘 다 판의 한쪽 끝에만 붙어 있어서 들어 올릴 수는 있지만 완전히 제거되지는 않는다. 뾰족한 도구로 셀로판 위에 글을 쓴다면 그 흔적들은 바닥판 위의 밀랍 종이를 지나가겠지만, 바닥판에서 셀로판과 밀랍 종이를 들어 올림으로써 이 흔적들이 지워질 수도 있다. 밀랍 종이가 없다면 셀로판을 들어 올릴 수 없을 것이다. 하지만 셀로판은 밀랍 종이를 보호하기 위해서 필수적인데, 밀랍 종이 위에 곧바로 글씨를 쓴다면 찢어질 것이다. 우리의 정신 기관과 유사한 점은 너무 많은 자극으로부터 우리를 보호하는 셀로판 같은 것을 반드시 가져야만 한다는 것이다. 이런 식으로 우리는 새로운 것에 대해 열려 있는 동안 계속해서 인상들을 받아들이고 그것을 기록할 수 있다. 기억은 표지하고, 망각하고, 다시 새겨넣는 것을 반복하는 과정이다.

기억은 이미 새겨진 흔적들을 따라 흐른다. 셀로판과 밀랍 종이는 지각–의식 체계를 대표한다. 그것들은 반복해서 지우고 다시 기입하는 데 이용될 수 있다. 그렇지만 기저에 놓인 밀랍 판을 조사하면, 심지어 종이가 깨끗할 때도 미세한 흔적들의 망과 더불어 반복해서 새겨지는 것이 발견된다.

『꿈의 해석』에서 프로이트는 그가 가정하는 무의식적 잠재 사고들이 꿈에 나타나는 현시적 사고들 기저에 놓여 있어야 한다고 설명한다. 그는 이것들이 버섯의 균사체와 유사하다고 말했다 — 꿈에는 배꼽도 뿌리도 기원도 원점도 없으며, 단지 표면 아래에 가닥들이 뒤얽혀 있을 뿐이다. 우리는 이 이미지를 기억으로 옮겨놓을 수도 있을 것이다. 기억은 과거의 대상이나 경험에 직접적인 기원이나 뿌리를 두지 않는다. 기억 이전에는 단순히 흔적들의 덩어리가 있을 뿐이다.

프랑스 분석가들은, 그리고 아주 다른 방식으로 영국 분석가들은, 이차적으로 억압된 기억들의 회복이 아니라 기억 자체의 형성에 관심이 있다. 이 기억의 형성은 '원초적 억압'으로 알려진 과정에 포함된다.

원초적 억압은 필수적인 가설이다: 무언가가 도대체 억압되려면 그것은 한 방향에서 무의식 안으로 밀어 넣어지는 동시에, 이미 그곳에 있으면서 그것을 끌어당기는 어떤 것에 의해서 무의식 안으로 당겨져야 한다. 물음은 이렇다 ― 어떻게 이미 그곳에 무언가가 있을 수 있는가, 그것이 동일한 과정에 의해 그곳에 이르러야만 하는 것일 때? 어떤 것의 필수적인 존재에 대해서 프로이트가 제공하는 가설적 설명은 다음과 같다.

원초적 억압을 재촉하는 직접적 원인은 과도한 자극과 자극에 대한 보호막의 돌파 같은 양적 요인일 가능성이 매우 높다.[8]

이는 사실 외상의 그림이다. 환자의 기억을 탐색하는 것에서 멀어지는 변동은 또한 치료 기법에서의 변동을 필연화하기도 했다. 환자의 면담에 대한 분석가의 의식적 기억을 이용하는 것에서 환자와 분석가의 무의식적 소통 과정에 초점을 맞추는 것으로의 변동. '어느 한 사람의 무의식 조직이 의식 조직을 거치지 않고 다른 사람의 무의식 조직에 대해 반응을 보일 수도 있다는 점은 아주 놀라운 사실이다. (…) 서술적인 견지에서 말한다면, 그 사실은 논박의 여지가 없는 분명한 사실이다.[9] '자유 연상'이라는 기본 기법의 전개를 통해서, 환자는 머리에 떠오르는 무엇이건 말하도록 되어 있으며, 그렇지 않을 경우 무의식적 재료들이 표면으로 떠오르는 것을 가로막게 될 검열을 우회하게 된다. 이에 상응하여 분석가는 논리적 의식이 아닌 분석가 자신의 일부와 더불어 경청하면서 '고르게 떠 있는 관심evenly suspended attention'[10]을 제공해야 한다.

● ●

8. Freud, S. (1926), p. 194. [프로이트, 『불안과 억압』, 224쪽. 번역 수정.]
9. Freud, S. (1915), p. 194. [프로이트, 『정신분석학의 근본 개념』, 윤희기 옮김(열린책들, 2020), 200쪽.]
10. [선입견 등을 배제하고 분석자의 말(자유 연상)에 주의를 기울이는 것. 바로 다음 문단에서 '기억 혹은 욕망' 없이 각 면담에 참석하는 것을 가리킨다.]

분석가가 '기억 혹은 욕망' 없이 각 면담에 임해야 한다면, 이는 그녀가 환자를 염두에 두고 있지 않음을 의미하는 것이 아니다. 그렇지만 그녀가 의식적으로 지난주의 면담이나 환자의 아동기를 회상하거나 환자에게 기억을 유도한다면, 이는 환자의 그의 자유 연상과 분석가의 의식적 관심의 중지 사이에서의 무의식적 소통을 방해할 것이다. 무의식적 소통에 대해서 프로이트는 이렇게 썼다.

> 경험은 곧, 분석적인 의사가 가장 유리하게 채택할 수 있는 태도는 자기 자신의 무의식적인 정신 활동에, '고르게 떠 있는 관심' 상태로 자신을 내맡기는 것이라는 것을 보여주었다. 이는 가능한 한 반성과 의식적인 기대의 형성을 피하기 위해, 특히 그의 기억 속에서 그가 들은 적이 있는 어떤 것을 고정시키지 않기 위해, 그리고 이러한 수단에 의해 자신의 무의식적인 것을 가지고 유동하는 환자의 무의식적인 것을 포착하기 위해서이다.[11]

따라서 실제 사건에 대한 실제 기억이 있다고 주장된다면, 이는 기억하기의 창조적 과정에, 즉 어떤 것이 기억 용량 안에서 한 자리를 찾을 수 있도록 허용되는 과정에, 장애물을 세울 것이다. 이러한 이해 변동과 더불어 외상적 사건들은 매우 다르게 이해될 수 있을 것이다. 물론 외상이 집단적이라는 것이 아니라, 한 명 한 명에게 있는 외상적 파열이 공유된 인간적 상황을 이용한다는 것이다. 따라서 무의식적 소통은 의식을 우회할 수 있다.

세기의 전환기에 정신분석이 생겨났을 때, 병리적 증상에 대한, 그리고 무엇보다도 히스테리 증상에 대한, 일반적인 설명은 초기 실제 외상에

• •
11. Ibid., p. 194. [프로이트, 『과학과 정신분석학』, 143쪽. 번역 수정. 원주의 출처가 잘못 표기되어 있어 바로잡았다.]

대한 것이었다. 이는 거의 언제나 남성 히스테리의 배경으로서 주어졌다. 여자들이 연구되었을 때, 외상적 사고는 대신에 성적 외상을 암시하는 것으로 바뀌었다. 하지만 그러고 나서 프로이트는 물론 사람들이 외상에 대한 심적 반응을 지니고 있기는 하지만 외상 자체가 신경증의 형성에 대한 설명은 아니라고 ― 1880년대와 1890년대 동안, 그리고 다시금 1차 세계대전 이후 ― 두 차례 주장했다. 하지만 정신분석에서, 기억의 형성 그 자체에서와 마찬가지로, 품은 관념들이 전적으로 사라지는 일은 드물다. 기억 이론들이나 무의식적 기억의 토대를 확립하는 원초적 억압 가설을 돌이켜본다면, 외상을 근거로 모형화된 것이 아니라면 이론들이 무엇이겠는가?

심적 외상은 물리적 외상처럼 주체의 보호막을 뚫고 들어가며, 제어할 수도 참을 수도 없는 자극이 유입된다. 외상이 사람에게 일어나고 사람은 '과도한 자극과 자극에 대한 보호막의 돌파'에 대처하기 위해 '원초적 억압'이라는 무의식적 행위로 반응한다. 기억의 모델로서의 신비로운 글쓰기 판은 보호 셀로판 및 밀랍 종이의 파손을 묘사한다. 변경할 수 없는, 영구적인 혼적을 기저에 형성하는 파손을. 언어는 언제나 자극 및 파손의 양에 대한 것이다. 데리다는 기억의 형성에 관한 프로이트의 관념에 다음과 같은 주석을 달고 있다: '삶은 이미 그것을 구성하는 기억의 기원에 의해, 삶이 저항하는 파손에 의해, 그리고 반복함으로써만 억제될 수 있는 난입에 의해, 이미 위협당하고 있다.'[12]

원초적 억압 가설은 인간 실존의 특정 조건들을 함축한다. 인간 탄생의 조산성은 어느 정도의 의존을 필연화하는데, 이러한 의존은 생존 조건들이 위협당한다면 죽음의 위험을 수반한다. 원형적으로 본다면, 모든-것을-제공하는/돌보는 어머니의 부재는 죽음과 등가적이라고 거의 신화적

• •

12. Derrida, J. (1978), p. 202. [자크 데리다, 『글쓰기와 차이』, 남수인 옮김(동문선, 2001), 322쪽.]

으로 말할 수 있을지도 모른다. 보호와 양육의 부재 속에서 너무 많은 세계가 신생아에게 침입하여 그가 어떤 심적 보호막을 가지고 있든 거기에 구멍을 뚫는다. 성냥 켜는 소음에 사카가 격발되는 타이타족 여자는 갑작스러운 소리에 울음을 터뜨리는 아기를 연상시킨다. 낯선 승용차를 보고 사카가 시작되는 여자는 친숙하지 않은 얼굴을 두려워하게 만드는 '낯선 이 불안stranger anxiety'이 있는 8~10개월 정도의 유아와 평행성을 갖는다. 서양 세계의 히스테리처럼, 사카에서 우리는 매우 이른 시기의 반응으로의 퇴행을 다루고 있다. 이러한 퇴행은 '과도한 자극'이 뚫고 들어갈 때의 반응을 반복하거나 패러디한다. 이러한 급습의 자국은 반복된 지각들이 그 위를 따라 이동하는 선로나 홈으로서 주체에 의해 보유된다—바로 이러한 기억을 가지고서 인간의 삶이 개시되는 것이다. 다음에 (혹은 심지어 20년 후에) 예기치 못한 소리는 외상 자체가 되기보다는 이러한 지각의 반복이 될 것이다. 히스테리증자는 기억이나 생각으로 이 충격에 반응하는 것이 아니라 말하자면 그 기원적 지각의 반복으로 이 충격에 반응한다. 유아의 충격을 기억하면서 히스테리증자는 그것을 지각으로서 반복한다. 보호막을 파열시키는 실제 소음이나 모습에 대한 지각으로서. 이러한 지각은 히스테리증자로 하여금 그것을 완전히 현실처럼 보이는 환상으로서 실연하거나 말할 수 있게 한다.

외상 입은 아이에게는 너무나 많은 의식이 있다. 마찬가지로 히스테리증자에게도 너무나 많은 의식이 있다. 세상의 과잉에 직면한 무력한 존재의 잠재적 외상으로부터 안전장치 역할을 하는, 보호해 주는 기억 능력이 없다면 인간 사회는 있을 수 없다. 기억 및 기억의 부재는 우리를 둘러싼 조건들을 구조화하고 구별 짓는다. 인간 존재는 눈을 크게 뜨고 태어난다. 대략 첫 주가 지나면 눈의 초점 맞춤이 덜해진다. 외상 입은 아기들이 정상적인 아기들보다 더 오래, 더 열심히 응시하다가 유아 자폐증으로 신속히 후퇴하는 일이 흔하다. 히스테리는 포탄 쇼크에서와 같이 외상적 침범에 대한 비교적 짧은 반응일 수도 있고, 외상에 대한 더 이른 반응들로의 더 확고한 퇴행일 수도 있다. 인간 조건의 일반적인 외상적 토대는 동반자의 사망이나 원하는 것의 박탈 같은 사례들이 감당하기 어려운 '외상적traumatic'인 것으로 경험될 수 있음을 함축한다. 본래 그것들은 사실 '재앙적catastrophic'일 뿐이다. 퇴행은 유아기 경험으로의 '순수한' 회귀가 아닌데, 왜냐하면 사람이 계속 이동했기 때문이다. 뒤이은 개인사가 퇴행 안으로 끌려 들어온다. 더 나이 든 아이나 성인은 성적 존재다—따라서 다시 찾아온 외상은 성욕화된 외상이 된다. 하지만 물리적 학대나 성적 학대에서와 같이 너무 많은 실제 외상이 있다면, 파열 자체가 성욕화될 것이다: 폭력에 함축된 '죽음'은 성적 에너지와 융합하여 비극적으로 도착적인 아이를 산출할 것이다. 이것은 히스테리의 동전의 이면인 도착이다. 그것은 히스테리와 동일하지 않은데, 왜냐하면 억압이 없기 때문이다—대신에 '행동화'가 있다.

회복 기억

히스테리 환자들은 성적인 사건에 대한, 가장 특히 아버지와의 성교에 대한 '억압된 기억'을 갖는다고 종종 주장한다. 최근 몇 년간 미국을 유행병처럼 강타한 기억 회복 운동의 치료사들이 의뢰인의 해리나 '다중인성'을 의뢰인이 세운 방어로부터 해방시키려 했을 때, 그들은 실제 학대 사건으로까지 거슬러 뒤져보았다. 1993년 11월, 〈뉴욕리뷰오브북스〉의 리뷰 기사 「알려지지 않은 프로이트」에서 프레더릭 크루즈는 프로이트와 정신분석에 대한 이 10년간의 공격을 개시했다. 크루즈의 주장은 프로이트는 사상가로서 사기꾼이며 임상의로서 부정한 자였다는 것이었다. 1년이 조금 지난 후 크루즈는 기억 회복 운동의 학대–사냥꾼들에 대한 맹렬한 비판에도 착수했는데, 그는 이 학대–사냥꾼들이 프로이트의 진정한 후계자라고 주장했다. 크루즈에 따르면, 정신분석의 그럴듯한 인기는 아동 학대의 가정된 회복 기억들을 성인 불만이나 병리의 원인으로 간주하는 것으로 이어졌다. 크루즈가 다소 부적절하게 인정하듯이,

이것은 기이한 주장이다. 실로 그것은 매우 기이한 것인데, 왜냐하면 환자들이 실제 사건의 회복 기억을 갖는다는 생각을 정확히 거부함으로써, 대신 그들이 근본적인 인간적 환상에 휘말린다는 깨달음을 지지함으로써, 프로이트는 정신분석의 토대를 확립하였기 때문이다. 하지만 크루즈에 따르면, '프로이트의 방법(과 그들의 방법) 사이의 관계는 그들이 상상하는 것보다 더 복잡하고 포괄적이다 — 그리고 양 당사자들에게는 헤아릴 수 없이 더 남부끄러운 것이다.'[13]

문제의 그 프로이트는 그의 첫 히스테리 환자들이 — 기억 상실로 인한 의식 속 틈새를 그들이 메울 수 있었을 때 — 들려준 이야기를 믿었던 프로이트다. 그 이야기가 진실인지 거짓인지 묻는 것은 중요하지 않다. 그것들을 실제로서가 아니라 환상으로서 보게 된 결과가 한마디로 정신분석이었다. 왜냐하면 프로이트가 다루고 있었던 것이 실제 학대 사례였다면 오이디푸스 콤플렉스도, 무의식, 방어, 유아 성욕의 이론도 없었을 것이기 때문이다. 히스테리증자를 특정한 학대 행위의 희생양으로 보는 것에서 공통의 인간성 덕택에 모든 아이들이 부모를 욕망하는 동시에 그 욕망을 억압한다(오이디푸스 콤플렉스)고 믿는 것으로의 변동은 개별 병리에 관한 것에서 인간 정신의 형성에 관한 것으로 탐구의 성격을 변화시켰다. 해리나 다중 인성 증후군 같은 병리를 가진 환자들이 실제 아동 학대를 겪었다고 말함으로써, 기억 회복 치료사들은 이 사람들이 나머지 우리와 같지 않다고 — 그들은 특별한 집단이라고 — 말하고 있다. 프로이트가 그 자신도 그의 히스테리 환자들처럼 아버지의 아동기 학대를 환상하고 있다는 결론에 도달했을 때, 그는 주변화된 개별 병리(히스테리)를 인간 조건의 중심적 측면으로 바꾸어놓았다. 수련에서 장래의 분석가가 긴 자기 분석을 거쳐야만 하는 정신분석 실천은 이러한 변동을 포함한다: 분석가는 우선, 그리고 어떤 의미에서는 언제나, 환자여야 한다.

• •

13. Crews, F. (1994), p. 206.

왜냐하면 신경증과 정상성은 한 연속체 위에 있기 때문이다. 기억 개념은 이 중대한 변화에서 중심적인 역할을 했다.

『영혼 다시 쓰기: 다중인격과 기억의 과학*Rewriting the Soul*』(1995)에서 철학자 이언 해킹은 1874년부터 1886년까지 12년간 프랑스에서는 '기억'이 개인 정체성의 원천이자 설명으로서의 '영혼' 개념을 대체했다고 주장한다. 이 시기는 다중 인성이 도래하고 개화한 시기였다. 그런 다음에 ─ 오늘날의 유행병과 비슷하면서도 상이한 방식으로 ─ 회복 기억이, 오로지 외상에 대처하기 위해서 분열되었고 해리되었던, 통합된 사람을 산출하였다. 처음에 다중 인성은 그 자체로 증후군이 아니었으며, 히스테리의 현시로 간주되었다. 매우 정교하고 독창적이며 흥미로운 사상가인 해킹은 이렇게 쓰고 있다.

> 회복 기억을 갖는 사람들과 거짓 기억을 갖는 사람들은 완전히 반목하는 것처럼 보일 수도 있다. 하지만 그들은 공통된 가정을 공유한다: 특정한 사건들이 발생하였고 경험된 것이거나, 아니면 발생하지 않았고 경험되지 않은 것이거나. 과거 그 자체는 확정적이다. 즉 참된 기억은 이 사건들을 경험된 것으로서 상기하며, 반면에 거짓 기억은 결코 일어나지 않았던 것들을 내포한다. 기억될 수 있는 대상들은 분명하고 확고하며, 기억 이전의 현실이다. 전통적인 정신분석조차도 과거의 근본적 확고함에 의문을 갖지 않는 경향이 있다. 분석가는 회상된 사건이 실제로 일어났는지에 대해 무관심할 것이다. 그 회상이 현재 갖는 정서적 의미가 중요한 것이다. 그럼에도 불구하고 과거 자체와 당시에 그것이 어떻게 경험되었는지는 보통 충분히 확고한 것으로 간주된다.[14] [강조는 나의 것]

• •

14. Hacking, I. (1995), p. 246.

이 관찰은 흥미롭기는 하지만, 정신분석 이론에 관해서는 완전히 잘못된 것이다. 하지만 캐나다인으로서 해킹은 물론 억압에 강조점을 두는 미국의 자아심리학을 사고했을 가능성이 높다 — 이는 그의 오해에 얼마간 타당성을 부여한다. 그렇지만 분석가들에게 '과거'는 결코 확고하지 않다. 처음에 그것이 확고하다고 생각하는 사람이 바로 환자다. 그 어떤 분석가도 과거의 항상적인 해체와 새로운 판본으로의 대체만을 목표로 한다. 결국 사람은 충분해야 할 '개인사'로 만족한다. '정확한' 것이 아니라.

과거의 불확정성 개념을 옹호할 때 해킹은 철학자 엘리자베스 앤스콤의 '서술하의 행동action under description' 개념을 거론한다 — 악수는 안부를 전하거나 작별을 고하는 것일 수 있고, 사업상 거래가 성사된 것일 수 있고, 혹은 축하의 뜻으로 권해질 수 있다. 사실 '불확정성' 개념 혹은 여하간 앤스콤의 '서술하의 행동'은 비트겐슈타인을 경유하여 정신분석에서 유래했을 수도 있다.

분명 정신분석은 해킹이 보듯 내부로부터 발산되는 것, 그런 다음에 '기억의 과학'의 본보기가 되는 것 양자 모두라고 볼 수 있다. 프로이트가 자신의 생각을 정식화하고 있었던 당시에 기억에 대한 논의와 이론들은 매우 복잡했다. 하지만 프로이트가 근친상간에 대한 히스테리증자의 분명한 기억에 관해서 탐정처럼 행동하고 있었던 때도, 그 논의와 이론들은 진실이든 허위이든 고정된 사건의 재생산으로서의 기억 개념을 가지고 그런 것은 결코 아니었다. 크루즈의 설명에서처럼, 기억 회복 치료와 정신분석의 합병은 그러한 개념이 작동하고 있었다고 단지 가정할 뿐이다. 이러한 오해에 대해서는 어떤 설명이 반드시 있어야 한다.

다음에서 나는 기억의 문제를 둘로 나누었다. 첫째, 내적이건 외적이건 경험의 지각들이 있는데, 이것들은 오래된 기억 흔적들 — 밀랍 판 위의 자국들 위의 자국들 위의 자국들 — 을 따른다. 그러고 나서 이 일반 범주 안에는 불법적인 성적 기억들인 경험의 지각들인 특정 기억들이 있다. 성적 기억들은 일차 과정에 의해 억압되는 것이 아니라 이차 과정에 의해 억압되며, 따라서 멜라니 클라인이 '억압된 무의식'이라고 부른 것의 일부를 형성한다. 한 가지 의미에서 이 기억들은, 오래된 흔적들을 따르기 때문에, 이미 기억으로 구성된 것처럼 보일 수도 있고, 그러한 것으로서, 되찾을 수 있는 것으로 간주될 수도 있다. 그렇지만 그것들은 아동기의 실제 출발점에서 기원한 것으로 보일 뿐이다. 사실 그곳에 있는 것은 기억이 아니라 흔적이다. 내가 믿기로 많은 자아심리학자들이 다루는 것이 바로 이 흔적이다. 그러한 강조가 주어질 때, (다만) 크루즈와 해킹 같은 비–정신분석적 저자들이 그러한 기억을 기억 회복 치료사들이 추구한 것과 같은 편에 위치시키는 것을 이해할 수 있게 된다. 그렇지만 그렇게 하는 것은 기억에 대한 정신분석적 설명을 오해하는 것이다.

프로이트가 이른바 '유혹 이론'을 포기하고 신경증에 대한 가설의 핵심 요인으로서 성적 외상을 유아의 성적 환상으로 대체한 것은 과학을 향한 중대한 갈림길 위에서 있었던 계시의 결과가 아니었다. 그것은 외상과 퇴행, 그리고 정신적 교란의 특정 원인들에 대한 당대 논쟁의 바로 그 일부였다.[15] 프로이트가 단순히 비겁했으며 아버지들을 감히 학대로 기소할 엄두를 내지 못했다는 제프리 매슨의 현재 악명 높은 주장에도 불구하고, 결코 어떠한 문제도 없었다. 실제 학대가 존재하며 실로 놀라울 정도로 만연해 있다는 것 말고는. 그렇지만 첫째로, 성적 외상이 신경증을 일으키는가? 그리고 둘째로, 정신신경증 증상이나 정신증 증상을 앓는 사람들은 언제나 외상을 입었는가? 이러한 질문들에서 나오는 것 역시 처음에 억압되었다가 이후 드러난 그러한 학대에 대한 환자들의 이야기가 필연적으로 사실인지 아닌지에 관한 쟁점이다. 외상과 정신 질환의 관계에 대한 이 두 가지 물음은 분명 중요하다. 그 이야기들이 사실인지 아닌지는 심각한 실천적 함의를 갖는다. 그렇지만, 그것들의 이론적 중요성은 여하한 사실적 정확성에 있는 것이 아니라 인간 정신에

• •
15. Makari, G. J. (1998) 참조.

서의 환상의 자리 및 본성에 있다.

크루즈는 새로운 기억 회복 치료사와 프로이트가 동일한 공상가라고 주장한다. 프로이트를 희생양 삼아서 크루즈는 프로이트가 이야기를 지어내는 그의 성향을 그의 첫 히스테리 환자들에게로—1880년대와 1890년대에 그가 치료한 여자들에게로—떠넘겼다고 주장한다. 크루즈는 또한 프로이트가 1918년 자신이 치료했던 강박증 환자 '늑대인간'과 프로이트 자신을 너무나도 혼동한 나머지 늑대인간이 부모 성교를 목격한 '원초적 장면'에 대한 프로이트의 재구성은 아마도 프로이트 자신의 부모 성교에 대한 프로이트의 환상이었을 것이라고 생각한다. 이와 유사하게, 크루즈는 프로이트가 또한 늑대인간에게 여자아이들을 제공함으로써 성적 개시에 대한 프로이트 자신의 매혹을 투사하기도 했을 것이라고 추측한다. 이처럼 크루즈는 프로이트를 현대 치료사들과 매우 흡사하게 만들 수 있는데, 그들을 그는 의뢰인에게 거짓 기억을 유도한다고 마찬가지로 비난한다.

크루즈는 프로이트가 나쁘고 비인간적인 치료사일 뿐 아니라 과학자로서 사기꾼이며 '추론의 심각한 결함 혹은 심지어 노골적인 부정행위'를 보여준다고 비난한다. 환자가 학대 이야기를 발견하고 표현하도록 치료사가 조력하는 기억 회복 요법과 억압되어야만 하는 유아기 욕망(오이디푸스 콤플렉스) 개념을 위해서 바로 그 입장을 포기하는 프로이트의 정반대 주장에 대한 크루즈의 합병은 히스테리에 대한 특정한 가정에 의존하고 있다. 아이러니하게도 기억 회복 이론 자체가 크루즈의 이론과 동일한 가정에 의존한다. 히스테리는 존재하지 않으며 외상만이 존재한다는 가정. 매우 성공적인 저작 『트라우마*Trauma and Recovery*』(1992)에서 미국의 정신과 의사 주디스 허먼은 외상에 대한 최근의 방법론에서 세 가지 국면을 나열한다: 먼저, 19세기 말에 (실제로는 외상이었다고 그녀가 주장하는) 히스테리가 있었다. 그리고 나서 1차 세계대전 이후에, 외상신경증이 왔다. 마지막 '실제 외상'은 '1990년대의 성의 전쟁'이었다고 그녀는 말한다. 외상의 효과는 '복합성 외상후 스트레스 장애'라고 불린다. 미국 학계에서 허먼의 저작은 진정한 '외상 산업'으로 가는 길로 이어졌다. 허먼은 '이 개념화로 한때 파편적으로 히스테리아라는 상태로 기술되었던 개념들을 통합할 수 있고, 심리적 외상의 과거력 안에서 이들 장애의 공통 원천을 다시 확인할 수 있다'고 쓴다.[16] 그렇지만 외상의 분석이 극히 세밀해질수록, 인간 영혼 속 그것의 자리는 덜 세밀해진다. 외상이 전부가 아니다. 비록 모든 인간이 초기 외상 — 인간의 조산성에 대한 세계의 침범 — 을 통해서 인간이 되었을지도 모르지만 말이다.

한편 크루즈는 「히스테리 사례 분석 단편」 속 프로이트와 도라의 관계에 대해서 이렇게 말한다: '프로이트의 치료는 (…) 그의 순결한 10대 환자들에게 호색적 제안을 [강요하는] (…) 정신의학적 과실을 구성하였다.' 히스테리에 대한 그의 견해는 더 나을 것이 없다: '이른바 히스테리 — 그 분포가 치료비 지불 수단의 소유와 상당히 수상쩍은 연관이 있는 기이한 질병 그 자체', '물론 히스테리는 그것에 빌붙었던 의사들과 더불어 사라졌다.'[17] 여기서 크루즈의 일차 목적은 정신분석을 공격하는 것이지만, 그 공격의 기저에 놓여 있는 것은 히스테리는 존재하지 않는다는 주장이다. 물론 그는 물론 기억 회복 치료사들 또한 공격하고 있는데, 그들을 그는 여성주의자로 간주한다. 하지만 그들 또한 모든 것에 '외상'이라는 꼬리표를 붙임으로써 히스테리가 존재하지 않는다고 주장하고 있다. 따라서 아이러니하게도 크루즈와 그가 비방하는 기억 회복 치료사들은 지적으로 한 배를 타게 되었다.

프로이트, 기억 회복 치료사, 크루즈가, 혹은 그 문제라면 다른 누구라도, 공통 논제로 가질 수도 있었던 것은 (실제든 상상이든) 외상에 대한 인간의 히스테리적 반응 성향이다. 히스테리가 기억을 대체할 수도 있다.

● ●

16. Herman, J. (1992), p. 126. [주디스 루이스 허먼, 『트라우마』, 최현정 옮김(열린책들, 2022), 254쪽.]
17. Crews, op. cit, p. 206.

이 마지막 논점을 주장하는 것은 실제 기억을 되찾는 것이 히스테리를 대체할 것이라는 제안과 동일하지 않다. 정신분석적 경험은 기억이 있는 곳에 히스테리가 있을 수 없음을 시사하지만, 여기서 '기억'이 의미하는 바는 특정 사건의 회상이 아니라 기억 능력이다. 그 두 상이한 문제는 형편없이 혼동되어왔다. 앞서 언급한 홀로코스트 생존자의 아이들 사이에 히스테리가 만연한 것을 간단한 예시로 들 수 있을 것이다. 그 아이들은 부모의 외상에 대한 기억을 갖고 있지 않지만 그것에 대한 상상적 지각을 가질 수 있다. 따라서 그들의 히스테리는, 비록 그들이 그것을 경험할 수 있었더라도, 지각이다. 지각 대신에 기억 능력을 발달시킬 수 있다면, 그들은 이것이 — 그들의 경험이 아니라 — 그들 부모의 형언할 수 없는 경험임을 기억하게 될 것이다.

2. 나는 어디에 있지? 외상과 인정의 물음

일상의 맥락에서 우리는 어렵거나 비극적인 다양한 사건들을 관찰자의 시점에서 보고서는 '외상적'이라고 부르는 경향이 있다. 대신에 나는 경험하는 사람의 관점에서 외상을 정의하고자 한다. 이는 다음을 의미한다. 첫째, 동일한 사건이 그것을 경험하는 모든 사람에게 필연적으로 외상적이지는 않을 것이다. 둘째, 상이한 사건들이 도대체 외상으로서 경험된다면, 그것들은 어떤 최소 공통분모를 갖는다. 이에 대한 예외는 원초적 억압을 통해 무의식의 핵을 수립함으로써 삶을 개시하는 난입effraction에 대한 기원적 '외상'이라고 내가 묘사하고자 하는 것이다. 기억 능력, 성욕, 죽음충동 또한 마찬가지다. 인간 조건의 일부로서 우리 모두가 공유하는 외상, 즉 우리의 때 이른 탄생에 세계가 침범하는 외상이 있다. 그렇지만 내가 여기서 고찰하고자 하는 외상들은 전부 나중에 발생한다. 외부에서 보기에는 외상일 수도 있는 것이 실은 이 나중의 사건이 없다면 그 자체로 외상이 아니었을 수도 있는 어떤 경험을 표면으로 가져오는 촉매에 불과할 때. 홀로코스트만큼 극단적인 경험조차 특정 개인들의 방어를 파열시키지 못할 수도 있다. 따라서, 비록 홀로코스트가 인류에게 알려진 가장 기괴한 사건들 가운데 하나임에도 불구하고, 이것이 그 자체로 외상적인 것으로서 저절로 자격을 얻는 것은 아니다. 현재의 촉매 사건들(여기서는 홀로코스트)이 더 이른 어떤 사건을 자극하는데, 그것은 다만 현재에 그것이 획득하는 의미 덕분에 외상적이 된다. 이는 그 경험의 공포나 잔인함과는 아무 상관이 없다. 잔인함과 외상은 너무나도 자주 동의어가 된다. 내 생각에 외상은 그 내용으로서가 아니라 파열 행위로서 특정되어야 한다. 따라서 가령 현재의 위기가 아무리 끔찍하더라도 방어를 파열시켜 잠재적으로 외상적인 더 이른 경험을 불러내지 않는다면 그것이 외상을 구성하지 않을 것이다.

　나의 의붓아버지는 나치 수용소에서 몇 년간의 투옥을 견뎌냈다. 사람이 사람에게 무엇을 행할 수 있는지에 대한 그의 설명은 프리모 레비와 다른 사람들이 묘사한 모든 것을 확증하고 심지어 확장하기는 하지만, 이 경험은 그에게서 외상을 구성했던 것으로 보이지 않는다. 그는 매우 이른 조산아로 태어났으며, 수많은 유산 가운데 살아남은 유일한 생존자, 이른바 크레페럴krepeirl이었다 — 살 수도 죽을 수도 없는 아기. 삶도 죽음도 아니었던, 환생에 대한 그의 심원한 믿음과 결부된 이 조기 생존은 아마도 그가 자신의 경험을 견뎌낸 수단일 것이다. 이후에 그가 한동안 정말로 할 필요가 있었던 일은 신체적으로 자주 병드는 일이었다 — 그래서 그가 돌봄을 받을 수 있도록 (그리고 그 자신을 돌볼 수 있도록), 그리고 그의 자아를 합법적으로 간호할 수 있도록 — 필수적 나르시시즘. 그는 그 경험을 부인하거나 폐제하지 않았다 — 그의 고통은 다른 누구의 고통 못지않았다. 여기서 나의 주장은, 그것이 외상적이었다고 나는 생각하지 않는다는 것이다. 그것이 '반복'한 것은 더 이른 유아기 외상이 아니라 유아기 생존이었다. 그것은 보호막을 파열시키지 않았다.

질병의 역할을, 그리고 질병의 필수적 나르시시즘과 자아의 히스테리적 과잉 사이의 대조를, 우리는 『리어왕』에서 매우 분명하게 볼 수 있다. 셰익스피어의 그 희곡에서 리어왕은 그의 왕국을 딸들에게 물려주기로 결심한다. 그들 각각이 세상에서 그를 가장 사랑할 것을 맹세하는 조건으로. 막내딸 코델리아는 딸로서 그를 사랑하지만 장래의 남편을 아내로서 사랑할 것이라고 말하는데, 리어는 자신이 그녀의 모든 사랑을 가져야만 한다고 주장한다. 그녀는 다섯 번이나 '싫어요'라고 말한다. 리어는 모든 사랑과 관심을 필요로 하는 왕이자 아버지로서의 위치를 미친 듯이 과대 주장하면서 점점 더 히스테리적이 된다. 그런 다음에 그의 더 나이든 딸들은 이러한 위치에 대한 조금의 인정도 그에게 남겨놓지 않고 박탈한다. '내가 누구인지를 말해 줄 수 있는 사람?'[18] 그가 요구하고 광대만이 대답할 때, 그는 난폭하고 성욕화된 광기의 도가니에 빠진다. 의사가 이러한 와해를 돌봄이 필요한 질병으로 인정하고서 길고 효력 있는 수면을 마련한 후에야 그는 정신을 차린다. 리어가 깨어날 때, 작은딸 코델리아가 그를 아버지이자 늙어가는 왕으로서 인정하기 위해 그곳에 있다. 히스테리에서 질병으로의 이러한 변형은 치료가 산출할 수 있는 그러한 돌봄 상황에서 생존자가 자아의 히스테리적 과잉을 잃어버리는 상태다. (피터슨 부인 또한 그랬듯) 이처럼 '한도를 벗어나서' 무無에 이르는 것 없이 히스테리로부터 그 어떤 진정한 회복이 가능할지 의심스럽다.

내 환자들 가운데 A 부인은 과거에 있었던 견딜 수 없이 무시무시한 경험을 조우하게 될 것이라고 나로 하여금 오랫동안 기대하게 했다. 우리는 조우하지 못했다. 하지만 어떤 사건은 — 즉 그녀가 아버지를 남겨두고 어머니와 함께 떠났던 시기는 — 표면적으로는 그녀가 언급한 몇몇 다른 사건들만큼 힘들어 보이지 않았을 테지만, 그녀에게 분명

18. [셰익스피어, 『셰익스피어 전집 5』, 228쪽.]

외상적이었다. 반대로 C 부인은 그녀가 아이였을 때 아버지의 죽음이 대수롭지 않았음을 나에게 거의 확신시켜 주었다. 그녀가 치료를 받으려 했음에도 C 부인은 그것이 단지 지적 호기심 때문이었다고 나에게 호언장담했다. 잘못된 아무것도 없었다. '잘못된 아무것도 없었다'는 것은 그녀 아버지의 죽음이 아무런 의미도 없다는 사실과 연계되어 있었다.

B 씨는 간결하고 능숙한 별로 중요치 않은 저널리즘 글들을 쓸 수는 있지만 자신이 다급히 열망한 일관된 작품은 결코 쓸 수 없는 작가 지망생이었다. 머지않아 우리는 이것이 그에게서 어떻게 언어와 연계되어 있는지를 보게 될 것이었다. 언어의 이론과 역사에 관심을 가진 그는 인류에게서 비범한 것은 말하는 능력이 아니라 은유라고 주장했다. 성공한 중년 초반 남성인 그는 훨씬 더 젊었을 때 잠깐 이런 생각을 해본 적이 있다고 나에게 말했다. 즉 어렸을 때 죽은 어머니가 실제로는 어딘가에 살아 있을지도 모르며, 하지만 그녀가 살아 있고 그가 그녀를 만난다고 해도 그는 그녀를 인정하지 못할 것이라는 생각. 그러고 나서 그는 이것과 정확히 평행한, 그의 삶에서 일어난 실제 사건에 대해 나에게 이야기했다. 사춘기 때 그는 한 여자아이와 3년 넘게 매우 진지한 관계를 가졌다. 그는 그녀가 관계를 끊었을 때 비탄에 빠졌고 우울증에 걸렸다. 몇 년 후 그녀는 느닷없이 그에게 전화를 걸었다. 그녀가 누구인지 알았고, 그녀의 연락을 받고 특별히 놀라지 않았고, 그들 관계를 온전히 기억하고 있었음에도 불구하고, 전화 통화 내내, 심지어 그 이후에도, 그녀를 인정하지 않는다고 그는 말했다. 우리는 이러한 인정 결핍의 본성에 관해서 함께 고민했다.

우리는 인정의 성질에 대해 이야기했다. 인지적 인정과 정서적 인정의 분열, 앎과 느낌의 분열로는 그의 경험을 적절히 설명하거나 심지어 묘사할 수도 없다는 데 동의하면서. 아마도 모든 생물은 외상을 입을 수 있다. 인간에게 파열은 조산이라는 특수한 맥락에서 발생한다. 그렇지만 이러한 일반적 파열은 인정 아니면 거부의 가능성을 열어놓는데,

외상에 대한 우리의 반응은 그것에 입각해 있다. 나의 의붓아버지는 거부당한 것이 아니라 크레페럴로서 인정받았고 삶으로 구제된 것이라고 우리는 가정할 수 있다.

B 씨의 어머니는 그가 여섯 살 때 지병으로 사망했다. 그는 그녀를 전혀 상기하지 못했다. 실로 그가 어머니와 함께 찍은 사진을 본다면, 그에게 그것은 그 여자가 그의 어머니가 아니라는 사실을 보여주는 증거였다. 그와 같이 있을 때 그녀는 없는 것으로 표시되었다. 그는 그녀가 누구인지 알았으며, 그녀가 다른 누군가와, 가령 그의 동기들 가운데 한 명과, 함께 찍은 사진을 보았다면 그녀는 그의 어머니였다. 하지만 그와 함께 있으면 그녀는 그의 어머니가 될 수 없었다.

여자 친구에게 버림받은 이후에, B 씨는 그가 꾼 적이 있음을 기억할 수 있는 유일한 어머니 꿈을 꾸었다. 이 말을 하면서 그는 여자 친구와 결별하기 전에 어머니에 대한 그저 평범하고도 지속적인 기억을 그가 실제로 갖고 있었는지 궁금해하기 시작했다. 이것들에 대해 이야기하면서 우리가 특이한 기억 감각을 지니고 있다는 것을 우리 둘 다 발견하였다. 우리 중 누구도 기억하리라 예상치 않았던 어떤 것들은 회상하면서 다른 것들은 망각하고 있었고, 그래서 우리의 대화는 반복, 계시, 확실성, 불확실성이 흔치 않은 정도로까지 교차하고 있었다. '병원에서 말년을 보내는 어머니를 방문할 때, 어머니가 당신을 인정하지 못할 것이라고 누군가가 사전에 경고했는지 궁금해'라고 나는 한 번은 사려 깊게 말했던 적이 있다. B 씨는 대답했다. '응, 분명 그랬어. 나는 그것을 분명하게 기억할 수 있어.' 그가 이렇게 말하는 동안 나는 새로운 이해의 계시를 감지했으며, 동시에 사실 B 씨가 오래전에 나에게 했던 말을 내가 단지 반복했을 뿐이었음을 깨달았다.

우리는 어머니가 그를 인정하지 못하는 이 문제를 아이콘적 사례로서 다룰 수 있다. 나의 물음은 이렇다: 어린아이가 어머니가 그를 인정하지 못할 것이라는 말을 듣는다면 — 그런 다음 물론 그녀가 그를 인정하지 못한다면 — 그는 무엇을 경험/상상할 것인가? 여하간 후자가 전자보다 덜 문제적인 것으로 보인다. 여섯 살짜리 아이는 비–인정의 실제 경험을 어머니의 심각한 질병 탓으로 볼 수 있을 만큼 충분히 성숙하다. 그렇지만, 사람이 세계 안에 있지만 그를 그곳에 '놓은' 사람이 그를 인정하지 못한다는 추상적 관념은 극도로 교란적이다. 그 관념이 뿌리내릴 수 있는 아픈 사람의 현존 없이 이 말을 듣는 맥락 안에서 — 그는 그녀의 머리맡이 아니라 차 뒷좌석에 있었다 — 아이는 그것에 대해 어떻게 생각할까? 나는 아주 재능 있는 여섯 살 아이 B 씨가 이 생각을 지적이고 창의적인 방식으로 이해하려고 노력하는 모습을 상상했다.

나는 B 씨가 이 불가능한 관념을 역전시켰던 것이라고 B 씨에게 제안했다. 그리하여 그 자신이 인정받지 못하는 대신에 그는 어머니를 인정하지 못할 것이라고 상상했던 것이며, 또한 실제로 그 이후에 전 여자 친구를 인정하지 못한 것이라고 말이다. 차 뒷좌석에 앉아 있으면서, 죽어가는 어머니를 방문하는 어린 남자아이이면서, 그는 어머니를 인정하지 못함으로써, 그녀가 그를 인정하지 못한다는 생각을 말하자면 '시도'해 보았던 것일지도 모른다. 이 맥락에서 '인정'과 비–인정이 함의하는 것은 무엇인가? 그녀가 누구인지 알면서도 그가 그녀와 같이 있을 때 그녀가 그의 어머니임을 알지 못할 것이라는 것일까? 그는 그녀가 그의 동기들 가운데 한 명과 찍은 사진을 보고서 그녀가 그의 어머니라는 것을 알았다 — 아무도 그 반대되는 것을 암시한 적이 없었다. 이는 '어머니'라고 명명된 누군가의 지위에 대한 앎이었다. 전 여자 친구가 누구인지를 그녀가 전화를 걸었을 때 그가 알았듯이. 하지만 이는 그에게 특정 위치를 부여한 관계의 인정을 함축하지 않을 것이다. 그리고 그가 어머니를 인정하지 못했다면, 정의상 그녀는 그의 어머니일 수 없었을 것이다 — 원래의 가설적 상황에서처럼, 그녀에게 인정받지 못한 그가 어떻게 그녀의 아들일 수 있겠는가?

앙드레 그린은 부재가 환상의 전제 조건이라고 제안했다: 자기 자신의 수태로부터의 자신의 기원적 부재에서, 우리는 원초적 장면을 생각해 낸다.[19] 나는 세계 전반으로부터의 자기 자신의 부재라는 딜레마를 강조하고자 한다: 우리 없이도 세계가 존재한다는 단순하지만 예사롭지 않은 아이 시절의 당혹스러움. 누군가 혹은 무언가가 우리에게 그 세계 속의 자리를 준다. 그들은 나를 보며, 그러므로 나는 존재한다. 마찬가지로, 아주 어린아이와의 까꿍 놀이에서, 내가 눈을 감으면 너는 나를 볼 수 없다. 내가 세계를 볼 수 없기 때문에, 너는 나를 볼 수 없다. 우리가 친숙한 장소에서 안전함을 느끼고 낯선 장소에서 불안전함을 느끼는 것은, 단지 우리가 알려진 대상들에 애착이 있기 때문만이 아니라, 알려지지 않은 환경이 우리를 보지 못하는 곳에서 알려진 환경이 우리를 본다고 느끼기 때문인가?

'인정'은 위니콧의 연구에서 극히 중요한 개념이다. 심적 발달에서 인정이 얼마나 필수 불가결한지를 그는 묘사한다. 그렇지만 나는 인정의 재앙적 실패라는 관점에서 그 개념과 과정을 보고자 한다. 그렇게 하면 우리는 더 온전한 그림을 얻을 것이고, 또한 히스테리에서 외상 반응 이론과 (실제든 구성된 것이든) 외상의 본성 양자 모두에 덧붙일 어떤 더 많은 요소들을 얻게 될 것이다.

프로이트 이론이나 라캉 이론과는 달리 위니콧의 이론 같은 대상관계 이론은 정상적인, 건강한 성장을 방법론의 중심점으로서 갖는다. 그렇지만 우리는 허구적 '정상' 대신에 '비정상적' 혹은 병리적인 것을 탐문하는 프로이트의 방법론을 대상관계 이론에 적용할 수 있을까?

인정의 문제와 관련된 극단적인 '비정상'은 자폐증이다. 자폐증은 끔찍한 일차적 비-인정에 기반하는 것도 같다. 자폐증자는 외계인으로서 경험되며 따라서 자신을 외계인으로서 경험한다. 자폐증에 대한 이해를 바꾸어놓은 프란시스 투스틴과 같은 그토록 훌륭한 심리학 연구자가

• •

19. Green, A. (1976).

410

그럼에도 불구하고 말년에 자폐증에는 어떤 생물학적 기반이 있어야만 한다는 생각에 굴복해야 했다는 것은 당혹스러운 일이다. 그럴지도 모른다. 그것은 어느 쪽으로도 증명되지 않았다. 그렇지만 그 가운데 여러 근거들이 외상과 히스테리에 대한 우리의 고찰과 관련이 있기 때문에, 자폐증에 대한 생물학적 설명은 불필요해 보인다. 그럼에도 이는 자폐증의 경험이 — 따라서 자폐증의 관찰이 — 생물학적으로 보일 정도로 근본적인 문제에 기반하지 않음을 의미하지는 않는다. 내가 정립하는바 바로 그것이 실로 일어난 것이다.

외상 이론들 역시 생물학에 기반한 신경생리학적 모델이나 과학적 정식화로 종종 되돌아간다. 홀로코스트나 어머니의 죽음과 관련해서, 혹은 그것들의 가능한 영향과 관련해서, 생물학적 원인이 될 수 있는 것은 아무것도 없다. 그래서 왜 외상 이론들은, 종종은 우리의 최선의 의도에도 불구하고, 생물학적 모델로 후퇴하는가? 그러한 경험의 층위에서 우리가 정신을 개념화할 수 없기 때문이라고 나는 생각하지 않는다. 오히려 경험의 층위가 실제로 생물학적 층위이기 때문이라고 나는 제안한다. 즉 여기서 우리는 신생아에게 있어서 인간의 삶을 예시하고 그렇기에 '생물학적'인 것으로 보이는 기원적인 파열 사건에 관해서 이야기하고 있는 것인데, 이후의 외상은 그 사건을 통해서 경험된다. 그렇다면 우리가 자연과학적 설명들이 이용하는 것은 그러한 설명들이 우리의 실존적 경험을 반향하기 때문이다.

많은 외상 이론가들이 침입당한 지지 환경의 구멍_trou-ma_, 파열, 혹은 실패를 외상의 조건이나 표현이라고 말한다. 하지만 정반대일 수도 있을 것이다. 즉 이러한 파열이나 구멍이 다만 원초적 비-인정이라는 맥락에서 생겨날 수도 있을 것인데, 어느 정도로는 그것은 모두의 인간적 숙명이지만, 자폐증을 산출하는 상황에서처럼 어떤 경우에는 비정상적으로 심각할 수도 있는 것이다.

경험이나 사건은 내부 상태와 공명하는 경우에만 보호막을 파열시킬 수 있다. 기억의 형성과 원초적 억압에서와 마찬가지로, 사건/경험을 끌어들일 무언가가 이미 거기 존재해야만 한다. 그로써 그것이 보호막을 파열시켜 외상을 구성할 수 있도록 하는 것이다. 혹은 사람이 무엇인가로서 인정받았던 그 무엇이 그 사람의 그 무엇이 아닌 것으로 판명될 수도 있다. 이는 한낱 '거짓 자기' 개념 이상의 것이다. 나의 의붓아버지는 강제수용소에 대한 엄청난 공포를 외상적인 것으로서 경험하지 않았는데, 왜냐하면 그는 유아기 때 원래 무엇인가로서 인정받았던 그 무엇으로서, 즉 크레페럴로서, 다시 한번 인정받도록 하는 데 성공하였기 때문이다. 하지만 B 씨의 죽어가는 어머니가 십중팔구 그를 남자아이로 인정하지 않은 것은 외상적일 수도 있었을 것인데, 왜냐하면 어머니의 오랜 병 때문에 보모들에게 길러졌던 그는 자신이 어머니의 아들이라는 것에 대해 이미 확신이 없었기 때문이다. 늑대인간은 누나는 어머니의 아이지만 그는 아버지의 아기라는 말을 들었다 ─ 정확히 바로 그렇게 그는 그 자신을 보았다, 즉 아버지가 출산한 누군가로서. 그렇다면 물음은 이렇다: 내가 보는 이 사람/세계에게 나는 누구지? B 씨는 그의 형제가 어머니에게 인정받았다고 믿을 수 있었다. 그는 아버지 또한 그러했음을 의심하지 않았다. 하지만 그도 그랬는가? 이 '나는 누구지?'는 자기 충족적 정체성에 대한 물음이 아니라 '나는 어디에 서 있지?'라는 위치에 대한 물음이다.

어머니를 알아보지 못한 B 씨의 감각과 일관된 방식으로 글을 쓰지 못하는 그의 무능력은 분명 연계되어 있었다. 글을 쓰지 못하는 그의 무능력이 어머니에 대한 오이디푸스적 욕망의 억제와 무언가 관련이 있는지 그와 나 둘 모두 궁금했다. 관련이 있을지도 모른다. 그렇지만 어머니의 삶과 관련된 그 어떤 억제보다도 그녀의 죽음에 대한 그의 동일시가 더욱 즉각적이었다. 뇌수술 후 그녀가 사망했을 때, 여섯 살 B 씨는 그녀가 착용했던 붕대처럼 머리에 두건을 쓰고 뛰어다녔다. 그는 그의 '충돌 헬멧crash helmet'과 분리되지 않으려 했다 ─ 어머니의 죽음을 어머니 및 그녀의 뇌수술과의 동일시로서 충돌처럼 경험했던 일을 응축한 물리적 은유. 내가 너라면, 또는 그가 그녀라면, 너는, 그녀는, '타자'는 상기될 수가 없는데, 왜냐하면 두 용어 사이에는—이 경우 어머니와 아들 사이에는—충분한 거리가 없기 때문이다. 달이 블루 치즈이듯, 그는 그의 어머니였다. 은유적 등식은 '어머니'와 '아들'같이 동등하지 않고 상이한 용어들을 필연화하는 위치를 허용하지 않는다. 마치 그의 마음속에서 B 씨와 어머니가 서로에 대한 은유가 된 것도 같았다. 언어보다 은유에 대한 그의 높은 관심은 그래서이며, 이는 거리와 차이를 요구한다.

위니콧이 심적 건강에 필수 불가결하다고 묘사하는 충분히 좋은 모성은 '참된 자기'의 발달을 촉진하지만, 범주적 지식을 보증하지는 않는다. 그것은 자리를 제공하거나, 친족 관계를 확립하거나, 자신이 세계 속 어디에 속해 있는지 말하는 데 실패한다. 아마도 B 씨는 거짓 자기가 발달하지 않았는데, 왜냐하면 그는 '충분히 좋은' 훌륭한 보모가 있었기 때문이다. 하지만 그는 자신이 세계 속 어디에 위치하는지 알지 못했다. 그에 관한 한, 보모는 그를 그의 어머니의 아들로서가 아니라 그녀의 아기로서 사랑했다. 어머니에 대한 그의 위치를 알지 못한 B 씨는 그녀와 히스테리적 동일시만을 할 수 있었다—그녀와 동일하기에, 그는 마음의 눈으로 그녀를 볼 수 없었다.

자폐증에서, 누락된 인정은 가장 기본적인 층위에 있는 것 같다. 아기의 신체는 그 신체—울음, 웃음, 여러 신체 분비물들—가 바로 아기 자신일 때 거부되며, 역겹고 전적으로 낯선 상태로 발견된다. 인정의 결핍이 바로 그렇듯 신체적, 일차적 층위에서 발생하기 때문에 그것은 생물학적인 것으로서 경험되는 것이다. 따라서 설명들도 이를 따르는 경향이 있으며, 생물학적 설명을 제공하는 경향이 있다. 나는 히스테리적 반응의 기저에 놓여 있는 상태가 자폐증과 많은 공통점을 갖는다고 믿는다—양자 모두는 결정적으로 비-인정을 내포한다. 마찬가지로 외상 이후에 주체가 있는 위치는 비–인정의 자폐증적 위치다.

자폐증을 경험하는 사람의 관점에서 자폐증을 가장 훌륭하게 묘사한 것 가운데 하나는 도나 윌리엄스의 『도나, 세상을 향해 뛰어*Nobody, Nowhere*』 (1993)다. 자폐증은 종종 자기–폐쇄 상태로 간주된다. 도나 윌리엄스의 설명이 아주 분명히 하듯, 폐쇄될 '자기'가 없다는 것을 제외하면 말이다. 삶은 외부 현실에 대한 아무런 분명한 참조도 없는 감각들, 어쩌면 환상들 속에서, 그리고 그러한 감각들을 사고할 아무런 '나'도 없는 가운데, 이어진다. 도대체 언어가 있다면 그것은 분명 다른 사람과 소통하는 데 이용되는 것이 아니라 (생물과 무생물의) 환경을 제어하는 데 이용되는 것으로 보인다.

『도나, 세상을 향해 뛰어』는 호주의 한 교외에서 성인기 초기로 성장해 가는 저자의 삶을 이야기한다. 정신지체, 정신박약, 뇌성마비, 정신이상, 정신분열증이라는 꼬리표가 붙은 도나는 자활 능력이 거의 없으며 한동안 특수학교에 보내진다. 하지만 산발적이고 놀라운 학문적 성공을 통해 그녀는 대학에 입학하며, 그곳에서 자살 시도, 와해(내가 필연적인 질병이라고 본 것), 그런 다음에 — 그녀 자신의 개인사를 뒤밟는 데 착수하여 마침내 이 주목할 만한 책을 펴낸 — 회복의 시작을 촉발하는 심리 치료를 받는다.

도나 윌리엄스는 자폐증 상태에서 그녀가 바라보는 그 어떤 것과도 너무나도 완전히 같아진다: 처음에는 공원에 있는 한 여자아이 — 캐롤 — 를 의식적으로 따라 한다. 그리고 나서 어느 날 그녀는 거울 속에서 '그녀 자신'을 보는 대신 캐롤을 본다. 완전히 캐롤이 되는 것은 약간의 노력이 들지만, 캐롤로서의 그녀는 사회적인 삶을 가질 수 있으며, 나중에는 성적인 삶을 가질 수 있다 — 매력적이고, 부서지기 쉽고, 유혹적이며 비극적인, 삶에 대한 히스테리적 모방. 그렇지만 다른 종류의 보호를 위해서 그녀는 윌리일 필요 또한 있다. 그녀 자신의 성씨를 갖는 거칠고 난폭한 눈을 지닌 남자아이 윌리. 그녀의 주장에 따르면 윌리는 그녀 어머니의 분노와 조롱의 모방이다. 내 경험상 이 '난폭한 눈'은 아기가 어머니나 아버지 얼굴의 '거울'을 들여다보고서 — 인정 대신에 — 어떤 이유에서인지 아기를 생경하다고 느끼는 부모의 캐묻는 듯한 시선을 발견할 때 발달한다. 이 응시하는 눈은 과도한 지각의 현존을 보여주는데, 이는 그 자체로 외상을 가리킨다. 책에는 도나의 생물학적 부모가 누구인지에 대한 (아무렇지도 않게) 스쳐 가는 질문이 있는데, 이는 나로 하여금 어쩌면 도나의 아버지가 그녀가 누구의 아이인지 궁금해하며 그녀를 응시했을지도 모른다는 다소 공상적인 생각이 들게 했다.

자폐증자 도나는 명명될 수 있는 자기로서 그곳에 정말로 있지 않다. 아주 이따금 말고는. 그렇지만, 그럴 때조차도, 충분히 적절하게도, 그녀 자신을 '너'라고 부른다. 이 도나는 바닥을 어지럽히고, 비명 지르고, 얼굴에 마구 낙서하고, 완전히 황홀경에 빠져 나무에 매달린 그네를 타고, 그녀 자신을 베고 난타하는 신체다. 그렇지만 자폐증적 비–실존과 히스테리적 모방 사이에서 도나는 총체적인 동일시 사례들을 — 나가기(투사)도 아니고 들이기(내사)도 아닌 것을 — 갖는데, 하지만 그것을 나는 실체변환 transubstantiation이라고 묘사할 수밖에 없다. 언젠가 친구 트리쉬가 그녀를 초대했던 것과 동일한 방식으로 전적으로 누구든 그녀의 침대로 초대함으로써, 도나는 '트리쉬가 되었다'. 그녀 스스로 차려입을 때 착용하는 예쁜 대상들은 대상이 아니라 오히려 그녀의 실제 신체가 된다. 따라서 그녀의 자폐증 상태를 표현하는 것은 말이 아니라 신체다.

최근 들어서 나는 다시 부분적 청력 검사를 받았다. 물론 나는 말을 할 줄 알았다. 그러나 나는 가끔씩 사람들과는 아주 다른 방식으로 말을 했고 또 가끔씩은 내게 하는 말들을 전혀 이해하지 못했다. 말이 기호 같은 것이긴 하지만 내가 이해하지 못하는 게 기호라고 생각하는 것은 오해다. 나는 말하기에 필요한 모든 체계들을 정리해 갖고 있었다. 나는 그것을 '나의 언어'라고 여겼다. 내가 사용한 기호 체계를 이해하지 못하는 것은 바로 다른 사람들이었다. 나는 그들에게 내가 뜻하는 바를 전달할 방법이 없었던 것이다. 할 수 없이 나는 내 나름의 언어를 개발하였다. 손가락 두 개를 들어 보인다든지 앞발로만 저벅저벅 걷는다든지 하는 모든 것들이 다 하나의 의미가 되었다. 그 의미들 때문에 나는 안전했고 아무도 내게 접근하지 못했다. 그것은, 설령 내가 지옥 같은 곳에 있다 하더라도 나를 보호해 줄 것이었다.[20]

도나 윌리엄스 자신이 말하듯, 자폐증의 현시적 행동과 관련하여 많은 것이 일상 경험의 상상할 수 없을 정도로 극단적인 날 끝에 있다. 자폐증자 아이들은 (종종 다만 그들 자신과) 몸짓으로 소통한다. 하지만 치과 의자나 진정 극단적인 날 끝에서, 고문하에서, 누구의 신체든 고통을 제어하기 위해 자기-지칭적으로 이용될 수 있다. 자폐증에서 신체는 물리적 감각으로 경험되는 정서적 고통을 제어하는 것으로 보이며, 고통 과도 같은 광적으로 흥분된 응축된 쾌락을 만들어내는 데 이용되는 것으로 보인다. 이는 보호막의 파열을 다루는 방식이다. 자폐증에서는 보호보다 더 많은 파열이 있는 것도 같다. 난입의 순간은 성적인 동시에 폭력적이다.

자폐증에서는 인정 대신에 일차적 반감과 거부가 있다. 그렇다면 사고 및 언어 과정에 대한 흥미로운 물음들이 제기된다. 자폐증자는 소통 능력 없이 내적 사고와 말하기 능력을 갖고 있는 것으로 보인다. 마치 그 능력이 능력의 실현에 필요한 사회적 맥락 바깥에서 존속해 왔던 것인 양 말이다. 출현하는 언어는 매우 궁핍하며, 종종 일련의 킥킥거림과 재잘거림에 불과하다. 자폐증에 대한 폭넓은 경험을 지닌 또 다른 심리 치료사 앤 알바레즈는 한 아이 환자에 대해 이렇게 쓴다. '로비는 이야기의

- -
20. Williams, D. (1993). [도나 윌리엄스, 『도나, 세상을 향해 뛰어』, 차영아 옮김(평단, 2005), 58~59쪽.]

416

내용이 아니라 특정 단어들에 흥분하고 간지럼 탄다(…) 소리들은 상당히 문자 그대로 그를 만지고, 애무하고, 간지럽히고, 혹은 기묘하게도 시각적 스릴을 제공한다.'[21]

물론 모든 아기는 애무를 받고, 간지럼 타고, 그녀가 듣고 보는 단어들로 인해 행복해진다 — 자장가의 영향이 다른 무엇이겠는가? 자폐증에서 일어난 것으로 보이는 일은 이 상태로부터 우리가 얼어붙은 정지 상태를 갖는다는 것이다. 무언가가 외상적으로 침범했고 사로잡혔고 영원하게 되었다. 이후로 아기는 — 성적이고 폭력적인 — 파열의 자국을 견딘다. 자폐증에서는, 신체 움직임과 원-글쓰기를 통해서 자기 자신을 표현하는 능력이 있다. 도나 윌리엄스는 이렇게 쓴다.

한 어린 자폐증 소녀가 그린 [그림]이라면서, 자폐증 아동들을 치료하는 한 정신분석가의 책 속에 실려 있었다. 그 그림의 어른 분석은 이 소녀의 가슴에 대한 갈망을 그림이 표현한다는 것이었다. 상담자와 가까워진 후 그 소녀가 검은색 안에 두 개의 하얀 사각형을 그렸을 때, 그것은 두 개의 가슴으로 해석되었다. 그러고 나서 그 애가 그림을 뒤집어서 이제 하얀 종이 가운데 검은 사각형을 그렸을 때, 그것은 '좋은 가슴'과 대조되는바 '나쁜 가슴'을 그 애 나름대로 그린 것으로 간주되었다. 이것을 읽고 나는 바보같이 웃음이 터져 나왔다. 내가 이와 똑같은 그림을 몇 번이고 그린 적이 있었는데, 그 옆에 이렇게 써놓았다. '제기랄, 여기서 날 꺼내줘.' 이것은 아무도 이해해 줄 수 없는, 어린아이 같은 내 감정의 본성에서 비롯된 덫을 상징적으로 표현한 것이었다. 내가 도달해야만 했던 그 검정은 '나의 세계'와 '세계' 사이의 뛰어넘기를 의미했다. 온전히 그것을 해낸 적이 결코 없었지만 말이다. 나는 나의 감정적 자아에 대한 일체의 애착의 완전한 상실을

• •

21. Alvarez, A, (1992), p. 52.

두려워할 줄 알고 있었는데, 그것은 내가 뛰어넘기를 할 때 발생하였다. 그리고 그렇게 하는 것이 소통을 가능하게 만드는 유일한 방법이었다. 이것의 비밀을 포기하는 일은 그저 너무나도 치명적이었다. 너무나 많은 선의의 사람들이 준비도 안 된 그 어둠 속으로 나를 잔인하게 끌고 가려고 했었고, 그런 와중에 내 감정적 자아를 죽이려고 했었다. 나는 결코 물리적으로는 죽지 않았을 것이다. 하지만 심리적으로 나는 그러한 노력 속에서 여러 번 죽었었다. 그 결과 나는 영혼의 다중 골절을 가지고 있었다.[22]

신체를 통해서, 자국과 소음을 통해서, 주체의 현존이 단언된다. 하지만 윌리엄스가 그것을 '상징적 표상'이라고 지칭함에도 불구하고, 실제로 그것은 상징적이지도 표상적이지도 않다. 글도 말도 심지어 사고까지도 거기에 있지만, 이것은 표상이 아니라 현시다 — 이것은 표상일 수 없다. 표상이 발생하기 위해서는 대상이 상실된 것으로서 인정되었다가 상징으로서 재획득되어야만 한다. 조롱당한 그 분석가는 자폐증 환자로 하여금 그림을 가슴의 상징으로서 이용하도록 만들려고 노력하고 있었다. 윌리엄스는 그것이 상징이 아니라는 것을 보여준다 — 그것은 그녀의 세계와 세계 사이의 무소통 상태에 대한 현시다. 자폐증의 경우 관리되어야 할 돌봄자 상실은 없었는데, 왜냐하면 돌봄자는 사실은 살의적이며 아이를 거부하는 '선의를 지닌' 사람이기 때문이다. 소통은 우리가 흔히 사회적 소통으로써 의미하는 것이 아니다. 프로이트에 따르면 현시는 이드[id]의 특징들 가운데 하나이며, 따라서 마치 주체가 — 인정받았던 '나'가 아닌 — '그것'으로서 스스로 살아남은 것도 같다.

그렇다면 인정에는 여러 측면들이 있다. 인정의 어떤 기본적인 측면이 자폐증에서는 전혀 없었으며 외상에서는 재앙적으로 침식된다고 나는

22. Williams, op. cit. [윌리엄스, 같은 책, 174쪽.]

가정하고 있다. 이렇게 말해볼 수도 있을 것이다: 모든 사람에게서 인간의 삶은 우리의 조산성에 대한 세계의 외상적 침범으로서 시작한다. 사회적 맥락은 거부/비–인정을 통해 이러한 외상을 확증할 수 있으며, 이는 자폐증을 유발할 수 있다. 또는 사회적 맥락이 유아를 인정할 수도 있으며, 하지만 B 씨에게 일어났던 것과 같은 나중의 외상이 그 인정을 가르고 원초적 외상에 의미를 부여할 것이다. 이 경우 나중의 사건은 주체 안에서 비–인정을 '발견'하고서 보호막을 통해 끌려와 그것에 합류한다. 다시 말해서, 나중의 파열 사례(보통 외상이라고 불리는 것)는 인정의 필요라는 인간적 층위로 파고드는 사례일 뿐이며, 그 필요의 실패일 뿐이다.

영국 분석가 이니드 발린트는 나에게 이런 이야기를 들려주었다. 2차 세계대전 때 폭격을 당한 어느 런던 사람이 대공습의 파괴적인 영향에 대해 질문 받았을 때, 폭탄에 대해서 언급하기를 그녀는 거부했지만 대신에 그녀의 이웃이 그녀가 빌려준 차 1파운드를 돌려주는 데 실패했었던 것을 끊임없이 불평했다 — 즉, 관대한 이웃으로서 그녀가 누구인지에 대한 인정의 실패가 있었었다. 폭탄에 충격을 받았을 때, 그녀는 그녀가 서 있는 곳에 대한 인정을 요청했으며, 그리하여 이에 대한 그녀의 욕구를 인정에 대한 그녀의 욕구가 충족되지 않았던 사례를 강박적으로 상기함으로써 표현했다. 요점은 이렇다. 중요한 것은, 자신이 겪었던 것에 대한 인정이 아니라, 자신이 서 있는 곳에 대한 인정이다.

신생아가 전적으로 의존하는 사람에 의한 신생아의 신체에 대한 일차적 거부는 프로이트가 신체–자아라고 부른 것에 대한 감각과 초기 개념화를 신생아가 발달시키는 것을 가로막는다. 이는 구조화된 언어의 가능성 이전에 온다. 그것은 한 사람의 심적 실존의 밑바닥이다. 외상은 누구에게나 이러한 상태의 측면들을 재활성화할 수 있는데, 왜냐하면 신체/나에 대한 어떤 경미한 정도의 거부, 이방인으로서의 신체/나에 대한 약간의 감각은 어쩌면 인간의 숙명이기 때문이다. 『비체화의 힘*The Power of Abjection*』 (1986)에서 줄리아 크리스테바는 거부하는 자의 관점에서 그 상태를 묘사하기 위해 '비체화^abjection'에 관해서 쓴다. 자폐증은 거부당했던 자에게 일어나는 결과다.

A 부인은 내게 그녀의 신체 부위들에 이름을 지어달라고 요청했다―그녀는 스스로 그렇게 할 수 없었다. 그녀는 또한 우리가 약속한 시간 같은 외적 표지에 의해서 말고는 내가(혹은 그 문제라면 다른 누군가가) 그녀를 인정할 것이라고 기대하지 않았다. 만약 그녀가 다른 시간에 도착했다면, 그녀가 누구인지 내가 모를 것이라고 그녀는 확신했다. A 부인의 다소 멜로드라마적인 행동에는 진실도 어느 정도의 부자연스러움도 동시에 있었는데, 이는 그 행동을 자폐증적 소외 상태로서 표지하기보다는 히스테리적 퇴행으로서 표지했다―하지만 그러한 소외는 모방된 것이다. A 부인은 극도의 불안 상태 속에서 영원히 살았다. 매 순간 그녀는 그녀 자신의 죽음이나 타인의 죽음을 두려워했다. 나는 그녀의 무모한 행동이 자살로 끝날까 봐 불안해했다. 그렇지만 그녀의 행동은, 무엇보다도, 사고뭉치인 혹은 과감하게 위험 감수적인 아이가 생각나게 했다. 자신이 정식화할 수 없는 환경 속 외상적인 무언가를 경각시키려고 애쓰고 있는 아이. A 부인이 이미 젊은 성인이었을 때 그녀의 아버지는, 아마도 격렬한 싸움을 벌이다, 죽었었다. 그녀 인생의 다른 많은 것과 마찬가지로, 그의 죽음은 그녀에게 그 사건에 으레 동반되어야 했던 감정들보다는 혼동과 불확실성의 느낌들을 주로 남겼다. 그녀의 혼동은 부분적으로 히스테리적이었으며, 그리하여 그녀는 아버지의 죽음이 그녀를 어디에 남겨두었는지―그녀는 그를 사랑했는가, 아니면 증오했는가? 그녀는 그가 죽은 것이 기뻤는가, 아니면 슬펐는가?―에 대해서 느끼거나 생각할 필요가 없었다. 그렇지만 그것은 그가 정말로 그녀의 아버지인지에 대한 그녀의 불확실성의 '진짜' 표현이기도 했다.

그렇지만 외상을 구성하는 것으로 보인 것은 그녀의 것이었던 그 붕괴되고 있는 폭력적인 가정의 공포가 아니라 A 씨가 두 살이었을 때 그녀의 어머니가 아이들을 데리고 약 3년간 남편을 떠난 것이었다.

A 씨는 분명 그 이전에 아기였을 때 아버지를 흠모했다. 그녀는 어린아이가 기억을 유지하기에는 너무 오랜 기간 그를 보지 못했으며 그녀가 돌아왔을 때 그는 이방인이 되어 있었을 것이다. 그녀의 아버지가 이방인이라면, 그녀는 그의 딸로서 위치 지어질 수 없을 것이다. 그녀는 자신이 어디에 있는지 또는 어디에 '서' 있는지 알지 못했다. 이것은 둘 다 경험되었다. 그리고 또한 히스테리적 방식으로 그것은 그녀 자신이 딸을 가졌을 때 문자 그대로 표현되었다: 그녀는 걷기 위해서 설 수 없었다.

어떤 위치에 놓이는 것은 그 위치를 지각하는 사람을 요구한다. 그것은 단지 아기를 아기 자신에게 거울 반사시키는 문제가 아니다. 어머니가 사망하자 B 씨는 머리에 두건을 쓰고 '충돌 헬멧'을 쓴 채 뛰어다녔다. 반면에 C 부인은 아동기에 아버지가 사망했을 때 그녀가 이전에 외상적인 것으로 경험했고 그로부터 회복했던 어떤 이전의 사례 내지는 상황을 통해서 이미 방호구를 잘 갖추고 있었다. 그렇지만 그녀는 아버지가 끝내 병원으로 옮겨졌을 때 그녀는 그의 침대 위로 무너져 내렸던 일을 기억해 냈다. 그녀는 자신이 침대와 합쳐진다고 느꼈다. 그녀는 침대와 아버지 양쪽 모두가 되었다. 동시에 그녀는 다시는 아버지를 보지 못할 것이라는 말을 들었다. 언어는 C 부인에게도 문자 그대로였다. B 씨처럼, C 부인은 아버지를 결코 다시는 그 어떤 의미에서도 '보지' 못했다. 그 이후로는 아버지를 결코 기억할 수도 마음의 눈으로 볼 수도 없었으니까. 어머니에 대한 경쟁자로서의 아버지를 제거하는 것에 대한 오이디푸스적 흥분과 보여질 수 없는 사라진 '아버지'가 되는 것에 대한 오이디푸스적 흥분 사이에 갈등이 있었다. 이 갈등의 결과로 C 부인의 증상 가운데 하나는 실신 발작이었다. 그녀는 일시적으로 죽은 아버지가 되었다. 나의 세 환자 모두에게서 증상의 신체적 축자성은 그들의 상태를 히스테리로서 표지하는 무엇이었는데, 왜냐하면 그것은 표상의 가능성에서 현시의 가능성으로의 퇴행을 보였기 때문이다.

A 부인, B 씨 그리고 C 부인은 모두 세계 속 자신의 위치를 찾는

데 어려움을 겪었다. 그들이 방향을 잡을 수 있는 근거가 되어줄 핵심 친족 위치를 제공해 주었을 부모가 죽었고, 따라서 A 부인에게서 부재의 경험, B 씨와 C 부인에게서 죽은 사람들 자신의 경험은, 분리된 관심 대상인 어떤 사건이나 사람으로서 경험되는 대신에, 모방적으로 동일시되었으니까. 그들은 단순히 부모를 상상할 수 없었다. 이 세 명 가운데 어느 누구도 부모가 아이를 잃는 것이 얼마나 어려운 일이었을지를 볼 수 없었다: 인정받지 못함이라는 그들 자신의 앞선 외상 유발적 상태는 너무나도 심각했다. 자기 자신의 다른 사람에게서의 상실이라는 이 개념이 없다면 컬트나 악몽 속에서의 상징화 불가능한 부재/공허 혹은 현존으로서의 점유가 있을 수 있을 뿐이다. 히스테리증자가 자신의 히스테리를 극복하기 위해 경험해야만 하는 것은 그 일체의 공포 속에서의 자기 자신의 타자에게서의 상실이다. A 부인, B 씨 그리고 C 부인은 모두 거기 '너무 많이' 있음, 일체의 가용 공간을 채움을 겪었거나 그게 아니면 비–존재함, 배경으로 합쳐짐을 겪었다. 상응해서, 다른 사람의 상실을 이해할 수 없기에 그들은 다른 누군가에게 그들이 없다는 것이 무엇을 의미할 것인지를 지각할 수 없었다. 따라서 그들은 현존과 부재, 실존과 비–실존의 놀이 ― 그들이 세계에 남아 있음에도, 죽거나 버려진(혹은 버리는) 부모에게 그들이 상실되었다는 인식 ― 에 접근할 수 없었다. 하지만 이 세 환자 가운데 어느 누구도 전적으로 히스테리적이 되지는 않았다. 특히 B 씨는 비록 히스테리적 동일시 메커니즘을 이용하기는 했지만 많은 히스테리 증상을 갖지는 않았다. 그는 보모의 총애받는 아기라는 정체성을 이용할 수 있었지만, 어머니의 아들이라는 위치를 여전히 발견할 수 없었다.

핵가족이 해체될 때, 아이의 문제는 어떻게 부모 없이 아이가 되는가 하는 것이다. 부모가 죽거나 사라진다면, 남겨진 아기 혹은 아이는 어디에 들어맞는가? 이 물음은 정체성보다는 위치에 관한 것이다. 위치의 측면에서, 죽은 사람이 상실한 것을 이해할 수 없는 아이는 죽어가는 부모의 비극적인 관점에서 살아 있는 자기 자신을 볼 수 없다. 이 누락된 위치의 결과로, 그는 오로지 죽음의 희생양이 되는 입장을 취할 수 있을 뿐이다. 이 고아됨은 위치 지어진 아이가 되는 것이 아니라 죽음에 의해 표지된 사람이 되는 것이다. 히스테리증자는 언제나 희생양으로서 현시한다.

한 부모가 죽거나 사라지면, 아이가 나머지 부모에게 개인사를 묻는 것은 너무 내밀하고 근친상간적인 것일 수도 있다. 왜냐하면 그것은 부모 자신들 사이의 관계만을 묻는 것이기 때문이다. 질문거리가 되는 아이 위치는 없으니까. 그러고 나서 아이는 이 배타적 부모 관계를─그 관계의 원초적 장면 판본을─환상하며 그것에 사로잡힌다. 그 한 부모는 전적으로 사라질 필요조차 없다. 그/녀는 단순히 부정不貞을 통해 가족에서 물러날 수도 있다: 그리하여 도라는 다른 모든 것을 배제한 채로 그녀의 부모에 대해서만 생각했다. 이러한 몰두가 이번에는 주위 환경의 광범위한 성욕화로 이어질 수도 있다. 한 부모의, 혹은 한 부모에 의한, 죽음이나 사라짐이나 배신은 부모의 성욕을 영원한 아이콘으로 포착한다. 앞서 말했듯이, 이는 임의의 둘이 다른 3자를 언제나 배제할 수 있는 오이디푸스 삼각형의 움직이는 가능성이라기보다는 이원적 원초적 장면의 정적인 아이콘이다. B 씨는 어머니가 (비밀리에) 여전히 살아 있다면 그녀를 인정하지 못할 것이라는 공포가 있었다. 그는 아버지가 자식들에게 죽은 어머니에 대해 결코 말한 적이 없다고 불평했다─B 씨가 가졌을지도 모르는 2인 원초적 장면의 과도한 친밀함의 동일한 감각으로 인해서, 실로 그 역시 그러지 않았을 수도 있었듯. 그의 어머니가 아직 어딘가에 있을지도 모른다는 생각이 갖는 효력은 B 씨가 그의 마음의 이 영역에서 죽음을 알지 못했다는 것을 시사한다─실로 어린아이들이 알지 못하듯. 어머니의 죽음으로 산산조각 났을 때 그는 그녀와 동일시했지만(충돌 헬멧) 그녀를 걱정할 수는 없었는데, 왜냐하면 그러한 걱정은 그녀의 관점에서 볼 수 있음을─그가 의지했던 모방적 동일시와 가까워 보이지만 사실 아주 멀리 떨어져 있는 상태를─필연화했을 수도 있을 테니까.

　외상에 대한 해설자들은 종종 외상을 죽음-같은 경험으로 보고는 한다. 사실 그것은, 죽음의 표상이라기보다는 현시로서, 죽음 개념을 대신하는 폭력적 틈새의 경험으로 보인다. 냉장고 위에서 처음 일어섰던 차폐 기억을 갖는 환자는 연관된 쟁점들 중 일부를 예증한다. 그녀의 차폐 기억은—차폐 기억들이 그러하듯이—그녀의 유아기 경험을 **실로** 응축했다. 그녀가 6개월이었을 때 어머니는 패혈성 유산으로 사망했고 세 살이 될 때까지 아버지가 그녀를 돌보았다. 그런 다음에 그는 새로운 가족을 형성하기 위해 이사를 갔고 내 환자를 위탁 가정에 남겨두었다. (팔 아래로, 그런 다음 단지 손끝으로) 아버지의 부축을 받으며 자신의 두 발로 서 있는 것에 흥분되고 겁에 질렸던 그녀는 아버지가 그녀를 영원히 떠난 직후에 심적으로 무너졌다. 물론 그녀는, 떠나기 전의 아버지에 대한 몇몇 기억이 실로 있었지만, 어머니의 죽음을 기억할 수는 없었다. 꿈의 이미지처럼 차폐 기억은 다양한 상실과 유기들이 한 사건으로 응축된 것인데, 그 사건은 아마도 관련이 없겠지만 그럼에도 그 경험을 표현하는 데 기여한다. 응축 속의 모든 요소들은 아마도 정확할 것이다. 하지만 바로 그것들의 집합체가 은유를 낳는다. 어쩌면 (그녀의 아버지가 아니라) 양어머니가 ('뜨거운' 흥분을 반전시킬 뿐만 아니라 두려움에 추워서 몸을 떠는 그녀를 표상했을) 냉장고가 아니라 탁자 위에서 그녀를 붙잡고 있었을 것이다, 어쩌면 그녀는 공원에서 갑자기 주저앉았을 것이다 — 이미지 속에서 전치되고 재결합할 수 있는 요소들은 끝도 없다.

　어머니 혹은 핵심 돌봄자의 장기간 부재는 유아에게 '죽음'으로 경험되는 것으로 간주된다. 그럴지도 모른다—하지만 물론 그것은 사실 죽음이 아니다. 머지않아 아이는 놀이와 반복을 통해서 부재와 현존이 교대로 나타난다는 것을 깨닫는다. 죽음은 다른 어떤 것이다. 그것은 오로지 기억을 통해서만 좋게 만들 수 있는, 실제로는 좋게 만들 수 없는 상실이다. 기억은 사고방식이지 실제 경험을 문자 그대로 옮겨놓은 것이 아니다.

냉장고 위에서 무너진 환자가 처음으로 어머니를 '기억'한 것은 치료 중의 꿈에서였다: 그녀는 어머니로부터 짧은 전화를 받는 꿈을 꾸었다. 그녀는 이 오래 기다린 경험을 이야기할 때 재치 있게 아이러니적이었는 데, 그렇지만 그것은 엄청난 안도감이 되어준 경험이었다. '기억'의 형태 는 아마도 치료상의 전이에 의해 유도되었을 것이다 — 나는 그녀의 뒤편에 앉아서 몇 가지 짤막한 구두 논평이나 해석을 제공했다. 그렇지만 이는 그녀 어머니에 대한 초기 경험과 '연합'되었을 수도 있다. 유아 반응에 대한 최근의 연구를 예고하면서 지난 세기에 프로이트는 히스테리 증자가 어떻게 생후 몇 달간 듣지만 이해하지는 못하는 것들로부터 환상을 구축하는지 언급했다. 꿈을 통해서 내 환자는 그녀의 어머니가 살아 있었다는 것과 그녀의 어머니가 그녀의 어머니였다는 것을 처음으로 인정할 수 있었다. 이윽고 이러한 인정은 내 환자가 자신의 위치를 부여받 기에 충분했다. 나에 대한 전이를 통해서, 딸이 있다는 것을 그녀의 어머니가 알고 있었다는 것을 그녀는 깨달았다.

유아들이 대상을 응시할 때, 그들의 운동 활동은 그들이 눈을 돌리기 약 1초 전에 증가하기 시작하는 것으로 나타났다. 이 운동 활동이 절정일 때 유아의 시각적 주의가 풀리고 활동이 잦아들기 시작한다.[23] 이는 멜라니 클라인의 '감정 속의 기억' 개념을 정립하는 과정인 것처럼 보인 다 — 본 것을 신체가 보유한다. 그렇지만 외상 입은 유아는 계속해서 응시하며 그의 움직임은 과도한 최고조에 머문다: 그는 자신의 대상을 안전하게 포기할 수 없으며, 따라서 그 대상을 자기 신체 속에 기억할 수도 없다. 대상이 포기되고 보유되었을 때 그것은 더 이상 순수하고 단순한 대상 그 자체가 아니라 아기의 감정이라는 맥락 속 대상, 그리고 한층 더 결정적으로는, 어떤 환경 속 대상이 될 것이다. 이와 대조적으로,

● ●

23. Robertson, S. 〈코넬 크로니클〉(1998년 12월 10일)에 보도된 진행 중인 연구. 로버트슨 의 관심은 새로운 환경에 대한 유아의 채집 활동에 있다. 내 주안점은 반대편 에 — 잃어버릴 대상이 어떻게 '유지'되는지에 관해 — 있다.

대상이 안전하게 포기되지 않았을 때, 그것은 너무 많이 등장한다 —
그리고 어떤 나중의 사건이 보호막을 뚫고 들어갈 경우 이 과도한 대상의
복제물이 '회귀'할 것이다. 이 복제물은 대상 혹은 사건 그 자체로 보일
수도 있지만, 그렇지 않다. 그것은 대상 혹은 사건의 현시다.

기억하는 것은 언제나 발견하는 것이다. 결코 회복하는 것이 아니다.
세계대전에 참전한 장교였던 분석가 윌프레드 비온은 나중에 회고록을
썼다. 여기서 그는 한 젊은 연락병이 참호 속에서 그에게 닿기 직전의
일을 묘사한다. 그때 그는 가슴에 총을 맞았고 고동치는 심장이 그대로
노출되어 있었다. 급사 직전에 그는 헐떡이면서 말했다. '장교님, 제
어머니에게 편지를 써주시겠습니까?' 그러자 비온은 '그래, 빌어먹을,
그러지'라고 대답했다.[24] 폭파된 가슴의 폭력적이고 충격적인 이미지는
사회적 계급의 맥락 속에 — 한편으로는 '장교님', 다른 한편으로는 '빌어
먹을' — 놓임으로써 특히나 통렬해진다. 이것이 기억이다.

외상 — 보호막을 파열시키고 외상적 반응을 개시하는 사건 — 은 주체
로 하여금, 대상이나 사건 그 자체도 아니고, 심지어 그것의 마음속
기억도 아니고, 대상이나 사건의 지각에 직접적으로 반응하게 만든다.
이는 정신적 지각일 수도 있고, 신체적으로 실연될 수도 있다. 충격받은
사람이 겪는 발작, 가령 히스테리성 간질 발작은, 대상 응시를 포기할
만큼 충분히 안전하지 않을 때 과도해지는, 유아의 신체 움직임의 반복일
수도 있다. 유아가 외상을 입지 않는다면, 유아의 광적인 움직임은 점차
줄어들 것이고 유아는 그 대상으로부터 눈길을 돌려서 다른 대상, 감정,
역사의 맥락에서 그것을 신체/나 속에 기억하게 될 것이다. 과잉주의의
초점이 되기를 멈추면서 대상은 포기될 수도 있다. 유아는 그것이 아직
그곳에 있는지 보려고 확인할 필요가 없다. 외상 피해자는 절대적 부재와
절대적 현존, 지각과 비–지각의 양극 사이에서 동요한다. 그렇지만 외상

● ●

24. Bion, W. (1997).

426

피해자가 회복되려면 부재와 현존은 우선 상실과 신체–자아–속–기억 속에 제시되어야 하며, 그러고 나서 표상과 마음–속–기억이 되어야 한다.

보호막의 파열을 야기하는 세계의 과도한 자극은 이 기억 과정이 따라가게 될 흔적의 교차로를 확립한다 — 신비로운 글쓰기 판의 밀랍 위 자국들. 어린 아기에게서, 그 '너무 많은' 대상은 '그렇게 많지는 않은' 것이 되며, 그리하여 아기는 그것으로부터 돌아설 수 있다. 파열 자국들은 기억이 그것을 따라 이동할 수 있는 보호막을 통해서 자국들이 된다. 너무 많은 스트레스가 가해지면 자국들은 열리지 않으며 대상이나 사건의 과도한 지각으로 막힌다. 히스테리에서, '너무 많은' 것으로 경험된 대상이나 사건은 기억의 통로를 막는다. 모든 것은 지각이다. 히스테리에서 어떤 것이 있지 않다면, 그것은 (일시적으로 상실된 것이 아니라) 완전히 부재하며 그것의 현존이 열망된다. 히스테리가 되기 위해 실제 학대나 특정 외상이 발생할 필요는 없다. 오히려 히스테리는 외상을 본뜬다.

제10장

히스테리: 재앙에서 외상으로

히스테리가 존재하지 않을 수 있는 방법은 없다. 히스테리는 삶과 죽음이라는 인간 조건의 특정한 측면들에 대한 특정한 반응이다. 교차 문화적으로나 초역사적으로나 그것의 양상들은 다양하겠지만, 이들 모두 특정한 생존 방식이라는 주제의 변이들이다. 실존한다고 느껴지지 않기에 과도하게 고집스러운 자아가 있다. 그러고 나서 다른 사람에게 점유를 허용하는 히스테리적 주체의 공허나 부재가 있다. 그렇지만 이는 어떤 원시적 자기의 부재가 아니라 필수적 '타자'의 부재인데, 이 타자의 현존이 삶에 가능성과 의미를 부여한다. 히스테리가 사라지는 것을 허용하지 않으려면 다른 정신분석 이론이 집필되어야 할 것이다 — 인간 탄생의 조산성이라는 조건의 맥락에서 구성된 갈등적 죽음충동과 삶충동의 온전한 중요성을 떠맡는 이론. 하지만 그것은 또한 측면성에 — 즉 수평적 관계들이 나를 대체할 수 있으며 그렇게 하여 나를 이전 상태들로, 처음에는 탄생 당시 및 그 이후 생존을 위해서 그리고 그다음에는 오이디푸스 및 전오이디푸스적 국면에서의 사랑과 돌봄을 위해서 부모에게 의존하였던 이전 상태들로, 거꾸로 내몰 수 있다는 사실에 — 온전한 중요성을 부여하는 이론이다. 하지만 모든 이론은 히스테리의 반복된 여성화가 갖는 온전한 중요성을 받아들일 필요가 있다.

이러한 여성화에 관해서 우리는 또한 단성 생식 콤플렉스를 써넣을 필요가 있다. 정상적인 단성 생식 유아 환상은 어머니로부터의 차별적 금지를 필요로 한다: 너는 지금 어머니가 될 수 없지만, 여자아이인 너는 자라서 어머니가 될 수 있고, 남자아이인 너는 그럴 수 없다. 히스테리 증자는 이 법을 거부한다─자기 자신에게서 아기를 생산할 수 있다고 계속해서 주장한다.

히스테리를 온전히 고려하지 않는다면, 우리가 이론화하고 관찰하는 많은 것의 중요성을 놓치게 될 것이다. 이는 한가한 주장이 아니다. 중년의 다중 인성자와 작업하거나 매력적인 경계선자 돈 후안이나 10대 거식증자와 작업하는 그 누구도, 사람들 사이의 강력한 감정 교류를 내포하는 히스테리의 중대한 본성에 기인하는, 동반자나 아이에 대한 가정 폭력의 가능성이라든가 사고뭉치 기질이라든가 심지어 대리 죽음에 대해 반드시 유의하지는 않을 것이다. 그렇지만 이 다양한 상태들과 질병들을 히스테리의 포괄적 틀구조 아래 재조립한다면, 그것들을 별개의 실체들로 다루어 얻은 일체의 통찰과 더불어, 우리는 우선 그것들 사이의 연관을 알아낼 수 있으며, 그다음에는 히스테리와 인간 행동의 나머지 누락된 차원들 사이의 연관을 알아낼 수 있다.

무엇보다 우리는 우리의 개인사를 거꾸로 읽을 필요가 있다. 그토록 닮았지만 그토록 다른 동기의 출현이나 압도적인 현존에 의해 그리고 나중에는 친구, 동료, 적이나 동반자에 의해 폐위되고 전치된 우리는, 유혹, 짜증, 거창한 거짓말, 아플 때의 요구 등을 통해서, 경쟁자에게 갔다고 우리가 생각하는 부모(혹은 부모 대체자)의 사랑을 구한다. 이 경쟁자를 향해 우리는 양가성의 극히 예리한 모서리 위에 있다. 나는 그날을 잘 기억한다. 그날 나는 나의 발에는 기쁨을 담고 나의 가슴에는 사랑을 담아 아주 좋아하는 선생님에게 남동생의 탄생을 알리기 위해 유치원으로 달려갔다. 하지만 그러고는, 그가 어떻게 생겼는지에 관한 그녀의 따뜻하고 열정적인 질문을 받고는 '썩은 달걀'이라고 단호하게 대답하고야 말았다. 태어날 때 다소 황달기가 있었던 내 남동생은 내가 붙여준 황달스러운 별명을 갖고서도 유아기를 넘어 잘 자랐다. 남동생이 가족과의 관계를 마치 입양된 아이처럼 말한다고 내가 한 환자에게 이야기했을 때, 그 환자는 그의 늙은 어머니가 지금까지도 어머니의 손위 동기들이 어머니를 그들 어머니의 아이가 아니라 '평판 나쁜' 제과점 요리사의 아이라고 주장했던 것이 떠오를 때면 화가 나서 법석을 떤다는 말로 응답하였다. 꼬마 한스는 황새를 아기들을 데려가 버리는 데 이용하면 더 좋을 것이라고 생각했다. 늑대인간의 누나는 동물에 대한 그의 공포를 갖고 늑대인간을 고문하고 괴롭혔으며, 그를 유혹하여 그가 그녀인지—아니면 그인지—알 수 없게 만들었다. 피터스 부인은 애완 햄스터가 있었는데, 그녀의 어머니는 그것을 혐오했지만 그녀와 그녀의 의붓아버지는 그것을 정말 좋아했다. 그녀가 햄스터를 굶겨 죽인 것은 남동생의 탄생과 동시에 일어났는데, 그래서 그녀는 남동생을 사랑하게 되었다. 현실의 동기들은 그들의 일반적 위치와 관련해서도 그들의 개인적 우연적 역사와 관련해서도 분명 중요하다. 그렇지만 주된 고려 사항은 정신분석 이론 속으로 측면성을 도입하는 것이다—한 사람을 위협하는 동시에 확인해 주는 것은 수직적 관계가 아니라 수평적 관계다. 양가성이 그 놀이의 이름이다. 고문하기와 고문당하기가 한 벌의 규칙들이다. 때가 되면 우리는 누구 또는 무엇을 우리가 좋아하거나 싫어하는지 분류하여 이 양가성을 다소간 처리한다. 그렇지만 히스테리는 이 견딜 수 없는 존재의 양가성으로 되돌아간다. A 부인이 그녀의 아버지가 그녀의 아버지인지 아닌지 혼동스럽게 되었을 때는 그녀가 3년간의 부재에서 돌아온 뒤였다—어린아이에게는 긴 시간. 그렇지만, 덧붙여서, 그들의 부모는 재결합하여 또 다른 아이를 임신했다. 어머니에 대한 B 씨의 비—인정은 그의 아동기 때 있었던 그녀의 죽음의 외상을 분명하게 표현했다. 그렇지만 그는 또한 어머니가 그의 형제들의 것임을 의심하지 않았다—막내인 그만이 의심스러웠다. 그의 무의식적 두려움은 그의 탄생이 어머니를 죽였으며 따라서 그의 살아 있는 어머니는 오로지 그의 형제들만을 그녀의 아들로 인정했었다는 것이었다. 심지어 C 부인의 경우에도, 그녀가 겪고도 '살아남은' 외상은, 그녀 아버지의 죽음이 중요하지 않음을 의미했던바, 그녀가 태어나기 전에 있었던 (다른 어머니가 낳은) 이복언니의 죽음이었다. 전임자에 대한 그녀의 질투는 아버지의 중요성도 아버지의 죽음의 중요성도 인정하지 못하는 데 기여했다.

한편으로는 회복과 생존을 부추기는 정서적 자극이면서도 다른 한편으로는 경쟁자가 우리의 끔찍한 감정을 점유하고 우리의 주변부 자리를 차지하게 함으로써 우리에게 중심 무대를 남겨놓도록 하는 정서적 자극은 질투다. 자리와 체면의 상실이 원하는 것의 획득을 통한 생존으로 번역될 때, 그 초록 눈 괴물[1]에 시기envy가 더해진다. 주변부 자리에서 벗어나 우리는 다시 한번 어머니를 위한 유일한 자가 되려고 하며, 그러는 데 실패하면 아버지를 위한 유일한 자가 되려고 한다. 우리는 어머니를 위해 그리고 어머니에게 전부가 되기를 열망한다. 하지만 동기의 현존에 대한 자각과 더불어 이러한 원함은 한때 나였던 아기의 원함이 더 이상 아니다. 원함의 고집, 그 절박함은 친구나 더 나이 든 동기와 함께 성적 쾌락을 필시 탐구하기도 했을 아이로부터 온다. 일단 원함이 성욕화되면, 그것은 금지된다. 이 시점에서 아이가 절박한 원함을 포기하지 못한다면, 어머니와 하나가 되어 존재하는 것으로의 퇴행은 더욱 긴급해진다—아이는 그녀가 되기를 원한다, 그녀의 아기가 될 뿐만 아니라 그녀가 하는 것처럼 (하지만 아버지 없이) 출산하면서. 무언가가 이 환상을 방해한다면, 주체는 인간 탄생의 공포를 재경험하는 위험에 노출되는데, 여기서 누군가가 자신의 울음소리에 응답하지 않는다면 상존하는 위험이

••

1. ['초록 눈 괴물(green-eyed monster)'이란 질투를 말한다.]

죽음이다. 여기서 삶을 위한 분투와 죽음처럼 느껴지는 것 이후로까지 역행하여 이르는 것이 함께 경험된다. 그리고 여기서도 우리는 한 바퀴 돌아 원점으로 되돌아온다: 바로 이것이 이후의 삶에서 외상이나 작은 외상들의 누적이 일어날 때마다 우리가 되돌아가게 되는 지점이다.

동기나 동기 대체자로 인한 재앙적 전치로부터 시작하는 히스테리는 일시적인 오이디푸스적 반응에서 망상증까지 그 범위가 이른다. 더 나아가 전자는 후자로 미끄러져 들어갈 수 있다. 『히스테리 연구』에 나오는 에미 폰 N 부인 사례에 대한 한 각주에서 프로이트는 한 히스테리 여자아이를 묘사하는데, 그녀의 증상 가운데 하나는 발과 발가락의 강박적인 움직임이다 ― 그녀는 발이 너무 크다고 확신한다. 이러한 확신에 결부된 다양한 의미 가운데 한 가지 요소는 아동기에 동기들이 그녀의 큰 발에 대해 가차 없이 놀렸던 것이다. 1924년 프로이트는 각주를 추가했다: 그는 그녀의 히스테리가 조발성 치매가 되었다는 것을 ― 즉, 정신증 내지는 정신분열증이 되었다는 것을 ― 알게 되었다. 히스테리는 연속체를 이루고 있는데, 그 연속체의 정신증적 끝에서 히스테리증자는 죽음에 압도당한다. 자크 라캉은 남성 히스테리가 여성 히스테리보다 언제나 더 심각하다고 생각했다. 이는 요점을 놓치는 것이다: 히스테리는 거의 '정상'에서 완전히 미친 것까지 그 범위가 이른다. 남성성과 여성성에 대한 우리의 연상들이 이 일반적 조건 위에 중첩된다. 그래서 자신을 자신의 어머니라고 생각하는 여자보다는 자신을 자신의 어머니라고 생각하는 남자가 단순히 더 교란되어 있는 것으로 보인다.

남자들이 히스테리증자가 될 수 있다는 데는 의심의 여지가 없다. 갈렌은 1세기 서양 사상사에서 이를 단언했다. 남성 히스테리는 곧 거부되었다. 그것은 17세기에 의도적으로 소생되었으며, 다시 한번 거부되었다. 남성 히스테리의 만연에 대한 19세기 후반의 확신은 결국 논쟁의 여지가 없었다. 그렇지만 히스테리라는 전체 범주가 곧 사라지게 되었다. 히스테리는 세계 여러 지역에서 인류학자들에게 주목되어 왔다 ― 동아프리카

삼부루의 약자 집단들이나 서아프리카와 인도네시아 등지에서 시작해서 뉴기니 베네베네의 야인 행동, 캐나다 북부 이누이트족의 '북극 히스테리'에 이르기까지. 그렇지만 정신분석에서 그렇듯 서양의 설명과 인류학적 관찰에서도 여성 히스테리보다 남성 히스테리를 더 심각하게 취급하는 경향이 있으며, 그리하여 남성 히스테리가 일단 기록되면 빈번하게 '히스테리적 정신증'이라는 명칭이 붙는다. 더 흔한 것은 남성 히스테리 개념이 거부되고 그런 다음 급성 히스테리와 그 남성 환자들을 한마디로 요약하기 위해 다른 범주들이 사용되는 것이다: 17세기의 우울증과 심기증, 19세기 전환기의 정신분열증, 20세기의 두 세계대전 이후 외상신경증과 그 이후 '경계선'.

그렇지만 언제 어디서나 여자들은 히스테리 상태의 주요 운반자가 된다. 히스테리 진단이 이루어지는 시간과 장소에서만 그런 것이 아니다. 히스테리가 실제로 진단에서 선뜻 사용되는 용어가 아닐 때 생겨나는 하위 범주와 변이들에서도 그렇다. 이번 세기에는, 식이 장애, 가장 성인성, 경계선, 다중 인성—이 모든 것이 주로 여자들에게 '속한다'.

히스테리를 분석하는 것은 고사하고 묘사하는 일에도 어려움이 따른다. 하지만 부분적 이해라도 시도하려면 인간 조건의 이러한 젠더화를 고려해야만 한다. 그 어떤 분석에서건 인간 조건의 젠더화를 부차적인 지위로 좌천시키는 것은 그저 말이 되지 않는다. 바로 그렇기에, 자궁에 기초한 그리스의 히스테리 설명들이나 (남성) 악마와의 성교에 관한 중세의 설명들은 20세기의 수많은 심인성 설명들에는 없는 적실성을 갖는다. 토마스 사즈의 것과 같은 설명[2]은, 히스테리는 질병이 아니라 악성 형태의 소통을 목적으로 하는 질병 모방이라고 주장하는데, 타당성이 있을 수도 있지만 젠더 편향을 설명하지는 못한다. 다른 여러 설명들도 그렇다.

• •

2. Szasz, T. (1961).

물론 히스테리 그 자체가 젠더화된 차원을 갖는지, 아니면 그러한 귀속이 실은 이데올로기적 부과인지, 암묵적으로는 인종 혹은 민족 집단의 열등함이나 퇴보를 단언하는 것과 유사하게 여성을 경멸적인 방식으로 묘사하는 것인지, 질문해야만 한다. 다시 말해서, 남성과 여성은 똑같이 히스테리가 되기 쉽지만, 대체로 여성이 히스테리로 분류될 가능성이 더 높은 것인가? 여성과 히스테리는 동의어적으로 매력 없는 것으로 간주되고 따라서 히스테리 남자는 '여성적'인 것도 같다.

조산이라는 인간 상황은 양 젠더를 히스테리에 똑같이 취약하게 만든다. 우리가 그러한 상태로 태어난다는 사실은 다른 인간 존재에 대한 의존성을 생존경쟁에서 본능의 자리에 있도록 만든다. 정신분석적 '충동' 개념이 이를 다룬다: 충동은 지탱할 수 없는 긴장 상태를 방출하도록 주체를 강요하는 힘이다. 하지만 그 목적을 성취하기 위해서 충동은 대상에 대한, 다른 인간 존재(혹은 심지어 늑대 어머니)에 대한 우리의 신생아적 필요 상태에 직면한다. 그러한 본능은 대상이 누구 또는 무엇인지와 무관하게 존재한다. 충동은 언제나 대상을 향하지만, 충동의 목적지, 충동의 대상은 고정되어 있지 않다. 충동은 젠더화되어 있지 않다. 또한 충동은 조산도 아니다. 또한 조산에 따른, 막중한 대상이 사랑도 받고 증오도 받게 되어 있는, 인간 의존성도 아니다. 따라서 우리 모두에게 공통된 이러한 요인들 가운데 어느 것도 여성에게 예기치 않게 주어지는 히스테리를 설명할 수 없다.

그렇지만 친족 관계 내의 여자아이와 남자아이, 남자와 여자의 상이한 위치 설정은 남자들보다는 여자들을 의존성에 대한 히스테리 반응의 가능성에 실제로 더 많이 노출시킨다. 동기들은 친족 체계 내의 젠더에 따라 구별된다. 히스테리의 여성성은 인간의 사회적 조직화에 의해, 여자아이와 남자아이에게 주어진 상이한 위치 설정에 의해 구조적으로 확립되었다. 그리고 나서야 한 가치 체계를 갖는 이러한 사회적 조직화를 관습이 뒤따르는 것이다. 죽음의 가망은 모든 사람의 삶의 문턱에 서 있는데, 왜냐하면 돌보는 사람들이 죽일 수도 있기 때문이다. 하지만 사회적으로 귀속된 가치로 인해 이러한 인간의 취약성은 여자아이와 남자아이에게 상이하게 판단된다. 가령 대부분의 문화에서 영아 살해는 남자아이보다 여자아이에게서 더욱 흔하다. (그렇지만 ─ 지참금과 대립되는 바로서의 ─ 신붓값의 교환이 여자들에게 가치를 부여하는 사하라 이남 아프리카에서는 그렇지가 않다.)

고전적인 정신분석적 설명은 남성 히스테리의 가능성과 여성 히스테리의 훨씬 더 커다란 만연 양자 모두를 오이디푸스 콤플렉스의 측면에서 설명한다. 이 이론에서, 남자아이와 여자아이 모두는 처음에 어머니를 욕망한다. 그러고 나서 자연스럽게 양자 모두는 이 욕망이 터부임을 받아들이게 된다. 남자아이는, 다른 무엇보다도 어머니에 대한 아버지의 주장을 받아들이는 한, 언젠가 자기 여자에 대한 권리를 갖는 아버지가 되기를 희망한다. 그렇지만 여자아이는 어머니도 어머니의 대체자도 사랑 대상으로서 소유할 수 없다는 사실을 받아들인다. 대신 그녀는 먼저 어머니를 포기하고는 그런 다음 그녀와 동일시해야만 하며, 그런 다음 아버지를 위한 사랑 대상이 되어야만 한다. 이러한 정상 규범적 궤적은 남자아이보다 여자아이에게서 더 많은 어려움이 달라붙는데, 왜냐하면 여자아이는 어머니에 대한 이차적 동일시를 모델로 해서 그녀의 대상(어머니에서 아버지로) 및 성적 구역(클리토리스/남근적 활동에서 질의 수용성으로) 양자 모두를 변경해야만 하기 때문이다. 이 이론에서, 여자아이의 과제가 갖는 더 커다란 어려움은 더 히스테리가 되기 쉬운 그녀의 성향을 설명해 준다: 여자아이는 '더' 양성적인데, 왜냐하면 처음에 어머니를 원하고, 그런 다음에 아버지의 대상이 되어야만 하기 때문이다. 더 나아가 그녀는 어머니를 획득할 남근적 가능성을 이미 결여하고 있기 때문에 남자아이와는 달리 거세 콤플렉스의 제약에 종속되지 않는다 ─ 따라서 그녀는 초자아(거세 콤플렉스에서 아버지의 내재화)를 덜 가지며 그 결과 문화 속에서 더 적은 역할을 갖는다. 종종 말해지듯이,

이러한 오이디푸스적 궤적에서 여성성은 좋은 끝이며 히스테리는 나쁜 끝이다. 히스테리증자는 남자(처음에는 아버지)를 위한 욕망의 대상으로서의 자신의 역할에 만족하기를 거부하지만, 대신에 욕망의 대상으로서의 이러한 여성적 동일시와 욕망의 주체라는 남성적 위치 사이를 끊임없이 배회한다. 고전적 설명은 이렇다.

오이디푸스적 설명에서, 히스테리의 모든 증상과 특징은 부모와의 관계에서 여자아이와 남자아이 사이의 이러한 상이한 위치의 양적 결과다. 여자아이에게는 동일시를 추구할 더 많은 필요성, 더 많은 수치심, 더 많은 불안이 있으며, 무아경, 점유, 전환 증상의 신체적 표현 — 특히 자신이 갖지 못한 것에 대한 불평, 원한, 갈망 — 으로 퇴행할 더 큰 가능성이 있다. 여기서 단순히 균형을 바로잡는 방식만을 보면서 박탈당한 자는 히스테리적이기 때문에 박탈을 끝내는 것이 히스테리를 끝내는 것이라고 제안하는 것은 쉬운 일이다. 하지만 이는 그 자체로 히스테리적인 해결책이다. 히스테리는 여성성이 아니다. 반대로, 구조적으로 여자아이와 남자아이가 상이한 자리에 놓인다는 것이다. 여자아이나 남자아이의 그 자리가 부유하고 유명할 수도 있다. 하지만 중요한 것은 그들의 '타자들'에 상대적인 그들의 위치다. 모든 사람은 측면 관계에 의한 전치를 경험한다. 이를 극복하지 못하는 — 경쟁자와 같으면서 다른 자기 자신의 자리를 찾지 못하는 — 사람이 히스테리증자다. 대신에 그는 이러한 전치를 근절할 수 없는 외상으로 뒤바꾼다.

오로지 남성 히스테리의 경우에만 이것은 지배적인 귀속이다. 모성은 종종 여성 히스테리의 치료제로 제안되어왔다 — 이는 그럴 수 있는데, 왜냐하면 히스테리증자가 무의식적으로 직면할 수 없는 것은 단성 생식에 대립되는 바로서의 성적 재생산이기 때문이다. 성적으로 재생산적인 부모 되기는 자손의 탄생에서 부모의 장래 죽음을 함축한다. 이를 받아들이는 것은 심리적 모성과 부성이 생겨나는 것을 허용한다.

오이디푸스적 차이의 결과들에 대한 설명에서, 정신분석 이론은 여자아이의 박탈을 넓은 의미에서 사회적인 것으로 보기보다는 생식기적인 것으로 보면서(그녀는 어머니가 욕망하는 남근을 갖지 않았다) 여타 설명들과 함께한다. 이것의 문제는 남성 히스테리를 그 도식에 끼워 맞추려는 순간 생겨난다. 오이디푸스 이론에 따르면 남성 히스테리증자는 그의 히스테리에 대해 여성적 위치를 채택했다. 그가 양성애적 가능성들을 탐색적으로 가로지른다면, 남자를 위한 대상이 되려고 할 때마다 그의 자세는 동성애적인 것이 되며, 여성을 욕망할 때 그는 정상 규범적인 이성애자 남성처럼 보이게 된다. 물론, 어느 쪽도 사실이 아니다. 남성 히스테리증자 돈 후안은 여자를 사랑 대상으로 취하고 있는 것이 아니다. 그는 전적으로 그녀와 동일시했다. 그는 그의 걷잡을 수 없는 질투를 일련의 여자들에게 투사하여 그렇지 않았다면 그가 느꼈을 것을 그 여자들로 하여금 실연하게 만든다. 이야기는 그의 정복에 관한 것이 아니라 그가 이 여자들에게 불러일으키는 질투에 관한 것이다. 이 점에서 그는 전치될 때 내부에서 치솟는 견딜 수 없는 감정들에 위협당할 때 여느 좋은 히스테리증자가 행동할 것처럼 행동한다. 그의 정복 목록은 그가 우주의 중심에 있다고 느끼게 만드는 나르시시즘을 증폭한다.

그는 또한 그가 유혹하는 여자들과 동일시되기도 한다. 하지만 그의 질투는 여자들에게 투사되어 있었기 때문에, 동일시로 인해 질투를 느끼지 않기 위해 그는 더 나아가야 한다. 질투를 투사하는 것은 또한 그를 더욱 텅 비게 하기도 했다. 그렇지만 돈 후안은 남녀가 똑같이 히스테리가 되기 쉽지만 우리의 편견 속에서 우리가 오로지 여성만을 히스테리로 보고 있다는 가능성을 상기시킨다. 고전적인 정신분석적 설명에서, 어느 쪽 성이건 히스테리증자는 어머니와의 관계에 대한 터부를 받아들이지 않았다. 거세 콤플렉스 개념은 그것의 의미를 생물학적 조건으로부터 취하는 사회적 법에 의존한다. 이 법은 사랑과 돌봄의 최초 대상과의 근친상간을 금지한다. 양쪽 성 모두가 이 법에 종속된다. 하지만 그들의 생식기 간의 생리적 차이는 그들의 상이한 사회적 운명을 확증한다.

여자아이들은 어머니처럼 되어야 하며 남자아이들은 어머니의 대체자를 소유하고자 열망해야 한다. 사회적 처방은 생물학적 성차를 참조한다. 그렇지만, 해부학적 차이에 따른 심적 결과들이 있다는 생각은, 옳기는 하겠지만, 또한 불필요하다. 그것은 설명으로서 잉여적이다. 히스테리의 더 가시적인 차원에 여자아이를 더 종속되도록 만드는 것은, 사회적으로 기입된 해부학적 '열등함'의 정의라기보다는, 여자아이의 친족적 전치다 — 바로 이것이 여성성과 히스테리 사이에 사회적 관계를 설립하며, 그런 다음, 필요한 것이라고 잘못 읽힌다. 남성 히스테리와 여성 히스테리 간에는 차이가 없다. 그렇지만, 여자아이는 부계 안에서 남자아이보다 더 자주 혹은 더 심각하게 전치될 수도 있다. 그녀는 그녀의 전치를 극복할 수도 있을 것이고, 아니면 히스테리적으로 그것을 다룰 수도 있을 것이다. 사회적 전치가 야기할 수 있는 히스테리적 가능성이 아니라 바로 그 사회적 전치가 남자아이들로부터 여자아이들을 구별하는 것이다. 남성 히스테리와 여성 히스테리를 다른 것으로 보는, 혹은 여성/여성성을 히스테리로 보는 실수는 측면적 동기 혹은 유사–동기 관계들을 무시한 결과다. 남동기와 여동기의 최소 차이는 사회적으로 확립되어야 하는 차이다. 바로 여기서 다양한 관계들이 장려되거나 금지된다. 바로 여기서 성욕이 처음으로 실현되고 금지된다.

나는 어머니와 아버지에 대한 유아의 관계가 결정적이지 않다고 제안하고 있는 것이 전혀 아니다. 오이디푸스적 환상과 거세 환상의 존재와 중요성에 관해서 논쟁하고 있는 것도 아니다. 그렇지만, 임상 자료로도 그렇고 이론의 긴급성으로도 그렇고, 사회적 경험 내에서 설명을 찾는 사회적 묘사가 다른 분야에 의존하는 것보다 내게는 더 말이 되는 것으로 보인다. 물론 생물학은 엄청나게 중요하다. 하지만 그것이 사회적인 것의 의미를 제공해 주지는 않는다. 아이가 동기나 측면적 대체자에 의해 전치될 때 혹은 동기와의 거의 완전한 동일시를 포기해야 할 때 어떤 일이 일어나는지를 고려한다면, 아이의 위치는, 아이가 존재하는 것으로서 인정받는 그 자리는, 그것 아래에 있었던 것으로부터 떼어놓아지게 된다. 정도는 다르지만 모든 사람은 이러한 경험을 갖고 있다. 아동기의 '왕좌와 제단'이 무너지는 이 소멸의 위기 속에서, 아이는 자신의 발판, 의미, 위치를 되찾기를, 오이디푸스적 방식으로, 추구할 것이다. 젠더 노선을 따라 다양하게 구별하는 친족 체계의 보편성을 감안하면, 여자아이와 남자아이에게 폐위는 상이할 것이다. 성욕은—실로 생물학적 성차조차도—친족 내에서 의미를 얻는다. 이는 오이디푸스 콤플렉스와 거세 콤플렉스에 대한 이해가 갖는 강점 또한 보여준다. 그렇지만 그 이론의 문제는 측면적 동기 및 친애자를 희생하면서 오로지 수직적인 세대 간 관계에만 관심을 기울인다는 것이다. 히스테리를 이해하는 것과 관련된 추가적인 문제들이 많은 이론들에서, 특히 대상관계 이론에서 제기되는데, 왜냐하면 히스테리 임상 자료는(그리고 프로이트의 이론들은) 우리가 언제나 퇴행을 의식해야 한다는 것을 나타낸다고 하는 발달적 관점을 그 이론들이 또한 제안하기 때문이다.

여동생 한나가 태어날 때, 꼬마 한스는 더 이상 그의 어머니의 아기가 아니다: 질문은 그는 **누구지?**가 아니라 그의 자리가 가버린 지금 그는 어디에 서 있지?이다. 한나는 그와 비슷하지만, 그가 아니다—사랑과 살의는 흠모되기에 충분할 정도로 닮았으며 죽임을 당할 필요가 있을 만큼 그토록 비슷한 자를 향해 생기는 감정이다. 자신의 자리를 되찾고 압도적이고 자기–파괴적이고 혼돈스러운 감정에서 벗어나기 위해 한스는 다시금 그의 어머니의 아기가 되기를 원한다—하지만 그는 다섯 살 자기의 모든 에너지를 가지고서 이것을 원한다. 여기에는 수동적인 것이 없다. 하지만 또한, 여동생 한나에게 그의 어머니를 잃지 않기 위해, 그는 그의 어머니처럼 된다—어머니가 할 수 있는 것처럼 아기들을 가질 수 있게 된다. 그리하여 그는 어머니와 아기의 어떤 결합과 동일시한다. 하지만 그러한 결합은 삶과 죽음의 결합이며, 그 자신의 폭력은 죽음에 대한 신생아의 취약함이라는 인간 외상의 폭력적 경험을 반복한다. 그가 경쟁자 동기를 향해 느끼는 폭력은, 그리고 어머니의 배신 때문에 그녀를 향해 느끼는 폭력은 처벌의 공포를 불러온다. 그리고 바로 이때 그의 동기의 아버지이자 어머니의 짝으로서의 아버지가, 금지와 더불어서, 라캉이 상징적 질서라고 부르는 법, 거세 콤플렉스와 더불어서, 그림 속에 들어온다. 한스는 아버지가 어머니에게 이 아기 여동생을 주었다는 이유로 아버지를 죽이고 싶다 — 대신에 그는 그의 소원이 불러올 죽음과 황폐화를 목격해야 하는 일이 없도록 하기 위해 공포증을 발달시킨다. 한스는 말을 볼까 봐 집 밖으로 나가지 않으려고 하는데, 그 말의 쓰러짐은 출산의 고통을 겪는 어머니와 낙상해서 죽는 아버지의 실연으로서 환유적으로 미끄러져 간다. 하지만 한스는 아버지가 그를 죽일까 봐 두려워한다. 우리는 덧붙여야 한다: 그는 또한 어머니의 금지를 인정할 필요가 있다 — 그는 '남자아이' 그리고 '남자'가 되려면 현재든 미래든 아기들을 만들 수 없다.

프로이트의 남동생 율리우스가 죽었던 것처럼 한나가 죽는다면, 보상의 가능성은 줄어들 것이고, 동기와 동기 대체자에 대한 장래의 사랑을 통해 환상된 살인을 만회할 가능성은 줄어들 것이다 — 명예도 사랑도 애정도 없고, 친구 집단도 없다. 혹은 햄릿이나 돈 후안처럼 동기가 태어나지 않는다면, 어머니의 불가피한 물러남은 강박의 지점이 될 것이다. 그렇게 되면, 능가해야 할 남동기들만이 아니라, 모든 여자가, 모든 오필리아나 돈나 안나가, 위협적인 여동기가 될 것이다. 즉 아직 그토록 다른, 그토록 원했지만 양가적으로 그랬던 — 그리고 이 경우 수태되기 전에 죽은 — 주체의 복제물이 될 것이다. 티르소 데 몰리나도 셰익스피어도 그들의 히스테리적 허구 캐릭터들을 fils uniques, 즉 외동아들로서 상상한다는 것이 인상적이다. 물론 외동아이들이 더 히스테리가 되기 쉽다는 것이 아니다. 반대로, 히스테리증자는 유일한 아이 — fils uniques — 가 되기 위해 싸우고 있다는 것이다. 그리고 햄릿과 돈 후안은 이에 성공한 것으로 딱 맞게 그려진다.

막내 아이는, 히스테리에 관한 한, 이 주제에서 한 가지 변이다. 외동아이처럼, 그는 곧 생겨나지는 않을 자기 자신의 복제물을 무의식적으로 기대하며, 하지만 그는 또한 더 나이 든 동기와의 동일시 속에서 자기 위치에 대한 그의 감각의 결정적 측면을 또한 형성하게 될 것이다. 어린 남자아이가 꾼 외상적 꿈(실제로 악몽)을 본떠서 명명된 '늑대인간'의 개인사로 널리 알려진 프로이트의 유아기 신경증 사례 제시는 더 나이든 동기에 대한 히스테리적 반응의 한 가지 판본을 보여준다. 아동기 초기에 늑대인간은 처음에는 휘황찬란한 동물 공포증으로 나타난 불안 히스테리를 겪었다. 그는 매우 조용한 아기였다. 그의 누나는 말괄량이였고, 장난꾸러기였고, 동생을 몹시 괴롭혔고, 성적으로 도발적이었으며 매우 영리했다. 늑대인간이 두세 살이던 때, 그의 누나는 그를 성적인 놀이로 유혹했다. 그는 이러한 유혹을 거절했지만 그의 (완벽한 어머니 대체자였던) 유모와 성적인 행동을 하기 시작했다. 누나의 유혹과 괴롭힘은 그 조용한 남자아이를 극도로 버릇없는 거의 '미친' 아이로 변모시켰다. 틀림없이 늑대인간의 누나는, 그의 환상과 행동 속에서, 그의 오이디푸스적 유모/어머니보다 우위를 점했다고 말할 수 있을 것이다.

프로이트가 그 누나를 늑대인간의 정신병리의 병인학에 통합하지 않은 이유는 이것이 거세 콤플렉스에서 예시되는 금지(와 금지의 실패)보다는 경쟁적인 동기들의 권력 다툼이 심적 삶을 결정짓도록 만들 것이기 때문이다. 히스테리에 대한 초기 저작들에서 프로이트는 우월함과 열등함의 중요성에 대한 이 생각에 근접했었다. 뒤이어 알프레드 아들러가 그 생각의 불온한 부분을 잘라낸 판본을, 의존성이라는 여성성에 반대되는 '남성적 항의'의 이론에서, 주창했다.[3] 아들러는 성욕을 권력충동으로 대체했다―어느 누구도 여성적 위치처럼 무력해지기를 원하지 않는다. 그러한 주장은 여전히 히스테리에 대한 여러 비-정신분석적 설명들의

• •

3. Adler, A. (1910).

기저에 놓여 있으며 검토를 요한다. 그렇지만 측면성과 동기를 도입하는 것이 정신성욕의 교란으로부터 권력 놀이라는 더 온건한 문제로의 강조점의 변동을 필연화하지는 않는다. 권력과 경쟁은 명백히 존재한다 — 하지만 이것들이 결정적인 것은 아니다.

늑대인간의 유아기 성격의 변모를 '심술궂은 누나'와의 동일시(그녀가 그랬듯이 '불가능한' 것이 되는 것)로 본다면, 권력 놀이는 뒤이은 갈등의 표현일 수도 있을 것이다. 그렇지만 갈등 그 자체는 권력 투쟁에서 생겨나는 것이 아니라 늑대인간이 가족 안에서 어디에 서 있는지와 관련된 재앙적 혼란에서 생겨나는 것이다. 그 이전에 그는 그가 '그의 아버지의 아기'라는 유모의 은유적 진술을 (히스테리증자들이 그렇게 하듯) 문자 그대로 받아들인 것으로 보인다: 그의 무의식적인 심적 사고의 한 가닥은 그가 그의 아버지로부터 태어났으며 아버지의 좋은 아기가 될 수 있다는 것이다. 그렇지만 늑대인간이 약 두 살일 때, 그의 부모는 그를 남겨두고 그의 누나를 여행에 데려간다. 그 후에 그의 아버지는 (그의 어머니가 언제나 그랬듯이) 분명 그 어린 소년보다 그의 누나를 선호한다. 누나처럼 끔찍하게 됨으로써 그는 관심만을 얻는 것이 아니라 그녀의 자리처럼 선호되는 자리의 가능성도 얻게 된다. 이 자리는 성욕과 밀접하게 뒤얽혀 있다. 남자아이처럼 되기 위해서 역설적이게도 그는 그의 말괄량이 누나가 되어야 한다. 하지만 그가 남자아이라면, 그는 또한 누나를(그런 다음에는 그의 유모/어머니를) 성적 대상으로 원해야 한다. 이러한 관점에서 볼 때 사례사에서의 실수는 누나의 유혹에 대한 늑대인간의 곡해를 프로이트가 해석할 때 생겨난다. 그 소년은 소극적이고 저항적이었지만 그의 나중 환상은 그 둘 간의 성적 유희의 적극적이고 공격적인 개시자는 그의 누나가 아니라 그였다는 것이다. 프로이트는 이를 두고 그 소년의 남성성이 스스로를 주장한 것이라고 설명한다. 따라서 더 나이 든 늑대인간이 남성성에 이득이 되도록 그의 이전 개인사를 편집하는 것일 수도 있지만, 분석가나 이론가가 이를 곧이곧대로 따르는 것은 실수다. 유혹

이후에 늑대인간은 (누나처럼) 거칠고 공격적이게 된다. 아직 경계가 온전히 형성되지 않은 어린아이의 유혹은 거칠고 공격적이고 유혹하는 누나와의 그러한 신체적 동일시를 실제로 유발할 수 있다—성적 학대를 당한 아이들이 성적으로 조숙해지는 것은 바로 이러한 이유 때문이다. 늑대인간에게 걸려 있는 것은 권력 놀이가 아니라 그의 광범위한 가족과 하인들의 가계 안에서의 성적 위치들과 동일시들의 치환들이다.

또 다른 더 어린 동기 도라는 예닐곱 때 오빠와의 동일시에서 추방당한다. 내 해석에 따르면, 그때 의사는 그녀가 여자아이이지만 또한 자위할 수 있으며 오빠처럼 될 수 있다는 것을 인정하는 데 실패한다. 이 재앙을 외상으로 경험하면서, 그녀는 히스테리가 되며 그러한 추방이 그녀를 던져넣는 오이디푸스 콤플렉스와 거세 콤플렉스의 제약을 벗어나려고 노력한다. 두세 살배기의 더 어린 늑대인간은 어떤 자리에서 추방당하는 것이 아니라 오히려 성적 유희를 통해서 그리고 사회적으로는 이 자리가 양 부모에게 인정받는 유일한 자리임을 통해서, 그의 나쁜 누나와 전적으로 동일시되어지도록 만들어진다. 그가 일단 그의 아버지의 아기로서의 위치를 상실하면 그를 위한 분명한 자리가 없다. 그는 오이디푸스 삼각형 안에서 셋 중 하나로서의 자리를 찾으려 노력하고 있지 않다. 그는 자신의 분리된 실존이 위협당하는 악몽을 꾸고 있다. 소멸의 악몽을 뒤따르는 것은 그가 전적으로 배제되는 이자적인 원초적 장면의 '나쁜 꿈'이다. 그리고 나서 그는 유모/어머니 및 아버지와 오이디푸스적 관계를 갖는다. 사실 그는 전적으로 그의 누나가 될 수 없다. 왜냐하면 첫째, 그녀는 선호되는 더 나이 든 아이이며 그는 그렇지 않기 때문이며, 둘째, 그는 또한 그의 아버지가 그러는 듯 보이듯 그녀를 대상으로서 원해야만 하기 때문이다. 증오, 사랑 그리고 선호와 권력에 대한 갈망이라는 감정들은 그가 인정받는 위치를 위한 이러한 분투들에 형태를 부여할 수도 있다. 분투의 내용은 그가 아기이고 누나이고 어머니인 그 갈등적인 성적 투쟁이다. 인정과 위치의 상실을 권력 투쟁이 뒤따르며, 그것의 중핵에는 그가 자기 자신처럼 사랑해야만 하는 자와 벌이는 성적 경쟁이 있다.

투쟁은 나는 누구지?가 아니라 나는 어디에 있지?이다. 정체성의 투쟁이 아니라(종종 이것과 혼동되기는 하지만) 이 친족 관계 시나리오에서 나의 위치는 무엇이지?의 투쟁이다. 피터스 부인은 그의 의붓아버지의 총애받는 후계자였으며, 함께 일터에 갔고 축구 경기에 갔다. 예기치 못하게 이복남동생이 태어나기 전까지는. 그녀는 상실되었다. 그리고 아버지와의 이전 관계를 나타내는 물건들을 잃어버림으로써 그녀의 잃어버린 자기를 실연했다. 로젠펠드의 환자 밀드레드는 그녀의 인기 있는 남동생이 전사했을 때 아무것도 느끼지 못했다. 하지만 뒤이어 그녀는 완전히 무너졌다. 그의 탄생은 유아기 위기를 격발했었다: '[남동생] 잭을 처음 보았을 때부터 그녀는 완전히 침묵하고 물러났다. (…) 그녀는 상당한 시간 동안 말하기를 포기했을 뿐 아니라 걷기 능력 또한 좋지 않았다'. 그리고 나중에 '그녀는 그의 인성과 관심사를 채택하려고 상당히 의식적으로 노력했지만 실패했다.[4] 말하지 않음과 걷지 않음은 나중의 히스테리가 흔히 되돌아가는 상태들이다.

더 어린 동기는 더 나이 든 아이의 반복이며, 더 나이 든 아이가 이전에 차지했던 자리를 차지한다. 더 나이 든 동기는 주체가 공유된다고 생각했던 자리를 독차지한다. 반응은 많은 동물들에게 있는 텃세가 인간 친족 관계의 맥락으로 옮겨진 것과도 같다―자신의 공간이 침범당한다면, 어떤 의미에서 그것이 정말로 그것인 것, 즉 재앙으로 경험된다. 이러한 전치는 대개 남자아이보다 여자아이에게 더 심각하고 오래 지속되는 재앙이다. 모든 사람은 재앙을 극복하기 위해 노력해야만 한다― 같은 공간 내에서 또 다른 자리나 여지를 찾아야만 하고, 다른 입주자와 잘 지내야만 한다. 부계 친족 체계(어디에나 가장 흔한, 남성을 통한

· ·

4. Rosenfeld, H. (1947), pp. 130, 131.

관계)는 이러한 노력에 있어 남자아이를 선호하는 쪽으로 기울어져 있다. 단순한 수준에서 남자아이들은, 동기 경쟁자들을 막론하고, 아들이고 후계자들이다. 그렇기에 그들은 선호된다.

더 깊은 층위에서, 일단 오이디푸스적 배치에 내던져지면, 동기의 도래로 인한 주체의 소멸이라는 불가피한 재앙은 거세 콤플렉스의 외상으로 전치된다. 고전적 정신분석 이론에 따르면, 거세는 여자에게 음경이 부재하는 것으로 발견될 때 다만 하나의 가능성으로 인지될 뿐이다. 여성성은 '이미 거세된' 것으로서 구성된다. 따라서, 그러고 나서 거세가 주체의 죽음 혹은 소멸을 상징화한다는 것은 사회적으로 결정되는 것이다. 왜냐하면 그 기저에는 젠더화되지 않고 상징화되지 않은 죽음 위험이 탄생의 사실 속에 놓여 있기 때문이다. 거세 콤플렉스는 그 젠더 함축과 더불어 이 죽음을 상징화한다. 그렇지만 거세 콤플렉스를 받아들이지 않는 남성 히스테리증자('보지 남자')는 이해하지 못하고서 추구할 수 있고 두려워할 수 있는 상징화되지 않은 죽음이 본래부터 젠더화되어 있지는 않다는 사실을 증언한다. 자신이 아기들을 단성 생식적으로 생산할 수 없으며 재생산적 성욕은 부모의 죽음을 함축한다는 것을 발견하는 것도 마찬가지로 외상적일 수 있다. 모든 사람은 실제의 혹은 가능한 동기들을 갖는다. 따라서 모든 사람은 삶/죽음 투쟁으로, 심적으로 존재하느냐 존재하지 않느냐의 상태로 되돌아가게 된다. 내가 단성 생식 콤플렉스라고 불렀던 것에 대한 터부를 아이가 받아들인다면, 성적 재생산에 있어 타자를 인정하는 길이 열리게 된다. 바로 여기서 친족 체계와 사회적 습속이 성들 사이의 구별에 관여한다 — 어머니는 언제나 알려져 있으며, 아버지는 그렇지 않다. 일처다부제는 매우 드물며, 그렇기에 복혼 같은 관습들은 남녀 사이에 대체로 상호적이지 않았다.

오이디푸스 콤플렉스의 해소는 정신분석의 지배적인 이론 및 실천이다. 그것을 극복하는 것은 남성성과 여성성 양쪽 모두의 바람직한 경로다. 그렇지만 이를 성취하는 데 실패하는 것이 흔히 주장되는 바와 같이 히스테리와 동일한 것은 아니다. 여성성과 남성성의 정상 규범적 경로는 실제로 부모와의 관계를 해소한다. 거세는 어머니와 같이 있는 곳에 자기 자신이 있을 수 없는 재앙을 대체하는 외상이 된다. 그렇지만 히스테리증자는 동기에 의한 전치의 재앙에 고착된 채로 머문다. 이는 그/녀를 오이디푸스 콤플렉스, 원초적 장면, 조산의 무력함 속으로 던져넣으며, 이 모든 것에 맞서서 그는 단성 생식적 전능함의 환상을 통해 그리고 부재하게 된 자기를 과대 주장하는 것을 통해 항의한다.

이론에 측면 축이 없다면, 여자의 자리 외에는 남성 히스테리증자가 거주할 자리가 그 안에는 없다. 지배적인 정신분석 이론 및 실천에서 그리하여 그는 여성적이거나 동성애적이다. 이는 동성애, 이성애, 여성성 및 남성성이 허구적 정상성의 변이들에 불과하다는 것이 인지되지 않음을 의미한다. 사실 그 자체로 그것들은 실제로 정상적이거나 실제로 병리적일 수가 없다. 실로 그것들은 무의식과 성욕에 대한 정신분석적 연구의 적절한 대상이 전혀 아니다. 모든 사람에게 있는 양성애로 인해, 히스테리는 남녀 모두에게 동성애적이기보다는 이성애적일 가능성이 훨씬 더 높다. 그렇지만, 수많은 아이들이 이러한 이성애에서 태어난다고 하더라도, 히스테리적 위치는 비–재생산적인 위치다. 여기서 근본 환상은 단성 생식 환상이며, 아기는 주체의 복제물이다.

재앙은 사물의 질서에 변화를 낳는 사건이다―한동안은 처참할 수도 있지만 극복될 수 있다. '외상trauma'이라는 단어는 '상처'를 뜻하는 그리스어에서 유래한다―이 단어의 정신분석적 용법은 그것의 신체적 함의를 정신적인 것 안으로 가져간다: 난폭한 충격으로 경험된 상처는 조직화 전체에 영향을 미친다. 히스테리는 재앙을 개인적 외상 혹은 집단적 외상으로 만든다. 타이타족 여자가 특이한 장소에서 차를 목격한 이후 사카가 발병했을 때, 그녀는 사물의 질서에 일어난 변화를 그녀의 전 존재에 영향을 미치는 개인적인 난폭한 충격으로 전환하고 있었다: 재앙은 외상이 되었다. 한쪽 끝에서 히스테리는 무해하고, 심지어 재미있으면

서 독창적이고, 창조성의 서막이 될 수 있는 주체의 비워냄emptying-out이
다. 다른 쪽 끝에는 사소하거나 심각한 재앙의 전환으로서 외상이 있으며
그것에 항의하면서 보내는 일평생이 있다.

그 자체로 동기 상황은 재앙적인 것이지 외상적인 것이 아니다. 오이디
푸스 콤플렉스에 진입하는 것은 동기로 인한 전치라는 재앙에 대한
해결책처럼 보이지만, 어머니의 유일한 사랑이 되기라는 이 근친상간적
희망은 가능한 거세의 외상으로 인해 격퇴된다. '이미 거세된' 자로서
구성된 여자는 남자들에게 그러한 외상의 현장이지만, 여자들에게도
또한 그럴 수 있는가? 꿈과 악몽에 등장하는 여자들이 실로 이따금
거세 경험으로서의 외상을 상징한다는 것에는 의심의 여지가 없다. 바로
여기서, 재앙을 외상으로 바꾸어놓고 그런 다음 그 외상이 거세로 상징화
될 때, 히스테리는 더 전형적으로는 여성적으로 ─여성의 운명으로─
보이게 된다. 남자들 또한 단성 생식 환상에 대한 금지에 복종해야 한다는
것을 ─그들은 '출산할 수 없는 자들'이 되어야 한다는 것을─ 우리가
알 때, 그것은 이론 속에서 정당한 자리를 차지할 수 있다. 거세는 상징화의
한 가지 방식을 도입할 뿐이다. 물론 생물학적으로, 음경과 동일한 방식으
로 젠더에 따라 전체적으로 없어질 수 있는 외부 신체의 다른 부위는
없다. 음경은 사람들을 연계하는 수단이기 때문에 그토록 고도로 리비
도─집중되어cathected 있고 결정적인 것처럼 보인다. 음경은 또한 자체의
생명이 있는 것처럼 보인다. 하지만 히스테리는 에로스적 가슴의 충만과
공허 및 생식 기관으로서의 자궁의 충만과 공허 역시 둘 다 고도로
리비도─집중되어 있음을 가리킨다. 특히 자궁은 없어질 수도 있고 (그리
스인들에게만이 아니라) 자체의 생명이 있는 것처럼도 보이는 어떤 것의
표상이기도 하다. 어린아이는 배/자궁의 충만과 공허를 갖고 논다. 잘
먹거나 임신한 뚱뚱한 배는 부재와 현존의 외적 표지이기도 하다. 프로이
트는 그의 남동생을 출산한 후에 기적적으로 날씬해진 어머니에 대한
꿈을 꾼다: 히스테리증자는 가득 찬/텅 빈 자궁의 부재와 현존에 대해서

448

질문하며, 점퍼에 쿠션을 집어넣는 어린아이처럼, 상상 임신 혹은 지속적인 단성 생식 환상 속에서 그것을 이따금 스스로 시험해 본다. 남근의 미래와 마찬가지로 그 미래는 여자아이와 남자아이에게 다르다: 하나는 자라서 임신할 수 있고, 다른 하나는 그럴 수 없다. 어린 여자아이가 음경을 원할 수도 있는 것과 마찬가지로, 그리하여 꼬마 한스는 임신 혹은 출산에서 제외되지 않기로 결심한다.

외상은 히스테리의 퇴행 속에서 도달되어 있다. 이를 뒤따르는 것은 주체를 보호하는 경계를 분명 허물고 난입하여 그/녀를 '나' 없이 다만 힘들의 갈등 혹은 공포로 인한 단편화 상태로 남겨두는 외상의 실연이다. '기원적' 외상은 죽음충동으로 나타난다. 퐁탈리스는 죽음충동에 대해서 이렇게 쓰고 있다(그가 '충동pulsion'이라고 부르는 것은 불운하게도 '본능instinct'으로 번역되었다).

> 지시 대상 혹은 원초적 신화로서의 죽음 본능의 도입은 '나르시시즘적 인성'과 '경계선 사례'가 우리로 하여금 점점 더 의식하도록 만드는 또 다른 문제에 직면하게 한다. 이 경우, 정신은 신체가 된다. '저것은 무엇을 의미하지?'는 '저것은 무엇을 원하지?'가 된다. 죽음은 더 이상 의식이나 무의식에 국한되지 않는다. 죽음은 무의식의 바로 그 뿌리에 있다. 그것은 더 이상 한 심적 심급이 갖는 속성이 아니라 각 심급들에서의 '불화'의 원리이다. 그것은 비-장소a-topia다. 그것은 더 이상 말하기가 아니라 침묵, 울음 혹은 분노다.[5]

우리는 여기서 '히스테리'를 나르시시즘적 사례와 경계선 사례 둘 다로 읽을 수 있다. 삶의 기원에 있는 외상은 강박적이고 충동된 어떤 것으로서만, 기억될 수 없고 다만 뒤이은 외상이 주체를 소용돌이로

• •

5. Pontalis, J.-B. (1981), p. 189.

던져넣는 때에야 활성화되는 폭력으로서만 실연될 수 있는 불화를 도입한다. 이 시점에서 정신은 신체가 되며 생존을 위한 노력으로서 원하고 또 원한다—아무 의미도 없다. 재앙을 외상으로 뒤바꿀 때, 히스테리증자는 충동되며, 그의 신체를 통해 원함을 반복적으로 표현한다.

프로이트는 아동기 초기에 있었던 남동생의 죽음을 깊이 생각할 수 없었던 것으로 보인다. 증상처럼, 이 사실은 외상 개념을 그의 정신분석 이론 전 체계에 있어 결정적인 것으로서 유용하게 보존하였으며 동시에 그 중요성이 그 이론에서 온전히 실현되는 것을 가로막았다. 방어적으로, 프로이트는 유아기에 살해당하고 살해하는 것의 공포를 확증한 동기를 향한 죽음 소원을 강조하기보다는 아버지와 관련한 거세를 강조하려고 언제나 노력했다. 오이디푸스 콤플렉스와 거세 콤플렉스의 정식화는 율리우스 프로이트의 죽음, 동기간 경쟁, 프로이트 자신의 것일 수도 있었던 죽음들을 정신분석의 실천 및 이론에서 감추었다. 문을 연 히스테리는 방 밖으로 밀려나거나 오이디푸스–어머니 문제 틀에 순응하게 되었다. 외상은 오로지 거세로만 표상된다.

프로이트가 페렌치와 함께 고안했으며 결코 출간되지 않았던 히스테리의 기원들에 대한 환상들 직전에, 프로이트는 융이 있는 곳에서 자신이 겪었던 실신 발작에 대해서 그의 젊은 동료에게 이렇게 썼다: '그 발작들은 삶의 초기에 경험한 죽음들의 중요성을 시사해(나 자신의 경우 그것은 아주 어려서 죽은 남동생이었어. 그때 나는 한 살을 좀 넘긴 나이였어). 전쟁은 우리의 일상을 지배하지.'[6] 페렌치와 더불어 프로이트는 인간 역사에서 히스테리의 기원에 대한 생각을 고안했다. 히스테리의 계통 발생적 위치에 대한 이 환상은 생존하기에 식량이 충분치 않았던 첫 빙하기에 모든 재생산이 축소되어야만 했다는 것이다. 프로이트가 이러한 생각에 어떻게 도달하게 되었는지 기록해 놓지는 않았지만, 개별

- -

6. Masson, J. (ed.) (1985), p. 440 (9 December 1912).

사례에서 우리는 세계사적 외상(빙하기), 생식 없는 성욕, 죽음에 이르는 굶주림(거식증)에 대한 신화를 우리가 구성할 수 있다는 것을 알 수 있다. 심지어 얼음장 같은 차가움 또한 들어맞는다. 히스테리증자는 종종 '추위'를 경험한다고들 한다 — 그는 정념의 열을 죽음의 추위로 역전시키며 그 반대로도 그렇게 한다. (내가 목격하거나 들은 히스테리성 발작은 간질보다는 저체온증의 요동침과 유사하다.) 개별 히스테리는 이러한 핵심 특징들을 결합하며 계통 발생적 환상을 위한 재료를 제공한다.

정신분석의 고유한 대상인 것은 — 꿈에서든 증상 및 신경증 형성에서든, 방어 및 저항으로서든 (분열과 와해 같은) 정신증적 메커니즘 및 (억압 같은) 신경증적 메커니즘으로서든 — 심리적 과정이다. 히스테리증자는 전환 과정을 통해 증상들을 형성하며, 그의 불안은 공포증, 발작, 호흡 곤란 등등을 산출한다. 증상은 갈등을 내포한다. 권력 투쟁이나 무력함의 결과로서 히스테리를 설명하는 것이 갖는 문제점을 바로 여기에, 증상 및 그 갈등의 문제에 위치시킬 필요가 있다.

일레인 쇼월터의 연구 『히야기들』은 무력함을 특권화한다. 그렇지만 그러한 설명에는 문제들이 있다. 나는 진자 경련으로 묘사되는 히스테리적 움직임에 시달렸던 시계공 로버트 코널리에 대한 위어 미첼의 사례 보고를 직접 본 적은 없다. 쇼월터가 그를 논의하고 있고, 그렇기에 나는 단순히 나의 주장을 밝히기 위해 코널리를 이용하고 있다. 쇼월터가 제안하듯, 코널리가 그의 직업에서 불분명한 좌절감만을 느꼈다면, 그가 자기 팔을 강박적으로 진자처럼 휘둘렀을 가능성은 거의 없다. 충동된 그 특징, 멈추지 못하는 바로 그 실제 무능력은 또한 다른 무언가가 작용하고 있음을 시사한다 — 자신의 현존이 집요하게 느껴지도록 만드는 무언가. 이는 죽음충동의 강박이다. 그는 멈출 수 없었다. 코널리는 그가 완전히 억압할 수는 없는 사고를 갖고 있었다: 가령 그는 신을 시계공에 빗댄 볼테르의 유명한 비유에 관해서 잘 알고 있었을지도 모른다. 그러한 오만함은 억압되었어야 했을 것이다. 실패한 억압으로부터 관념이 회귀했을 때, 그 관념은 그것을 억압했던 자아와 타협했다―그렇지 않았다면 그것은 원래의 관념만큼이나 표현될 가능성이 없었을 것이다. 이러한 타협은 증상이 된다. 무의식의 기지로, 신이 되기를 원하는 시계공은, 볼테르의 말대로, 바로 신이 시계공이라는 것을 발견한다. 우리는 추측할 수 있을 뿐이다―나의 요점은 전능함에 대한 소원과 그것의 금지의 그러한 갈등 같은 것이 그의 움직임의 강박을 설명하는 데 필요하리라는 것이다. 남편의 피를 빨기를 원하는 타이타족 여자는 이 용납될 수 없는 소원이 표현되도록 하기 위해서 무아경 상태를, 내부의 요구 많은demanding 정령을, 혹은 광적이고 헐떡이는 신체를 필요로 한다. 관념들과 원함들의 공통점은 권력이나 무력함이 아니다. 그것들이 인정을 주장하지만 동시에 용납될 수 없다는 것이다.

아이가 동기에 의해 대체될 때, 처음에는 그것이 소멸처럼 느껴진다. '살해'는 최적자the fittest의 반응이다.[7] 하지만 아이는 거의 동시에, 자신이 아기였을 때 사랑을 받은 것처럼, 자신의 복제물을 사랑하기도 한다. 그렇지만 아이는, 그 다른 아기가 죽을 수 있다면 혹은 심지어 살의적 소원에 영향을 받을 수 있다면, 무엇이 그 아기를 아이 자신과 구별시키는지에 대해 염려하기도 한다. 이것에 기초하기는 하지만, 경쟁자를 향한 살의적 감정은 동기를 향한 것만은 아니다. 주체가 아니라 자신이 관심을 필요로 한다는 다른 누군가의 요구라는 재앙으로부터 자기 자신을 구할 필요가 있어 보이는 때마다 그 감정이 나타날 수 있다. '난 너에게 말했어. 그 아이를 좋아하지 않았다고. 하지만 내 행동으로부터 그것을 사람들이 추측할 수는 없었을 것이라고 나는 덧붙일 수도 있어. 나는 필요한 모든 것을 했지.[8] 이는 1895년의 에미 부인의 말이다. 그리고 1957년 앤 섹스턴

• •

7. [다윈의 '(최)적자 생존(survival of the fittest)'을 염두에 둔 말 같다. 즉 '살해'는 생존을 위한 반응이라는 말 같다.]

8. [프로이트, 『히스테리 연구』, 91쪽. 번역 수정.]

452

은 그녀의 맏딸에 대해서 이렇게 말했다. '나는 (…) 린다를 결코 사랑하지 않았어. (…) 무언가가 린다와 나 사이를 갈라놓고 있어. 나는 그녀를 미워하고, 얼굴을 철썩 때리지 — 못된 짓을 했기 때문이 절대 아니야. 나는 그저 그녀를 끊임없이 해치는 것처럼 보여.'[9] 섹스턴은 성장하는 딸이 어머니의 존재를 훔치는 드물지 않은 경험을 표현하는 시를 썼다.

내가 제안하는바, 인간 삶의 기원에서 죽음과 외상의 위험들을 통한 주체의 소멸 경험은 — 히스테리증자는 부분적으로 그곳으로 퇴행하는 것인데 — 소원 성취적 꿈을 야기하는 것이 아니라 악몽을 야기한다. 꿈에서의 소원 성취는 수면을 보증하는 것으로 여겨진다. 우리는 비명을 지르며 악몽에서 깨어난다. 왜냐하면 우리는 사라지거나 죽임을 당하거나 어떤 식으로 파괴되기 때문이다. 50여 년 전, 악몽을 깊이 연구한 유일한 정신분석가 어니스트 존스는 그것을 오이디푸스적으로 해석했다. 이는 옳은가? 악몽은 놀라울 정도로 괴상한 사건들과 대상들로 가득할 수 있는데, 왜냐하면 우리는 이러한 종류의 괴물스러운 풍부함을 통해 우리 자신의 부재를 상상하기 때문이다. 세계 속 자기 자신의 자리를 여전히 탐색하고 있는 아이들은 수많은 악몽을 꾼다. 『히스테리 연구』는 끔찍한 악몽들로 가득 차 있다. '그녀는 무서운 꿈을 몇 가지 꾸었다. 의자의 다리와 팔걸이가 모두 뱀으로 변했다. 독수리의 부리를 한 괴물이 그녀의 온몸을 찢어 먹(…)는 꿈이었다. (…) 그녀가 털실 공을 집으려고 보니 쥐였고 그 쥐는 달아나 버렸다(훨씬 이전의 일).'[10] 『히스테리 연구』의 자료를 가지고서 프로이트가 소원 성취 꿈에 대한 설명인 『꿈의 해석』을 대신 쓴 데는 프로이트 편에서의 소원 성취 요소가 있었던 것일까?

악몽과 꿈 사이에는 '나쁜 꿈'이 있다. 나쁜 꿈은 불쾌하지만 악몽만큼 전적으로 끔찍하지는 않다. 내가 제안하는바, 나쁜 꿈은 생존 꿈이다.

9. Middlebrook, D. W. (1991), p. 73.
10. 프로이트, 같은 책, 89쪽.

거기서 사람은, 혼동스러운 방식으로, 자기가 전적으로 의존하는 사람에게로 자기 자신을 연결하는데, 이는 사랑을 잃지 않기 위해서이다 — 사랑을 잃는 것은 죽는 것과 마찬가지일 테니(돈 후안이나 리멘타니의 '보지 남자'가 어떻게 나쁜 꿈의 이름 없는 두려움을 회피하기 위해서 여자가 되는지를 내가 설명하였듯이). 히스테리 시기가 절정일 때 프로이트는 한 나쁜 꿈 뒤에 끔찍한 두려움으로 잠에서 깨어났다. 꿈속에서 그 자신의 골반이 해부되었는데, 이는 그로 하여금 자기 다리의 근력을 의심케 했다. 이는 '나쁜 꿈'의 유용한 사례인데, 왜냐하면 '좋은 꿈'과 '나쁜 꿈'의 차이를 보여주기 때문이다. 좋은 꿈에서 자아는 이동성이 있으며, 상이한 입장에 있는 상이한 사람들을 점유한다. 나쁜 꿈에서 이 자아 이동성은 과도하고, 광적이며 기이하다. 우리는 그러한 과잉이 어떻게 프로이트의 것과 같은 나쁜 꿈에서 생존과 연결되는지 볼 수 있는데, 그 꿈의 또 다른 부분에서 어느 순간 그는 안겨서 이동되고 있는 아기가 되지만, 또한 스스로 자기 분석을 수행하고 있기도 하고, 그의 아버지가 그랬듯이 노년과 죽음을 향한 다리를 스스로 건너가야만 한다. 자신의 골반이 해부될 때 그는 또한 피 흘리는 여자이기도 하다. 나쁜 꿈들은 생존을 위한 동일시의 기회를 제공한다. 하지만 그런 꿈들은 그 전략의 반복성과 강박성을 암시하는 조화롭지 않은 병치들로 가득하다: 자아는 이리로 저리로 내몰릴 만큼 이동성이 있지 않다.

꿈은 꿈꾸는 자에게 원하는 것을 줌으로써 잠들 수 있게 한다. 나쁜 꿈은 생존 전략을 제공한다. 악몽은 꿈꾸는 자가 깨어날 수 있게 한다. 악몽을 꾸는 자는 죽음을 경험하지만 소리쳐 자신을 깨울 수 있다. 죽은 자와 동일시되기에 대학살이 일어난 것이지만, 깨어날 때 그는 여전히 거기에 있다. 전쟁 경험과 같은 외상 이후에, 악몽은 외상 입은 자들이 안전하게 '죽을' 수 있게 한다. 유용한 악몽이 없다면, 살아 있는 것과 깨어나는 것의 취약성은 훨씬 커진다. 하지만 재앙을 극복함으로써가 아니라 오히려 그것을 외상으로 경험함으로써, 히스테리증자는 아이들에게 흔한 그런 반복되는 악몽들에 늘 그렇듯 자기 자신을 종속시킨다.

동기의 도래 혹은 내가 손위 동기가 동일하지 않다는 발견 혹은 동기가 도래하지 않으므로 그 동기는 틀림없이 죽었으리라는 발견을 나는—외상이 아니라—재앙이라고 불렀다. 재앙은 어떤 사물의 질서의 전복을 산출하는 사건이다: 이것이 정확히 동기 곤경이다. 위니콧은 재앙이 막 일어날까 봐 언제나 두려워하는 환자에 대해서, 그 일을 이해하기에 너무 어렸을 때 이미 그것이 일어났음을 깨달을 필요가 있는 환자에 대해서 썼다. 이는 외상이 아니라 재앙이었다. 외상은 상처이며, 신체 혹은 정신의 파열이다. 재앙은 극복될 수 있다. 반대로 외상은 치유되더라도, 외상의 흉터가 언제나 거기에 있다. 거세 개념은 외상 개념이다—신체 흉터로서 표현된 심적 파열. 전쟁의 대학살은 히스테리를 격발할 수도 있지만, 이것은 재앙이며 궁극적으로 외상이 아님을 히스테리적 전투원이 깨달을 수 있다면, 그는 회복될 것이다. 다른 한편으로 원하는 것을 얻지 못하는 것이 외상적인 상처로서 경험된다면, '이 동기의 현존은 뭘 의미하지? 그는 어디서 왔고 나를 어디에 위치시키는 거지?'라고 물을 수 있는 대신에, 히스테리적 반응은 정신의 의미에 대한 물음을 신체의 원함으로 전환시킬 것이다—그는 영원히 굶주리며 갈망할 것이다. 히스테리증자는 무슨 일이 일어났는지 이해하는 대신에 그의 신체적 공허함을 영원히 겪는다. 내가 충분한 우유를 얻을 수 있다면, 충분한 옷을 살 수 있다면, 그의 피를 빨 수 있다면, 그가 축구하는 것을 지켜볼 수 있다면, 그의 탄띠를 가질 수 있다면… 나는 살아남을 것이다. 앤 섹스턴은 '이 [원함]은 알약이나 마약과 비슷하지만 훨씬 더 복잡해 (…) 이것의 아우라는 술보다 훨씬 강해.'라고 썼다.[11] 앤 섹스턴과 돈 후안 둘 다 그들의 원함으로 인해, 죽음을 잔치에 초대하는 굶주림으로 인해 죽는다. 재앙의 전치로부터 외상의 상처로의 이러한 이동은 아마도

● ●

11. Middlebrook, op. cit., p. 147.

은유를 통해서만 파악할 수 있을 것이다. 상처가 벌어져 있고, 주체를 텅 빈 채로, 열린 동굴을 채우도록 내몰린 채로 남겨놓는다. 재앙은 관점을 전환할 것을, 상황을 다르게 볼 것을 요구한다.

히스테리적 움직임, 행동, 동일시 및 원하는 것을 충족시키려는 히스테리적 요구는 재앙이 닥치기 전에 사물의 질서를 회복하도록 고안된다. 이로부터 조작하기, 연극성 항의, 불평, 피해자 지위, 허언이 생겨난다. 재앙적 상황에 대해 생각하지 않기 위해서, 히스테리증자는 외상적 반응을 보이며 이는 몇 번이고 다시 반복되어야 한다.

그렇다면 전치의 실제 충격은 전치를 외상적인 것으로서 취급하는 행위에 의해 대시 채워진다. 따라서 격발시키는 '외상'은 종종 사소하지만 (타이타족 여자에게서는 성냥을 켜는 것), 그것이 회상하는 전치는 아마도 특히 재앙적이었을 것이다. 아이슬러가 묘사하고 라캉이 다시 묘사한 전차 노동자는 자신의 고통에 중독된 것이 아니라 수술 기구가 있는 병원 치료에 중독되었다. 그가 전차에서 떨어졌을 때 일어난 사소한 사고는 내부 검사의 두려움과 흥분을 수반했다. 이는 그의 단성 생식적 환상들을 일깨웠으며, 그가 아이였을 때 목격한 어머니 안에서 토막나고 있던 죽은 아기를 가진 어머니에 대한 흥분되고 끔찍한 외상으로서 경험되었다. 하지만 또한 히스테리적으로 양성애적인 전차 노동자는 그의 가슴 통증 속에서 갈비뼈로 이브를 낳은 아담이 되었다. 히스테리증자는 그러한 환상들로 퇴행하기에, 격발시키는 재앙은 이해할 수 없는 것이다. 그렇기에, 이해할 수 없는 것이기에, 그것은 외상적이다. 그렇다면 위니콧이 제안하듯이 이해가 있기 전의 나이에 그것이 필연적으로 실제로 발생한 것이 아니다. 오히려 초기 경험에서 나온 어떤 것이 외상으로서 경험되는 재앙을 표현하기 위해 이용되고 있는 것이다.

히스테리증자들은 그들이 일찍이 생후 6개월에서 8개월에 들은 단어들을 이용한다고 프로이트는 이미 1890년대에 언급했다. 물론 이 단어들은 그 당시에는 이해되지 않지만, 나중에 재앙을 외상으로 뒤바꾸는 데 이용된다. 증상들을 기초 지을 외상으로. 성인으로서 늑대인간은 장통증 및 장 기능 장애를 산출하지만, 그는 자신이 처한 재앙적 상황을 변화시키기를 원하지 않는다(혹은 변화시킬 수 없다). 그의 증상은 그의 유아기 동안 어머니가 앓았던 복통을 본뜬다. 그는 어머니가 의사에게 '나는 이렇게는 살 수 없어요'라고 말하는 것을 우연히 엿들었다. 당시에 그는 그녀가 의미한 바를 이해하지 못했다. 하지만 나중의 삶에서 그가 현 상태를 보존하기를 원하는 동시에 그것을 참을 수 없다고 불평할 때, 그는 이 증상을 산출하여 그녀의 말을 실연한다. 하지만 이 증상은 또한 아기들이 항문으로 태어난다는 그의 유아 환상과도 관련이 있다—이는 소년인 그를 그의 어머니만큼이나 아기들을 생산할 자격이 있게 만든다.

이용되는 외상은 의식적으로 기억될 수 없다—실로, 실연되어야만 하는 것이 심지어 자기 자신의 외상이 아니었을 수도 있다. 홀로코스트 생존자의 아이들은 히스테리가 되는 경향이 있다: 그들 부모의 실제 외상은 아이들의 재앙이 되지만, 아이들은 자신의 재앙을 마치 외상인 양 취급한다. 물론 개인들만큼이나 많은 변이들이 있다. 하지만 부모들은, 그들 자신의 개인사가 폭파되고, 친족도, 민족도, 조국도, 일반적으로 공유된 아무 토대도 없고, 그들의 고통의 외상적 공허만이 있을 때, 어떤 자리에서 자기 아이를 '인정'해 주고 위치 지어줄 그런 어떤 자리가 전혀 없었을 것이다. 아이들은 비-인정의 재앙을 경험하며, 하지만 대신에 부모들의 외상을 실연한다. 한 생존자의 아이인 애니는 찬란하게 아름다운 금발 유령이었다. 나와 치료를 함께한 지 열흘째에 접어들었을 때 그녀는 자살 시도를 했으며, 그 결과 입원한 그녀를 방문하는 것을 제외하고는 그녀를 다시 볼 수 없었다. 이 시도가 그녀에게는 말할 것이 아직 충분히 있지 않다는 메시지처럼, 그녀에게 있는 것이라고는 그녀가 부모 안에서 죽은 것으로서 경험한 무언가와의 동일시뿐이라는 메시지처럼 느껴졌다는 것을 등록하는 것 이상으로 무언가를 할 충분한 시간을 나는 그녀와 갖지 못했었다. 그녀는 자기 자신을 어떻게든 '부재하는' 것으로서 제시하였다. 그리고 나서 그녀는 자살 시도로 이러한 부재를 실연하고 현실로 만들어야 했다.

그렇다면 히스테리 반응의 패턴은 현재의 충격에서 과거의 재앙으로 가서 외상의 실연으로 나아가는 패턴이며, 아무 실제 외상이나 삶의 기원에서의 잠재적 외상을 사용한다. 충격은 전쟁에서처럼 매우 실재적일 수 있는 현재의 외상일 수도 있고, 아니면 무로부터 조작될 수도 있는데, 성냥 켜기로 인해 유발된 사카 경련에서 필시 그러했을 것이다. 외상 충격은, 심각하든 사소하든, 주체를 '텅 비우는' 파열을 야기한다. 만약 히스테리 반응이 거기서 멈춘다면 — 그런데 이는 현재의 외상이 실제일 때 종종 있는 일인데 — 그것은 스스로 닳아 없어질 것이다. 1차 세계대전의 크레이그록하트에서 리버스가 그의 환자들 가운데서 주목했듯이 말이다. 압도적 폭력에 대한 반응이라는 이 사례에서, 우선은 무력함의 최초 외상으로 되돌아가는 단락이 있다. 형제 병사들이 죽은 그 폭력의 생존자로서, 회복은 내가 새로운 질서의 계승자이며, 그들의 죽음에 대해서는 — 비록 무의식적으로 바라기는 했어도 — 죄가 없다는 깨달음을 내포할 것이다. 그것은 재앙이다. 그렇지만 히스테리가 더욱 고착된다면, 현재의 외상/충격은 아동기 전치라는 구조적 재앙에 대해 중첩되는 사건으로서 작용할 것이고, 그런 다음 저 재앙은 더 이전의 외상으로서 경험되고 이용될 것이다. 인간 유아기의 취약성에 있는 외상적 요소는 모든 인간의 숙명이지만, 그것의 정도는 개별적으로 다양할 것이다. 그것을 극복하거나 그것과 더불어 살아가는 우리의 능력이 그러하듯. 그것의 표현은 죽음의 어떤 판본이며 죽음충동의 성질 — 집요함 및 강박적인 반복성 — 을 가지고 온다. 히스테리증자를 흥분으로 뒤바꾸는 것은 바로 죽음의 위험이다.

동일시에 의한 죽음은 히스테리에 핵심적이다. 때로 이것은 다른 사람들의 죽음을 등록하는 필수 불가결한 방법일 수도 있다. 의례가 최소화된 현대전에서 문제는 포탄이 확인되기에는 너무 빠르게 온다는 것이 아니라, 죽음이, 혹은 심지어 전면적 몰살이 너무 빠르게 일어난다는 것이다. 죽은 자와의 동일시는, 죽은 자처럼 마비되고 벙어리가 되고 귀가 머는 것은 필수적인 심적 단계다. 깨어날 수 있는 악몽은 생존 및 회복 과정의 일부다. 죽음 놀이는 히스테리에 대한 설명들에서 역사 내내 그리고 교차 문화적으로 등장해 왔다. 숨 참기, '죽을 때까지' 목 조르기 같은 히스테리의 가장 흔하게 반복되는 몇몇 특징들은, (희망컨대) 살아 돌아올 수 있는 죽음 경험이 아니라면, 무엇이겠는가? 앤 섹스턴은 이렇게 쓴다. '자주, 무척 자주, 실비아[플라스]와 나는 우리의 첫 번째 자살에 대해서 길게 이야기하곤 했어. 공짜 감자칩을 사이에 두고서 길고 상세하게, 그리고 깊이 있게. (…) 우리는 죽음에 대해 열렬히 이야기했어. 둘 모두 전구에 이끌리는 나방처럼 죽음을 빨면서 죽음에 이끌렸지.'[12]

죽음의 모방은 상실을 수용하는 과정의 짧은 초기 단계가 될 수 있다. 그것이 고착된다면, 히스테리가 있게 된다. 강박은 모방 배후에 있는 두려움과 흥분을 드러낸다. 가령 1960년대 중반 랭커셔의 한 여학교에서는 여자아이들이 '쓰러지고, 책상 위로 엎어지고, 병이 든 느낌이고, 호흡곤란을 겪는' 질병이 발생했다. 긴장과 불안이 특히 주목되었다. 그것은 바이러스로 인한 것으로 생각되었다가, 그런 다음 뇌염으로 진단되었고, 그런 다음 '겨울 구토병'으로 진단되었다. 유독 가스가 가능한 원인으로 심각하게 고려되었으며, 잠재적으로 위험한 건물들을 철거하는 것이 거론되었다. 이 질병은 다른 여학교에서도 보고되었는데 관련성은 확인되지 않았다. 〈영국의학저널〉이 이 사건에 대해서 논했다. 그렇지만 1965년 10월 16일 〈더 타임즈〉는 다음 사설로 그 보고들을 결론지었다.

증기인가 바이러스인가?

* *
12. Ibid., p. 107.

그 불운한 여학생들은 (…) 의료계 종사자를 30여 년간 당혹스럽게 한 수수께끼를 영속시키고 있다. 이 기간 내내 비슷한 기절 및 무너짐이 주로 여학생들 사이에서 주기적으로 발생했다 (…) 알려진 한에서 바이러스는 어느 한쪽 성에 대한 특정한 선호를 갖고 있지 않다 (…) 히스테리가 역할을 할 수도 있다는 것은 논란의 여지가 있다. 과학적 유물론의 오늘날 그러한 제안을 하는 것은 모독에 가깝다. 하지만 그것은 절대적 확신을 갖고서 배제할 수는 없는 가능성이다. (…)[13]

피해자의 의견이 보고된 것은 단 한 건이었다. 이는 1년 후였다. 그 소녀들 가운데 한 명이 그녀의 의사에게 진료소 정기 방문 때 들려주었다. 그들은 농담으로 꾀병을 부리기 시작했지만 그러고 나서는 자신들의 뒤이은 행동이나 정신 상태를 통제할 수 없다는 것을 알게 되었다는 것이었다. 1965년 여름과 가을은 소아마비가 대규모로 발생했다. 그 소녀들은 죽음에 대한 자신들의 불안과 흥분을 갖고 놀 수 있었을 것이다. 하지만 그런 다음 그들의 '불안'이 그들을 갖고 놀기 시작했다. 히스테리증자는 자신의 증상들을 ― 그것이 헐떡임(히스테리성 천식)이건 강박적 운 맞춤이건 ― 통제할 수 없다. 앤 섹스턴은 자신이 운 맞춤을 멈출 수 없다는 사실에 무척 겁을 먹었다. 히스테리증자를 장악하는 강박과 반복성은 기원적 외상의 표지이며, 죽음충동의 현시이다.

히스테리적 전환 증상들을 ― 심지어는 히스테리적 행동을 ― 정신신체적 질병과 구별하는 것은 강박적 요소다. 그것은 재앙에서 외상으로의 전환을 가리킨다. 재앙(소아마비, 매독, 결핵, 콜레라, 페스트의 발발)을 ― 이것들의 증상들 모두가 히스테리에서 실감 나게 모방되어왔는데 ― 외상으로 경험함으로써, 히스테리는 재앙에서 죽음충동의 영역으로 이동한다: 살아남았음을 보증하는 방법으로서 반복될 수만 있는 비유기

13. Wijewardene, G. (1976)에서 이 사건은 재구성되고 묘사된다.

체적인 것을 향한 충동, 소멸을 향한 충동. 자신의 생존을 보증하기 위해서 히스테리증자는 위험을 흥분으로 뒤바꾼다. 이를 위해 그는 기원적 재앙의 타격을 경험했을 신체를 이용한다. 하지만 그는 그것을 성적으로 이용하며, 자가 성애를 표지하는 (운 맞춤의 리듬을 포함하는) 모든 리듬과 더불어 그렇게 한다. 그것은 어떻게 자신이 출산할 수 있을지를 탐구하고 있는 아이의 자가 성애다.

재앙을 외상으로 뒤바꾸는 과정에서, 심각한 히스테리 환자는 여하한 세계 질서 속의 위치 혹은 자리에서 정체성의 위기로 등록소를 옮긴다. '나는 어디에 있지?'는 '나는 누구지?'가 된다. 그런 다음에 히스테리적 회복은 개별 층위에서 웅대함을 재단언하는 것을 통해, '아기 폐하'였던 단계로 퇴행하는 것을 통해, 사회적 체계 내에서 위치를 갖기 전 무력함과 교대하는 전능함으로 퇴행하는 것을 통해 찾아올 것이다. 정체성에 초점을 맞추면, '나'가 전혀 없거나, 교대해서, '나'만이 있을 뿐이다. 한편으로 '나'는 비워졌으며 그것이 남기는 바로 그 공허는 그것을 메우기 위해 타자를 끌어온다. 다른 한편으로 공격적이고 단언하는 '나'가 있으며, 이는 원함이나 유혹이 갖는 요구하는 측면에서 예시된다. 그 과정은 집단에서도 입증된다: 정치적 수사의 웅대함, 패배 이후 국가의 웅대함이 명백한 사례다. 마찬가지로 거짓말에는 너무 많은 '나'가 있다. 그것은 세계가 '내가 말하는 대로'임을 시사하는 주장이지만, 거짓말의 구성은 또한 너무 적은 주체가 있음을 보여준다. 거짓말은 그것을 말하는 자를 점유하며 악령처럼 장악한다. 진정한 거짓말쟁이는 멈출 수 없다. 그를 점유하는 환상, 되돌아 빠져나갈 수 없는 환상에 그는 사로잡혀 있다. 과도한 자기—주장의 연극성 드라마가 무르익을 때, 그것은 언제나 거짓말들로 가득 차 있는 것으로 발견될 것이다 — 주체에 의한 의식적인 자유 의지 없이 그것들은 장악한다. 다른 사람이 그 무결점 허구에 난입하는 것은 거의 불가능하다. 애당초 그것은 감지하기가 매우 어려운데, 왜냐하면 거짓말쟁이는 그의 대안적이고 날조된 세계를 구축하기 위해 가능한 어디에서든 증거를 수집하면서 무의식적으로 그토록 열심히 일하기 때문이다. 그 정도의 절대적 확신이면 설득력이 있다. 만약 어떤 사람이 거짓말을 실로 감지하고 침입한다면, 거짓말쟁이는 광포해질 수 있다─왜냐하면 빈틈을 찾아내는 것은 거짓말의 껍질 기저에 놓여 있는 주체의 재앙적 부재를 찾아내는 것이기 때문이다.

정신분석의 자유 연상이 거짓말을 중단시킨다는 것은 충분히 인식되지 않았다. 진실은 자아의 검열에 대항해서 생겨나는 말에서 스스로를 단언하며, 또한 그런 만큼이나 신체를 통해서도 스스로를 단언한다. 무의식의 과정들, 말실수 혹은 글 실수, 꿈에 대한 연상들, 손가락 놀이, 증상들의 움직임 등등에 종속되는 것은 자기 자신에 대해 진실된 어떤 것을 알게 되는 기회를 갖는 것이다. 더 중요하게는, 내부에서 생겨나지만 통제를 벗어나는 힘에 이렇듯 종속되는 것은 세계가 자기 자신보다 더 크다는 것을 받아들이는 것이다. 그렇지만 심각한 거짓말쟁이는 자유 연상을 하지 않는다(혹은 할 수 없다). 무의식의 현시들은 그를 뚫고 들어가지 못한다. 거짓말은 무결점이다.

히스테리의 순간은 전치된 자아가 자기 자신을 주체로서, 취약하지만 너무나도 집요한 주체로서, 재단언하는 순간이다. 그것이 유발하는 오이디푸스적 드라마는 무대 위에 오른다. 히스테리는 오이디푸스 콤플렉스의 잘못된 타협이 아니라 그것의 실연이며, 나르시시즘에 복무하는 대상관계의 가면이다. 히스테리가 여성으로 젠더화되는 한에서, 그것은 모든 문화들이 그 이름 및 그것에 딸려 오는 모든 것을 대체로 아들과 후계자에게 물려주는 반면에 여자아이는 전치되고 그녀의 자리에 놓이기 때문이다. 그녀가 전치라는 그녀의 재앙을 외상으로 뒤바꿀 때, 지배적인 것으로 밝혀지는 외상은 거세다─그녀의 자리는 '거세될 것'이다. 하지만 남성 히스테리증자는 단순히 자신의 히스테리를 감출 수 있다. 그것을 단지 부차적 줄거리로 제시함으로써. 돈 후안증은 이성애적이고 정상 규범적인 것으로 보이지만 여자들은 돈 후안의 진정한 사랑 대상이 아니다. 오히려 그녀들은 돈 후안의 자가 성애적 나르시시즘에 대한 청중이거나 그가 — 일부다처 남편이 또 다른 아내에게로 옮겨갈 때 자르sar—점유당한 소말리아 여자들이 갖는 질투 못지않게 난폭한 — 질투의 절망적 고통의 거친 놀이를 투사해 넣는 저장고다.

대부분의 정신분석 이론은 전오이디푸스적 어머니의 중요성을 아버지의 중요성에 덧붙였다. 여성주의가 여성성을 이해하기 위해 탐구해 온 것은 바로 이 어머니다. 하지만 전오이디푸스적 어머니는 없다 — 혹은 오히려 그녀는, 자신만을 사랑하라는 요구로 퇴행하는 전치된 아이에 의해 오이디푸스화되기 이전에 있는, 좋든 싫든, 돌봄자이다. 그런 다음에 이 오이디푸스화된 어머니는 아이의 단성 생식 환상을 금지한다: 너는 아기들을 만들 수 없다. 이 금지가 받아들여지고 그 가능성이 포기되고 애도된다면, 여자아이는 자라서 어머니의 위치에 (실제적이든 상징적이든, 그 어떤 방식으로 그 위치를 그녀가 이용하든) 있게 되겠지만, 남자아이는 그렇지 않을 것이다. 이 금지를 우리는, 거세 콤플렉스에서의 '아버지의 법'과 원칙적으로 동등하게, '어머니의 법'이라고 부를 수 있을 것이다. 원칙적으로 그렇다는 말인데, 왜냐하면 친족 관행과 이데올로기적 태도들이 그것을 흐려놓기 때문이다. 히스테리증자가 그것을 공공연히 위반하기 때문에 그것의 존재를 히스테리가 우리에게 상기시키는 것이다. 히스테리증자는 거세 콤플렉스의 법을 받아들이지 않은 만큼이나 단성 생식 금지를 받아들이지 않았다. 그는 자신의 환상 속에서 아기들을 계속해서 만들거나 실제 아기들을 자신의 복제물인 양 취급한다. 우리의 이론과 관찰이 이를 놓쳤기 때문에, 우리는 남성 히스테리증자 또한 계속해서 놓쳐왔다. 그리고 물론 그것은 역으로도 작용한다. 남성 히스테리에 대한 자각이 없다면 우리는 모든 히스테리에 만연하는 단성 생식을 놓칠 수 있으며, 겉보기에 '정상적인' 이성애적 아내와 어머니의 마음속 복제를 놓칠 수 있다. 히스테리증자들은 — 그리고 우리 모두의 안에 있는 히스테리는 — 자신의 단성 생식적 창조물을 보아줄 청중으로서만 동반자를 이용한다. 하지만 어딘가에서 이 청중들은 결코 충분치 않으며, 이 복제된 아기들 역시 만족을 주지 않는다. 끝으로, 향수에 잠긴 아이 혹은 회상하는 성인의 원함 같은 끝없는 원함이 신체의 익살스러운 춤을 통해 일시적으로 진정될 수 있는 타이타족처럼 히스테리는 히스테리적 열망을 떠나지만, 다른 날 회귀하여 그들을 괴롭힌다. 이성애적 결혼 및 동반자 관계의 난폭한 요구와 분쟁들, 사춘기 히스테리 질환의 자매애와 형제애들은 동기 혹은 동기 대체자의 사랑/증오 관계를 증언하며, 친구와 적의 측면 관계들, 또래와 동반자의 측면 관계들이, 더 좋든 나쁘든, 그것을 계승한다.

히스테리의 자가 외상, 자기의 말살은, 그것의 동일시들과 더불어, 환상과 창조성의 전제 조건일 수 있다. 히스테리는 인간 조건의 일부이며, '정상성'의 급소다. 히스테리는 심각한 병리의 방향으로 움직일 수도 있고 삶과 예술 속에서의 창조성의 방향으로 움직일 수도 있다. 하지만 병리적으로든 창조적으로든, 히스테리는 자기 자신이 유일무이한 동시에 유일무이하지 않은 세계 속에서 자기 자신의 유일무이함을 과도하게 확립하는 방법이며, 자신이 타인들을 통제하는 동시에 통제하지 못하는 곳에서 타인들에 대한 통제를 유지하는 방법이다. 새로운 시작의 가능성을 제공하는 유도된 외상에 의해 가능해진 예술 작품이 히스테리적 층위에만 여전히 머물러 있다면, 작품 속에는 너무 많은 창조자가 있게 될 것이다. 히스테리증자는 자기 성격들을 탐색하는 작가다. 예술가 자신의 전시가 그림을 지배하고 있으니까.

히스테리증자가 다른 사람들과 맺는 극적인 관계는 개별 정신이 어떻게 오이디푸스 콤플렉스 속에서 타자들과 맺는 관계로부터 구성되는지에 대한 이해로 이어졌다. 하지만 히스테리증자에게 타자들과의 이 겉보기의 관계는 단지 가면일 뿐이다. 남성 히스테리의 만연은 곧바로 오이디푸스 이론에서 남성 히스테리의 제거로 이어졌으며, 그로써 정신의학과 정신분석에서 그 범주의 사라짐으로 이어졌다. 그렇지만 그것은 대중적인 명칭으로서 매우 왕성한 삶을 지속하면서 그것을 우리가 잃을 수 없음을 명백히 가리킨다. 우리는 그 범주를 되살릴 필요가 있다. 히스테리는, 만약 보이기만 한다면, 우리가 어떻게 우리 자신을 '자기'와 '타자들'로서 생각하는지에 대해 중요한 도전을 제공한다.

수직면뿐만 아니라 수평면을 따라서 히스테리를 읽는 것은 인간 관계들에 대한 우리의 지도 그리기를 변화시킨다. 사회적 세계 속에서 그것은 현대의 가족적 패턴과 성적 패턴에 대한 성찰을, 현재의 수행 이론 속 창조성의 문제 및 오늘날의 이아고들 안에 있는 악의 만연이라는 문제에 관한 성찰을 열어놓는다.

21세기 초에 히스테리 문제의 몇몇 측면을 고찰하기 위해 왜 나는 프로이트의 작업으로 부분적으로 되돌아갔을까? 가장 분명하게는, 프로이트의 이론은 서양 세계에서 여전히 막대한 영향력을 갖는다는 것이다—비록 그것이 비판이나 논박의 초점이더라도. 우리가 히스테리에 관해 정신분석보다 더 많은 것을 배울 수 있는 곳은 아마 거의 없을 것이다—그리고 처음에 이득은 상호적이었다. 무의식적 과정들의 중요성은—정신분석적 노력의 추동력은—대부분 히스테리를 통해 밝혀졌다. 무슨 일이 일어났는가? 그 둘[무의식적 과정들과 히스테리]의 관계에 대한 뒤이은 역사는 사실상 히스테리를 은폐했다: 분명, 진전이 이루어진 것이 거의 없었다. 정신분석은 여타 쟁점들에 집중했으며 히스테리는 '사라졌다'고 말해졌다. 틀림없이 정신분석 이론 속 히스테리에 관한 우리의 이해에서 무언가가 잘못되었다. 한 가지 잘못된 방향 내지는 놓친 방향은 1차 세계대전 이후 남성에게서 외상신경증과 히스테리적 신경증의 유사성과 차이에 의해 제기된 문제들을 정신분석적 체계의 요소들에 의문을 제기하는 데 이용하지 못한 실패와 더불어 발생했다. 외상이 다시 한번 만능 용어로 이용되고 있는 오늘날 상황은 더욱 광범위하게 반복되고 있다.

문제는 처음부터 내재되어 있었다. 남성 히스테리의 인정과 더불어서,

그리고 동시에, 하지만 대체로 무의식적으로, 히스테리를 여자들에게
할당하고 그 둘 모두를 주변에 할당할 필요성과 더불어서. 히스테리가
어떻게 가능한 보편적 반응인지 이해하기 위해서, 같음과 차이, 유일무이
함과 복제라는 측면 관계들을 우리는 살펴볼 필요가 있다. 이는 단순히
동기들을 (아무리 상이한 문화적 집단들이 그들을 정의하든) 오이디푸스
적 조리법에 덧붙이고 혼합하는 것 이상을 내포한다. 측면 관계를 삽입하
는 것은 단성 생식 콤플렉스를 볼 수 있게 하며, 이는 성적 차이화의
또 다른 축을, 또 다른 금지 및 '법'을 드러낸다. 이를 넘어 히스테리는
우리가 '동기들'을 주목해야 한다고 주장한다. '동기들'을 보는 것은
인간 조건의 영속적 특징으로서의 히스테리를 전면에 내세운다.

| 참고 문헌 |

Abraham, H. C. and Freud, E, L. (eds.) (1965) *A Psychoanalytic Dialogue, The Letters of Sigmund Freud and Karl Abraham 1907~1926*. London.

Abraham, K. (1927) 'The Psycho-sexual Differences Between Hysteria and Dementia Praecox' in *Selected Papers of Karl Abraham*. London.

Adler, A. (1910) 'Inferiority Feeling and Masculine Protest' in H. L. Ausbacher and R. R. Ausbacher (1956) *The Individual Psychology of Alfred Adler*. New York.

Alvarez, A. (1992) *Live Company: Psychoanalytic Psychotherapy with Autistic, Borderline, Deprived and Abused Children*. London.

Anderson, P. (1999) *The Origins of Post-modernity*. London.

Anzieu, D. (1986) *Freud's Self-analysis*. London.

Appignanesi, L. and Forrester, J. (2000) *Freud's Women*. London.

Balint, E. (1963) 'On Being Empty of Oneself' in J. Mitchell and M. Parsons (eds.) (1994) *Before I was I*. London.

Balint, M. (1952) *Primary Love and Psychoanalytic Technique*. London.

Barker, P. (1995) *The Ghost Road*. London.

Bart, P. B, (1968) 'Social Structure and Vocabularies of Discomfort: What Happened to Female Hysteria?', *Journal of Health and Social Behaviour* 9, pp. 188~193.

Bart, P. B. and Scully, D. H. (1979) 'The Politics of Hysteria: The Case of the Wandering

467

Womb' in E. S. Gomberg and V. Franks (eds.) *Gender and Disordered Behaviour: Sex Differences in Psychopathology*. New York.

Bateson, G., Jackson, D. D., Haley J. and Weakland, J. (1956) 'Toward a Theory of Schizophrenia' in *Behavioural Science* 1, pp. 251~264.

Bernheimer, C. and Kahane, C. (1985) *In Dora's Case: Freud-Hysteria-Feminism*. New York.

Bion, W. (1962) 'A Theory of Thinking', *International Journal of Psycho-Analysis* 43, pp. 306~310.

──── (1970) 'Lies and the Thinker' in *Seven Servants: Four Works*. London.

──── (1970) 'Attention and Interpretation' in *Seven Servants: Four Works*. London. [『주의와 해석』, 허자영 옮김(눈출판그룹, 2015)]

──── (1991) *A Memoir of the Future*. London.

──── (1997) *War Memories 1917~19*. London.

Bowlby, J. (1952) *Maternal Care and Mental Health*. World Health Organization.

──── (1953) *Child Care and the Growth of Love*. London.

Brenman, E. (1985) 'Hysteria', *IJPA* 66, pp. 423~432.

Brenman-Pick, I. (1995) 'Concern─Spurious or Real?' *IJPA* 76, pp. 257~270.

Breuer, J. and Freud, S. (1895) *Studies on Hysteria*, see Freud SE2.

Bronfen, E. (1998) *The Knotted Subject*. Princeton.

Brooks, P. (1993) *Body Work: Objects of Desire in Modern Narrative*. Cambridge, MA. [『육체와 예술』, 이봉지·한애경 옮김(문학과지성사, 2000)]

Butler, J. (1994) *Bodies That Matter: On the Discursive Limits of 'Sex'*. New York. [『의미를 체현하는 육체』, 김윤상 옮김(인간사랑, 2003)]

──── (1998) *Excitable Speech*. New York. [『혐오 발언』, 유민석 옮김(알렙, 2022)]

Bynum, W. F., Porter, R. and Shepherd, M. (eds.) (1998) *The Anatomy of Madness: Essays in the History of Psychiatry*, 3 vols. London.

Carter, K. C. (1980) 'Germ Theory, Hysteria, Freud's Early Work in Psycho-pathology', *Medical History* 24, no. 3, pp. 259~274.

──── (1983) 'Infantile Hysteria and Infantile Sexuality in Late Nineteenth-century German-language Medical Literature', *Medical History* 27, no. 2, pp. 186~196.

468

Caruth, C. (1996) *Unclaimed Experience: Trauma, Narrative and History.* Baltimore.

Charcot, J.-M. (1889) 'Clinical Lectures on Diseases of the Nervous System', W. F. Bynum and R. Porter (eds.) (1991).

Cixous, H. (1981) 'Castration or Decapitation?' *Signs* 7, no. 1, pp. 36~55.

Colonna, A. and Newman, L. (1983) 'The Psychoanalytic Literature on Siblings' in *The Psychoanalytic Study of the Child,* vol. 38, pp. 285~309.

Conran, M. (1975) 'Schizophrenia as Incestuous Failing'. Paper to the International Symposium on the Psychotherapy of Schizophrenia (August 1975). Oslo.

─── (1984) 'Fantasies of Parthenogenesis in Schizophrenia' in *Confidential Bulletin of the Psychoanalytical Society.* London.

Corradi, Fiumara G. (1992) *The Symbolic Function: Psychoanalysis and the Philosophy of Language.* Oxford.

Cranefield, P. F. (1958) 'Josef Breuer's Evaluation of His Contribution to Psychoanalysis', *IJPA* 39, pp. 319~328.

Crews, F. (Nov. 1993 and Dec. 1994) 'The Unknown Freud', *New York Review of Books* and in Crews, F. (1995) *The Memory Wars: Freud's Legacy in Dispute.* New York.

Darwin, C. (1872) *The Expression of the Emotions in Man and Animals.* New York. [『인간과 동물의 감정 표현』, 김홍표 옮김(지식을만드는지식, 2014)]

David-Ménard, M, (1989) *Hysteria from Freud to Lacan: Body and Language in Psychoanalysis.* Ithaca.

Davis, D. A. (1990) 'Freud's Unwritten Case', *Psychoanalytic Psychology* 7, pp. 185~209.

Davis, N. Zemon (1995) *Three Women.* Cambridge, MA.

Derrida, J. (1978) *Writing and Difference.* Chicago. [『글쓰기와 차이』, 남수인 옮김(동문선, 2001)]

Deutsch, H. (1914) 'Some Forms of Emotional Disturbances and Their Relationships to Schizophrenia', *Psychanlytical Quarterly* (1942), vol. II, p. 301.

─── (1947) *The Psychology of Women: A Psychoanalytic Interpretation.* Vol. 1, *Girlhood.* Vol. II, *Motherhood.* London.

Donnet, J. and Green, A. (1997) *L'enfant de ça. La Psychose blanche.* Paris.

Eisler, M. J., (1921) 'A Man's Unconscious Phantasy of Pregnancy in the Guise of

Traumatic Hysteria', *IJPA* 2, pp. 255~286.

Eliot, T. S. (1963) *Collected Poems, 1909~62.* London.

　　　[『T. S. 엘리엇 전집: 시와 시극』, 이창배 옮김(동국대학교출판부, 2001)]

Erikson, E. H. (1964) 'The Inner and Outer Space: Reflections on Womanhood' in *Life History and the Historical Moment* (1975). New York.

Evans, M. N. (1991) *Fits and Starts: A Genealogy of Hysteria in Modern France.* Ithaca.

Evans-Pritchard, E. E. (1937) *Witchcraft, Oracles and Magic Among the Azande.* Oxford.

Fairbairn, R. W. (1954) 'Observations on the Nature of Hysterical States', *British Journal of Medical Psychology* 27, pp. 105~125.

Felman, S. (1983) *The Literary Speech Act: Don Juan with J. L. Austin, or Seduction in Two Languages.* Ithaca.

───── (1993) *What Does a Woman Want? Reading and Sexual Difference.* London.

Ferenczi, S. (1909/1952) *First Contributions to Psychoanalysis*, M. Balint (ed.). London.

───── (1950) *Further Contributions to the Theory and Technique of Psychoanalysis*, M. Balint (ed.). London.

───── (1955) *Final Contributions to the Problems and Methods of Psychoanalysis*, M. Balint (ed.). London.

───── (1968) *Thalassa.* New York.

───── (1988) *Clinical Diary*, J. Dupont (ed.). Cambridge, MA.

───── (1993~6) *The Correspondence of Sigmund Freud and Sándor Ferenczi*, E. Brabant, E, Falzeder, P. Gampieri-Deutsch and A. Haynal (eds.). Cambridge, MA.

Figlio, K. (1978) 'Chlorosis and Chronic Disease in Nineteenth-century Britain: The Social Constitution of Somatic Illness in a Capitalist Society', *Int. J. Health Services* 8, pp. 589~617.

Finney, G. (1989) *Women in Modern Drama: Freud, Feminism, and European Theater at the Turn of the Century.* Ithaca.

Flaubert, G. (1857) *Madame Bovary*, Paris.

　　　[『마담 보바리』, 진인혜 옮김(을유문화사, 2021)]

Forrester, J. (1997) *Truth Games: Lies, Money and Psychoanalysis.* Cambridge, MA.

Fortes, M. (1949) *The Web of Kinship among the Tallensi.* London.

Foster, B. (1986) *Heart Drum: Spirit Possession in Garifuna Communities of Belize,*

Belize.

Foucault, M. (1976) *Madness and Civilization*. London.

────── (1978) *The History of Sexuality: An Introduction*. Vol. I. London.

　　[『성의 역사 1: 지식의 의지』, 이규현 옮김(나남출판, 2020)]

────── (1980) *Herculine Barbin: Being the Recently Discovered Memoirs of a French Hermaphrodite*. New York.

Freud, A. (1957) *The Ego and Mechanisms of Defence*. London.

　　[『자아와 방어 기제』, 김건종 옮김(열린책들, 2015)]

────── (1968) *Indications for Child Analysis and Other Papers*, London.

Freud, S. (1953~74) J. Strachey (ed.) *The Standard Edition of the Complete Psychological Works of Sigmund Freud*. 24 vols. London.

────── (1885) 'Report on Paris'. SE1.

────── (1895) *Studies on Hysteria*. SE2.

　　[『히스테리 연구』, 김미리혜 옮김(열린책들, 2020)]

────── (1900~01) *The Interpretation of Dreams*. SE4 and 5.

　　[『꿈의 해석』, 김인순 옮김(열린책들, 2020)]

────── (1905) 'A Fragment of an Analysis of a Case of Hysteria'. SE7.

　　[「도라의 히스테리 분석」, 『꼬마 한스와 도라』, 김재혁 · 권세훈 옮김(열린책들, 2020)]

────── (1909) 'Analysis of a Phobia in a Five-Year-Old Boy'. SE10.

　　[「다섯 살배기 꼬마 한스의 공포증 분석」, 『꼬마 한스와 도라』, 김재혁 · 권세훈 옮김(열린책들, 2020)]

────── (1910) 'Five Lectures on Psycho-analysis'. SE11.

　　[「정신분석에 관한 다섯 번의 강의」, 『프로이트의 두 발자취』, 이재광 옮김(하나의학사, 1995)]

────── (1913) 'The Theme of the Three Caskets'. SE12.

　　[「세 상자의 모티프」, 『예술, 문학, 정신분석』, 정장진 옮김(열린책들, 2020)]

────── (1913) *Totem and Taboo*, SE12.

　　[「토템과 터부」, 『종교의 기원』, 이윤기 옮김(열린책들, 2020)]

────── (1914) 'Remembering, Repeating and Working-through'. SE12.

　　[「기억하기, 되풀이하기 그리고 훈습하기」, 『끝낼 수 있는 분석과 끝낼 수

없는 분석』, 이덕하 옮김(도서출판 b, 2024)]

── (1915) 'The Unconscious'. SE14.

[「무의식에 관하여」, 『정신분석학의 근본 개념』, 윤희기 · 박찬부 옮김(열린
책들, 2020)]

── (1916~17) *Introductory Lectures on Psycho-analysis*. SE16.

[『정신분석 강의』, 임홍빈 · 홍혜경 옮김(열린책들, 2020)]

── (1918) 'From the History of an Infantile Neurosis'. SE17.

[「늑대 인간 ─ 유아기 신경증에 관하여」, 『늑대 인간』, 김명희 옮김(열린책들,
2020)]

── (1919) '"A Child is being Beaten": A Contribution to the Study of the Origin
of Sexual Perversions'. SE17.

[「어떤 아이가 매를 맞고 있어요」, 『불안과 억압』, 황보석 옮김(열린책들,
2020)]

── (1920) *Beyond the Pleasure Principle*. SE18.

[「쾌락 원칙을 넘어서」, 『정신분석학의 근본 개념』, 윤희기 · 박찬부 옮김(열
린책들, 2020)]

── (1923) 'A Seventeenth-century Demonological Neurosis'. SE19.

── (1923) *The Ego and the Id*. SE19.

[「자아와 이드」, 『정신분석학의 근본 개념』, 윤희기 · 박찬부 옮김(열린책들,
2020)]

── (1925) 'An Autobiographical Study'. SE20.

[「나의 이력서」, 『과학과 정신분석학』, 박성수 · 한승완 옮김(열린책들, 2020)]

── (1926) *Inhibitions, Symptoms and Anxiety*. SE20.

[「억압, 증상, 그리고 불안」, 『불안과 억압』, 황보석 옮김(열린책들, 2020)]

── (1928) 'Dostoevsky and Parricide'. SE21.

[「도스토옙스키와 아버지 살해」, 『예술, 문학, 정신분석』, 정장진 옮김(열린책
들, 2020)]

── (1963) *Psycho-analysis and Faith: The Letters of Sigmund Freud to Oskar Pfister*.
H. Meng and E, L. Freud (eds.). London.

── (1965) *A Psycho-analytic Dialogue: The Letters of Sigmund Freud and Karl
Abraham 1907~26*, H, C. Abraham and E, L. Freud (eds.). London.

────── (1987) *A Phylogenetic Fantasy. Overview of the Transference Neurosis*, I. Grubrich-Simitis (ed.) London.

────── (1993) *The Correspondence of Sigmund Freud and Sándor Ferenczi*, E. Brabant *et al.* (eds.). Vol. I 1908~14. Cambridge, MA.

Gay, P. (1988) *Freud: A Life for Our Time*. New York.
   [『프로이트』, 정영목 옮김(교양인, 2011)]

Gilman, S., King, H., Porter, R., Rousseau, G. and Showalter, E. (eds.) (1993) *Hysteria Beyond Freud*. Berkeley.

Goldstein, J. (1991) 'The Uses of Male Hysteria: Medical and Literary Discourse in Nineteenth Century France', *Representations* 34, pp. 134~165.

Goody, E. N. (1970) 'Witchcraft among the Gonja' in M. Douglas (ed.) *Witchcraft, Confessions and Accusations*, London.

Goody, J. (1962) *Death, Property and the Ancestors*. Stanford.

────── (1987) *The Interface Between the Written and the Oral*. Cambridge.

Green, A. (1976) 'The Dead Mother' in *On Private Madness* (1986). London.

Green, A. (1993) *Le Travail du négatif*. Paris.

Grubrich-Simitis, I. (1997) *Early Freud and Late Freud*. London.

Hacking, I. (1995) *Rewriting the Soul: Multiple Personality and the Sciences of Memory*. Princeton.
   [이언 해킹, 『영혼 다시 쓰기: 다중인격과 기억의 과학들』, 최보문 옮김(바다출판사, 2024)]

Hare, E. (1991) 'The History of "Nervous Disorders" from 1600 to 1840, and a Comparison with Modern Views', *British Journal of Psychiatry* 159, pp. 37~45.

Harrington, A. (1988) 'Hysteria, Hypnosis, and the Lure of the Invisible: The Rise of Neo-mesmerism in Fin-de-siècle French Psychiatry' in vol. 3 of W. F. Bynum, R. Porter and M. Shepherd (eds.) *The Anatomy of Madness* (1998). London.

Harris, G. (1957) 'Possession "Hysteria" in a Kenya tribe', *American Anthropologist* 59, pp. 1046~1066.

────── (1978) *Casting Out Anger: Religion among the Taita of Kenya*, Cambridge.

Harris, R. (1991) *Introduction to Clinical Lectures on Diseases of the Nervous System, by J.-M. Charcot*. London.

——— (1988) 'Melodrama, Hysteria and Feminine Crimes of Passion in the Fin-de-siècle', *History Workshop* 25, pp. 31~63.

Herman, J. L. (1992) *Trauma and Recovery: From Domestic Abuse to Political Terror*, New York.

　　[『트라우마』, 최현정 옮김(열린책들, 2022)]

Hunter, D. (1983) 'Hysteria, Psychoanalysis, and Feminism: The Case of Anna O', *Feminist Studies* 9, no. 3, pp. 464~488.

Hurst, L. C. (1982) 'What was Wrong with Anna O?' *Journal of the Royal Society of Medicine* 75, no. 2, pp. 129~131.

Hutschemaekers, G. (1988) 'Hystéric, cent ans après—résumés'. Abstracts of papers delivered at the seventh annual conference of the Association française de psychiatrie, Paris, January 22~4, *Psychiatrie française* 19, special number.

Israël, L. (1979) *L'Hysterique, le sexe et le médecin*. Paris.

Jennings, J. L. (1986) 'The Revival of "Dora": Advances in Psychoanalytic Theory and Technique', *Journal of the American Psychoanalytical Association* 34, pp. 607~635.

Jones, E, (1931) *On The Nightmare*, London.

Jorden, E. (1971, 1603) *Brief Discourse of a Disease called the Suffocation of the Mother*. New York.

Khan, M. R, (1974) 'Grudge and the Hysteric' in *Hidden Selves: Between Theory and Practice in Psychoanalysis* (1983). London.

King, H. (1993) 'Once Upon a Text: Hysteria from Hippocrates' in S. L. Gilman, H. King, R. Porter, G. S. Rousseau and E. Showalter (eds.) *Hysteria Beyond Freud*. Berkeley.

Klein, M. (1975) *The Writings of Melanie Klein, Vols, I-IV*. London.

——— (1925) 'The Psycho-Analysis of Children'. Vol. III. London.

　　[『아동 정신분석』, 이만우 옮김(새물결, 2011)]

——— (1937) 'Love, Guilt and Reparation'. Vol. I. London.

——— (1957) 'Envy and Gratitude'. Vol. III. London.

——— (1945) 'The Oedipus Complex in the Light of Early Anxieties'. Vol. I. London.

——— (1961) 'Narrative of a Child Analysis'. Vol. IV. London.

Kristeva, J. (1986) *The Power of Abjection*. New York.

[『공포의 권력』, 서민원 옮김(동문선, 2001)]

—— (1989) *Black Sun: Depression and Melancholia*. New York.

[『검은 태양: 우울증과 멜랑콜리』, 김인환 옮김(동문선, 2004)]

—— (1995) 'Hysteria—A Counter-transference Phenomenon' in *New Maladies of the Soul*. New York.

Krohn, A. (1978) *Hysteria: The Elusive Neurosis*. Monograph 45/46 of *Psychological Issues* 12, nos. 1/2. New York.

Lacan, J. (1956) 'The Hysteric's Question' in *The Seminars of Jacques Lacan. Book III The Psychoses 1955~1956* (1993). New York.

—— (1968) J. Roussel (trans.) 'The Mirror-phase as Formative of the Function of the I', *New Left Review* 51. Paper read to International Congress of Psycho-analysis at Marienbad (1949), reprinted in *Écrits* (1966).

[「나 기능의 형성자로서의 거울 단계」, 『에크리』, 홍준기·이종영·조형준·김대진 옮김(새물결, 2019)]

—— (1984) 'Intervention on Transference' in J. Mitchell and J. Rose (eds.) *Feminine Sexuality in the School of Jacques Lacan*. London.

Laplanche, J.-P. (1970/1976) *Life and Death in Psychoanalysis*. London.

—— (1965/1992) *La Révolution copernicienne inachevée*. Paris.

—— (1989) *New Foundation for Psychoanalysis*. Oxford.

—— (1992) *Seduction, Translation, Drives*. London.

Laplanche, J.-P. and Pontalis, J.-B. (1964) *Fantasme originaire, fantasmes des origines, origine des fantasmes*. Paris.

—— (1973) *The Language of Psychoanalysis*, London.

[『정신분석 사전』, 임진수 옮김(열린책들, 2024)]

Leed, E. J. (1979) *No Man's Land: Combat and Identity in World War I*. Cambridge.

Lefkowitz, M. R. (1981) *Heroines and Hysterics*. London.

Lewis, I. M. (1971) *Ecstatic Religions*. London.

—— (1986) *Religion in Context: Cults and Charisma*. Cambridge.

Leys, R. (2000) *A Genealogy of Trauma*. Chicago.

Libbrecht, K. (1995) *Hysterical Psychosis*. London.

Limentani, A. (1984) 'To the Limits of Male Heterosexuality: The Vagina Man' in (1989)

Between Freud and Klein: The Psychoanalytic Quest for Knowledge and Truth. London.

Lloyd, G. G. (1986') 'Hysteria: A Case for Conservation?' *British Medical Journal* 293, pp. 1255~1256.

Lowenberg, P. (1983) 'Otto Bauer, Freud's "Dora" Case, and the Crises of the First Austrian Republic' in *Decoding the Past*. New York.

MacDonald, M. (ed.) (1991) *Introduction to Witchcraft and Hysteria in Elizabethan London: Edward Jorden and the Mary Glover Case*. W. F. Bynum and R, Porter (eds.) Tavistock Classics in the History of Psychiatry, London.

Mace, C. J. (1992) 'Hysterical Conversion 1: A History', *British journal of Psychiatry* 161, pp. 369~377,

Macfarlane, A. (1970) *Witchcraft in Tudor and Stuart England*. London.

Macmillan, M. B. (1979) 'Delboeuf and Janet as Influences on Freud's Treatment of Emmy von N', *Journal of the History of the Behavioural Sciences* 15, no. 4, pp. 299~309.

—— (1988) 'Freud and Janet on Organic and Hysterical Paralyses: A Mystery Solved?' in O. Zentner (ed.) *Papers of the Freudian School of Melbourne: Australian Psychoanalytic Writings*. Melbourne. Reprinted in *International Review of Psycho-Analysis* 17, part 2, pp. 189~203.

Makari, G. J. (1998) 'The Seductions of History: Sexual Trauma in Freud's Theory and Historiography', *IJPA* 5, pp. 867~872.

Masson, J. F. (1985) (ed. and trans.) *The Complete Lettets of Sigmund Freud to Wilhelm Fliess 1887~1904*. Cambridge.

[『정신분석의 탄생』, 임진수 옮김(열린책들, 2005)]

—— (1985) *The Assault on Truth: Freud's Suppression of the Seduction Theory*. London.

McGrath, W. J. (1986) *Freud's Discovery of Psychoanalysis: The Politics of Hysteria*. Ithaca.

Merskey, H. and Merskey, S. (1993) 'Hysteria, or "Suffocation of the Mother"', *Canadian Medical Association Journal* 148, no, 3, pp. 399~405.

Merskey, H. and Potter, P, (1989) 'The Womb Lay Still in Ancient Egypt', *British Journal of Psychiatry* 154, pp. 751~753.

—— (1991) 'Shell Shock' in G. E. Berrios and H. L. Freeman (eds.) *British Psychiatry's Strange Past: 150 years of British Psychiatry, 1841~1991.* London.

Micale, M. S. (1985) 'The Salpêtrière in the Age of Charcot: An Institutional Perspective on Medical History in the Late Nineteenth Century', *Journal of Contemporary History* 20, no. 4, pp. 703~731.

—— (1989) 'Hysteria and Its Historiography—A Review of Past and Present Writings' (2 parts), *History of Science* 27, no. 77, pp. 223~61 and no. 78, pp. 317~351.

—— (1990) 'Charcot and the Idea of Hysteria in the Male: Gender, Mental Science, Medical Diagnosis in Late Nineteenth-Century France', *Medical History* 34, no. 4, pp. 363~411.

—— (1991) 'Hysteria Male/Hysteria Female: Reflections on Comparative Gender Construction in Nineteenth-Century France and Britain' in M. Benjamin (ed.) *Science and Sensibility: Essays on Gender and Scientific Enquiry, 1780~1945.* London.

—— (1995) *Approaching Hysteria: Disease and its Interpretations.* Princeton.

Middlebrook, D. W. (1991) *Anne Sexton: A Biography.* New York.

Miller, E. (1988) 'Behaviour Modification Mid-Nineteenth-Century Style: Robert Brudenell Carter and the Treatment of Hysteria', *British Journal of Clinical Psychology* 27, no. 4, pp. 297~330.

Milner, M. (1969) *The Hands of the Living God.* London.

Mitchell, J. (1974) *Psychoanalysis and Feminism.* London.

—— (1984) *Women: The Longest Revolution,* London.

—— (1986) (ed.) *The Selected Melanie Klein.* London.

—— (1986) 'From King Lear to Anna O', *Yale Journal of French Studies.*

Mitchell, J. and Oakley, A. (1986) *What Is Feminism?* Oxford.

—— (1997) *Who's Afraid of Feminism: Seeing Through the Backlash,* London.

Mitchell, J. and Rose, J. (eds.) (1984) *Feminine Sexuality in the School of Jacques Lacan: Lacan and the école frendienne.* London.

Mitchell, W. S. (1904) 'A Case of Uncomplicated Hysteria in the Male'. Unpublished manuscript in Philadelphia College of Medicine. Cited in E. Showalter (1997).

Molina, T. da (1630) *El Burlador de Sevilla.*

Mullan, J. (1984) 'Hypochondria and Hysteria: Sensibility and the Physicians', *The Eighteenth-century: Theory and Interpretation* 25, no. 2, pp. 141~174.

Oughourlian, J.-M. (1982) *The Puppet of Desire*. Stanford.

Owen, W. (1918) 'Strange Meeting' in *Collected Poems* (1963). London.

Pierce, J. L. (1989) 'The Relation Between Emotion, Work and Hysteria: A Feminist Reinterpretation of Freud's "Studies on Hysteria"', *Women's Studies* 16, nos. 3~4, pp. 255~271.

Pontalis, J.-B. (1981) 'On Death Work' in *Frontiers in Psychoanalysis: Between the Dream and Psychic Pain*. London.

Poovey, M. (1988) *Uneven Developments: The Ideological Work of Gender in Mid-Victorian England*. Chicago.

Ramas, M. (1980) 'Freud's Dora, Dora's Hysteria: The Negation of a Woman's Rebellion', *Feminist Studies* 6, no. 5, pp. 472~510.

Rank, O. (1929) *The Trauma of Birth*. New York.

────── (1975) *The Don Juan Legend*. Princeton.

Reichard, S. (1956) 'A Re-examination of "Studies on Hysteria"', *Psychoanalytic Quarterly* 25, no. 2, pp. 155~177.

Ridley, M. R, (ed.) (1965) *Othello*, Arden edition. London.
　　　[『셰익스피어 전집 5』, 최종철 옮김(민음사, 2014)]

Rivers, W. H. R. (1920) *Instinct and the Unconscious*. Cambridge.

Rivière, J. (1932) 'On Jealousy as a Mechanism of Defence' in A. Hughes (ed.) *The Inner World of Joan Rivière* (1991). London.

Rosenbaum, M. and Muroff, M. (eds.) (1984) *Anna O: Fourteen Contemporary Reinterpretations*. New York.

Rosenblum, E. (1973) 'Le premier parcours psychoanalytique d'un homme relaté par Freud', *Études psychothérapeutiques* June─Sept., pp. 51~58.

Rosenfeld, H. (1947) 'Analysis of a Schizophrenic State with Depersonalisation' in *Psychotic States* (1965). London.

────── (1987) *Impasse and Interpretation*. London.

Roustang, F. (1986) *Psychoanalysis Never Lets Go*. Baltimore.

Rubinstein, B. B. (1983) 'Freud's Early Theories of Hysteria' in R. S. Cohen and L.

Laudan (eds.) *Physics, Philosophy and Psychoanalysis: Essays in Honor of Adolf Grünbaum*. Dordrecht.

Safouan, M. (1980) 'In Praise of Hysteria' in S. Schneiderman (ed.) *Returning to Freud: Clinical Psychoanalysis in the School of Lacan*. New Haven.

Satow, R. (1979) 'Where Has All the Hysteria Gone?' *Psychoanalytic Review* 66, no. 4, pp. 463~77.

Seccombe, W. (1993) *Weathering the Storm: Working-class Families from the Industrial Revolution to the Fertility Decline*. London.

Segal, H. (1957) 'Notes on Symbol Formation', *IJPA*. 38, pp. 39~45.

Sexton, A. (1962) 'All My Pretty Ones' in D. W. Middlebrook and D. H. George (eds.) (1991) *The Selected Poems of Anne Sexton*. London.

Shorter, E, (1986) 'Paralysis: The Rise and Fall of a "Hysterical" Symptom', *Journal of Social History* 19, pp. 549~582.

────── (1989) 'Women and Jews in a Private Nervous Clinic in Vienna at the Turn of the Century', *Medical History* 33, no. 2, pp. 149~183.

────── (1990) 'Mania, Hysteria and Gender in Lower Austria, 1891~1905', *Psychiatry* 1, no. 1, pp. 3~31.

────── (1992) *From Paralysis to Fatigue: A History of Psychosomatic Illness in the Modern Era*, New York.

Showalter, E. (1987) 'Rivers and Sassoon: The Inscription of Male Gender Anxieties' in M. R. Higonnet *et al.* (eds.) *Behind the Lines: Gender and the Two World Wars*, New Haven.

────── (1987) *The Female Malady: Women, Madness and English Culture*. London.

────── (1990) *Sexual Anarchy: Gender and Culture at the Fin de Siècle*. New York.

────── (1994) 'On Hysterical Narrative', *Narrative* 1, pp. 24~35.

────── (1997) *Hystories: Hysterical Epidemics and Modern Culture*, London.

Simon, B. (1978) *Mind and Madness in Ancient Greece: The Classical Roots of Modern Psychiatry*. Ithaca.

────── (1979) 'Hysteria—The Greek Disease', *Psychoanalytic Study of Society* 8, pp. 175~215.

Slavney, P. (1990) *Perspectives on 'Hysteria'*. Baltimore.

Spanos, N. P. and Gottlieb, J. (1979) 'Demonic Possession, Mesmerism, and Hysteria: A Social Psychological Perspective on their Historical Interrelations', *Journal of Abnormal Psychology* 88, no. 5, pp. 527~546.

Stallybrass, P. and White, A. (1986) *The Politics and Poetics of Transgression*. London.

Szasz, T. (1961) *The Myth of Mental Illness*, New York.

Thomas, L. (1979) *The Medusa and the Snail: More Notes of a Biology Watcher*. New York.

Trillat, E. (1986) *L'Histoire de l'hystérie*. Paris.

────── (1987) 'Hystérie et hypnose (une approche historique)', *Psychiatrie française* 19, special number, pp. 9~19.

Veith, I. (1956) 'On Hysterical and Hypochondriacal Afflictions', *Bulletin of the History of Medicine* 30, no. 3, pp. 233~240.

────── (1960) 'Hysteria', *Modern Medicine* 28, no. 4, pp. 178~183.

────── (1965) *Hysteria: The History of a Disease*, Chicago.

────── (1977) 'Four Thousand Years of Hysteria' in M. J. Horowitz (ed.) *Hysterical Personality*. New York,

Vittorini, P. (1998) 'Self and Attachment in Autism'. Unpublished MPhil Essay. Cambridge.

Weissman, H. P. (1982.) 'Margery Kempe in Jerusalem: Hysteria Compassio in the Late Middle Ages' in M, J. Carruthers and E. D, Kirk (eds.) *Acts of Interpretation: The Text in Its Context, 700~1600: Essays on Medieval and Renaissance Literature in Honor of E. Talbot Donaldson*. Norman, Okla.

White, A. (1993) *Carnival, Hysteria and Writing: Collected Essays and Autobiography*, Oxford.

Wijewardene, G. (1976) 'Hysteria and Religious Behaviour'. Cyclostyled pamphlet, Dept. of Anthropology, ANU, Canberra.

Williams, B. (1981) 'Don Giovanni' in J. Miller (ed.) (1990) *Don Giovanni*. London.

Williams, D. (1993) *Nobody, Nowhere*. London.
　　　[『도나, 세상을 향해 뛰어』, 차영아 옮김(평단, 2005)]

Williams, K. E. (1990) 'Hysteria in Seventeenth-century Case Records and Unpublished Manuscripts', *History of Psychiatry* 1, no. 4, pp. 383~401.

Winnicott, D. W. (1936) 'Appetite and Emotional Disorder', Paper read before the Medical

Section of the British Psychological Society. London.

——— (1949) 'Hate in the Counter-transference', *IJPA* 30, pp. 69~74.

——— (1956) 'Primary Maternal Preoccupation' in *Collected Papers* (1958). London.

——— (1968) 'The Mother as Mirror' in P. Lomas (ed.) *The Predicament of the Family*. London.

——— (1969) 'Mother's Madness Appearing in the Clinical Material as an Ego-Alien Factor' in *Psycho-Analytic Explorations* (1989). London.

——— (1974) 'Fear of Breakdown', *IJPA* 55, pp. 103~107.

——— (1975) *Through Paediatrics to Psycho-Analysis*. London.

Wolf, C. (1998) *Medea*. London.

Young-Bruehl, E. (1998) *Subject to Biography: Psychoanalysis, Feminism and Writing Women's Lives*. Cambridge, MA.

| 옮긴이 후기 |

1

작년 말 난데없이 대통령이 계엄을 선포했을 때였다. 그때 주변에서 많이 들린 표현이 있었다. "미쳤어!" "미친놈!" 줄리엣 미첼의 혁신적 히스테리 연구서인 이 책의 제목은 『미친 남자들과 메두사들』이다. 미첼은 남성과 여성 히스테리증자들을 각각 "미친 남자들"과 "메두사들"이라고 부른다. 책 제목이 담고 있는 이 광기는 대통령과 그 추종자들의 광기와 같은 종류일까? 그럴지도 모른다.

히스테리증자의 식별 가능한 특징들 가운데는 어린아이의 매력이 있다. 그렇지만 거기에는 치명적인 무언가 또한 있다. 우리가 움츠러드는 것은 바로 그 매력이 이러한 치명성을 드러낼 때다 — 도라의 숭배자들은 K 씨 부부의 아이의 죽음에 대한 도라의 냉담함을 알아차리지 못한다. 종종 이보다 더 냉혹하게, 장난기와 코미디 감각과 더불어, 폭력과 잔인함을 내포하는 사악한 무언가가 방출된다. 히스테리에 동반되고 그래서 — 마녀사냥이나 극단주의 정치 집회같이 — 다른 사람들을 끌어들이거나 감염시키는 충동적이고 중독성 있는 힘을

여기에 추가할 필요가 있다.(192)

히스테리로 이어질 수 있는, 사람을 너무 사랑스럽게도 너무 난폭하게도, 천사로도 악마로도 만들 수 있는, 강렬한 생과 사의 경험을 우리는 가장 먼저 어디서 할까? 미첼은 그것이 동기간의 수평 내지는 측면 관계에서 발생한다는 것을 알아차렸다. 아이들을 키우는 부모라면, 특히 어머니라면, 늘 알고 있었듯이. 그런 관계에서 자리를 차지하거나 빼앗기는 것은 생과 사의 문제로 느껴질 수 있다. 그리고 평등한 사회적 관계 안에서 살아가는 법을 충분히 배우지 못한 사람에게, 수직 관계의 울타리를 벗어나는 일은, 커다란 도전일 것이다.

악을 이해하는 잘 알려진 방법이 있다. 그것은 한나 아렌트가 법정에 세워진 나치 장교 아이히만을 보면서 발견한 것이다. 아렌트는 아이히만이 "생각 없음"이라는 특징을 지니고 있다는 것을 보았다. 아무 생각이 없어 악행을 자행할 수 있었던 자의 얼굴은 평범해 보였고, 그래서 그 악의 성격을 아렌트는 "악의 평범성"이라고 규정했다. 그것은 아렌트가 전통을 통해 — 즉 성경이나 문학을 통해 — 익히 알아 온 악, 즉 사악한 악이 아니었다. 실제로 계엄이 실패하고 얼마 후 한 철학자가 유튜브에 나와서 내란을 지휘한 군인들의 얼굴에서 악의 평범성을 보았다고 말했다. 그런 말에 별생각 없이 동의하면서 우리는 혹시 악을 이해하고 있는 것이 아니라 이해하는 일에서 치명적으로 실패하고 있는 것 아닐까? **평범한** 악이 아니라 우리에게 가장 **친근한** 악을? 때로는 우리 자신 안에서 "독사 대가리처럼 고개를 드는"[1] 악을?

2

『인간의 조건』이라는 유명한 책을 쓴 아렌트를 염두에 둔 듯 미첼은

1. 박완서, 「겨울 나들이」, 『배반의 여름』(문학동네, 2013), 13쪽.

『미친 남자들과 메두사들』에서 인간(의) 조건이라는 말을 자주 꺼내 든다. "히스테리는 보편적인 현상이며, 언제 어디서나 발생할 수 있는 특정한 인간 조건들에 대한 가능한 응답이다."(18) 이 인간 조건이란 일차적으로는 인간의 아이들이 미성숙하고 무기력한 상태로 태어난다는 사실을 가리키지만, 이를 배경으로 해서 이차적으로는, 그리고 못지않게 중요한 것으로는, 부모의 보호 아래서 그 누구도 영원히 유일무이한 존재로서 있을 수 없다는 것을 말한다. 이러한 조건을 삶의 가장 이른 시기에 형성하는 것이 바로 동기들의 존재이다. "현실의 동기는 어떤 인간 존재도 유일무이하지 않은 일반적 조건의 구체적인 체현이다."(46)

지구상의 어떤 인간 존재도 유일무이하지 않은 이 일반적 조건을 누구보다도 강조한 사람이 바로 한나 아렌트였다. 하지만 그녀는 이 조건에서 다만 정치의 조건만을 보았다. 그녀에게 (고유한 정치적 활동으로서의) 행위는 "복수성이라는 인간의 조건에, 즉 한 인간Man이 아니라 인간들men이 이 지구상에 살고 세계에 거주한다는 사실에 조응한다. 인간의 조건의 모든 측면들은 어떤 식으로든 정치와 연관되기는 하지만, 이 복수성은 모든 정치적 삶의…… 절대적 조건이다."

위대한 사상가들은 놓치면서도 정말 잘 놓치는 것일까? 이렇게 말한 직후에 아렌트는 "가장 정치적인 민족"이었던 로마인의 언어를 관찰한다. 그들의 언어에서 "'살다'와 '사람들 사이에 존재하다'는 동의어였고 또 '죽다'와 '사람들 사이에 더 이상 존재하지 않는다'는 동의어였다."[2] 이로써 아렌트는 히스테리의 조건으로서의 인간 조건만을 놓치는 것이 아니다. 사람들 사이에 존재하기 때문에 생겨나는 죽음 또한 놓친다.

히스테리 되찾기[3]와 더불어 이 모든 것을 되찾는 데는 정치사상가가 아니라 정신분석가가 필요했다. 그것도 아렌트처럼 평등의 중요성을

• •
2. 한나 아렌트, 『인간의 조건』, 이진우 옮김(한길사, 2019), 83~84쪽. 번역 일부 수정.
3. 본서의 부제.

가장 잘 알고 있는 분석가가. 왜냐하면 수직적 사고 틀에 사로잡힌 다른 분석가들이 (부모의) 한 아이, 오이디푸스를 보는 곳에서 미첼은 복수의 아이들, 동기간을 볼 수 있었기 때문이다. 동기를 붙잡으면서 미첼은 사람들 사이에서의 죽음도 붙잡는다. "동기의 중요성을 놓치는 것은 죽음의 자리를 놓치는 것이다. 동기의 죽음이 없더라도, 동기를 죽이고자 하는 소원이나 동기의 현존으로 인해 유일무이한 주체로서 소멸되는 감각은 인간 조건의 중대한 측면이다."(114) 이것은 인간의 조건이므로, 정신분석을 벗어나도 증언들이 없지 않다. 철학자 사르트르는 "타인은 지옥이다"라고 말했다. 그리고 구약에 등장하는 인류 최초 살인은 카인이 아벨을 죽인 동기 살인이다. 구약이 이웃 사랑을 말할 때 그 이웃은 최우선으로 동기간을 말한다 ─ 네 형제를 네 몸과 같이 사랑하라!

위대한 사상가는 ─ 아마도 깊은 체계성을 가지고 있기에 ─ 하나를 놓칠 때 다 놓칠 것이다. "어떤 누구도 지금까지 살았고 현재 살고 있으며 앞으로 살게 될 다른 누구와 동일하지 않다는 점에서만 모든 인간은 동일하다."[4] 이렇게 말을 또 하나 추가함으로써 아렌트는 놓칠 것이 하나 더 있었다. 즉 동기간은 내가 다른 누군가와 우선은 **동일**하기 때문에 생겨나는 양가성, 즉 애증의 조건이다.

3

미첼이 명시적으로 말하고 있지는 않지만, 이 책에 그녀가 붙인 제목을 보고 추측할 수 있는 것이 하나 있다. 그것은 이 책이 인간의 밝은 면이 아니라 어두운 면을, 또는 인간적 악의 심연을 다루고 있다는 것이다. 측면 관계에 대한 이러한 일면적 취급은 후속작 『동기간』에서도 계속되며, 그래서 그 책의 결론 장에서 미첼은 이렇게 말해야만 했다. "동기 이야기에는 밝은 면이 있고 어두운 면이 있다. 그동안 내 설명은 후자

• •

4. 한나 아렌트, 『인간의 조건』, 이진우 옮김(한길사, 2019), 85쪽

쪽으로 편향되어 있었다.”[5] 그렇지만 물론 “미친 남자들과 메두사들”이라는 어두운 제목을 단 책에서는 편향에 대한 언급이나 변명이 따로 필요하지 않을 것이다.

인간의 어두운 면을 측면 관계라는 유력한 관점에서 바라보는 것의 한 가지 중요한 이득은 우리 사회의 정치적 지향과 밀접한 관련이 있다. 민주주의는 무엇보다도 평등이라는 정치적 지향를 가리키는 말이다. 그리고 실제로 한국 사회는 그동안 이 평등을 향해 숨 가쁘게 달려왔다. 평등의 한 가지 필연적 귀결은 수직적이고 위계적인 다양한 옛 자리들과 모델들의 소멸이다. 그리고 그것들의 소멸은 — 보존되어야 할 것들이 보존되지 않은 채 발생하거나, 필요한 새로운 양질의 자리들, 모델들이 창조되지 않을 때, 즉 민주주의가 보존과 창조의 욕망을 품고 있지 않을 때 — 히스테리가 번창할 조건을 낳는다. 정치라는 것이 사회적 결과를 낳는 행위라고 했을 때, 히스테리가 사회적으로 번창할 조건을.

따라서 히스테리를 측면 관계에서 바라보기 시작할 때 우리는 평등의 의제가 우선은 또 다른 이해의 노력에 의해 보충되어야 한다는 것을 이해할 수 있다. 아렌트는 나치의 유대인 대학살 한 가운데서 악을 이해하려고 하였다. 그렇지만 미친 남자들과 메두사들을 추적하는 미첼의 연구를 접하고 나서 우리는 민주주의의 한 가운데서 악을 이해할 필요가 있다는 것을 깨닫는다. 앞의 인용에서 미첼이 한 말처럼, 이 “사악한 무언가”는 “다른 사람들을 끌어들이거나 감염시키는 충동적이고 중독성 있는 힘”이며, 따라서 법정에서 아렌트와 아이히만 사이에 있었던 그 안전한 거리라는 것은 누구에게도 확실히 주어질 수가 없다. 그리고 히스테리의 자장 안에서 “생각하기”는 그곳에서 빠져나올 수 있게 해주는 힘이 아니라 오히려 그곳으로 더더욱 빠져들게 만드는 덫일 수도 있다. 박완서의 단편 「겨울 나들이」에서 히스테리 상태가 된 주인공 화자는

- -

5. 줄리엣 미첼, 『동기간: 성과 폭력』, 이성민 옮김(도서출판 b, 2015), 310쪽.

생각하면 할수록 "질투가 독사 대가리처럼 고개를 드는 걸 느꼈다."

악은 이제 달리 이해되어야 하고, 미첼이 그 새로운 이해의 길을 열었다. 그 길에 우리는 "악의 평범성"이라는 이제는 좀 오래된 표지판 대신에 "악의 친근성"이라는 표지판을 세워놓는 것이 좋을지도 모른다.

2025년 2월 18일

미친 남자들과 메두사들

초판 1쇄 발행 | 2025년 03월 28일
지은이 줄리엣 미첼 | **옮긴이** 반태진 · 이성민 | **펴낸이** 조기조 | **펴낸곳** 도서출판 b

등 록 2003년 2월 24일(제2023-000100호)
주 소 08504 서울특별시 금천구 가산디지털2로 169-23 가산모비우스타워 1501-2호
전 화 02-6293-7070(대) | 팩시밀리 02-6293-8080
이메일 bbooks@naver.com | 홈페이지 b-book.co.kr

ISBN 979-11-92986-34-0 03100
값 28,000원